KB113143

노자는
이렇게
말했다

《도덕경》의 새 번역, 새 해설

서양철학 전문가의 동양철학 풀어 읽기
일반적인 사고를 뒤집는 역설의 가치론

노자는
이렇게
말했다

《도덕경》의 새 번역, 새 해설

이수정 지음

철학과현실사

서 문

　'노자는 이렇게 말했다', 니체를 패러디한 이 제목은 다소 통속적이다. 그러나 나는 이 통속이 미끼가 되어 사람들의 관심이라는 물고기를 좀 많이 낚았으면 좋겠다. 왜? 나는 이 시대가 앓고 있는 숙환에 대해 노자라는 처방이 꼭 필요하다고 믿기 때문이다. 사유의 처방, 언어의 처방이다. 자연自然, 도道, 천天, 덕德, 그리고 무無, 불不, 소小, 소少, 하下, 유柔, 약弱, 허虛, 정靜, 절絶, 기棄, 후後, 외外, 퇴退, 거去, 자慈, 검儉 …, 이런 소극적인 것들의 적극적 의미들, 특히 노자 철학의 최대 특징이기도 한 역설적 가치들, 무위無爲, 무사無事, 무사無私, 무집無執, 무지無知, 무욕無欲-불욕不欲-과욕寡欲, 위하爲下, 위객爲客, 거심去甚, 거사去奢, 거태去泰, 부덕不德, 부쟁不爭, 불유不有, 불시不恃, 부재不宰, 불거不居, 불선不先, 불언不言, 불영不盈, 불학不學, 부자현不自見-부자시不自是-부자벌不自伐-부자긍不自矜-부자귀不自貴 … 등등. 이 '무'와 '불', '없음'과 '않음'. 단언하지만 이건 특효약이다. 사람들이 제대로 복용만 잘 해준다면. 왜냐하면 우리 시대의 이 고질병이 대부분 이 글자들과 반대되는 것들, 특히 인간의 과욕(甚欲-欲得)에서 비롯된 것이기 때문이다. 그의 사유와 언어들은 이 문제를 그 근본에서 다스리고 있다.

'노자', 이 이름은 유명할 만큼 유명하지만, 사람들은 그를 잘 모른다. 그의 언어들은 더욱 잘 모른다. 2천 수백 년 전 중국에서나 지금 한국에서나. 비록 많은 사람들이 지식 자랑 삼아 '도가도비상도', '상선약수', '대기만성', '화광동진' 등을 입에 올리고는 있지만.

노자는 일종의 경이驚異다. 그 인물도 그 철학도. 나는 한평생 서양 현대철학의 한 핵심인 하이데거를 연구한 전문가이고 그에 대해 일가견이 있다고 감히 자부하지만, 100권이 넘는 하이데거의 전집보다도 노자 81장, 이 5천 언이 훨씬 더 위대하다고 단언할 수 있다. (한때 노자에게 꽂혀 《도덕경》의 독일어 번역까지 직접 시도했던 하이데거 본인도 어쩌면 동조할지 모른다.) 그의 말 속엔 도道가 있고 덕德이 있고, 더욱이 그 연결이 있다. 도에서 배우는 덕! 자연에서 배우는 윤리! 서양 철학에는 없는 것이다. 어디 그뿐인가. 그의 말 속엔 무無가 있고 유有가 있고, 천天이 있고 지地가 있고, 인人이 있고, 국國이 있다. 좀 과장하자면 철학의 문제 치고 그의 5천 언 속에 없는 것이 거의 없다. 그의 말 속엔 예수도 있고 부처도 있고 소크라테스도 있고 공자도 있다. 헤라클레이토스도 있고 파르메니데스도 있고, 플라톤도 아리스토텔레스도 있다. 베이컨도 데카르트도 있다. 니체도 하이데거도 포퍼도 있다. 심지어 레비스트로스, 푸코, 데리다, 리오타르도 있고 BTS도 있다. 읽어보면 알 것이다. 그의 말을 풀어 이 책을 쓰면서 나는 놀라고 또 놀랐다. 그는 무려 2천 수백 년 전의 케케묵은 인물이 아니던가! 그런데 이토록 현대적이라니! 더구나 그는 드물게 완결된 저술을 남긴 인물이 아니던가, 그 까마득한 옛날에! 이런 수준의! 그래서 노자는 더욱 놀랍다.

"새는 잘 난다는 것을 알고, 물고기는 헤엄을 잘 친다는 것을 알며, 짐승은 잘 달린다는 것을 안다. 달리는 짐승은 그물을 쳐서 잡을 수 있고, 헤엄치는 물고기는 낚시를 드리워 낚을 수 있으며, 나는 새는 화살을 쏘아 잡을 수 있다. 그러나 용이 어떻게 바람과 구름을 타고 하늘로 올라갔는지 나는 알 수 없다. 오늘 나는 노자를 만났는데 그는 마치 용 같은 존재였다(鳥吾知其能飛. 魚吾知其能遊. 獸吾知其能走. 走者可以爲罔. 遊者可以爲綸. 飛者可以爲矰. 至於龍吾不能知其乘風雲而上天. 吾今日見老子 其擔龍邪)."

　사마천司馬遷의 《사기열전》에 나오는, 노자를 만난 공자의 수감으로 알려진 대목이다. 이게 정말로 공자의 말인지, 공자가 정말 노자를 만났는지, 공자가 만난 이 인물이 정말 《도덕경》의 저자인 이 노자인지, 확실한 건 하나도 없다. 하지만 적어도 이런 평가만은 액면 그대로 인정될 수 있다고 나는 믿는다. 노자는 그만큼 경이로운 인물이기 때문이다.

　나는 이 책을 일필휘지하듯 써나갔다. 정확하게 말해 2019년 4월 23일에 첫 글자를 쓰기 시작해서 7월 19일에 마지막 마침표를 찍었다. 채 3개월이 걸리지 않은 셈이다. 그러나 이 시간의 짧음으로 그 내용을 경시하지는 말았으면 좋겠다. 왜냐하면 그 준비는 이미 1974년 내가 아직 푸릇푸릇했던 어느 여름날, 이 책을 처음 읽은 그날부터 착실히 조금씩 쌓여왔기 때문이다. 그렇게 보면 거의 45년이 걸린 셈이 된다. 이 책이 결코 가벼울 수 없는 까닭이 거기에 있다.
　그러나 쉬운 작업은 아니었다. 총 81장, 그 하나하나를 펼칠 때마다 나는 매번 아득했다. 명확한 건 거의 없었다. 대부분이 무슨 수수께끼나 암호 같았다. 나는 악전고투했다. 유명한 왕필王弼, 하상공河上公,

한비자韓非子를 비롯해 소위 권위 있는 주석이나 해설들도 참고해 보았지만 내가 막힌 부분에서 도움 되는 건 거의 없었다. 너무나 많은 오독들이 이해를 오히려 더욱 어렵게 만들었다. 결국 나는 그 모든 것을 선반에 올려두고 완전히 내 식으로 접근해 들어갔다. 오직 노자 본인의 텍스트에만 근거해서. 그리고 현실 그 자체에 비추어보면서.

지난 40여 년간 공부하고 연구해 온, 서양철학자 100명의 철학들이 알게 모르게 그 이해에 큰 도움을 주었다. 특히 하이데거의 존재론과 가다머의 해석학은 많은 경우에 열쇠가 되어 주었다. 이 책은 아마 '서양철학 전문가에 의한 본격적인 노자 해설'이라는 점에서 특징과 장점이 적지 않을 것이다.

그러나 결정적인 것은 '서양철학'에 있지 않다. 내가 서양철학 전문가라는 건 사실 부차적이다. 가장 중요했던 것은 나 자신이 살아오면서 체득했던 현상 그 자체, 문제 그 자체였다. 나 자신이 직접 목격하고 체험했던 바로 그 '도', 바로 그 '덕', 혹은 인간의 문제들, 특히 국가의 문제들, 정치의 문제들, 그것이었다. 그 모든 것이 노자 안에 그대로 있었다. 그래서 나는 거의 대부분의 점에서 노자와 문제의식을 공유할 수 있었다. 이제 그는 나에게 '친구' 같고 '동지' 같다. 그와 함께 이 과욕한 세상에 대해 '도덕'의 깃발을 높이 들고 싶다. 안 함으로 하게 되고, 비워서 채워지고, 낮추어서 높아지고, 굽어서 온전해지는… 상식을 뒤집는 그런 역설적인 도덕의 깃발! 이 깃발이 힘차게 펄럭일 수 있도록 부디 바람이 좀 불어줬으면 좋겠다.

내가 특히 좋아하는 '공수신퇴功遂身退'를 비롯해 그의 말에서는 우리가 배워야 할 게 너무나 많다.

이 책은 내 정년 전 마지막 연구년의 기념품이기도 하다. 이 집필이 가능하도록 현실적인 기회를 준 북경대학의 장지강張志剛 교수와 우텐

위예吳天岳 교수, 그리고 북경사범대학의 창위强昱 교수, 중국인민대학의 원하이밍溫海明 교수, 그리고 창원대 철학과의 강지연姜芝娟 교수에게 깊은 감사를 표한다.

2019년 여름 북경에서
이수정

일러두기

- 이 책은《노자》81장 전체를 새롭게 완역하고 새롭게 해설한 것이다. 기존의 번역, 해설과 상당한 차이가 있다. 최고의 정확함과 무오류를 지향했다.
- 하상공본河上公本, 왕필본王弼本, 부혁본傅奕本에 기초한 이른바 통용본(중국에서 말하는 통행본通行本, 전세본傳世本)을 대본으로 삼았으나, 문맥상 특별한 이유가 있을 때는 곽점 죽간본竹簡本, 마왕퇴 백서본帛書本(갑을甲乙), 북대北大 한간본漢簡本을 따라 수정한 곳도 적지 않다. 그런 곳은 각주로 밝혀두었다. 신중한 사유를 거친 선택으로 수정된 결과이므로 이를 '수정본'이라 불러도 좋다. 내용상 노자의 원음에 가장 가까운 텍스트이기를 기대한다.

  각 판본의 성립 연대는 대략 다음과 같다.

  죽간본 : BC 4세기 성립 추정. 1993년 발견. (곽점 초묘郭店 楚墓에서 발굴)

  백서본 : BC 3세기 성립 추정. 1974년 발견. (마왕퇴 한묘馬王堆 漢墓에서 발굴)

  한간본 : BC 1세기 성립 추정. 2009년 발견. (해외에서 북경대北京大로 반입)

  하상공본 : BC 2세기 성립 추정.

  왕필본 : AD 3세기 성립 추정.

  부혁본 : AD 6/7세기 성립 추정.

- 필자는 여러 가지 근거로 백서본, 한간본이 통용본보다 노자의 원작에 더 가깝다고 판단한다. 그러나 통용본의 손질된 부분이 갖는 의미도 결코 작지 않다. 곽점 죽간본은 가장 오래된 것이긴 하나 그 형태가 온전하지 않아 기본 텍스트로 삼기에는 한계가 있다.

- 백서본의 '불弗'자가 통용본에서는 모조리 '불不'로 바뀌어 있는데, 이는 구별할 필요가 있기에 백서본의 '弗'은 모두 되살렸다. '弗'은 생략된 이 '지之'자를 자체 안에 포함하는, 말하자면 '목적어 포함 부정사'이기 때문이다('弗…' = '不…之'). 이는 다수의 중국 측 노자 전문가들에게 확인한 사항이다. 실제로 죽간본, 백서본, 한간본에서는 한 문장 안에서 '弗'과 '不'이 구별되어 사용되고 있다.

- 통용본의 '국國'자는 죽간본, 백서갑본의 '방邦'자(한고조 유방劉邦의 이름)를 휘諱한 대체자로 보이나 현재의 우리에게 '국'자가 더 잘 와 닿으므로 원자 대신 이를 유지했다. 통용본의 '상常'자도 죽간본, 백서본, 한간본의 '항恒'자(한문제 유항劉恒의 이름)를 휘한 대체자로 보이나 '항상'이라는 의미에 대차가 없으므로 익숙한 '상常'자를 유지했다.

- 죽간본-백서본의 텍스트는 안성재의 《노자의 다르지만 같은 길: [도덕경] 4대 판본 비교론》과 중국측 인터넷판 문서를 참고했다. 북대 한간본北大 漢簡本은 北京大學出土文獻硏究所(編), 《北京大學藏西漢竹書》(上海古籍出版社, 2012)를 참고했다.

- 텍스트 관련 사항은 가급적 본문에서의 언급을 피하고 각주로 다루었다. 본문은 기본적으로 사상내용을 중심으로 서술했다. 문구해석이 사상 내용에 우선하는 항간의 불균형을 바로잡기 위함이다.

- 번역은 노자의 원의를 가급적 훼손하지 않기 위해 자의적 의역을 자제하고 직역을 우선했으며, 현재 한국에서 이해 가능한 글자는 최대한 그대로 살려 번역했다. 필자는 영어, 독어, 일어, 한문의 번역 경

험을 통해 잘 다듬어진 직역이 최선의 번역이라는 확고한 소신을 갖고 있다. 어설픈 의역이 원문의 의미를 왜곡, 훼손하는 경우가 너무도 많기 때문이다. 이러한 훼손은, 특히 철학서의 경우, 원문의 정확한 이해를 심각하게 방해한다.

• 한자가 낯선 젊은 세대를 위해 원문에는 한글로 발음을 병기했다.

• 원문, 발음, 번역, 해설의 순서로 기술했다. 그리고 백서본, 한간본에서는 '상덕부덕'으로 시작하는 소위 '덕경'이 상편, '도가도 비상도'로 시작하는 소위 '도경'이 하편으로 되어 있으나, 그 순서에 특별한 의미가 있는 것은 아니므로 익숙한 통용본의 순서를 유지했다.

• 본문에서는 가상의 '노자'가 ['노선생님'이라는 호칭으로] 등장해 필자와 진지한 지적 대화를 나누지만, 이는 독자의 재미와 서술의 편의를 위한 것일 뿐, 그 발언내용은 사실상 필자의 것임을 분명히 해둔다. 본문에서 이 가상의 노자는 주로 질문-확인 등 보조적인 역할만 담당한다.

• 이 책은 '80일간의 《노자》 일주'로 읽기를 권한다. 하루에 한 장씩. 한꺼번에 읽으면 과식으로 인한 소화불량으로 체할 수 있다.

차 례

도편 道篇

덕편 德篇

도편

道篇

'남가일몽南柯一夢'이나 '한단지몽邯鄲之夢'처럼 이 노자 이야기를 시작했으면 좋겠다. 이를테면 이렇게:

20××년 나는 중국 북경에 머물고 있었다. 모처럼 자유의 몸이 되어 노자의 《도덕경》을 꺼내 읽기 시작했다. 의미의 해독이 만만치가 않았다. 머리가 무거웠다. 어느 날 홀쩍 북경을 떠나 노자가 윤희尹喜를 만나 《도덕경》 5천 언을 남겼다는 함곡관函谷關으로 여행을 갔다. 인근의 한 전통식 객잔에 여장을 풀고 며칠을 유유자적하며 몸과 머리를 쉬었다. 때는 4월, 봄이었다. 사방에 꽃들이 아름다웠고, 새소리도 명랑했다. 객잔에서 함곡관까지 먼 길을 일부러 걸어서 다녀왔다. 장소가 장소인지라 가는 길도 오는 길도 내내 노자를 생각했다. 돌아오니 전형적 중국 미인인 주인아주머니가 외국에서 온 손님이라며 특별히 정원으로 안내해 줬다. 수목과 바위가 조화를 이룬 실로 몽환적인 분위기였다. 못가에 멋진 중국식 누대가 있었다. 올라가 사방을 둘러보니 신비의 보랏빛 안개…. 어디선가 비파 소리와 함께 진한 향기가 불어왔다. 그 묘한 향기에 취해 나는 잠시 정신이 몽롱해졌다. 시간이 아지랑이처럼 흔들렸다. 그때 주인아주머니가 둥근 문 저쪽에서 백발이 성성한 손님 한 분을 모시고 왔다. 그 손님은 푸른 소(靑牛)를 타고 온 노자였다! 세상에! 나는 감격하고 또 감격했다. 인사를 나누었다. […] 그 객잔에서 무려 80여 일을 머물렀다. 매일매일 나는 아침 식후 다관에서 노자를 만나 차를 마시며 그와 대화를 나누었다. 도담이었다. 매일매일이 즐거웠다. 그와 나는 거의 일체가 되다시피 했다. 81일 후 그는 작별을 고하고 함곡관을 지나 표표히 사라졌다. 그를 배웅하고 돌아오는 길에 갑자기 그 묘한 향기가 다시 불어왔다. 나는 순간 아찔해졌다. 정신이 들고 보니 자하는 걷히고 새소리가 들려왔다. 꿈이었다. "걸었다더니 많이 고단하셨던가 보죠?" 치파오 차림의 주인아주머니가 웃으며 지켜보고 있었다.

그 꿈이 너무나 생생했다. 나는 그게 꿈이었는지 현실이었는지 가늠하기가 힘들었다. 북경에 돌아와 나는 그 꿈을 기록하기 시작했다. 몇 날 며칠이 걸렸다. 이하에 그 꿈의 기록을 소개한다.

01.

도는 말할 수 있으면 항상된 도가 아니고

道可道非常道, 名可名非常名.[1] 無, 名天地之始, 有, 名萬物之母. 故, 常無, 欲以觀其妙, 常有, 欲以觀其徼.[2] 此兩者同出而異名,[3] 同謂之玄. 玄之又玄, 衆妙之門.

도가도비상도, 명가명비상명. 무, 명천지지시, 유, 명만물지모. 고, 상무, 욕이관기묘, 상유, 욕이관기요. 차량자동출이이명, 동위지현. 현지우현, 중묘지문.

도는 말할 수 있으면 항상된 도가 아니고, 이름은 이름할 수 있으면 항상된 이름이 아니다. 무無는 천지의 시작을 이름함이요, 유有는 만물의 어미를 이름함이다. 고로 항상된 무는 그로써 그 기묘함을 보고자 함이요, 항상된 유는 그로써 그 오묘함을 보고자 함이다. 이 양자[무-유]는 같이 나와서 달리 이름하는데, 이를 같이 일컬어 현묘함이라 한다. 현묘하고 또 현묘하니 온갖 묘함의 문이다.

---

1) 죽간본·백서본·한간본에는 '常'이 모두 '恒'으로 되어 있다. 통용본의 '常'은 漢文帝 劉恒의 이름을 諱한 대체자로 보인다. 둘 다 '항상'이란 뜻으로 의미의 근본적 차이가 없으므로 익숙한 통용본의 표현을 그대로 둔다.
2) '徼'가 백서본에는 '所徼'로, 한간본에는 '所僥'로 되어 있다.
3) '此兩者': 끊어 읽기에 따라 혹자는 이것을 '無名-有名', '無欲-有欲'으로 보기도 하나, 그렇게 읽으면 의미가 완전히 달라지며, 어색하여 문맥이 통하지 않는다. 잘못으로 판단한다. 이 두 부분 모두에 대해 '此양자'라는 단일 표현을 쓴 걸 보더라도 이것은 단일한 '無-有'를 가리킨다고 보는 게 타당하다.

노老선생님, 고명하신 선생님을 이렇게 앞에서 뵈니 반갑고 감격적입니다. 저는 선생님의 말씀을 오랫동안 흠모해 왔기에 꼭 한 번 이런, 숨결이 느껴지는 대화의 자리를 갖고 싶었습니다. 고전이란 게 세월이 지나면서 한갓 지식으로 박제화되어 때가 묻고 먼지가 쌓여 그 본래의 빛을 잃어버리는 경우가 허다해서 말이죠.

"나도 반갑군요. 나의 생각과 말이 2천 수백 년 후에 어떻게 읽히는지, 흥미롭지 않을 수가 없습니다."

인사와 감회를 나누자면 한도 끝도 없으니, 다짜고짜 내용에 들어가 보도록 하겠습니다.

"그럽시다. 나도 바라는 바이니."

우선, 이 1장의 말씀, '도가도비상도…', 이건 식자들에게는 너무나도 유명합니다. 아무래도 첫 번째니까요. 첫 번째는 역시 특별한 의미가 있을 수밖에 없습니다. 그래서 저도 아득한 대학 시절 이 도덕경을 처음 읽었을 때, 이 1장에 특별히 끌릴 수밖에 없었는데, 그 내용이 참 놀라웠습니다.

"아, 그랬나요? 왜? 어떤 점에서?"

당시 저는 병아리 철학도로서 하이데거의 철학, 존재론(Ontologie)에 끌리고 있었는데, 놀랍게도 2천 수백 년 전의 중국에서 선생님이 그와 똑같은 주제를 건드리고 있었기 때문입니다. '무無'와 '유有', 즉 그의 'Nichts'와 'Sein'을요. 물론 그 내용이 백 퍼센트 일치하는 건 아니었지만.

" '무'와 '유'는 아프리오리한 보편자, 즉 시간과 공간을 초월한 것이니, 2천 수백 년 후의 독일에서 하이데거가 똑같은 그것을 말하더라도 전혀 이상할 건 없습니다. 이李선생이 똑같은 그것을 생각하는 것도 또

한 마찬가지입니다. 특히 내가 개별적-일시적이 아닌, '상常'무와 '상常' 유를, 즉 그것이 언제나 어디서나 '변함없는', '항상적인' 것임을 굳이 말했으니 그게 같은 것일 가능성은 충분히 있죠."

그런데 그때나 지금이나 적지 않은 사람들이 '무'와 '유'가 아니라 '무명無名'과 '유명有名'으로 끊어 읽기도 합니다. 즉 '이름 없음', '이름 있음'을 이 장의 주제로 해석하는 거죠. 저는 그렇게 읽어서는 전혀 의미가 통하지 않는다고 느꼈습니다. 문맥이 그게 아니라고요. '무와 유'가 맞습니까, 아니면 '무명과 유명'이 맞습니까.

"명계의 규율이라 현실을 좌우하는 답을 내가 직접 말해 줄 수는 없고, 아마 전체의 분맥이 대신 답을 말해 줄 겁니다."

역시 그렇군요. 저는 그 당시 '무명-유명'이 아닌 '무-유'가 주제라고 생각했고, 그 근거를 첫 번째 문장의 '비상非常…'[항상된 …가 아니다] 이라는 표현과 세 번째 문장의 '상무常無'와 '상유常有'라는 ('명名'이 빠진) 표현에서 찾았습니다. 왜냐하면 첫 번째 문장에서 선생님은 말하기(道)와 이름하기(名)의 어려움을, 즉 말하기와 이름하기로는 '항상된' 무언가를 드러내기가 참으로 어렵다는 그 한계를 전제 삼아 토로하셨고, 세 번째 문장에서는 '상무명', '상유명'이 아니라 '상무', '상유'라고 분명히 말씀하고 계셨기 때문입니다. 이게 주제에 대한 명확한 언급이 아니고 무엇이겠습니까. 제가 제대로 읽은 게 맞겠죠?

"그렇게 확인 질문을 내게 하면 난처합니다. 문맥 속에 답이 있다고 하지 않았습니까. 사람들에게는 '도가도비상도, 명가명비상명道可道非常道, 名可名非常名'이 유명한 것 같은데, 사실은 그게 이 1장의 주제는 아닙니다. 그건 분명히 말할 수 있습니다. 이선생 말대로 그건 나의 이 도론道論 전체를 염두에 두고, 언어적 표현(名)의 한계를 미리 토로한 서론적 의미의 말인 거지요. 내가 여기서 '도'니 '덕'이니 여러 말들을 하고 있습니다만, 그 언어적 표현들은 다 궁여지책일 뿐, 변함없는 신성불가침의 그 어떤 '상도常道'도 '상명常名'도 아니라는 겁니다. 그걸 이해하고서 들어주십사 하는 겁니다. 이 1장의 문맥은 어디까지나, '상도常道'[항상된-진정한 도]와 '상명常名'[항상된-진정한 이름]을, 구체적으로는 '상무常無'[항상된-진정한 없음]와 '상유常有'[항상된-진정한 있음]를 말하고 싶은 겁니다. 중요한 것은 이름과 표현이 아니라 그 진정한 내용, 즉 상도와 상명인데, 그 도와 이름의 구체적인 내용이 바로 시공을 초월해 변함없는 상무와 상유인 겁니다. 그건 분명합니다. '항상된[진정한] 없음'과 '항상된[진정한] 있음'이라는 것, 이게 보통 문제가 아니라는 게 그 전제입니다."

역시 그렇군요. 그렇다면 본격적으로 여쭤보겠습니다. 선생님은 [항상된] '무無'를 '천지지시天地之始'에 대한 이름이라 하셨고, [항상된] '유有'를 '만물지모萬物之母'에 대한 이름이라 하셨습니다. 저는 대학생 때 그 '천지'를 '존재계(Seinswelt)'로, 그리고 '만물'을 '그 안의 온갖 존재자들(die Seienden), 즉 사물들(die Dinge)'을 가리키는 말로 이해했습니다. 물론 당시 하이데거가 말하던 '있음의 사실(Daß-sein), 있음의 방식(So-sein)'을 담기에는 만물이라는 단어가 좀 한계가 있다는 느낌이 들기도 했습니다만….

"그럴 수도 있을 겁니다. 시간과 공간이 다르고 사람도 문화도 다르니 언어적 표현이 완전히 일치한다면 그게 오히려 이상한 거겠지요."

네, 저도 물론 그것을 알았기에 노선생님과 하이데거의 연결고리를 '…의 시작(之始)'과 '…의 어미(之母)'라는 말에서 찾으려고 했습니다. 이게 하이데거의 철학조차도 포괄하는, 해석의 확장 가능성을 열어둔 말이라고 생각한 거죠.

"확장 해석은 어떤 고전에서도 다 열려 있습니다."

그렇죠. '무와 유'라는 말이 아주 닫힌 것은 아니니까요. 특히 서양 말은 '있다-없다'가 '이다-아니다'를 다 포함하니까.

22

" '…의 시작'도 그 다음을 열어두고 있고, '…의 어미'도 동양뿐 아니라 서양의 모든 자식들까지 당연히 다 '품고' 있으니까. '무'가 천지의 시작(無, 名天地之始)이라는 것은, 또 말할 기회가 있겠지만, 천지 즉 존재하는 이 세상 그 자체와 그 안의 모든 사물들, 그 질서들이 다 '없음'을 배경으로 비로소 그 의미를 드러내기 시작한다는 말이고, '유'가 만물의 어미(有, 名萬物之母)라는 것은 만물 즉 존재하는 모든 것들이 다 '있음'이라는 하나의 절대적 영역에 포괄된다는, 거느려진다는, 품어진다는 그런 말입니다. 천지의 배경에 무가 있고, 유가 아닌 만물이란 애당초 성립 불가능이라는 거지요."

ㄱ 실녕, 삼사합니다. 그런데 선생님은 그 상부와 상유가, 그 말이, 그 표현이 '묘妙함'(기묘함)과 '요徼함'(오묘함)을 보기 위한 것이라고 말씀하셨습니다(常無, 欲以觀其妙, 常有, 欲以觀其徼). 저는 이 말들이 '무'와 '유'라는 이 근원적이고 절대적인 형이상학적 현상의 특이한 성격, 일반적인 것에 대한 일반적인 인식과는 다른 성격, '아, 그런 거!'라고 쉽게 말할 수 없는, 즉 기묘함과 오묘함에 대한 서술이라고 읽었습니다. 요즘 식으로 말하자면 신비로움, 이상함이지요. 없음이라는 건, 있던 사람이 죽어 없어지는 데서 알 수 있듯이 기묘하기가 짝이 없고, 있음이라는 건, 삼라만상의 존재와 질서에서 알 수 있듯이 오묘하기가 이를 데 없으니까요. (이 '상무'와 '상유'를 '상무욕常無欲'과 '상유욕常有欲'이라고 끊어 읽는 경우도 있는데, 이 문맥에서 '무욕'과 '유욕'을 언급하는 것은 느닷없고 뜬금없습니다. 그렇게 끊어 읽으면 '천지지시', '만물지모'와 내용적으로 전혀 연결이 안 됩니다. 이 '욕欲'은, '욕欲…관觀'[보고자 함]으로 이해하는 것이 자연스럽습니다.)

"말 그대로! 무와 유는 절대 어떤 일반적인, 일상적인 것은 아니지요. 책상 위에 연필이 있다 없다, 그런 단순한 게 아닌 겁니다. 그야말로 '천지'와 '만물'에 관한 것이니 어찌 기묘하고 오묘하다 하지 않을 수 있겠습니까. 우리 앞에 실제로 펼쳐진 이 놀라운 천지와 만물을 한 번이라도 정면으로 바라보고 진지하게 생각해 본다면 곧바로 공감할 수 있을 겁니다. '있다'는 것과 '없다'는 것, 세상과 만물의 있고 없음, 내지 어떠어떠함. 신비도 이런 신비가 없습니다. '현묘하다(玄)'는 그런 신비로움을 가리키지요."

그렇고말고요. 그런데 노선생님, 적지 않은 사람들이 '이 둘이 같이 나와서 달리 이름한다(此兩者同出而異名)'는 말을 이해하기 어려워합니다. 저는 이 중 '같이 나온다(同出)'는 말을 '이 둘이 반드시 짝을 이루고 있다, 불가분리다'라는 말로 이해하고 납득했습니다만. '있다와 없다', '그렇다와 아니다(有-無)'라는 것은 어느 한쪽 없이는 애당초 성립 불가능인 거죠. 작게는 사소한 사물들도 그렇고 크게는 이 세상 자체도 그렇습니다. 없음이 비로소 있음의 의미를 드러내지요. 있음은 어떤 경우든 없음을 그 전제로 깔고 있으니까요. 그러나 있음 자체와 없음 자체는 분명히 다른 거지요. 이름도 엄연히 달리 불리고(異名). 그러니 '동출이이명同出而異名'이라 할 수밖에요. (이건 저 하이데거가 존재와 존재자의 불가분리한 '이중태(Zwiefalt)', '배당(Austrag)', '동일성과 차이(Identität und Differenz)', '존재론적 차이(ontologische Differenz)'를 말한 것과 구조적으로 아주 유사합니다.)

"아주 같지도 않고 아주 무관하지도 않고. '동同과 이異', '같음과 다름'은 그렇게 짝을 이루는 겁니다. 다른 두 가지의 뗄 수 없는 근본적 연관성 그런 거지요. 그러니까 하나의 짝인 '무-유' 양자의 필연적 연관이 바로 '동출同出'인 것이고, 실제로 다르고 또 따로따로('무'-'유') 달리 불리고 있는 그 각각임이 바로 '이명異名'인 것입니다. '나옴(出)'은 같고, '이름(名)'은 다르고…."

그런데 선생님은 이 양자, '무와 유', 둘을 함께-같이 묶어서 '현玄'(현묘함)이라고 부르십니다(同謂之玄). 그건 이 둘이 다, 같은 성격을 지닌다는 말씀이겠죠? '현'이라는 성격을. 그런데 이 검을 '현玄'자가 또 사람들을 괴롭힙니다. 이게 무슨 의미냐는 거지요. 현실에서 확인하며 저는 이것을 '신비(mystery)'로 해석했습니다. '거뭇거뭇함-어둑어둑함', '그윽함', '분명치 않음', '확실히 알 수 없음', '이상함', '뭔가 대단함' … 그런 걸로요. 검다, 어둡다는 이미지가 그런 거지요. 무도 유도, 즉 없음도 있음도, 우리 인간의 명쾌한 이성적 인식 저편에 있습니다. 안 보이는 건 아니지만 어슴푸레하게 어렴풋이 보일 뿐입니다. 마치 베일에 가려 있는 것 같은 그런 거지요. 주렴 저편에 있는 미인의 얼굴 같은. 왜 있는지 왜 없는지, 왜 없음에서 있음이 생기는지, 왜 있음이 없어지는지 …, 우리 인간의 한낱 이성-지성이 어찌 쉽게 알 수 있겠습니까. 그런데도 '있음과 없음'은 실제로, 엄연히, 있는 거니, 없는 게 아니니, 어둡다, 검다 할 수밖에요. 그런 말씀인 거죠?

"검다는 것도 분명히 하나의 빛깔입니다. 실제로 검은 것은 검다고 할 수밖에 없어요. 모호한 것은 그냥 모호하다고, 어렴풋한 것은 어렴풋하다고, 그렇게 말하는 것이 가장 정확하고 정직한 표현입니다. 존재하는 것의 존재성격이 그 존재자별로 각각 다른 겁니다. 예컨대 돌멩이의 존재성격과, 물의 그것과, 공기의 그것이 각각 다르고, 사람의 존재성격과 선녀의 존재성격이 각각 다른 겁니다. 내가 직접 선녀를 보거나 만질 수는 없어도 그런 채로 선녀는 관념 속에서 혹은 상상 속에서 '그러그러한' 존재인 겁니다. 무와 유도 그런 의미에서 '현묘한', 신비로운 현상인 거지요."

네, 이쪽 사람들은 바로 그런 걸 '신비'라고 부른답니다. '무-유'를 위시해 지금도 그런 신비는 추호도 변함없이 그대로 있지만, 사람들이 그걸 잘 모르거나 잘 못 볼 따름이지요. 다른 수많은 인위적인 것들에 묻혀버려서. 그런데 선생님은 그걸 보신 거죠. 그리고 신비롭고 신비로운 그 '무와 유'가 '중묘지문衆妙之門', 즉 온갖 묘함의 문이라고 표현하셨습니다. '중묘衆妙', 온갖 묘함, 저는 이것을 지금 여기서도 확인되는 만유의 오묘한 질서로 이해합니다. 예컨대 세상의 있음, 그 안의 온갖 별들의 있음, 그 움직임, 이를테면 지구의 존재, 그 자전과 공전, 그 중력, 그 위의 삼라만상들, 그 각각의 오묘한 존재법칙들, 봄이 오면 꽃이 피고, 벌나비가 찾고, 가을이 되면 단풍이 들고 낙엽이 지고, 물이 흐르고, 물이 끓고 물이 얼고, 인간이 있고 남녀가 있고 서로 사랑을 하고 늙고 죽고 …, 세상 모든 것, 즉 만유, 어느 것 하나 오묘하지 않은 게 없습니다. 이 놀라운 현상들! 서양철학에서는 그 오묘함에 대한 반응을 '경이(thaumazein)'라고도 부른답니다. 아무튼 그런 근원적 현상들을 '중묘'라고 저는 해석합니다만….

"실제로 묘함을 느낀다면 그 느낌이 바로 중묘의 증거이지요. 삼라만상, 일체존재(萬有), 중묘 아닌 게 없습니다."

그런데 그것의 '문〈…之門〉'이라는 건요? 그건 '인식의 입구'라고 해석하면 될까요? 혹은 실마리? 시발점?

"그건 '현지우현'이라는 문 자체가 답을 줄 겁니다. 만일 무와 유의 현묘한 신비를 직접 느끼고 깨달은 사람이라면 그걸 실마리로, 그걸 시작으로, 아주 자연스럽게 만물 내지 삼라만상의 신비를 깨달을 수 있습니다. '있다-없다'라는 신비, 그게 모든 신비 중의 신비이기 때문입니다. '현지우현玄之又玄'(현묘하고 또 현묘함)은 그런 뜻입니다."

그 말씀을 들으니 저 고대 그리스의 파르메니데스가 생각나는군요. 존재론의 개시자. 그도 '문(pylai)'을 언급한 적이 있었거든요. 그 사람도 그 인상적인 철학시 〈자연에 관하여(peri physeos)〉에서 자신의 신비로운 여행길을 묘사하면서 태양신의 딸들이 모는 쌍두마차를 타고 한껏 내달리다가 거대한 문 앞에 당도하게 되고 그 문이 열리면서 여신(thea)의 따뜻한 환영을 받고 그 여신으로부터 진리(aletheie)를, 즉 존재(estin)와 무(ouk esti)의 사실을 전해 듣는 이야기가 있습니다. 그게 서양 존재론의 시작이었지요. 그 자신이 그 문을 실제로 연 겁니다. 그 신비를 들여다본 거죠. '무와 존재'를 주제화했다는 점에서는 노선생님도 똑같은 철학사적 의미를 지닌다고 저는 생각합니다. 파르메니데스는 서양적-그리스적 존재론의 문을, 그리고 노선생님은 동양적-중국적 존재론의 문을 여신 거지요. '문門'이라는 이 단어가 그것을 상징한다고 저는 해석합니다. 모든 신비의 시작이 되는 '무와 유의 현묘한 신비', 그것을 지적하시면서.

"그럴 수도 있겠군요. 물론 그 없음과 있음의 의미가, 신비의 의미가 저 파르메니데스나 하이데거와 완전히 일치하는 것은 아닐지도 모르지만…."

그야 그렇지요. 특히 저들에게는 도와 덕의 연결, 무와 유의 윤리적 의미에 대한 관점이 없으니까요. 그런 점에서 저는 선생님이 저들보다 더 탁월하다고 평가합니다.

"그쪽의 그런 없음이(무가) 이쪽의 이런 있음을(유를) 드러낸다면 그것도 나의 철학과 무관하진 않지요. 상대적으로 부각시켜 주니까, 고맙게도. 하하하."

그렇군요. 2장에서 말씀하시는 '유무상생有無相生'의 미리보기나 예고편 같군요. 하하하.

02.

천하 모두가 다 미의 미됨을 알면

天下皆知美之爲美, 斯惡已.4) 皆知善之爲善, 斯不善已. 故, 有無相
生, 難易相成, 長短相較, 高下相傾, 音聲相和, 前後相隨. 是以聖人
處無爲之事,5) 行不言之敎. 萬物作焉而弗辭,6) 生而弗有, 爲而弗
恃. 成功而弗居.7) 夫唯弗居, 是以弗去.

천하개지미지위미, 사악이. 개지선지위선, 사불선이. 고, 유무상생, 난이상성, 장단
상교, 고하상경, 음성상화, 전후상수. 시이성인처무위지사, 행불언지교. 만물작언이
불사, 생이불유, 위이불시. 성공이불거. 부유불거, 시이불거.

천하 모두가 다 미의 미됨을 알면 이는 나쁠 뿐이다. 모두가 다 선의 선됨
을 알면 이는 불선일 뿐이다. 고로 유무는 서로 낳으며, 난이는 서로 이루
며, 장단은 서로 견주며, 고하는 서로 기울며, 음성은 서로 어우러지며, 전
후는 서로 따른다. 그래서 성인은 무위지사無爲之事에 머물며, 불언지교

---

4) 죽간본-백서본-한간본에는 '斯'자가 없다.
5) 죽간본-백서본-한간본에는 '處'가 '居'로 되어 있다. 의미의 대차가 없으므로
익숙한 통용본을 따른다.
6) 죽간본과 백서본에서는 '不辭'가 '弗始'로 되어 있다. 의미가 상당히 달라진
다. 여기서는 '弗居'를 경계하는 문맥상 통일성을 고려하여 일단 통용본을
따른다.
7) 백서본에는 '成功', 통용본에는 '功成'으로 되어 있다. 의미상 차이는 없으나
우리에게 익숙한 표현인 백서본을 따른다.

不言之敎를 행한다. 만물은 작용하나 말하지 않고, 낳으나 그것을 갖지 않고, 해내나 그것을 자부하지 않는다. 공을 이루나 그것에 머물지 않는다. 무릇 오직 그것에 머물지 않으니, 그래서 떠나가지 않는다.

━━━━━━━━━━

노선생님, 이 2장에는 선생님의 주요 가치들이 마치 종합선물세트처럼 다양하게 들어 있는 것 같군요.

"가치의 종합선물세트? 허허."

네, 미와 선을 말씀하시지요, 유무, 난이, 장단, 고하, 음성, 전후, 이런 것의 대비랄까 상관성이랄까 상대성을 말씀하시지요, 이 책의 최중요 등장인물인 '성인聖人'을 언급하시지요,[8] 그 유명하고도 유명한 '무위'를 말씀하시지요, '불언지교'도 말씀하시지요, 만물을 언급하시지요, 그 '작언이불사作焉而弗辭', '생이불유生而弗有', '위이불시爲而弗恃'라는 특징을, 즉 선생님의 가장 큰 특징인 '자연 속의 윤리'를 말씀하시지요, 무엇보다 제가 개인적으로 가장 좋아하고 높이 평가하는 '성공이불거成功而弗居'(공을 이루되 거기에 머물지 않음) 및 '불거불거弗居弗去'(머물지 않으므로 떠나지 않음)도 여기서 말씀하고 계시니까요.

"그렇게 느낄 수도 있겠군요. 말이나 생각이라는 게 그렇지요. 하나 속에 여럿이 있고, 여럿 속에 하나가 있습니다. 이선생이 공부한 독일의 하이데거도 그렇지 않던가요? 그 사람은 '존재'라는 하나의 주제를 생각하고 말했다는데 그걸 100권이 넘는 책으로 펴냈고, 그 100권이 결국 존재라는 하나의 주제로 수렴되는 거지요. 내가 여기서 말하는 여러 가지도 결국은 다 하나의 '도'와 통하는 겁니다."

---

8) 이 '성인聖人'의 동원은 노자 철학의 가장 두드러진 특징의 하나이다. 성인은 그 '덕德' 내지 '치治'로써 '자연-도-천'과 '인-민'을 매개한다.

지당하십니다. 선생님, 그럼 하나씩 확인해 보겠습니다. 첫 번째 문장에서 선생님은 '미美'와 '선善'을 이야기하시면서 그 '상대성'을 알리고 싶어 하십니다. '천하개지미지위미, 사악이. 개지선지위선, 사불선이.' 천하의 모두가 다 미를 미인 줄 알고 선을 선인 줄 알면 역설적이게도 그건 미가 아니고 선이 아니라는 말씀이지요. 대학생 때 저는 '이게 무슨 개뿔딱지 같은 소린가', 죄송, 그런 인상을 받았는데, 나이 들며 세상을 경험하면서 참 놀라우신 지혜로구나 하고 탄복을 했습니다.

"그래요? 이해하게 됐다니 다행이군요. 어떻게 이해를 하셨는지."

선생님이 말씀하신 의도와 백 퍼센트 정확하게 일치할지는 모르겠습니다만, 저는 모두가 다 '아름답다', '선하다'라고 하는 게 애당초 있을 수 없다는 걸 삶의 어느 날 깨달았습니다. 예를 들어 저는 벚꽃이 엄청 아름답다고 생각하는데, 겹벚꽃은 좀 별로입니다. 그런데 어떤 사람들은 그것도 아주 아름답다고 합니다. 어떤 사람들은 피카소와 뒤샹의 작품을 최고의 '미'술작품이라고 하는데, 저는 그게 왜 가치가 있는지 전혀 동의할 수가 없습니다. 솔직히 좀 흉측합니다. 또 역사는 양귀비를 경국지색이라 기록하는데, 그녀가 연못에 손을 집어넣는다면 아마도 거기 있는 물고기들은 혼비백산을 하고 도망칠 겁니다. 그들에겐 아름답지 않은 거지요. 그런 예들은 얼마든지 있습니다. 아름다움은 그렇게 상대적이지요. 절대적일 수가 없는 겁니다.

"흠, 그렇다면 선은?"

네, 저는 무엇보다 제가 존경하는 이른바 4대 성인의 경우를 생각해 봅니다. 공자, 부처, 소크라테스, 예수[가나다순]. 선이라면 그분들만큼 선한 분이 어디 흔하겠습니까. 최고봉이지요. 그런데도 그분들이 선한 줄 알기는커녕 오히려 미워하고 해코지까지 한 사람들이 있었지 않습니까. 공자에게는 한퇴가, 부처에게는 데바닷다가, 소크라테스에게는 멜레토스, 아뉘토스, 뤼콘이, 예수에게는 제사장과 바리새인들이. 심지어 예수와 소크라테스는 그들에게 죽임까지 당했지 않습니까. 그러니 적어도 모든 사람들에게 받아들여지는 완벽한 절대적인 선은 없는 거지요. 그리고 선생님이 어떻게 여기실지 모르겠습니다만, 공자의 경우도 그걸 알려주고 있더군요. 제자 자공이 '고을의 모든 사람이 누군가를 좋아한다면 어떻습니까, 모든 사람이 누군가를 싫어한다면 어떻습니까'라고 하니, 공자는 뜻밖에 '그렇다면 그 사람은 아직 아니다, 그 고을의 선한 사람이 그를 좋아하고 그 고을의 나쁜 사람이 그를 싫어하는 그런 사람만 못하다'라고 말했습니다(子貢問曰, "鄕人皆好之, 何如?" 子曰, "未可也." "鄕人皆惡之, 何如?" 子曰, "未可也, 不如鄕人之善者好之, 其不善者惡之."). 저는 그 말을 들었을 때 정말 무릎을 쳤습니다. 그러니 선도 모두가 다 선이라 하는 그런 선은 애당초 성립 불가능한 것이지요. 제가 제대로 이해한 게 맞겠지요, 선생님?

"본인의 그런 생각 속에 사실이 있다면 오직 그 사실이 답을 말해 줄 겁니다."

제멋대로 인정이라 생각하고 감사합니다. 단, 한 가지 찜찜한 것이 있는데, 이 첫 번째 말씀에서 '이는 나쁠 뿐이다(斯惡已)', '이는 불선일 뿐이다(斯不善已)'라는 말의 의미가 약간 애매하다는 겁니다.

"그 '애매하다'는 말이 무슨 뜻인지 좀 애매한데…."

'천하가 다 아는 아름다움(天下皆知美之爲美)', '천하가 다 아는 선함(皆知善之爲善)', 그런 절대적 미와 절대적 선 그 자체를 악과 불선으로 규정하시는 건지, 혹은 천하가 다 아는 그런 절대적 미와 절대적 선은 애당초 성립 불가능이라는 말씀인지…, '이는(斯)'이라는 말이 뭘 가리키는 건지….

"애매하게 들릴 수도 있겠군요. 하지만 이선생 본인은 이미 그 의미를 선택한 것 같은데."

네, 저는 일단 전자가 아닌 후자의 의미로. 왜냐하면 '천하가 다 아는 그런 미와 선'이 정말 있다면, 그것 자체가 악과 불선일 수는 없는 거니까요. 그렇지 않고 미와 선의 상대성을 말씀하신 거라면 문맥상 무리는 없습니다. 즉, '이는 나쁠 뿐이다(斯惡已)', '이는 불선일 뿐이다(斯不善已)'라는 말은 절대적 미와 절대적 선, 그 내용 자체에 대한 부정이 아니라 그 발상 내지 발언에 대한 부정이 되는 거죠. 하여간 그래서 저는 선생님이 그 다음 두 번째 문장에서 말씀하신 '고로(故)'와 '서로(相)'라는 표현이, 그리고 그 내용 전체가, 그런 상대성에 대한 증거라고 풀이합니다.

"하하, 글자 하나도 놓치지 않고 정확하게 포착을 하시는군. 그렇지요. 유무도, 난이도, 장단도, 고하도, 음성도, 전후도 다 그렇게 상대적입니다. 미-악, 선-불선처럼. 어느 한쪽만으로는 애당초 성립 불가능입니다. 유도 이미 무를 전제로 하고, 어려움도 쉬움을, 높음도 낮음을, 사람 소리도 사물 소리를, 앞도 뒤를, 이미 다른 한쪽을 전제로 하고서만 성립하는 겁니다. 애당초 하나의 짝인 거지요. 그 반대를 전제로서 그 자체 안에 지닌. 그러니 미와 악도, 선과 불선도 이미 애당초 그렇게 서로 짝을 이루고 있는 겁니다. 절대적인 건 아니지요."

단, 그런 상대성이 절대적인 미와 선에 대한 절대적인 부정은 아니라고 저는 생각합니다. '천하天下'와 '모두(皆)'에게 아름답고 선한 건 없겠지만, 그 자체로 아름답고 선한 것의 절대성은 인정된다고 보는데요. 이를테면 플라톤이 말한 선의 이데아(he tou agathou idea), 미의 이데아 … 그런 것들, 그런 건 분명히 존재하니까요. 그리고 그런 미와 선을 인정하는 사람들에게는 그게 어디까지나 절대적이지요. 이를테면 안회에게는 공자, 아난에게는 부처, 플라톤에게는 소크라테스, 바울에게는 예수 …. 그리고 장자에게는 노선생님! 아닌가요?

"하하하, 그건 우리 장주莊周선생한테 한번 물어봐야겠군요."

그런데 선생님, 저는 선생님의 말씀하시는 스타일에서 전형적인 중국식 '비약' 같은 걸 좀 느낍니다. '고로(故)'와 '그래서(是以)' 같은 거요. 그 연결이 좀 뛰는 것 같거든요.

"전체적으로 크게 바라보면 다 무리 없이 연결될 겁니다. 중국식 사고에도 논리가 없는 건 아니니까요. 유럽식 사고와 좀 '다를' 뿐인 거지요."

하기야, 서양인들은, '중국인들은 왜 그런 식으로 말하는지 모르겠다'고 투덜대지만, 그런 상대성의 지적 다음에 '그래서…' 하며 성인의 덕을 지적하시니 연결성이 없는 건 아니네요. 성인은, 즉 훌륭한 사람은 그런 미와 선의 상대성에서, 그리고 유무, 난이, 장단 … 같은 자연의 상대성에서 그 덕을 배우는 셈이니까요. 그 덕이란 게 '상대성을 내세우지 않는 거'라면 연결성은 분명히 있는 것 같습니다. 그게 바로 '처무위지사處無爲之事', '행불언지교行不言之敎'이겠지요?

"그렇습니다. 내가 거듭 말하고 싶은 인간의 덕입니다. '무위無爲'와 '불언不言'. 그런데 이선생은 이미 아시겠지만, 이 무위와 불언은 절대 어떤 포기나 도피가 아닙니다. 그 '하지 않음'과 '말하지 않음'이 갖는 '함'과 '말함'이 따로 있는 겁니다. 그 특유의 힘이 있는 겁니다."

그게 바로 노선생님의 철학이 갖는 매력이자 호소력이라고 저는 생각합니다. 그래서 적지 않은 사람들이 선생님께 매료되는 것이겠지요. 선생님은 여러 차례 그 무위의 '무불위無不爲'를, 즉 '하지 않음이 없음'을 말씀하셨지요(道常無爲而無不爲 : 37장). 저는 그 말씀의 배경이랄까 밑바탕에 인간 세상의 어설픈 혹은 고약한 인간들의 문제적인 '함'과 '내세움'에 대한 지탄이 있다고 읽었습니다.

"그렇습니다. '저지르는', '내세우는', '나서는' 거지요. 행동에서도 말에서도. 그런 게 얼마나 많은 문제들을 야기하는지 세상과 역사를 둘러보면 바로 눈에 들어올 겁니다."

완전 동의합니다. 역시 빙산의 일각이겠지만, 저는 학생들을 가르치다 보니 그걸 느끼겠더군요. '하지 않음(無爲)'의 가치를요. 내가 나서서 학생들에게 뭘 '하기'보다 나는 뒤에 있으면서 그들이 스스로 뭘 하게 하는 게 훨씬 더 교육적이라는 걸요. 우리 한국에서는 정부와 국회가 뭘 '하는' 것보다 '차라리 아무것도 하지 말아주세요'라는 여론도 있습니다. 우스갯소리지만 한류가 잘나가는 것도 정부에 관련 부처가 없어서 아무것도 '하지' 않은 게 성공 비결이라더군요, 하하. 자식 교육도 뭘 '하려고' 해서 오히려 망치는 경우도 적지 않고요. 그래서 '무위지사 無爲之事'(아무것도 하는 않는 일)가 성인의 한 덕이 되는 거겠지요.

"온갖 자연현상이 다 그렇지요. 하늘은 나서서 뭘 하지 않고 항상 뒤로 물러나 있습니다. 자연이 다 알아서 하지요. 가장 큰 덕이지요. '불언지교不言之敎'(말하지 않는 가르침)도 그렇습니다."

네, '말(言)'의 폐해를 생각하면 정말 그렇습니다. 오죽하면 '말로써 말 많으니 말 말을까 하노라'라는 말까지 있겠습니까. '웅변은 은이요 침묵은 금이다'라는 말도 있고요. 때로는 침묵이 엄청난 아우성보다 더 크게 울릴 때도 있지요. 뭔가 잘못을 했는데 부모님이나 선생님이 아무 말씀 없으실 때라든지…. 그러니 말하지 않음(不言)은 그 자체로 큰 가르침(敎)이 될 수 있는 겁니다.

"사실 말하지 않음은 하늘이 말하는 방식이기도 합니다…."

아, 그렇지요. 공자도 그런 취지의 말씀을 하셨지요. '하늘은 어떻게 말하는가. 사시가 행해지고 있다. 만물이 생육되고 있다. 하늘은 어떻게 말하는가(天何言哉. 四時行焉. 百物生焉. 天何言哉).' 사계절의 운행과 만물의 생육, 말없는 그 사실 자체가 하늘의 말하는 방식이라는 말이었지요. 제가 공부한 하이데거도 '침묵(Schweigen)은 말(Sprache)의 한 방식'이라고 알려주었습니다.

" '만물작언이불사萬物作焉而弗辭'도 같은 취지입니다. 만물은 사실 오묘하기 짝이 없는 질서에 따라 제가끔 작동을 하고 작용을 합니다.

작동은 그 스스로의 존재고 작용은 연관된 다른 사물에 대한 존재입니다. 이를테면 봄에 꽃 피는 것이 작동이고 그 꽃이 벌나비를 불러들이는 것을 작용이라고 생각할 수 있습니다. 그런 '작作'이 세상 만물에 가득합니다. 태양이 불타는 게 작동이고 그 빛과 열기가 지구의 만물을 살리는 게 작용입니다. 그 모든 게 엄청난 현상임에도 불구하고 만물은 [잘난 체하는 인간들처럼] 그 작용에 대해 이렇다 저렇다 한마디 말이 없습니다.9) 자랑도 않습니다. 번지르르한 미사여구美辭麗句는 더욱 없지요."

그렇습니다. 그리고 '생이불유生而弗有', '위이불시爲而弗恃', 그것도 말씀 그대로입니다. 자연은 '생生'을, 비물에서 인산까지 온갖 생명현상을 가능케 하지만 그걸 자기 거라고 소유하지 않습니다(弗有). 온갖 일들을 해내지만 '내가 하노라고, 내가 한 것이라고' 자부하지 않습니다(弗恃). 그야말로 '성공이불거成功而弗居'이지요. 공을 이루고도 거기(그 공에) 머물지 않지요(弗居). 자연의 모든 만물은 그 존재 자체가 명백한 하나의 '공功'입니다. '이루어진' 공입니다. 그 오묘함과 고마움을 생각해 보면 도저히 부인할 수 없지요. 그런데 그 공의 주인공은 드러나지 않습니다. 그것에 '머물지(居)' 않는 거지요. 내가 이룬 이 만물이, 이 자연이 '내 것이다', '내 집이다'라고 소유권을 주장하지 않습니다. 자랑도 하지 않습니다. 그 공을 나의 거처로 삼지 않습니다. '엄청난 공'임에도 불구하고 그렇습니다. 그게, 그런 덕이 '불유弗有'고 '불시弗恃'고 '불거弗居'인 거겠지요. 인간들에게는 참 쉽지 않은 미덕입니다. 인간들은 조금만 뭘 이뤄도 '내가 한 거야', '내 꺼야', '나 대단하지?' 하

---

9) '불사弗辭'의 의미는 다르게 해석될 수도 있으나 이 문맥에서는, 특히 뒤에 이어지는 '생이불유生而弗有', '위이불시爲而弗恃'의 '유有'와 '시恃'의 의미와 균형을 생각할 때는 '말하지 않는다'는 의미가 가장 적절하다. 하여 이렇게 해석한다.

고 내세웁니다. 그런데 자연은, 만물은 그렇게 하지 않습니다. 한마디 말이 없습니다. '불거弗居', 거기에 눌러 살지 않습니다. 그 공에 집착하지도 떠벌리지도 않습니다. 그렇다고 그 공이 어디 가겠습니까. 거기 그대로 있지요. 천 년 만 년 영겁의 세월 여기 이렇게 그대로 있습니다. '불거弗去', 어디 가지 않습니다. 떠나지 않습니다. 사라지지 않습니다. 없어지지 않습니다. 만유의 생성, 만유의 작용, 세상에 이보다 더 큰 공덕이 어디 있겠습니까. 그런데도 그 공덕을 내세우지 않는 거지요. 그러니 참으로 큰 도덕이 되는 겁니다.

"그렇습니다. 그게 도이고 그게 덕입니다. 도와 덕은 그렇게 원천적으로 연결돼 있습니다. 도에서 덕을 읽어야 합니다."

초등학교 때 배운 '거짓말하지 않기', '떠들지 않기', 그런 것과는 좀 다른 고차원적 도덕입니다만. 하하하.

03.

똑똑함을 높이 여기지 않으면

不尙賢, 使民不爭, 不貴難得之貨, 使民不爲盜, 不見可欲, 使民心不亂.10) 是以聖人之治, 虛其心, 實其腹, 弱其志, 强其骨, 常使民無知無欲, 使夫智者不敢爲也. 爲無爲則無不治.11)

불상현, 사민부쟁, 불귀난득지화, 사민불위도, 불견가욕, 사민심불란. 시이성인지치, 허기심, 실기복, 약기지, 강기골. 상사민무지무욕, 사부지자불감위야. 위무위즉무불치.

똑똑함을 높이 여기지 않으면 백성으로 하여금 다투지 않게 하고, 얻기 어려운 재화를 귀히 여기지 않으면 백성으로 하여금 도둑이 되지 않게 하고, 바랄 만한 걸 보이지 않으면 백성으로 하여금 마음이 어지럽지 않게 한다. 이로써 성인의 다스림은 그 마음을 비우고, 그 배를 채우며, 그 뜻을 약하게 하고, 그 뼈를 강하게 한다. 항상 백성으로 하여금 무지 무욕하게 하고, 무릇 지자智者로 하여금 구태여 [뭔가를] '하지' 않도록 한다. '무위無爲'를 하면 다스려지지 않음이 없다.

---

10) '民心'이 백서본에는 '民'으로, 하상공본에는 '心'으로 되어 있다. '민'과 '심' 두 가지 의미를 다 지키기 위해 왕필본을 따른다.

11) '爲無爲'가 백서본에는 '弗爲而已'로, 한간본에는 '弗爲'로 되어 있다. 노자의 원음에 더 가까워 보이나, '위무위'의 철학적 의미를 지키기 위해 통용본을 따른다.

노선생님, 이 3장에서도 '무위無爲'를 말씀하시는군요. 그리고 '성인聖人'을 언급하시는군요. 그리고 '다스림(治)'을 입에 올리시는군요. 나는 여기서 세상에 대한, 백성에 대한 선생님의 관심을 느꼈습니다. 선생님의 독특한 정치철학입니다. 그렇게 이해해도 되겠죠?

"백성에 대한 관심을 정치라고 한다면."

그런데 그 정치의 주어가 '성인'이네요. '성인의 다스림(聖人之治).' 노자 철학의 가장 큰 특징의 하나이기도 한데, 훌륭한 사람만이 이런 정치를 할 수 있다는 생각이시겠지요. 이건 곧 보통의, 실제 정치인들은 이런 걸 잘 못하고 있다는 말처럼 들리기도 합니다.

"백성에 대한 진지한 관심이 없는 게 그렇다면. 만일 이런 걸 아무나 한다면 성인에게 굳이 '성聖'자가 붙을 필요가 없겠지요."

현실을 보면 그 말씀을 인정할 수밖에 없습니다. 그런데 대학 시절 이 3장 말씀을 처음 접했을 때, 저는 유독 '불不'자가 많은 게 눈에 띄었습니다. 무려 여덟 번! 부정적인 어법이랄까. 이것도 노자 철학의 가장 큰 특징 중 하나인데, 이건 다스리는 쪽이나 다스려지는 쪽이나, 즉 정치하는 사람이나 백성이나, 다 해당하는 것이었습니다. '…하지 말라'고 제겐 들렸습니다. 저의 생각으로는 이 역시 하지 말아야 할 것을 '하고' 있는 실제 현실이 그 배경에 깔려 있는 것 같습니다만….

"그렇고말고요. 진정한 철학은 한갓 지식이 아니라 반드시 '문제'에서 필연적으로 발생하는 것이니까요."

그렇죠. 서양철학에서는 그런 걸 충족이유율이라 부르기도 합니다. '모든 것은 그 원인을 갖는다(Alles hat seinen Grund)'라는 거죠. '문제 그 자체(Sache selbst)'에 기반한 철학만이 진정한 철학이라고 저도 적극 동의합니다. 그 문제가 여기서는 '상현尙賢', '귀난득지화貴難得之貨',

'견가욕見可欲'이고, 그리고 '민쟁民爭', '민위도民爲盜', '민심란民心亂' 이겠지요. 후자들이 결과인 문제들이고 전자들이 원인인 문제들이지요. 문제가 문제를 낳는 셈이군요. 세상의 사회적 가치관의 문제, 백성의 문제.

"제대로 읽으셨군. 세상의 모양이 대체로 이렇습니다."

네, 동서고금을 막론하고. 선생님의 중국이나 저의 한국이나. 플라톤의 그리스나 롤스의 미국이나. 사람들이 서로 다투고, 사람들이 도둑이 되고, 사람들이 심란하고… 그렇지요. 지금 여기서도 여전히 현실입니다. 개인적, 사회적인 문제일 뿐 아니라 국제적인 문제이기도 합니다. 그 배경엔 역시 인간의 지극히 인간적인 그리고 현실적인 가치관이 전제되어 있습니다. '현', '난득지화', '가욕', 즉 똑똑한(영리한) 것[세상사에 밝아 요령 있게 잘 대처하는 것], 귀한 물건, 탐나는 것. 이런 게 '좋다'고 생각하는, 높이 치는 것(尙, 貴)이고 그게 현실에 통용되고 있는(見) 것입니다. 이게 문제라는 말씀인 거죠?

"그럼 그게 문제가 아니라고 할 수 있겠습니까? 그 심란과 도둑질과 다툼이 개인을 망치고 세상을 망치고 있는데도?"

현실을 보면 인정할 수밖에 없습니다. 그런데 이런 문제들에 대한 노선생님의 해법은 참으로 특이합니다. 뭐랄까, 역설적 가치론이랄까. 비워서 채우고 약화시켜서 강화시킨다는 것이니까요. '허기… 실기… 약기… 강기…虛其心, 實其腹, 弱其志, 強其骨', 언어적으로도 아주 매력적인 구조입니다.

"중요한 것은 그 내용입니다. 뭘 비우고 뭘 채우며, 뭘 약화하고 뭘 강화하는가 하는 거지요."

아, 그렇지요. 심심과 복복의 대비, 지지와 골골의 대비. '심심-지지'와 '복복-골골', 제 식의 표현을 쓰자면 마이너스적인 것과 플러스적인 것이 분명하네요. 그런데 오늘날 저희 한국인의 이미지로는 '심심-지지'

는 좀 긍정적이고 '복腹-골骨'은 오히려 좀 부정적인데…. 선생님의 말씀은 그 반대입니다.

"그렇다면, 그럴수록 이런 지적은 더 필요합니다. 진정한 가치는 곧잘 일상적인 인식과 반대되는 경우가 있으니까요."

하긴, '심心'은 욕심, '복腹'은 진정한 실속, '지志'는 사사로운 생각, '골骨'은 진정한 인품, 그렇게 이해할 수가 있으니까, 부정과 긍정이 다를 수도 있겠군요. '심과 복', '지와 골'을 그렇게 이해한다면 무엇을 버리고 무엇을 취해야 할지 분명해지죠. 그걸 부연해서 선생님은 '무지무욕無知無欲'(앎이 없음과 하려 함이 없음)과 '불감위不敢爲'(굳이 하려고 하지 않음)를 말씀하신 걸 테고요. '현賢', '화貨', '욕欲'(꾀바름, 돈, 욕심), 화근이 되는 그런 건 모르는 게 좋고 없는 게 좋다는 거고, 어설프게 알고 뭘 어떻게 해보겠다고 나서는 것(敢爲)도 차라리 안 하는 게 낫다는 판단이신 거죠?

"그게 바로 '위무위爲無爲' 즉 '아무것도 하지 않는 것을 함'입니다. 그러면 다스려집니다. 다스려진다, 다스려지지 않음이 없다(無不治)는 것은 모든 문제가 원천적으로 해소될 수 있다는 뜻입니다. 문제가 없어지는 것, 그것 말고 다스림의 다른 의미가 있겠습니까? 권력? 지배? 그건 진정한 다스림에 관심 없는 정치꾼들이나 갖는 욕심이지요. 그래서 그런 그들은 성인이 아닌 겁니다."

네, 혹자는 선생님의 이런 정치철학을 현실과 동떨어진 형이상학적 이상주의라고 비웃지만, 어떤 세상이든 이상은 이상으로서 반드시 필요한 것이기도 합니다. 누군가는 반드시 이상을 이야기해야 한다는 게 제 소신입니다.

"이선생의 그 소신이 부디 많은 이해와 우군을 얻게 되기를."

'상현尙賢'(꾀바름을 높이 치는 것), '귀난득지화貴難得之貨'(얻기 어려운 재화를 귀히 여기는 것), '견가욕見可欲'(욕심날 만한 걸 보여주는 것)이 대세라 돈 안 되는 이상이 별 인기가 없긴 합니다만. 하하하.

　"그럼에도 불구하고, 아니, 그러니까 이상인 거지요. 파이팅! 힘냅시다. 하하하."

04.

도는 텅 비어 있으나

道沖而用之或弗盈.[12] 淵兮, 似萬物之宗. 挫其銳, 解其紛, 和其光,
同其塵. 湛兮, 似或存. 吾不知誰之子. 象帝之先.
도충이용지혹불영. 연혜, 사만물지종. 좌기예, 해기분, 화기광, 동기진. 잠혜, 사혹
존. 오부지수지자. 상제지선.

도는 텅 비어 있으나 이를 사용해도 혹 가득 채우지 못할 것 같다. 깊도
다, 만물의 으뜸인 것 같다. 그 날카로움을 꺾고, 그 얽힘을 풀고, 그 빛을
부드럽게 하고, 그 티끌과 함께한다. 맑도다, 혹 존재하는 것 같다. 나는
모르겠다, 누구의 자식인지. 상제象帝보다 먼저다.

━━━━━━━ ▬▬▬ ━━━━━━━

노선생님, 이 4장에서 드디어 '도道'를 본격적으로 논하시는군요. 그
런데 표현이랄까 설명이 참…, 분명한 게 하나도 없습니다. 하기야 어
쩌면 전례도 없는 도라는 걸 처음으로 보고 말하는 건데 그 표현과 설
명이 어디 쉽겠습니까. 이해합니다. 1장에서도 '도가도비상도', '명가명
비상명'이라고 그 언어적 표현의 한계를 이미 언급하신 바 있었죠. 서

---

12) 백서본-한간본에는 '或'이 '有'로 되어 있다. 통용본에 비해 단정적이다. 뒷
   부분과의 균형을 고려해 통용본을 따른다.

양에서도 헤라클레이토스가 처음으로 '로고스(logos)'라는 걸 설명하며 애매모호하기 짝이 없는 표현을 사용해 사람들에게 '어둠의 사람(skoteinos)', '수수께끼를 말하는 사람(ainiktēs)'이라 불리기도 했는데 어쩌면 사정이 비슷했는지도 모르겠네요. 물론 그는 사람들이 함부로 그것에 대해 아는 체하지 않도록 일부러 그랬다는 전언도 있습니다만, 선생님도 혹시 그런 건가요?

"굳이 일부러 그럴 필요까지야 있겠습니까. 나는 그저 내가 보고 느낀 대로 내 식으로 말하고 있을 뿐입니다. 그러그러한 것을 그러그러하다고 말하는 것, 모호한 것은 모호한 채로. 애당초 모호한 것에 대해서는 그게 가장 정확한 표현입니다. '노'란 놀이나 쭐저럼 감각적으로 분명한 건 아니니까요."

하기야. 그런데 선생님, 그래도 설명은 좀 필요합니다. '도'를 처음으로 논하면서 다짜고짜 비유이잖습니까. '도충이용지혹불영道沖而用之或弗盈'이라고요. '비어 있다, 쓴다, 채운다 …', 마치 텅 빈 그릇 같다는 말씀이죠. 도가 그릇일 턱은 없지만 '만일 그릇이라면', 그 그릇은 만유를 즉 모든 것을 다 담고도 남을 만큼 큰 그릇이라는, 즉 만유에 다 적용되고도 남을 그 무언가라는 그런 말씀이겠지요. '용지用之'라는 게 그런 담는다는 뜻이 아닙니까. '그것을 다 채우지 못한다(弗盈)'는 데서 유추합니다만.

"이미 다 알면서 물어보는군요."

확인하고 싶어서입니다. 처음 이 말을 접할 때는 누구나 대개 거기서 걸리거든요. '비어 있다(沖)', '채워지지 않을 것 같다(或弗盈)'…. '혹或' 즉 '… 것 같다'는 말은 그 모호성을 모호한 채로 남겨두고 싶어서 하신 말씀이신지요?

"비어 있는 그 도를 써보시면 바로 이해하실 겁니다. 단, 그 도의 성격이 그렇게 크고 넓고 깊다는 뜻임을 놓치지 않는다면."

놓칠 리가 있겠습니까. 바로 이어서 다시 재차 강조하고 있는데. '깊도다, 만물의 으뜸인 것 같다(淵兮, 似萬物之宗)'고 말씀이죠. 여기선 또 연못을 동원하시는군요. 연못처럼 깊다고요. 그릇의 깊이와 연못의 깊이, 연관된 것으로 생각해도 되겠죠?

"좋을 대로 생각하십시오. 역시 그 깊이와 크기 자체를 놓치지 않는다면."

놓치지 않겠습니다. 그 높이도요. 도는 만물의 마루(宗), 즉 으뜸이라시니, 서열로 치자면 만물보다 도가 더 위라는 뜻일까요? 만물을 통괄하는 어떤 존재….

"서열이랄 것까지야. 도와 만물의 존재 성격이 다른데. 게다가 그런 '것 같다(似)'고 말하지 않았습니까. 느낌상 혹은 말하자면 그렇다는 거지요."

알겠습니다. 돌멩이나 풀 같은 구체적 사물과는 달리 보이지도 들리지도 잡히지도 않는 그런 '도'이니까요. 정체를 분명히 드러내지 않는 그런 특징이 있지요, 도라는 것은. 말하자면 육신의 눈이 아닌 정신의 눈에만 모습을 보이는 그런…. 이를테면 로고스나 이데아나 법칙이나 그런…. 그래서 선생님은 그 다음 말씀도 하신 거겠죠.

"그렇습니다. '그 날카로움을 꺾고, 그 얽힘을 풀고, 그 빛을 부드럽게 하고, 그 티끌과 함께한다(挫其銳, 解其紛, 和其光, 同其塵).' 도는 그런 겁니다."

그런데 많은 사람들이 이게 무슨 소린지 이해에 어려움을 겪습니다. 저도 그랬습니다. 수수께끼 같달까, 퀴즈 같달까, 암호 같달까…. 그래서 저는 제가 서양철학에서 배운 대로, 특히 가다머의 해석학에서 배운 대로 이걸 이해하기 위해 이른바 '지평융합(Horizontverschmelzung)'을 시도해 보았습니다. 제가 저 자신의 시야에서 본 것으로 선생님의 말씀에 접근해 보는 그런 겁니다.

"가다머, 해석학, 이해, 지평융합 …, 흥미롭군요, 그 서양철학이라는 것. 그래서? 이선생 본인은 그 지평에서 뭘 봤나요?"

저는 '본연本然'이라는 현상을 관심 있게 지켜봤는데, 도도 결국은 그 본연의 한 얼굴이더군요. 인간과 상관없이 본래부터 그런 것. 시공을 초월한 보편적인 것, 법칙적인 것, 불변적인 것, 그 본연이 바로 그렇더라고요. 저 도의 특성들처럼. 특별나지 않고, 단순명쾌하고, 잘 드러나지 않고, 그리고 아주 하찮은 것까지 다 해당이 되는, 그런 거더군요. 그게 바로 '그 날카로움을 무디게 하고, 그 얽힘을 풀고, 그 빛을 죽이고, 그 티끌과 함께한다(挫其銳, 解其紛, 和其光, 同其塵).'는 것과 다른 게 아니다라고 저는 생각한 겁니다.

"흥미롭군요. 구체적인 예를 한번 들어볼 수 있겠습니까?"

제가 즐겨 사용하는 예입니다만, 봄에 겨우내 얼었던 땅을 뚫고 새싹이 돋아 한 송이 민들레가 피어나는 것, 민들레는 절대 해바라기만큼 크지 않는다는 것, 민들레 꽃씨는 솜뭉치처럼 생겼고 바람을 타고 날아 개체를 퍼트린다는 것, 이듬해에도 민들레 꽃씨에서는 반드시 민들레가 핀다는 것, 절대로 거기서 장미가 피지는 않는다는 것… 이런 법칙이랄까 질서랄까, 이런 건 무슨 특별한 것이 아니니 '좌기예挫其銳'요, 어려울 것도 복잡할 것도 하나도 없는 뻔하고도 뻔한 현상이니 '해기분解其紛'이요, 누구도 이런 현상을 특별히 주목하지 않을 만큼 자신을 드러내지 않으니 '화기광和其光'이요, 티끌은 아니지만 티끌처럼 별것 아닌 하찮은 현상인데 거기도 법칙은 적용되고 있으니 '동기진同其塵'이다, 그렇게 생각한 겁니다. 도도 그런 것 아닙니까? 이 특성들이 하나같이 '특별하지 않은 특별함'을 말한다고 저는 해석했습니다. '똥오줌 속에도 도가 있다(在屎溺)'[13]는 장주선생님의 말씀도 그런 뜻이 아니었습니

---

13) "동곽자가 장자에게 물었다. '도는 어디에 있는가?' '없는 곳이 없다.' '구체적으로 이름을 지적하여 말해 보시오.' '쇠파리에 있다.' '도가 어찌 그리 지

까? 사실 인간의 배변활동이라는 것도, 엄연한 초월적·법칙적 자연현상의 일부인 거죠. 먹는다는 현상과 연결돼 있는. 거기도 도가 있는 건 확실합니다.

"하하하, 우리 장주선생이 이선생을 만나면 반가워하겠군요."

아니, 저는 뭐 그분처럼 마누라가 죽었을 때 노래를 부를 만큼 유별나지도 않고 대붕이니 어쩌니 그만큼 스케일이 크지도 않고 호접지몽 같은 것도 꿔본 적이 없어서 그분이 상대나 해주실지….

"그거야 누가 알겠습니까. 누가 큰지 누가 작은지. 이선생도 내가 보니 좌기예, 해기분, 화기광, 동기진挫其銳, 解其紛, 和其光, 同其塵하고 있는 것 같은데…."

과분하신 말씀. 그런데 저는 노선생님의 통찰이 참 놀랍습니다. 그렇게 잘 드러나지 않는 게 도의 특성인데 그걸 그 시대에 어떻게 꿰뚫어 보신 건지. 너무나 맑아서 잘 안 보이는데 그 '존재'를 있는 그대로 보셨지 않습니까. '맑도다, 혹 존재하는 것 같다'고. 보통 물속의 물고기는 봐도 물 그 자체는 잘 안 보는 건데.

"그래요. 하지만 물은 맑아도 보이지요. 아니, 맑을수록 더 눈길을 끌기도 하지요. '존재한다'가 아닌 '존재하는 것 같다'는 그런 존재의 모습으로. 도도 그런 것이요, 이선생의 그 '본연'도 그런 것이요, 헤라클레이토스의 로고스도 플라톤의 이데아도, 그리고 기독교의 '신'도 그런

저분한 데 있는가?' '가라지나 피 같은 잡초에 있다.' '어째서 더 하찮은 것에 있는가?' '옹기 조각에 있다.' '왜 점점 더 심해지는가?' '똥오줌에 있다.' '…' 장자가 말하였다. '당신의 질문은 본질을 물은 것이 아니다. 구체적인 사물을 벗어나 도를 이야기하려 해서는 안 된다. 지극한 도는 이와 같고, 위대한 말도 이와 같다.'(东郭子问于庄子曰所谓道恶乎在. 庄子曰无所不在. 东郭子曰期而后可. 庄子曰在蝼蚁. 曰何其下邪. 曰在稊稗. 曰何其愈下邪. 曰在瓦甓. 曰何其愈甚邪. 曰在屎溺. 东郭子不应.)" 《장자》〈지북유知北遊〉

거지요. '있다'가 아니라 '있는 것 같다(似或存)'는 그 특유의 존재성을 놓쳐서는 안 됩니다."

신을 언급하시니 마지막 문장을 생각해 봅니다. 선생님은 이 '도'라는 것이 '누구의 자식인지 모르겠다. 상제보다 먼저다(吾不知誰之子. 象帝之先).'라고 말씀하셨습니다. 너무너무 공감합니다. '누구의 자식인지 모르겠다.' 나는 이 '모르겠다'는 말을 아주 높이 평가합니다. 아, 물론 제가 선생님을 평가할 입장은 아닙니다만…, 그런 생각이 든다는 겁니다. 누가 알겠습니까. 이 도의 기원을. 누가 이걸 이렇게 만들었는지를. 존재하게 했는지를. 그건 아마 저 서양철학의 '존재(hopos estin/Sein)'처럼 영원한 수수께끼요 경이일 것입니다. 우리는 오직 그 현상만을 이야기할 수 있을 뿐, 그 누구도 그 기원을 말할 수는 없습니다. '누구의 자식(誰之子)', 그건 그 기원에 대한 의문이겠지요. 너무나 당연한 의문입니다. 그러나 '도' 자체는 이런 의문에 대해 철저하게 입을 다물고 있습니다. 절대로 그 기원을 알려주지 않습니다. 저는 이런 의문에 대한 유일한 답이 '신神'이라고 생각하는 편입니다. 이 한마디면 모든 것이 완벽하게 설명이 됩니다. 도나 존재나 본연뿐만 아니라 온갖 자연과학의 법칙들도 만유인력도 엔트로피도 상대성원리도 빅뱅도 심지어 다윈의 진화론조차도 다 신으로 설명이 됩니다. 그 모든 현상의 기원이 신이라고요. 신이 그렇게 만들었다고. 신의 창조에 대한 반론인 듯이 선전되는 이른바 진화조차도. 왜냐고요? 신은 절대요 전지전능하니까, 모든 것을 알고 모든 것을 할 수가 있으니까요. 애당초 그런 존재니까요. 우리 앞에 전개된 이 놀라운 현상들을 보면 그렇게밖에는 설명할 길이 없습니다. 너무나 대단하고 너무나 오묘하니까요. 그런데…, 그런데 노선생님은 도가 '상제보다 먼저다(象帝之先)'라고 말씀하십니다. 그 '상제'가 왕필王弼이나 임어당林語堂의 말처럼 '천제天帝'요 만유의 주재자요 고대 중국 버전의 신이라면, 이건 좀 고개가 갸우뚱해집니다. 저의 이

의제기에 어떻게 답하시겠습니까?

"아주 난감한 질문을 하는군요. 나의 답은 일단 '오부지수지자吾不知誰之子'에 있습니다. 나는 그 기원을 알지 못합니다. 내 솔직한 생각입니다. '상제지선象帝之先'은 그 알 수 없음의 문학적 강조 정도로 생각하면 어떨까요. 그만큼 근원적인 것이라는 뜻으로."

하이데거가 '존재'를 일컬어 '오랜 것 중 가장 오랜 것'이라 말하는 것 같은 그런 뜻인가요?

"더욱이 이 '상제象帝'라는 것이 이선생이 말하는 그 '신神'과 완전히 동일한 것이 아니라고 한다면, 즉 주재자이긴 하지만 창조자는 아니라고 한다면, 모순이 해소될 수도 있겠지요. 이를테면 '옥황상제'처럼. 주재자인 '제帝'와 창조자인 '신神', 구별해 보세요. 어때요? 해결의 실마리가 보이지 않나요?"

묘하게 미꾸라지처럼 이 난감함을 빠져나가시는군요. 하하하.

"미꾸라지의 미끄러움도 사실 도의 일종인지라. 하하하."

05.

천지는 어질지 않아

天地不仁, 以萬物爲芻狗, 聖人不仁, 以百姓爲芻狗. 天地之間, 其
猶橐籥乎. 虛而不屈, 動而愈出. 多言數窮,[14] 不如守中.
천지불인, 이만물위추구, 성인불인, 이백성위추구. 천지지간, 기유탁약호. 허이불굴,
동이유출. 다언삭궁, 불여수중.

천지는 어질지 않아 만물을 하찮은 짚풀 강아지처럼 여긴다. 성인은 어질
지 않아 백성을 하찮은 짚풀 강아지처럼 여긴다. 천지의 사이는 마치 풀
무와도 같다. 비어 있으나 오그라들지 아니하고, 움직이나 더욱 나온다.
말이 많으면 자주 궁하니 가운데를 지키느니만 못하다.

━━━━━ ▬▬▬ ━━━━━

노선생님, 저는 소위 동양인이지만 서양철학을 공부해서 그런지 애
매모호한 것보다는 단순명료한 걸 좋아하는 편입니다. 그런데 이 5장의
말씀은 좀 그렇질 못하군요. 의미가 아주 애매모호합니다. 상식과는 반
대되는 말씀을 하시니까요. (사실 상식을 뒤집는 이 반전, 반어, 역설이
선생님의 최대 특징이자 매력의 한 축이기도 합니다만…) 특히 천지와

---

14) 백서본에는 '多言'이 '多聞'으로 되어 있다. 통용본을 따른다.

성인이 '어질지 않다'는 말씀…. 그래서 이걸 이해하려면 또 해석학적 접근, 즉 지평융합이 필요해 보입니다.

"어느 부분이 그렇다는 말인지."

다 그렇습니다. 처음부터 끝까지.

"그럼 어디 그 지평융합이란 걸 시도해 보시던가."

네, 우선 첫 번째 말씀을 새겨보겠습니다. 선생님은 '천지'와 '성인'을 언급하시고 또 '만물'과 '백성'을 언급하시는데, 상식과는 반대로 천지와 성인이 '어질지 못하다(不仁)'고 하십니다. 어쩌면 그 '불인'의 증거제시인 셈인가요? 그 결과로서 선생님은 천지와 성인이 만물을 '추구芻狗'로 여기고 백성을 '추구'로 여긴다고 지적하십니다. 짚으로 만들어 제사 때 한 번 쓰고 버리는 하찮은 '개' 인형, 아니, 인형이 아니라 구형인가요? 아무튼 그런 '추구芻狗'로 여긴다는 말씀이지요. 우리 같은 보통 사람들은 이 말씀이 일단 좀 당황스럽습니다. 도대체 어떤 걸 말씀하시는 거지? 그런데 한편 생각해 보니 이런 생각이 들었습니다. 아하, 그럴 수도 있겠다. 이 말이 우리에게 낯설게 느껴지는 건 상식적으로 너무나 긍정적인 '인仁'의 반대, 즉 '불인不仁'이라는 말의 부정적 이미지 때문이지, 천지가 만물을 하찮게 여긴다는 건, 실제로 자연 속에서 얼마든지 확인되는 일이 아니던가. 아니 그야말로 만물이 다 하찮은 게 아니던가. 천지의 만물은 다 가차 없이 쓰고 버려집니다. 아무리 아름다운 꽃도 '화무십일홍花無十日紅', 곧바로 시들어 땅에 떨어져 시커멓게 썩고, 곱디고운 신록도 결국은 낙엽이 되어 떨어져 밟히고, 동물이란 동물은, 우리 인간까지 포함해서 다 생로병사에서 예외가 없습니다. 아무리 고운 절세미인도 쭈그렁 할머니가 되고 그 어떤 천하장사도 결국은 구들장 신세가 되고 맙니다. 결국은 '황총일퇴초몰료荒塚一堆草沒了',[15] 거친 무덤의 한 무더기 풀로 사라집니다. 이런 걸, 이런 취급을, '어질다(仁)'고 할 수는 없는 거지요. 기타 온갖 자연재해는 말

50

할 것도 없고요. 그러니 '천지불인天地不仁'은 진실임이 분명합니다.

"나의 이 천지가 이선생의 그 천지고, 나의 이 만물이 이선생의 그 만물이니, 다를 게 없지요. 여기서 그런 건 거기서도 그렇고, 거기서 그런 건 여기서도 그렇습니다. '천지불인'의 의미를 읽어낸 셈이군요. 그럼 '성인불인聖人不仁'은?"

이건 좀 납득하기가 쉽지 않습니다. 성인은 무조건 그리고 당연히 '어질다'는 전제랄까 이미지가 있으니까요. 그런데 저는 이렇게 생각해 봤습니다. 이건 성인이 어질지 않아 나쁜 사람이다, 그래서 백성을 하찮게 여겨 함부로 대한다, 그런 뜻이 아니라 결과를 한번 보자는 거죠. 성인이 아무리 어진 사람이라도 백성은 결국 추구芻狗처럼 쓰고 버려진다는 거죠. 이 세상에서. 저는 그걸 일반인들은 말할 것도 없고, 백성 중의 백성이라는 훌륭한 사람들의 경우에서도 확인합니다. 이를테면 대통령들, 재벌 총수들, 메달리스트 등 각 분야 유공자들, 인기 최고의 연예인들…, 우리 현대 한국인들은 설명도 필요 없이 너무나 잘 알고 있습니다. 그들이 어떤 능력과 노력으로 어떤 경지에 도달했는지, 놀라울 정도입니다. 그리고 그들이 결국 어떤 결말에 다다랐는지. 그 마지막을 보면 그건 절대로 어진 이의 처분이라 할 수가 없습니다. 참담합니다. 그러니 '이백성위추구以百姓爲芻狗'인 게지요. 정말 '인仁'이 넘치는 '성인'이 있다고 해도, 그들에게 뭘 어떻게 해줄 수도 없습니다. 인생은 그저 각자도생이지요. 또 좀 다른 시각에서, 성인이 백성들에게 넘치는 어짊을 베푼다고 해도 그게 백성들에게 반드시 좋으리라는 보장도 없습니다. 적절한 예가 될지는 모르겠습니다만, 베네수엘라처럼 무한복지를 시행했더니 오히려 나라가 절단 나고 만 경우도 있습니다. 성인은 그런 것도 아는 존재일 테니 차라리 백성이 알아서 노력해서 잘 살아가

---

15) 조설근의 《홍루몽》에 나오는 〈호료가好了歌〉의 한 구절.

도록 아무것도 하지 않는 게 더 낫다고 생각할 수도 있는 거지요. 그런 걸 저는 '성인불인, 이백성위추구聖人不仁, 以百姓爲芻狗'의 의미로 해석해 보았습니다. 틀린 건가요?

  "맞고 틀림은 그 말의 설득력에 있습니다. 나름의 근거가 있다면, 듣는 사람들이 설득력 있다고 생각하겠지요. 그래, 그 다음 것은?"

  아, 그 다음 건 더 어렵습니다. 또 비유잖습니까. 예수도 부처도, 훌륭하신 분들은 왜 이렇게 비유를 좋아하시는지…. 천지지간이 풀무라(天地之間, 其猶橐籥)…, 하긴 하늘과 땅 사이가 텅 빈 공간이니 바람을 집어넣는 대장간의 풀무 같기도 하겠네요. 요즘은 대장간이 없어서 젊은이들은 풀무라는 것 자체가 뭔지도 아예 모르겠지만. 슉슉 눌렀다 폈다 하며 그 주둥이로 단련 아궁이에 바람을 집어넣어 불길을 돋우는 그 풀무처럼, 하늘과 땅 사이 이 천지도 텅 빈 공간인데, 그게 '허이불굴, 동이유출虛而不屈, 動而愈出'(비어 있으나 오그라들지 아니하고, 움직이나 더욱 나온다)이라는 말씀이시죠. '허虛'와 '동動', 비어 있다, 움직인다. 이 중 '비어 있다'는 건 바로 납득이 됩니다만, '움직인다'는 건 좀 애매합니다. 설마 선생님이 지동설을 알리는 없었을 테고, 혹시 일월성신, 별들의 움직임이나 자연현상의 진행 변화를 보고서 '움직인다'고 느끼신 건가요? 만일 그런 거라면, 생성변화를 이야기한 저 그리스의 헤라클레이토스와도 통할 수 있을 텐데…. 하여간 이 '동動'자는 좀 애매모호합니다. 한국, 중국, 일본, 미국, 독일의 이런저런 책들도 참고로 살펴봤습니다만, 별 뾰족한 해석도 없었습니다. 그래서 일단은 아리스토텔레스의 운동(aition) 개념을 빌려, 이게 세상의 모든 작용과 변화 현상, 그런 게 아닐까 조심스레 짐작해 봅니다. 그 정도로 이해하고 생각해 보면, 풀무 같은 이 천지가 '비어 있지만 오그라들지 않고, 움직이지만 더욱 나온다'라는 선생님의 말씀은 천지 자체의 존재와 그 특성에 대한 인식인 것 같습니다. 풀무처럼 텅 빈 이 천지는 분명히 이렇게 있습니다. 찌그러들지 않고. 언제나 항상. 노선생님 눈앞에 열려 있었던 그 모습 그대로 지금 저의 눈앞에도. 선생님의 그때로부터 2천 수백 년이 지났는데 조금도 오그라들지 않았습니다. 지금도 이 풀무는 무한히 광대합니다. '불굴不屈'이지요. 의미는 좀 다르지만 뭔가 '불굴의 의지로' 저 하늘과 땅 사이에 버티고 있는 것 같습니다. 그리고 이 천지는 끊임없이 움직이며 뭔가를 내놓습니다. 바람이랄까 기운이랄까, 하여간 뭔가를. 화조초목은 말할 것도 없고 온갖 짐승들이며 인간까지도 선생님의 그때보다 훨씬 더 많은 인간까지도 이 천지는 움직이며 내어놓았습니다. 더욱더욱(愈). 그사이에 장자도 나왔고 주자도 나왔고, 세종도 이순신노 나왔고, 노부나가도 히데요시도 이에야스도 나왔고, 셰익스피어도 괴테도 고흐도 르누아르도 베토벤도 쇼팽도, 오드리 헵번도 오마 샤리프도 나왔습니다. 지금은 이영애와 김태희를 포함해 무려 77억이 나왔습니다. 그런 게 다 선생님이 말씀하신 그 '유출愈出'에 해당합니다. '천지지간天地之間'에 그런 게 분명히 있습니다.

"제법 생각하셨군. 그래, 그 다음은?"

아, 그 다음은 선생님의 그 언어철학… '다언삭궁, 불여수중多言數窮, 不如守中'. 다른 무슨 특별히 숨겨진 의미가 없다면, 저는 이걸 '다언多言'에 대한 경계로 이해했습니다. 말이 많은 건 언제나 어디서나 좀 별로죠. 저는 주변에 말 많은 인사가 좀 있어서 아주 고개를 절레절레 흔듭니다. 다른 사람에게는 발언권도 잘 주질 않고 끝도 없이 지껄여댑니다. 대개는 그 내용도 별로 중요하지 않습니다. 그런데 정작 중요한 사안에 대해서는 적절한 말을 하지도 못합니다. '삭궁數窮'이죠. 자주 막힙니다. 말 때문에 곤란에 처하기도 합니다. 그것도 '궁'한 거죠. 그런 사람들을 보면 저는 선생님의 이 말씀이 백 퍼센트 이해가 됩니다. 아마 소크라테스와 대화를 나누다가 결정적으로 중요한 것에 대한 그의 날카로운 질문에 결국 입을 다물어야 했던 저 아테네의 잘난 척

말 많았던 소위 '지자智者'들도 마찬가지일 겁니다. 그렇다고 아주 입을 닫고 침묵으로 일관하는 것도 능사는 아니죠. 인간에게 입이 있는 것은 뭔가 필요하고 중요한 말을 하라고 있는 거 아니겠습니까? 그래서 선생님도 말씀을 하셨을 거고 공자도 부처도 소크라테스도 예수도 말씀을 하셨을 겁니다. 그런데 저는 느낍니다. 그리고 주목합니다. 그런 분들의 언어가 양적으로 그다지 많지 않다는 걸요. 아주 적당합니다. '수중守中', 가운데를 지키고 있는 거죠. 알맞게 적당하게 적절하게. 물론 소크라테스는 말한 게 좀 많지만, 그건 사실 소크라테스를 빙자한 플라톤의 말이지요. 소크라테스 본인의 말은 《변론》,《크리톤》,《파이돈》 등 그렇게 많지도 않습니다. 《불경》도 사실 사정은 비슷합니다. 석가모니 부처는 오래 사신 만큼 하신 말씀이 적진 않겠지만, 그 취지는 의외로 간단명료합니다. 짧은 《초전법륜경》과 《반야심경》에 그 핵심이 다 있고 나머지는 다 반복과 보충이지요.

"그런데 이선생은 좀 말이 많은 편이시군."

아, 그런가요? 과묵하다는 소리도 많이 듣는 편인데…, 좀 조심해야겠군요. 제가 공부한 하이데거가 100권이 넘는 책을 썼기에 저는 스스로 적다고 생각했습니다만… 좀 재고해 봐야겠네요. 하하. 그런데 혹시 선생님이 여기서 이 말씀을 하신 것은 이 장의 주제 그 자체에 대한 언급의 자제는 아니신가요? 천지지간에 대해 말이 너무 많아서는 안 되겠다는, 있을 수 있는 잠재적 시비에 대한 아주 교묘한 자기방어랄까…. 하하하.

"그 의문에 대한 대답도 '삭궁數窮'의 예에 해당할 수 있으니 역시 '다언多言'은 삼가는 게 좋겠습니다. 하하하."

06.

골짜기신은 죽지 않는다

谷神不死. 是謂玄牝. 玄牝之門, 是謂天地根. 綿綿若存, 用之不勤.
곡신불사. 시위현빈. 현빈지문, 시위천지근. 면면약존, 용지불근.

골짜기신은 죽지 않는다. 이를 일컬어 그윽한 암컷이라 한다. 그윽한 암컷
의 문은 이를 일컬어 천지의 뿌리라 한다. 면면히 존재하는 것 같아, 이를
써도 수고롭지 않다.

━━━━━━━━━

노선생님, 이 6장도 정말 수수께끼입니다. 다짜고짜 골짜기신은 뭐
고, 그윽한 암컷은 또 뭡니까? '천지의 뿌리(天地根)'라 하니 뭔가 엄청
중요한 것임에는 틀림없는데….

"뭔지 잘 생각해 보시지요. 내용이 없는 걸 말했을 리는 없으니까
요."

당연히 그러시겠죠, 선생님이 누구신데. 저는 대학생 때 이 말씀을
접하고 '도'의 아주 특별한 장면을 구체적으로 포착하신 거라 생각하면
서도, 속으로 얼굴이 좀 붉어졌습니다. '곡谷'과 '빈牝'과 '근根'과 '용
用'이라는 글자들이 서로 긴밀히 연결돼 있고 그게 하나같이 '여성적인
것'과 연관돼 있다는 인상을 받았기 때문입니다. 아무래도 그땐 20대

청춘이었으니까요.

"오호, 그래 어떤?"

백 퍼센트 맞는지는 지금도 자신이 없습니다만, 저는 그 '곡신谷神'이 여성의 생식기가 상징하는 어떤 신령스런 우주적 기운이라고 이해했습니다. '골짜기'니까…. 그리고 그 신은 물론 요즘 사람들이 곧바로 떠올리는 기독교의 인격신은 아닌 거고요. 그리스신화의 그, 자연의 각 부분을 담당하는 그런 상징적 신에 조금 더 가깝다고 할까? 이성적으로 확인할 수는 없지만 그런 어떤 것을 아예 부인할 수도 없는 어떤 신령한, 비인간적인, 초월적인, 그런 어떤…. 귀신의 신도 말하자면 그런 거겠죠. 산신령의 신도 그런 거고요. 공자는 그런 신을 아예 '언급하지 않았'고 제자들이 전하는데, 선생님은 그걸 언급하신 거죠. 물론 특정한 '골짜기신(谷神)'이지만.

"이선생 말대로 그 존재성이 일반 사물과는 다른 그런 존재가 있지요. 비감각적인 존재, 그런 건 그런 채로 인정하는 게 정직하고 정확한 겁니다."

네, 그런 걸 그렇다고 그대로 인정하는 그게 제가 공부한 '현상학(Phänomenologie)'의 매력이기도 합니다. 아무튼, 신이란 그런 어떤 신령스런 기운 혹은 현상인데 선생님은 그중 '골짜기'라는 신을 꿰뚫어보신 거죠. 골짜기니까 여성의 생식기를 떠올리는 게 전혀 이상한 건 아니라고 저는 봅니다. 무엇보다 그게 '현빈玄牝' 즉 '그윽한-신비로운 암컷'이라고 부연설명까지 하시는 게 그 근거입니다. '곡신'은 암컷 즉 여신입니다. 제우스나 아폴론 같은 남신이 아니라 가이아나 아프로디테 같은 그런 여신. 그런 여신이 여성의 생식기를 거처로 삼습니다. 그 여신은 그윽합니다. 거뭇합니다(玄). 어둑합니다. 신비롭습니다. 즉 은밀히 움직입니다. 보일 듯 말 듯 베일에 가려져 있습니다. 그게 여성의 매력이기도 하죠. 그래서 현빈, 그윽한, 신비로운 암컷입니다. 골짜기신이 바로 그렇습니다. 은밀히 작용하지요. 이를테면 밤에, 어둠 속에서. 그런데 그게 속되거나 천박한 게 아니라 실로 위대한-성스러운 것임을 보통 사람들은 잘 모르고 있습니다.

"암컷은 그래서 어둠 속에서 어머니가 되지요. 위대하고 고귀한 것입니다. 여성적인 것은."

완전 동의합니다. 어둠, 검음, 그윽함은 결코 부정적인 것이 아닙니다. 천박하고 음탕한 자들이 스스로 그런 이미지를 만들어낼 뿐입니다. 여성적인 것, 성性적인 것은 사실 성聖스러운 겁니다. '더 섹시 이즈 더 홀리The sexy is the holy'랄까. 더욱이 선생님은 그런 곡신, 그런 현빈玄牝이 '불사不死'라고, 죽지 않는다고 지적하셨습니다. 저는 이걸 백 퍼센트 인정합니다. 동의합니다.

"어떤 의미에서?"

'면면약존綿綿若存', 면면히 존재한다는 의미에서. 인간만이 아니라 모든 생명체가 그런 여성적인 것에 의해, 그것을 기반으로 해서 존속하고 있으니까요. 그 존재를 지속적으로 반복적으로 본질적으로 이어가고 있으니까요(綿綿). 그러니 곡신은 불사인 거지요. 그 곡신의, 현빈의 그윽한 작용이 없었다면, 그 곡신이 죽었다면, 노선생님도 저도 아예 존재할 수가 없었겠죠.

"암, 그렇고말고요."

그리고 그 현빈이 위대하고 성스러운 '존재의 근원'임을 선생님은 또 통찰하셨습니다.

"현빈지문玄牝之門"

그렇습니다. 현빈의 문이 있습니다. 젊었던 저는 거기서 얼굴이 붉어졌던 겁니다. 그윽한 암컷의 문, 뭐가 연상되는지는 누구나가 다 알 겁니다. 우리 모두는 누구 한 사람 예외 없이 거룩한 성인들도 다 포함해서 그 문을 통해 이 세상으로, 즉 천지로 나왔습니다. 그게 존재의 근원인 겁니다. 그래서 그 '현빈의 문'이 '천지근天地根' 즉 세상의 근원인 겁니다. 그 누가 이걸 부인하겠습니까. 소위 신의 아들이라는 예수 그리스도도 다 마찬가지이지요. 석가모니 부처님은 마야부인의 옆구리로 태어났다고 하지만, 그건 인도인들 특유의 허풍이지요. 굳이 그런 식으로 이 '현빈지문'을 부끄러워하거나 회피할 필요가 없습니다. 그 위대함-고귀함-성스러움을 있는 그대로 인정하면 됩니다. 아니 인정해야 됩니다. 그렇게 정직하게 인정한 게 저는 쿠르베의 명화 〈세상의 근원 (L'Origine du monde)〉이라고 평가합니다. 그건 이 제목 때문에 오히려 더욱 위대한 작품이 되었지요. 그 현빈지문은 비존재에서 존재로 통하는, 즉 천지로 나오는 문입니다. 그래서 '천지근'이지요. 근원, 뿌리, 쿠르베의 제목과 같은 겁니다.

"그 그림을 한번 보고 싶군요."

그냥 한 아름다운 여성의 벗은 그림입니다. 아랫도리를 있는 그대로 정직하게 그려낸.

"그런 것을 부끄러워할 필요는 없습니다. 부끄러워해서도 안 됩니다. 회피해서도 안 됩니다. 엄숙한 진실이니까요."

저는 그것도 존재론의 불가피한 일부라고 봅니다. 그건 선생님의 표현에도 이미 지시되어 있습니다.

"면면약존綿綿若存"

그렇지요. 존재의 '존存'입니다. '면면하다'는 건 끊임없이 지속되고 있다는 말이겠지요. 곡신은 '불사'니까 당연합니다. 논리학을 신봉하는 누군가는 이걸 동어반복(tautology)이라 하겠지만, 하이데거가 강조한 대로 이런 건 단순한 동어반복이 아니라 그 '존재'에 대한 지적과 강조입니다. 면면히 존재한다는 건, 무엇보다도 만인과 만유의 존재의 지속, 탄생-성장-죽음, 탄생-성장-죽음 … 이라는 그 존재 사이클의 끊임없는 반복에서 확인할 수 있습니다. 저는 그런 걸 저 신약성서 마태복음 1장

1절에서도 확인합니다. 아브라함이 이삭을 낳고, 이삭이 야곱을 낳고, 낳고, 낳고, 낳고…, 그렇게 요셉을 낳도록 면면히 이어집니다. 정말 곡신인 현빈은 불사고 면면약존입니다. 어둠 속에서 활동하는 곡신이, 현빈이 머리에 그려집니다.

"성경에서 노자를 읽다니!"

인간의 언어라는 점에서는 같다고 봅니다. 연결성이 있는 거죠. 그 천지가 이 천지와, 성경의 천지가 도덕경의 천지와 다른 게 절대 아니니까요. 그런데 저는 여기서 '약若'(… 같다)이라는 게 좀 걸립니다. 그냥 '존재'가 아니고 '약존若存'(존재하는 것 같다)입니다. 왜 군이 그렇게 표현하셨는지요.

"곡신인 현빈의 존재는 사물이나 사람의 존재와는 그 존재성이 다르니까요."

아, 있는 그대로. 그렇지요. 그래서 하이데거도 존재와 존재자의 차이, '존재론적 차이(ontologische Differenz)'라는 걸 강조했지요. 같은 경우는 아닙니다만. 아무튼 바로 그 '면면약존'에서 선생님은 '용지불근用之不勤'을 읽어내신 거지요. '이를 사용해도 수고롭지 않다.' 저는 이걸 그 면면한 존재의 당연함, 자연스러움으로 풀이합니다. 그리고 그 사용… 혹은 그 작용…. 왜 하필 '용用'이라는 글자를 사용하셨나요, 선생님은.

"지금도 사용되고 있지 않습니까. 작용하고 있지 않습니까. 온 세상에서, 어둠 속에서, 은밀히 다정하게. 방 안에서 땅속에서 굴속에서 물속에서 둥지 속에서. 만유가 이 곡신-현빈을 사용합니다. 모두에게 이것이 적용됩니다. 그 누가 그걸, 그 사용을 힘들다고 합니까. 수고스럽다고 합니까. 그러니 '불근不勤'이지요. 너무나 자연스럽지요. 오히려 즐겁지요. 묘한 자연의 도리이지요. 하하하."

그렇군요. 즐겁지요. 신성한 불근! 하하하.

07.
천지는 장구하다

天長地久. 天地所以能長且久者, 以其不自生. 故, 能長生. 是以聖
人, 後其身,[16) 而身先, 外其身, 而身存. 非以其無私邪! 故, 能成其
私.

천장지구. 천지소이능장차구자, 이기부자생. 고, 능장생. 시이성인, 후기신, 이신선,
외기신, 이신존. 비이기무사야! 고, 능성기사.

천지는 장구하다. 천지가 길고 또 오랠 수 있는 까닭은, 그것이 스스로 낳
은 게 아니기 때문이다. 고로 장생할 수 있다. 그래서 성인은, 그 자신을
뒤에 두나 그 자신이 앞이 되고, 그 자신을 [제외하여] 밖에 두나 그 자신
이 [존치되어] 있게 된다. [이게 다] 그 '사私'가 없기 때문이 아니겠는가.
고로 그 '사私'를 이룰 수 있다.

━━━━━■■■━━━━━

　노선생님, 이 7장도 전형적인 선생님의 주제와 말투로군요. '천지'와
'성인'이 함께 짝으로 등장합니다. 천지의 형이상학적 도에서 성인의
윤리적 덕을 읽어내시는 거지요. 그런 거죠?

---

16) 백서본에는 '後'가 '退'로 되어 있다. 바로 뒤 '先'과의 대비를 고려해 통용
　　본을 따른다.

"눈이 있고 귀가 있다면 그렇게 보이고 그렇게 들리겠죠."

서양 사람들은 뭐라고 할지 모르겠지만, 제가 보기에는 선생님에겐 나름 명쾌한 논리가 있는 것 같아요. 천지가 이렇고 도가 이러니 성인이 이렇고 덕이 이렇다. 그러니 모든 사람도 이래야 한다. 그런 구조인 겝니다. 저는 그걸 '중국식 논리', '동양식 논리', '도학적 논리', '윤리적 논리', '노자식 논리' 등으로 부릅니다만.

"이름이야 뭐, 어차피 지시를 위한 한 방편이니 그 한계 내에서만 의미를 갖는 거고. 달을 가리키는 손가락 같은 거지요. 그게 중요하지 않은 건 절대 아니지만."

그렇죠. 중요한 건 내용이지요. 그 의미를 저는 '무사無私'에서 발견합니다. 흔히 공평무사라고 하는 그 말의 그 '무사'. 이 장의 핵심이 그게 맞죠? '사私'가 없다는 것. 개인중심, 자기중심이 없다는 것. 이기적이지 않다는 것. 그게 성인이 몸으로 보여주는, '[자기] 몸을 뒤에다 두고 밖에다 두는 것(後其身 … 外其身)'이지요. 그런 태도와 자세가 역으로, 오히려, 자기 몸을 앞에다 두고 존재감을 드러나게 해준다(身先 … 身存), 이런 말씀이지요. 저는 이 말씀도 경험상 백 퍼센트 공감합니다.

"하하, 이선생은 또 뭘 경험했기에?"

아마 선생님도 마찬가지였을 거라고 짐작합니다만, 우리가 사는 이 세상엔 '사私'밖에, 즉 나밖에, 자기밖에, 혹은 자기 식구, 자기 패거리밖에 모르는 자들이 가득 차 있습니다. 오죽하면 '선공후사先公後私', '멸사봉공滅私奉公'이라는 구호까지 생겨났겠습니까. 다들 '사私'가 중심이지요. '공公'은 안중에 없습니다. 그러니 당연히 '남'도 안중에 없지요. 그런 걸 우리는 이기주의라고 부르기도 합니다. 사적 욕심주의의 다른 표현입니다. 저는 최근에 그 여러 극단적 형태를 보고서 '나만주의'라 부르기도 합니다. 남도 고려하는 '너도주의'가, 그리고 그것을 기반으로 좀 더 발전한 형태인 '공공성(Öffentlichkeit)'이 절실합니다. 그 연장선상에 고귀한 '이타주의(Altruism)'도 있지요. 그 극단의 형태가 예수 그리스도입니다. 자신이 아닌 모든 죄인을 위해, 모든 인간을 위해, 그 구원을 위해 스스로 십자가를 택했으니까요.

"하하, 나의 이 말을 거기까지 연결시키다니."

연결된다고 저는 봅니다. 그 역설이 저는 참 흥미롭고 공감이 갑니다. '후신後身'이 '신선身先'을, '외신外身'이 '신존身存'을, '무사無私'가 '성사成私'를, 오히려 비로소 가능케 한다니, 선생님이 참 얄미울 정도로 존경스럽습니다. 사실이 그러니까요. 요즘 저희들의 세상에서는 자기를 앞세우지 못해 안달이 난 사람들이, 그래서 결국 자기를 격하시키는 그런 '선기신이신후先其身而身後'하는 사람이, 그리고 '내기신이신망內其身而身亡'하는 사람이 너무나 많습니다. 자신 '안'에 있는 욕심만 챙기려다가, 혹은 자기를 세력권 '안'에 두려 하다가 결국 신세를 '망'치는 사람도 부지기수고요. 저는 이런 '자기낮춤'의 철학이 노선생님의 가장 큰 특징이자 매력 포인트 중의 하나라고 생각합니다. (저 중세 말 독일의 마이스터 에크하르트Meister Eckhart처럼!) 그래서 저의 시대에 더욱 필요한 철학이 아닐 수 없습니다.

"내가 말을 남겨둔 보람이 있군요. 나는 나를 앞이나 안에 두려고 한 적이 없는데 내 존재가 세월 넘어 21세기, 바다 건너 한국에서까지 의미를 갖다니!"

어디 한국만이겠습니까. 선생님의 말씀은 태평양 건너 미국과 대서양 건너 유럽에서까지 아주 보통 인기가 아닙니다. 제가 전공한 하이데거도 노선생님의 말씀을 스스로 번역까지 했었습니다. 아쉽게 일부로 그치긴 했지만.

"고마운 일이군요. 완성했더라면 더 좋았을걸."

그런데 더욱 매력적인 것은 선생님이 이런 윤리를 '천지'에서 읽어내셨다는 겁니다. 저는 예전 학창 시절에 데카르트를 공부하다가 '세상이라는 커다란 책(le grand livre du monde)'을 직접 읽기로 했다는 그의 포부를 접하며 격하게 감동한 적이 있는데, 선생님은 '세상'이 아니라 '천지'라는 책을 읽으신 셈이니 그 스케일이 참… 할 말을 잃게 합니다.

"천지지간이 곧 세상이니, 그 '데'선생도 참 대단하군요."

그 책의 내용이 각각 다르니 비교가 적절한지는 모르겠습니다만…. 그리고 보니 데카르트뿐만이 아니라, 파스칼도 '저 무한공간의 영원한 침묵…'과 '두려움'을 말했고, 칸트도 '내 위의 저 별하늘…' 운운하며 거기서 '놀라움'을 읽어냈으니, 그들도 기본 시선은 뭔가 선생님과 통할 것도 같습니다. 천지의 '장구長久함'도 그 천지가 유일절대적인 천지, 따라서 저들의 그 '공간', '하늘'과 결국은 동일한 것이니, 그것과 아주 다른 건 아닐 테니까요. '영원하고도 불변한 것은 오직 공허 그것뿐'이라고 노래한 덴마크의 시인 야콥센도 결국은 그 천지의 장구함을 본 것일 테고요.

"그이들 이야기를 들으니 참 반갑군요. 그들이 말한 그곳이 바로 내가 본 이 천지, 맞습니다. 천지는 그토록 장구한 것이지요. 길고 오랩니다. 우리가 아는 몇 천 년 정도가 아니라 몇 만 년, 몇 억 년 … 최소한 45억 년, 그렇게 장구하지요."

그런데 선생님, '부자생不自生'과 '능장생能長生'은 사람들에게 곧바로 와 닿지는 않습니다. 좀 설명해 주실 수 있겠습니까?

"그 설명이 내 몫이 아니기에 이선생이 지금 이런 판을 벌인 게 아니던가요? 그 지평융합, 그 가다머에게 가야 할 것 같은데…."

그렇군요. 그럼 말씀드립니다만, 저의 지평, 저의 시야에서도 이 천지는 분명 '부자생'입니다. 표현상 아주 미묘한 문제입니다만, 천지는 스스로 '낳은(生)' 것이 아닌 거지요. 즉 자기 자신이 자기가 생산한 제품은 아니라는 말씀이지요. 그건 천지뿐만 아니라 인간 자신을, 그리고 자연이라고도 불리는 만물, 즉 삼라만상을 생각해 봐도 그렇습니다. 삼라만상 그 어느 것 하나 그 스스로 만든 것은 없습니다. 다 이미 그렇게 아프리오리하게 만들어져 있는 것이요, 그렇게 되도록 되어 있는 겁니다. 우리는 오직 그 결과인 '현상'만을 확인할 수 있습니다. 하이데거는 그런 것을 '피투성' 즉 던져져 있음이라고 표현하기도 합니다. 존재 자체를 '주어져 있음', 즉 '그것이 줌(Es gibt)'이라고도 표현합니다. 존재하는 건 다 '주어진' 거라는 말이지요. 물론 그는 이 줌의 주체인 '그것'이 존재 자체라고 합니다만, 그건 인과적인 원인자가 드러나지 않음을, 즉 확인할 수 없음을 강조할 뿐, 스스로가 스스로의 제작물, 생산물임을 의미하는 건 절대 아닙니다. 선생님의 경우나 하이데거의 경우나 그 '생'(낳음/만듦)의 주체는 드러나지 않습니다. 다만 그게 '스스로'가 아님은 분명합니다. 사실 자연의 생성도 다만 '그러할' 뿐, 자연 스스로가 '그렇게' '하고' 있는 건, '하도록' 만든 건, '낳는' 건 하나도 없습니다. 그러니 '부자생不自生'인 거지요. 우리가 아는 '스스로 만든 것(自生)'들은 참 부실합니다. 오래가지 못합니다. 제가 어렸을 때 열심히 만들었던 공작물들은 며칠 못 가 다 부서졌고, 아무리 멋진 건축물들도 다 무너져 내렸습니다. 뉴욕의 쌍둥이 빌딩도 오래가지 못했고 서울의 숭례문도 파리의 노트르담 성당도 오래가지 못했습니다. 아예 자취도 없이 사라진 신라의 서라벌, 백제의 사비성, 고구려의 국내성, 고려의 개경도 다 오래가지 못했습니다. 수년 전 터키와 그리스에 가보니 그 대단했던 로마의 유적들도 다 오래가지 못했습니다. 폐허더군요. 이집트는 못 가봤지만 아마 마찬가지겠지요. 우리는 전 세계의 모든 박물관에서 '부자생不自生, 능장차구能長且久'를 확인합니다. 주어진 것, 즉 자기를 드러내지 않는 것, 그런 것만이 길고 오래갑니다. 참으로 깊고 오묘한 이치가 아닐 수 없습니다.

"그러니 배울 만한 게지요. 그래서 그런 이치를 몸에 익힌 성인이 훌륭한 겁니다. 그래서 천지처럼 성인도 '사私'가 없는 게지요. 천지의 주인이 어디 나서서 그 위업을 과시한 적이 있었던가요? 뒤(後)로 물러나 있지 않습니까. 바깥(外)에 머물러 있지 않습니까. 그러니 만유에 앞서 있고(先) 그 존재감(存)이 압도적이지 않습니까. 만인이 우러릅니다. 칸트처럼. 만인이 두려워합니다. 파스칼처럼. '무사無私'이므로 '성사成私'이지요. 역설이지만 내가 없으므로 오히려 나를 이룹니다. 나를 내세우면 오히려 나를 망칩니다. 이치가 그렇습니다."

선생님도 그렇게 '사私'가 없었기에 이토록 장구하시는 거로군요. 벌써 2천 수백 년이나 살아 계시니. 과연 늙을 '로老'자 '노자'라는 이름에 합당하게. 하하하.

"나도 한때는 어리고 섦었습니다만. 하하하."

08.
상급의 선은 물과 같다

上善若水. 水善利萬物而不爭,[17] 處衆人之所惡.[18] 故, 幾於道. 居善地, 心善淵, 與善仁,[19] 言善信, 政善治, 事善能, 動善時. 夫唯不爭, 故, 無尤.

상선약수. 수선리만물이부쟁, 처중인지소오. 고, 기어도. 거선지, 심선연, 여선인, 언선신, 정선치, 사선능, 동선시. 부유부쟁, 고, 무우.

상급의 선은 물과 같다. 물은 만물을 잘 이롭게 하나 다투지 않고 뭇 사람이 싫어하는 [낮은] 곳에 머문다. 고로 도에 가깝다. 거함의 좋음은 땅이고, 마음의 좋음은 깊음이고, 함께함의 좋음은 어짊이고, 정치의 좋음은 다스려짐이고, 일의 좋음은 능함이고, 움직임의 좋음은 제때다. 무릇 오직 다투지 않는다. 고로 허물이 없다.

---

17) 백서갑본에는 '不爭'이 '有靜'으로 되어 있다. 노자의 원음에 더 가까워 보이나 '부쟁'의 철학적 의미를 지키기 위해 통용본을 따른다. 백서을본·한간본에는 '有爭'으로 되어 있다. '爭'은 '靜'의 착오로 보인다. 참고로 '若'은 백갑에는 '似', 백을에는 '如'로 되어 있다. 의미의 대차가 없으므로 익숙한 통용본을 따른다.

18) 백서본·한간본에는 '居'가 '處'로 되어 있다. 의미의 대차가 없으므로 통용본을 따른다.

19) 백서본·한간본에는 '與善仁'이 '予善天'으로 되어 있다. 통용본을 따른다.

노선생님, 이 말씀을 남겨주신 데 대해 모든 교양인을 대신해 감사 말씀을 드리고 싶습니다. '상선약수上善若水', '상급의 선은 물과 같다.' 이거 정말 명언 중의 명언입니다. 탄복합니다. 어떻게 이런 걸 통찰하실 수 있었는지요? 선생님은 정말 천재십니다.

"그 호들갑, 좀 쑥스럽고 듣기 거북하군요."

호들갑이 아닙니다. 실제 그만한 가치가 있으니까요. 얼마나 많은 사람들이 이 말씀을 좋아하는지 모릅니다. 선생님 말씀 중 인기 최고입니다. 우리 현국민 하더라도 수많은 벽에 아마 이 분구가 걸려 있을 겁니다. 제가 본 것만 해도 여럿이고 예전엔 제경소 같은 데서 이걸 액자로 만들어 팔기도 했습니다.

"그래서, 이선생도 공감하시나요?"

공감하다마다요. 선생님도 아마 마찬가지로 느끼셨겠지만, 이 말씀의 배경에는 물처럼 그렇게 하지 못하는 사람들이 너무나 많다는 사실이 있는 겁니다. 물처럼 그렇게 하는 사람은 너무나 드물고요. 만물을 잘 이롭게 하면서도 만인이 싫어하는 곳, 즉 낮은 곳, 드러나지 않는 곳에 머문다는 게 보통 사람으로서는 참 쉬운 일이 아니니까요. 보통은 아예 이롭게 하는 일 자체를 잘 못하거나 혹은 관심도 없거나 혹은 이롭게 하기는커녕 해롭게 하는 경우가 훨씬 많으니까요. 그런 건 선이 아니라 '악'인 게지요. 세상엔 만물과 만인을 해롭게 하는 악들이 예사로 횡행하고 있습니다. 작게는 비난과 욕설에서부터 사기, 폭력은 물론 크게는 살인과 테러와 전쟁까지, 한도 끝도 없습니다. '물' 그 자체를 더럽히는 악도 있고요. 그래서 요즘은 상선약수를 실천하고 싶어도 그 물 자체가 오염되다 보니 그게 만물을 이롭게 할지 해롭게 할지조차 알 수 없는 지경입니다. 물뿐만 아니라 공기도 그렇고 땅도 그렇고 온 자연이 다 그렇습니다.

"저런, 쯧쯧. 그럼 '상선약수'라는 말도 재고를 해봐야 하나? 허, 거참."

물 자체야 본질이 선한데 무슨 죄가 있겠습니까. 오염시킨 인간들이 문제죠. 물은 여전히 '상선'입니다. 그리고 저는 선생님이 붙이신 이 '상上'이라는 글자도 철학적으로 큰 의미가 있다고 생각합니다.

"어떤 점에서?"

실제로 인간들의 선에는 상중하, 즉 중선도 하선도 있으니까요. 선생님은 어떻게 여기실지 모르겠습니다만, 저는 이를테면, 훌륭한-좋은 일(善)을 행하고서 은근히 평가를 '기대하는' 것이 중선이요, 자신의 행위를 '내세우는' 것이 하선이라고 생각합니다. 그런 사람들, 참 많거든요. 그런 건 물처럼 사람들이 싫어하는 낮은 곳, 드러나지 않는 곳에 머무는 게 아니라 거꾸로 돋보이려 하고 올라가려 하는 거지 않습니까. 이를테면 '생색'이 중선이요, '과시-자랑'이 하선이 되려나요?

"하하, 그럴 수도 있겠군요. 그럼 상선은?"

제 생각에는 예수가 말한 '오른손이 하는 일을 왼손이 모르게 하는' 사람? 그런 경우가 상선이 아닐까요? 그런 사람도 드물지 않게 있습니다. 남모를 선행을 들켜버리기도 하니까요. 끝내 드러나지 않은 선도 아마 제법 많을 겁니다. 반면에 생색과 과시는 그 선행의 가치를 반감시키게 되지요. 좀 꼴불견인 경우도 있고요.

"도道는 그렇지 않지요."

아, 그렇지요. 그리고 보니 여기서도 '도'를 직접 언급하셨군요. 물의 그런 모습이 '도에 가깝다(幾於道)'고. 대학생 때부터 느꼈습니다만, 선생님이 말씀하시는 '도道'는 그런 특징이 있는 것 같아요. 객관적인 형이상학적 법칙-질서로 끝나는 게 아니라 윤리적 '덕德'을 함유한 것이라는. 아주아주 중요한 사실입니다.

"사람들이 '도덕'이라는 말을 만들어 쓰고 있으니 다행입니다. 도와 덕은 별개가 아니라 연관되어 있지요."

인정합니다. 선생님이 도덕이라는 이 말의 '원조'이신 셈이죠. 아래로 흐르며 만물을 이롭게 하는 물의 움직임이 곧 자연의 도요, 타인을 이롭게 하며 자신의 그 선을 드러내지 않고 낮은 곳에 머문다는 그 태도가 곧 인간의 덕인 게지요. 이롭게 함, 선, 낮춤, 그런 점에서 도와 덕은 공통이니까요. 사실 물의 선이랄까 공덕은 어마어마한 것이고 무량한 것인데, 물은 결코 그걸 드러내지 않고 오히려 아래로 즉 낮은 곳으로 흐르지요. 저는 그걸, 탈레스Thales를 강의할 때 특별히 강조하기도 합니다.

"탈레스?"

네, 서양철학의 시조로 알려진 그 탈레스입니다. '물(hydor)이 자연(physis)의 근원(arche)'이라고 말한 그 탈레스. 좀 엉뚱하고 조잡한 발언 같지만, 사실 인체의 약 70퍼센트가 물이고 지구의 약 70퍼센트가 물이라는 객관적인 사실, 물이 동식물 등 온갖 생명체의 근원이라는 사실, 그런 걸 생각하면 그 물이 지닌 공덕의 무량함을 인정하지 않을 수 없습니다. 사막이나 가뭄 같은 '물의 결핍' 상태를 생각하면 그 공덕의 크기가 자연스럽게 부각되지요.

"흥미롭군요, 그 탈레스. 그런데 물의 공덕이 '선리善利'에만 있는 게 아니라 '부쟁不爭'에도 있음을…."

아, 그렇지요. '부쟁', 다투지 않음. 잊을 뻔했군요. 저는 대학생 때 이 단어에도 격하게 공감했습니다. 저 자신이 다투고 싸우는 걸 너무너무 싫어했기 때문입니다. 그때도 이미 시대는 다툼을 즉 '경쟁'과 '투쟁'을 덕으로 치부하고 있었습니다. 물론 그게 좋은 건지 나쁜 건지, 이건 철학적으로 간단한 주제는 아닙니다. 왜냐하면 경쟁은, 즉 타인의 위에 서고자 하는 것은, 니체가 말한 '권력에의 의지(Wille zur Macht)'

같은 인간의 본능 혹은 본질에 속하는 것이기도 하고, '싸움(polemos)은 만물의 아버지, 만물의 왕이다'라는 헤라클레이토스의 말대로 대립-갈등-다툼이, 만물은 몰라도, 인간현실과 역사발전의 변증법적 원리인 것도 부인할 수 없고, 특히 마르크스의 사회주의에서는 '투쟁(Streit)'이 이상적 사회건설을 위한 근본 동력이 되니, '부쟁'이 선이다, 도다, 하는 이야기는 누구에게나 받아들여질 말은 아닌 것도 같습니다.

"이선생이 공부한 논리학에 그런 게 있지 않던가요? 부분으로 전체를 판단하는 것은 오류라고."

네, 부당주연의 오류, 성급한 일반화의 오류. 그런 게 있죠. '부쟁'과 '투쟁'은 양립할 수 있습니다. 또 실제로 양립하고 있습니다. 그러니 '부쟁'이 언제나 어디서나 요구되는 모든 경우의 선이다, 그런 건 아닙니다. '모든', '항상', '절대'라는 말은 그 자체 안에 폭력과 위험을 내포하고 있습니다. 여기서는 부쟁, 저기서는 투쟁, 이때는 투쟁, 그때는 부쟁, 이럴 때는 투쟁, 저럴 때는 부쟁, 그게 진실 아닌가요?

"어떤 사람은 부쟁, 어떤 사람은 투쟁."

아, 그것도 실제이지요. 그래서 저는 일단 그 양쪽 가능성을 다 인정해야 한다고 봅니다.

"당장 양쪽 모두에게 비난을 받을 수도 있을 텐데."

그럴 수도 있겠지요. 그래서 저는 그걸 '선택'의 문제로 남겨둡니다. 당신들이 각자 알아서 선택하라고. 어차피 우리 인간은 그럴 수밖에 없습니다. 그게 우리의 '실존(Existenz)'이니까요. 바로 그 '선택(choix)'이 인간의 실존이라는 걸 사르트르가 명쾌히 알려주었습니다. '이것이냐, 저것이냐(enten-eller)', 내용이 조금 다르기는 하지만 키에게고도 그런 선택을 요구했고요.

"그럼, 이선생은?"

저는 일단 기본적으로 '부쟁'을 지지합니다. 물처럼. 물은 다른 물을 만나면 부딪치지 않고 곧바로 합쳐서 하나의 물방울이 됩니다. 더 큰 물방울. 놀라운 덕이지요. 저는 그런 걸 가치로 인정하고 동경합니다. 우리 한국사회에서 특히 그런 덕이 절실합니다. 분열과 대립과 다툼이 너무 치열하니까요. 동서남북, 상하좌우, 전후, 원근, 음양까지 다 갈라져 서로 으르렁 다투고 있습니다. 거기에 '선리善利'는 아예 없습니다.

"그게 다 '우尤' 즉 허물이지요."

옳으신 말씀입니다. 다툼에서 허물이 생깁니다. 다툼에서는 허물만 보입니다. 서로 죽을 둥 살 둥 다투는 한국의 정치무대에서, 특히 청문회 같은 데서, 얼마나 많은 허물이 들추어지는지를 보면 바로 납득됩니다. 인간 치고 허물이 없는 사람이야 없겠지만 (신약성경의 그 유명한 이야기, 죄지은 여인에게 다들 돌을 던지자, 예수가 '죄 없는 자는 돌을 던져라'라고 했죠. 그러니 아무도 돌을 던지지 못했다는 그 이야기가 알려주듯이) 다툼이 없다면 어떤 허물도 덮어줄 수 있을 겁니다. 부모 자식 간이 그렇지요. 친구도 그럴 거고. '부유부쟁, 고, 무우夫唯不爭, 故, 無尤', 그 말씀을 저는 그렇게 읽었습니다. '부쟁不爭'이 '무우無尤'의 원천적 조건이라고. '다투지 않음'이 '허물없음'의 조건이라고.

"이선생의 그 해석도 다투려는 자에게는 허물이 될 거고, 다투지 않으려는 자에게는 허물이 아닐 거고."

허물이 아니기를 기대합니다. 그런데 선생님, 이 말씀 사이에 좀 뜬 금없이 '거함의 좋음은 땅이고, 마음의 좋음은 깊음이고, 함께함의 좋음은 어짊이고, 정치의 좋음은 다스려짐이고, 일의 좋음은 능함이고, 움직임의 좋음은 제때다(居善地, 心善淵, 與善仁, 言善信, 政善治, 事善能, 動善時).'라는 말이 끼어 있는데, 뭔가 연결이 좀 잘 안 되는 느낌이 있습니다. 학자들의 말처럼 이건 후대의 주석인가요?

"내가 그 답을 줄 수 없다는 거, 잘 알 텐데."

그렇군요. 그럼 제멋대로 좀 풀어볼 텐데, 이게 선생님 본인의 말씀이든 아니면 후대의 삽입이든, 노자적인 의미는 분명히 있다고 봅니다. 무엇보다 '선善'이라는 글자가 있으니까요. 물론 이건 '상선'의 '선', '선리'의 '선'과는 의미가 좀 다릅니다만. 저는 '좋다'-'알맞다'는 뜻으로 읽었습니다. 여기엔 주제랄까 관심사가 명백히 나열되어 있습니다. 거함, 마음, 함께함, 말, 정치, 일, 움직임(居, 心, 與, 言, 政, 事, 動). 그리고 그 각각의 목표랄까 덕목이랄까 그런 것도 명백히 나열되어 있습니다. 땅, [연못 같은] 깊음, 어짊, 믿음, 다스려짐, 능함, [알맞은] 제때(地, 淵, 仁, 信, 治, 能, 時). 후자의 이 덕들이 전자의 저 주제들을 '좋은(善)' 것이 되게 한다, 그런 의미로 저는 이 문구들을 해석합니다. 후자 없이는 전자가 의미를 잃게 되지요. 땅 없는 거함, 깊이 없는 마음, 어짊(사랑, 배려) 없이 타인을 대함, 믿음 없는 말, 다스려짐이 없는 정치, 능하지 않은 일, 적절한 제때를 맞추지 못하는 움직임. 그건 온통 허물이지요. 귀한 진리긴 한데, 아무튼 이 말들이 문맥에서 좀 낯선 느낌인 것은 분명합니다.

"내가 시원스레 그 답을 줄 수 있으면 좋으련만. 다만, 이 말들이 '도'자 바로 다음에 나왔다는 사실은 잊지 마시기를."

아, 그러니까 그게 바로 도의 모습들…! 그게 바로 그 답이 아닌가요? 하하하.

09.
가지되 이를 가득 채우면

持而盈之, 不如其已. 揣而銳之, 不可長保. 金玉滿堂,20) 莫之能守.
富貴而驕, 自遺其咎. 功遂身退, 天之道.
지이영지, 불여기이. 추이예지, 불가장보. 금옥만당, 막지능수. 부귀이교, 자유기구.
공수신퇴, 천지도.

가지되 이를 가득 채우면 그 그만둠만 못하다. 벼리되 날카롭게 하면 길
게 보존할 수 없다. 금옥이 집에 가득하면 이를 능히 지킬 수가 없다. 부
하고 귀하고서 교만하면 스스로 그 허물을 남긴다. 공을 이루고서 몸이
물러나는 것, [이게] 하늘의 도다.

━━━━━━━━━━━

　노선생님, 제가 평소에 특별히 좋아하고 강조하던 말씀이 여기 또 나
오는군요.
　"거 참, 좋아하시는 게 참 많기도 하군. 그래, 뭔데?"
　'공수신퇴功遂身退'입니다. 물론 다른 말씀도 다 좋지만요.
　"특별히 좋아하시는 무슨 특별한 이유라도?"

---

20) 백서본에는 '滿堂'이 '盈室'로 되어 있다. 의미에 대차가 없으므로 익숙한
　　통용본을 따른다.

네, '공을 이루고서 몸이 물러난다'는 것인데, 이건 앞서 말씀하신 '상선약수上善若水'와도 통한다고 봅니다. '공功'과 '선善'이 통하고 '신퇴身退'와 '처중인지소오處衆人之所惡'가 통하는 거죠. 아주 쉽게 풀자면, 내가 뭔가 좋은 일을 하고서 그걸 절대 내세우지 않는 겁니다. 그게 덕이랄까 격이랄까 인품의 절정이라고 저는 봅니다. 사람들은 보통 그걸 잘 못하죠. 몸(身) 즉 자신을 앞에 내세우지 못해 안달입니다. 정치인들이 아마 가장 대표적이겠죠. 학자들 중에도 많고. 그들은 신퇴가 아니라 항상 '신진身進'입니다. 참 꼴불견이죠. 요즘 유행하는 소위 SNS에도 그런 꼴불견이 가득합니다. 은근한 자랑, 과시, 생색 … 그런 건 사실 더 얄밉습니다. 사람들은 보통 뭇 사람들이 싫어하는 낮은 곳에 제 몸을 두려 하지 않습니다. 어쩌면 그건 남을, 남의 선행이나 공적을 '알아주지' 않는 경향이나 풍토와 연결되어 있는지도 모릅니다. 자연스럽게 알아주고 인정하고 평가하고 칭찬해 준다면 굳이 자기가 자신을 드러낼 필요도 없고, 물러나더라도 만족스러울 수가 있을 텐데…. 보통 사람들이야 그렇게 인정받고 싶은 게 본능 아니겠습니까.

"보통 사람들이야 그렇지만, 그렇지 않은, 보통과 다른, 남들 내지 세상의 인정이나 평가에 연연하지 않는, 그런 인품의 소지자도 드물지는 않지요."

네, 고사에 보면 그런 예들도 자주 눈에 띄더군요. 이른바 '은자隱者'가 다 그런 분들 아니겠습니까? 불가피한, 의도적인, 그런 '물러남'도 있겠지만요. 그런데 선생님, 혹시 아세요? 제가 전공한 하이데거의 철학에도 공수신퇴와 엇비슷한 이야기가 나온답니다.

"오호, 그래요? 흥미롭군요. 그래 어떤?"

물론 선생님처럼 윤리적인 의미가 있는 이야기는 아니지만. 하이데거는 시종일관 '존재'라는 현상을 [선생님이 말씀하신 '유有'를] 탐구하는데, 이 존재(Sein)라는 것이, 혹은 진리(Wahrheit)라는 것이, 혹은 본질적 발현(Ereignis)이라는 것이, 그 결과인 현상만 있고 그 원인자는 드러나지 않고 '물러난다(Enteignis, Entzug)'고 하는 특징이 있다는 겁니다. 저도 그에게 동조하는데, 실제로 그렇습니다. 존재라는 것 자체가 어마어마한 최근원적 세계현상이니 공功도 그런 공이 없지요. 그런데도 그 원인자는 숨어 있는 겁니다. 그야말로 대표적인 '공수신퇴'죠. 하이데거는 그 '주어져 있는' 존재현상 자체가 신의 눈짓(Wink), 신의 스쳐감(Vorbeigang)이라고도 생각하는데, 결코 드러내는 건 아니지만 은근히 그게 '신의 과업', '신의 공적'이라는 암시가 없지 않습니다. 그런 물러남(功遂身退)을 노선생님은 '천지도天之道' 즉 하늘의 도라 하시니 너무나도 흥미롭네요. 저는 선생님이 말씀하시는 그 '천天'이 서양인들이 말하는 '신(God)'과 다르지 않다고 생각하거든요. 하늘-하느님-신, 그러니 중국인의 '천'은 한국인의 '하늘', 서양인의 '신'과 별개가 아닌, 같은 대상인 겁니다. 시대가 다르고 장소가 다르니 언어적 표현이 다를 뿐이지요.

"천도 신도 유일절대적이니 시간과 공간을 초월한 것이고 따라서 그런 게 둘이 있다면 그건 천도 신도 아니겠지요. 단, 그 내용이랄까 작용이 같다면."

그러게요. 그러니 '공수신퇴'는 '하늘의 도(天之道)'이고, 존재를 부여하되(Es gibt) 그 부여자(Es)는 '머물러 있다(aufenthalten)', '자기를 숨긴다(sich verbergen)'라는 것도 신의 눈짓인 '진리'인 게지요. 아주 유사합니다. 하이데거는 선생님의 《도덕경》을 독일어로 일부 번역한 적도 있고 여기저기서 선생님을 엄청(11차례나) 언급하고 있는데 그게 다 선생님에게서 어떤 연관성을 그가 느꼈기 때문일 겁니다. 저는 그걸 논문으로 쓴 적도 있는데… 아, 이건 '공수신퇴'에 위배되나요? 이 말은 취소하겠습니다.

"이미 한 말은 이미 마음속에 있으니 취소해도 없어지지 않습니다.

그러기에 허물을 조심하라 일렀건만. 하하하.”

　네, 그렇지요. 하하, 조심하겠습니다. 아무튼 ‘공수신퇴 천지도’를 알리기 위해 선생님은 구체적인 경우들을 미리 일러주셨지요. ‘지이영지, 추이예지, 금옥만당, 부귀이교持而盈之, 揣而銳之, 金玉滿堂, 富貴而驕’, 그게 다 조심해야 할 문제라는 말씀이시죠? 그런 식으로 하면, ‘불여기이, 불가장보, 막지능수, 자유기구不如其已, 不可長保, 莫之能守, 自遺其咎’, 즉 ‘그만둠만 못하고, 오래 보존할 수 없고, 지킬 수도 없고, 스스로 허물을 남긴다’, 그렇죠, 다 문제가 있는 게 맞죠. 우리 주변엔 지금도 그렇게 문제인 사람들이 너무나 많습니다.

　“그래 이선생은 어떤 경우들을 보신 건가?”

　‘지이영지, 불여기이持而盈之, 不如其已’(가지되 이를 가득 채우면 그 그만둠만 못하다), 많이 가진 사람들은 반드시 가득 채우려 합니다. 저희 한국의 우스갯소리에 99억 가진 사람은 1억 가진 사람의 그 1억을 빼앗아서 100억을 채우려 한다는 말도 있습니다. 현대에 재테크라며 엄청 유행하는 주식투자라는 걸 보면 9억을 벌어 대박을 터트린 사람이 딱 1억만 더 벌고 손 털자고 버티다가 결국 다 날리고 쪽박을 차는 그런 경우가 드물지 않습니다. 그리고 미묘한 이야기지만 제국주의 일본도 그렇습니다. 조선을 침략해 먹어치우고 대만도 먹고 만주도 먹은 저들이 그 탐욕스러운 배를 가득 채우겠다고 중국도 먹고 동남아도 먹고 미국까지 먹으려다가 결국 탈이 나 이미 먹은 것까지 다 토해 내고 말았지요. 꼭 그런 거창한 경우가 아니라 음식의 경우도 그렇습니다. 과식해 배를 가득 채우면 결국 다 토해 내지요. 적당한 선에서 그만두느니만 못한 겁니다. 제 해석이 틀린 게 아니겠죠?

　“흥미로운 예를 드시는구먼. 어디 더 들어볼까요?”

　‘추이예지, 불가장보揣而銳之, 不可長保’(벼리되 날카롭게 하면 길게 보존할 수 없다), 송곳이든 칼이든 너무 뾰족하게, 너무 날카롭게 갈다 보면 오래 못 갑니다. 저는 초등학교 때 일찌감치 그걸 깨달았습니다.

"어허, 또 몸이 자꾸 앞으로…."

아니 이건 뭐 공도 아니니 '신진身進'은 아닙니다만…, 초등학교 때 누구나 연필을 쓰며 뭉툭해지면 칼로 깎거든요. 그때 너무 뾰족하게 하려다 뚝 부러트리는 경우를 누구나 다 경험합니다. '불가장보'죠. 칼날도 그러다 이가 빠집니다. 그게 물건만 그런 게 아니라 사람도 그렇더군요. 한국엔 '모난 돌이 정 맞는다'는 속담이 있습니다만 좀 비슷한 거죠. 뾰족한 사람은 꼭 나지게 마련입니다. 그 뾰쪽함, 날카로움은 오래 못 갑니다. 친구간에 그러면 우정이 깨지고 부부간에 그러면 이혼도 합니다. 거제도의 몽돌이 아름다운 건 오랜 세월 파도에 부대끼면서 그 뾰족함과 날카로움이 무디어져 둥글둥글 즉 원만해졌기 때문이지요. 그래서 저는 예전에 '동그란 눈'을 주제로 시를 쓴 적도 있었습니다.

"과시가 아니라면 한번 들어보고 싶군요."

과시해 봤자 어차피 기대되는 바도 없으니 말씀드리겠습니다. 그리고 짧으니까. 제목은 〈발견〉입니다. '창문은 네모다 / 책은 네모다 / 스크린은 네모다 // 티비도 네모다 / 피씨도 네모다 / 신문도 네모다 // 모두 네모다 / 세상과 인생이 네모 속에 다 있다 / 네모는 굉장하다 // 그런데, 보는 눈은 동그라미다 / 눈이 없으면 다 무용지물 / 고로 / 원만한 것이 모난 것보다 낫다'

"재미있군요. 아마 이곳 주나라 사람들은 무슨 뜻인지 모르겠지만. 스크린도 티비도 피시도 신문도 없으니까."

다음 말씀도 그렇습니다. '금옥만당, 막지능수金玉滿堂, 莫之能守'(금옥이 집에 가득하면 이를 능히 지킬 수가 없다), 그건 아마 몰락한 재벌들이 누구보다 잘 알 겁니다. 투자의 귀재라는 조지 소로스나 워런 버핏도 그리고 손정의 회장도 때로는 막대한 손해를 보지요. 이곳 중국의 마윈도 아마 잘 알 겁니다. 금옥을 지키는 건 정말 쉬운 일이 아닙니다. 제가 아는 한 분은 주식투자를 하다 그 때문에 스트레스로 병에 걸려 번 돈을 치료비로 다 날린 경우도 있었습니다. 저는 예전에 최인호님의 소설 《상도商道》와 그 드라마를 흥미진진하고 감동적으로 본 적이 있는데, 거기서 '계영배戒盈盃'라는 술잔이 소재로 등장합니다. 주인공 임상옥에게 가득 채움을 경계하는 술잔이지요. 최작가님이 아마도 노선생님의 팬이었나 봅니다. 제목이 '상도'이니 당연히 금옥 즉 돈벌이에 관한 이야기죠. 그거 지키기가 얼마나 어려운지 정말 잘 보여줍니다.

"그거 나도 한번 보고 싶군요."

강추합니다. 그리고 '부귀이교, 자유기구富貴而驕, 自遺其咎'(부하고 귀하고서 교만하면 스스로 그 허물을 남긴다), 돈 많고 높은 사람이 교만하면 허물을 남긴다는 것, 정말 진리가 아닐 수 없습니다. '교驕', 교만, 요즘은 거기에 '갑질'이라는 것도 추가됩니다만. 그건 자기에 대한 과대평가와 상대에 대한 과소평가가 전제돼 있습니다. 자신의 위치설정이 '위'인 게지요. 남은 '아래'고. 그런데 인간관계가 어디 그렇습니까? 내가 1이면 너도 1인 겁니다. 이 대전제가 무시되는 게 '교만'의 본질입니다. 근자에 모 재벌 몇 세가 그 갑질이라는 걸 해서 결국 엄청난 사회적 비난의 대상이 된 일이 있었습니다. '자유기구自遺其咎', 스스로 그 허물을 남긴 거지요. 그런 분들이 진작 선생님의 말씀을 좀 귀담아들었더라면 좋았을 것을. 그리고 '귀貴' 즉 높은 자리에 있는 분들이 갑질을 해서 비난의 대상이 되는 일도 비일비재합니다. 본인들은 모르지만 큰 허물을 남기는 거지요. 사실 부귀뿐만 아니라 '공명功名'도 마찬가지입니다. 큰 공을 세우고 인기를 끌어도 교만하면 결국 그 공과 명예를 스스로가 다 까먹습니다. 그런 학자도 있고 문인도 있고 그런 연예인도 있습니다. 그런 분들을 보면 참 안타깝습니다. 다들 대단한 능력과 노력으로 그 부와 귀와 공과 명을 얻으신 건데, 그걸 그 교만으로 스스로 다 까먹으니….

"그런 경우가 조금이라도 줄어들 수 있게 이선생이 나의 이 말들을 많이 선전해 주시기를."

네, 지금 그러고 있는 겁니다. 그런데 듣자 하니 요즘은 그런 선전 광고가 엄청 비싸답니다. 하하하.

"아니 진지한 진리를 논하다가 지금 그 무슨…. 하하하."

10.
무릇 '정성을 다해 기본을 지킴'에

載營魄抱一, 能無離乎. 專氣致柔, 能嬰兒乎. 滌除玄覽,21) 能無疵乎. 愛民治國, 能無爲乎. 天門開闔, 能爲雌乎. 明白四達, 能無知乎. 生之畜之. 生而弗有, 爲而弗恃, 長而弗宰. 是謂玄德.22)
재영백포일, 능무리호. 전기치유, 능영아호. 척제현람, 능무자호. 애민치국, 능무위호. 천문개합, 능위자호. 명백사달, 능무지호. 생지휵지. 생이불유, 위이불시, 장이부재. 시위현덕.

무릇 '정성을 다해 기본을 지킴'에 떠남이 없을 수 있겠는가. '몰두하고 부드러움'에 영아 같을 수 있겠는가. '씻어 없애고 그윽이 살펴봄'에 흠잡음이 없을 수 있겠는가. '백성을 사랑하고 나라를 다스림'에 무위할[함이 없을] 수 있겠는가. '하늘문이 열리고 닫힘'에 암컷이 될 수 있겠는가. '명백하고 사달함'에 아는 체함이 없을 수 있겠는가. 이를 낳고 이를 기른다. 낳으나 이를 갖지 않으며, 해내나 이를 자부하지 않으며, 키워주나/우두머리이나 이를 주재하지 않는다. 이를 일컬어 '현덕'[그윽한 덕]이라 한다.

---

21) 백서본에는 '覽'이 '鑒'으로 되어 있다. 의미가 비슷하므로 익숙한 통용본을 따른다.
22) 백서본·한간본에는 '爲而弗恃' 부분이 없다. 이 '生…德' 부분은 51장에 다시 등장한다.

노선생님, 혹시 아세요? 선생님이 남겨주신 이 말씀들을 사람들은 《도덕경》이라 부르기도 하고 그 전반부를 '도경', 후반부를 '덕경'이라 부르기도 하는데,23) 저는 전자[도덕경으로 부르는 것]에 대해서는 도와 덕이 소위 노자 철학의 양대 주제이니 별 이의가 없습니다만, 후자[도경, 덕경으로 나누는 것]에 대해서는, 편의상 따르기는 하지만, 내심 좀 반대입니다. 왜냐하면 전후반 가릴 것 없이 도와 덕에 대한 언급이 다 있기 때문입니다. 각 부의 첫 글자를 따왔다는 것도 좀 쓸데없는 짓이라 생각됩니다.

"도와 덕을 전후를 따로 나눈다? 허허허. 앞에 덕이 없고 뒤에 도가 없다면 또 몰라도."

그러게요. 무엇보다 이 10장에서도 선생님은 이미 '덕'을 언급하고 계시니까요. '현덕'. 그윽한 덕, 말하자면 현묘한 덕, 잘 드러나지 않는 덕, 숨어서 작용하는 덕. 물론 저는 '덕'이라는 이 말이 그 자체로 이미 매력적이지만, '그윽한 현덕'은 현묘한 것이기에 더 매력적이라고 느낍니다. 언뜻 나빠 보일 수도 있지만 실은 좋은 것이죠. 그런데 보통 사람들은 이런 덕을 잘 모르고 있는 것 같아요. 자신이 그렇지 못한 건 말할 것도 없고 이런 덕에 아예 관심조차 없는 것 같아요, 요즘에는.

"어디 거기 그 시대만 그렇겠습니까. 지금 여기서도 그러니까 내가 이런 말을 하는 게지요."

역시 시공을 초월해 보편적이군요. 반가치인 부덕도, 가치인 현덕도.

---

23) 백서본에서는 '덕편', '도편'으로 되어 있다. 순서와 명칭이 다르다. 별 의미는 없으나 본서는 명칭은 백서본을, 순서는 통용본을 따른다. '경經'이라는 말이 갖는 종교적 성격을 피하기 위함이다. 《도덕경》이라는 명칭도 바람직하지는 않으나 이미 세간에 통용되고 있으므로 어쩔 수 없이 그냥 사용한다.

아무튼 그 현덕, 한번 음미해 보겠습니다. 선생님은, '생이불유生而弗有, 위이불시爲而弗恃, 장이부재長而弗宰', 그런 게 현덕이라 하셨는데, 유심히 들어보면 여기서 선생님은 '생生'[낳음/살림], '위爲'[해냄/위함], '장長'[키움/우두머리/장]이라는 어떤 훌륭함과, 자칫 그 훌륭함을 훼손할 수 있는 인간의 본질적 혹은 일반적 경향으로서의 반가치, 즉 '유有', '시恃', '재宰', 즉 '가짐', '자부함', '휘두름'이라는 것을 꿰뚫어보시고, 그렇게 하지 않는 걸 '그윽하고 신비로운 덕', '드러나지 않는 진정한 덕', 즉 '현덕玄德'이라고 은근히 권하시는 것 같아요. 그렇지 않나요?

"인정을 이미 전제하고 기대하시는군."

제게는 그렇게 읽히니까요. 아닌 게 아니라 우선 '생生', 무언가를 낳고, 생기게 하고, 살게 하고, 살리고, 하는 것은 얼마나 숭고한 일입니까. '생'이란 글자는 생명을 생각하면 엄숙하고도 숭고한 것이 아닐 수 없지요. 모든 생명의 존재 자체가 그렇습니다. 인간의 생명과 삶은 더욱 그렇고요. 아니 사물, 물건, 업적들도 그렇습니다. 만들고 이루어 생겨나게 하는 것, 있게 하는 것, 그것도 실은 다 '생'입니다. 그런데 많은 인간들은 그 '생'에 대해 '유有'를, 그러니까 내가 그걸 낳았다고 생기게 했다고 살렸다고, 그 낳음, 살림을 '내가 한 것', '나의 공'으로 '삼으려' 합니다. '갖는 것(有)'이죠. 그게 '이유지而有之', 그것에 대한 소유, '그러니까 내 것'이라는 생각입니다. 그런 생각, 그런 자세, 그런 태도가 기껏 이룬 그 공도 다 지워 없애는, 그 공을 까먹는 짓이라는 걸 사람들은 잘 모릅니다.

"언뜻 좋아 보이지만 실은 문제인 것입니다. 그러니 그렇게 하지 않는 것(生而弗有)이 현덕인 게지요."

그렇습니다. '네 오른손이 한 일을 왼손이 모르게 하라'는 예수식 덕, 그런 게 현덕일 텐데, 사람들은 그런 게 참 잘 안 되지요. 조금만 뭘 만들어도 '내 것'이라고 하지요. 별것도 아닌 것을 공적이라고 떠벌려 무슨 '백서' 같은 걸 펴내는 기관장들의 행위도 그런 꼴이고. 또, 자식을 자기의 소유물인 양 집착하는 부모들의 태도도 그렇고, 어떻게 보면 환자를 살리고 막대한 치료비를 챙기는 영리의료기관이나, 억울한 사람을 도와주고 천문학적인 수임료를 챙기는 법률회사의 태도도 다 그런 부덕입니다. 그 피대상자에게 큰 부담을 주는 한.

"나의 말이 그렇게까지 확대적용이 되다니!"

사실이 그러니까요. 우리가 고전을 공부하는 까닭이 그런 시간적 '격절'을 초월하는 '적용(Anwendung)'에 있다고 가다머의 해석학도 알려주지요.

"또 그 가다머. 엄청 좋아하시는군. 하하."

우리가 하는 고전 공부의 의미를 알려주니까요. 그 양반이. 그 해석학이.

그리고 어디 '생生'뿐인가요. '위爲'도 '장長'도 똑같습니다. '해낸다/위해 준다', '키워준다/장이 된다', 참 훌륭한 일들이지요. 저는 그게 다 선생님이 말씀하신 '휵畜'[길러줌]에 포함된다고 생각합니다. 위하고/해내고, 키우고/이끌고… 그런 거니까요. 그런데 그런 일들의 경우도 사람들은 보통, '내가 한 일이야' 하고 자부하고 자랑하고 뻐기고 심지어 거들먹거리고 하죠. 그리고 자기가 키웠답시고/장이랍시고 자기 맘대로 휘두르려 하지요. 그런 게 '위이시爲而恃'고 '장이재長而宰'겠죠? 저는 그런 일들을 주변에서 한두 번 본 게 아닙니다. '위이시'는 꼴불견이고, '장이재'는 이른바 꼰대 혹은 독재가 되기도 하지요. 이는 둘 다 '나', '자기'라는 걸 그 일, 그 사람의 '위'에다 위치시키는 것입니다. 선생님이 가장 경계하시는 일이지요. 상사上士의 상덕上德이 아닌 하사下士의 하덕下德입니다. 그래서 그건 결국 자기의 공을 스스로 훼손하는 것이고 심지어 부덕이 되고 마는 게지요. 반대로, 그렇게 하지 않는 '위이불시爲而弗恃', 즉 훌륭한 일을 해내고도 혹은 남을 위해 주고도 그걸 드러내지 않고 뻐기지 않는 것, 그런 걸 요즘은 겸손이라고, 인격이라고 부르기도 한답니다. 그리고 '장이부재長而弗宰', 즉 키워주고도 혹은 장이 되고서도[24] 군림하여 휘두르거나 독재하지 않고 인정하고 존중하며, 혹은 구성원들, 아랫사람들과 의논하고 협의하고 경청하고 해서 중요한 일을 결정하는 걸 요즘은 민주주의라고 부르기도 한답니다.

"'민'이 '주'라는 그 말 참 흥미롭군요."

그런데 선생님, '생지휵지生之畜之'하는 이런 경우를 말하기 위해, 특히 그 자기억제의 어려움을 말하기 위해, 선생님은 언제나 그러듯 구체적인 예들을 드시는데, 이 10장의 경우는 그 말들이 곧바로 이해하기 어려운 면이 좀 있습니다.

"어떤?"

앞부분이 다 그렇습니다. '무릇 '정성을 다해 기본을 지킴'에 떠남이 없을 수 있겠는가. '몰두하고 부드러움'에 영아 같을 수 있겠는가. '씻어 없애고 그윽이 살펴봄'에 흠잡음이 없을 수 있겠는가. '백성을 사랑하고 나라를 다스림'에 무위할[함이 없을] 수 있겠는가. '하늘문이 열리고 닫힘'에 암컷이 될 수 있겠는가. '명백하고 사달함'에 아는 체함이 없을 수 있겠는가(載營魄抱一, 能無離乎. 專氣致柔, 能嬰兒乎. 滌除玄覽, 能無疵乎. 愛民治國, 能無爲乎. 天門開闔, 能爲雌乎. 明白四達, 能無知乎).' 라고 하신 거요. 여기서 선생님은 '영백포일營魄抱一', '전기치유專氣致柔', '척제현람滌除玄覽', '애민치국愛民治國', '천문개합天門開闔', '명백사달明白四達'이라는 여섯 가지 훌륭한 경우들, 대단한 경우들을 예로 드십니다. 그리고 이 경우들에 요구되는 여섯 가지 '현덕'들을 말씀하십니다. '능能…호乎'[… 수 있겠는가]라는 반문의 형태로. 그게 '무리無離', '영아嬰兒', '무비無疵', '무위無爲', '위자爲雌', '무지無知'이지

_____

24) 두 가지 해석이 다 가능하므로 일단 둘 다 적어둔다.

요. 한어 특유의 네 글자 운율적 표현도 그렇지만 거기 중국 특유의 논리정연함도 있습니다. 참 매력적입니다. '이럴 때 자칫 이러기 쉬운데 넌 그러지 않고 이럴 수 있어?' 하는 거지요. 더욱이 다 심원한 노자적 가치들이고.

"핵심을 정리해 주니 고맙군요."

그런데 솔직히 말씀드리지만, 이 말들의 의미가 좀, 아니 많이 모호합니다. 듣고서 금방, '아 그거?' 할 수 있는 건 사실 '애민치국' 정도입니다. 하나 더 보탠다면 '명백사달'도 어느 정도는? 나머지는 다 애매모호합니다. 대학생 땐 거의 수수께끼 같아서 아예 패스했던 부분들입니다. 이런저런 번역과 해설도 살펴봤지만 한국, 중국, 일본, 독일, 미국 할 것 없이 거의 신뢰할 수가 없었습니다. 제가 아는 노선생님은 절대 '황당한' 수수께끼로 사람을 골탕 먹이는 분이 아닌데 해설들은 거의 대부분 고개가 갸우뚱해지는 것들이었습니다. 그래서 저는 그것들을 아예 다 무시하고 그냥 제 식으로 풀어보았습니다.

"또 그 지평융합?"

네, 선생님께는 분명히 이 문제를 바라보는 선생님의 시야가, 선생님의 구체적인 지평이 있었을 테니까요. 도대체 뭘 보시고 뭘 느끼신 겐가? 지금 내게도 보이고 있을 그 뭔가가 있었을 텐데, 그게 뭘까? 저는 그래서 생각해 봅니다. ('재載'는 일단 어조사 '부夫'와 같다는 육희성陸希聲 등 중국학자들의 말을 믿고 빼기로 합니다만.) '영백포일營魄抱一'이란 정성을 다해[영혼을 경영해] 기본을 지킴이 아닐까.25) '전기치유專氣致柔'란 '몰두함과 부드러움'이 아닐까. '척제현람滌除玄覽'이란 씻어 없애고 그윽이 바라봄이 아닐까. '애민치국愛民治國'은 말 그대로 백성을 사랑하고 나라를 다스리는 것일 거고. '천문개합天門開闔'은 하

---

25) 모호한 이 '일一'의 의미에 대해서는 22장, 39장 참조. 그리고 '영백營魄'을 '혼백魂魄'으로 해석하는 설이 다수 있으나, 문맥상 납득하기 힘들다.

늘문이 열리고 닫힘인데 이건 혹시 6장에서도 시사한 생식현상을 말하는 게 아닐까. '명백사달明白四達'은 아마도 이것저것 가릴 것 없이 모르는 게 없음을 말하는 게 아닐까. 즉 뭐든 환하다는 뜻이 아닐까…. 이런 게 다 훌륭하고 대단한 일임은 그야말로 명백합니다. 그런데 거기에 각각 이런 경향이 있는 거죠. '영백포일'에서는 걸핏하면 기본을 벗어나 떠나려 하고, '전기치유'에서는 보통 갓난애와 달리 생각이 많고 욕심이 많아 몰두나 집중 자체를 아예 잘 못하고 또한 대개 융통성 없이 고집으로 경직돼 있고, '척제현람'에서는 대개 자기는 흠결투성이면서 남의 흠결을 더럽다 탓하여 흠잡고, '애국치민'에서는 내가 나서서 뭘 해보겠다고 설쳐대고, '천문개합' 즉 생식에서는 남자들이 마치 자기가 뭘 하는 것인 양 으쓱대고, '명백사달'에서는 사실 조금만 알아도 잘난 체, 아는 체, 거들먹거리고…. 그런 게 바로 '리離'고, '영아嬰兒'[같지 않음]고, '비疵'고, '위爲'고, '위웅爲雄'이고, '지知'고, 그런 거라고, 그렇게 저는 읽었습니다.

이런 게 문제라는 건, 세상을 살아보니 바로 알겠더군요. 그런 사람들이 세상엔 실제로 넘쳐나니까요. 그래서 선생님은 역설적으로 그 반대되는 가치를 강조하신 거죠? 떠나지 않는 것, 할 수 있어? 갓난애처럼 오로지 한 가지에만 몰두하고 부드럽게 될 수 있어? 자기의 흠결을 인정하고 남의 흠결을 용인할 수 있어? 자기가 나서서 뭘 하려 설쳐대지 않고 남들의 능력을 믿고 맡겨둘 수 있어? 암컷처럼 여자처럼 받아들이는, 그러면서 큰일을 이루어내는, 그런 태도를 취할 수 있어? 알면서도 모르는 양, 아는 체, 잘난 체하지 않을 수 있어? '너 자신을 알라'고 한 소크라테스처럼, '아는 걸 안다고 하고 모르는 걸 모른다고 하는 것, 이게 안다는 것이다(知之謂知之 不知謂不知 是知也)'라고 한 공자처럼. … 쉽지는 않겠지만, 그런 게 좋은 거니 그렇게 좀 해봐, 그런 뜻인 게지요. 선생님의 이 말씀은.

"나의 말도 사람의 말이니, 다 알아들으라고 한 말이지요. 알아들을 수 있는 말로."

참으로 그윽하십니다. 선생님의 그 말씀은. 그 자체가 이미 현덕이네요. 단, 좀 더 알아듣기 쉬운 말로 해주셨으면 더 좋았을 텐데 하는 약간의 원망이 없는 건 아닙니다만. 하하하.

11.

서른 개의 바퀴살이 하나의 바퀴통을 공유한다

三十輻共一轂,26) 當其無, 有車之用. 埏埴以爲器, 當其無, 有器之
用. 鑿戶牖以爲室, 當其無, 有室之用. 故, 有之以爲利, 無之以爲
用.

삼십폭공일곡, 당기무, 유차지용. 선식이위기, 당기무, 유기지용. 착호유이위실, 당
기무, 유실지용. 고, 유지이위리, 무지이위용.

서른 개의 바퀴살이 하나의 [빈] 바퀴통을 공유한다. 그 없음에 수레의 쓰
임이 있다. 진흙을 이겨 그것으로 그릇을 만든다. 그 없음에 그릇의 쓰임
이 있다. 문과 창을 파서 그것으로 방을 이룬다. 그 없음에 방의 쓰임이
있다. 고로 있음이 이로움이 되는 연유는 없음이 쓰임이 되기 때문이다.

━━━━━━━━━━━━━━━

　노선생님, 이 말씀, 너무너무 유명합니다. 수많은 사람들이 이 말씀
에 매료되어 있지요. 저도 그렇고요. 저는 이걸 '노자식 존재론'이라 부
르기도 합니다. '무無'와 '유有'에 대해 말하고 계시니까요. 특히 '무'의
의미. 혹은 의의.

---

26) 백서본에는 '共'이 '同'으로 되어 있다. 문맥을 좌우하지 않으므로 익숙한 통
　용본을 따른다.

"허허 그런가요? 유명하고 좋아한다니 반갑군요. 그런데 '존재론'이라… 좀 오버 아닌가요?"

오버라뇨. 저는 충분히 그렇다고 봅니다. 물론 제가 평생 공부한 하이데거나 파르메니데스의 존재론과는 종류가 아주 다르지만요. 아니 하이데거도 《존재와 시간》에서는 비현존재적 존재자, 즉 사물의 존재방식에 대해 말하고 있으니 아예 무관한 것도 아니겠네요. 물론 그들에겐 존재와 무의 윤리적 의미가 괄호 쳐져 있으니 선생님의 독자성-고유성은 확실하게 인정됩니다만.

"그래도 한 줄짜리 말을 거창하게 '존재론'이라 하면 보통은 오버라고 여기겠죠."

말이 적다고 '론'이 못 된다는 법은 없습니다. 오히려 '다언삭궁'이라고 선생님도 말 많은 건 경계하셨잖습니까. 저는 선생님의 그 적은 말수 혹은 뱉어내지 않은 '말 없음'에 그 적은 말 내지 말 없음의 '유용함'이 있다고 평가합니다. 선생님의 이 말씀의 취지도 그런 맥락이 아닌가요? 저는 '시詩'의 매력도 그 '생략된 언어들' 즉 말의 '없음'에 있다고 생각합니다. 특히 일본의 한 줄짜리 시 '하이쿠(俳句)' 같은 건 바로 그래서 세계인들에게도 어필하지요. 언어의 빈 공간이 적은 말의 존재감을 극대화시킨다고 할까. 또…

"또 뭡니까. 또 있나요? 허허."

동양의 수묵화가 그렇지요. 아무것도 그리지 않은 빈 공간이 구름이나 안개가 되어서 역시 산수의 존재감을 극대화시켜 주지요. 그야말로 '유지이위리, 무지이위용有之以爲利, 無之以爲用'입니다. 이러니 선생님의 이 짧은 말씀이 존재론이 아니고 뭐겠습니까.

"하이쿠와 수묵화라…. 그렇게까지 해석하다니 흥미롭군요. 혹시 뭐 또 있나요?"

얼마든지요. 예를 들면 엄마의 잠깐의 부재가 아이에게 갖는 존재감,

음악회에서의 소리 없는 침묵의 효과, 별의 존재를 위해 필수적인 빛이 없는 깜깜한 밤하늘의 유용함, 많은 아내들이 출장 간 남편의 부재에서 느끼는 유용한 해방감….

"하하, 뭘 그런 거까지."

취지가 그렇다는 거지요. 아무튼 선생님의 이 말씀에는 유와 무의 관계, 유의 이로움과 무의 유용함, 그 둘의 필연적 관련성, 유의 배경이 되는 혹은 바탕이 되는 무, 그런 존재론이 있다고 저는 읽습니다.

"뭐 해석은 자유니까."

물론 수레와 바퀴, 그릇과 찰흙, 방과 문-창, 그런 것도 지금 여전히 유효하고요. 없어야만 역으로 그 있음이 가능하고 유용한 게 하나둘이 아닙니다. '당기무當其無, 유…지용有…之用', 이건 '노자식 가치존재론'의 기본공식 혹은 기본공리, 기본법칙이라고 저는 봅니다.

"바로 그 말을 하고 싶었던 겁니다. '그 없음에 있음의 쓸모가 있다.' 없음의 가치, 없음의 존재성, 무의 유용성…. 없음은 없는 게 아닙니다. 없음이라는 있음이 있는 겁니다. 그게 엄청 유용한 거지요. 말도 없는 게 쓸모 있을 때가 있고, 생각도 없는 게 쓸모 있을 때가 있고, 행동도 없는 게 쓸모 있을 때가 있고, 사람도 어떤 이는 없는 게 훨씬 유용한 경우가 있고…."

맥락은 좀 다르지만 하이데거도 〈형이상학이란 무엇인가(Was ist Metaphysik?)〉라는 글에서 존재의 인식을 위해 무를 동원하지요. 'ex nihilo omne ens qua ens fit(무로부터 모든 존재로서의 존재가 나온다).' 존재론을 위해 '무의 존재'라는 논리적 모순을 무릅쓰는 겁니다.

"논리가 만능은 아닙니다. 아니, 논리 자체에 여러 가지가 있지요. '무의 존재'라는 건 결코 논리적 모순이 아닙니다. 실제를 충실히 반영하는 거니까요."

백 퍼센트 동의합니다. 무의 존재, 무의 쓸모, 많은 사람들이 그걸 이해해 줬으면 좋겠군요. 특히 자신의 존재를 드러내고 싶어 안달인 사람들이….

"때로는 없느니만 못한 사람들이 너무 많이 있지요, 이 세상에는."

경험상 동의할 수밖에 없군요. 하하하.

12.

오색은 사람으로 하여금 눈을 멀게 한다

五色, 令人目盲. 五音, 令人耳聾. 五味, 令人口爽. 馳騁畋獵, 令人
心發狂. 難得之貨, 令人行妨. 是以聖人,27) 爲腹不爲目. 故, 去彼取
此.

오색, 령인목맹. 오음, 령인이롱. 오미, 령인구상. 치빙전렵, 령인심발광. 난득지화,
령인행방. 시이성인, 위복불위목. 고, 거피취차.

오색은 사람으로 하여금 눈을 멀게 한다. 오음은 사람으로 하여금 귀를
먹게 한다. 오미는 사람으로 하여금 입을 상하게 한다. 말을 타고 사냥하
는 것은 사람으로 하여금 마음을 미치게 한다. 얻기 어려운 재화는 사람
으로 하여금 행을 거리끼게 한다. 그래서 성인은 배를 위하며 눈을 위하
지 않는다. 고로 저것을 버리고 이것을 취한다.

━━━━━■■■━━━━━

노선생님, 여기서도 선생님은 전형적인 노자식 가치대비를 하시는군
요. 이것과 저것, 좋은 것과 나쁜 것. 그리고 노자 철학의 한 전형인 '거
피취차去彼取此'(저것을 버리고 이것을 취한다)도 전면에 등장하고. 좋은

---

27) 백서본에는 '聖人'이 '聖人之治'로 되어 있다.

것을 위해 그 이상적 모델인 '성인聖人'을 동원하는 또 하나의 전형도 거듭 등장하고.[28)

 "오호, 내가 그랬던가?"

 그렇습니다. 피彼와 차此, 이것과 저것, '위복爲腹'과 '위목爲目', 배를 위함과 눈을 위함, 두 개의 태도가 있는 겁니다. 명백한 대비죠. '버림(去)'과 '취함(取)', '위함(爲)'과 '위하지 않음(不爲)'도 그런 대비고요. 결국 '위복'을 권하고 '위목'을 경계하시는 거죠. 역시 노자 철학은 윤리학 내지 가치론이라는 걸 확인시켜 줍니다.

 "사람에게 좋은 걸 권하는 게 '윤리학'이고 '가치론'이라면 내 인정할 수밖에."

 좋은 거지요. '눈'이 아니라 '배'를 위한다는 건. 겉보다 안을, 형식보다 실속을 차려야 한다는 취지니까. 하지만 선생님, 여기서 선생님이 들고 있는 예들은, 그때 거기서는 어땠는지 모르겠습니다만, 지금 여기서는 좀 논란이 될 것도 같습니다.

 "거기서는 뭐가 어떻기에?"

 선생님은 '오색五色', '오음五音', '오미五味', '치빙전렵馳騁畋獵', '난득지화難得之貨'를 경계하고 있는데, 그게 '목맹目盲', '이롱耳聾', '구상口爽', '심발광心發狂', '행방行妨'한다고요. 그런데 지금이라면 아마 상당한 항의나 비판이 있을 수 있고 최소한 논란의 대상은 분명히 될 겁니다.

 "왜 어떤 점에서?"

 우선 '오색-목맹'에 대해서는 모든 미술가들이, '오음-이롱'에 대해서는 모든 음악가들이, '오미-구상'에 대해서는 모든 요리인들이, '치빙전렵-심발광'에 대해서는 모든 승마인과 수렵인들이, '난득지화-행방'에

---

28) 2장 각주 5 참조.

대해서는 모든 경제인들이, 아마 눈에 쌍심지를 돋우거나 주먹을 불끈 쥐거나 최소한 입을 뿌루퉁하거나 고개를 갸우뚱하거나 하면서 잘 납득하려 하지 않을 겁니다. 그런 게 그들의 삶의 의미랄까 존재의미랄까, 삶 그 자체니까요. 그런 것들의 가치를 요즘은 그 누구도 부인하지 않습니다. 부인은커녕 권하기도 하지요. 고흐나 르누아르 … 등등, 베토벤이나 모차르트 … 등등, 불고기, 짜장면, 스시, 피자, 햄버거 … 등등, 승마, 사냥뿐만이 아니라 축구, 야구, 골프, 테니스 … 등등 온갖 스포츠, 티비, 냉장고, 세탁기, 스마트폰 … 등등 온갖 제품들, 선생님은 아마 상상도 못하시겠지만 이런 것들이 없는 삶은 요즘 사실 성립 불가능입니다.

"난들, 여기 사람들인들, 그런 걸 모를까. 다들 그렇게 살고 있으니 그런 예를 든 거죠. 평가는 내가, 그리고 성인이 하는 겁니다. 모든 일반인들이 아니고. 그건 선택의 문제입니다. 이선생의 그 세계도 아마 그런 선택을 하는 이들, 성인들이 없지 않을 겁니다. 어쩌면 소위 '자연인'이나 수행자들도 그런 선택을 하였을 거고. 생각해 봐야 할 것은, 오색, 오음에서 난득지화에 이르는 저 일반적 가치들, 감각적 가치들이 한계가 있다는 것, 영원성을 갖지 못한다는 것, 문제를 일으킬 소지가 있다는 겁니다."

하기야 피카소를 보는 눈이 밤하늘의 별을 보는 눈보다 더 좋을 수 없고, BTS를 듣는 귀가 숲속의 새소리를 듣는 귀보다 더 좋을 수 없고, 최고급 호텔의 최고급 코스요리를 먹는 입이 백두산 천지의 물 한 모금을 머금는 입보다 더 좋을 수 없고, 신나게 말 달려 사슴을 잡아온 몸이 침상에 편안히 누운 몸보다 더 좋을 수 없고, 어렵게 돈을 모아 삼성의 최신 5G 폴더 폰을 구입한 마음이 아무 거리낌 없이 들길을 걷는 나그네의 마음보다 더 좋다고는 할 수 없을 테니까, 오색-오음-오미-치빙전렵-난득지화 등이 한계는 있지요. 당연히. 그리고 문제를 일으키는 경우도 분명히 있고요.

"그렇지요. 그 문제가 문제인 거지요."

'목맹', '이롱', '구상', '심발광', '행방'. 떠오르는 장면들이 있네요. 어쩌면 여색을 탐해 나라를 기울게 한 황제들도 '목맹目盲'일 거고, 24 시간 귀에 이어폰을 꽂고 헤비메탈 음악을 듣다가 이비인후과 신세를 지는 청소년들도 '이롱耳聾'일 거고, 영양은 생각지 않고 입에 단 음식들만 먹다가 결국 건강을 해쳐 위를 잘라내고 아예 먹지도 못하고 튜브 신세를 지는 사람들도 '구상口爽'일 거고, 신나게 승마를 즐기다가 마음을 자제하지 못하고 속도를 내다가 낙마하여 불구가 된 사람들, 요즘 식으로는 자동차의 스피드'광', 그 한순간의 속도를 즐기려는 마음을 절제하지 못하고 엑셀을 밟다가 사고를 내 불구가 되기도 하고 죽기도 하는 사람도 아마 '심발광心發狂'일 거고, 최신 폰을 사겠다고 아르바이트를 하느라 학원도 못 가고, 친구들 모임에도 못 나가고, 연애도 못하고 그렇게 아무것도 못하게 방해받는 것도, 아마 '행방行妨'일 거고….

"실속이 없는 게지요. 그런 감각적인 것들은. 그래서 성인들은 그런 '눈目'을, 즉 감각적인 가치들을 지양하고, '배腹'를, 즉 진정으로 의미 있는 것들을 추구하는 겁니다(爲腹不爲目). 예수나 부처 같은 분들이 말 타고 사냥하는 게, 백화점 쇼핑을 하는 게, 식도락을 즐기는 게, BTS 공연표를 사려고 줄 서 있는 게, 설교를 하다 말고 미녀를 뒤따라가는 게, 머릿속에 그려지나요?"

참 선생님도. 그런 분들을 예로 드시니 더 이상 할 말이 없어지는군요. 인정, 인정입니다. '위복불위목, 고, 거피취차爲腹不爲目, 故, 去彼取此'. 저것을 버리고 이것을 취한다. 제가 성인은 아니지만서도. 하하하.

13.
총애 받고 욕먹는 건 놀라는 것같이

寵辱若驚, 貴大患若身. 何謂寵辱若驚. 寵爲下, 得之若驚, 失之若
驚. 是謂寵辱若驚. 何謂貴大患若身. 吾身所以有大患者, 爲吾有身.
及吾無身, 吾有何患. 故, 貴爲身於爲天下, 若可以託天下矣, 愛以
身爲天下, 如可以寄天下矣.29)

총욕약경, 귀대환약신. 하위총욕약경. 총위하. 득지약경, 실지약경. 시위총욕약경.
하위귀대환약신. 오신소이유대환자, 위오유신. 급오무신, 오유하환. 고, 귀위신어위
천하, 약가이탁천하의, 애이신위천하, 여가이기천하의.

총애 받고 욕먹는 건 놀라는 것같이. 큰 병을 귀히 여기는 건 몸과 같이.
'총애 받고 욕먹는 건 놀라는 것같이'란 무슨 말인가? 총애 받는 걸 아래
로 삼아, 이를 얻는 것도 놀라는 것같이, 이를 잃는 것도 놀라는 것 같이.
이를 일컬어 '총애 받고 욕먹는 건 놀라는 것같이'라고 하는 것이다. '큰
병을 귀히 여기는 건 몸과 같이'란 무슨 말인가? 내 몸이 큰 병이 있는
까닭은 내가 몸이 있다는 것이다. 내가 몸이 없다면 내가 어찌 병이 있겠
는가. 고로 몸 위하기를 귀히 여겨 천하를 위함은 천하를 맡길 수 있음과
같고, 몸 사랑하기로써 천하를 위함은 천하를 맡길 수 있음과 같다.

---

29) '故' 이하 마지막 문장은 판본마다 표현이 조금씩 다르다. 오래된 것으로 추
    정되는 죽간본·백서본·한간본을 따른다.

노선생님, 이 13장 말씀은 결국은 딱 세 글자, '위천하爲天下', 즉 '천하 위하기'가 핵심인 셈인데, 그걸 위해 선생님은 '경驚'과 '신身'이라는 덕을, 가치를 권하시는군요. 다른 장구에 비해 말들 사이의 논리적 연결성이 조금 모호한 느낌이 있습니다만, 뭐 그래도 그 윤리적 의미는 충분히 크다고 봅니다. 어쨌든 '천하를 맡길 만한(託天下, 寄天下)' 큰 덕을 말씀하시는 거니까요. 그리고 아무리 대단하신 선생님이라도 모든 말씀이 백 퍼센트 다 완벽하고 멋있을 수는 없죠. 미인도 좀 부스스할 때가 있으니까요. 당연한 거죠.

"음, 그 말이 지금 '총寵'인지 '욕辱'인지 좀 애매하군요."

저야 선생님 팬인데 당연히 '총寵'이죠. 독자를 위한 예비적 변호입니다. 있을 수 있는 '욕辱'에 대비해서 선생님을 지키려는…. 남을 욕되게 하는 자들은 대개 그 남에 대한 이해가 결여돼 있죠. 뭘 모르니까 남을 함부로 욕되게 하는 겁니다.

"그래서 내가 이런 말을 한 겁니다. 그런 걸 역으로 살리라는 말이죠. 누군가가 누군가를 사랑해 준다는 것, 사랑받는다는 것, 누군가가 누군가를 욕되게 한다는 것, 굴욕을 당한다는 것, 그런 건 보통 일이 아닙니다. 놀라야 할 일이죠. 그걸 깨달아야 하는 겁니다."

요즘 식으로 말하면 '일깨움'이라고 할까요? '경'각심을 불러일으키는 일들, 그런 것이니 '되새겨 봄', '반성'의 계기로 삼으라는 말로 제게는 들립니다. 총애도 욕됨도 보통 일이 아니니까요. 그야말로 내가 올려지는 것, 끌어내려지는 것이 곧 '총'이고 '욕'이니까요. 사랑을 받으면 나는 한없이 높이 올려지게 되고(爲上) 욕을 먹으면 나는 한없이 낮게 처박히게 되는(爲下) 법이지요. 이쪽이든 저쪽이든 놀랄 만한 일인 건 분명합니다. 얻어도 잃어도. 사랑을 얻어도 사랑을 잃어도, 욕을 먹어도 욕이 사라져도, 다 놀라야 할 일인 겁니다. 그게 다 기본적으로 '나'에 대한 누군가의 '평가'이니까요. 그러니 그 '왜'를 생각해 볼 필요가 있다는 말씀이지요?

요즘 세상을 보면 어떤 사람들은 인기를 끌어도 '당연하지' 하고 우쭐해할 뿐 별로 놀라지를 않습니다. 욕을 먹어도 '나쁜 놈들' 하고 분해할 뿐 '응? 내가 뭘 잘못했지?' 하고 별로 놀라지를 않습니다. 사랑을 잃어도 속상해할 뿐 별로 놀라지를 않습니다. 먹던 욕을 안 먹게 돼도 그냥 '다행이다', '욕하던 그놈 어떻게 됐나?' 할 뿐 놀라서 진지하게 그 '왜'를 생각하지는 않습니다. 정치인들은 특히 그렇습니다.

"이선생처럼 그렇게 내 말의 행간을 읽어야지요."

아, 지금 그 말씀, 혹시 '총총寵'인가요? 깜짝 놀랐습니다.

"이 사람 참, 그거 지금 똑똑한 척하는 건가요?"

아, 지금 그 말씀 혹시 '욕辱'인가요? 깜짝 놀랐습니다.

"못 말릴 사람이군. 그냥 계속 하시던가. 하하."

잘난 척이 결코 사람을 잘나게 만들지 못한다는 건 저도 잘 알고 있습니다. 실제로 잘난 걸 반영하는 것도 아니고요. 저의 이런 말씀은 사람들이 자신에 대한 평가에 대해, 그게 긍정적인 것이든 부정적인 것이든, 놀라운 일로 받아들이고 경각심을 좀 가져야 한다는 저 나름의 공감, 동조, 지지의 표시입니다. 좀 장난기가 있었다면 죄송합니다.

"나도 아니까 그냥 해본 소리입니다. 하하"

다행이군요. 저도 때로 사람들로부터 사랑도 받아보고 욕도 먹어봤습니다만, 참 놀라운 일이 분명하더군요. 그럴 때 정말 많은 생각을 하게 됩니다. 비슷한 경우에 우쭐해하거나 노여워하는 사람들을 보면 영 보기가 딱하지요.

"그럼 뒷부분, '귀대환약신貴大患若身'은 어떻게 읽으셨는지."

표현이 좀 애매하긴 합니다만, 뒤에서 '만일 내가 몸이 없다면 내가 무슨 병이 있겠는가(及吾無身, 吾有何患)' 하고 말씀하고 계시니, 몸의 소중함을, 그 소중한 몸에 대한 정성을 주목하시는 건 분명하겠죠. 또 '귀위신貴爲身', '애이신愛以身'이라는 말씀을 봐도 그렇고요. 그렇게 몸을 위하고 사랑하는, 그런 사람이라면 몸을 얼마나 귀히 여기겠습니까. 큰 병이 있는 사람은 더욱 그렇게 되지요. 그렇게 될 수밖에 없지요. 큰 병치레를 해본 사람은 알지만, 자기 몸이라는 건 곧 세상 전부 즉 천하입니다. 귀히 여기지 않을 수가 없지요. 모든 관심과 정성을 거기에 쏟게 됩니다. 그 큰 병에, 곧 자기 몸에. 그 병만 고쳐진다면 전 재산이라도 다 쏟아 부을 겁니다. 큰 병을, 몸을 세상 전부로 생각하고 위하듯이, 그런 사세로, 태도로, 삭도로, 정성으로 '대환大患'을 생각하고, 그리고 그런 자세로 진짜 세상을 위한다면, 그런 사람이라면 천하를 즉 세상을 맡겨도 된다(可以託天下, 可以寄天下), 그런 말씀이겠죠. 달리 말해 천하를 경영하겠다는 자는, 요즘 식으로 말해 정치를 하겠다는 자는 마땅히 내 몸을 대하듯이 큰 병을 대하는 그런 자세로, 태도로, 마음으로, 정성으로, 노력으로 큰 문제들을 살피며, 이 세상을 위해 일해야 한다는 그런 말씀이겠죠, 선생님의 이 말씀은.

"천하경영은 의학적이지요. 몸을, 대환을 돌보는 자세로 세상을 봐야 하는 겁니다."

천하경영은 의학적이라는 그 말씀, 너무너무 공감입니다. 제가 보기에 세상은 동서고금을 막론하고, 언제나 어디서나 '대환大患' 즉 중병 상태인 것 같으니까요. (예수의 생애도 사실상 의료와 교육이 양대 핵심이었죠. 종교적 행위들을 별도로 친다면.)

"이선생의 거기도 그렇습니까?"

에휴, 말해 무엇 하겠습니까. 온 세상이 거의 ICU(중환자실) 수준입니다. 거긴 어떻습니까?

"내가 왜 소를 타고 함곡관으로 떠나갔겠습니까. 노나라의 공선생도 이 시대를 보고 '에휴(噫)'라든지 '끝났구나(而已矣)' 같은 탄식을 자주 한다고 들었는데, 그 양반도 아마…."

세상을, 천하를 맡길 만한, 세상을 병든 제 몸처럼 돌볼 그런 인물을, 성인을, 지도자를 지금도 간절하게 기다립니다. 에휴.

"그렇군요. 에휴."

14.

이를 보아도 보이지 않으니

視之弗見, 名之曰夷. 聽之弗聞, 名之曰希. 搏之弗得, 名之曰微. 此三者, 不可致詰. 故, 混而爲一, 一者,30) 其上不皦, 其下不昧. 繩繩不可名,31) 復歸於無物. 是謂無狀之狀, 無物之象, 是謂惚恍. 迎之, 不見其首, 隨之,32) 不見其後. 執古之道, 以御今之有, 能知古始.33) 是謂道紀.

시지불견, 명지왈이. 청지불문, 명지왈희. 박지부득, 명지왈미. 차삼자, 불가치힐. 고, 혼이위일. 일자, 기상불교, 기하불매. 승승불가명, 부귀어무물. 시위무상지상, 무물지상, 시위홀황. 영지, 불견기수, 수지, 불견기후. 집고지도, 이어금지유, 능지고시. 시위도기.

이를 보아도 보이지 않으니, 이름하여 이르기를 '이夷'라 한다. 이를 들어도 들리지 않으니, 이름하여 이르기를 '희希'라 한다. 이를 잡아도 잡히지 않으니, 이름하여 이르기를 '미微'라 한다. 이 세 가지는 따져질 수 없다. 고로 뒤섞이어 하나가 된다. [하나인] 일자一者는, 그 위는 또렷하지 않고,

---

30) 통용본에는 이 '一者'가 없다. 한간본에는 '參也'로 되어 있다.

31) 백서본에는 '繩繩'이 '尋尋呵'로 되어 있다.

32) 백서본·한간본에는 '之'가 '而'로 되어 있다. 통용본을 따른다.

33) 왕필본 외에는 '能'이 모두 '以'로 되어 있다. 앞 문구와의 중복을 피하기 위해 왕필본을 따른다.

그 아래는 어둡지 않다. 다 끈처럼 이어져 있어 이름할 수 없으니, '무물無物'로 다시 돌아간다. 이를 일컬어 상태 없는 상태라 하고, 사물 없는 형상이라 하고, 이를 일컬어 황홀(惚恍)이라 한다. 이를 맞이해도 그 머리가 보이지 않고, 이를 따라가도 그 꼬리가 보이지 않는다. 옛 도를 붙잡아서 그것으로 지금의 존재를 헤아려보면, 능히 옛 처음을 알 수가 있다. 이를 일컬어 도의 벼리라 한다.

———————————

노선생님, 이 14장의 말씀을 들으면 저는 왠지 선생님과 저의 예사롭지 않은 인연을 느끼게 됩니다.

"그래요? 어떤 점에서?"

'도기道紀'를 말씀하시니까요. 그리고 도의 특성들을 말씀하시니까요. 그리고 '고시古始' 즉 '옛 처음'을 언급하시니까요. 이게 어디 보통 말들입니까. 그런데 저는 이런 뭔가를 공유하고 있기에 그런 생각이 드는 겁니다.

"공유라…, 아, 이선생이 말한 그 '본연'이라는 것?"

네. 저는 그게 선생님이 말씀하시는 이 '도'와 다른 게 아니라고 생각하니까요. 그래서 깊은 공감을 느끼는 겁니다. 헤라클레이토스의 로고스(logos)도, 파르메니데스의 존재(eon) 내지 진리(aletheie)도, 플라톤의 이데아(idea)도, 하이데거의 발현(Ereignis)도, 저의 본연本然도 다 선생님이 말씀하시는 그것과 하나로 이어져 있다고, 즉 '승승繩繩'이라고 느끼니까요. 물론 선생님의 도에는 특별히 윤리적 의미가 있습니다만.

"도는 옛 처음이나 나에게나 그리고 저들에게나 이선생에게나 동일한 '일자'이니, 같은 그것 앞에 섰다는 점에서 인연일 수도 있겠군요."

그게 동일한 '일자一者'라는 걸 전제로, 저는 선생님의 이 말씀들을 백 퍼센트 이해하고 공유합니다.

"적지 않은 사람들이 고개를 갸우뚱하거나 입을 삐죽거릴 수도 있을 텐데…. 그게 어떻게 연결되는지 어디 한번 들어봅시다. 나도 흥미롭군요."

네, 저는 우선 선생님의 그 '도道'라는 것을 요즘 식 표현으로 '자연의 선천적-초월적-보편적-불변적인 근본질서 내지 법칙'으로 이해하는데…, 이런 게 실제로 존재합니다. 그런데 이게 갖는 특징들이 선생님이 여기서 말씀하시는 내용들과 완전히 일치하지요. 좀 구체적으로 말씀드리자면, 유일절대적인 이 세상 자체의 존재, 공간과 시간의 존재, 별들을 포함한 온갖 사물들의 존재, 그리고 사물들의 오묘하기 이를 데 없는 질서 혹은 법칙의 존재, 그리고 그 상호연관…, 구체적인 실례들은 한도 끝도 없습니다. 이른바 삼라만상이 다 포함되니까요. 인간의 생로병사, 희로애락, 그리고 공자가 말한 '사시행언, 백물생언'도, 그리고 이러면 저럼, 이래서 저럼, 그런 논리도, 그리고 꽃은 예쁘고 똥은 더럽다는 그런 미학도, 그리고 거짓말은 나쁘고 정직은 좋다는 그런 윤리도 다 포함해서.

"그게 결국은 다 도라는 말씀?"

당연하지요. 인간의 의사나 능력을 초월한 것이면서 법칙적인 성격을 갖는 것이니, 이미 그렇게 되도록 되어 있는 것, 그렇기 마련인 것, 그런 현상은 다 그렇게 이해할 수밖에 없습니다. '도'라고. 아프리오리한 질서 내지 법칙이라고 사물이 아니면서 모든 사물을 지배하는 아프리오리한 질서…. 그건 돌이나 풀이나 강아지처럼, 광물이나 식물이나 동물처럼 볼 수 있는 것도 아니고 들을 수 있는 것도 아니고 만질 수 있는 것도 아닙니다(視之弗見, 聽之弗聞, 搏之弗得). 하지만 그렇다고 '없는' 건 절대 아니지요. '그러그러한 성격의 것'으로서 분명히 존재합니다. 그런 게 정신의 눈에는 보이고 정신의 귀에는 들리고 정신의 손에는 잡히는 게지요. 선생님께는 그런 눈, 그런 귀, 그런 손이 있었던 겁니다. 그래서 선생님은 사실 그 머리도 보았고 그 꼬리도 보았던 겁니다(迎之, 見其首, 隨之, 見其後). 그 반대를 말씀하고 있지만, 여기서 이런 말씀을 하고 있다는 사실 자체가 그것을 보았다는 증거입니다. 다만 이건 선생님 이전에 그 누구도 말해 준 적이 없었기에 이름으로 표현하기가 참 쉽지 않으셨겠죠. 그래서 1장에서도 '도가도비상도, 명가명비상명'이라고 그 '말하기(道)', '이름하기(名)'의 어려움을 토로하신 거고, 여기서도 '불가명不可名'이라 말씀하시는 게지요. '이름할 수 없다'고. 그래서 여기서도 궁여지책으로 '이夷', '희希', '미微'라는 표현을 동원하신 거고요. 이건 요즘 식으로 재해석하자면 '비시각적인 것', '비청각적인 것', '비촉각적인 것', 그런 거지요. 더 쉽게 말하자면 '눈으로 볼 수는 없는 것', '귀로 들을 수는 없는 것', '손으로 잡을 수는 없는 것', 그런 거지요. 그 '이것(之)'이라는 것이. 그러니 그냥 편의상 억지로 그 성격이 비슷한 이름을 붙이자면 '이-희-미'다, 그런 것이겠죠. '명지왈名之曰'(이를 이름하여 이르기를)을 저는 그렇게 이해합니다.

"'명지왈'은 어려운 말이 아닐 테니까. 그리고 그 '명名'은 '비상명非常名'(항상된 불변의 이름은 아니다)이라고 이미 1장에서 전제를 했고, 여기서도 '불가명不可名'(이름할 수 없다)이라 분명히 말해 두었고."

참 용의주도하십니다. 사람들이 그런 맥락을 제대로 이해해야 할 텐데요. '불가치힐不可致詰'이라는 것도, 즉 볼 수 없음, 들을 수 없음, 만질 수 없음, 이 세 가지 측면은 '따져서 확인할 수 있는 게 아니다'라는 말씀이지요. 그런 식으로 따지는 것은 무의미하다는 말로도 들립니다. '치힐致詰'은 즉 요즘 식으로 말하자면 경험적, 감각적, 과학적으로 '검증' 가능한(verifiable) 게 아니라는 말씀이지요. 실험이나 조사를 통해서 얻을 수 있는 어떤 결과도 아니고.

'혼이위일混而爲一', 그래서 '뒤섞여 하나가 된다'는 것도 뭔가 수수께끼 같은 말씀이지만, 이것도 하나의 '도'라는 것이 시각, 청각, 감각, 그리고 시각적인 것, 청각적인 것, 감각적인 것을 다 포괄한다고 읽으면 전혀 이상한 말이 아닙니다. 실제로 다 뒤섞여 하나인 게지요. 법칙적인 현상은. 그리고 그 하나가 온갖 다양한 것을 하나로 꿰고 있기도 하고. 예컨대 우리에게 눈이 있고 그 눈에 보이는 온갖 모습이 있다는 것, 우리에게 귀가 있고 그 귀에 들리는 온갖 소리들이 있다는 것, 우리에게 손이 있고 그 손에 만져지는 온갖 사물들이 있다는 것, 그 사실 자체, 그 현상 자체가 이미 자연의 도인 겁니다. 너무 가깝고 당연하니까 그런가 보다 하고 대수롭지 않게 생각하지만 사실은 그런 것이 하나하나 다 엄청난·놀라운 기적 같은 현상인 겁니다, 이 모든 게 다. 그건 우리가 눈이 안 보이고 귀가 안 들리고 손을 못 쓰고 걸을 수 없고… 그렇게 이 당연한 것들을 잃어보면 바로 깨닫게 됩니다. 이 모든 당연한 것들이 실은 당연한 게 아니라는 것을. 그게 다 '황홀恍惚' 즉 놀랍고 신비로운 기적이라는 것을. 그게 다름 아닌, 뒤섞여 하나인 '도'의 실례라는 것을.

"이선생도 보았군요. 그런 무언가가 분명히 있지요. 아주 보이는 것도 아니고 아주 안 보이는 것도 아닌, 특이한 성격의 존재인 거지요. 이 '이것(之)'이란 것, '이夷'-'희希'-'미微'라는 것, 눈에 안 보이고 귀에 안 들리고 손에 안 잡히는 것, 뒤섞여 하나인 것, '도道'라는 것은."

참 표현하기가 쉽지 않으셨겠죠. 그러니까 '기상불교其上不皦, 기하물매其下不昧', '무물無物', '무상지상無狀之狀, 무물지상無物之象', '황홀恍惚', '머리도 안 보인다(不見其首)', '꼬리도 안 보인다(不見其後)', 그런 애매하고 종잡기 힘든 표현들을 동원하셨겠죠. 충분히 이해합니다. 감각의 눈으로 보면 안 보이니 어둡고, 정신의 눈으로 보면 잘 보이니 밝고, 그러니 '기상불교'요, 그러니 '기하불매'라 하셨겠죠. 아주 완전히 밝지도 않고 아주 완전히 어둡지도 않고. 선생님이 보신 '이것' 즉

'도'의 존재성이 애당초 그런 겁니다. 있는 것도 아니고 없는 것도 아닌. 그러니 신비고 황홀이지요. 엄청난 기적입니다.

"이런 말도 실은 다 도에 대한 나 나름의 설명인데…."

그렇지요. 그런데 이런 설명을 들으면 저는 왠지 제가 전공한 하이데거의 '존재론적 차이(ontologische Differenz)'라는 걸 떠올리게 됩니다.

"'존재론적 차이'? 아, 지난번에도 한 번 언급한…."

쉽게 말해 '존재'와 '존재자'[존재하는 것]는 다르니 구별해야 된다는 겁니다. 그러나 그 존재라는 것이 '존재자의' 존재라는 것은 잊지 말라는 겁니다. 다르지만 불가분리하게 하나로 얽혀 있는 거라는 말이지요.

"아하, 그래서 나의 설명과 연결 지으시는 거로군요."

네, 도라는 게 '무물無物'이니 존재자가 아니라는 거고, 무상지상無狀之狀, 무물지상無物之象이니, 즉 상이 없는 상, 물이 없는 상(물체 아닌 현상)이니, 일단 존재자는 아니지만 존재라는 거지요. 선생님의 말씀과 아주 비슷한 맥락입니다.

"비슷한 게 아니라 같은 말이군요. 그 하이데거 선생은 내 말을 이해하겠네요."

네, 아마도. 그래서 그 양반도 선생님을 주목했던 겁니다. 번역도 시도하고 언급도 많이 하고.

"근원적인 것은 다 끈처럼 연결돼 있습니다. 그래서 '승승繩繩'입니다. 그래서 '불가명不可名', 즉 이거다, 이렇다, 이름하기가 어려운 거고요."

제가 하이데거를 거론하는 것은, 노선생님의 말씀과 하이데거의 말을 연결하는 그 연결선상에 '도' 혹은 '존재 내지 진리'의 [그리고 제가 말한 '본연'의] 공통된 [최소한 유사한] 보편성이 가로놓여 있다는 걸 확인하고 싶어서입니다. 그 옛날 선생님의 주나라에서나 현대 하이데거의 독일에서나 저의 한국에서나 보이는 건 똑같다는 겁니다. 그 '하나

(一)'가 그대로 유효하다는 겁니다. 다만 이름 즉 표현이 다를 뿐이지요. 도와 존재, 무상지상-무물지상과 존재자의 존재, 황홀과 신비, 그야말로 '집고지도, 이어금지유執古之道, 以御今之有'(옛 도를 파악해 지금의 존재를 가늠해 보는 것)를 해보는 겁니다. 제가. 이해하고 파악한 노자의 도론으로(執古之道) 하이데거의 존재론을 살펴보는, 대비해 보는(以御今之有) 겁니다. 그러니 연결이 되는 거지요, 그 보편성이. 시간과 공간을 초월한 현상 그 자체의 동일성과 불변성, 그리고 항상성이. 그러니 그게 선생님 이전의 태초부터도 그러한 것, 즉 '고시古始'라는 말이겠죠. 하이데거가 원초(Anfang)라고 말한 그것(어쩌면 저 기독교의 '창세기'에서 말하는 태초의 창조 결과). 그걸 알겠더군요. 그야말로 '능지고시能知古始'입니다. 그러니 예나 지금이나 앞으로나 똑같은, 똑같을 수밖에 없는 그 보편성, 불변성, 항상성, 동일성, 그게 도의 벼리 내지 실마리 즉 '도기道紀'일 수밖에요.

"고古와 금今, 그게 시始와 장將까지 다 통하는 겁니다. 어쩌면 '종終'까지도. 즉 과거와 미래, 최초의 과거와 최후의 미래, 거기까지도. 그걸 알기 위해 '집執'과 '이어以御'라는, 즉 '이해를 확보하는' 그리고 '대비해 살펴보는' 노력은 필요합니다."

그건 제가 하지요. 그걸로 최소한 저의 이 21세기 한국에서도 선생님의 그 도가 그대로라는 건 제가 분명히 확인해 드리겠습니다. 고금을 잇는 그 도와 유의 동일성, 불변성, 항상성, 그게 도의 벼리임은 확실합니다.

"잘 부탁합니다. 도를 위하여. 영원을 관통해서 불변하는 도기의 확인을 위하여."

'위하여'? 지금 잔이 없는데…. 하하하.

15.

옛날에 선비를 잘한 사람은

古之善爲士者, 微妙玄通,34) 深不可識. 夫唯不可識, 故, 强爲之容.
豫兮, 若冬涉川. 猶兮, 若畏四隣. 儼兮, 其若客. 渙兮, 若冰之將釋.
敦兮, 其若樸. 曠兮, 其若谷. 渾兮, 其若濁. 孰能濁以靜之徐淸. 孰
能安以動之徐生.35) 保此道者, 不欲盈. 夫唯不盈, 是以能蔽而不
成.36)

고지선위사자, 미묘현통, 심불가식. 부유불가식, 고, 강위지용. 예혜, 약동섭천. 유
혜, 약외사린. 엄혜, 기약객. 환혜, 약빙지장석. 돈혜, 기약복. 광혜, 기약곡. 혼혜,
기약탁. 숙능탁이정지서청. 숙능안이동지서생. 보차도자, 불욕영. 부유불영, 시이능
폐이불성.

옛날에 선비를 잘한 사람은 미묘하게 알 듯 모를 듯 통달해서 깊이를 알
수 없었다. 무릇 오직 알 수 없으니, 고로 억지로 이를 형용해 본다. 미리
알고 조심조심하니, 겨울에 내를 건너는 것 같다. 의심스러운 듯 머뭇머뭇
하니, 사방 이웃을 두려워하는 것 같다. 의젓하고 점잖으니, 그건 손님과

---

34) 백서본에는 '士'가 '道'로, '通'이 '達'로 되어 있다. 의미의 차이가 있으나
    일단 다수본을 따른다.

35) 통용본에는 '以久動之徐生'으로, '久'자가 삽입되어 있다. 이는 衍字로 의미
    상 굳이 필요하지 않다.

36) 통용본에는 '故, 能蔽不新成'으로 되어 있다. 문맥상 더 적절해 보이는 백서
    본을 따른다.

같다. 꼬장꼬장하지 않고 나긋나긋하니, 그건 얼음이 장차 녹으려는 것 같다. 관계가 도탑고 돈독하니, 그건 빽빽한 나무들 같다.[37] 넓게 탁 트여 시원시원하니, 그건 골짜기와 같다. 잘 보이지 않고 흐릿흐릿하니, 그건 혼탁함 같다. 누가 능히 혼탁함을, 고요케 해서 차츰 맑게 할 수 있는가. 누가 능히 안정됨을, 움직이게 해서 차츰 생동케 할 수 있는가. [그럴 수 없고 그럴 의사도 없다.] 이 도를 지닌 사람은 채우고자 하지 않는다. 무릇 채우지 않으니, 그래서 능히 덮을 수 있고 이루지 않는다.

노선생님, 생각해 보니 저는 40수년 전 대학생 때부터 선생님을 참 좋아했는데, 그 여러 이유 중에 언어적인 매력도 있었던 것 같습니다. 우선 말씀이 길지 않다는 것, 그 길지 않은 말 속에 깊은 시사가 있다는 것, 특히 명쾌하게 설명하지 않으시는 것도 다 매력이었습니다. 여러 문학작품에서 그렇듯, 보일 듯 말 듯한 베일 속의 여인이 더 매력적으로 비치는 것도 그런 '다 드러내지 않음' 때문인지도 모르겠습니다.

"뭔가 할 말이 있어서 이런 말을 꺼내는 것 같은데…."

네, 이 15장에서 그와 연관된 말씀을 하고 계시는 것 같아서요. 저는 이 장의 포인트가 '불영不盈'과 '불성不成' 즉 '채우지 않는다'와 '이루지 않는다'에 있다고 읽었는데, 아닌가요?

"그 대답은 내 몫이 아닌 것 같으니 그냥 웃겠습니다. 하하."

인정으로 해석하겠습니다. 이 '채우지 않음', '채우려 하지 않음'이

---

37) 고본들은 표기가 조금씩 달라 의미를 특정하는 데 어려움이 있다. 일단 통용본을 따른다. '박樸'은 대개 가공되지 않은 순수한 '원목'의 의미로 사용되나 여기서는 '돈혜敦兮'와의 의미정합을 고려해 일단 빽빽할 '복'으로 해석한다.

덕이 됨을 선생님은 '능폐이불성能蔽而不成'(능히 덮을 수 있고 이루지 않는다)이라는 말로 표현하시는데, 사실 이 말씀도 마치 수정발 저편의 미인 같습니다. 그 민낯을, 그 의미를 다 드러내 보여주지 않으니까요. 그냥 뭔가 보일 듯 말 듯합니다.

"그래, 보이는 부분은 어떻게 보이시는지?"

선생님은 잘 모르시겠지만, 선생님의 이 말씀들은 오랜 세월이 지나면서 글자가 조금씩 다른 여러 판본들이 생겨나게 되었습니다. 그래서 이 부분도 어떤 판본에서는 '해질 폐(敝)'로 되어 있고 어떤 판본에서는 '덮을 폐(蔽)'로 되어 있어 그 의미도 아주 다르게 읽힌답니다.

"저런, 그럼 이선생은 어떻게 읽으시는지?"

저는 고증학자가 아니니 어떤 게 진짜 선생님 말씀인지 확인할 길은 없으나 그 문맥상으로는 '덮을 폐'가 맞지 않을까 짐작합니다.

"어째서죠?"

이 글자는 '이루지 않는다(不成)'와 대비돼 있는데, 의미상 이것과 짝을 이루려면, '낡았다'는 것은 좀 어색해 보입니다. 선명한 연관성이 없으니까요. 선생님이 아무리 모호한 표현을 하신다고 해도 영 엉뚱한 이야기를 하시지는 않지요. 나름의 논리도 분명히 있으시고.

"그래서, 이선생이 읽은 논리는 어떤 거지요?"

'덮을 수 있다'와 '이루지 않는다'는 일단 의미상 연관성이 있다고 봅니다. 덮고 가리는 것은 완성이 아니니까요. 단 여기서의 '성成'은 그 인상과 달리 네거티브한, 부정적인 것임을 주의해야 합니다. '이루지 않음'이 덕이 되는 겁니다. 거기에 비해 '낡았다'는 건 글쎄요, 제가 느끼기엔 '불성'이란 것과 의미상의 연관성은 별로 없는 것 같습니다.

"하하, 설혹 내가 한 말과 다르더라도 일단 일리는 있어 보이는군요."

끝까지 확인은 안 해주시는군요.

"다 드러내 보이지 않는 게 나의 매력이라고 하지 않으셨던가?"

하하, 참 선생님도. 그건 그렇지요. 그 앞의 말씀들도 다 그런 식입니다. '옛날에 선비를 잘한 사람(古之善爲士者)', '이 도를 지닌 사람(保此道者)'이라는 말로 어떤 특별한 인간상과 그 인간상이 체득한 그야말로 미묘하게 신통한, 깊이를 알 수 없는 '도'를 제시하시는데, 이게 또 보일 듯 말 듯합니다. 특히 마지막엔 역설적인 반문까지 동원하시네요.

"누가 능히(孰能)…."

네. '누가 능히 혼탁함을, 고요케 해서 차츰 맑게 할 수 있는가. 누가 능히 안정됨을, 움직이게 해서 차츰 생동케 할 수 있는가(孰能濁以靜之徐淸. 孰能安以動之徐生).' 언뜻 보기에 이게 '차도此道', '이 도'를 가리키는 것 같은데, 사실 이 말씀은 그 '도' 즉 '채우지 않게 만드는' 그 도가 쉽지 않다는 것에 대한 강조이고, 그 '도' 자체는 그 앞에서 말씀하시는 '예豫, 유猶, 엄儼, 환渙, 돈敦, 광曠, 혼渾'이지요. 다 '채우지 않음', '이루지 않음'과 연관된 것들입니다. 저는 그렇게 읽습니다.

" '누가 능히(孰能)…'는?"

반어 아닌가요? 반어는 흔히 '강조'가 되니까요. 이 말씀 자체가 주제는 아니라고 저는 봅니다. 그런데 선생님, 혹시 아세요? 제가 전공한 독일의 하이데거가 선생님의 이 말씀을 엄청나게 좋아해서 무려 네 차례나 편지 등에서 인용한 일이 있었답니다.

"오호, 어떤 연유로?"

그 양반이 자의 반 타의 반 나치에 가담했다가 제2차 세계대전이 끝난 후 점령군에 의해 조사를 받으며 고초를 치렀는데, 그런 상황 속에서 샤오시이蕭師毅라는 한 중국인 학자를 만나 맹자 이야기로[38] 위로

---

38) "하늘이 장차 큰일을 어떤 사람에게 맡기려 할 때는 반드시 먼저 그 마음을 괴롭히며, 그 근골을 지치게 하며, 그 육체를 굶주리게 하며, 그 생활을 곤궁하게 해서 행하는 일이 뜻과 같지 않게 하니 이것은 그들의 마음을 움직여

를 받고 그걸 계기로 그와 함께 선생님의 이 책을 독일어로 번역한 적이 있었답니다. 미완으로 끝나고 그나마 했던 부분도 결국 폐기되긴 했지만요. 아무튼 그때 이 부분을 그 양반 나름으로 해석해 매력을 느꼈던 모양입니다.

"어떻게 읽었기에?"

그 양반의 인용과 해석을 보면 선생님의 문맥과는 좀 다른 의미로 읽었던 것 같긴 합니다.

"Wer kann das Trübe stillend allmählich klären? Wer kann die Ruhe bewegend allmählich beleben(누가 혼탁을, 침묵하면서 서서히 맑게 할 수 있는가? 누가 안정을, 움직이면서 서서히 생기 있게 할 수 있는가)?" [장시창蔣錫昌의 독역]

"Wer kann still sein und aus der Stille durch sie auf den Weg bringen (be-wegen) etwas so, daß es zum Erscheinen kommt(누가 고요할 수 있는가? 그것을 통해 무언가가 현상하게 되는 그런 식으로 길이 트이게 되는 그 고요를 통해서)?" [하이데거의 해석]

"Wer vermag es, stillend etwas ins Sein zu bringen(누가 그것을, 즉 침묵하면서 무언가를 존재로 가져오는 일을 할 수 있는가)?" [하이데거의 코멘트]

이렇게 말이죠.

하이데거가 들으면 엄청 싫어하겠지만, 완전히 엉뚱한 해석입니다.

서 그 성질을 참게 하여 일찍이 할 수 없었던 일을 더욱 하도록 하기 위해서이다(天將降大任於是人也, 必先苦其心志 勞其筋骨 餓其體膚 空乏其身 行拂亂其所爲. 所以動心忍性 曾益其所不能)." 《맹자》〈고자〉편.

자기 자신의 존재론으로 자기 멋대로 이 구절을 해석한 거죠. 물론 해석은 자유이지만, 원본의 근본의미를 벗어나서는 안 된다고 저는 생각하거든요. 그 양반으로서야 한문도 몰랐고 번역도 해석도 다른 사람들의 것을 참고했고 더욱이 노자 철학의 전체 맥락도 몰랐으니, 그 과정에서 오해와 오독은 충분히 발생할 수 있는 거죠. 저는 뭐 그 부분은 하이데거의 몫이라고 평가합니다. 단, 노자 해석으로서는 전혀 고려할 가치가 없다고 봅니다.

"그럼 이선생 본인은?"

저는 선생님의 이 반문이 '탁濁'으로 시작되고 있으니 당연히 그 바로 앞의 '잘 보이시 않고 흐릿흐릿하니, 그건 혼탁함 같나(渾兮, 其若濁)'에 대한 언급으로 해석하지요. 문맥상 그게 자연스러우니까요. 만일 그게 아니라면 그건 제 책임이 아니라 노선생님의 책임입니다. 하하.

"허허, 이 양반 보시게. 그래서 그 의미는?"

앞에서 이미 말씀드렸지만, 그 탁함을 맑히기가 쉽지 않다는 반어로 저는 읽습니다. 혹은 그럴 필요가 없다는 의미로도 읽히고요. 왜냐하면 문맥으로 볼 때, 이 '탁함'은 부정적인 것이 아니라 긍정적인 덕이 되니까요. 앞서 나열된 것들이 다 그렇지 않은가요?

"예豫, 유猶, 엄儼, 환渙, 돈敦, 광曠, 혼渾"

네, 선생님이 아마도 궁여지책으로 선택했을(强爲之容) 그 글자들, 오늘날의 사용례로 곧바로 이해되지는 않는 그 말들. 뭔지 조금은 모호하지만, 문맥을 보면 그게 다 긍정적인 덕에 해당하는 것은 분명해 보입니다. '옛날에 선비를 잘한 사람(古之善爲士者)'이 몸에 지닌 미묘하게 현통한 알 수 없는 깊이를 형용한 것이니까요.

"모호하다 해도 아예 이해 불가능한 외계어는 아니지요."

당연히. 기존의 적합한 표현이 없었으니 '억지로 형용'하셨지만, 그래도 선생님은 친절하게 실례를 들어주시니까요.

"미리 알고 조심조심하니, 겨울에 내를 건너는 것 같다. 의심스러운 듯 머뭇머뭇하니, 사방 이웃을 두려워하는 것 같다. 의젓하고 점잖으니, 그건 손님과 같다. 꼬장꼬장하지 않고 나긋나긋하니, 얼음이 장차 녹으려는 것 같다. 관계가 도탑고 돈독하니, 그건 빽빽한 나무들 같다. 넓게 탁 트여 시원시원하니, 그건 골짜기와 같다. 잘 보이지 않고 흐릿흐릿하니, 그건 혼탁함 같다(豫兮, 若冬涉川. 猶兮, 若畏四隣. 儼兮, 其若客. 渙兮, 若氷之將釋. 敦兮, 其若樸. 曠兮, 其若谷. 渾兮, 其若濁)."

네. '겨울에 강을 건너듯 살살 조심조심, 사방이 다 적인 듯 두려운 마음으로 머뭇머뭇, 초대받은 손님인 양 의젓하고 점잖게, 얼음이 녹으려는 듯 꼬장꼬장하지 않고 나긋나긋하게, 빽빽한 나무들인 양 서로 돈독하게, 골짜기처럼 탁 트여 시원시원하게[혹은 텅 비어 포용할 수 있게], 그리고 탁류인 양 다 함께 뒤섞이어서.' 이런 게 다 그 '제대로 선비를 하는' 도인의 모습들인 게지요. 뭔가 아직 채워지지 않았다는(不盈), 완성되지 않았다는(不成) 자세, 이런 게 바로 미묘하게 현통한 깊이를 알 수 없는 모습, 즉 덕들인 게지요.

"알아듣는 귀를 만나니 반갑군요. 세상엔 말을 해줘도 못 알아듣는 귀들이 대부분인데."

아마 귀를 막고 있어서 그럴 테고, 혹은 듣고 싶지 않은 말이라서 그럴 수도 있고요. 저는 선생님의 철학뿐만 아니라 다른 모든 철학을 읽을 때도 그렇습니다만, 그 철학이 나온 배경을 꼭 생각해 봅니다. 왜 이런 말을 했을까, 하는 그 '왜'를.

"내가 이 말을 한 것도 배경이 있을 거다, 그렇게?"

그렇지요. 그 배경이 되는 사정이랄까 현실의 모습은 아마 제가 사는 여기서도 마찬가지일 겁니다. 그러니까 불변의 도인 거죠. 여기서도 사람들은 참 '예豫'하지 못하고, '유猶'하지 못하고, '엄儼'하지 못하고, '환渙'하지 못하고, '돈敦'하지 못하고, '광曠'하지 못하고, '혼渾'하지 못합니다. 즉, 너무나 많은 사람들이 조심성이 없고, 신중하지 못하고, 의젓하고 점잖지 못하고, 융통성 없이 꼬장꼬장 딱딱하고, 돈독하지 못하고, 답답하게 꽉 막혀 있고, 그리고 어울려 융화를 못합니다. 다들 자기가 이미 채워졌고(盈) 완성되었다는(成) 그런 태도입니다. 그러니 이런 사람들과 직접 부대껴보면 왜 선생님이 '예, 유, 엄, 환, 돈, 광, 혼' 그런 것을 '도'라고 평가하시는지, 왜 그런 덕을 갖춘 사람이 '선비를 잘하는 사람(善爲士者)'인지 자연스럽게 이해가 됩니다.

"한쪽은 채우려 하고 한쪽은 채우지 않으려 하지요."

네, 결국 그거지요. '불영不盈'. '불욕영不欲盈'. 채우지 않아 모자란 듯한 것이 선비의 대도다. 완성된 것이 아니라 미완성인 것이 더 유덕하다. 선생님의 그 다 채우지 않는 모자란 말씀처럼.

"응? 지금 그건 혹 내가 '모자란 사람'이란 소리는 아니시겠지…."

원, 선생님도. 그럴 리가요. 하하하.

16.
허에 이름이 지극하고 고요를 지킴이 돈독하다

致虛極, 守靜篤. 萬物竝作, 吾以觀復. 夫物芸芸, 各復歸其根. 歸根
曰靜, 是謂復命. 復命曰常, 知常曰明. 不知常妄作凶. 知常容. 容乃
公, 公乃王, 王乃天, 天乃道, 道乃久. 沒身不殆.[39)]

치허극, 수정독. 만물병작, 오이관복. 부물운운, 각복귀기근. 귀근왈정, 시위복명.
복명왈상, 지상왈명. 부지상망작흉. 지상용. 용내공, 공내왕, 왕내천, 천내도, 도내
구. 몰신불태.

허虛에 이름이 지극하고 고요를 지킴이 돈독하다. 만물은 함께 작용하는
데, 나는 이것으로써 되풀이를 본다. 무릇 사물은 많고 많으나 제각기 그
뿌리로 되돌아간다. 뿌리로 되돌아감을 고요라 하는데, 이를 일컬어 명命
의 응답이라고 한다. 명의 응답을 항상됨이라 하며, 항상됨을 아는 것을
밝음이라 한다. 항상됨을 알지 못하면 제멋대로 흉한 일을 저지르고, 항상
됨을 알면 관용한다. 관용은 곧 공정이며, 공정은 곧 으뜸이며, 으뜸은 곧
하늘이며, 하늘은 곧 도이며, 도는 곧 영구함이다. 몸이 없으며 위태롭지
않다.

---

39) 52장에도 같은 말이 나옴. 같은 표현이지만 문맥이 달라 다른 의미로 해석했
다.

노선생님, 솔직히 말씀드립니다만, 저는 이 16장이 별로 마음에 들지 않습니다.

"응? 느닷없이… 대놓고 그런 말을 하시다니, 왜요? 좀 긴장되는군요."

내용이 그렇다는 말씀은 아닙니다. 말씀의 내용은 모두 다 심오하지요. 제가 말하는 건 문장입니다. 도무지 읽기가 쉽질 않아요. 이 말씀을 듣고 '아, 그렇구나'라고 곧바로 이해하고 고개를 끄덕이는 사람이 있다면 저는 그 사람이 좀 이상한 사람이라고 봅니다. 혹은 엄청난 천재거나. 여기서는 설명이 없어요. 모조리 생략되어 있고 글자와 글자 사이, 문장과 문장 사이가 전부 비약입니다. 사유의 보폭이 좁아서는 그 글자 사이, 문장 사이의 크레바스에 빠지고 맙니다.

"어허, 저런. 나는 나름 설명을 한다고 한 것인데."

선생님은 아실 턱이 없겠지만 제가 하이데거를 공부하다 보니, 그에 관한 일화를 알게 되었습니다. 언젠가 하이데거를 찾아온 한 방문객이 대화를 나누다가 선생님의 말씀(18, 76, 7장)을 언급하면서 '도대체 중국인들은 왜 이런 식으로 말을 하는 거죠(Warum sprechen die Chinesen so)?'라며 볼멘소리를 한 적이 있었습니다. 그때 합석했던 다른 중국인(蕭師毅)은 임기응변으로 '당시 중국인은 아리스토텔레스의 논리학을 몰랐기 때문'이라 응수했고, 그 말을 들은 하이데거는 '몰랐기에 천만다행'이라고 반응했습니다. 그는 선생님을 좋아하고 아리스토텔레스를 상당히 불신했으니까요.

"그 논리학이라는 건 '도'의 이해에 별로 도움이 안 될 겁니다."

그건 저도 공감합니다. 그러나 어떤 식으로든 이해는 해야지요. 중요한, 그리고 좋은 말씀이니까요. 그래서 저 나름의 시도를 해보는데, 우선 '단어 읽기'를 해보는 겁니다. 이건 제가 개발한 철학공부의 한 방법론입니다만. 저는 한 40여 년 철학공부를 해봤는데 철학이라는 게 동서고금을 막론하고 도무지 쉬운 게 없었습니다. 특히 그 표현이랄까 문장들이 대부분 수수께끼나 미로 같았습니다. 헤라클레이토스 같은 이는 어리석은 대중들이 자신의 말에 대해 함부로 왈가왈부하지 못하도록 일부러 난해하게 말했다는 전언도 있습니다. 헤겔 같은 이는 읽자면 아주 머리에 쥐가 날 지경입니다. 글을 쓰지 않고 말만 남긴 공자 등 이른바 '사성四聖'들은 그래도 쉽게 말하는 편이지요. 아무튼 그래서 저는 문장이 이해가 잘 안 될 때는 우선 이해 가능한 단어들에 동그라미를 치며 그 뜻을 헤아려봅니다. 그러면 그 단어들 사이에서 그 철학자가 말하려는 전체 의미가 막연하게라도 떠오르고는 하지요. 그걸로 단어들 사이에 다리를 놓아 문장 전체의 의미를 가늠해 보는 겁니다. 그렇게 해서 이해하게 된 게 제법 적지 않습니다.

"그래, 그렇다면 나의 이 말은 어떻게 읽으셨는지."

네, 서론이 길어져서 죄송합니다. 저는 여기서 허致'虛'極, 정守'靜'篤, 만물병작'萬物竝作', 복吾以觀'復', 물夫'物'芸芸, 복귀기근各'復歸其根', 정歸根曰'靜', 복명是謂'復命', 상復命曰'常', 명知常曰'明', 흉不知常妄作'凶', 용知常'容', 공容乃'公', 왕公乃'王', 천王乃'天',40) 도天乃'道', 구道乃'久', 몰신불태'沒身不殆' 등 단어에 동그라미를 칩니다. 그럼 범위가 제법 줄어들죠. 그리고 이것들을 나열한 채로 바라봅니다. 아직 연결은 잘 안 됩니다. 그러나 이 글자들의 의미는 이해 가능합니다. 우선 '만물'. '물物'이라는 글자가 있습니다. 선생님은 이 사물, 사물들, 만물을 보고 계신 거죠. 하이데거 식으로 말하자면 존재자들(die Seienden)입니다. '병작竝作'과 '운운芸芸'은 그 존재현상이랄까, 사태랄까, 존재양상

---

40) '周乃大'라고 된 판본도 있다.

입니다. 그 무한한 다양성이랄까, 조화로운 공존 내지 상호연관성이랄까(하이데거가 말하는 공속(Zusammengehoehren) 혹은 무한성(Unendlich-keit)) 그런 게 '병작竝作'이고 '운운芸芸'이라 이해합니다. 그런 엄연한 현상이 실제로 우리 눈앞에 전개되어 있습니다. 그런데 선생님은 그 만물병작 앞에서 '치허致虛'(비움에 이름)와 '수정守靜'(고요를 지킴)을 언급합니다. 더욱이 그걸 '극極'과 '독篤'이라는 말로 강조도 합니다. 이게 도대체 무슨 말일까? 비움(虛)과 고요(靜), 저는 이걸 그 만물의 그 존재의 근본에 놓인 절대적 초월성 혹은 피투성-소여성(던져져 있음-주어져 있음)으로 해석합니다. 만물의 입장에서 보면 자기 자신의 일이건만 자기 사신이 그렇게 한 게 아니라는 말이지요. 자신의 현상에 대해 자기 자신의 소유권은 완벽하게 비워져 있습니다. 어떤 사물도 자기 존재에 대해 자기주장을 하지 않습니다. 이러쿵저러쿵 시끄럽게 말이 없습니다. 고요합니다. 그저 묵묵히 존재하고 있을 다름이지요. 그러니 '치허致虛'이고 그러니 '수정守靜'이지요. 그리고 그건 절대 흔들리지 않는 일이니 '극極'이고 '독篤'인 거고요. 이렇게 읽는다면 일단 처음 문장은 의미가 통합니다.

"오호, 과연 그런 말인지 나도 나한테 물어봐야겠지만, 일단 흥미롭군요. 그래 그 다음은?"

'관복觀復'입니다. 선생님은 '만물병작', 온갖 사물의 함께 어우러진 존재, 거기서 '반복'을 보고 계시는 거죠. 후설이나 하이데거가 강조했던 저 '현상학적인 보기(Sehen)'처럼, 선생님도 직접 보셨다는 것인데(吾…觀), 그 '복復'[다시 또 그렇게 됨]이라는 것을. 이게 참으로 오묘하기 짝이 없는 자연의 이치입니다. 만물은 분명 그렇게 돌고 돕니다. 니체 식으로 말하자면 '동일자의 영겁회귀(ewige Widerkehr des Gleichen)'랄까, 그런 현상이 분명히 있습니다. 공자를 빌려 말하자면 '사시행언, 백물생언四時行焉, 百物生焉', 즉 사계절의 운행도 만물의 생성도 다 반복입니다. 지구도 돌고 돌며 떠났던 자리로 다시 되돌아오고 또 떠나고 또다시 되돌아오고…, 민들레도 피었다가 시들고 또 피고 또 시들고…, 인간들도 났다가 자라고 늙고 죽고 또 태어나고 자라고 늙고 죽고… 끝없는 반복입니다. 선생님의 삶도 그 반복의 한 토막이었고 저의 삶도 그 반복의 한 토막입니다. 저도 그것을 보고 있습니다. 선생님이 보셨던 그것과 똑같은 그 '반복反復'을.

"이선생 이후 백 년 천 년이 지나도 그 반복은 계속될 겁니다. 만물의 병작 속에서."

누구도 그걸 부인하지는 못하겠지요. '각복귀기근各復歸其根'(각각 그 뿌리로 다시 돌아간다)도요. '만물萬物운운'이지만 '각各'이 있음을 언급하신 것도 저는 의미가 있다고 봅니다. 보편자와 개체의 대비…. 존재자들은 각자 자기의 동일성을 갖고서 그에 고유한 존재방식으로 존재합니다. 풀은 풀, 나무는 나무, 강아지는 강아지, 사람은 사람… 무수한 '각각'이 있습니다. 플라톤 식으로 말하자면 각각의 이데아idea들인 거죠. 하이데거 식으로 말하자면 ['인간'에 한하지 않아 범위는 다르지만] '각자성(Jemeinigkeit)'이고. 그런데 이 각각의 사물들이 각자 자기의 뿌리로 되돌아갑니다(各歸其根). 흙으로, 혹은 좀 다른 각도에서 보면 각자의 '씨앗'으로, 혹은 '알'로. 심지어 선생님이 좋아하시는 물도 그렇게 돌고 돌지요. 강에서 바다로 구름으로 비로 다시 강으로…. 역시 참으로 오묘한 자연의 이치입니다. 결국은 다 자기가 생겨난 그 근본으로 되돌아가죠. 어쩌면 만유의 근원인 신의 품으로.

"또 한 문장을 읽어내셨군요. 그래 그 다음은?"

'귀근왈정歸根曰靜'. 그 귀근歸根(뿌리로 돌아감)을 선생님은 '정靜', 고요라 부르십니다. 그건 이미 앞에서 읽었습니다. 그렇게 만든 쪽도 그렇게 만들어진 쪽도 '귀근'이라는 이 현상에 대해 말이 없습니다. 그냥 소리 없이 묵묵히 그렇게 되고 있을 따름입니다. 그러니 '고요'인 게지요. 그것을 선생님은 '복명復命'이라고 불렀습니다. 복復도 명命도 글자 자체의 의미가 여럿이라 다양한 해석이 가능하겠지만 저는 지금도 통용되는 의미로 읽어봅니다. '명命에 대한 응답'이라고요. 저는 이 말을 특히 주목합니다. 선생님은 여기서 왜 '명命'이라는 말을 동원하시는 걸까? 왜 '복復'이라는 말을 동원하시는 걸까? 논란의 여지가 많겠지만 저는 명命을 액면 그대로 '명령'이라고 해석합니다. 이를테면 그 '만물병작'과 '각귀기근'의 한 장면인 '나비가 꽃을 찾아가 꿀을 빤다'는 것을 생각해 볼 때, 그 나비는 그 어떤 존재의 명에 따라 그런 예쁜 모습을 하는 것이고, 같은 명에 따라 날갯짓을 하는 것이고, 같은 명에 따라 희한하게도 불이나 똥이 아닌 꽃을 찾아가 앉는 것이고, 같은 명에 따라 그 기막힌 빨대를 펴 꽃의 꿀샘에 꽂고 꿀을 빠는 것입니다. 그리고 역시 같은 명에 따라 꽃은 그렇게 노랗게 혹은 빨갛게 예쁜 꽃을 피워 나비를 부르고, 같은 명에 따라 꿀을 생산해 나비에게 벌에게 제공하는 것입니다. 꽃도 나비도 아무 말 없이 그 명이 시키는 바에 따라 마치 운명처럼 그 명을 따르는, 즉 그 명에 응답하는(復) 것입니다. 고요히, 이렇다 저렇다 말이 없이. 그러니 그게 '고요(靜)'이고 '복명復命'인 거지요.

"또 한 문장 읽으셨군요. 그래 그 다음은?"

'복명왈상復命曰常'. 그 복명을 '상常'이라 하셨죠. 이건 제가 좋아하는 글자입니다. 항상 그런 것, 즉 요즘 식으로 말해 보편이라는 겁니다. 시공을 초월한 항상성, 일관성. 그런 의미에서 기본적 진리. 이를테면 명命에 대한 응답, 그런 고요한 자연현상, 그런 게 다 '상常' 즉 보편적 현상이라는 겁니다. 보편이라는 건 '언제나 어디서나 그렇다'는 겁니다. 그렇잖아요. 나비가 날아 꽃에 앉아서 꿀을 빠는 건, 2,500년 전 노자의 주나라에서나 지금 이수정의 한국에서나, 소크라테스의 아테네에서나 하이데거의 독일에서나 다 변함없이 똑같으니까요. 인간들이 세상을 아무리 바꾸어놓아도 꽃과 나비는 언제나 어디서나 성실하게 자기에게 주어진 그 명령에 응답합니다. 그러니 그건 '상常'이 확실합니다. 나비는 꽃이 되지 않고 꽃은 나비가 되지 않습니다. 절대로. 호접지몽을 꾼 장주도 장주이니 호접의 꿈을 꾼 것이지 절대로 자신이 나비가 되지는 않죠.

"장주에게 한번 물어봐야겠군요. 장주인지, 나비인지."

하하, 나비라면 입이 없으니 대답을 못하겠지요. 그럼 다음을 말씀드려 보겠습니다. 이 '상常'을 아는 '지상知常'과 이것을 모르는 '부지상不知常'을 선생님은 말씀하셨죠. 지상은 '명明'이고 부지상은 '망작흉妄作凶'이고, 그리고 지상은 다시 '용容'이라고. 선생님도 아마 기대하신 바이겠지만 '지知'와 '부지不知', 아는 것과 모르는 것의 차이는 큽니다. 소크라테스의 이른바 '너 자신을 알라(gnothi seauton)'와 공자의 이른바 '아는 것을 안다고 하고 모르는 것을 모른다고 하는 것, 이것이 안다는 것이다(知之謂知之 不知謂不知 是知也)'로 철학적 이슈가 된 문제이기도 합니다. 알아야 할 것을 제대로 아는 그런 앎을 그분들도 강조하신 건데, 선생님은 '상常'을, 즉 보편적인 것을 알아야 한다(知)고 말씀하시는 거죠. 그걸 아는 게 '밝다(明)'는 거죠. 즉 그걸 모르면 어둡다는 거고요. 어두우면, 누구나 밤에 겪어보면 바로 알지만, 어두우면 부딪히고 자빠지고 어디에 뭐가 있는지 어디로 가야 할지 도통 알 수가 없습니다. 그런데도 막 걷다가는 온갖 나쁜 일들이 벌어지죠. 갈증에 물도 못 마시고 마려운데 화장실도 못 가고, 사랑하는 그녀나 아이의 배를 밟기도 하고, 자기가 다칠 수도 있고… 심지어 물에 빠지거나 낭떠러지에 떨어져 목숨을 잃을 수도 있습니다. 다 '흉凶'입니다. 그런 걸 '길吉'하다고 할 수는 없으니까요. 보편적인 걸, 즉 언제나 어디서나 그러한 자연의 섭리를 제대로 알지 못하면, 즉 밝지 못하면, 그런데도 함부로 막 하면, 흉 즉 나쁜 일이 생긴다(妄作凶)는 겁니다. 지당하신 말씀입니다. 제대로 모르면 차라리 가만있는 게 낫다, 모르면서 망작妄作하지 말고, 함부로 일을 저지르지 말고. 그건 실제로 그런 사람이 너무 많아서 바로 이해됩니다. 우리 한국에서는. 당연한 이치도 모르면서 아는 체 함부로 일을 벌려 큰 곤경에 처하게 되는(不知常妄作凶)…, 그런 경우가 너무나 많습니다. 그런 사람이 또 고집은 세죠. 자기가 잘났고 남의 말은 절대로 듣지 않습니다.

"그러니 반대로 '지상용知常容'이지요."

그럼요. 보편적인 이치를 제대로 잘 알면 다 받아들이게(容) 됩니다. 수용합니다. 늙음도 쇠함도 죽음도 다 받아들이게 됩니다. 왜? 그게 '상常'임을, 언제나 어디서나 누구에게나 다 그러함을 아는 거니까요. 예전에 불교를 공부할 때 보니 불경에 그런 이야기가 있더군요. '자기 자신보다 더 아끼고 사랑하던 아들을 잃은 한 여인이 실의와 슬픔에서 헤어나지를 못하다가 부처님이 근처에 오셨다는 소문을 듣고는 달려가 법력으로 아들을 되살려달라고 간청했다. 딱하게 여긴 부처님이 살려주겠다고 답했다. 그 여인은 뛸 듯이 기뻐했는데, 부처님이 한 가지 조건을 달았다. 겨자씨 한 줌을 가져오라고. 그거야 얼마든지라고 그 여인은 답했다. 그런데 그 겨자씨는 그냥 겨자가 아니라 단 한 번도 사람이 죽은 적이 없는 집의 겨자씨여야 한다고 말했다. 그래서 여인은 그런 겨자씨를 구하러 마을을 돌아다녔다. 그런데 온 마을을 발이 부르트게 다녀도 그런 집안은 없었다. 그렇게 다니다가 그 여인은 깨달았다. 사람은 누구나 다 죽는다는 걸. 그래서 아들의 죽음을 받아들이고 부처님의 제자가 되었다…' 그런 이야기였습니다. 그야말로 '지상용'의 한 사례라고 저는 생각합니다만.

"이선생, 나 도교에서 받드는 노자인데 불교 이야기를 꺼내시다니, 교회에서 목탁을 치시는 격이로군요. 하하"

보편을 알면 다 받아들인다(知常容)고 하신 게 선생님이라….

"하하, 할 말 없게 만드시는군, 이 양반. 농담인 줄 이미 아시겠지요."

그럼요. 위대하신 분들은 서로 다 통한다고 저는 봅니다. 유파가 다르다고 서로 각을 세우고 다투는 것은 역시 '부지상망작흉不知常妄作凶'이라고 저는 봅니다. 졸개들이나 하는 속 좁은 짓이지요. 동서고금도 저 위에서 보면 다 똑같은 '한세상'인데. 부처도 다 신의 피조물이고. 예수도 다 깨달은 자 즉 부처고.

"그게 '상常'이지요. 그래서 그걸 아는 '지상知常'이 '밝음(明)'인 겁니다. 밝게 알면 다 받아들이게 됩니다. '용容'이지요."

'그 용이 곧 공이고, 왕이고, 천이고, 도고, 구다…(容乃公, 公乃王, 王乃天,41) 天乃道, 道乃久. 沒身不殆).' 마지막 부분입니다. 이것도 사실 암호 같습니다.

"암호라? 그럼 한번 풀어보시지요."

'관용은 곧 공정이며, 공정은 곧 으뜸이며, 으뜸은 곧 하늘이며, 하늘은 곧 도이며, 도는 곧 영구함이다. 몸이 다하도록 위태롭지 않다.' 여기서 선생님은 '용容'과 '공公'과 '왕王'과 '천天'과 '도道'와 '구久'를 언급하셨습니다. 이 단어들 하나하나를 쪼개서 생각해 보면 사실 모를 말은 하나도 없는데, 이게 어떻게 연결이 되는지는 너무너무 불투명합니다. 그런데 또 한편 생각해 보면 다 안다고 생각하는 이 글자들 하나하나도 사실 우리가 아는 그것들인지 그것도 좀 불투명합니다. 앞에서 선생님이 '도道'와 '명名'을 이야기하신 것도, 그리고 '이夷'와 '미微'와 '희希'를 말씀하신 것도, 실은 우리가 아는 그 말들과 의미내용이 좀 다른 것들입니다. 선생님이 형이상학적 직관으로 통찰하신 그 뭔가를 궁여지책으로, 강위지왈强謂之曰하여(억지로 말해) 그렇게 표현하신 거니까요. 그러니 공도 왕도 천도… 다 우리가 지금 아는 그것과는 다른 것

---

41) '周乃大'라고 된 판본도 있다.

일 수도 있겠지요. 그러나 지금 제가 이런 말씀을 드리는 것은 지금 저로서는 제가 아는 의미대로 해석할 수밖에 없다는 겁니다. 그렇게 양해를 구해 두겠습니다.

"2천 수백 년 후 거기서 어떻게 읽히는지 나도 궁금하군요."

아무튼 저는 이걸 제가 어렸을 때 놀던 '말잇기놀이'처럼 읽습니다. 모르시겠지만 그런 게 있었습니다. '원숭이 똥구멍은 빨개, 빨간 건 사과, 사과는 맛있어, 맛있는 건 바나나, 바나나는 길어, 긴 것은 기차, 기차는 빨라…' 그런 식입니다. 그렇게 읽으면 이 말 전체의 공통점이 없어도 상관없는 겁니다. '용容'에서 '구久'로 도달하기만 하면 되는 겁니다. 그러나 '용-공', '공-왕', '왕-천', '천-도', '도-구'의 연결성은 있어야 합니다. 일단 그렇게 전제하고 그 각각의 의미와 연결성을 생각해 봅니다.

"흥미로운 이야기를 하시는군. 그래, 그 각각의 연결성은?"

우선 '용容-공公'. 관용과 공정의 연결성. 관용은 받아들이는 겁니다. 받아들이는 것은 꼭 내 맘에 들지 않더라도 받아들이는 겁니다. 그런 받아들임에는 '사적인 것'이 제어됩니다. 이게 일방적이 아니고 상호적인 것이 되면 나의 개인적인 욕망이 다소 억제되더라도 모두에게 공평하게 좋은 제3의 좋음, 이른바 객관적인 선이 자리를 얻게 됩니다. 그게 곧 '공정'인 거지요. 존 롤즈John Rawls라는 미국의 철학자가 그런 이론을 펼친 게 있습니다.

"아주 그럴듯하군요. 그럼 '공公-왕王'은?"

'공정은 으뜸', 이건 비교적 이해하기 쉽습니다. 왕을 으뜸, 최고라고 읽는다면요. 만일 공정하지 않다면 어느 한쪽이 기우는 건데, 그럼 기운 그쪽은 최고가 못 되는 거지요. 그러니 어느 쪽도 기울지 않는 공평무사는 그야말로 최고의 경지인 거죠. 왕입니다.

"그것도 그럴듯하군요. 그럼 '왕王-천天'은?"

최고, '으뜸'이 '하늘'로 이어지는 것은 별 무리가 없습니다. 자연스럽습니다. 선생님 시대에 '천'이라는 게 어떤 의미였는지 그건 흥미로운 연구주제입니다만, 굳이 그걸 연구하지 않더라도 우리 인간의 입장에서 '하늘'이 어떤 최고의 존재라는 건 공통적입니다. 저 공자도 '천하언재天何言哉'니 '천상여天喪予'니 하는 말로 그 초월적 지위를 전제로 그것을 말하고 있습니다. 그건 요즘 식으로는 '하느님'이기도 합니다. 최고, 으뜸이라는 데 이론이 있을 수 없죠. 저 지구의 천장, 스카이sky가 최고라는 말은 아니고요. 그것도 물론 지표 밑바닥에서 보면 높기는 합니다만.

"거 참, 그럴듯하게 말이 되는군요. 그럼 '천天-도道'는?"

저는 이런 생각도 자연스럽다고 봅니다. 물론 '도'라는 말이 엄청난 주제라 쉽게 단순화하기는 어렵습니다만, 선생님의 문맥으로 봤을 때, 자연의 밑바닥을 꿰고 있는 선천적-보편적-초월적 질서 내지 법칙, 다시 말해 이치, 그런 거라고 이해한다면, 그건 저 헤라클레이토스의 로고스logos와 다른 게 아니며, 서양 사람들이 생각하듯이 그 로고스 곧 도는 하느님 즉 천天과 연결되는 존재인 것입니다. 하늘(天)은 곧 말씀(道)이고 하늘은 곧 길(道)입니다. ('태초에 말씀이 계시니라', '나는 길이요 진리요 생명이니…', 그런 말도 다 연관이 있죠.)

"허 참, 신통하게도 꿰맞추는군요. 그럼 '도道-구久'는?"

'구'는 오래라는 것이니 이 또한 연결이 자연스럽습니다. '도'는 시간과 공간을 초월해 보편적이고 항상적인 것이니, [도의 일면이기도 한] 존재(estin/eon)에 대해 파르메니데스가 한 말처럼, 불생불멸, 불변부동, 불가분리, 무시무종입니다. 시작도 끝도 없이 그것은 존재하고 지속됩니다. 그보다 더 오랜 것이 어디 있겠습니까. 그러니 도는 구, 오램이지요. 하이데거는 그것을 '오랜 것 중 가장 오랜 것(das Älteste der Alten)'이라고 부르기도 했지요.

"말한 나도 재미있게 이 해석을 들었습니다. 그럼 마지막 '몰신불태 沒身不殆'는?"

이건 흔히 '죽도록, 평생토록 위험하지 않다'는 식으로 해석됩니다만 여기서는 의미가 좀 다를 수 있다고 저는 생각합니다.

"어떻게?"

문맥을 보면 여기서 '죽도록'이라는 말이 나오는 건 좀 부자연스럽습니다. 사람에 대한 이야기가 아닌 거지요. 적어도 여기서는 그렇습니다.42)

"그럼?"

저는 바로 앞에서 말씀하신 구-도-친…과 연결된 말이라고 봅니다. 즉 영원한 이치와 하늘은 몸이 없다(沒身), 사물과 같이 형체가 있는 게 아니다, 감각적인 게 아니다, 하이데거 식으로 말하자면 존재자가 아니라 존재다, 그런 겁니다. (혹은 '실체를 감추고 있다', 그렇게 해석해도 좋습니다.) 플라톤 식으로 말하자면 이데아idea인 것이고, 아리스토텔레스 식으로 말하자면 질료적인 것(hyle)이 아니라 형상적인 것(eidos)입니다. '우시아ousia' 즉 실체인 거죠. 저는 '몰신沒身'을 그렇게 읽습니다. '불태不殆'는 위태롭지 않다, 즉 흔들리지 않는 것이니, 시간적으로나 공간적으로나 언제나 어디서나 변함이 없다는, 확고부동하다는 것이고요. 파르메니데스도 '존재'라는 진리에 대해 '확고부동하게 그 자리에 머물러 있다'고 표현한 적이 있습니다. 이런 해석을 선생님이 좀 확인해 주시면 좋을 텐데….

"나보다 저 하늘에 물어보면 거기 분명한 답이 적혀 있을 겁니다."

그것도 도담인가요? 하하하.

"그것도 저 하늘에 물어보면…. 하하하."

---

42) 52장에서는 문맥이 달라 같은 말이 '몸이 다하도록', '평생토록'으로 해석될 수 있다.

17.

최상은 아랫사람이 이가 있는 줄만 아는 것이요

太上, 下知有之;43) 其次, 親而譽之; 其次, 畏之; 其次, 侮之. 信不
足焉, 有不信焉. 猶兮,44) 其貴言. 功成事遂, 百姓皆謂我自然.

태상, 하지유지; 기차, 친이예지; 기차, 외지; 기차, 모지. 신부족언, 유불신언. 유
혜, 기귀언. 공성사수, 백성개위아자연.

최상은 아랫사람이 이가 있는45) 줄만 아는 것이요, 그 다음은 이를 친근
해하고 칭찬하는 것이요, 그 다음은 이를 두려워하는 것이요, 그 다음은
이를 업신여기는 것이다. 믿음이 부족하면 불신이 있다. 머뭇머뭇하니 그
말을 귀히 여긴다. 공이 성취되고 일이 완수되는데 백성들은 모두 '내가
스스로 그렇다'고 말한다.

———————————————

　　노선생님, 이 17장 말씀, 이것도 일종의 노자 정치철학이군요.
　　"뭘 보고서? '정政'자도 '치治'자도 말하지 않았건만."

---

43) '不知有之'로 된 판본도 있다. '이가 있는 줄도 모른다'는 뜻이다. 다수본을
　　따른다. 죽간본·백서본·한간본에는 '太'가 '大'로 되어 있다.
44) 왕필본에는 '悠兮'로 되어 있다. 다수본을 따른다.
45) '이런 사람을 갖고 있는'

'백성'이라는 말이 있으니까요. 그리고 정체불명의 '지之'(이, 이것, 이 사람)가 그 백성에 대비되어 있으니까요. 그리고 생각하기에 따라서는 '공功'과 '사事'(일)라는 말도 정치적 사안이랄까 정치적 결과로 해석될 수 있으니까요.

"하하, 날카로우시군. 하지만 꼭 정치적 이야기로만 한정할 필요는 없어요. 확대해석은 얼마든지 가능합니다. '사람'에 대한 평가라면."

그렇겠네요. 아닌 게 아니라 저도 세상을 살아보니 참 별의별 사람들이 다 있더군요. 사람에 따라 스타일도 다르지만, 질적 편차가 참 큰 것 같아요. 특히 정치인, 특히 지도자는요. 예전엔 아마 군주였겠죠. 그런 존재에 대한 인민들의 평가랄까 반응노 삼 넌자가 그고요. 여기서 선생님은 네 가지를 언급하고 계시지만.

"하지유지下知有之, 친이예지親而譽之, 외지畏之, 모지侮之"

네, '있는 줄만 아는 지도자', '친근하고 칭찬받는 지도자', '두려움의 대상인 지도자', '업신여김을 받는[욕을 먹는] 지도자'. 정말인 것 같아요. 이런 사람들, 다 있으니까요. 물론 선생님이 이상으로 생각하시는 건 1번, '하지유지'인 사람인데, 그런 유형에 대한 구체적인 진술이랄까, 인민들의 반응이 맨 마지막의 '공이 성취되고 일이 완수되는데 백성들은 모두 '내가 스스로 그렇다'고 말한다(功成事遂, 百姓皆謂我自然).'이겠지요.

" '머뭇머뭇하니 그건 말을 귀히 여기는 것이다(猶兮, 其貴言).'도 마찬가지입니다."

아, 그렇군요. 그런데 그런 정치가 현실적으로 과연 가능할까요? 국민들이 그런 리더가 있구나 하는 것만 알 만큼 그 존재감이 희미한데(下知有之), 조심조심 신중하게(猶兮) 말도 아끼고, 한 번 내뱉은 말은 '남아일언중천금' 뭐 그런 자세로 꼭 지키고(其貴言), 그러면서 할 일은 제대로 다 해서 큰 성과를 내고(功成事遂), 심지어 국민들은 그 공도 모른 채 그게 다 자기 자신들이 본래 잘나서 그런 건 줄 아는(百姓皆謂我自然), 그런 정치…. 그런 정치가 가능하겠느냐고요.

"불가능할 건 또 뭐가 있겠습니까. 저 노나라 공선생도 '위정이덕, 비여북신, 거기소이, 중성공지爲政以德, 譬如北辰, 居其所而, 衆星拱之', '무위이치자, 기순야여, 부하위재, 공기정남면이이의無爲而治者, 其舜也與, 夫何爲哉, 恭己正南面而已矣'라고 말했는데, 취지는 비슷한 겁니다. 순임금이 그런 정치를 했던 거지요. 가만히 그 자리에 있기만 해도 뭇별들이 이를 떠받드는, 아무것도 하지 않고 다스려지는 그런 정치."

아, 유가에서 말하는 이른바 덕치. 그런데 사람들은 흔히 선생님의 정치론을 '도치道治'라 하며 유가의 그 '덕치德治'와 대비시키기도 하던데….

"그거야 형식적 논의를 좋아하는 학자들이 하는 쓸데없는 짓이지요. 훌륭한 정치를 해서 백성들이 훌륭한 삶을 영위하는 데 유가가 어디 있고 도가가 어디 있으며, 덕치가 어디 있고 도치가 어디 있겠습니까. 따로 있는 게 아니죠. 그리고 제대로 공부해 본 사람이라면 다 알겠지만, 공선생도 도라는 걸 강조하고 있으며 나도 덕이라는 걸 강조하고 있는데, 도치니 덕치니 그런 대비가 가당키나 하겠습니까. 하여간 대립을 좋아하는 사람들이란…. 동서고금을 막론하고 그런 '패거리 짓기'가 문제인 겁니다. 특히 학문에서 그런 담 쌓기가 왜 필요하겠습니까?"

정말 공감합니다. 사소한 '다른 것'보다 본질적인 '같은 것'을 보는 게 훨씬 더 의미 있는 일인데. 특히 철학에서는. 특히 사람과 관련된 철학에서는. 아무튼 제가 느끼기로는 선생님이 '하지유지'를 '태상太上'으로(최고로) 친 것은, 자기의 존재를 드러내려는 정치인의 과시적-권위적 태도를 경계하는 의도도 있어 보이는데….

"그런 건 꼴불견이기도 하고 심지어 위험하기까지 하니까요. 자기를 드러내지 않는 건 큰사람에게 꼭 필요한 중요한 덕목입니다."

하기야 '네 오른손이 하는 일을 왼손이 모르게 하라.' 그렇게 말씀하신 분도 계시지요. 예수라고.

"정치도 그런 인품, 그런 자세로 하는 게 태상인 '하지유지下知有之'인 겁니다. 아랫사람들이 '아, 위에 그런 사람이 있구나' 하는 정도로 아랫사람들에게 자기 존재를 과시하지 않는 거죠."

물론 능력이 전제되어야 하겠지만. '공성사수功成事遂'가 가능하려면.

"그거야 정치의 기본 중의 기본 아니겠습니까. 아니, 정치뿐만 아니라 모든 인간사가 다 그렇지요. 공은 성취되고 일은 완수되어야 하니까요. 인간사만이 아니라 애당초 자연사가 다 그렇습니다. 다 성취된 공이고 다 이루어진 일들입니다. 풀 한 포기가 돋고 꽃 한 송이가 피고 나비 한 마리가 나는 것도, 비가 내리고 해가 비치고 곡식이 익는 것도, 춘하추동이 순환하는 것도, 아이가 태어나는 것도… 만유가, 삼라만상이, 다 공功과 일(事) 아닌 것이 없습니다. 그렇게 하는 건 사실 엄청난 능력입니다. 지구의 자전과 공전을 생각해 보세요. 얼마나 엄청나게 크고 정교한 힘이 작용하는지. 그런데 그런 공에 대해 하늘이 자기과시나 자랑을 하던가요? 특히 인간들의 일체 성과에 대해서. 특히 과학-기술-산업 그런 결과들에 대해서. 인간들은 그게 그저 다 자기의 공인 줄 알고, 자기가 본래 스스로 잘나서 그런 줄 알지, 그게 실은 다 하늘의 공덕임은 알지도 못하죠. 그 모든 것의 근원인 이성 자체도, 아니 인간 자체도 애당초 자기 것이 아님을, 하늘의 공덕임을 까맣게 모르지요. 하늘이야말로 숨어서 자기를 드러내지 않고 '공성사수功成事遂'를 하는, 아래인 인간들이 그 존재도 잘 모르는, 그저 하늘이 있는 줄이나 어렴풋이 아는, '하지유지下知有之'인 태상의 존재이지요."

경의를 표할 수밖에 없는 말씀입니다. 그런데 인간들에겐 그게 어디 쉬운 일이겠습니까. 그런 인간이, 그런 지도자가 있다면 그건 그야말로 천복입니다.

"그러니까 '기차其次', '그 다음'이 있지요."

'친이예지親而譽之'. 하긴 이것만 해도 사실 대단한 겁니다. 백성들이 친근하게 여기고 칭송하는 지도자. 역시 인품과 능력이 없고서는 불가능한 반응이죠. 지도자에 대한 인민들의 반응. 잘은 몰라도 이런 지도자는 드물지 않게 있는 것도 같습니다. 한국이라면 세종대왕, 미국이라면 링컨, 중국이라면 덩샤오핑鄧小平… 그런 이름들이 떠오르네요. 능력과 인품, 분명히 있지요. 인민들이 친근히 여기고 칭송도 합니다.

"그런데 또 그 다음이 있지요."

네, '외지畏之', 두려워하는 지도자. 이른바 권위주의의 모든 지도자가 다 그렇습니다. 두렵죠. 이게 변질되면 폭군이 돼서 자칫하면 죽이기도 하니까요. 이런 유형은 많죠. 네로, 진시황, 연산군, 히틀러, 스탈린, 그리고 우리가 아는 … 많습니다. 그 권위주의는 무시무시한 공포정치로 이어지죠. 우리 현대인들은 역사 속에서 수많은 경험을 했어요. 끔찍합니다. 선생님이 이런 걸 알고 계시다는 게 놀랍군요.

"그런데 그보다도 못한 그 다음이 또 있지요."

아, '모지侮之', 백성들이 이를 업신여기는 그런 지도자. 권위도 없고, 능력도 없고, 심지어 생각도 의지도 없이 자리만 차지하고 있는 지도자. 엉뚱한 짓만 벌이는 지도자, 심지어 백성들에게 해를 끼치는 지도자. 그런 사람을 욕을 먹어도 싸죠. 실제로도 적지 않게 있습니다. 꼭 국가의 지도자가 아니더라도 기관의 장들 중에도 적지 않게 있습니다, 이런 사람이.

"누구 떠오르는 사람이 있나 보군요."

많습니다. 하나둘이 아니죠. 앉지 말아야 할 자리에 앉아서 공을 이루기는커녕 일을 오히려 망치는 엉뚱한 엉덩이들…. 소중한 시간과 인력과 예산을 낭비하게 하지요, 그런 지도자는. 생각만 해도 욕이 절로 나옵니다.

"믿음성이 없는 것도 그렇게 욕을 먹는 중요한 이유 중 하나입니다."

아, 그렇지요. '신부족, 유불신信不足, 有不信', '미더움이 부족하니 불신이 있는 거다', 그렇지요. 충분한, 든든한 믿음을 주지 못하는 것. '신부족信不足' 정도가 아니라 아예 '배신背信'도 비일비재합니다. 거짓말을 식은 죽 먹듯 하죠. 공수표를 남발합니다. 우리 한국엔 '공약公約은 공약空約'이라는 말까지 있습니다. 어차피 혹은 결국 빈말이라는 겁니다. 달콤한 말로 환심부터 사서 자리부터 차지하고 보자는 심산인 거지요. 그런 사람에게 '믿음'을 기대하기는 어렵습니다. 당연히 '불신'이 생기기 마련이죠.

"그래서 머뭇머뭇 조심조심 삼가며 말을 소중히 하라는 겁니다."

그렇군요. '예혜, 기귀언猶兮, 其貴言'. 그런 배경이 있는 말이었군요. 말을 함부로 내뱉지 말라는. 내뱉은 말은 끝까지 책임지라는, 말을 소중히 하라는 그런 말씀이군요, '기귀언其貴言'은. 하긴 말의 무게가 너무 가볍습니다, 요즘은. 특히 정치인들의 입에서 나오는 말들은.

"그래서 앞서도 말했죠. '다언삭궁, 불여수중多言數窮, 不如守中'. 맥락은 좀 다르지만."

말을 소중히 아껴야 한다는 점에서는 분명 통하는 말이군요. 하여간, 참 그립습니다. 조심조심 말을 아끼고, 믿음이 가고, 욕할 게 없고, 두렵지 않고, 친근하면서 칭찬하고 싶고, 모든 일들을 원만히 다 이루고 큰 공을 성취하면서도 자기의 존재를 드러내지 않고 과시하지 않는 그런 지도자. 저도 백성이지만, 저는 최소한 '다 내가 본래 스스로 잘나서 그런 거야'라고 착각하지는 않을 텐데…. 어디 없을까요?

"그런 태상의 위정자가 있는 나라라면 나도 다시 태어나 한번 살아 보고 싶군요. 하하하."

그러려면 그 이전에 윤회전생이라는 게 먼저 있어야겠죠. 하하하.

18.

대도가 버려지니 인의가 있는 것이요

大道廢, 有仁義; 智慧出, 有大僞;46) 六親不和, 有孝慈; 國家昏亂,
有忠臣.47)

대도폐, 유인의; 지혜출, 유대위; 육친불화, 유효자; 국가혼란, 유충신.

대도가 버려지니 인의가 있는 것이요, 지혜가 나가버리니 큰 작위가 있는
것이요, 육친이 불화하니 효도와 자애가 있는 것이요, 국가가 혼란하니 충
신이 있는 것이다.

노선생님, 이 18장의 말씀은 짧아서 참 좋습니다.

"말 많은 건 조심해야 한다고 내 스스로 말했으니, 조금 전에도."

하긴, '기귀언其貴言', '그 말을 귀히 여긴다'고 분명히 말씀하셨지요.
그런데 말이 짧다고 뜻이 얕은 건 아닌 것 같아요. 이 말씀도 그렇고.

"글자 하나가 금싸라기 같은, 아니 금강석 같은, 그런 경우도 많지요."

---

46) 문맥을 고려하여 여기서는 '위'(거짓, 작위)가 아니라, '와'(고치기, 변화)로
읽을 수도 있다. 원래 '僞'의 발음이 두 가지다.
47) 죽간본과 백서본·한간본에는 각각 '正臣'(올바른 신하), '貞臣'(올곧은 신하)
로 되어 있다. 큰 차이가 없으므로 익숙한 통용본을 따른다.

그럼요, 그렇고말고요. 저는 소위 '궁극의 철학'이라는 걸 말한 적이 있는데, 그 핵심 중의 핵심으로 글자 네 개를 꼽았습니다. '정正', '도度', '지知', '회悔', 바로잡음, 건너감, 앎, 뉘우침. 각각 공자, 부처, 소크라테스, 예수의 핵심철학입니다.

"하하, 거기에 노자가 빠져도 내가 뭐라 하지 않을 걸 알고 계셨구먼."

죄송합니다. 어차피 모두를 다 포함할 수는 없고 또 영향력의 범위를 기준으로 생각하다 보니 그렇게 되었습니다. 양해해 주십시오.

"아무튼 그 말들이 다 금강석 같은 말들이다…. 짧은 한 글자지만."

그렇습니다. 그리고 선생님의 지금 이 말씀도.

"구체적으로는?"

보세요, 그렇잖습니까. 여기에 엄청난 말들이 다 등장하잖아요. 인의, 대위, 효자, 충신. 이거 하나하나가 다 보통 무게의 말들이 아닙니다. 그리고 잘 뜯어보면 다른 말들도 숨어 있습니다. 대도, 지혜, [육친]화목, [국가]안정, 그런 것들입니다. 이것도 어디 가벼운 말들인가요? 다 선생님이 지향하시는 가치들인 거죠.

"남들도 그렇게 인정할까?"

하긴, 대학생 때 저를 괴롭혔던 게 이 말씀을 역설로 읽는 해석이었습니다. 소위 노장의 '대도'가 무너지니 [시시껄렁한] 공맹의 '인의'가 생겨났고, 진정한 지혜가 모습을 감추니 가짜 지혜인 '대위'가 행세한다, 뭐 그런 식입니다. 이 말 자체가 유교에 대한 비꼬기라는 거죠. 그런데 지금의 저는 그건 아니라고 봅니다. 선생님이 공맹의 유교를 비꼰다는 건 정말 터무니없는 해석입니다. 뒷부분의 문맥과도 통하지 않고요.

"오호, 흥미롭군. 논쟁인가?"

저는 다툼을 싫어하니 그건 아니고요. 그냥 제 의견입니다. 아시겠지만 '해석학적 이해'….

"아, 또 그거. 어디 한번 풀어보시지요."

일단 고증학 그런 건 다 괄호 속에 넣어두고 내용적 의미만 가지고 말씀드리겠습니다. 저는 '대도'든 '인의'든 그게 꼭 '노장의 것', '공맹의 것', 그렇게 읽지 않습니다. 노장, 공맹 이전에 이미 그 말들이 있었으니까 그걸 쓰신 것이겠죠. 그 말 자체로 중요하고 필요한 가치들인 겁니다. 유-도의 대립이 아니라 가치 공유랄까, 그걸 전제로 하고서 보면 선생님은 여기서 또 흥미로운 대비를 하고 계시는 거죠.

"대비라, 어떤?"

제가 보기에는 어떤 가치적인 노력들과 그 배경에 놓인 문제적인 상황들의 대비입니다.

"그게 구체적으로?"

전자가 '인의仁義', '대위大僞', '효자孝慈', '충신忠臣'이고, 후자가 '대도폐大道廢', '지혜출智慧出', '육친불화六親不和', '국가혼란國家昏亂'입니다.

"오호, 그렇게 풀어내니 명쾌하군요."

이미 말씀드렸지만 저는 노선생님의 경우뿐만 아니라 모든 철학들에는 그 고유의 문제적 배경이 있다고 생각합니다. 그것을 묻지 않을 수 없는, 물어야만 하는 '문제'들. 그걸 알아야만 그 철학 전체가, 그 의미가 제대로 이해된다고 보는 거죠.

"그게 여기서는 '대도폐, 지혜출, 육친불화, 국가혼란'이라는 말이군요."

네, 폐廢-출出-불화不和-혼란混亂, 다 문제들이죠, 분명히. 그리고 큰 문제들이죠. 인간세상이 자연처럼 조화롭게 돌아가지 못하고, 알아야 할 것, 해야 할 것을 사람들이 제대로 알지 못하고, 육친이 즉 부모-자식, 형제-자매, 남편-아내(부부)가 화목하지 못해 서로 다투고, 국가가 질서와 안정을 잃고 혼란에 빠져 있고, 이게 어디 보통문제들입니까. 선생님은 이런 걸 우려하고 안타까워하시는 거죠. 그래서 저는 노선생님과 공선생님의 차이를 별로 인정하고 싶지 않습니다. 대립과 다툼은 더군다나요.

"문제에 대한 접근법의 다소간의 차이…."

그거야 사람의 일이니 있는 게 당연하죠. 아무튼 그런 배경에서 그 문제들을 해결하려는 노력들이 나왔음을 선생님은 일러주시는 거라고 저는 읽었습니다.

"그게 '인의'고 '대위'고 '효자'고 '충신'이다…."

네, 이게 다 문제에 대한 대안들인 거죠. 다른 사람을 나처럼 생각해 배려하고, 모두에게 좋음을 신경 쓰고(仁義), 부모님을 공경하고 자식을 사랑하고(孝慈), 국가를 위해 자기 자리에서 충실히 제 역할을 하고(忠臣), 그게 실은 해결책인 거죠. 무슨 신묘한 비결이 따로 있는 게 아니고. 저는 이거 하나하나가 엄청난 가치행위라고 평가하는 편입니다. 살아보니까 바로 알겠더군요.

"그런데 '대위大僞'에 대한 언급이 빠졌군요."

네, 말씀하신 대로. 왜냐하면 이건 좀 논란이 되거든요. 그 의미가 뭔지. 특히 이 말이 아주 부정적인 것으로 들리니까요.

"그럼 이선생은 그게 아니라는 말씀이신가?"

네. '큰 거짓', 그렇게 읽어서는 의미가 통하지를 않으니까요. 문맥이 그렇지 않습니까? 말씀의 맥락이 가지런한데, 이거 한마디만 쏙 부정적인 거라는 게.

"그럼 이선생은 어떻게 읽으시는지."

고증학이나 한문학의 전문가가 아니니 틀릴 수도 있겠습니다만, 틀려도 할 수 없습니다. 저는 문맥으로 읽겠습니다. 그러면 이 '대위大僞'란 일단 긍정적인 가치여야 하고, '지혜출'이라는 문제적 상황에 대한 대책이 되어야 맞습니다. 이 두 가지 조건에 맞으려면 일단 이것이 '위대한 사기 내지 큰 거짓'이어서는 안 됩니다. 그래서 저는 두 가지 가능성을 생각합니다. 하나는, 이 '위僞'라는 글자가, 긍정적인 의미의 작위, 인간의 인위적인 노력, 고치기, 변화, 개혁, 그런 의미이거나, 또 하나는 이 '위僞'라는 글자가 '위爲'라는 글자의 오자라는 겁니다. 그럼 문맥이 통합니다. 어느 쪽이든. 둘 다 의미를 갖습니다, 이 '지혜출智慧出'에 대해서. 사실 저는 이 '지혜출'에 대해서 곧바로 소크라테스를 연상합니다. 알아야 할 진정한 것을 제대로 알지 못해서 인간들이 [돈-지위-명성 같은] 헛된 것에 집착하고 정신의 향상에 무관심한 저급한 무반성적 삶을 산다는 것이요. 그게 소크라테스 철학의 근본핵심이었습니다. 그런 문제적 상황에 대한 가치적 대응이 '대위大僞'인 겁니다. '무위지위無爲之爲', 즉 아는 척 나서서 인위적으로 뭘 하지 않고 자연에 맡겨두는 것이지요. 무위라고 하는 작위이니 '대위大僞'인 셈입니다. 혹은 '대와大僞', '위'가 아닌 '와', 고치는 것, 변화시키는 것으로 이해할 수도 있습니다. 대개혁, 대전환입니다. 생각의 전환, 태도의 전환. 마치 플라톤의 동굴의 비유에 나오는 사슬 풀린 죄수가 고개를 돌려 보는 것 같은, 그림자 아닌 사물 그 자체를 돌아보는 것 같은 그런 전환, 그런 '대와'입니다. 그럼 문맥이 딱 들어맞죠. 혹은 제3의 의미로 긍정적인 '큰 속임'이 있는지…, 그것까지는 아직 잘 모르겠습니다만.

"유감이지만 내가 지금 그걸 확인해 드릴 수는 없습니다. 명계의 규율인지라…."

알고 있습니다. 다만, 제 해석이 선생님의 말씀하신 취지에 부합되기를 바랄 따름입니다.

"듣고 보니 이미 의미는 충분합니다. 그게 내 말이든 이선생의 말이든."

선생님의 말이지요. 이걸 제 말이라고 했다가는 요즘 큰일 납니다. 표절, 지적 재산권 침해… 어쩌고 하거든요. 사기꾼이 되는 겁니다. 하하하.

138

19.

성聖을 끊고 지智를 버리면

絶聖棄智, 民利百倍; 絶仁棄義, 民復孝慈; 絶巧棄利, 盜賊無有. 此
三者,48) 以爲文不足.49) 故, 令有所屬. 見素抱樸, 少私寡欲,
절성기지, 민리백배; 절인기의, 민복효자; 절교기리, 도적무유. 차삼자, 이위문부족.
고, 령유소속. 견소포박, 소사과욕.

성聖을 끊고 지智를 버리면 백성의 이익이 백 배다. 인仁을 끊고 의義를
버리면 백성이 효와 자애(慈)를 되찾는다. 재주(巧)를 끊고 이익을 버리면
도적이 생기지 않는다. 이 세 가지는 그로써 문文을 삼기에[=문이 되기에]
부족하다. 고로 속하는 바가 있게 한다. 물들지 않은 바탕(素)을 보고 손
대지 않은 본연(樸)을 안으면 사욕이 적다.

―――――――――

노선생님, 앞서 선생님의 말씀이 매력 있음을 말씀드렸습니다만, 그
표현이 참 적응하기 쉽지는 않습니다. 누구든 그건 아마 인정하고 시작
해야 할 겁니다.

---

48) '者'가 죽간본·백서본·한간본에는 '言'으로 되어 있다. 의미의 대차가 없으므
로 익숙한 통용본을 따른다.
49) 백서본·한간본에는 '不足'이 '未足'으로 되어 있다. 의미의 대차는 없다.

"무슨 말씀이 하고 싶으신 건지."

들어서 곧바로 이해되는 말씀이 아니니까요. 이 말씀을 이해하려면 이런저런 경우를 한참 생각하고 또 생각해야 합니다.

"언어적 표현(도道와 명名)의 어려움은 이미 1장에서 알리고 시작한 바인데…."

그러니까요. 그 어려움을 저도 아니까 뭐라 탓할 수도 없고…, 하여간 이 19장의 말씀도 좀 그렇습니다. 여기선 아무래도 좀 역설적인 말씀을 하시니까. 선생님의 가장 큰 특징 중 하나인 그 역설.

"역설은 언제나 강조이지요. 그만큼 문제가 절박하다는 표시이기도 하고."

네, 그 절박한 문제…. 하긴 저도 선생님의 이 말씀에서 그런 분위기를 좀 느낍니다. 실은 제가 사는 여기서도 현실은 비슷하니까요. 우선 선생님이 지표처럼 제시하시는 문제해결 이후의 상태, '민리백배民利百倍', '민복효자民復孝慈', '도적무유盜賊無有'를 눈여겨봅니다. '백성의 이익이 백 배다. 백성이 효와 자애(慈)를 되찾는다. 도적이 생기지 않는다.' 이걸 가정적인 결과로 제시한다는 건, 현실이 그렇지 못하다는 간접적인 한탄이겠지요. 즉, 현실은 백성이 그다지 이롭지 못하고, 백성이 부모에 대한 효성스러움과 자식에 대한 자애로움을 잃어버렸고, 그리고 도둑이 들끓는다는 그런 안타까움과 한탄.

"그건 아마 동서고금을 막론하고 영원히 반복되는, 완전한 해결이 불가능한, 그런 문제일 겁니다. 그래서 그런 문제와의 대결도 영원히 반복되어야 하고. 그건 아마 영원한 반복적인 선택을 요구할 겁니다. 그때그때의 사람들에게."

인정하고 동의하고 공감합니다. 그건 지금 여기 저의 세상도 똑같으니까요. 열심히 노력해도 별로 이득이 없는 백성이 적지 않고, 효도와 자애는 여기저기서 무너져 심지어 부모를 죽이고 자식을 죽이는 반인

륜적 범죄까지 있고, 도둑질은 편의점 좀도둑에서 국고를 횡령하는 대
도까지 감옥이 비좁을 지경입니다.

"에휴~, 하여간 인간들이란. 언제나 어디서나."

그런데 선생님이 제시하시는 그 문제해결의 방향이 참 파격적입니다.
지독한 역설이라고 할까….

"절성기지絶聖棄智, 절인기의絶仁棄義, 절교기리絶巧棄利. 성聖을 끊
고 지智를 버리라, 인仁을 끊고 의義를 버리라, 재주(巧)를 끊고 이익
(利)을 버리라."

네, 하여간 좋은 것들을 모조리 다 '끊고(絶)' '버리라(棄)'는 말씀이
신데, 그 내용이 참, 서가모니 부처와 완전 쌍벽이시군요. 도불불이道佛
不二랄까. 성聖-지智, 인仁-의義, 교巧-리利, 이걸 버리라니요. 이거 다
너무너무 중요하고 좋은 가치들 아닌가요? 솔직히 처음엔 좀 황당한
느낌입니다.

"난들 그게 훌륭한 가치라는 걸 왜 모르겠습니까. 그게 나쁜 거라고
는 말한 적 없습니다. 그런데 그런 게 해결책이 되던가요?"

아, 그 말씀을 들으니 뭔가 번쩍하네요. 결국 인위적인 어떤 해결의
노력에 대한 실망, 한계? 그런 건가요? 어설픈 대책보다 차라리 백성들
에게, 사람들에게 맡겨두라는, 자연의 치유력에 대한 신뢰? 그런 의미
에서의 '무위'? 그런 건가요? 하긴 요즘 저희들 세상에 떠도는 농담 중
'한류가 잘나가는 이유는 정부에 한류 담당 부서가 없어서'라는 게 있
는데, 딱 그런 케이스로군요. 부모의 간섭보다 아이들이 알아서 하는
경우 더 잘되는 경우도 분명히 있고요. 물론 무위가 만능은 아니겠지만,
알아서 하게 맡겨두는 것이 문제해결에 더 효과적인 경우도 분명히 없
진 않지요. 하이데거가 '내맡김(Gelassenheit)'을 강조한 것도 뭔가 연결
성이 있고.

"조금 접근을 하시는군요."

다행입니다. 그런데 '끊고 버리라(絶…棄)'는 그 인위적 대책의 노력, 하나씩 생각해 보면 정말 소중한 것들입니다. 우선,

'성聖', 물론 이건 요즘 사람들이 가장 먼저 연상하는 기독교적 홀리니스holiness와는 다른 거겠죠. 산타클로스의 그 '산타', 성탄절의 그 '성'과는 다른. 저는 우러러볼 만한 어떤 대단한 훌륭함 또는 그런 사람 정도로 생각하는데, 왜 이걸 버리라는 것인지. 그리고,

'지智', 이건 제대로 사태의 본질을 통찰해 아는 것이니 요즘 같으면 모든 지식과 학문들이 다 해당할 텐데 왜 이걸 버리라는 것인지. 그리고,

'인仁', 이건 남을 나처럼 존중하는, 타인에 대한 배려와 사랑, 공자가 특별히 강조했던 가치인데 왜 이걸 버리라는 것인지. 그리고,

'의義', 이건 나에게만 좋은 게 아닌 모두에게 공평하게 좋은 보편적인 옳음, 역시 공자와 맹자가 특별히 강조했던 말하자면 정의인데, 이걸 왜 버리라는 것인지, 그리고,

'교巧', 이건 온갖 것을 멋지게 만들어내는 재주, 요즘 식으로 말하면 기술인데, 시대의 핵심가치이기도 한 이걸 왜 버리라는 것인지, 그리고,

'리利', 이건 이익, 이윤이니 요즘 식으로 말하면 경제적 가치 즉 돈인데, 돈만 있으면 못할 게 없는데, 이걸 왜 버리라는 것인지.

도무지 쉽게 이해되고 쉽게 고개를 끄덕일 수 있는 게 하나도 없습니다. 정말 궁금합니다. 이건 정말 일부 학자들이 말하는 것처럼 대립하는 유가사상에 대한 '까기' 같은 건가요?

"그런 천박한 이해가 어디 있습니까. 나의 말을 이른바 유가, 이른바 공맹과 비교해서 읽는 것은 아무런 의미가 없습니다. 그들도 그러했듯이 오직 문제 그 자체의 맥락에서 바라봐야 합니다. 그건 철학의 근본 중의 근본입니다."

고유한 문제의 맥락이라…, 좋습니다. 그럼 여쭙겠습니다만, 제가 이

해한 노선생님의 맥락은 자연의 도로부터 인간의 덕을 배우는 것인데, 이 19장의 말씀도 그런 맥락인지요.

"옳거니, 제대로 짚으셨군. 내가 '끊고 버리라' 한 그 세 가지는 다 인위적인 해결의 노력들입니다. 그런데 생각해 보세요. 그런 게 어디 효과가 있던가요? 일부 없지야 않겠지만 그게 근본적인 해결책이 되던가요? 우선,

'성聖'? 우러러볼 만한 대단히 훌륭한 사람, 그런 사람이 과연 몇이나 되던가요? 사람들이 그들의 말을 들어 천국과 극락을 이룩했나요? 그리고,

'지智'? 지식과 학문? 그런 세 문제를 해결한다던 지식과 학문이 극도로 발달한 이선생의 그 세상은 아마 모든 문제가 사라진 유토피아일 텐데 과연 그런가요? 오히려 그런 '지智'가 문제를 더 키우지는 않았나요? 그건 대개 이익을 위한 '꾀'일 뿐입니다. 그리고,

'인仁'? 남을 나처럼? 아집으로 똘똘 뭉쳐 이기적으로 살아가는 대다수 인간들에게 그게 씨알이나 먹히던가요? 손톱이나 들어가던가요? 어질고 남 생각하는 사람은 외려 바보 취급당하지 않던가요? 그리고,

'의義'? 모두에게 공정한 옳음? 세상에 누가 그걸 납득하고 그걸 위해 자기의 이익을 흔쾌히 양보하고 포기하고 내려놓던가요? 그건 아마 플라톤이나 롤즈의 책에서나 가능한 이야기일 겁니다. 그리고,

'교巧'? 재주? 그 재주로 뭘 만들었나요? 그게 백성들을 얼마나 행복하게 해주던가요? 그 기술이 혹 사람을 망치고 자연을 망치지는 않았나요? 근래에 이곳 명계에 온 요나스라는 양반이 엄청 걱정을 하던데, 자연도 지구도 미래도 후손도 다 존재의 위기에 내몰려 있다고. 그리고,

'리利'? 이익, 자본, 돈이라는 것이 백성을 구원했나요? 혹 백성들이 다 돈의 노예가 되지는 않았나요? 그것 때문에 사람들이 다투고 죽이고 혹은 경쟁하다가 스스로 죽기도 하고 그런 사태는 생기지 않았나요?

그런 걸 생각해 보면, 그런 거룩한 가치들이 세상을, 인간을 구원하는 근본적-궁극적 대책이 못 된다는 걸 이해할 겁니다."

그래서 역설로, 강조로, 그걸 '끊고 버리라'고 하신 거로군요.

"그렇게 이해가 되고 납득이 된다면, 그런 걸로."

적어도 저는 납득이 됩니다. 하지만 뭔가 대안은 있어야 할 텐데요.

"그래서 말해 둔 겁니다. 이 세 가지가 완전한 해결책이 못 된다고. '그로써 문文을 삼기에[=문이 되기에] 부족하다(以爲文不足)'라고. '문文'이라는 건 폭넓게 해석하면 그런 '대책'인 겁니다. 그리고 또 말해 뒀죠. '고로 속하는 바가 있게 한다(令有所屬)'라고."

이 세 가지가 '속하는 곳', 아하, 그 밑바탕이라는 말씀이군요. 근본 대책! 그게….

"그렇습니다. 그게 '견소포박, 소사과욕見素抱樸, 少私寡欲'이지요."

'소박함을 보고 소박함을 안으라(見素抱樸).' 그러면 '사욕이, 이기주의와 욕심이 적어진다(少私寡欲).' 아하, 와 닿습니다. 결국 이기와 욕심이 문제이니 그 욕심을, 욕망을 조절해 순수함(素樸)을 유지하는 것이 효과적인 대안이라는 말씀이군요. 저 모든 '성지聖智', '인의仁義', '교리巧利'도 다 이 욕망의 조절이라는 가치에 귀속되어야 한다는 말씀이군요. 노선생님의 철학에 이런 현대성이 숨어 있는 줄 미처 몰랐습니다.

"인간과 그 삶이 보편적이고 불변적이거늘, 그 문제와 해결의 맥락에 고대와 현대가 따로 있겠습니까. 다만 소박함의 강조만으로 끝나서는 안 되고, 그것을 '보고(見)' '안고(抱)' 하는 태도의 전환, 가치의 내화, 그런 게 비로소 어떤 결과를 가능하게 합니다."

'소사과욕少私寡欲'이라는 결과, 제가 한탄하는 '나만주의'의 감소, 제가 기대하는 '너도주의'의 가능성. 욕망의 최소화. 불교와도 통하는 가치로군요.

"인위에 너무 기대지 말고, 일단 자연에 맡겨보는 겁니다. '천天'과 그 '도道'를 믿고서."

정말 믿어도 될까요? 데카르트는 '일부러라도 의심하라'고 했고, 마르크스도 '모든 것을 의심하라'고 했는데….

"또 엉뚱한…, 과일가게에서 생선을 팔려고 하시는군요. 하하하."

생선도 건강에 필요하긴 한데…. 하하하.

20.

배움을 끊으면 걱정이 없다

絶學無憂. 唯之與阿, 相去幾何. 善之與惡, 相去若何. 人之所畏, 不可不畏. 荒兮, 其未央哉. 衆人熙熙, 如享太牢, 如春登臺, 我獨泊兮, 其未兆, 如嬰兒之未孩. 儽儽兮, 若無所歸. 衆人皆有餘, 而我獨若遺. 我愚人之心也哉. 沌沌兮, 俗人昭昭, 我獨昏昏, 俗人察察, 我獨悶悶. 澹兮, 其若海. 飂兮, 若無止. 衆人皆有以, 而我獨頑似鄙.[50] 我獨異於人, 而貴食母.

절학무우. 유지여아, 상거기하. 선지여악, 상거약하. 인지소외, 불가불외. 황혜, 기미앙재. 중인희희, 여향태뢰, 여춘등대, 아독박혜, 기미조, 여영아지미해. 루루혜, 약무소귀. 중인개유여, 이아독약유. 아우인지심야재. 돈돈혜, 속인소소, 아독혼혼. 속인찰찰, 아독민민. 담혜, 기약해. 료혜, 약무지. 중인개유이, 이아독완사비. 아독이어인, 이귀식모

배움을 끊으면 걱정이 없다. '네!'와 '어!'의 서로 떨어짐이 얼마인가. 선과 악의 서로 떨어짐이 어떠한가. 사람이 두려워하는 바는 두려워하지 않을 수 없다. 허황하구나, 그건 아직 중심을 잡지 못함이라. 뭇 사람들은 들뜨기를, 짐승을 잡아 제사를 올리는 것 같고, 봄날 누대에 오르는 것 같은데, 나만 홀로 잠잠하구나, 그건 아직 시작을 못함이라, 마치 갓난아이

---

50) 백서본-한간본에는 '似'가 '以'로 되어 있다. 의미의 자연스러움을 고려하여 통용본을 따른다.

가 아직 해해거리지 못함과 같다. 고달프구나, 돌아갈 데가 없는 것과 같다. 뭇 사람들은 모두 다 여유가 있는데, 그런데 나만 홀로 남겨진 것 같다. 나는 어리석은 사람의 마음이로다. 흐리멍덩하구나, 보통사람들은 환히 밝아 분명한데, 나만 홀로 어두워 어수룩하고, 보통사람들은 사리에 밝아 똘똘한데, 나만 홀로 어리숙하다. 출렁대누나, 그건 바다와 같다. 바람처럼 휘휘대누나, 잦아듦이 없는 것 같다. 뭇 사람들은 모두 다 쓰임이 있는데, 그런데 나만 홀로 미련해 너절한 것 같구나. 나만 홀로 다른 사람과 다른데, 그래도 먹여주는 어미는 귀히 여긴다.

———————

노선생님, 저는 가끔 그런 생각을 해봅니다. 만일 선생님이, 선생님의 이 책에 대한 세상의 해석이랄까 논평들을 읽어보신다면, 어떤 반응을 보이실까….

"왜 그런 이야기를 꺼내시는 건지."

그런 책과 논문들이 엄청나게 많은데, 그게 과연 얼마나 제대로 된 해석들인지 의심스러운 게 너무나 많기 때문입니다. 번역도 그렇고요. 사실 '아' 다르고 '어' 다른 게 번역이고 해설인데, 선생님의 진의에 대한 고민 없이 아무렇게나 해버린 게 너무 많은 것 같아요. 얄팍한 지식으로. 이 20장이 특히 그렇습니다. 여러 가지를 참고해 보았습니다만, 오히려 이해에 방해만 되고 제대로 도움 되는 게 거의 없더군요. 제가 느끼기에 이 20장도 좀 수수께끼 같아서 그러는 겁니다.

"내가 또 이선생을 본의 아니게 괴롭힌 건가요?"

네, 상당히요. 본의가 아닐 테니 선생님을 탓할 수는 없지만, 이해하기가 쉬운 말씀은 아닙니다.

"그래, 그 수수께끼, 풀기는 풀었습니까?"

일단 제 식으로요. 틀려도 할 수 없지만, 최소한 문맥은 통하게 읽어
보았습니다.

"오호? 어떻게? 어디 한번 들어봅시다."

여기엔 '아我'(나)라는 말이 일곱 번이나 등장합니다. 그러니 일종의
자술서인 셈입니다. 그건 부인할 수 없습니다. 그런데 그 내용을 들어
보면 부정적인 말 투성입니다. '박泊, 루루儽儽, 돈돈沌沌, 혼혼昏昏, 민
민悶悶, 담澹, 료飂, 완사비頑似鄙'가 그렇고, '미조未兆, 약무소귀若無
所歸, 약유若遺, 우인지심愚人之心, 무지無止' 등도 그렇습니다. (잠잠하
다, 고달프다, 흐리멍덩하다, 어두워 어수룩하다, 어리숙하다, 출렁댄다, 휘휘댄
다, 미련해 너절하다 / 아직 시작을 못했다, 돌아갈 데가 없다, 남겨진[버려진/
잊힌] 것 같다, 어리석은 사람의 마음이다, 잦아듦이 없다.) 거의 자기비하의
극치입니다. 저는 이게 좀 이상하다고 느꼈습니다. 그런데 이런 이상함
을 지적하는 해설은 아직 본 적이 없습니다.

"시작이 흥미롭군요. 그래서?"

그래서 저는 선생님이 자학적 마조히스트가 아닌 이상, 이건 선생님
본인의 자기평가가 아니라고 읽었습니다. 당연히 자기비하가 아니고요.

"그럼?"

선생님에 대한 주변의 시선을 기술한 거라고요. 그러면 일단 말은 통
하더군요.

"오호, 그 근거는? 파격적 해석이니 근거가 없다면 공격을 당할 수도
있을 텐데."

저는 그 실마리를, 선생님이 첫머리에 다짜고짜 툭 던져놓으신 '절학
무우絶學無憂'에서 찾습니다. '배움을 끊으면 걱정이 없다.'

"그게 어떻게 그런 해석의 실마리가 될 수 있다는 말이신지."

선생님은 대개 앞에든 뒤에든 핵심을 제시하는 말을 하시는 경향이
있으니까요. 저는 이 '무우無憂'를 '그런 세간의 평가에 대해 걱정할 필

요가 없다'는 의미로 읽었고, '절학絶學'은 '세간의 그런 사람들, 그런 생각들, 그런 삶들을 배우지 않으면, 즉 따라하지 않으면, 그런 걸 가치 있다고, 좋은 것이라고 생각하지 않으면', 그런 의미로 읽었습니다. 만일 그런 걸 '배운다면(學)', 따라한다면, 선생님의 생각과 삶이 그렇질 못하니 당연히 근심걱정이 크겠지요. '무우無憂'가 아니라, '유우有憂' 아니 '대우大憂'가 될 수도 있고.

"듣고 보니, 많은 사람들이 일단 '말이 된다'고 느끼겠군요."

그럼 다행이고요. 그리고 그 다음의 말씀들도 그렇습니다. '기미앙재 其未央哉'까지.

"어떻게 읽었는지, 그것도 들어봅시다. ' '네!'와 '어!'의 서로 떨어짐이 얼마인가. 선과 악의 서로 떨어짐이 어떠한가. 사람이 두려워하는 바는 두려워하지 않을 수 없다. 허황하구나, 그건 아직 중심을 잡지 못함이라(唯之與阿, 相去幾何. 善之與惡, 相去若何. 人之所畏, 不可不畏. 荒兮, 其未央哉).' "

네, 선생님은 미리 알고 계셨던 거죠. 사람에 대한 사람의 태도가, 정중한 태도와 막하는 태도가 ('네(唯)'라고 대답하는 태도와 '어(阿)'라고 대답하는 태도가) 얼마나 큰 차이인지. 진정으로 좋은 것(善)과 나쁜 것(惡)이 얼마나 큰 차이(相去)인지. '기하幾何'(얼마인가), '약하若何'(어떠한가)는 그 확인을 위한 반문이라고 저는 읽었습니다. 그걸 좀 더 분명히 말해 주는 게 그 다음 '인지소외, 불가불외人之所畏, 不可不畏'고, 더 분명히 다짐을 해주는 게 그 다음 '황혜, 기미앙재荒兮, 其未央哉'인 겁니다.

"어떻게 읽었기에?"

이것 또한 언뜻 들으면 '불가불외不可不畏'가 이중부정 즉 부정의 부정이니 '사람들이 두려워하는 바를 두려워하지 않을 수가 없다', 즉 당연히 함께 두려워해야 한다는 말인 것 같은데, 그게 아닌 거죠. 그렇게 읽으면 역시 의미가 통하지를 않습니다.

　"그게 아니라면, 그러면?"

　저의 해석으로는 이건 역설입니다. '불가불외不可不畏'는 '소외所畏'(두려워하는 바)를 가리키는 게 아니라 '인지소외人之所畏' 즉 '사람들이 두려워하는 바' 그 자체를 두려워해야 한다는 말입니다. 남들처럼 그런 것을 두려워해서는 안 된다는 말씀이죠. 즉 선생님은, 남들이, 뭇 사람들이 나더러 자기네처럼 그렇지 못하다고 비웃더라도 난 내가 당신네처럼 그렇지 못하다는 거 두려워하지 않는다, 당신네에게 그런 걸 배울 생각이 없다, 그렇지 못하다고 걱정하지도 않는다, 이렇게 미리 선을 그어두시는 겁니다. 그렇게 읽으면 이것도 의미와 문맥이 통합니다. 아닌가요?

　"그것도 건전한 이성이 판단하겠지요, 그런지 아닌지. 그 다음은?"

　'허황하구나, 그건 아직 중심을 잡지 못함이라(荒兮, 其未央哉)'는 '인지소외人之所畏'에 대한 선생님의 평가라고 봅니다. '사람들이 두려워하는 바', '아'라고 답하는 태도, '악', 그런 것이야말로 거칠기 짝이 없는, 혹은 허황하고 황당한 것이다, '유唯와 아阿'에 대한, '선과 악'에 대한 올바른 이해와 균형에 이르지 못한, 중심을 잡지 못한 상태(未央)라는 겁니다. 그게 '황혜荒兮'고 '미앙未央'입니다. 저의 해석은 그렇습니다. 그렇게 읽으면 일단 문맥이라는 것이 생겨납니다.

　"그게 문맥이라면 그 뒤와도 연결이 되어야겠지요."

　네, 그렇게 읽는다면 연결이 됩니다. 일단 거기서 끊어 읽고서 보면, 그 다음은 선생님에 대한 다른 사람들의 평가가 되지요.

　"그 근거는?"

　그 뒤 곧바로 '인人'-'중인衆人'-'속인俗人'과 '아我' 즉 나와의, 즉 선생님 자신과의 대비가 이어지니까요. (衆人熙熙, 如享太牢, 如春登臺, 我獨泊兮, 其未兆, 如嬰兒之未孩. 儽儽兮, 若無所歸. 衆人皆有餘, 而我獨若遺.

我愚人之心也哉. 沌沌兮, 俗人昭昭, 我獨昏昏, 俗人察察, 我獨悶悶. 澹兮, 其若海. 飂兮, 若無止. 衆人皆有以, 而我獨頑且鄙. 我獨異於人, 而貴食母.)

사람들이 선생님을 어떻게 어떤 눈으로 보았는지, 생생하게 보일 듯도 합니다. 효과를 위해 좀 과장하자면, '아이구, 이 양반아, 당신 왜 그렇게 사쇼? 우린 이렇게 소도 양도 돼지도 잡고 잔치도 하고 봄날 나들이도 하고 신나게 즐겁게 사는데, 당신은 혼자 틀어박혀 도니 덕이니 그딴 돈 안 되는 소리나 하고 세상에 잘나갈 조짐도 안 보이고 웃을 줄도 모르는 갓난쟁이와 뭐가 다른감? 에구 딱해라, 몰골도 초췌해 고단해 뵈는 게 어디 돌아갈 데도 없는 떠돌이 같네. 우린 이렇게 여유가 철철 넘치는데, 당신은 홀로 외로이 버려져 쓸쓸히 잊힌 존재 같네. 어리석은 양반 같으니라고. 마음을 어떻게 그렇게 쓰쇼. 세상물정 어떻게 돌아가는지 카오스 같죠? 우린 훤하게 물정에 밝아 이렇게 똘똘한데, 당신은 홀로 그렇게 물정에 어두우니, 우리는 다 살펴 아는데, 당신은 어수룩하기가 이를 데 없네 그려. 그러니 우리처럼 요령이 없어 바다처럼 출렁거리고 바람처럼 이리저리 휩쓸리는 거 아뇨. 당신은 우리처럼 쓸모도 없고, 당신 혼자 미련하고 너절하니, 세상살이도 제대로 못하고, 우리완 달라. 참 별난 양반이구려. 별종이야 별종. 그런 주제에 밥은 꼬박꼬박 챙겨 드시고. 쯧쯧.' 그런 것 아니었나요? 그러니 결국 푸른 소(靑牛)를 타고 함곡관函谷關을 지나 세상을 등지신 거겠죠.

"허허, 수긍은 아닙니다만, 어쩜 그리도 생생하게 장면을 그려내시나."

그럴 수밖에요. 지금 제가 사는 이 세상에서도 도와 덕을 논하는 자는 처지가 비슷하니까요. 세상물정에 어두워, 아니 관심이 없어, 비웃음까지는 아니더라도 이리저리 출렁이고 바람에 흔들리고 하는 건 마찬가지니까요.

"그건 도와 덕을 숭상하는 자의 숙명인지도 모르겠군요. 그래서 미리 말해 둔 거지요. '절학무우'라고. 배움을 끊으면 걱정이 없다고. 선과 악, '네'와 '어' 사이의 거리는 멀다고. 세상 사람을 배우려 하면, 따라 하려면 근심걱정은 필연입니다. 피할 도리가 없지요."

그런데 선생님이 남기신 이 5천 언 말씀은 지금 여기서 상당한 인기가 있는데 이건 또 무슨 조화인지요. 선생님은 지금 전 세계적인 초저명인사랍니다. 지금은 아무도 그렇게 비웃진 않죠. 하하하.

"지금은 명계로 와 밥 먹을 일도 없어 '식모'를 귀히 여기지도 않는데…. 하하하."

21.
심원한 덕의 모습은

孔德之容, 惟道是從. 道之爲物, 惟恍惟惚. 惚兮恍兮, 其中有象. 恍兮惚兮, 其中有物. 窈兮冥兮, 其中有精.51) 其精甚眞, 其中有信. 自古及今, 其名不去. 以閱衆甫, 吾何以知衆甫之狀哉.52) 以此.

공덕지용, 유도시종. 도지위물, 유황유홀. 홀혜황혜, 기중유상. 황혜홀혜, 기중유물. 요혜명혜, 기중유정. 기정심진, 기중유신. 자고급금, 기명불거. 이열중보, 오하이지 중보지상재. 이차.

심원한 덕의 모습은, 오직 도만을 이는 따른다. 도가 사물 됨은, 그저 놀라울 따름이다. 놀랍고 또 놀라우니, 그 안에 형상이 있도다. 놀랍고 또 놀라우니, 그 안에 물체가 있도다. 그윽하고 어둑하니, 그 안에 정신이 있도다. 그 정신은 심히 참되니, 그 안에 믿음이 있도다. 옛날부터 지금까지 그 이름이 사라지지 않는다. 그것으로 다양한 사물의 기원을 살펴보나니, 내가 무엇으로 이 다양한 사물의 기원의 모습을 알겠는가? 이것으로다.

---

51) 백서본-한간본에는 '精'이 '請'으로 되어 있다. 의미를 고려하여 통용본을 따른다.

52) 백서본-한간본에는 '衆甫之狀'이 '衆父之然'으로 되어 있다.

노선생님, 이 21장의 말씀, 이거 제가 대학생 때 처음 이 책을 읽으며 밑줄을 치고 별 표시를 해두었던 부분입니다. 반갑네요.

"그래요? 어떻게 느끼셨기에?"

선생님의 가장 큰 특징의 하나인 '도와 덕의 관계', '덕이 도를 따름(孔德之容, 惟道是從)', 그걸 말씀하고 계시니까요. 그리고 선생님과 도의 일대일 만남이랄까, 역사적 장면이랄까, 청년 파르메니데스와 진리 여신의 만남 같은…, 그 현장을 목격하는 듯한 느낌이 있었기 때문입니다. 저는 그런 게 철학의 진정한 시작이고 기본자격이라고 믿었으니까, 감동적이었죠. 그건 철학교수들의 이른바 '연구(Forschen)'와는 근본적으로 차별화되는, 철학자의 '철학함(Philosophieren)'이라고 지금도 믿어 의심치 않습니다.

"하긴 문제 그 자체를 직접 만나보지 않고서야 무얼 알 수 있으며 무얼 말할 수 있겠습니까."

그렇고말고요. 그래서 제가 선생님을 높이 보는 겁니다. 선생님은 그걸 하신 거니까요.

"인정해 주니 고맙긴 합니다만, 어디서 그걸 느끼시는지."

'유황유홀. 홀혜황혜, … 황혜홀혜, … 요혜명혜惟恍惟惚. 惚兮恍兮, … 恍兮惚兮, … 窈兮冥兮', '그저 놀라울(황홀할) 따름이다…'라는 말, 이건 감탄이잖습니까. 서양에서 '철학(philosophia)'을 출발시킨 저 '경이(thaumazein)' 같은. 그렇게 뭔가 놀랍고 대단한 것을 직접 목격한 자만이, 직접 경험한 자만이 할 수 있는 말들이죠. 이건 선생님이 직접 그런 '황홀한 것-놀라운 것'을, 즉 도의 '임재(parousia)'랄까, 그런 것을 봤다는 증거입니다. 그리고…

"그리고 또 있나요?"

네, 마지막 부분에서 '그것으로 다양한 사물의 기원을 살펴보나니, 내가 무엇으로 이 다양한 사물의 기원의 모습을 알겠는가? 이것으로다 (以閱衆甫, 吾何以知衆甫之狀哉. 以此).'라고 하셨죠. 이건 선생님이 '중보衆甫'를 즉 다양한 사물들의 기원을 '보았다(閱)'는 말씀이고, 그 모습을 '알았다(知)'는 말씀이잖습니까. 이렇게 직접 '보았다', '알았다'고 언급하고 계시니 이보다 더 확실한 증거가 어디 있겠습니까.

"일부러 아는 체하려고 한 말은 아니지만, 듣고 보니 그렇군요."

이런 건 좀 아는 체해도 좋다고 저는 생각합니다. 왜냐하면 그만한 내용이 있으니까요. 그 나머지 말씀들도 다 그렇습니다.

"그렇게 말한 이상 나도 궁금해지는군요. 어디 한번 이선생 입을 통해 들어봅시다. 그 대단한 내용이 뭔지."

'심원한 덕의 모습은, 오직 도만을 이는 따른다(孔德之容, 惟道是從).' 이 첫마디부터 좀 심상치가 않습니다. 처음엔 이게 혹시 공자의 덕을 말하는 건가 그런 생각도 들었습니다만, 문맥을 봐도 그건 좀 아니었습니다. 노선생님과 공선생님의 관계는 선후며 상호인지며 분명한 게 하나도 없으니까, 그런 이야기는 함부로 할 게 아니라고 저는 판단합니다.

"그럼, 어떤 의미로 읽으셨는지?"

'공孔'은 일단 '구멍'이니까, 동굴 같은 걸 포함해서 그 깊이가 있는 거지요. 어둑해서 그 안이 잘 보이지도 않고. 언어적 표현이 궁색할 때 선생님은 이런 식의 표현을 자주 동원하시죠. '연淵'(연못)이나 '빈牝'(암컷) 같은 것도 그렇고. 그러니 이건 깊고 그윽하고 어둑하고 그래서 잘 알 수 없고 뭔가 대단한 그런 어떤 덕, 대단한 훌륭함을 가리킨다고 저는 읽었습니다. 좀 비약이 허용된다면 천지와 만유를 창조하고 주관하는 신의 엄청난 덕, 그런 덕이 '공덕孔德'인 셈입니다. 그런 공덕의 모습을 선생님은 언급하시는 거죠, 여기에서.

"그 신이 이 '구멍(孔)'이라는 표현을 좋아할지는 모르겠지만…"

아무튼요. 잡담이지만, 이웃 일본의 신화에는 태양신인 여신 아마테라스오미카미天照大神가 난폭한 남동생 스사노오노미코토須佐之男命의 난동을 피하러 동굴에 숨어버리는 이야기가 나오는데, 그 동굴도 구멍이니 신이 구멍을 싫어하지는 않을지도 모르죠.

"별 근거는 못 되겠지만, 아무튼 그렇다 치고."

중요한 건 그 공덕의 모습을 '도'와 연결시킨다는 거죠, 선생님. 저는 이걸 노자 철학의 가장 큰 특징이자 장점의 하나라고 생각합니다만. 도와 덕의 연결. 도에서 배우는 덕. '덕이 도를 따름(德從道)'이랄까, '도가 덕이 됨(道化德)'이랄까.

"나의 말로는 '유도시종惟道是從'."

네, '오직 도만을 이는 따른다.' 선생님 표현으로는 그렇죠. 이건 보통 발언이 아니라고 저는 봅니다. 선생님이 목격하신, 만나신 그 도를 이 '공덕孔德'이 따른다, 즉 준용한다는 말씀이니까요. 도에 공덕의 그런 모습이 이미 구현되어 있다고도 읽을 수 있습니다. 깊고 그윽하고 어둑하고 그러면서 엄청나게 대단한…. 도의 모습 또한 그렇다는 거죠.

"과연 그런지 그건 확인이 필요하겠군요."

네, 그건 선생님이 바로 뒤의 문장으로 확인해 주신다고 저는 읽었습니다.

"도가 사물 됨은, 그저 놀라울 따름이다. 놀랍고 또 놀라우니, 그 안에 형상이 있도다. 놀랍고 또 놀라우니, 그 안에 물체가 있도다. 그윽하고 어둑하니, 그 안에 정신이 있도다. 그 정신은 심히 참되니, 그 안에 믿음이 있도다(道之爲物, 惟恍惟惚. 惚兮恍兮, 其中有象. 恍兮惚兮, 其中有物. 窈兮冥兮, 其中有精. 其精甚眞, 其中有信)."

네, '도가 사물이 된다.' 그저 황홀할 따름이라고, 놀라울 따름이라고 선생님이 탄복하시는 이 현상, 이걸 어떤 사람들은 무슨 말인지 잘 이해를 못합니다.

"그럼 이선생은?"

저는 일단 제 식으로 이해하고 그 범위 내에서 백 퍼센트 공감합니다. 저도 황홀하다고 놀랍다고 느끼니까요, '도지위물道之爲物'이. 도의 사물 됨이.

"그 뜻을 사람들이 묻는다면?"

저는 이렇게 대답하겠습니다. '도가 사물이 된다'는 것은, 사물의 그 '됨' 자체에 도가, 즉 초월적-보편적인 이치가 내재되어 있다는 뜻이라고. 조금 확대해석을 하자면, 온갖 사물의 존재 그 자체에 보편적 법칙이 작용하고 있다는, 혹은 적용되고 있다는 뜻이기도 합니다. 또 사물의 존재 자체의 근원이 도라는, 즉 이치 내지 법칙이라는 뜻이기도 합니다. 이러한 '사물 됨'이라는 현상이 황홀한, 즉 놀라운, 즉 신기한 것입니다. 그 신기함은 한 송이 민들레의 피어남에서도 느낄 수 있고 아기의 탄생에서도 느낄 수 있습니다. 인간들 주변에 이런 게 너무나 흔해서, 당연해서, 사람들은 보통 그냥 그런가 보다 하지만, 이런 게 만일 달이나 화성에서 목격된다면 놀라운 일이 아닐 수 없는 거죠. 특히 인간에게 좋은 어떤 사물의 존재는 그야말로 황홀이 아닐 수 없습니다. 중병에서 회복된 어느 아침 창에 비치는 태양의 찬란한 서광이나 새들의 지저귐 같은 것. 열 달을 기다린 내 아이와의 첫 대면, 사랑하는 이와의 첫 입맞춤… 황홀의 사례는 한도 끝도 없이 많습니다. 그런 '도지위물, 유황유홀道之爲物, 惟恍惟惚'은 서양의 철학자들도 잘 알고 있습니다. 좀 전에도 말했듯이 저들이 철학의 시작 원인으로 지목한 이른바 경이(thaumazein)가 결국 '황홀'과 다른 말이 아니니까요.

"좀 더 들어보고 싶군요, 저들의 이야기를."

저들의 소위 '철학(philosophia)'은 '자연(physis)'의 '근원(arche)'에 대한 '의문/사랑(philia)'에서 시작을 했는데, 그 계기가 그 자연의 '놀라움'이었습니다. 그 자연이라는 것이 결국 온갖 '사물'의 자기전개인데, 그런 자기전개가 로고스 즉 이치라는 신의 법(nomos tou theiu)에 따른다고 헤라클레이토스 같은 이는 말하고 있습니다. '공덕지용, 유도시종孔德之容, 惟道是從'과 상당히 비슷한 말을 하고 있는 거죠.

"그 헤라클레이토스와 나의 대화도 필요하겠군요."

꼭 한번 만나보시기를. 저는 그의 로고스logos와 선생님의 도道가 상당 부분 겹친다고 봅니다.

"흥미롭지만 이야기가 그쪽으로 빠지면 그러니 일단 접어두고, 그 다음 이야기를 들어봅시다."

그렇지요, '도지위물道之爲物'이 다가 아니니까요. 선생님은 좀 더 구체적인 이야기를 이어가셨죠. '… 도가 사물 됨은, 그저 놀라울 따름이다. 놀랍고 또 놀라우니, 그 안에 형상이 있도다. 놀랍고 또 놀라우니, 그 안에 물체가 있도다. 그윽하고 어둑하니, 그 안에 정신이 있도다. 그 정신은 심히 참되니, 그 안에 믿음이 있도다(惚兮恍兮, 其中有象. 恍兮惚兮, 其中有物. 窈兮冥兮, 其中有精).' 즉 도의 사물 됨 안에 '상象'과 '물物'과 '정精'이 있음을 또 감탄하셨지요. 상-물-정(그리스 철학자들이 말한 '형상(eidos)', '질료(hyle)', '정신(nous)'), 그것들도 황홀하고 요명하다고. 즉 놀랍고 신비롭다고. 그런데 선생님, 저는 사실 선생님이 이런 말씀을 하고 계시다는 그 사실 자체가 놀랍고 신비롭습니다. 그 아득한 옛날에, 어떻게 이런 걸 꿰뚫어보셨는지.

"내가 칭찬에 춤을 추는 고래가 아니라는 걸 아실 텐데…."

공치사가 아니라 사실이 그렇다는 말씀이지요. 저는 대학생 때, 자취방 벽에다가 낙서로 삼각형을 하나 그려놓고 그 가운데에 현상現象이라는 글자를, 그리고 세 모퉁이에 각각 형形과 물物과 기氣라는 글자를 적어본 일이 있습니다. 선생님의 말씀을 본격적으로 접하기 전에요. 그런데 지금 생각해 보니 그게 묘하게도 선생님의 이 말씀과 구조적으로 아주 흡사하네요. 위물爲物 = 현상現象, 상象 = 형形, 물物 = 물物, 정精

= 기氣, 삼각형의 가운데와 세 모퉁이, 표현만 다를 뿐, 그 내용은 뭔가 같은 것을 가리키는 듯한 느낌입니다.

"그럴 수도 있겠군요. 표현은 어차피 한계가 있는 것이니."

선생님이 말씀하시는 그 '위물爲物'(사물 됨)은 구체적 존재자의 있음과 됨을 포괄한다고 저는 해석합니다. 하이데거 식으로 말하자면 'das Dingen des Dinges'[사물의 사물임/사물 됨], 즉 'das Seyn'[존재함], 즉 'das Ereignis'[자체의 그리 됨]입니다. 결과적인 현상이지요. 그런데 결과적 현상으로서의 사물은 실은 불가결한 근본요소들을 하나의 자체 안에 포괄하고 있습니다. 역시 서양철학 식으로 말하자면 형상적인 요소와 질료적인 요소, 그리고 질서적·법칙적인 요소입니다. 소위 '형상(eidos)', '질료(hyle)', '이치(logos)'(또는 정신(nous))입니다. 아리스토텔레스, 헤라클레이토스, 아낙사고라스 등이 이걸 알려줬죠. 어느 하나도 없어서는 사물이 성립 불가능입니다. 제가 좋아하는 민들레를 예로 들어보면, 노란 민들레가 피어난다는 하나의 '위물'[사물 됨]은 그렇게 생긴 꽃잎과 그렇게 생긴 꽃대와 그렇게 생긴 이파리와 그렇게 생긴 뿌리의 모양 없이는 '그' 민들레가 될 수가 없는 거지요. 그런 형상이 없으면 그게 민들레인지, 패랭이인지, 해바라기인지, 분간이 안 됩니다. 민들레라는 사물은 우리가 알고 있는 그런 민들레의 '모양'을 갖고 있는 겁니다. 그걸 선생님은 '상象'이라 부르신 거죠. 그리고 노란 민들레가 피어난다는 하나의 '위물'[사물 됨]은 그 민들레를 구성하는 그 몸체랄까, 요즘 식으로 말하자면 그 세포들로 구성된 물체가 없이는 역시 성립 불가능입니다. 만질 수 있는, 만져지는 감각적인 요소가 있는 겁니다. 그걸 선생님은 '물物'이라 부르신 거죠. 꽃도 물체고 꽃대도 물체고 꽃잎도 뿌리도 다 물체입니다. 그래서 우린 그것을 '먹기'도 하지요. 그리고 노란 민들레가 피어난다는 하나의 '위물'[사물 됨]은 그 꽃에게 내재된 고유의 어떤 질서랄까 법칙이랄까, 그런 비감각적인 요소에 의거해 그리 됩니다. 그것에 의거해 민들레는 고만한 크기인 거고 그것에 의거해 대개 노란 꽃을 피우는 거고, 그것에 의거해 동그란 모양의 잎인 거고, 그것에 의거해 가벼운 솜털 같은 씨앗을 바람에 날리는 겁니다. 그런 걸 서생님은 '정精'이라는 말로 부르신 거지요. 정신의 '정', 저 그리스의 아낙사고라스가 '정신(nous)'이라고 부른 것과 일부 비슷한 정. 그렇게 하는 힘, 이것 없이도 민들레의 그 '위물'은 성립 불가능입니다.

"그 세 가지, '상', '물', '정'이 분명히 있지요. 정말 신비롭게도, 놀랍게도, 이 모든 사물 됨(爲物)에."

정말 놀라울 따름입니다. 그중에서 선생님은 유독 '정精'에 대해 설명을 더 보태셨는데….

"기정심진, 기중유신其精甚眞, 其中有信"

네, '그 '정'은 심히 참되고 그 안에 믿음이 있다.' 그 이유가 있으시겠죠?

"이미 그 이유를 아는 것 같은데."

저는 이렇게 짐작을 합니다. 상象과 물物은 일단 눈에 보이고 손에 만져지니 요즘 식으로 감각적 검증이 가능하지만, '정精'은 비감각적인 것이니 그런 게 정말 있느냐고 시비가 걸릴 수도 있을 테니 미리 방어를 해둔다고 할까, 쐐기를 박아두신 게 아닐까라고요. 그 '정'이라는 것, 사물의 고유한 질서, 법칙, 그건 분명히 있다고. 심히 매우 아주 정말 진짜라고. 그 참되다(眞)는 건 하이데거 식으로 말하자면, 은폐되어(sich verbergen) 있지 않고 드러나(sich entbergen) 있다는, 가상 내지 억견(doxa)이 아니라는 거지요. 그 정신은 우리 정신의 눈에는 보이고 우리 정신의 손에는 만져지는 거지요. 우리는 의식으로 그 존재성을 확인할 수 있는 겁니다. 그리고 그 '정'은, 즉 사물의 고유한 질서 내지 법칙은, 시공간을 초월해서 보편적입니다. 절대로 절대로 변하지를 않지요. 우리를 배신하지 않습니다. 천 년 전에도 만 년 후에도, 동양에서도 서양에서도, 민들레에서는 민들레가 피지 거기서 장미나 백합이 피지는 않습니다. 그러니 '유신有信' 즉 믿음성이 있는 거지요. 지구가 동에서 서로 돌아 밤낮이 바뀌고 춘하추동이 바뀌는 것도 절대 변하지 않습니다. 아이가 자라 소년이 되고 청년이 되고 장년이 되고 노년이 되고 이윽고 죽는 것도 변하지 않습니다. 자연에서는 벤자민 버튼의 시간 같은 그런 건 없는 겁니다. 그러니 '유신有信'이지요.

"지금 하신 그 말은 내가 한 그 다음 말과도 연관이 있을 텐데…."

그렇군요. '옛날부터 지금까지 그 이름이 사라지지 않는다(自古及今, 其名不去).' 불변성을, 신뢰성을, 항상성을 말씀하셨지요. 사물들은 삭삭 그 시간을 초월한 자기동일성을 갖는다는 말씀으로 저는 이해합니다. 그걸 설명하려고 '기명불거其名不去'(그 이름이 사라지지 않는다)라는 표현을 동원하신 건 참 탁견이라고 봅니다.

"'명가명비상명名可名非常名'이긴 합니다만."

이건 그것과 맥락이 다르다고 봅니다. '명가명비상명'은 이름하기의 어려움을 토로하신 건데, 그렇다고 '상명常名'(항상된 불변의 이름)의 가능성을 부인하신 건 아니지요. 오히려 그 '상명'의 가능성을 열어두셨다고 할까, 강조하신 거로 읽을 수도 있는데…. 이 '기명불거其名不去'가 바로 그런 '상명常名'을 말씀하신 셈이 아닌가요?

"너무 그렇게 날 편들지 않으셔도 좋을 텐데."

내용이 실제로 그러하니까요. 예컨대 민들레라는 사물은 옛날부터 지금까지 사라지지 않고 그대로 민들레입니다. 변함없이 하나의 이름으로 불리는 겁니다. '기명불거'인 거지요. 그건 예를 들어 일본인이 그걸 '탐포포タンポポ'라 부르거나 미국인이 그걸 '댄덜라이언dandelion'이라 부른다고 달라지지 않습니다. 예컨대 중국인이 그걸 '푸꽁잉蒲公英'이라 부르고 독일인이 그걸 '뢰벤찬Löwenzahn'이라 부르더라도 마찬가지

입니다. 중요한 건 그게 스미레(제비꽃)가 아니고, 대퍼딜(수선화)이 아니고, 로제(장미)가 아니고, 잉화(벚꽃)가 아닌 조그맣고 노란 '그 꽃' 즉 민들레라는 겁니다. 그 이름은 영구불변, 설혹 그게 무슨 사정으로 멸종되더라도 사라지지 않습니다. 지금은 사라진 그 공룡을 우리가 지금도 공룡이라 부르며 그걸 사슴이라 부르지 않는 것과 마찬가지이지요. 암모나이트를 소라라 부르지 않는 것도 그렇고요. 각각의 사물이 갖는 그런 불변의 자기동일성, 선천적-보편적인 자기동일성, 이를테면 플라톤이 말한 이데아의 불변성, 그런 게 '자고급금, 기명불거自古及今, 其名不去'입니다. 각각의 사물의 바로 그런 불변적-항상적 자기동일성, 그게 바로 '원초'에 대한 이해의 근거가 된다고 선생님은 생각하시는 거죠.

"'이열중보, 오하이지중보지상재. 이차以閱衆甫, 吾何以知衆甫之狀哉. 以此'(그것으로 다양한 사물의 기원을 살펴보나니, 내가 무엇으로 이 다양한 사물의 기원의 모습을 알겠는가. 이것으로다)를 그렇게 읽으시는군요, 이선생은."

네, 중보란 각각의 여러 사물들(衆)의 원초(甫)를 말씀하시는 거고, '이以'란 그런 불변의 자기동일성, 불변성'을 통해서'라는 말씀이고, '열閱'이란 그것을 '본다, 이해한다', 그런 말씀이니까요. 선생님 말씀대로 '이것'을 보면 '그것'이 같이 보이는 거죠. '이것'을 보고 '그것'을 미루어 짐작할 수 있는 거죠. 지금의 '이것'과 그때의 '그것'이 변함없는 동일한 사물이니까요.

"그렇지요. 그렇게 아는 거죠. 지금 이것을 통해서(以此) 그때 그것을. 각각의 사물들의 원초를. 중보지상을. 태초의 모습을. 도의 모습을."

그러니까 지금 내 눈 앞의 이 현상 자체가, 원초로 향하는 일종의 타임머신인 셈이군요.

"옛날부터 지금까지 그 이름이 사라지지 않고 변함없이 유지되는(自古及今, 其名不去) 그런 현상이라면 그럴 수도 있겠군요. 하하하.

22.

굽으면 온전해지고

曲則全, 枉則正,[53] 窪則盈, 敝則新, 少則得, 多則惑. 是以聖人抱
一,[54] 爲天下式. 不自見, 故明; 不自是, 故彰; 不自伐, 故有功; 不
自矜, 故長. 夫唯不爭, 故, 天下莫能與之爭. 古之所謂曲則全者, 豈
虛言哉. 誠全而歸之.
곡즉전, 왕즉정, 와즉영, 폐즉신, 소즉득, 다즉혹. 시이성인포일, 위천하식. 부자현,
고명; 부자시, 고창; 부자벌, 고유공; 부자긍, 고장. 부유부쟁, 고, 천하막능여지쟁.
고지소위곡즉전자, 기허언재. 성전이귀지.

굽으면 온전해지고, 휘면 발라지고, 움푹하면 차게 되고, 낡으면 새로워지
고, 적으면 얻게 되고, 많으면 미혹된다. 이로써 성인은 하나로 끌어안아
천하의 본보기로 삼는다. 스스로 나타내지 않으니, 고로 밝고, 스스로 옳
다 않으니, 고로 드러나고, 스스로 뻐기지 않으니, 고로 공이 있고, 스스로
자랑 않으니, 고로 오래간다. 무릇 오직 다투지 않으니, 고로 천하가 이와
더불어 다투지 못한다. 옛날의 이른바 '곡즉전'(굽으면 온전해진다)이란 것
이 어찌 빈말이겠는가. 제대로 온전해져서 이것으로 돌아갈 일이다.

---

53) 통용본에는 '正'이 '直'으로 되어 있다. 다수본을 따른다.
54) 백서본에는 '執一'로 되어 있다. 10장 '載營魄抱一' 참조.

노선생님, 이 22장의 이 말씀, 저는 대학생 때부터 엄청 좋아했습니다.

"오호, 그래요? 무슨 특별한 이유라도."

제가 개인적으로, 워낙 다투고 싸우는 걸 싫어하거든요. 그런데 여기서 선생님은 '부쟁不爭'의 철학을 설파하고 계시니까요. 그런데 아마 적지 않은 사람들이 이걸 못 받아들일 겁니다. 사람들은 보통 다투고 싸우는 걸 좋아하거든요. 고대 그리스의 헤라클레이토스는 '싸움(polemos)은 만물의 아버지, 만물의 왕이다'라고까지 했고, 현대철학의 한 굵은 축인 마르크스도 '투쟁(Streit)'을 가장 좋아했습니다. 사회모순을 해결하기 위한 수단으로 그가 선택한 게 바로 '투쟁'이기도 했고요. 그게 레닌의 볼셰비키 혁명으로까지 이어졌답니다. 그게 20세기의 절반을 피로 얼룩지게 했죠. 특히 요즘은 공공연한 소위 경쟁의 시대라 이런 말씀이 아마 통하기 어려울 겁니다.

"어허, 바로 그래서 내가 이런 말을 남겼건만, 쯧쯧."

하긴 그 다툼의 결과가 과연 문제의 해결인지, 그게 얼마나 인간을 피폐하게 하는지, 많은 토론이 필요한 부분이긴 합니다. 아무튼 저는 지금도 선생님의 이 '부쟁주의'를 지지하는 편입니다.

"이선생 말고도 많다지요, 이른바 평화주의, 비폭력주의를 표방하는 이들이. 그 모든 이들에게 아마 이런 이론적 뒷받침이 필요할지도…."

테러리즘이 지구 곳곳에서 기승을 부리니 아마 더욱 긴요할지도 모르겠네요. 하지만 '무릇 오직 다투지 않으니, 고로 천하가 이와 더불어 다투지 못한다(夫唯不爭, 故, 天下莫能與之爭).' 그렇게 '다투지 않음(不爭)'이, 선생님 말씀처럼 곧바로 '천하가 이와 더불어 다투지 못함(天下莫能與之爭)'으로 이어질지, 좀 아니 많이 의문이긴 합니다.

"그게 쉬운 일 같으면 내가 굳이 이런 말을 했겠습니까. 어려우니까 그걸 해내는 이가 '성인'인 거고, 어려우니까 천하가 그걸 본보기-모범(式)으로 삼는 거지요. 그리고 어려우니까 정성껏 노력을 다해 온전해지라고(誠全), 그렇게 되라고(歸之) 내가 호소한 겁니다."

하긴 우리가 할 수 있는 건, 제가 평소에 좋아하고 강조하는 말입니다만, 이 삭막한 사막 같은 세상에서의 작은 '오아시스 만들기', 그런 건지도 모르겠군요. 그런 '성인聖人'까지는 못 되더라도, 크든 작든 '선인善人'들의 영역을 하나씩 확보하고 늘려나가는 그런…. 그들을 위한, 그것을 위한 이론으로서 이 말씀은 여전히 유효하고 필요하다고 저는 봅니다.

"그 원리가 말하자면 '굽으면 온전해지고, 휘면 발라지고, 움푹하면 차게 되고, 낡으면 새로워지고, 적으면 얻게 되고, 많으면 미혹된다(曲則全, 枉則正, 窪則盈, 敝則新, 少則得, 多則惑).'인 셈입니다."

그리고 말하자면 그 세목이랄까 구체적 실천방안이 '스스로 나타내지 않으니, 고로 밝고, 스스로 옳다 않으니, 고로 드러나고, 스스로 뻐기지 않으니, 고로 공이 있고, 스스로 자랑 않으니, 고로 오래간다(不自見, 故明; 不自是, 故彰; 不自伐, 故有功; 不自矜, 故長).'인 셈이고. 그렇죠? 부자현不自見-부자시不自是-부자벌不自伐-부자긍不自矜. 그리고 그 효과랄까 결과가 명明-창彰-유공有功-장長이고.

"그렇죠. 부쟁不爭을 위한 도와 덕들입니다."

혹시 앞의 것이 '도'고 뒤의 것이 '덕', 그런 건가요? 도에서 덕을 배우는 게 선생님의 패턴이니까.

"그렇게 읽어서 안 될 것도 없겠군요. 그 정답이 이미 내게 있는 것은 아니겠지만."

어느 쪽이 도고 어느 쪽이 덕이고 그게 뭐 중요하겠습니까. '도즉덕, 덕즉도, 도불이덕, 덕불이도. 도덕불이, 도덕일체道則德, 德則道, 道不異

德, 德不異道. 道德不異, 道德一體', 저는 그렇게 봅니다. 하늘에 혹은 자연에 있으면 도, 그게 인간에게 내재되면 덕, 그런 차이일 뿐인 게지요.

"그런 걸로 부디 다투지는 말기를."

하하, 알겠습니다. 그 말씀을 본보기, 모범, 법식(式)으로 삼겠습니다. 하여간 그 '부쟁不爭'을 위한 이론적 바탕을 한번 들여다보겠습니다. '곡즉전, 왕즉정, 와즉영, 폐즉신, 소즉득, 다즉혹曲則全, 枉則正, 窪則盈, 敝則新, 少則得, 多則惑', 이 말씀은 솔직히 주역을 좀 연상케 했습니다. 변화의 자연법칙 같기도 해서요. '달도 차면 기우나니…' 뭐 그런.

"노자가 주역과 관계가 있다, 없다, 그런 걸로도 다투지 마시기를."

아, 그렇지요. 그야 당연히. 아무튼 참 흥미롭습니다, 이 말씀. 그 표현도 내용도. (선생님의 전형적인 특징이 또 등장했습니다만) 역설이니까 더욱이요. 여기서 선생님은 '전全', '정正', '영盈', '신新', '득得'(온전함, 바름, 가득 참, 새로움, 얻음)이라는 가치를 제시하시는데, 이건 보통 사람들이 다 바라는 바이지요. '좋다'고 평가하는 바이고요. 물론 마지막의 '혹惑'은 그 반대지만, 그건 바로 앞의 '소즉득少則得'에 대한 반어적 강조인 셈이니 예외는 없습니다.

"이선생은 참 분석을 좋아하시는군요."

논리학과 분석철학도 배웠으니까요. 하하. 아무튼 그 '분석', 계속해 보겠습니다. 선생님이 제시하신 그 가치들, 좋은 것을 위해 선생님은 역으로, 거꾸로, 반대로, 그 상대적 가치를 권하시는 거지요. '곡曲', '왕枉', '와窪', '폐敝', '소少'(굽음, 휨, 움푹함, 낡음, 적음)를. 언뜻 '나쁜' 것들 같지만, 이게 사실 가치 있는 것이 될 수 있다는 걸 선생님은 보여주려 하십니다. 즉, 온전해지기 위해서 오히려 모자라야 한다, 바르기 위해서 오히려 휘어야 한다, 가득 차기 위해서 오히려 움푹해야 한다, 새로워지기 위해서 오히려 낡아야 한다, 얻기 위해서 오히려 적어야 한다. 구부리는 것, 휘어지는 것, 쑥 들어간 것, 낡은 것, 적은 것, 이런 게 오히려 좋을 수도 있다, 이런 말씀인 거죠. 하여간 말만 들어봐도 일단 뭔가 있을 것 같고 멋있습니다.

"멋있자고 한 말은 아닙니다만…."

당연히 그러시겠죠. 그런데 실제로 그렇게 보인다는 겁니다. 역설이라는 게 대개 그렇거든요. 그런데 진짜 멋있는 건 이 말씀이 빈말이 아니라 실제로 설득력이 있다는 겁니다.

"어디서 그런 걸 느끼시는지."

우선 '곡즉전曲則全', 구부리면 온전해진다. 온전한 것의 대표적인 이미지는 사실 원입니다. 동그라미이지요. 원만하다는 것도 그것과 유관하고요. 그 원이 바로 곡曲이시 않습니까. 곡선, 직선이 아닌 곡선. 그러니 일단 '곡즉전'이 헛말은 아니지요. 로마의 콜로세움을 비롯해 서울 잠실과 상암의 경기장이 둥근 원형인 것도, 그게 공평한 다수의 관람을 위해 가장 온전한 형태이기 때문이겠지요. 하늘에 제사 지내는 중국의 천단이 둥근 원형인 것도 온전한 하늘을 상징하는 것이고, 달도 둥근 보름달이 가장 온전한 형태인 거고. 해-달-지구를 비롯해 모든 별들이 대개 둥근 공 모양인 것도 아마 온전함과 관련 있을 겁니다. 반대로 굳이 꼿꼿(直)하려다 보면 모가 납니다. '모난 돌이 정 맞는다'고 그건 온전하지를 못합니다. 날을 세우다 보면 누군가 다치고 다툼도 일어납니다. 역시 온전하지를 못합니다.

"재미있군요. 그럼 '왕즉정'은?"

'왕즉정枉則正', 휘어지면 발라진다. '바르다'는 것도 실은 하나의 '좋은' 가치인데(그게 원만하다, 온전하다와 양립 불가능한 절대적인 모순은 아니니까요), 그렇게 바르기 위해서라도 휘어질 필요가 있다는 말씀이죠. 저는 그걸 저 이솝우화에 나오는 버드나무 이야기에서 깨닫습니다. 태풍 속에서 뻣뻣하게 버틴 나무는 결국 부러졌는데, 바람이 부는 대로 유연하게 휘어진 버드나무는 살아남아 그 바름을 유지할 수 있었다는 이야기요. 항상 휘어져도 항상 다시 바르게 되죠. 휘어지기 때문에 그 바름을 유지하는 거죠. 저는 바람에 몸을 맡겨 얼마든지라도 휘어졌다가 다시 똑바로 일어서는 광활한 갈대숲에서도 이 '왕즉정'을 눈으로 확인한 적이 있습니다. 그리고 선생님은 아마 잘 모르시겠지만, 저희들의 시대에는 소위 마천루라는 초고층 빌딩들이 있는데, 하늘을 찌를 듯한 이 꼿꼿한 빌딩들이 실은 바람에 흔들리게 즉 휘어지도록 설계돼 있다는 이야기를 들었습니다. 그래야만 오히려 안전하다는 겁니다. 그야말로 '왕즉정'인 게지요.

"우리 중국에 많이 있는 대숲에도 한번 가보시면 좋을 텐데, 가까운 북경의 '자죽원紫竹園'이라도."

하긴 대숲도 그렇지요. 그런데 그런 대숲은 한국에도 많습니다. 담양의 죽녹원도 있고요. 강릉의 오죽헌도 있고요. 하하하.

"좋은 건 어디나 있군요. 하하. 그래 그 다음 '와즉영'은?"

'와즉영窪則盈', 패이면 차게 된다. 그거야 확인하기 위해 멀리 갈 필요 있겠습니까. 밥그릇이나 물컵을 보면 바로 알지요. 움푹 패여 있으니까 거기 밥이나 물이 가득 담기게 되는 거니까요. 바로 '와즉영'이지요. 저는 연못이나 호수의 아름다움에서도 그런 '와즉영'의 가치를 느낍니다.

"바다인들 아니 그렇겠습니까."

아, 그렇죠. 역시 선생님의 스케일. 장주님의 그 스케일이 혹시 선생님께 배운 건지도….

"'누가 누구한테…', 그런 걸로도 다투지 마시기를. 그럼 그 다음 '폐즉신'은?"

'폐즉신敝則新', 낡으면 새로워진다. 양말이 낡아 해지니까 아내가 새 양말을 사다주더군요. 그게 '폐즉신' 아닌가요? 옷도 모자도 가구도 집도 다 그렇지요. 서울에서는 아파트가 낡아 새 걸로 재건축을 하고 때

돈을 챙기는 사람들도 많더군요.

"내가 원한 바는 아니건만."

원하든 않든 이치가 그런 걸 어찌합니까. '폐즉신'은 그렇게 진실이니까요.

"가을 단풍이 낙엽으로 지고 그 빈 가지에 이윽고 새순과 새잎이 돋고 그리고 새 꽃과 새 열매가 열리는 것을 말하면 좋을 텐데…."

방금 말하려고 했는데… 말을 가로채시는군요.

"아이쿠, 미안합니다. '다언삭궁'이고 '소즉득, 다즉혹'이건만…."

하하 그렇군요. 적어야 얻고 많으면 미혹되는 것인데.

'소즉득, 다즉혹少則得, 多則惑', 적으면 얻게 되고 많으면 미혹된다. 저는 이것도 참 진실이라고 느꼈습니다. 물론 가진 게 적어도 너무 적은, 아무것도 없는 거지가 동냥을 얻게 되는 그런 건 아니고요. 선생님이 굳이 '다즉혹'이라고 반대를 강조 삼아 덧붙이셨으니까 하는 말씀입니다만, 사람이 마음속에 욕심이 많으면, 가득하면, 미혹에 빠지게 되지요. 돈이 많아도, 권력이 많아도, 인기가 많아도 그렇더군요. 다들 그것에 현혹되어 돈과 권력과 인기의 노예가 되고 말더군요. 그래서 몸을 망치고 사람을 망치기도 하고 심지어 온 삶을 다 망치기도 하더군요. 많음이, 가득함이 결코 좋기만 한 건 아니라는 걸 느끼고는 합니다. 그래서 저 불교에서는 '버리고 비우라'고 권하나 봅니다. '소즉득', 적으면 얻게 되니까요. 욕심이 적으면 해탈을 얻는다, 그런 건 좀 극단적인 형태이긴 합니다만.

"그 불교와 노자가 관련이 있는지 없는지, 그런 걸로도 다투지 마시기를."

그렇군요. 그 메시지가 핵심인 것을. 아무튼 적어지면 뭔가를 얻게 됩니다. 그건 분명합니다. 돈도 지위도 건강도 다 잃은 사람이 뭔가 가장 소중한 것을 깨달아 얻게 되기도 하니까요. 그런 이야기는 주변에 무수히 많습니다. 그리고 혹시 배가 고파지면 밥을 먹게 되는 것도 어쩌면 '소즉득'일까요?

"그건 혹시 장난기가 아니신지…."

삼가겠습니다. 결국 이런 이치를 체득해서 훌륭한 사람, 즉 성인은 '하나로 끌어안아 천하의 본보기로 삼는다(是以聖人抱一, 爲天下式).'라고 말씀하셨는데, 이 부분은 사실 처음엔 연결이 잘 안 되었습니다. '시이是以'(그래서) 이 말은 앞의 말이 뒤의 말, 즉 '포일, 위천하식抱一, 爲天下式'의 원인 내지 근거라는 말씀이신데, 설명 없는 비약인지라….

"처음에 그랬다면 지금은 연결되었다는 것으로 들리는데."

네, 역시 제 식으로. 정확하게 그 뜻인지는 아마 선생님만 아시겠지만.

"일단 들어봅시다."

'포일抱一'과 '부쟁不爭'을 저는 실마리로 생각합니다. 하나로 끌어안는다, 다투지 않는다, 그러니까 선생님은 어느 한쪽에 기울지 않고 어느 한쪽을 편들지 않는다는 말씀이지요. 그 양쪽의 의미랄까 가치랄까 그것을 다 하나로 끌어안는다는 말씀이지요. '곡曲-전全', '왕枉-정正', '와窪-영盈', '폐敝-신新', '소少-득得'을 하나로. 이런 사람 저런 사람, 이런 경우 저런 경우, 다 하나로. 그 각각의 의미 그 각각의 가치, 그걸 하나로 다 아우르는 거지요. 그러면 그 양쪽 사이에 다툼이 일지 않게 되니까요. 그게 천하의 표준 내지 기준이 되면 '나!'라는 것이, 자기주장이, '내가 맞아', '내가 옳아', '내가 잘났어'라는 것이 없어지게 됩니다. '부자현, 부자시, 부자벌, 부자긍不自見, 不自是, 不自伐, 不自矜', 이런 경지가 가능해지는 겁니다. 드러내는 것, 옳다 하는 것, 뻐기는 것, 자랑하는 것, 더구나 '자기가 스스로(自)' 그렇게 하는 것, 이런 게 문제라는 것은, 문제를 야기한다는 것은, 살아보면 저절로 알게 됩니다. 실제로 그런 사람이 많고 그런 것 때문에 실제로 다툼이 벌어지니까요. 이쪽이든 혹은 저쪽이든, 자기주장, 자기고집, 자기뻐김[자뻑], 자기과시, 이런 건 정말 골칫거리입니다. 온갖 문제와 다툼의 연원이 바로 이것입니다. (요즘 정치계나 소위 SNS에 이런 너저분한 자기주장, 자기과시가 가득하답니다.) 그리고 무엇보다 정당간의 싸움, 나라간의 국제분쟁도 다 그렇습니다. 그러니 이런 게 없는 것만 해도, 이렇게 하지 않는 것만 해도, 아니, 이렇게 하지 않는 것이 그 문제들, 다툼들의 해결책인 거지요. 그래서 선생님은 '스스로 나타내지 않으니, 고로 밝고, 스스로 옳다 않으니, 고로 드러나고, 스스로 뻐기지 않으니, 고로 공이 있고, 스스로 자랑 않으니, 고로 오래간다(不自見, 故明; 不自是, 故彰; 不自伐, 故有功; 不自矜, 故長).'라고 밀씀하신 거겠죠. 그러지 않아도, 그러지 않아야, '명明'이고 '창彰'이고 '유공有功'이고 '장長'이라고. 밝고, 드러나고, 공이 있고, 오래간다고. 뒤집어 읽으면, 자기를 드러내는 자, 자기를 옳다 하는 자, 자기를 뻐기는 자, 자기를 자랑하는 자, 이런 자는 결코 밝지 못하고, 드러나지 못하고, 있는 공도 다 날리고, 오래가지 못한다고, 그렇게 말씀하신 거겠죠. 자기가 옳고 잘났다고 아무리 드러내봐야 세상에 그걸 액면 그대로 인정해 주는 경우는 거의 없습니다. 결국 자화자찬으로 끝나는 거죠. 혹은 자기네 패거리들끼리만 서로…. 가장 웃기는 것이 '누구누구 공적집, 무슨무슨 백서' 그런 거지요. 아무튼 저의 해석은 그렇습니다.

"그 해석이 맞는지 틀리는지 그건 아마 이선생이 살고 있는 그 세상의 그 현실이 가장 분명하게 확인해 줄 겁니다."

저는 그게 맞기를 진심으로 기대합니다. 왜냐하면 다툼은 정말 해결책이 못 되니까요. 허구한 날 다투고 싸우기만 하는 한국의 정계가 문제를 전혀 해결하지 못한다는 걸 우리는 확실히 학습했으니까요. 이 진실을, 이 도와 덕을, '전全', '정正', '영盈', '신新', '득得'도 물론 좋지만, '곡曲', '왕枉', '와窪', '폐敝', '소少' 또한 좋다는 것을, 아니 그래야만 저걸 얻을 수 있다는 것을, 그걸 좀 깨닫고, 아니 그걸 위해서라도, 제발 싸우기 좋아하는 저들이 좀 깨닫고, 성심을 다해 온전해지고(誠全) 이 진리로 돌아갔으면(歸之) 좋겠습니다. '곡즉전, 왕즉정 … 부자견 고명, 부자시 고창 ….'

"싸움을 걸지 않으면, 맞붙지 않으면, 애당초 싸움이 성립되지를 않습니다. 나는 그걸 말한 거지요. '무릇 오직 다투지 않으니, 고로 천하가 이와 더불어 다투지 못한다(夫唯不爭, 故, 天下莫能與之爭).' 그래서 옛날부터 정말로 온전한 사람은 자기를 접고 구부릴 줄 알았던 거지요. 그게 진리니까요. '옛날의 이른바 '곡즉전'이란 것이 어찌 빈말이겠는가(古之所謂曲則全者, 豈虛言哉).' 그들이 어디 못나거나 몰라서 그랬겠습니까. 자기를 주장하고 자기를 고집하고 자기를 과시하는, 그래서 다툼을 일으키는, 그런 사람들이 부디 이 진리를 좀 깨닫고 성심을 다해 온전해지고 이 진리로 돌아갔으면 좋겠다는 건 나도 마찬가지입니다. '제대로 온전해져서 이것으로 돌아갈 일이다(誠全而歸之).' 함께 기대해 봅시다."

네, 모두가 함께. 이런 해석을 가지고 시비를 걸 사람은 어쩌면 그 '함께'를 거부할지도 모르겠지만. 하하하.

23.

희언은 자연이다

希言自然. 飄風不終朝,55) 驟雨不終日. 孰爲此者. 天地. 天地尙弗
能久, 而況於人乎! 故, 從事於道者同於道, [從事於]德者同於德,
[從事於]失者同於失. 同於道者, 道亦樂得之. 同於德者, 德亦樂得
之. 同於失者, 失亦樂得之.56)57)

희언자연. 표풍부종조, 취우부종일. 숙위차자. 천지. 천지상불능구, 이황어인호. 고,
종사어도자동어도, 덕자동어덕, 실자동어실. 동어도자, 도역락득지. 동어덕자, 덕역
락득지. 동어실자, 실역락득지.

희언[들리지 않는 말]은 자연이다. 돌풍은 아침 내내 불지 않고 소낙비는
하루 종일 내리지 않는다. 누가 이렇게 하는가. 천지다. 천지도 또한 오래
하지 못하거늘, 하물며 사람에게 있어서랴! 고로 도에 종사하는 자는 도
와 같아지고, 덕에 종사하는 자는 덕과 같아지고, 상실에 종사하는 자는
상실과 같아진다. 도와 같아진 자는 도 역시 이를 얻기를 즐거워하고, 덕

---

55) 왕필본에만 유독 이 구절 앞에 '故'자가 들어가 있다. 문맥상 연결이 어색하
여 백서본을 기준으로 이 말을 뺐다.

56) 백서본은 '同於德者 道亦德之. 同於失者 道亦失之'라고 되어 있다. 하상공
본-왕필본과는 의미가 상당히 달라진다.

57) 하상공본-왕필본, 그리고 한간본에는 맨 뒤에 '信不足, 有不信'이라는 말이
있는데, 백서본에는 이 말이 없다. 문맥상 너무 느닷없고 어색하다. 17장에
있는 말이 잘못 끼어든 것으로 보여 여기서는 뺐다.

과 같아진 자는 덕 역시 이를 얻기를 즐거워하고, 상실과 같아진 자는 상실 역시 이를 얻기를 즐거워한다.

———————

노선생님, 선생님은 아마 모르시겠죠?

"뭘요? 느닷없이."

이 23장의 말씀, 이게 사람들에게 어떻게 읽히고 있는지.

"난 또···. 그거야 이미 내 몫이 아니지요. 나는 내 말을 한 것으로 이미 책임을 다한 것이니."

선생님이야 그러시겠죠. 하지만 저는 솔직히 좀 난감하고 야속합니다. 이 말씀도 제게는 또 벽이고, 어떤 권위 있는 학자의 해석도 이 벽을 넘는 사다리가 되어 주지는 못하니까요.

"그분들이 들으면 섭섭할 텐데."

그래도 할 수 없습니다. 문맥이 제대로 통하지 않으면 저는 납득을 못하니까요. 저를 충분히 납득시킨 설명은 아직 만나질 못했습니다. '희언'이 '적은 법령'이다, 운운하는 건 더더군다나 납득을 못하겠고.

"딱하군요. 내가 직접 설명해 드리지 못해서."

그 명계의 규율···, 이해합니다. 어떻게든 저 스스로 이 벽을 넘어봐야지요. 학자들의 해석은 제가 납득하지 못했으니 혼란을 피하기 위해 아예 언급 자체를 않고 배제하기로 하겠습니다.

"흠, 자세가 그러시니 더욱 기대가 되는군요. 이 말을 어떻게 풀어내실지."

우선 처음에 툭 던져놓으신 '희언자연希言自然', 제게는 이 말이 이 장 전체에 대한 선생님의 사전포석이랄까 변명처럼 들렸습니다. '희언' [안 들리는 말, 아주 드문 말]은 자연이니, 나도 자연처럼 군소리 않겠다.

구질구질 장황한 설명, 그런 거 안 할 테니 그런 줄 알고 들어주면 좋겠다, 뭐 그런 식? (희언의 '희希'가 '잘 안 들리는'이란 뜻이라는 건 14장에서도 확인됩니다.)

"그게 자연의 모습이고 자연은 도가 준거하는 바이니…, 그렇게 읽고 싶겠군요."

하긴, '도법자연道法自然'(도는 자연을 준거로 삼는다)이라고 앞서 말씀하셨죠. 원래 자연은 스스로 그러할 뿐이지 말이 없죠. 구질구질 장황한 설명은 더욱 없고요. 그래서 자연 자체가 애당초 통째로 온통 다 모조리 수수께끼인 거죠. 바람이 부는 것도 비가 내리는 것도, 그게 오래 가지 않는다는 것도.

"옳거니, 그렇게 다음 말로 자연스럽게 넘어가시는군요."

선생님 자신이 그렇게 스리슬쩍 다짜고짜 바람(飄風)과 비(驟雨) 이야기 꺼내시니까요. 일단 본론의 시작으로 저는 이해합니다. '…이황어인호而況於人乎'까지가 한 토막인데, 이 말씀은 비교적 이해하기가 쉽습니다. 충분히 공감도 되고요.

"뭐가 어떻게 공감된다는 말씀이신지."

'돌풍은 아침 내내 불지 않고 소낙비는 하루 종일 내리지 않는다. 누가 이렇게 하는가. 천지다. 천지도 또한 오래 하지 못하거늘, 하물며 사람에게 있어서라(飄風不終朝, 驟雨不終日. 孰爲此者. 天地. 天地尚弗能久, 而況於人乎)!' 저는 이 말씀의 핵심은 '불능구不能久'(오래가지 못한다)라고 이해합니다. 이건 누가 읽어도 그렇습니다. '오래가지 못한다'의 예시도 명확하고요. '자, 봐라, 바람도 비도 그렇지 않은가. 아무리 사나운 돌풍도 소나기도 아침 내내 불고 하루 내내 내리는 거, 본 적 있느냐. 오래 못 간다. 천지가 하는 일인 비바람도 그럴진대 인간이 하는 일들이야 오죽하겠는가. 인간이 하는 일도 오래 못 간다.' 그렇게 읽으면 충분히 이해가 됩니다. (물론 바람도 비도 아침 내내 불고 하루 종일 내리는 경우도 있긴 합니다만, 결국은 오래 못 가고 그친다는 말씀이겠죠. 영원한 비바람은 없으니까요.)

"이해와 공감은 좀 다를 수도 있을 텐데."

아, 그건 그렇지요. 머리로 이해하는 것과 가슴으로 공감하는 건 다를 수도 있죠. 많은 학자들이 이해는 해도 공감은 하지 못하는 경우, 없지 않으니까요.

"이 선생은 어떻게 공감이 되시던지."

인간지사, 모든 게 다 그렇지요. '불능구弗能久', 오래 못 가더군요. 인간들이 전력투구하는 '재물, 지위, 명성' 다 그렇더군요. 엄청난 부를 축적해도 당대에 몰락하는 경우도 있고, 물려줘봐야 '부자가 삼대를 못 간다'는 말도 있고, 권력의 정점에 올라도 반드시 내려올 때가 있고, 제왕의 권력도 한순간, 왕조가 대대로 이어진다 해도 결국 천 년을 가기 어렵고, 명성도 한순간에 무너지는 경우가 부지기수고···. 우리 한국인들은 특히 너무나 잘 압니다. 주변에 이 말씀의 증거들이 넘쳐나니까요. 그러니 공감이 안 될 턱이 있겠습니까. 아마도 이 말씀에는 그런 '불능구'에 헛되이 집착하지 말라는 메시지도 있을 거라고, 그렇게도 들렸습니다. 비록 '희언希言'(들리지 않는 말)이라고는 하셨지만.

"'희언'도 언은 언이니, 그 '언言'이 들릴 수도 있었겠군요."

네, '희希언'이 꼭 '무無언'은 아닐 테니까요. 들으라고 하신 말씀일 테니 들렸던 게죠. 그런데···

"그런데?"

그런데 이게 그 다음 말씀과는 어떻게 연결되는지, '고故'라는 글자의 이해가 참 난감합니다.

"그럴 땐 일단 그 다음 말을 먼저 읽어봐야겠지요."

네, 앞부분을 일단 괄호 속에 넣어두고. 그러면 그 다음 말은 그것대로 또 의미가 읽히더군요.

"어떻게 읽으셨는지."

'고로 도에 종사하는 자는 도와 같아지고, 덕에 종사하는 자는 덕과 같아지고, 상실에 종사하는 자는 상실과 같아진다. 도와 같아진 자는 도 역시 이를 얻기를 즐거워하고, 덕과 같아진 자는 덕 역시 이를 얻기를 즐거워하고, 상실과 같아진 자는 상실 역시 이를 얻기를 즐거워한다 (從事於道者同於道, [從事於]德者同於德, [從事於]失者同於失. 同於道者, 道亦樂得之. 同於德者, 德亦樂得之. 同於失者, 失亦樂得之).' 물론 이 말씀도 이해가 쉽진 않습니다. 판본에 따라 내용도 조금 다르고요. 저는 일단 통용본에 따라 이해와 해석을 시도해 보았습니다. 한 가지 분명한 것은, 선생님이 여기서 '도道'와 '덕德'과 '실失'(잃어버림)을 말씀하고 계시다는 거죠. 저는 개인적으로 선생님의 철학이 갖는 가장 큰 특징이자 매력이 바로 '도'와 '덕'을 함께 논하신다는 것, '도'에서 '덕'을 읽어낸다는 것, 그것으로 자연과 인간을 연결한다는 것, 그것으로 세상의 문제를 풀려고 한다는 것, 그런 거라고 생각하는데, 이 말씀도 그 증거의 하나가 될 것 같네요.

"아니라고는 못하겠군요. 그 관계를 제대로만 헤아린다면."

네, 그 관계가 문제인데, 저는 사실 이 23장의 백서본-한간본도 눈여겨보았습니다. 거기엔 '동어덕자 도역덕지. 동어실자 도역실지同於德者 道亦德之. 同於失者 道亦失之'라고 되어 있는데, 확인할 길은 없지만, 이게 만일 선생님의 진짜 말씀이라면, 도-덕-실이 단순히 병렬적 관계가 아니라, 도가 덕-실의 내용이랄까 대상이라는 해석이 가능합니다. '덕에 종사해 덕과 같아진 사람은 도 또한 얻어 덕으로 삼고, 상실에 종사해 상실과 같아진 사람은 도 또한 상실한다'는 말이 되니까요. 통용본에서는 이런 관계는 드러나지 않지만, 그래도 취지는 비슷합니다.

"어떻게?"

'종사어從事於…', '동어同於…', '…역락득지亦樂得之'라는 동일한 구조를 갖고 있으니까요. '도'도 '덕'도 '실'도. 무엇에 종사하느냐[즉 평소 무엇을 가치로 생각하느냐, 무엇에 관심을 갖느냐]에 따라 어떤 사람이 되느냐[도인이 되느냐, 덕인이 되느냐, 그걸 다 잃은(失) 무도한-부덕한 사람이 되느냐]가 결정되고, 그것이 결국 그 사람의 가치관을 결정한다, 즉 도를 즐거워하느냐, 덕을 즐거워하느냐, 그 상실의 상태를 즐거워하느냐, 그게 결정된다는 말씀이니까요. 참 날카롭게도 꿰뚫어보셨습니다. 그런데 저는 사실 이 말씀을 거꾸로 읽어봤습니다.

"거꾸로라니. 어떻게요?"

우리 주변에 보면 하나의 객관적 현상으로서 그런 여러 부류의 인간들이 있습니다. 도를 좋아하는 인간, 덕을 좋아하는 인간, [그 상실인] 무도함-부덕함을 좋아하는 인간, 각각 그런 걸 가치로 삼고 있는 거죠. 선생님이 '동어실자同於失者'라고 표현하신 그런 부류의 인간들도 실제로 있습니다. 아주 많습니다. '동어도자同於道者'도 '동어덕자同於德者'도 실제로 있습니다. 드물고 적기는 하지만요. 아무튼 그런 걸 얻기 좋아하는(…樂得之) 사람은 그런 사람이 되었다는 것이고, 그런 사람이 되었다(同於…者)는 것은 각각 그런 일들에 종사했다(從事於…)는 것이지요. 평소에, 혹은 평생토록.

"그것도 일단 말이 되는군요."

사실 사람이란 건 선생님 말씀처럼 '하는 것'-'되는 것'-'즐기는 것' [좋아하는 것]이 다 연결되어 있더군요. 하-되-즐 그리고 즐-되-하, 이게 돌고 도는 순환구조이기도 하고요. 무엇을 하느냐가 무엇이 되느냐, 무엇을 좋아하느냐를 결정하기도 하고, 역으로 무엇을 좋아하느냐가 무엇이 되느냐, 무엇을 하느냐를 결정하기도 하고. 저는 그걸 '함과 됨과 좋아함의 상관관계'라고 표현한 적도 있습니다.

"말하자면 이수정 철학인가요? 하하."

실은 이렇게 노자 철학이었네요. 선생님이 2천 수백 년 앞서 있으니

지적 소유권은 선생님께 있는 셈이죠. 하하. 그런데…

"응? 또 '그런데'인가요?"

앞서 말씀드렸듯이, 이 뒷부분과 앞부분의 연결이 문제입니다. '고故'라는 글자요. '불능구弗能久'(오래 못 간다)와 '도-덕-실'이 어떻게 '고로'로 연결되는지….

"어떻게 연결이 될까요? 나도 좀 들어보고 싶군요. 짓궂겠지만."

정답은 저도 모르겠습니다. 아무도 설명해 주지 않으니까요. 심지어 선생님조차도. 그래도 저는 그대로 '모르겠다'고 넘어갈 순 없으니 저 나름대로 연결을 짚어봅니다. 저라면…

"이선생이라면…?"

앞부분은 '불능구'를 말하고 있습니다. 여기엔 당연히 '구久'(오래)에 대한 지향이 있습니다. 이게 뒷부분과 '고로'로 연결되려면 뒷부분의 이야기가 이 지향을 넘겨받지 않으면 안 됩니다. 그게…

"그게 있나요? 뭐죠?"

그게 저는 바로 '동어同於'(…와 같아진다)라고 봤습니다. 같아져 버리는 거죠. 그러면 그건 저 바람이나 비처럼 '잠시'가 아니게 됩니다. '도'도 '덕'도 '실'도. 하다 보면 아예 그 자체가 되어 버리는 거죠. 이를테면 우리는 신을 진리 그 자체라 부르기도 하고, 한평생 덕을 베푼 사람을 덕 그 자체라 부르기도 하고 한평생 악행을 저지른 악당을 '악의 화신'이라 부르기도 하죠. 그런 존재들은 '잠시' 그런 게 아닌 겁니다. 이미 그 대상과 같아져 버렸으니까요. 그런 존재들은 정말로 도와 덕과 상실의 상태를 좋아하지요. 그렇게 이해한다면 '고로'는 의미를 갖게 됩니다. 확실한 설명이 있으면 더 좋겠지만.

"꼭 말이 있어야만 설명은 아닙니다, 이선생."

아, 그렇죠. '희언자연希言自然'. 들리지 않는 말, 그런 말을 듣는 귀가 따로 하나 더 있어야겠군요, 선생님의 말씀을 제대로 듣자면. 불교엔 손이 천 개인 천수관음도 있는데, 귀 셋쯤이야 얼마든지…, 삼이관음, 아니 삼이도사인가? 하하하.

24.

뒤꿈치를 든 자는 서지 못하고

企者不立, 跨者不行. 自見者不明, 自是者不彰, 自伐者無功, 自矜
者不長. 其在道也, 曰: 餘食贅行. 物或惡之, 故, 有道者弗處.
기자불립, 과자불행. 자현자불명, 자시자불창, 자벌자무공, 자긍자부장. 기재도야,
왈: 여사췌행. 물혹오지, 고, 유도자불처.

뒤꿈치를 든 자는 [제대로] 서지 못하고, 다리를 벌린 자는 [제대로] 걷지
못한다. 스스로 드러내는 자는 밝지 못하고, 스스로 옳다 하는 자는 드러
나지 못하고, 스스로 뻐기는 자는 공이 없고, 스스로 자랑하는 자는 오래
못 간다. 그것을 도에서 말하자면, 먹다 남은 밥, 군더더기 짓이라 한다.
사물도 어쩌면 이를 싫어한다. 고로 도가 있는 자는 [이런 데] 몸을 두지
않는다.

노선생님, 24장의 이 말씀을 들으니 선생님이 특별히 더 친근하게 느
껴지는군요.

"아니, 왜요?"

사실 저도 툭하면 딸에게 핀잔을 듣는데, 요전에도 무슨 이야기를 진
지하게 했더니 '아빠, 그 이야기 90번만 더 하면 벌써 100번째야.' 하더

군요. 했던 말을 또 하고 또 하고 하는 거죠.

"응, 내가 이 말을 또 하는 건가?"

네, 조금 앞 22장에서…, 물론 문맥은 좀 다릅니다만.

"그렇군요. 하하하."

물론 이해합니다. 그만큼 선생님 뇌리에 깊이 박힌 이야기라는 증거 겠지요, 반복해서 강조하고 싶을 정도로. 저는 그렇게 좋은 뜻으로 받아들입니다.

"고맙군요. 그럼 뭐, 특별히 더 해설할 필요도 없겠네요."

그래도 일단 문맥이 다르니까요. 확인은 해두겠습니다.

"그러시든가."

'스스로 드러내는 자는 밝지 못하고, 스스로 옳다 하는 자는 드러나지 못하고, 스스로 뻐기는 자는 공이 없고, 스스로 자랑하는 자는 오래 못 간다(自見者不明, 自是者不彰, 自伐者無功, 自矜者不長).' 스스로 자기를 드러내고, 자기가 옳다 하고, 자기를 뻐기고, 자기를 자랑하는 자, 참 꼴불견이죠, 본인만 모르는. 그래 봤자, 혹은 바로 그러니까, 빛이 나질 않고, 만천하에 드러나질 않고, 있던 공도 다 까먹어 없어지고, 그리고 오래가지도 못하는데 말이죠.

"그러니까요!"

그런데 이번에는 표현이 참 재밌습니다. 그런 자를 '기자企者', '과자跨者', 까치발을 든 자, 가랑이를 벌린 자라고 지칭하시고, 그런 자는 서지도 못하고 걷지도 못한다고 비유하시니.

"그게 재미있나요?"

저는 재밌습니다, 까치발을 들고 비틀비틀 서 있는 모습과 가랑이를 쩍 벌리고 어기적어기적 걷는 모습을 상상해 보면요. 결국 몇 분 못 버티고, 몇 발자국 못 가고 말지요, 그런 걸로는. 저 자현자自見者, 자시자自是者, 자벌자自伐者, 자긍자自矜者(스스로 자기를 드러내고, 자기가 옳다

하고, 자기를 뻐기고, 자기를 자랑하는 자)58)가 딱 그 꼴이라고 저도 백 퍼센트 공감합니다. 엄청나게 많거든요, 그런 자들이, 제 주변에는. 그야말로 불명不明, 불창不彰, 무공無功, 부장不長(빛이 나질 않고, 만천하에 드러나질 않고, 있던 공도 다 까먹어 없어지고, 그리고 오래가지도 못하고)입니다. 역시 본인만 모르지요, 그 꼴인 것을.

"그런 게 바로 '도'임을, 근본의 이치임을 모르는 거죠."

네, 그런 게 도의 아주아주 구체적인 모습인데. 사람들은 도가 아주 먼 데, 별세계에 있는 것으로 오해하곤 하지요. 도는 만유에 깃들어 있고, 즉 적용 혹은 구현되어 있고, 따라서 우리 주변 어디에서나 확인할 수 있는 건데….

"그래서 '여사췌행餘食贅行'이라 했지요."

네, 그것도 참 재밌는 표현입니다. '남은 밥, 군더더기 짓', 그런 게 도라니! 저 '자현自見, 자시自是, 자벌自伐, 자긍自矜'이 딱 그런, 없어도 좋을 식은 밥, 안 해도 될, 아니 안 해야 될 쓸데없는 짓인 게지요. 그런 건 그야말로 '불명不明, 불창不彰, 무공無功, 부장不長'이니 불변의 진리인 게죠. 도인 게죠. 저는 백 퍼센트 이해, 납득, 수긍, 동의, 찬성합니다, 그 말씀에. 그게 도라는 데에. 도가 어디 도사의 머릿속에만 있는 건가요? 장주선생은 심지어 '똥오줌 속에도 도가 있다(在屎溺)'고 하지 않았습니까.

"물론 만유에 스며 있으니 그렇긴 하지만, 꼭 그렇게까지 말해야 하나? 허허허, 그 친구도 참."

저는 의미 있다고 봅니다. 무에서 유까지, 하늘에서 땅까지, 출생에서 죽음까지, 만남에서 이별까지, 깨기에서 자기까지, 먹기에서 싸기까지, '도' 아닌 것이 없으니까요. 언제나 어디서나 우리의 의사-능력과는

---

58) 22장 참조.

무관한 초월적이고 보편적인 이치, 법칙, 그런 게 '도'인 거니까요. 나쁜 걸 싫어한다는 것도 또한 도인 게지요. 똥을 보고서 이마를 찌푸리는 것도.

"하긴 그래서 '여사췌행餘食贅行'을 얘기한 거지요. 사물들도 그런 건 싫어할 테니까."

그럼요. 어떤 동물도 필요 이상으로 먹지는 않지요. 먹다 남은 밥은 그냥 쓰레기인 겁니다. 식물도 사물도 다 그렇습니다. '자현자불명, 자시자불창, 자벌자무공, 자긍자부장自見者不明, 自是者不彰, 自伐者無功, 自矜者不長', 자연 속에서는 저 예쁜 난초도 스스로 자기를 드러냄이 없이 심심산천에 저 홀로 조용히 피어 있고, 강물도 이 길만이 옳다고 고집함이 없이 막히면 저 길로 휘돌아 나가고, 만유를 살리는 저 햇빛도 내 공이다 떠벌림이 없이 성실히 매일매일 떠서 일하고 쉬고 또 떠서 일하고 쉬고 수억 년을 그러고 있고, 드높은 백두산도 잘났다 자랑함이 없이 수만 년 고요히 말이 없고…, 그렇게 만물이 모두 묵묵히 제자리에서 딱 저 할 일만 성실히 하고 있는 거죠, 천 년 만 년. 쓸데없는 짓을 하는 사물은 전혀 없더군요. 오직 인간만이 쓸데없는 짓을 하고, 드러나려 하고, 나만 옳다고 고집하고, 스스로 뻐기고, 자랑하고는 하죠. 다 쓸데없는 먹다 남은 밥 같은 건데, 그런 짓들은.

"그걸 모르니까, 그런 짓을 하는 게지요. 그러니 아는 사람은 그런 짓을 하지 않지요."

'유도자불처有道者弗處'. 그렇지요. 도가 있는 사람은 그런 데는 처하지 않죠. 그런 짓거리에는 발을 들여놓지 않죠. '불처弗處', 그런 데 몸을 두지 않는다, 새겨두겠습니다. 그냥 있는 그대로의 키로 서고, 있는 그대로의 보폭으로 걸어야지요. 조금이라도 더 커 보이려고 까치발을 딛지도 않고, 조금이라도 더 넓어 보이려고 가랑이를 벌리고 걷지도 않고. 남들은 다 알 테니까요, 그런 게 얼마나 우스꽝스러운 짓인지.

"그리고 불명不明이고, 불창不彰이고, 무공無功이고, 부장不長인지."

네, 밝지 못하고, 드러나지 못하고, 공이 없고, 오래 못 가고…. 그런데 선생님, 요즘 여성들이 좋아하는 하이힐 구두, 그걸 신은 사람도 '기자企者'일까요? 그건 그냥 예쁘던데. 하하하.

"굽이 있으니 스스로 까치발을 든 건 아니고…, 참 애매하군요. 하하하."

25.

뭔가(物)가 있어 뒤섞이어 이루어졌는데

有物混成, 先天地生. 寂兮寥兮, 獨立不改, 周行而不殆, 可以爲天
下母. 吾不知其名, 字之曰道, 强爲之名曰大. 大曰逝, 逝曰遠, 遠曰
反. 故, 道大, 天大, 地大, 王亦大. 域中有四大,[59] 而王居其一焉.
人法地, 地法天, 天法道, 道法自然.

유물혼성, 선천지생. 적혜료혜, 독립불개, 주행이불태, 가이위천하모. 오부지기명,
자지왈도, 강위지명왈대. 대왈서, 서왈원, 원왈반. 고도대, 천대, 지대, 왕역대. 역
중유사대, 이왕거기일언. 인법지, 지법천, 천법도, 도법자연.

뭔가(物)가 있어 뒤섞이어 이루어졌는데 천지보다 먼저 생겼다. 소리도 없
고 형체도 없다. 홀로 서고 바뀌지 않으며, 두루 행하고 위태롭지 않다.
그로써 천하의 어미가 될 수 있다. 나는 그 이름을 알지 못하니 이를 글자
로 써서 '도道'라 하며, 억지로 이를 위해 이름하기를 '대大'[대단한 것]라
한다. 대는 '서逝'[감]를 말하며, 서는 '원遠'[멂]을 말하며, 원은 '반反'[돌
이킴]을 말한다. 고로 도는 대단한 것이며, 하늘도 대단한 것이며, 땅도 대
단한 것이며, 왕도 대단한 것이다. 세상에는 네 가지 대단한 것이 있으니,
왕도 그 하나로 있다. 사람은 땅을 준거로 하고, 땅은 하늘을 준거로 하
고, 하늘은 도를 준거로 하고, 도는 자연을 준거로 한다.

---

59) 백서본에는 '域'이 '國'으로 되어 있다. 통용본을 따른다.

노선생님, 대학 시절 이 25장의 말씀을 처음 들었을 때 저는 한동안 긴장 속에서 숨을 죽이고 있었습니다. 그 엄숙한 분위기를 지금도 감각적으로 기억합니다.

"왜 하필 이 25장인지."

선생님은 어쨌든 동양철학의 한 축인 '도교'라는 걸 대표하시고, 그 '도道'라는 게 뭐니 뭐니 해도 선생님의 대표적인 개념인데, 이 25장에서 바로 그 '도'의 탄생을 목격했기 때문입니다. 나름 직접적-본격적인 설명이기도 하고요, 그 도에 대한.

"특별한 순서 없이 한 말이건만, 그렇게 들렸나요?"

네, 그렇게 들렸습니다. 이걸 제1장으로 삼아도 좋을 것 같은 그런 느낌도 있었죠. '참 엄청난 것들을 이야기하고 있구나, 이 양반.' 그런 감탄도 있었습니다. 저는 일종의 스케일 콤플렉스 같은 게 있었는데, 선생님의 이 말씀은 압도적인 스케일을 가진 말이었기 때문입니다. 좀 과장하자면 마치 압축된 중국판 창세기 같은 그런…. 여기 등장하는 단어들이 다 그렇지 않습니까. 유물혼성有物混成, 선천지생先天地生, 위천하모爲天下母, 도道, 대大, 서逝, 원遠, 반反, 도道, 천天, 지地, 왕王, 그리고 자연自然. 만만치 않습니다. 아니, 그 내용과 일대일로 맞서보면 이 말들 하나하나 다 엄청난 주제들입니다. 이른바 거대담론(grand récit)이지요. 그래서 저 파스칼의 말이 연상되기도 했고요.

"파스칼? 어떤 말인지."

'공간으로 우주는 나를 끌어안고 한 점으로 나를 삼켜버린다. 그러나 생각으로는 내가 우주를 끌어안는다.'는 말입니다. 인간은 연약한 갈대 같은 하찮은 존재이지만, 생각하는 갈대다, 그 생각은 온 우주를 다 담을 수 있다, 그런 점에서 위대한 존재다, 뭐 그런 취지인데, 선생님이 그 본보기를 보여주신 셈이라고 느꼈던 거지요. 이 25장의 말씀에, 즉 선생님의 생각 속에 천지와 자연이 다 담겨 있으니까요. 그런데…

"그런데?"

그런데 이것들이 참 쉬운 말씀은 아닙니다. 한 마디 한 마디 다시 읽어봐도.

"그래요? 어디 한번 들어봅시다. 어떻게 읽으셨는지."

'뭔가(物)가 있어 뒤섞이어 이루어졌는데 천지보다 먼저 생겼다(有物混成, 先天地生).' 첫마디부터 벌써 아득해집니다. '천지天地'만 해도 엄청난 주제인데, 그 천지보다 먼저 생긴(先天地生) 뭔가를 언급하고 계십니다, 선생님은 여기서. 그나마 이 '천지'라는 것은 다행히 지금도 우리 한국에서 그 말이 그대로 통용되기 때문에 이해에 어려움은 없습니다. '세상천지'의 그 세상입니다. 하지만 말이야 쉽지만 그 내용은 엄청납니다. 저는 이것을 우리가 알고 있는, 그리고 우리가 실제로 그 안에서 살고 있는, 이 존재의 세상, 유일하고도 절대적인 '이 세상'을 지칭한다고 이해합니다. '이 세상이 이와 같이 있다!' 놀랍고도 놀라운 현상 중의 현상이지요. '저 무한공간의 영원한 침묵은 나를 두렵게 한다'고 파스칼이 말한 그 공간, '영원하고도 불변한 것은 오직 공허 그것뿐'이라고 야콥센이 노래한 그 공허, '오래 생각할수록 자주 생각할수록 점점 더 커지는 경이로움으로 나를 가득 채우는… 내 위의 저 별하늘'이라고 칸트가 경탄한 그 '하늘', '무릇 천지란 만물이 머무는 여관(夫天地者 萬物之逆旅)'이라고 이백이 말한 그 천지, 그게 다 선생님이 말씀하시는 이 '천지'인 게지요. 유일절대적이니 당연히 같은 것이요, 그것과 이것이 다른 것일 수 없습니다. 이것을 언급한다는 사실 자체가 이미 이것을 직관적으로 인식했다는 증거입니다. 바로 그런 천지를 언급하시니 선생님의 사고의 스케일이 엄청난 거지요.

"문맥상 그게, 천지가, 주제는 아니라는 것, 그건 이선생도 아실 텐데…."

네, 알지요, 선생님은 그 '천지'보다도 더 먼저 생겨났다는 '뭔가(物)'를, 즉 '도'를 주제로 삼고 계시다는 걸. 단, 그 도의 논의가 일단 이 천지의 인식을 바탕에 깔고 있다는 걸 분명히 해둘 필요가 있는 것 같아서 미리 말해 두는 겁니다. 왜냐하면 이건 서양철학의, 특히 존재론-형이상학의 기본주제이기도 하니까요. 동양에도 동일한 그것을 바라본 시선이 있었다는 걸 저는 확인해 두고 싶은 겁니다.

"하긴 내가 말하는 이 천지가 둘인 건 아니니 저들의 그 '세계'와 다를 수는 없지요. 그러나 이 천지가 곧 도 그 자체인 것은 아닙니다. 그건 분명히 해둬야죠."

그렇겠죠. '선천지생'이라 하셨으니…. 천지보다 먼저인 뭔가 다른 것이죠. 그런데 이 '선先…생生'(…보다 먼저 생겼다)이란 말은 참 간단치가 않습니다. '선先'이라는 말도 '생生'이라는 말도. 선생님이 그 '선…생'(먼저 생김)을 목격하셨을 리도 없고. 그래서 저는 이 말을 '천지'에 대한 '도'의 현상적 우선성과 실재성으로 해석합니다. 그런 건 직관적으로 파악 가능합니다. 엄연한 현전적[앞에 전개된] 현상으로서의 천지와 현전적 현상으로서의 도, 그건 엄연한 결과로서 확인 가능한 것이니 '생', 즉 '생겼다'고 말할 수 있는 것이고, 천지라는 이 현상도 생긴 것인 이상, 그 '근원'이 될 수 있는 무언가가 이성적으로 요구될 수밖에 없으니, 즉 있는 이 세상이 어쩌다가 우연히 이렇게 있게 되었다는 것은 이성적으로 납득이 되지 않으니, 즉 그렇게 말하기에는 너무나 엄청난-오묘한 현상이니, 뭔가 그 원인자가 있어야 한다는 것이 당연하고 자연스러운 우리 이성의 요청이니, 이 엄청난 천지'보다 먼저'인 더 엄청난 무언가가 있어야 하는 것입니다. 그런 무언가, 그걸 선생님은 '도'라고 보신 거지요. 참 하기 쉬운 생각, 하기 쉬운 말은 아니지만요.

"난들 그런 말을 하기가 쉬웠겠습니까. 기존의 주어진 말과 설명이 없는 무언가를, 엄청난 무언가를, 처음 보고 처음 말하는 건데…."

충분히 이해합니다. 이 25장의 말씀 전체에 그런 난감한 고뇌의 흔적이 역력하니까요.

"'유물혼성有物混成'부터."

네, '유물혼성有物混成'. 저는 이 첫마디부터가 선생님이 각고의 고민 끝에 내놓은 궁여지책의 표현이라고 이해합니다. 도무지 뭔 소린지 이해하기가 쉽지 않죠. 이런저런 책들을 봐도 신통한 설명은 별로 본 적이 없습니다. 설명이라 해도 문맥도 이상하고요. 그래서 저는 이걸 그냥 완전히 제 식으로 해석해 봅니다.

"또 그 지평융합인가요?"

네, 저의 지평에서 보는 것 말고 달리 제가 확인할 길이 없으니까요. 천지생성 이전으로 제가 타임리프를 해 직접 가볼 수도 없고. 간다고 해도 아직 천지가 생기기 전이니 가야 할 그 '어디' 자체가 아직 없고….

"그래 이선생의 그 지평에서는 뭐가 어떻게 보이는지."

저는 제 식으로 이 말을 읽어봅니다. 그런데 명확하지가 않아서 두 가지 해석이 가능합니다. 우선 첫째는, ''물'이 있는데(有物) 이것이 혼란스레 성립돼 있다(混成)'고 읽는 것입니다. 뒤에 이어지는 문맥을 보면 이게 결국 '도'를 말하는 것이니, 이 '물'이 요즘 우리가 이해하는 '사물', '물질', '물체', '물건' 같은 게 아니라는 건 분명해 보입니다. (처음엔 이게 아리스토텔레스가 말하는 질료(hyle) 같은 건가? 그렇게도 생각해 보았습니다만, 결국은 이게 '도'라 하시니 그것도 아닌 거죠.) 일단 그렇게 구별해 둡니다. 그런데 '유有물'이니 '있는', '존재하는' 무언가인 건 분명합니다. 그래서 저는 이 '물物'을 일단 막연한 어떤 '것'으로 이해해 둡니다. 그런데 이 어떤 '것'에는 '혼성混成'이라는 단서가 하나 달려 있습니다. 이루어진, 성립된, 되어 있는, 어떤 것(成)입니다.

단 이 성립은 명확하지가 않습니다. '이것', '저것', '그것'으로 확정되어 있는 게 아닙니다. 종잡을 수 없는 것입니다. 어렴풋한 것입니다. 마치 카오스 같은 것(混)입니다. 그래서 '혼성'인 겁니다. 분명치 않은, 혼란한, 혼미한 성립인 거지요. 저 그리스의 아낙시만드로스가 말한 '토 아페이론to apeiron'(정해지지 않은 것)과도 흡사합니다. 그러니 '혼성'인 겁니다. 아무튼 그런 종잡기 힘든 어떤 모습으로 성립되어 있는 대단한 어떤 '것'에 대한 언급으로 읽을 수 있습니다. 이 '유물혼성有物混成'을.

그리고 둘째는, 이렇게도 읽을 수 있습니다. 우선 '혼성'은 액면 그대로 뒤섞여서 성립되어 있다(混成)는 의미로. 그리고 '유물'은 '유와 물(有物)', (하이데거 식입니다만) 즉 '있음과 사물', 즉 '존재와 존재자'라는 의미로. 그러면, 이 말은 '존재와 존재자가 뒤섞이어 성립되어 있는데'라고 그 근원적 결합에 대한 언급으로 읽을 수 있습니다. 이 '유물혼성'을. 말하자면 '있는 것'과 '있음'의 불가분리적 결합인 거죠. 동일 현상의 양면이랄까, 존재(有)는 존재자(物)와 다르지만 존재자'의' 존재라는 점에서 별개의 것이 아니라는 소위 '존재론적 차이', 그 지적일 수도 있는 겁니다. 이 '유물혼성'은.

이 둘 중 어느 쪽도 명쾌하지는 않습니다. 그러나 천지탄생 이전의 것이고 말도 워낙 애매한지라 이 정도로 만족할 수밖에 달리 도리가 없습니다.

"미안합니다, 그렇게밖에 말하지 못해서…."

도라는 현상 자체가 그런 걸 어쩌겠습니까. 이해합니다. 오죽 어렵고 막막했으면 그렇게 막연하게 말씀하셨겠습니까. 직관으로 뭔가를 보긴 봤는데, 그게 구체적이고 감각적인 사물은 아니고, 더구나 같은 걸 보고 말해 준 선례도 없어 적절한 이름도 글자도 표현도 아직 없고(吾不知其名), 그렇다고 그런 뭔가가 없는 건 아니고, 그래서 억지로, 궁여지책으로, 임시로… 글자로 표현해 '도道'라고 하고(字之曰道) 억지로 이름 붙여(强爲之名曰) '대大'라고 한다, 하셨겠죠. 그런 고민의 흔적이겠죠, 이 말씀들은. '대'라는 대안을 말씀해 주신 것만 해도 너무너무 흥미롭습니다.

아무튼, 일단 이렇게 정리해 두면, 그 다음 말들은 그래도 비교적 이해하기가 쉽습니다. 그 '도'라는 것에 대한 특성들이니까요.

"소리도 없고 형체도 없다. 홀로 서고 바뀌지 않으며, 두루 행하고 위태롭지 않다. 그로써 천하의 어미가 될 수 있다(寂兮寥兮, 獨立不改, 周行而不殆, 可以爲天下母)."

네, 저는 이 말씀들이 '도'라는 그것을 이해하기 위한 중요한 단서들이라고 평가합니다.

"내가 한 이 말들이 2천 수백 년 후에 어떻게 읽히는지 궁금하군요. 어디 한번 들어봅시다, 이선생의 그 해설을."

'적혜료혜寂兮寥兮', '소리도 없고 형체도 없다.' 이건 묵묵히 드러나지 않게 작용하는, 그리고 모습이 없는 도의 특성을 표현한 거라고 저는 이해합니다. 말없이 고요하다, 모양이 없다는 건 그게 비감각적인 것임을 알려주지만, 자기의 정체를 드러내지 않는다는 뜻이기도 하고, 자기의 공을 과시하지 않는다는 뜻이기도 합니다. 그래서 이런 '적요寂寥'의 모습 자체가 덕이 되기도 하는 거지요. 형체를 드러내지 않는다는 것도 그렇고요.

'독립불개獨立不改'(홀로 서고 바뀌지 않는다). 이건 도의 절대성과 불변성에 대한 언급이라고 이해합니다. 도는 (아리스토텔레스 식으로 말하자면, 존재계열의 최상위에 있어 다른 모든 것을 움직이며 자기 자신은 움직이지 않는 '부동의 동자(ho ou kinoúmenon kineî)'처럼, 그리고 일본의 지배를 벗어나 홀로 선 한국이나, 영국의 간섭을 벗어나 홀로 선 미국이나, 프랑스의 지배를 벗어나 홀로 선 베트남이나, 스페인-미국의 지배를 벗어나 홀로 선 필리핀처럼) 다른 어떤 것에 예속되거나 다른 어떤 것의 영향을 받지 않습니다. 그러니 우리 인간의 의사나 의지나 능력과도 완전히 무관합니다. 우리는 도를 만들지도 못하며 바꾸지도 못합니다. 예컨대 일월성신의 운행과 인간의 생로병사를 도의 구현이라 한다면 그것은 인간의 의지나 능력을 절대적으로 초월해 저 스스로 그러한 것입니다. 인간 자신에게 적용되는 것임에도 불구하고. 또 천 년이 지나고 만 년이 지나도 그것은 달라지지 않지요. 공룡시대에도 선사시대에도 고대에도 중세에도 근세에도 현대에도 지구는 똑같이 둥글고 그리고 돕니다. 물은 위에서 아래로 흐릅니다. 물은 불을 끄고 불은 나무를 태웁니다. 그런 것도 도지요. 그러니 '불개不改'입니다. 영원불변입니다.

'주행이불태周行而不殆'(두루 행하고 위태롭지 않다). 이 '주행周行'은 일반성 내지 보편성으로 저는 이해합니다. 두루두루 어디에나 도의 작용이 미치지 않는 곳이 없다는 뜻이겠지요. 이를테면 생로병사라는 도의 작용이 선생님의 주나라에서 확인되는(행해지는) 그런 거라면 저 멀리 그리스의 소크라테스에게도 적용되는(행해지는) 것이고, 현대 독일의 하이데거에게도 적용되는(행해지는) 것이고, 한국의 김아무개에게도 적용되는(행해지는) 것이니 그것만 해도 이미 충분히 '주행'이지요. 그런 걸 저희는 일반적-보편적이라고 부릅니다. 이 '행行'이라는 글자를 '다닌다'고 새겨도 '행한다'고 새겨도 의미가 크게 달라지지는 않습니다. 그리고 혹은 그래도(이 '이而'라는 글자는 두 가지 의미가 다 있습니다만, 이 또한 어느 쪽으로 새겨도 별 문제는 없습니다), 도는 또한 '불태不殆'입니다. '위태롭지 않다.' 이건 이미 16장에서도 말씀드렸지만 시공을 초월한 도의 '확고부동함'을 의미한다고 저는 이해합니다. 이리저리 두루두루 다니다 보면(행하다 보면) 움직이니 흔들릴 수 있고 엎어질 수도 있겠지만, 따라서 변할 수도 있겠지만, 도는 아무리 두루 다니더라도(행해지더라도) 전혀 흔들림이나 유동성이 없지요. 침해당할 우려가 전혀 없습니다. 언제나 어디서나 변함없이 확고부동합니다. 날이 추우면 얼음이 얼고 날이 푹하면 얼음이 녹는 이치를 도라 한다면 그런 도는 동서고금 어디에서도 흔들리지 않습니다. 심지어 북극에서도 남극에서도 날이 푹하면 얼음이 녹고 적도에서도 날이 추우면 얼음이 업니다. 기압의 차가 어쩌고저쩌고 해도 그건 다만 편차와 폭일 뿐 이치 그 자체의 변동은 아닙니다. 얼 때는 얼고 녹을 때는 녹습니다. 그건 아마 수성에서도 화성에서도 그리고 안드로메다에서도 마찬가지일 겁니다. 물이라는 게 있기만 하다면.

"그러니 '가이위천하모可以爲天下母'인 게지요."

네, '천하의 어미가 될 수 있다.' '천하' 즉 하늘 아래 온 세상의 어미가 될 수 있다. 여기 또 '모母'(어미)라는 말이 등장하는군요. 제1장에서도 언급하신 '…만물지모有名萬物之母'의 '모'. 그 '유有'와 이 '도道'가 '모母'를 매개로 연결되는군요. 천하모, 만물모. 천하의 어미, 만물의 어미. 표현의 편차는 있지만, 그 어미와 이 어미가 다른 어미는 아니겠지요. 천하와 만물도 '천하의 만물'이라고 보면 다른 것은 아닐 겁니다. 그런데 왜 하필 '어미'가 될 수 있다고 표현하셨을까…. '아비'도 아니고.

"그런 것까지 생각했습니까?"

철학은 철저하고 정확해야 하니까요. 일각의 오해처럼 철학이란 게 황당하고 무의미한 지껄임은 아니니까요.

"그래, 그럼 왜 내가 '어미가 될 수 있다'고 말했을까…."

직접 말씀해 주시진 않을 테니까 짐작해 보겠습니다. 어미는 '낳는 자'이고 '기르는 자'이고 '품는 자'입니다. 그건 필연적으로 '낳아진 자', '길러지는 자', '품어지는 자'를 전제합니다. 자식 같은. 유와 만물, 도와 천하의 관계가 그런 거라고 생각하셨겠지요, 선생님은. 천하의 만물이 생겨나 존재하는 것, '이러이러 저러저러하게', '그와 같이' 존재하는 것, 천하만물의 그런 존재생성과 존재질서가 너무나 신비로운 것인데, 그런 것을 가능하게 하는 무언가가 전제되지 않는다면 그 존재의 신비가 이성적으로 납득이 될 수 없지요. 그러니 엄청나게 대단한 그 무언가가 그 존재의 근거에서 그리고 그 내부에서 작용해야만 하는 겁니다. 그런 무언가를 선생님은 '도'라고 이름하신 거지요. 그런 무언가가 우리 정신의 눈에는 보이고 정신의 손에는 잡히니까요. 일체 만유가 다 그 하나의 질서 안에서 움직이니까(참고로 헤라클레이토스도 '로고스에 물어서 만유가 하나임을 인정하는 것이 안다는 것이다'라고 말한 적이 있습니다), 그렇게 만유가 그것에 의해 품어지고 거느려지니까, 그래서 그걸 '어미'라 표현하신 거겠지요. 자식을 낳고 기르고 사랑으로 품어주는 엄마 같은 거니까. 그 도라는 것이. 틀리지 않겠죠? 이런 이해와 해석이.

"그 낳음이 결정적이고, 그 품이 자식에게는 한량없이 넓다는 것을 잊지 않는다면."

네, 그런 무언가를 선생님은 '도道'라고 쓰고, '대大'라고 이름하신 게지요. 그런데 이런 상상을 해보면 참 흥미롭습니다. 이 '대'라는 이름, 이게 만일 '도' 대신에 널리 보급되었다면 어땠을까…. 지금 우리는 도교를 대교, 도론을 대론, 도덕을 대덕, 도사를 대사라고 부르고 있지 않을까…. 하하.

"굳이 안 해도 좋을 이야기를…."

죄송합니다. 이야기가 좀 길어지다 보니 쉬어가자는 뜻으로, 재미 삼아. 그럼 그 다음을 보겠습니다.

"대왈서, 서왈원, 원왈반大曰逝, 逝曰遠, 遠曰反"

네, '큼은 감을 말하고 감은 멂을 말하고 멂은 되풀이를 말한다.' 이 연결들이 꼭 무슨 논리적 필연성을 갖는 건 아니겠지만, 저는 이 대大, 서逝, 원遠, 반反(큼, 감, 멂, 되풀이), 이걸 각각 도의 근본 특성들이라고 이해합니다. 그러니까, 도는 아주아주 대단한 것이고(大), 진행적인 것이고(逝), 항구적인 것이고(遠), 반복적인 것이다(反), 그런 뜻이라고요. 이것도 언뜻 들으면 뭔지 아리송한 수수께끼같이 들리는 말들이지만, 첫 표현임을 감안해 잘 생각해 보면 불가해한 말들은 아닙니다.

"어디 아리송한 그 수수께끼 한번 풀어보시지요. '대'란?"

'대大'란, 이미 말했듯이 이게 천하, 천지, 만물, 세상(域), 이런 걸 다 품는 존재이고 이런 것보다도 더 먼저인 존재이니 이런 이야기 자체가 거대담론 중 거대담론이지요. 거대한-위대한-어마어마한 것이 아닐 수 없습니다. 그러니 당연히 크고 대단한 것, '대'이지요.

"그럼 '서'란?"

'서逝'란, 간다, 즉 가는 것, 나아가는 것, 지나가는 것, 흘러가는 것, 그런 거라는 말인데, 이건 아무래도 시간적인 이미지가 강하게 느껴집니다. '서자여사부, 불사주야逝者如斯夫, 不舍晝夜'(가는 것이 이와 같구나, 밤낮을 가리지 않네)라는 공자의 천상탄도 그렇고, '시불리혜, 추불서時不利兮, 騅不逝'(때가 불리하구나, 추도 가지를 않네)라는 항우의 말도 그렇고, 지속적 진행성이라는 성격이 두드러집니다. (헤라클레이토스가 말한 'pata rhei'(모든 것은 흐른다)의 그 'rhei'(흐른다)처럼.) 그러니 진행적인 것이지요. 도는 오늘 한순간만 그런 것도 아니고 내일 한순간만 그런 것도 아닙니다. 진행됩니다. 오늘 이런 것이 내일 저렇게 되고 내일 이런 것이 내달 저렇게 되고, 내달 이런 것이 내년에 저렇게 되고, 내년에 이런 것이 10년 후 20년 후 저렇게 됩니다. 그런 시간적 움직임 속에, 그 움직임 속의 변화에, 어떤 변하지 않는 근본적 이치가 있는 거지요. 그러니까 서양철학적으로 말하자면 변화 속의 불변? 운동-변동 속의 부동? 부동의 동자? 그런 면이 바로 이 '서逝'(감)로서의 도인 게지요. '만물은 유전하는데 그게 불변의 로고스에 따라서 변화한다'는 헤라클레이토스의 말도 비슷한 지적이라고 저는 봅니다. 아무튼 대표적으로 춘하추동의 변화 같은 불변의 질서를 저는 도의 '서逝'라고, 혹은 '서'라는 도라고, 그렇게 이해합니다.

"그럼 '원'이란?"

'원遠'(멂)은 '서'라는 법칙적인 진행이 어느 한순간 혹은 어느 한 기간에만 그런 것이 아니라 영구히 지속된다는 성격을 표현하신 거라고 이해합니다. 말하자면 구원성, 영원성, 항구성이지요. 멀리, 오래가는 겁니다. 어느 한순간만 그런 것도, 잠시 동안만 그런 것도, 한동안만 그런 것도 아닙니다. 계절의 변화 같은 법칙이 어느 하루이틀만 그런 것도 아니고, 인간의 성장, 노화 같은 이치가 어느 한 시대만 그런 것도 아닙니다. 누구나 쉽게 확인하듯이, 그런 법칙은 백 년 천 년이 지나도 그대로 적용됩니다. 아마 만 년 억 년이 지나도 마찬가지이겠지요. 그러니 그런 도는 '원' 즉 멀리 가는 겁니다. 그런 게 '원'이라고, 도의 '원遠', '원'이라는 도라고, 그렇게 저는 이해합니다.

"그럼 '반'이란?"

'반反'이란 도에 포함된, 규칙적인 '반복', '되돌아옴', '되풀이', '돌이킴'의 측면이겠지요. 이것도 어렵지 않게 확인될 수 있습니다. 저는 식물들이 보여주는 새싹에서 낙엽까지의 변화, 그리고 그 이듬해의 똑같은 변화, 또 그 이듬해의 똑같은 변화에서 그런 '반'의 질서를 읽어냅니다. 그리고 인간을 포함한 모든 동물의 탄생-성장-노화-죽음, 그리고 또 새로운 생명의 탄생-성장-노화-죽음… 그런 되풀이에서, 그리고 아침-점심-저녁-밤, 다시 아침-점심-저녁-밤, 그런 주야의 되풀이, 봄-여름-가을-겨울, 다시 봄-여름-가을-겨울, 그런 춘하추동 계절의 되풀이, 즉 끊임없이 되풀이되는 지구의 자전과 공전에서, '반反'이라는 도를, 도 속의 '반'을 읽어냅니다. 그런 변함없는 반복이, 헤겔이 말한 역사 속 정-반-합-정-반-합…의 변증법적 변화가, 니체가 말한 '동일자의 영겁회귀(ewige Wiederkehr des Gleichen)' 같은 것이 바로 '반'이라고 저는 이해합니다.

"그래서 도가 '대大'인 것이지요. 대大가 곧 서逝이고 원遠이고 반反이니까."

네, 그래서 도道가 그렇고, 그리고 천天도, 지地도, 왕王도 그렇다고, 즉 대단하다(大)고 덧붙이셨죠.

"고로 도는 대단한 것이며, 하늘도 대단한 것이며, 땅도 대단한 것이며, 왕도 대단한 것이다. 세상에는 네 가지 대단한 것이 있으니, 왕도 그 하나로 있다(故, 道大, 天大, 地大, 王亦大. 域中有四大, 而王居其一焉)."

네, 그렇게 4대四大를, 네 가지 대단한 것을 제시하셨지요, 선생님은. 세상에서 대단한 것이 어디 그것뿐이겠느냐고, 그게 완전매거의 법칙을 지킨 것이냐고 논리학자들은 이의를 제기할지도 모르겠습니다만, 참 기묘하기는 합니다.

"기묘하다니 뭐가요?"

우연인지 아니면 필연적인 뭔가가 있는지 모르겠지만, 사실은 제가 전공한 하이데거도 너무너무 비슷한 이야기를 하고 있거든요.

"어떤?"

그는 후기 철학에서 '세계'를 '방역(Geviert)'이라고도 부르는데 그 구성요소로서 그가 제시하는 이른바 4자(die Vier)가 선생님이 말씀하시는 이 4대와 거의 흡사하기 때문입니다.

"그게 뭐죠?"

'하늘(Himmel)', '땅(Erde)', '신적인 것(die Goettlichen)', '죽게 될 것(die Sterblichen)', 즉 간단히 말해 '천-지-신-인'입니다. 선생님은 '도-천-지-인[왕]'을 말씀하셨고요. 만일 그의 '신적인 것'을 선생님의 '도'와 연결시킨다면 이 4자가 4대와 거의 일치하는 셈입니다.

"흥미롭군요."

네, 하지만 여기서 그 이야기를 더 길게 할 수는 없겠네요. 좀 아쉽지만. 아무튼 도-천-지-인이 '대단한 것', '대大'라는 점은 쉽게 수긍할 수 있을 것 같습니다. 그건, 제가 자주 사용하는 철학적 방법론입니다만, '결여가정'이라는 것을 해보면 곧바로 드러납니다, 그 '대단함'이. 예컨대 모든 자연법칙이 해체된다면? 하늘이 무너진다면? 땅이 꺼진다면? 인류가 전멸한다면? 아니 인류는커녕 자기가 혹은 가장 사랑하는 사람이 없어진다면? 그렇게 그 결여를 가정해 보는 겁니다. 그러면 이것들이 얼마나 어마어마하게 대단한(大) 것인지가 아무런 설명 없이 곧바로 가슴에 다가오게 됩니다. 그래서 저는 선생님의 이 말씀에 그냥 무조건 동의합니다. '고로 도는 대단한 것이며, 하늘도 대단한 것이며, 땅도 대단한 것이며, 왕도 대단한 것이다. 세상에는 네 가지 대단한 것이 있으니, 왕도 그 하나로 있다(故, 道大, 天大, 地大, 王亦大. 域中有四大, 而王居其一焉).' 맞습니다. 대단하고말고요. 단, '왕'이라는 것은 좀 뜬금없는 열거인 듯한 인상을 주기도 합니다만(그래서 굳이 '이왕거기일언而王居其一焉'이라고 부언을 하셨겠지요), 하여간 이것도 저는 인정합니다. 인간들의 삶에서 국가는 필수적인 조건이고, 그 국가를 경영하는 최고책임자는 국민 전체의 삶을 좌우하는 결적정인 존재니까요. 그건 제가 실제로 살아보니까 살면 살수록 점점 더 확실하게 느끼겠더군요. 왕(최고지도자)이 훌륭하면 인민이 행복하고 왕이 고약하면 인민이 불행하더군요. 그래서 왕은 '인人'의 대표인 대단한 존재, 즉 '대大'인 겁니다. '역域' 즉 이 '세상'에는 이 네 가지 대단한 것이 분명히 존재합니다.

"그런데 이 4대가 각각 따로따로 서로 무관하게 노는 건 아니지요. 필연적인 연관이 있으니까."

아, 그렇죠, 그 말씀. 마지막 말씀인데, 저는 이 말씀도 아주 낯설지는 않습니다.

"아, 그래요? 그것도 혹시 하이데거…?"

네, 그 양반 후기 철학에 '무한성(Unendlichkeit)', '상속성(Zusammen-gehoerigkeit)'(서로 함께 속함)이라는 개념이 있는데, 존재하는 것들이 저 혼자만 자기한계 속에서 분리-고립적으로 존재하는 게 아니라는 것, 원천적으로 서로 상관관계 속에 얽혀 있다는 것을 그런 말들로 표현하는데, 그게 선생님의 이 말씀, '사람은 땅을 준거로 하고, 땅은 하늘을 준거로 하고, 하늘은 도를 준거로 하고, 도는 자연을 준거로 한다(人法地, 地法天, 天法道, 道法自然).'와 아주 무관하지는 않기 때문입니다.

"물론 똑같은 말은 아니겠지만."

물론 똑같진 않고요, 연결성만을 말하는 겁니다. 선생님이 말씀하시는 연결성은 '법法' 즉 '근거로 삼는다'는 것인데 이건 하이데거에겐 없는 개념이니까요. 인-지-천-도-자연을 연결하는 그 연결고리, '법法'이라는 것, 이것도 사실 좀 수수께끼입니다, 어떤 걸 말씀하시는 건지.

"어떻게 풀이하셨는지."

솔직히 저는 '법法'이라는 이 말의 의미를 정확하게 이해하기가 좀 어렵습니다. 지금 우리가 쓰는 이 말의 의미와는 다르니까요. 일단 동사적으로 쓰이니까 '법률', '법규'란 뜻은 당연히 아니고, '법도'도 좀 아니고, 율법도 좀 아니고, 예법? 그런 것과도 좀 다르고, 불법佛法의 법과도 좀 다르고, 대개는 '본받다', '모범으로 삼다'는 뜻으로 풀이하는데, 제 언어감각으로는 문맥이 잘 통하지 않습니다.

"미안합니다, 내가 적절한 한국어를 제시해 주지 못해서…."

한국어는 둘째 치고 현대 중국어도 아마 비슷할 겁니다. 저들은 '취파取法'[본받다, 본뜨다, …에서 방법을 구하다, 본보기로 하다]로 읽지만 그 의미가 잘 통하지 않습니다. 제대로 납득할 만한 설명도 없고요. '사람이 땅을 본받는다, 땅이 하늘을 본받는다'는 말로는 아무런 설명이 되지 않습니다. 그래서 저는 '문맥으로 읽어서' 이걸 '준거로 삼는다'고

풀이합니다. 어쨌거나 동사적으로 말씀하시니까요.

"그러면 어떻게 의미가 통하지요?"

'인법지人法地'(사람이 땅을 준거로 한다), 이건 사람이 땅을 떠나 살수가 없으니, 납득이 가능합니다. 우선 땅이 없다면 디딜 곳도 없고 농작물과 짐승들이 자라지 못할 테니 먹을 것도 없고, 집을 지을 수도 없고, 그러니 땅은 분명히 인간존재의 준거, 근거가 됩니다. 인간이 마지막에 결국 돌아갈 곳이기도 하고요. '인법지'를 저는 그런 의미로 이해합니다.

"지법천地法天은?"

땅과 하늘의 관계는, 아마 선생님이 생각하신 것과 저희 현대인들이 생각하는 것이 상당히 다를 겁니다. 땅이 지구고 하늘이 우주공간 내지 천체라는 걸 선생님은 아마 모르셨을 테니까요. 그걸 감안하고 말씀드리자면, 땅이라는 것이 하늘 없이 존재하는 건 아마 불가능했을 겁니다. 하늘이 비를 내려주지 않으면 땅이 땅 구실을 못할 테니까요. 일월성신이 없어도 마찬가지고. 바람이 안 불어도 마찬가지고. 그런 것들이 하늘의 작용이라고 생각하셨을 테니, 하늘은 분명히 땅의 준거, 근거가 됩니다. 그 시대의 공자가 '사시행四時行焉, 백물생百物生焉'을 하늘의 작용으로 이해했다는 증거가 저 《논어》에 있으니까, 선생님도 아마 크게 다르진 않으셨겠지요. 하늘의 그런 작용이 없다면 땅은 땅일 수가 없겠죠. '하늘 없이는 땅이 땅일 수 없다.' '지법천'을 저는 그렇게 이해합니다. 단, 이 경우의 '천'은 인격적인 '신'과는 약간 의미가 다르긴 합니다만.

"천법도天法道는?"

하늘과 도의 관계, 이건 도를 근본이치, 근본질서, 근본법칙 등으로 해석하면 곧바로 이해 가능합니다. 모든 천문현상에 그런 근본이치-질서-법칙이 적용되고 있으니, 도가 하늘의 준거가 되는 거지요. 규칙이 없다면 매일매일 아침에 해가 떠서 저녁에 해가 지지도 않을 거고, 춘하추동도 없을 거고, 그러면 곡식이 자라고 익지도 못할 거고, 비도 위에서 아래로 내리지 않을 거고, 그렇게 도가 없다면 하늘도 하늘 구실을 못하는 거죠. 그러니 도가 하늘의 준거가 되는 거지요. '천법도'를 저는 그렇게 이해합니다.

"도법자연道法自然은?"

엄청난 형이상학적 명제라고 생각합니다, 이 말씀은. 땅도 하늘도 엄청난 주제고, 도는 더 엄청난 주제인데, 다시 그 위에 '자연'이라는 주제를 꺼내시니까요.

'도와 자연의 관계', 이건 우선 '자연'이라는 개념을 이해하는 게 먼저라고 생각합니다. 말 그대로 '스스로 그러함', '스스로 그러한 것'입니다. 서양인들이 말하는 '퓌시스physis'와도 무관하지는 않습니다. 그러나 그것과 완전히 일치하는 것은 아닌 듯한 느낌이 듭니다. 그걸 로마 이후의 '나투라natura'로 본다면 더더군다나. 이른바 생태계, 환경, 그런 의미는 아닌 거지요.

"그렇다면?"

도법자연이라고 했으니 이 자연(스스로 그러함)은 도와는 또 다른 그것의 상위 개념이 됩니다. 만유를 지배하는 도보다 더 근원적인 존재로서의 자연, 스스로 그러함. 아무튼 이건 도의 존재근거에 대한 선생님 나름의 설명이라고 저는 봅니다. 도가 '왜 있는가', '왜 그런가' 하는 근본적인 철학적 질문에 대해 선생님은 '스스로 그러한 것'이라고밖에 대답할 수 없었던 겁니다. 그걸 '자연'이라고 실체화하신 겁니다. 더 이상의 인식과 설명은 우리 인간에겐 불가능하니까요. 아무리 훌륭하신 노선생님이라 하더라도.

"그게 지금 칭찬인지, 폄하인지…."

제가 어디 그럴 입장입니까. 객관적인 분석일 뿐입니다. 하여간, 자연을 그런 실체로 본다면 그것 없이는 도의 설명이 불가능하니까, 도가 도일 수 없으니까, 그래서 '도법자연', 도는 자연을 준거로 한다고 말씀하신 거겠지요. '도법자연'을 저는 그렇게 이해합니다.

"그게 이 인-지-천-도-자연의 관계성이라는 말씀이군요."

네, 그렇게 읽는다면 일단은 문맥이 통하고 설명이 된다고 저는 봅니다. 물론 저는 이 '자연'에서 자꾸만 '스스로 존재하는 존재'[스스로 그러한 자]("I am who I am") 즉 '신神'을 연상하게 됩니다만. 그러면 더 확실한 설명이 될 수가 있죠….

"그건 내가 보증할 수 있는 이야기가 아니니, 나는 더 이상의 말은 삼가겠습니다."

'말할 수 없는 것에 대해서는 침묵해야 한다(Wovon man nicht sprechen kann, darüber muß man schweigen).' 비트겐슈타인은 선생님을 높이 평가하겠군요. 말할 수 있는 '자연'까지만 말씀하시니까. 하하.

"도에 대한 언급을 그 사람이 인정할지는 모르겠지만. 하하하."

26.
무거움은 가벼움의 근본이 되고

重爲輕根, 靜爲躁君. 是以聖人終日行不離靜重,[60] 雖有榮觀, 燕處
超然. 奈何萬乘之主, 而以身輕天下. 輕則失本, 躁則失君.
중위경근, 정위조군. 시이성인종일행불리정중, 수유영관, 연처초연. 내하만승지주,
이이신경천하. 경즉실본, 조즉실군.

무거움은 가벼움의 근본이 되고, 조용함은 떠들썩함의 군주가 된다. 그래
서 성인은 종일 다니더라도 고요와 무게를 떠나지 않고, 비록 화려한 볼
거리가 있더라도 편안히 처신하고 초연하다. 어찌 만승의 군주가 되어 그
몸으로 천하를 가벼이 하겠는가. 가벼우면 근본을 잃고, 떠들썩하면 군주
됨을 잃는다.

———————————

　노선생님, 이 26장의 말씀도 참 반갑습니다. 모든 사람들이 다 수긍
하고 좋아할지는 모르겠지만, 저의 개인적인 성향이랄까 가치관과는 딱
부합되기 때문입니다.
　"어떤 말이 그렇다는 것인지."

---

60) 주요 판본이 다 '輜重'(군량, 장비 등)으로 되어 있다. 약간 무리해서 '靜誤
　　爲輜字耳'라는 嚴靈峯의 오자론에 따른다. 문맥상 그것이 더 자연스럽다.

전체가 그렇지 않습니까. 특히 주제의 제시랄까 선언이라고도 할 수 있는 첫 번째 문장. 여기서 선생님은 '중重-경輕', '정靜-조躁', 무거움과 가벼움, 조용함과 떠들썩함이라는 상반되는 상태들을 대비하며 '위근爲根'(근본이 된다), '위군爲君'(군주가 된다)이라는 말로 그것들의 관계를 명확히 하십니다. '근根'이나 '군君'이나 표현은 좀 낯설지만, 근본이 되고 군주가 된다는 것은, 아무튼 전자(중重-정靜: 무거움-고요함)에 대한 긍정적 가치평가, 후자(경輕-조躁: 가벼움-떠들썩함)에 대한 부정적 가치평가인 것은 명확합니다. 전자를 권하고 후자를 경계하시는 거죠. 무거우라, 조용하라. 가볍지 마라, 떠들썩하지 마라.

"내가 이런 말을 괜히 한 건 아니지요."

그야 선생님의 모든 말씀이 다 그렇지요. 필연적 요청에 의한, 혹은 절실한 필요에 의한, 그런 말씀이니까요.

"그 마음을 이해하시나요?"

이해하다마다요. 제 주변에도 가벼운 사람, 떠들썩한 사람이 너무 많고, 묵직한 사람, 조용한 사람은 너무 드물고 그러니까요. 무게 있는 사람, 조용한 사람이 왜 훌륭한지, 가벼운 사람, 떠들썩한 사람이 왜 문제인지도 충분히 몸으로 겪어봤고요.

"하하, 언제나 어디서나."

네, 언제나 어디서나. 마지막에 재차 확인해 주시듯이, 결국 가벼움은 무게를 잃어버리고, 떠들썩함은 조용함은 잃어버리는데, 그건 가볍고 떠들썩한 사람들이 무게 있고 조용한 사람들을 배척하고 배제하는 결과도 가져오더군요(輕則失本, 躁則失君). 요즘 제가 사는 시대가 온통 그런 세상입니다. 무게 있고 조용한 사람은 알아주지도 않고 설 자리도 없어요. 악화가 양화를 구축하는 거죠. 오죽하면 '참을 수 없는 존재의 가벼움', 그런 책까지 있어 제목만으로도 사람들의 주목을 끈답니다. 시대의 한 상징이지요.

"나의 시대인들 오죽하면 내가 이런 말을 했겠습니까."

짐작이 갑니다. 특히 높은 자리의 중요한 사람들이 그랬겠지요.

"만승지주萬乘之主"

네, 소위 천자-왕이라는 사람도 그랬겠지요. 지금도 그런 국가정상이 드물지 않습니다. 생각도 가볍고 말도 가볍고 결정도 가볍고 처신도 가볍고…, 그게 다 국민들의 삶과 직결되는데도 말이죠.

"본인이 가벼우니 천하를 가벼이 여기는 겁니다."

네, '이신경천하以身輕天下', 그 신분으로 세상을 가볍게 보는 겁니다. 사람 사는 이 세상(天下)이 얼마나 엄중한 건데…, 지도자의 생각과 말과 행동이 얼마나 막중한데, 그것에 온 천하 만민의 삶과 목숨이 달려 있는데, 지도자가 그러면, 세상을 가벼이 여기면, 권력의 주변에는 잡인들만 설치고, 진짜 인재는, 즉 무게 있는 묵직한 사람, 조용하고 진지한 사람은 발탁이 안 되고 점점 자취를 감추게 되죠.

"그것도 '경즉실본輕則失本'(가벼우면 근본을 잃는다)이지요. 그러니 천자는 가벼울 수 없고 가벼워도 안 되는 거죠."

'조躁', 떠들썩한 것도요. 우리 한국에는 '빈 수레가 요란하다'는 말도 있습니다만, 말만 요란하고 알맹이는 없는 사람들, 그리고 그런 사람들이 하는 그런 일들이 비일비재합니다. 그런 시끄러운 호들갑 혹은 떠벌림은 조용하고 착실한 내실을 뒷전으로 밀어버리기 일쑤입니다. 조용한 사람은 아예 입을 닫아버리고, 떠나버리고…. 본말전도죠. 그런 것도 결국 큰 손실인데, '조즉실군躁則失君', 즉 지도자 자격이 없다는 것에 해당하지 않을까요?

" '시이성인종일행불리정중是以聖人終日行不離靜重', 그러니 훌륭한 성인은 고요함과 묵직함을 떠나지 않는 거지요."

'종일행終日行', 즉 하루 종일, 언제나. 그리고 어디서 무엇을 하더라도. 가볍지 않게 떠들썩하지 않게, 무게 있게 조용히. 그렇게 차분하게 내실을 생각하는 거겠죠, 훌륭한 성인은.

"그리고 '수유영관, 연처초연雖有榮觀, 燕處超然'이지요. '비록 화려한 볼거리가 있더라도 편안히 처신하고 초연하다.'"

네, 가볍고 떠들썩한 사람도 그 가벼움과 떠들썩함에 뭔가 어떤 화려함을 내걸기는 하지요. 요즘 식으로 말하면 거창한 구호들도 그런 것이겠고. 그런 것은 어떤 화려한 볼거리(榮觀)가 되기도 합니다. 아주 멋지고 좋아 보이는 거죠. 유혹적입니다. 하지만 그런 외적 화려함이 겉치레로 끝나거나, 진정한 가치가 되지 못하는 경우를 우리는 자주 경험합니다. 껍데기만 번드레한 '빛 좋은 개살구'인 경우도 많고요. 그래서 성인은 그런 것에 현혹되지 않는 거지요. 흔들리지 않고 안정적이며 초연한 겁니다(燕處超然). 고요와 무게를 견지하지요(不離靜重). 그런데 그렇지 못한 저 가벼운 사람, 떠들썩한 사람은 내실이 없으니 밑에서 받쳐주지도 못하고 위에서 이끌지도 못하고, 그래서 아래도 위도, 근본도 군주 됨도 다 잃게 되는 겁니다.

"경즉실본, 조즉실군輕則失本, 躁則失君. 가벼우면 근본을 잃고, 떠들썩하면 군주 됨을 잃는다."

그렇지요. 그 말씀의 의미를 저는 그렇게 이해합니다.

"이선생의 그 이해는 '온고지신溫故知新'인지 '지신온고知新溫故'인지, 그 순서가 궁금하군요. 하하하."

'고신일여古新一如'가 아닐까요? 옛날과 지금이 똑같이 하나 같으니. 하하하.

27.

다니기를 잘하면 수레바퀴 흔적이 없고

善行, 無轍迹, 善言, 無瑕謫, 善數, 不用籌策, 善閉, 無關楗而不可開, 善結, 無繩約而不可解. 是以聖人常善救人, 故, 無棄人, 常善救物, 故, 無棄物. 是謂襲明.[61] 故, 善人者, 不善人之師, 不善人者, 善人之資. 不貴其師, 不愛其資, 雖智大迷. 是謂妙要.[62]

선행, 무철적, 선언, 무하적, 선수, 불용주책, 선폐, 무관건이불가개, 선결, 무승약이불가해. 시이성인상선구인, 고, 무기인, 상선구물, 고, 무기물. 시위습명. 고, 선인자, 불선인지사, 불선인자, 선인지자. 불귀기사, 불애기자, 수지대미. 시위묘요.

다니기를 잘하면 수레바퀴 흔적이 없고, 말을 잘하면 허물과 책망이 없고, 셈을 잘하면 계산도구가 필요 없고, 닫기를 잘하면 빗장이 없더라도 열 수가 없고, 매듭을 잘하면 끈 묶은 게 없더라도 풀 수가 없다. 그래서 성인은 언제나 사람 구하기를 잘하여, 고로 사람을 버림이 없고, 언제나 물건 구하기를 잘하여, 고로 물건을 버림이 없다. 이를 일러 '습명襲明'[속속들이 밝힘]이라 한다. 고로 잘하는 자는 잘 못하는 자의 스승이며, 잘 못하는 자는 잘하는 자의 자산이다. 그 스승을 귀히 여기지 않고, 그 자산을 사랑하지 않으면, 비록 아는 게 좀 있다 하더라도 크게 미혹된다. 이를 일

---

61) '襲明'이 백서본에는 '■明', '曳明', 한간본에는 '欲明'으로 되어 있다.
62) 하상공본-왕필본에는 '要妙'로 되어 있으나, 여기서는 백서본-한간본을 따른다.

러 '묘요妙要'[묘한 필요성]라 한다.

───────────

　노선생님, 이 27장에서는 좀 낯선 말이지만, '습명襲明'과 '묘요妙要'라는 좀 특이한 가치를 말씀하시는군요. 습명은 묘요의 기초이기도 하고.

　"그게 결국은 '좋은' 것이니 가치가 아니라고는 못하겠군요."

　그런데 이 말들은 현재 우리 한국은 물론 중국에서조차도 그대로는 사용되지 않기 때문에 곧바로 그 뜻을 알 수는 없습니다. 아무래도 풀이가 필요할 것 같군요.

　"그런가요? 그래도 앞부분에 설명을 해두었으니, 의미를 모르지는 않겠지요."

　네, '선구인, 무기인善救人, 無棄人', '선구물, 무기물善救物, 無棄物', 그게 '습명襲明'이고, 그리고 뒷부분은 핵심을 추려볼 때, '귀기사, 애기자貴其師, 愛其資', 그게 결국 '묘요妙要'라는 말이겠죠.

　"그게 무슨 설명이냐고, 사람들이 납득하지 않을 텐데…."

　그렇겠죠. 그래서 좀 풀어볼 필요가 있을 것 같습니다.

　"들어봅시다, 그 풀이. 먼저 '습명襲明'."

　네, 선생님은 여기서 또 선명한 대비를 하고 계시지요. '선善과 무無', '구인救人과 구물救物', '기인棄人과 기물棄物'. 잘한다-없다, 사람을 구한다-물건을 구한다, 사람을 버린다-물건을 버린다. 그러니까 사람 구하기-물건 구하기를 잘해서 사람 버리는 일, 물건 버리는 일이 없게 한다는 말씀이시죠. 이런 게 '습명襲明'이라는 말씀이신데, '밝음(明)'이라는 말씀이신데, 저는 개인적으로 이런 덕은 정말 중요하다고 생각합니다. 물론 쉬운 일은 아니지만요. 그러니까 '성인이 언제나 이렇게 한다'고 성인을 또 끌어들이신 거겠죠.

"공감한다는 말로 들리는데, 그렇다면 이게 무슨 뜻인지 알겠다는 말인지…."

일단 제 나름으로는요. '사람을 구한다(救人)'는 건, 언뜻 들으면 어려움에 처한 사람을 그 어려움에서 구해 준다는 말로도 이해할 수 있는데, 여기선 문맥상 일단 그런 뜻은 아닌 거지요. 왜냐하면 뒤에서 '구물救物', '물건을 구한다'는 말이 짝을 이루고 있고, 또 사람도 물건도 구한다는 것이 '버린다(棄)'는 것과 대를 이루고 있으니까요. 그러니까 이건 쉽게 말하자면 구인구직 할 때의 그 구인, 즉 필요한 사람을 찾아내는, 찾아서 쓰는 그 구인인 게지요. 구물은 당연히 필요한 물건을 찾아서 쓰는 거고요. 이걸 잘해야 된다는 거죠. 이걸 잘하면 구한 그 사람도 그 물건도 제 가치를 발휘해 큰 기여를 할 수 있는데, 이걸 잘 못하면 즉 잘 구하지 못하면 그 사람도 그 물건도 제대로 쓰이질 못하니 사람도 결국 버리는 셈이 되고 물건도 결국 버리는 셈이 되죠.

"이선생의 그 말의 행간에 뭔가 맺힌 게 있는 듯 느껴지는데…."

하하, 역시 노선생님, 날카로우시군요. 제가 지금까지 살아오면서 주변에서 그런 경우를, 그런 안타까운 경우를 너무 많이 보아왔기 때문입니다. 특히 중요한 직책에 꼭 필요한 사람을 제대로 구해서 앉히는 일을 다들 너무 못하는 겁니다. 제가 종사하는 학문세계에서도 그렇고, 특히 사람들의 삶에 결정적으로 중요한 정계-관계에서는 더더욱 그렇고요. 좀 과장하자면 대부분의 자리에 대부분 엉뚱한 엉덩이가 앉아서 일을 그르치는 경우가 허다하지요. 제대로 사람을 구한 경우는 참 드문 편이고요. 물론 제대로 사람을 구한 경우도 없진 않아서 그런 사람이 결정적인 기여를 하곤 하지요. 인재가 없는 건 아닌데, 그중 상당수가 엉뚱한 사람에게 자리를 뺏기고 그 역량을 사장하게 되지요. 그게 바로 '기인棄人', 사람을 버리는 거 아닐까요?

"그 말을 들으니 해석에 대한 반가움보다 현실에 대한 한숨이 먼저 나오는군요. 거 참, 사람들이란 여기서나 거기서나."

그러니 그걸 잘하는 건 성인인 게지요. 물건도 그렇지요. 저는 가장 대표적인 '물物'이 책이라고 봐요. 요긴한 책을 잘 구하는 사람이 성인인 거죠. 그런 책을 잘 구하지 않으면, 즉 알아서 사서 읽어주지 않으면 그 어떤 좋은 책도 결국 버려지는 거지요(棄物). 그리고 꼭 만든 물건만이 아니라 모든 사물이 다 그런 것 같아요. 예컨대 저는 나무 같은 '사물'이 그렇다고 보는데, 사람들이 사는 수변엔 나무가, 특히 여름날엔 잎 넓은 나무가, 그리고 숲이, 또는 공원 같은 게 정말 필요하거든요. 그런데 이런 걸 잘 구하는 사람이 의외로 드물어요. 아예 그런 걸 추구하는, 구하려는 개념도 없지요. 그런 나무들이, 잠재적인 숲이, 공원이 없는 건 아닌데…. 그러니 그걸 구하지 않으면 그것도 '기물棄物' 즉 물건을 버리는 게 되지요. 적재적소에 꼭 필요한 벤치를 설치하는 일, 그런 일을 잘하는 것도 '선구물善救物'일 것이고, 친환경 에너지를 실용화시키는 것도 '선구물'일 것이고, 미래의 먹거리를 찾아내는 것도 '선구물'일 것이고…. 누군가가 할 텐데 우리가 그걸 못하면 결국 그것도 '기물', 그것을 버리는 일이 되고 말지요. 그러니 사람도 물건도 잘 구하는 사람이 성인이라 말씀하신 거겠죠.

"그래서 그게 '습명襲明'인 겁니다."

아, 그렇군요. '명明', 제대로 볼 줄 아는 밝음, 휜함, 환함인데, 그냥 밝음도 아니고 '습襲', 즉 내부까지도 파고들어가 그 전후좌우 사정과 실상을 잘 아는 속속들이 밝음….63)

"중요한 건 그 습명이 곧 '잘하는 것(善)'과 연결된다는 겁니다."

네, 그래서 앞부분에서 좀 장황하게 그걸 강조하신 거겠죠. 좀 과장

---

63) 52장 '明', '襲常' 참조.

이다 싶을 정도로.

"다니기를 잘하면 수레바퀴 흔적이 없고, 말을 잘하면 허물과 책망이 없고, 셈을 잘하면 계산도구가 필요 없고, 닫기를 잘하면 빗장이 없더라도 열 수가 없고, 매듭을 잘하면 끈 묶은 게 없더라도 풀 수가 없다(善行, 無轍迹, 善言, 無瑕讁, 善數, 不用籌策, 善閉, 無關楗而不可開, 善結, 無繩約而不可解)."

'선행善行, 선언善言, 선수善數, 선폐善閉, 선결善結'. 다니기도 말도 셈도 닫기도 맺기도, 다 잘해야 된다는 말씀이겠죠. 이 '가기, 말하기, 셈하기, 닫기, 맺기', 이것들도 꼭 논리적 필연성을 가진 나열은 아니겠지만, 하나하나 다 사람에게 아주아주 중요한 일들이긴 하죠. 이것도 아마 잘은 모르겠지만, 어딜 가서 꼭 흔적을 남기려는 사람, 말을 잘못해 흠을 남기고 비난을 받는 사람, 도움 없이 저 혼자서는 셈을 제대로 못하는 사람, 제대로 잘 문단속을 못해 침입을 당하고 소중한 걸 잃어버리는 사람, 제대로 잘 결집을 못해 해체를 당하는 사람, 그런 문제적인 사람들을 선생님이 보셨기에 이런 말씀을 하신 게 아닐까 짐작을 합니다. 이런 것도 다 제대로 잘해야 한다는 말씀이겠죠. 사람 구하고 물건 구하는 것 말고도.

"세상에 중요한 일이 어디 하나둘이겠습니까. 사람과 사물은 특히 더 중요하긴 하지만. 그런데 그 사람도 다 같지는 않지요."

아, 그건 그렇죠. 그래서 '고로 잘하는 자는 잘 못하는 자의 스승이며, 잘 못하는 자는 잘하는 자의 자산이다. 그 스승을 귀히 여기지 않고, 그 자산을 사랑하지 않으면, 비록 지혜롭더라도 크게 미혹된다. 이를 일러 '묘요妙要'[묘한 필요성]라 한다(故, 善人者, 不善人之師, 不善人者, 善人之資. 不貴其師, 不愛其資, 雖智大迷. 是謂要妙).'라고 말씀을 이으셨겠죠. 잘하는 사람과 잘 못하는 사람이 있으니까.

"'묘요妙要'를 말한 건데 이건 어떻게 생각하시나?"

여기서도 대비를 하시는군요. '선인善人'과 '불선인不善人', 즉 잘하는 사람과 잘 못하는 사람. 앞의 문맥을 보면, 이게 요즘 이야기하는 착한 사람과 안 착한 사람, 그런 의미는 아닌 것 같고…. 그런데 뭔가 좀 묘한 것 같아요. 언뜻 생각하면, 이런 대비라면 선인은 당연히 긍정적인 것, 불선인은 당연히 부정적인 것, 그렇게 될 것 같은데, 선생님은 이 양자의 관계를 달리 설정하고 계시니까요.

"선인은 불선인의 스승이고 불선인은 선인의 자산이다(善人者, 不善人之師, 不善人者, 善人之資)."

그러니까요. 선인이 불선인의 '스승(師)'이라는 건 곧바로 이해되지만, 불선인이 선인의 '자산(資)'이라는 건 일단 좀 갸우뚱하게 됩니다. 언뜻 생각하듯이 부정적인 게 아니니까요.

"이 말도 수수께끼 같나요?"

아니 꼭 그런 건 아니고….

"그렇다면 이해가 된다는 말씀 같은데."

물론 제 식입니다만, 저는 이 말씀이 혹 반면교사, 타산지석, 경계로 삼으라, 또는 잠재성 가능성을 보라, 또는 그러니 무시하거나 비난하거나 배제하거나, 그러지는 말라, 그런 뜻으로도 들리는데….

"만일 그렇다면, 그럼 그 다음은?"

선인과 불선인의 관계가 그런 것이라면, 즉 스승과 자산의 관계라면 잘하는 사람도 잘 못하는 사람도 서로서로 상대를 긍정적인 눈으로 볼 필요가 있는 거겠죠. 서로서로 필요한 관계인 겁니다. 불선인은 선인을 귀히 여기고(내가 잘 못하는 걸 저분은 잘하니까), 그리고 선인은 불선인을 사랑해 주고(누구나 처음부터 다 잘하는 건 아닌 거니까. 그리고 잘 못한다는 자체가 딱한 일이기도 하니까). 그래서 '귀기사, 애기자貴其師, 愛其資'를 말씀하신 거겠죠.

"나는 '불귀不貴', '불애不愛', 즉 '그렇게 하지 않는 것(不貴其師, 不

愛其資)'을 말했는데."

하하, 그 말씀이 그 말씀 아닌가요? '귀기사, 애기자' 하지 않으면 '수지대미雖智大迷'라 하셨으니, 즉 '그 스승을 소중히 여기지 않고 그 자산을 사랑하지 않으면, 비록 아는 게 좀 있다 하더라도 크게 미혹된다.' 하셨으니, 결국 미혹되지 말고 제대로 귀히 여기고 제대로 사랑해 주라는 말씀인 거죠. 그런 게 바로 '묘요妙要'라고. 묘한 필요….

"하하, 그야 그렇지요. 그래 '대미大迷'는 어떻게 읽으셨는지."

'잘한다-못한다'를 가지고 사람을 구별하고, 저쪽이 이쪽을 '쳇, 제까짓 게 잘나면 얼마나 잘났다고…' 하고 시기하거나, 저쪽이 이쪽을 '에이그, 그것도 제대로 못하는 못난 게…' 하고 깔보고 무시하고 비난하고 배제하면 그나마 있는 지혜도 빛을 잃게 되지요. 심한 경우엔 대립과 다툼도 발생하게 됩니다. 아주 난감한. 그야말로 '대미大迷'인 게죠, 그런 사태는. 그래서 서로서로 존경하고 사랑하고 해야 하는 거죠, 이 관계는.

"참 묘한 이치죠. 그런데 이런 게 사람에게는 꼭 필요하고 중요한 겁니다."

아하, 그래서 '묘요妙要'로군요. 잘난 스승도 필요하고 못난 제자도 필요하고. 묘한 필요성 혹은 묘한 요체. 역시 덕이로군요.

" '습명' 그리고 '묘요'. 잘하는 자에게도 못하는 자에게도 필요한 가치지요."

선생님 같은 분과 저 같은 사람의 관계에 필요한 가치? 하하하.

"스스로 불선인을 자처하시는 건가요? 본인이 '불선인'이 아니란 말을 듣고 싶어서 하는 소리처럼 들리는군요. 그건 혹시 나한테 배운 역설인가요? 반어법? 하하하."

28.

그 수컷을 알면서 그 암컷을 지킴은

知其雄, 守其雌, 爲天下谿. 爲天下谿, 常德不離, 復歸於嬰兒. 知其
白, 守其黑, 爲天下式. 爲天下式, 常德不忒, 復歸於無極. 知其榮,
守其辱, 爲天下谷. 爲天下谷, 常德乃足, 復歸於樸. 樸散則爲器. 聖
人用之, 則爲官長. 故, 大制無割.64)

지기웅, 수기자, 위천하계. 위천하계, 상덕불리, 복귀어영아. 지기백, 수기흑, 위천
하식. 위천하식, 상덕불특, 복귀어무극. 지기영, 수기욕, 위천하곡. 위천하곡, 상덕
내족, 복귀어박. 박산즉위기. 성인용지, 즉위관장. 고, 대제무할.

그 수컷[우뚝함]을 알면서 그 암컷[오목함]을 지킴은 천하의 냇물이 된다.
천하의 냇물이 되면 상덕이 떠나지 않아 영아로 복귀한다. 그 하양을 알
면서 그 검정을 지킴은 천하의 본보기가 된다. 천하의 본보기가 되면 상
덕이 어긋나지 않아 무극으로 복귀한다. 그 영예를 알면서 그 굴욕을 지
킴은 천하의 골짜기가 된다. 천하의 골짜기가 되면 상덕이 곧 족하여 원
목[순수한 본연]으로 복귀한다. 원목이 조각나면 그릇이 된다. 성인이 이를
쓰면 관의 장이 된다. 고로 큰 법도는 가름이 없다.

---

64) 왕필본에만 '不割'로 되어 있다. 다수본을 따른다.

노선생님, 어휴~.

"아니, 왜 한숨을…."

이 말씀을 듣고서 곧바로 '아하' 하며 고개를 끄덕일 사람이 도대체 몇 명이나 될까요? 중국인은 이 말을 곧바로 알아들을까요? 주나라 사람들한테도 아마 쉽진 않을 겁니다. 곧바로 알아듣는 사람이 있다면 그는 아마 천재일 겁니다. 혹은 귀신이거나. 전에도 말씀드렸습니다만, '중국인들은 왜 그런 식으로 말하는지 모르겠다'고 투덜댄 그 독일인의 말에 저도 격하게 공감하고 싶어지네요, 이 말씀에 대해서는.

"또 수수께끼 같나요? 허허."

같은 게 아니라 이건 수수께끼가 분명합니다. 적어도 제게는요. 머리에 쥐가 나도록 생각하고 또 생각해 봤습니다.

"그래 뭐가 좀 풀리던가요?"

네, 뭐, 일단 제 식으로요. 정답은 아닐 수도 있겠지만, 일단 문맥은 통하게 풀어봤습니다.

"어디 한번 들어봅시다."

그전에 먼저 한 가지 말씀드리고 싶은 게 있습니다.

"응? 뭐죠?"

전에도 잠깐 말씀드렸지만, 제가 전공한 하이데거가 선생님을 엄청 좋아했는데, 특히 이 27장, 그중에서도 특히 '지기백, 수기흑知其白, 守其黑'에 꽂혔다는 겁니다.

"오호, 그래요? 무슨 특별한 이유라도."

누구의 영향인지는 분명치 않지만, 아무튼 그 양반은 이걸 자기 철학과 연결시켜 이른바 존재진리의 양면성으로 해석했기 때문입니다. 존재의 드러냄(Entbergung)과 감춤(Verbergung)이라는 양면으로요. 백을 밝음,

흑을 어둠으로. 밝음과 어둠… 그 모순적인 양면이 동시에 있다, 존재라는 현상에는. 그렇게요. 그런데…

"그런데?"

제가 보기엔 그건 좀 아닌 것 같고요. 물론 선생님의 텍스트 자체가 애매한 표현이니 해석은 자유지만, 그래도 원작의 기본의미는 유지해야 하는데, 하이데거의 해석은 완전히 초점이 안 맞는 거죠. 아주 엉뚱한 해석입니다. 그건 그냥 하이데거의 철학이지 이미 노자의 철학은 아닌 겁니다.

"흠, 그런 게 있었군요. 그래, 그럼 이선생이 읽은 노자의 철학은 어떤 긴지."

제가 보기엔, 선생님의 전형적인 스타일 중 하나지만, 마지막 말씀에 포인트가 있는 것 같아요.

"대제무할大制無割"

네, '큰 법도는 가름이 없다[가르지 않는다].' 이 말도 사실 거의 수수께끼이지만, '고로'라는 말이 있으니 그 앞에 뭔가 그 이유가 혹은 근거가 있다는 뜻이겠지요. 아닌 게 아니라 그 앞부분이 다 이 말에 대한 설명이라고, 혹은 적어도 단서가 된다고 저는 읽었습니다.

"그래, '대제大制'는 뭐고 '무할無割'은 뭔지?"

'대제大制'는 그야말로 커다란, 위대한, 대단한 법도, 세상의 기본이치, 혹은 만듦? 혹은 다스림? 그러니까 어떤 점에서는 '도'라고 봐도 좋을 것 같고….

"그럼 '무할無割'은?"

'무할'은 가름이 없다, 나눔이 없다, 분할이 없다는 것. 저는 이게 결국 앞에서 세 차례 말씀하신 '상덕常德'과 통한다고 읽었습니다. '위천하계爲天下谿', '위천하식爲天下式', '위천하곡爲天下谷'의 그 '계谿', '식式', '곡谷'에, 즉 냇물, 본보기, 골짜기 같은 사람에게 내재된 상덕.

그리고 그것이 구현하고 있는 '영아嬰兒', '무극無極', '박樸'과 같은 상태. 그런 상덕의 핵심이 바로 '무할'인 거겠죠.

"그럼 앞의 말들이 어떻게 '대제무할大制無割'의 설명 내지 단서가 된다는 것인지."

천하계, 천하식, 천하곡, 그리고 영아, 무극, 박, 이게 다 '무할無割' (가름이 없음)과 연결성은 있지요, 분명히. '천하계'는 천하의 냇물이니 천하의 모든 물이 너-나 없이 다 거기로 흘러들 것이고, '천하식'은 천하의 법식이니 천하의 모든 일이 이것-저것 없이 다 그것에 따를 것이고, '천하곡'은 천하의 계곡이니 천하의 모든 봉우리가 너-나 없이 다 거기로 쏠리고 모이겠지요. 모두 다이니 하나이며 구별 즉 가르기(割)가 없는 겁니다. 그리고 순수 그 자체인 '영아'에게도 애당초 빈부니 지위고하니 유명 여부니 아무런 분별이 없고, '무극'도 이쪽저쪽 양극단이 없는 것이니 역시 분별이 없고, '박'도 손질하기 이전의 자연 그 상태이니 기둥이니 몽둥이니 아직 구별이 없지요. 그런 구별 없음, 분별 없음이라는 '무할無割'의 모습을 선생님은 '상덕常德'이라고, 그냥 덕도 아니고 언제나 변함없이 유지되는 진정한 덕, '상덕'이라고 평가하신 거죠.

"내가 왜 그런 걸 '상덕'이라고 평가했을까요?"

제 경우로 미루어 짐작해 본다면, 어쩌면 그 배경에 무할의 반대인 '할割', 즉 나누기-가르기라는 부덕不德이 있는 걸 통감하신 게 있지 않을까…, 그런 생각도 해봅니다만.

"이선생의 경우가 대체 어떻기에."

저의 세상에서는 이런 '할', 나누기-가르기가, 특히 좋고-나쁨의 분별, 그리고 쏠림과 편중, 특히 그런 가치평가로 인한 편 가르기가 극심해서 나라가 아주 거덜 날 지경입니다. 이런 건 사실 동서고금, 언제나 어디서나 그런 보편적 경향이긴 하지요. 《소크라테스의 변론》에서도 확인할 수 있고 공자의 어록인 《논어》에서도 확인할 수 있고. 그러니 제가 이 '무할'을 '상덕'으로 인정하지 않을 수가 없지요. 돈이 있고 없음, 지위가 높고 낮음, 명성이 있고 없음, 모든 게 분명히 갈려 있고 모두가 한쪽으로만 달려갑니다. 온 세상이 다. 그렇게 학교도 갈려 쏠리고 동네도 갈려 쏠리고, 지역도 갈려 중앙에만 쏠리고, 현대 한국 사람들은 이게 무슨 소린지 곧바로 다 압니다. 동서남북, 상하좌우, 전후 원근, 심지어 남녀(즉 선생님이 말씀하시는 자웅)까지, 다 갈라져 있습니다. 그 문제가 여간 심각한 게 아닙니다. 그러니 '할'은 '하덕下德'도 못 되고 결국 '부덕不德'인 게지요.

"그 이야길 들으니 이번엔 네가 예휴 - 히고 한숨을 쉬고 싶군요. 내 말의 본뜻이 설령 다르다고 하더라도 그거 상관없이 바로 이런 걸 경계한 말이라고 인정해 주고 싶은 심정입니다."

아무튼 그런 뜻으로 저는 선생님의 이 말씀에 너무너무 공감합니다. 특히 그 상덕의 구체적인 모습이 아주 매력적입니다. 표현도 멋있고요. '그 수컷[우뚝함]을 알면서 그 암컷[오목함]을 지킨다, … 그 하양을 알면서 그 검정을 지킨다, … 그 영예를 알면서 그 굴욕을 지킨다(知其雄, 守其雌, … 知其白, 守其黑, … 知其榮, 守其辱).' 이런 대비. 저는 선생님의 이런 언어표현, 정말 좋아합니다. 간략하고 가지런하고 음악적이고 그러면서 의미도 깊고, 한어의 큰 장점인 것 같아요.

"형식보다 내용이 중요한 거지요."

그야 물론. 이왕이면 다홍치마라는 거죠. 표현뿐 아니라 내용도 당연히 멋있습니다. '지知와 수守', 앎과 지킴. A를 알면서도 B를 지킨다. A와 B는 반대되는 것인데, 갈라서 어느 한쪽에 치우치지 않는 거죠. 특히 '웅雄과 자雌', '백白과 흑黑', '영榮과 욕辱', 세상 사람들은 다 '웅雄-백白-영榮'만 알고 그쪽으로 쏠리는데, 상덕은 그걸 알면서도(知) '자雌-흑黑-욕辱'을 지키는(守) 거죠. 웅-백-영이 좋은 쪽이라는 걸 모르는 건 아닌 거죠. 그런데, 그렇긴 하지만, 그럼에도 불구하고, 굳이 덜 좋다는 혹은 나쁘다는 자-흑-욕을 지킨다는 건 아무나 하는 쉬운 일이 아닌 거죠. 이쪽-저쪽의 가르기가 없는 거죠. 그러니 그게 '덕'이고 더욱이 '상덕'인 거겠죠. 왜냐하면 자-흑-욕은 요즘 식으로 말하자면 소외와 차별과 배제의 영역이기도 하니까요. 그 해당자가 자기 자신이든 혹은 다른 사람이든, 그 영역의 가치를 인정하고 존중하고 지켜주는 거니까요. 마치 저 현대 프랑스의 '타자철학'처럼. 레비나스 등의.

"그게 왜 덕이 되는지는 생각해 보셨는지."

네, 저는 설혹 그 자-흑-욕이 '덜 좋은' 걸 지나 '나쁜' 것이라 하더라도, 이 세상에선 어차피 누군가가 그 자-흑-욕으로 살아갈 수밖에 없으니 그런 그들을 '지키는' 것이 덕이 될 수 있는 게 아닌가, 그런 생각이 들더군요. 선생님 땐 어땠는지 잘 몰라도, 요즘 저희들 세상에선 더 이해하기가 쉽습니다. 이를테면 '자雌'는 여성, '흑黑'은 흑인, '욕辱'은 불합격자-탈락자가 해당될 수 있는데, 다 불리한 조건을 감수해야 하는 사람들이지요. '수기자守其雌', '수기흑守其黑', '수기욕守其辱'의 그 '수기守其'는 바로 그런 사람들의 존엄과 이익을 지킨다는 말이니, 더욱이 '지기웅知其雄', '지기백知其白', '지기영知其榮', 웅-백-영이 좋은 것인 줄을 다 알면서도(지기知其) 그 반대쪽을 지킨다는 말이니, 그러니 그게 다 상덕이 아닐 수 없는 거지요. 우뚝한 것(웅雄), 환하게 조명을 받는 것(백白), 영광스러운 것(영榮), 그런 걸 다 알면서도, 굳이 아래서 받아주는 것(자雌), 그늘에 가려지는 것(흑黑), 영예를 마다하고 굴욕을 감수하는 것(욕辱), 실제로 그렇게 하는 인물도 없지 않은데 그래서 더욱 훌륭하고 더욱 돋보이는 거죠. 그래서 그런 게, 즉 가르지 않고 양쪽을 다 아우르는 게, 그게 '상덕'이다, 아무튼 저는 그렇게 이해했습니다.

"설혹 내 뜻과 다르더라도 정말 말은 잘 통하는군요."

선생님의 말뜻이 그런 것이길 저는 기대합니다. 달리는 풀이할 방도가 없으니까요, 저로서는.

"'복귀한다(復歸於…)'는 말이 남아 있는데 그건 어떻게 풀이하시는지."

아, 그건…, 영아嬰兒-무극無極-박樸이 다 분별 이전의 본래의 상태, 원래의 상태, 당초의 상태이니 그렇게 되는 것이 복귀다(復歸於…), 그렇게 말씀하신 게 아닌지. 본래는 애당초 다 그런 것이었는데 인간들이 살아가면서 점점 분별을 하고, 남자다 여자다, 백이다 흑이다, 영광이다 굴욕이다, 그렇게 가르고 나누고 하면서 온갖 문제들이 발생하는 것이니 영아-이치-원목 같은 본래의 상태를 되찾자는 그런 의미로 하신 말이 이닌가, 그렇게 이해했습니다만.

"그것도 일단 말은 되는군요. 그래도 한마디가 더 남았네요."

안 그래도 말씀드리려던 참이었습니다. '원목이 산산이 조각나면 그릇이 되는데, 성인이 이걸 사용하면 관의 장이 된다(樸散則爲器. 聖人用之, 則爲官長).' 문맥에서 약간 튀어나가는, 생뚱맞은 비약 같은 느낌을 주기도 합니다만, 실은 이 말에 선생님의 진심이 좀 드러나 있는 것 같기도 합니다. 즉, 기관의 장에게 이런 '무할'의 덕이 꼭 필요하다고, 그런 취지로 하신 말씀이 아닌지…. 성인, 즉 훌륭한 사람은 그런 덕을 갖춘 인물을, 인재를 알아보고 발탁해서 소중한 그릇(器)으로 쓴다, 즉 그렇게 써야 한다는 말씀이겠죠, 성인처럼. 저는 너무나 공감합니다. 관의 장(官長)이라는 건 제가 실제로 살면서 겪어보니 사람들의 삶에 결정적으로 중요한 자리더군요. 그리고 어떤 사람이 그 장이 되느냐에 따라 그 결과는 정말 천양지차더군요. 편 가르기를 해서 한쪽을 편애해서는, 즉 '할割'이 기준이 되어서는 결코 훌륭한 장이 될 수가 없더군요. 동네 주민센터장에서 일국의 대통령까지, 모든 공직(官)의 장이. 대학의 장도, 회사의 장도 아마 그래서 선생님이 이런 말씀을 여기서 하신 게 아닌가…. 선생님의 그때 거기에도 관이 있고 그 관의 장이 있었을 테니까.

"그리고 그들의 그릇 쓰기가 늘 '무할無割'을 기준으로 한 건 아니니까."

그런데 무할이 만능은 아니겠죠? '할'이 덕이 되는 경우도 없지는 않을 텐데….

"응? 또 무슨 말씀을 하시려고…."

카드를 긁고 3개월 무이자 '할'부는 아주 유용하던데. 하하.

"그런 건 나한테 묻지 말고 알아서 판단하시죠. 하하하."

29.

장차 천하를 취하여 그걸

將欲取天下而爲之, 吾見其不得已. 天下神器, 不可爲也. 爲者敗之,
執者失之. 故, 物, 或行或隨, 或噓或吹,65) 或强或羸, 或培或墮.66)
是以聖人去甚, 去奢, 去泰.
장욕취천하이위지, 오견기부득이. 천하신기, 불가위야. 위자패지, 집자실지. 고, 물,
혹행혹수, 혹허혹취, 혹강혹리, 혹배혹타. 시이성인거심, 거사, 거태.

장차 천하를 취하여 그걸 어떻게 해보려고들 하는데, 나는 그 얻지 못함
을 볼 뿐이다. 천하는 신묘한 기물이라 어떻게 할 수 없다. 어떻게 하려는
자는 이를 망치고, 잡으려는 자는 이를 놓친다. 고로 사물은 앞에서 가기
도 하고 뒤에서 따르기도 하고, 따스한 숨을 내쉬기도 하고 차가운 바람
을 불기도 하고, 강하기도 하고 약하기도 하고, 북돋우기도 하고 무너뜨리
기도 한다. 이로써 성인은 극심함을 버리고, 사치함을 버리고, 거만함을
버린다.

---

65) 왕필본에는 '或歔或吹'로 되어 있으나, 여기서는 백서본을 따른다.
66) 왕필본에는 '或挫或隳'로 되어 있으나, 여기서는 백서본을 따른다.

노선생님, 선생님은 혹시 자신의 어법에 어떤 특징이 있는지, 그런 건 생각해 보신 적 없으시죠?

"하하 그런 게 있나요? 있더라도 그런 건 남들이 봐주는 것이지, 군이 자기 자신이 생각해 볼 일은 아닌 것 같은데. 대체 어떤 특징이 있기에 이런 말씀을 꺼내시는 걸까?"

일종의 '부정적 화법'이라고 할까. 문제를 지적하시는 거죠. '부정'이라는 말의 이미지는 좀 그렇지만 저는 개인적으로 그런 게 철학의 주임무 중 하나라고 생각하기에 이 '부정적'이라는 것을 긍정적으로 보는 편입니다.

"그래, 내가 뭘 부정한다는 말씀이신지."

'견기부득見其不得', '불가위야不可爲也', '…패지敗之', '…실지失之', '거심, 거사, 거태去甚, 去奢, 去泰', 다 부정적이죠. '불不-패敗-실失-거去' 다 그렇잖아요?

"듣고 보니 그렇군요. 하지만 이런 말도 다 이유가 있어서 하는 말인데…"

그렇지요. 저도 그 '이유'를 주목하는 편입니다. 저는 평소 '모든 철학들은 다 고유한 출발점이 있다'고, 즉 '그 철학을 하지 않을 수 없는 필연적 이유랄까 사정이랄까 문제 같은 게 있다'고, '그걸 이해하지 않으면 그 철학을 제대로 이해하지 못하고 그래서 결국 쓸데없이 어렵게만 만든다'고 강조해 왔는데, 선생님께는 바로 그런 필연적 이유가 있으니 제대로 철학인 셈이지요.

"그래, 이선생은 뭐가 그 이유라고 느끼시는지."

처음에 다짜고짜 말씀하시는 '장차 천하를 취하여 그걸 어떻게 해보려고들 하는데(將欲取天下而爲之)', 그리고 '하려 함, 잡으려 함(위爲-집

執)', 그리고 '극심함, 사치함, 거만함(심甚-사奢-태泰)', 그런 문제적인 현실이 이런 경계성 말씀을 하신 이유가 아닐까…. 이런 부정적인 것들에 대한 부정이랄까, 그게 이 말을 하신 이유라고, 제게는 그렇게 들립니다만.

"그렇게 말한 이상, 이젠 이 말들을 풀어줘야 할 의무가 이선생에게 생긴 것 같은데."

네, 풀어보지요. 미루어 짐작건대, 아마도 선생님 주변에 혹은 눈앞에 이런 인물들이 있었겠지요. 천하를 취해서 뭔가를 해보려는…. 그건 역사학자들이 우리에게 알려줍니다. 이른바 춘추전국 그 당시의 시대적 혼란상을. 그리고 자기가 나서서 뭔가 인위적으로 어떻게 해보려 하고 (위爲者) 특히 자기 손아귀에 꽉 잡고서 놓지 않으려 하는(집執者), 그리고 좀 구체적인-세부적인 혹은 인격적인 면모로는 '심하게-호사스럽게-거만하게(심甚-사奢-태泰)' 그런 태도로 뭔가를 해보려고 하는, 그런 자들이 선생님 주변에 혹은 눈앞에 있었겠지요.

"그걸 어떻게 미루어 짐작한다는 말씀인지."

무릇 인간의 역사가 온통 그런 것이었고 지금도 여전히 그러니까요. 예컨대 카이사르나, 알렉산드로스나, 칭기즈칸이나, 나폴레옹이나, 히틀러나, 노부나가-히데요시-이에야스, 그리고 메이지텐노, 그리고 어떤 점에서는 마르크스-레닌도 다 그런 부류의, 즉 천하를 취해 그걸 어떻게 해보려 한(장욕취천하이위지將欲取天下而爲之) '위자爲者-집자執者'가 아닐는지요. (그러고 보니 이들은 주로 정복자나 혁명가였네요. 꼭 그런 이들에게 한정되는 건 아닙니다만, 정치가도 많고.)

"그들과 그 추종자들은 그렇게 생각하지 않을 수도 있을 텐데."

그렇겠지요. 그들의 그 '하려 함(위爲之)'엔 일종의 선의도 있을 수는 있으니까요. 하지만 그 좋고-나쁨을 떠나서 '장욕취천하이위지將欲取天下而爲之'라는 객관적 사실은 분명합니다. 다만 선생님은 그런 걸 부정적인 눈으로 보신 거고요. 그리고 아마 칼 포퍼도….

"칼 포퍼?"

네, 그는 《열린사회와 그 적들(*The Open Society and Its Enemies*)》이라는 책에서 이른바 전체주의-유토피아주의를 맹공하면서 그 깃발 아래서 많은 사람이 오히려 희생되는 걸 경계했지요. 그의 눈으로 본다면 '취천하이위지取天下而爲之'(천하를 취해 뭔가를 어떻게 해보려 함)가 다름아닌 전체주의고 유토피아주의인 셈이죠.

"흠, 흥미롭군요. 그럼 그 사람의 대안은 혹시 뭔가요?"

이른바 비판적 합리주의(critical rationalism), '단편적 사회공학(piecemeal social engineering)'이라는 게 있는데, '추상적의 선의 실현을 목표삼지 말고 구체적인 악의 제거를 위해 노력하라'는, 그런 얘깁니다. 하지만 그런 자세한 이야기는 맥락을 벗어나니까 일단 생략하겠습니다.

"아쉽지만…, 그럼 이선생의 다음 풀이를 들어봅시다."

네, 선생님의 말씀이 부정적 화법이라고 말씀드렸습니다만, 그건 무엇보다도 선생님이 '장차 천하를 취하여 그걸 어떻게 해보려고들 하는 것(將欲取天下而爲之)'에 대해 '나는 그 얻지 못함을 볼 뿐이다. 천하는 신묘한 기물이라 어떻게 할 수 없다. 어떻게 하려는 자는 이를 망치고, 잡으려는 자는 이를 놓친다(吾見其不得已. 天下神器, 不可爲也. 爲者敗之, 執者失之).'라고 부정적인 '평가'를 하셨기 때문에, 부인하실 수가 없습니다. '천하를 취해 그걸 어떻게 해보려고들 하지만, 난 그런 게 성공하는 걸 본 적이 없다. 천하라는 게, 세상이라는 게 그렇게 만만하고 호락호락한 게 아니다. 사람이 뭔가를 어떻게 해서 뭔가가 어떻게 되는 게 아니다. 그건 신통한 기물이니 하늘이라면 어떻게 할 수 있을까…. 인간이 나서서 어떻게 한다고 해봐야 오히려 망가뜨릴 뿐이고 붙잡아봐야 결국은 사람 손아귀를 벗어난다.' 그런 말씀이니까요, 이 말씀은. 실제로 그랬습니다. 그런 사람들이 이 세상을 얼마나 망가뜨렸는지…. 그런 사람들치고 세상을 제대로 장악한 사람은 정말 없었습니다. 세상은 결국 그들의 손아귀를 벗어났죠(失之).

"내가 내뱉은 말이니 부정할 수는 없군요. 이선생 본인은 어떻게 생각하시는지."

헤겔이라면 아마 전적으로 동의할 겁니다. 그도 《역사철학 강의》에서 역사의 주인공은 [천하를 취해 어떻게 해보려고 한] 저 '세계사적 개인'들이 아니고, '정신(Geist)' 혹은 '이성(Vernunft)'이라고 했으니까요. '이성의 계략(List der Vernunft)'으로 움직이는 역사 그 자체의 변증법적 발전법칙이 따로 있다고 꿰뚫어봤으니까요. 세상 즉 천하를 '신기 神器'로 보는 것과 뭔가 비슷한 거죠. 즉, 세상이라는 게 인간이 어떻게 해볼 수 있는 게 아니다(不可爲)라는 거죠. 그런데 저는…,

"이선생은?"

저는 반반입니다. 기본적으로는 선생님과 헤겔의 견해에 동의하면서도 인간이 해야 할(爲之) 부분은 있다고 봅니다. 그게 만일 선생님 말씀대로 '신기神器'라면 신이 인간에게 뭔가 하도록 시키는 부분도 있을 거란 말씀이죠. 인간적인 노력(爲之)을 완전히 무시할 수도 없다는 겁니다. 다만 그 의지도 능력도 실은 인간 자신의 것이 아니므로 균형은 잃지 말아야겠죠. 세상 모든 것이 애당초 양면이 있는 거니, 인간을-자기를 너무 내세워서는 곤란하다고, 그러면 문제가 발생한다고, 오히려 세상을 망가뜨리고 놓칠 뿐이라고, 선생님도 그런 부분을 경계하며 강조하신 게 아니었던가요?

" '고로 사물은 앞에서 가기도 하고 뒤에서 따르기도 하고, 따스한 숨을 내쉬기도 하고 차가운 바람을 불기도 하고, 강하기도 하고 약하기도 하고, 북돋우기도 하고 무너뜨리기도 한다. 이로써 성인은 극심함을 버리고, 사치함을 버리고, 거만함을 버린다(故, 物, 或行或隨, 或噓或吹, 或強或羸, 或培或墮. 是以聖人去甚, 去奢, 去泰).'를 그렇게 읽으시는군요."

네, '행行-수隨', '허噓-취吹', '강强-리羸', '배培-타墮'(감-따름, 따스한 숨-차가운 바람, 강함-약함, 북돋움-무너뜨림), 다 대비되는 일들인데, 실은 이 양면들이 세상(天下)에는 다 필요한 거죠. 저는 이런 식의 이야기 아주 좋아합니다. 모두가 언제나 어디서나 '행行-허噓-강强-배培'만 할 수는 없고 누군가는 또 언젠가는 어디선가는 '수隨-취吹-리羸-타墮'하는 혹은 해야 하는 경우도 있으니까요. 이런 경우 저런 경우, 다 의미가 있으니까요. 이런 이치를 안다면 '심甚-사奢-태泰'(극심함-사치함-거만함), 그런 태도는 당연히 경계하고 삼가야겠지요.

"그런데 보통 사람들에게는 그게 참 쉽질 않아요."

그러니까, '거심去甚-거사去奢-거태去泰'(극심-사치-거만을 제거)할 수 있는 게 성인이라고 선생님은 말씀하신 거겠죠. 누구나 쉽게 잘 하는 거라면 굳이 그걸 가지고 '성인聖人' 운운할 필요가 있겠습니까. 앞서 가는 사람도 뒤따르는 사람도, 덥혀주는 사람도 식혀주는 사람도, 강인한 사람도 유약한 사람도, 북돋우는 사람도 허무는 사람도, 다 각자의 역할이 있는 거니까, 그 각각의 가치를 알아보고 알아주는 게 덕이 되는 게지요. 그러니 극심함도 사치함도 거만함도, 그 모든 인간적 선호 가치도 경계해야 하는 거겠죠.

"그래서 성인은 '거심-거사-거태'하는 겁니다."

그렇죠. 적당히 알맞게, 수수하게, 겸손하게. 우리 노선생님처럼. 하하하.

30.
도로써 군주를 보좌하는 자는

以道佐人主者, 不以兵强天下, 其事好還. 師之所處, 荊棘生焉. 大
軍之後, 必有凶年. 善者果而已, 不敢以取强. 果而勿矜, 果而勿伐,
果而勿驕. 果而不得已,[67] 是謂[68]果而不强.[69] 物壯則老,[70] 是謂不
道. 不道早已.

이도좌인주자, 불이병강천하, 기사호환. 사지소처, 형극생언. 대군지후, 필유흉년.
선자과이이, 불감이취강. 과이물긍, 과이물벌, 과이물교. 과이부득이, 시위과이불강.
물장즉로, 시위부도. 부도조이.

도로써 군주를 보좌하는 자는 군대로 천하를 강제하지 않는다. 그런 일은
곧잘 되돌아온다. 장수가 머물던 곳에는 가시덤불이 자라나고, 대군이 지
나간 뒤에는 반드시 흉년이 있다. 잘하는 자는 달성하고서 그치지, 구태여
그것으로 강함을 취하지 않는다. 달성하고서 자랑하지 말며, 달성하고서

---

67) 백서본에는 '果而不得已居'로 되어 있다. '居'자가 붙어 있다.
68) 통용본에는 '是謂'라는 이 말이 없으나, 여기서는 죽간본·백서본을 따라 추
    가했다.
69) 통용본에는 '勿强'이라고 되어 있으나, 죽간본·백서본을 따라 '不强'으로 고
    친다. 그게 자연스럽다. 한간본에는 이 부분이 아예 없다.
70) 백서본에는 '物壯而老'라고 되어 있다. 그러나 이 부분이 다시 등장하는 55
    장에서는 백서본도 죽간본도 모두 '物壯則老'라고 되어 있다. '이'를 '즉'의
    의미로 해석할 수밖에 없다.

으스대지 말며, 달성하고서 교만하지 말라. 달성했지만 부득이했다고 하는 것, 이를 일컬어 '과이불강果而不强'[달성했지만 강함을 드러내지 않는 것]이라 한다. 무언가가 건장하면 곧 늙어버린다. 이를 일컬어 도가 아니라 한다. 도가 아니면 일찍 끝나버린다.

노선생님, 이 30장의 말씀, 저는 참 좋아합니다.

"아, 그래요? 그거 반가운 말이군요."

저뿐만 아니라 많은 분들이 좋아할 겁니다. 그런데…

"그런데? '그런데'라고 하니 또 긴장되는군요."

그런데 아마 싫어하는 사람들도 적지 않을 겁니다. 이건 일종의 반전-평화주의니까요.

"그런 표현을 쓰지는 않았지만."

직접적인 표현이 없다고 그걸 모르겠습니까. 전체 문맥이 그런 걸요. 여기서 선생님은 '도道'와 '병兵 내지 강强'을 선명하게 대비하고 계십니다. 군대와 강함이죠. 이것에 대해서는 다분히 비판적이십니다. '도'를 권하고 '병 내지 강'을 경계하고.

"글에서 그게 보이나요?"

보이다마다요. '도로써 군주를 보좌하는 자는 군대로 천하를 강제하지 않는다. 그런 일은 곧잘 되돌아온다. 장수가 머물던 곳에는 가시덤불이 자라나고, 대군이 지나간 뒤에는 반드시 흉년이 있다(以道佐人主者, 不以兵强天下, 其事好還. 師之所處, 荊棘生焉. 大軍之後, 必有凶年).'고 하지 않으셨습니까. 첫 문장에서 선언적으로 하신 이 말씀이 이미 '도'에는 긍정적이고 '병兵-강强-군軍'에는 부정적이잖아요. 더욱이, 군대로 천하를 강제하는 것은 '곧잘 되돌아온다(好還)'고 하셨으니, 군대와 강함은 또 다른 군대와 강함을 불러오고 마주하게 된다는 말씀이겠죠. 아닌 게 아니라, 인간의 역사를 보면 그 어떤 강한 군대도 영원하지는 못했습니다. 결국은 다른 강군의 도전으로 패망의 길을, 혹은 쇠락의 길을 걸었죠. '병-강'이 되돌아온 셈이죠. 선생님은 아마 중국 이외엔 잘 모르시겠지만.

"듣고 싶군요. 다른 '병-강'의 도전으로 몰락한 그 강군의 이야기."

압도적으로 강했던 마케도니아의 군대, 로마의 군대, 몽골의 군대, 사라센의 군대, 흉노의 군대, 서란의 군대, 나폴레옹의 군대, 나치 녹일의 군대, 제국주의 일본의 군대…, 정말 그런 사례는 부지기수입니다. 선생님의 말씀이 진실임을 증명하고도 남을 정돕니다. 강군이 일으킨 전쟁의 참화는 끔찍하기가 이를 데 없습니다. '토지가 황폐해지고 산업 기반이 무너진다(師之所處, 荊棘生焉. 大軍之後, 必有凶年).'고 하셨는데, 그런 정도를 훨씬 뛰어넘지요. 가까운 과거에 전쟁을 겪어본 우리 한국은 그 참혹함을 너무나 잘 알고 있습니다. 선생님의 중국도 그럴 거고, 그리고 전쟁을 일으켰다가 패망한 일본도 마찬가지일 거고요.

"저런, 그러지 말라고 내가 이런 말을 남겼건만."

사람이란 게 어디 좋은 말을 잘 들어줘야 말이지요. 그 다음 문장도 아마 비슷할 겁니다. 참 좋은, 그리고 중요한 말인데, 사람들이 귀를 막고 있으니….

"잘하는 자는 달성하고서 그치지, 구태여 그것으로 강함을 취하지 않는다. 달성하고서 자랑하지 말며, 달성하고서 으스대지 말며, 달성하고서 교만하지 말라. 달성했지만 부득이했다고 하는 것, 이를 일컬어 '과이불강'[달성하고서 강함을 드러내지 않는 것]이라 한다(善者果而已, 不敢以取强. 果而勿矜, 果而勿伐, 果而勿驕. 果而不得已, 是謂果而不强)."

네, 그렇죠. 여기서 '선자善者'는 문맥상 아마도 군병을 잘 다루는 사람을 가리킬 텐데, 일정한 (혹은 불가피한) 목표를 달성한, 성과를 올린

다음에는 거기서 끝낼 줄을 알아야 한다는 말씀이겠죠. 그리고 그 달성한 성과로 강함을 과시하지 말라는 말씀이겠죠. 강압-강제하지 말라는 말씀이기도 하고요. 특히 구체적으로 '물긍勿矜-물벌勿伐-물교勿驕'를 말씀하시니, 선생님은 인간을 참 잘 알고 계셨던 것 같아요. '긍-벌-교', 자랑하고 떠벌리고 교만하고, 그게 보통 사람들이 보여주는 모습이니까요. '자, 봐. 나 이렇게 세단 말이야! 나 잘났지? 너 까불지 마! 까불면 혼나!' 그런 식인 거죠. 그걸 아시니까, 그게 얼마나 꼴사납고 위험한지를 잘 아시니까, '과이부득이果而不得已', 즉 '과이불강果而不强'이라는 철학을 말씀하신 거겠죠. 저는 그렇게 이해합니다.

"성과를 냈더라도, 목표를 달성했더라도, (그건 결국 전쟁이니까, 사람이 죽고살고 하는 일이니까) 결코 오만하게 자랑하고 으스대고 할 일이 아닌 거지요. 이겼더라도 '어쩔 수 없었다'고 하는 태도, 상대방에 대해 '강함'을 과시하고 억누르지 않는 태도, 그게 '불강不强', '과이불강果而不强'인 게지요."

사람들이 그렇게 잘 못하는…, 보통은 그 반대이지요. 목표가 달성되면, 성과를 내면, 즉 이기고 나면, 보통은 강압적인 태도를 보이지요. 강제도 하지요. 오만하게 자랑하고 으스대고, 대부분의 정복자, 점령군이 그러하듯이. 예컨대 과거 무력을 앞세워 조선을 먹어치운 일본이 그러했듯이….

"'무단武斷정치', 그러니 오래 못 가고 망한 게지요."

아마 몰랐던 거겠죠, 도의 이치를. '무언가가 건장하면 곧 늙어버린다. 이는 [즉, 늙어버리는 건장은] 도가 아니다. 도가 아니면 일찍 끝나버린다(物壯則老, 是謂不道. 不道早已).'라는 것을. 힘이 건장하면 그 다음은 늙어버리는 법인데, 그런 줄을 모르고 힘자랑을 했으니, 그게 부도不道라는 걸, 길이 아니라는 걸 몰랐던 거죠. 군국주의 일본이 전형적인 예입니다. 힘을 좀 가졌다고, 건장하다고, (곧 늙고 쇠해질 줄은

모르고) 닥치는 대로 오만하게 전쟁의 길을 걸었던 게죠. 조선을 침략하고, 청일전쟁을 일으키고, 숨 돌릴 틈도 없이 러일전쟁을 일으키고, 또, 대만침략, 만주사변, 중일전쟁, 동남아확전, 미일전쟁…, 그러다 자기보다 더 강한 군대를 만나 결국 패망을 한 거죠. 1945년의 항복. '부도조이不道早已', 길이 아닌 길을 갔으니 일찍 끝나버린 거죠. '님의 세상은 천 년토록 팔 천 년토록 조약돌이 바위가 되어 이끼가 끼도록(君が代は千代に八千代にさざれ石の巌となりて苔の生すまで)'이라는 저들의 국가와는 달리, 백 년도 못가고 망해 버린 거죠.

"그들도 나의 이 말을 읽기는 읽었으련만…"

그러게요. 일본에서도 선생님의 《도덕경》은 이미 유명할 데로 유명했는데….

"그 글자들도 조약돌처럼 바위가 되어 이끼가 끼고 말았나 보지요. 하하하."

의미를 읽으라고 있는 글자들인데, 의미는 읽지 않고 글자만 읽었는지…. 하하하.

31.

무릇 군대란 것은 상서롭지 못한 기물이어서

夫兵者,71) 不祥之器, 物或惡之. 故, 有道者弗居.72) 君子居則貴左,
用兵則貴右. 故73)兵者, 不祥之器, 非君子之器. 不得已而用之, 恬
淡爲上. 勝而不美, 而美之者, 是樂殺人. 夫樂殺人者, 則不可得志
於天下矣. 是以74)吉事尙左, 凶事尙右. 偏將軍居左, 上將軍居右,
言以喪禮處之. 殺人之衆, 以哀悲泣之. 戰勝, 以喪禮處之.

부병자, 불상지기, 물혹오지. 고, 유도자불처. 군자거즉귀좌, 용병즉귀우. 고병자,
불상지기, 비군자지기. 부득이이용지, 념담위상. 승이불미, 이미지자, 시락살인. 부
락살인자, 즉불가득지어천하의. 시이길사상좌, 흉사상우. 편장군거좌, 상장군거우,
언이상례처지. 살인지중, 이애비읍지. 전승, 이상례처지.

무릇 군대(군인/병기)란 것은 상서롭지 못한 기물이어서, 사물도 혹 그것을
싫어할 수 있다. 고로 도가 있는 자는 [이런 데] 몸을 두지 않는다. 군자
는 평상시에는 왼쪽을 귀히 여기고, 용병을 하면 오른쪽을 귀히 여긴다.

---

71) 통용본에는 '夫佳兵者'로 되어 있으나 내용상 부자연스럽고 불필요하다고
보아 백서본에 따라 '佳兵'의 '佳'자를 뺐다. '佳'가 '唯'의 오자라는 설도
있다. 그것은 설득력이 있다. 그러나 '唯'자도 굳이 있을 필요는 없다.

72) 백서본-한간본에는 '道'가 '欲'으로 되어 있다. 문맥을 고려해 통용본을 따른
다. 단 '弗居'는 백서본-한간본을 따른다.

73) 죽간본과 백서본에 모두 '故'자가 있으므로 이를 살린다.

74) 백서본-한간본에 따라 '是以'를 되살렸다.

고로 군대(군인/병기)란 것은 상서롭지 못한 기물이며, 군자의 기물이 아니다. 부득이해서 이를 쓸 때는, 담담함을 위(上)로 삼는다. 이기고도 아름답게 여기지 않으니, 그런데도 아름답게 여기는 것은 살인을 즐기는 것이다. 무릇 살인을 즐기는 자는 천하에 뜻을 이룰 수 없다. 그래서 길한 일에는 왼쪽을 우러르고, 흉한 일에는 오른쪽을 우러른다. 편장군은 왼쪽에 자리를 잡고, 상장군은 오른쪽에 자리를 잡는데, [이는] 상례로써 이에 대처한다는 말이다. 사람을 죽인 무리는 비애로써 이를 울어줘야 한다. 싸워 이겼으면 상례로써 이에 대처해야 한다.

노선생님, 이 31장은 읽으면서 마음이 무거워집니다. 여기서는 '병兵', '전戰' '살인殺人', 이런 걸 주제로 말씀하시니까요.

"나의 시대가 그런 시대였으니 내가 왜 이런 이야기를 하는지 아마 이해가 되시겠지요."

네, 되다마다요. 그건 사실 선생님 시대뿐만 아니고 인간의 역사를 통틀어 언제나 그렇지 않은 날이 드물었죠. 선생님 이후에도 중국 땅에서 얼마나 많은 전쟁이 있었는지 아신다면 아마 장탄식을 하실 겁니다. 그리고 저의 반도 땅에서도 얼마나 많은 전쟁이 있었고 얼마나 많은 병사가 동원되었고 얼마나 많은 사람들이 죽이고 죽고 했는지…, 큰 것만 봐도 베트남전쟁, 6·25전쟁, 태평양전쟁[소위 대동아전쟁]-항일전쟁, 임진-정유 조왜전쟁, 남한산성의 조호전쟁, 강화도로 상징되는 고몽전쟁, 청천강으로 상징되는 고거전쟁, 신백고 삼국 통일전쟁 및 신당전쟁, 한사군으로 이어진 조한전쟁… 어휴, 한도 끝도 없습니다. 잠잠한 때는 정말 거의 없었습니다. 지금 여기서도 세계 어디선가는 전쟁이 일어나고 있으니까요. 물론 양상은 크게 다르지만요. 지난 세기엔 원폭투하를 포함한 두 차례의 세계대전도 있었고 지금은 대테러전, 냉전, 무역전쟁 그런 것도 있고….

"양상이 어떠하든 '병兵'과 '전戰'의 본질은 변함없지요. 그건 '살인'이고 따라서 '불상不祥'이고 그래서 '승리(勝)'하더라도 '불미不美'스러운 것입니다."

네, 이 장의 핵심 줄거리를 정리해 주시는군요. 선생님의 가치평가랄까 입장은 분명하신 것 같아요. '유도자불거有道者弗居'(도 있는 자는 거기 거하지 않는다), '비군자지기非君子之器'(군자의 기물이 아니다), 결국 반전-평화주의자이신 거죠, 선생님은.

"그런 표현이 그쪽에서 알기 쉽다면, 그렇게라도."

그래도 선생님은 무조건적인 반전론자는 아닌 것 같아요. 부득이한 경우도 알고는 계시니까요.

"'부득이해서 이를 쓸 때는(不得已而用之)…', 그 이야기시군."

네, 그렇죠. 어쩌면 방어전 같은 건 불가피할 수도 있으니까요. 그런데 선생님은 그런 경우조차도 '담담'하라고(恬淡爲上), 혹 이기더라도 그걸 아름다운 일로 여기지 말고(勝而不美), 사람 죽이는 일을 즐기지 말라고(夫樂殺人者, 則不可得志於天下矣), [죽은 자에 대해서는] 상례로서 처리하고(以喪禮處之) 슬프게 울어주라고(以哀悲泣之), 그런 가치관이랄까 기준을 제시해 주시니 고개가 숙여집니다. 그런 한에서는 현실적이기도 하십니다.

"부디 그런 일조차도 없기를 바랍니다만."

네, 불가피한 경우는 그렇게라도, 공감 또 공감입니다. 특히 '사람 죽이는 일을 즐기지 말라'라는 메시지는 정말 진리라고 생각됩니다. 저희 시대는 그걸 직접 체험했으니까요.

"어떤 걸 말씀하시는 건지."

지난 2차 세계대전 때, 나치 독일과 군국주의 일본이 그랬습니다. 그들이 저지른 그 전쟁이 애당초 그랬습니다만, 특히 저 악명 높은 아우슈비츠와 난징대학살을 보면 소름이 돋을 정도로 끔찍합니다. 그런데 그 아우슈비츠에서 산더미처럼 쌓인 유대인들의 시체를 배경으로 웃고 있는 나치 장교의 사진과 난징에서 '100인 목 치기 시합'을 벌이고 있는 두 일본군 장교의 사진을 본 적이 있습니다. 야만도 그런 야만이 없지요. 그건 '살인 즐기기(樂殺人)'라고 규정할 수밖에 없는 겁니다. 그런 걸로는 '천하를 얻겠다'는 포부(得志於天下)가 이루어질 턱이 없는 거지요.

"그런 게 바로 '천하에 뜻을 이룰 수 없다(不可得志於天下)'는 겁니다."

그렇죠. 살인을 즐기는 자가 인심을 얻을 턱이 없으니까요. 다만 한 가지…

"다만 한 가지?"

네, 다만 한 가지, '군자는 평상시에는 왼쪽을 귀히 여기고, 용병을 하면 오른쪽을 귀히 여긴다(君子居則貴左, 用兵則貴右).' '길한 일에는 왼쪽을 우러르고, 흉한 일에는 오른쪽을 우러른다(吉事尚左, 凶事尚右).' '편장군은 왼쪽에 자리를 잡고, 상장군은 오른쪽에 자리를 잡는다(偏將軍居左, 上將軍居右).'라는 말씀은 저에겐 좀 낯설게 느껴집니다. 찾아보니, 선생님 시대엔 '좌'를 '우'보다 귀히 여기는 가치관 같은 게 있었던 모양이더군요. 그래서 살인과 관련된 '용병', '흉사', '상장군'은 '우'에다 두고, 살인과 거리가 있는 '거', '길사', '편장군'의 경우는 '좌'에다 두는(貴-尚-居) 모양입니다만, 그래서 살인을 경계하는 것이 이해는 물론 됩니다만,

"됩니다만?"

네, 됩니다만, 이 '좌', '우'라는 말에 저는 좀 과민반응을 하게 됩니다.

"아니 왜요?"

선생님은 모르시겠지만, 저희 시대엔 이게 이념을 상징하고 좌파-우파로 진영을 이루고 그 양자의 대립이 극심하기 때문입니다. 원래는 저독일의 철학자 헤겔의 수업 때, 제자들이 그 철학적 경향을 달리하는 사람들끼리 좌우편에 갈려 앉은 게 기원이었던 모양입니다만, 그게 이른바 진보와 보수로 갈려 정치적 대립으로까지 이어졌지요.

"어허, 그렇군요. 귀貴좌-상尙좌-거居좌라고 해서 내가 그 '좌'를 편든 건 아닙니다만. 허허허."

알지요, 그저 그런 사정이 좀 있다는 겁니다. 애당초 '좌', '우'에 무슨 특별한 의미가 있는 게 아닌데, 그렇게 규정을 하니 하는 말입니다. 왼손도 오른손도, 왼눈도 오른 눈도 무슨 우열이 있는 건 아니잖습니까. 대립보다는 화합이 좋을 것 같아서 해보는 말씀입니다만.

"하하, 그렇다면 그건 이선생의 철학인 걸로 해둡시다."

무슨 그런 거창한 말씀은 아닙니다만. 하하하.

32.

도는 언제나 이름 없는 '원목'이다

道常無名樸.75) 雖小, 天下弗敢臣.76) 侯王若能守之, 萬物將自賓.
天地相合, 以降甘露, 民莫之令而自均. 始制有名, 名亦旣有, 夫亦
將知止. 知之,77) 所以不殆.78) 譬道之在天下, 猶川谷之與江海.79)
도상무명박. 수소, 천하불감신. 후왕약능수지, 만물장자빈. 천지상합, 이강감로, 민
막지령이자균. 시제유명, 명역기유, 부역장지지. 지지, 소이불태. 비도지재천하, 유
천곡지어강해.

도는 언제나 이름 없는 '원목'이다. 비록 작더라도 천하가 이를 신하로 삼
을 수 없다. 후왕이 만일 이를 지킬 수 있다면, 만물이 장차 스스로 [주인
이 아닌] 손님이 될 것이다. 천지는 서로 합하여 그로써 감로를 내리고,

---

75) 이 부분은 끊어 읽기가 문제되나, 37장의 '無名之樸'이라는 말을 참고해 볼
    때, 그리고 문맥을 볼 때, '無名樸'으로 읽는 것이 조금은 더 자연스럽다.
76) 왕필본에는 '莫能臣也'로 되어 있다. 백서본에 따라 '弗敢臣'으로 고쳤다.
    죽간본에는 '天地弗敢臣'으로 되어 있다.
77) 죽간본과 하상공본에는 '之'로, 백서본과 왕필본에는 '止'로 되어 있다. '之'
    가 앞의 내용 전체를 광범위하게 받을 수 있으므로 '之'를 취한다.
78) 왕필본에는 '可以不殆'로 되어 있다. 다른 판본이 모두 '所以…'이므로 다수
    본을 따른다.
79) 죽간본과 백서본에는 '川谷'이 '小谷'으로 되어 있다. '江海'와 대비되어 있
    으므로 의미상 '川谷'이 맞다고 보아 통용본을 따른다.

백성은 명령하지 않아도 스스로 균형 잡힌다. 규정[마름질]을 시작하며 이름이 있게 되는데, 이름이 또한 이미 있다. 무릇 또한 그치기를 알게 될 텐데, 이를 아는 것이 위태롭지 않음의 까닭이다. 도가 천하에 있음을 비유하자면, 내와 계곡이 강과 바다와 함께함과 같다.

———————

노선생님, 오늘도 저를 좀 괴롭히시는군요.

"아니 왜요? 내가 또 뭘…."

동양철학 전공자들이 점잖아서 그렇지, 서양철학의 카르납 같은 양반이 이 말씀을 들었다면, 아마 이게 무슨 학문이냐며 눈에 쌍심지를 돋울 겁니다. '사이비(pseudo)'라고요. 비트겐슈타인이라면 아마 '말할 수 없는 것에 대해서는 침묵해야 한다'고 소리를 높였을 테고요.

"그들이 '도'라는 걸 바라보고 진지하게 사유한다면 다를 수도 있을 텐데…."

애당초 관심의 출발점이 다른 그들에게 그걸 기대할 수는 없죠. 저는 우선 선생님의 표현이 그렇다는 겁니다. 듣고서 곧바로 이해되는 문장이 아니니까요, 이건. 저도 머리를 쥐어짜며 나름 여러 자료들도 읽어보았습니다만, 납득으로 고개를 끄덕일 만한 설명은 아직 만나보지 못했습니다. 소위 전문가들께는 좀 죄송하지만.

"이럴 때는 그 '지평융합'인가를 말하시더니…."

네, 아마도 이런 경우를 생각해서 가다머 그 양반이 그 이야기를 한 모양입니다. 아무튼 저는 이것도 결국은 그런 해석학적 방식으로 풀 수밖에 없었습니다. 제게 보인 그것으로 선생님이 보신 그것을 맞추어보는 지평의 융합….

"그래 뭐가 좀 맞추어지던가요?"

네, 어느 정도는요. 제가 본 그 '도'와 선생님이 보신 그 '도'가 서로 다른 게 아니라면, 그 도가 유일하고 항상적인 거라면, 그게 전제입니다만.

"그럼 어디 일단 들어봅시다. 이선생의 그 이해를."

'도는 언제나 이름 없는 '원목'이다. 비록 작더라도 천하가 이를 신하로 삼을 수 없다(道常無名樸. 雖小, 天下弗敢臣).' 이것부터 난제였습니다. 어디서 끊어 읽느냐도 전문가에 따라 의견이 달랐으니까요. 저는 고민 끝에 이렇게 읽는 것이 선제 문맥을 보았을 때 소금은 너 사언스럽다고 생각했습니다. 중요한 것은 결국 내용인데….

"그래 내용은?"

'도'를 말씀하시는 거지요. 그게 어떤 것이냐 하는 것을, 여기서. 저는 '무명박無名樸', '소小', '천하불감신天下弗敢臣'에 동그라미를 치고 생각해 봤습니다. 이건 제가 대학생 때 개발한 철학공부의 한 방법입니다. 문장이 어려울 때는 단어를 먼저 읽어보자는 거죠. 그러면 그 단어들 사이에서 문장의 의미가 어렴풋이나마 떠오른다는, 그런 겁니다. 그랬더니, 그건 이해가 되더군요.

"어떻게?"

우선 '무명박無名樸'이라는 것은, 앞서도 말씀하셨듯이, 아직 이름이 없는, 순수한 본연의 상태인 그 무엇, 모든 구체적 사물의 근원이 되는 원재료, 원목, 통나무와 같은 것, 아낙시만드로스가 말한 '[아직] 규정되지 않은 것(to apeiron)', 그 비슷한 것이라고 읽었습니다. '박樸'이라는 게 원래 가공되지 않은 원목이라는 뜻이지 않습니까. 그런 성격이 있는 거지요, 도라는 것이. 구체적인 사물로 규정되지 않은.

"그럼 한 가지 짓궂은 질문을 해봅시다. '도'라는 건 이미 이름이 아닌가요? 그걸 무명이라고 하니 소위 논리적인 모순일 수도 있을 텐데, '도'라는 이름의 이것은 이름이 없다…, 그렇게."

하하, 마치 언어분석철학자 같은 말씀을…. 그래서 제가 무명이 아닌 '박樸'에서 끊어 읽은 겁니다. 그러면 이 무명이 직접 도를 수식하는 게 아니라 '박'에 걸쳐지게 되니까 모순을 피할 여지가 생기는 거죠. 바로 그 '무명박'이, 즉 아직 뭐라고 정해지지 않은, 사물로서의 이름이 없는, 구체적인 모든 사물의 근거인, 그것이 도의 항상적인 모습이라는 거죠. 그런 모습·성격 자체는 변하지 않고 항상 유지되는 거죠. 그러니까 '도는 언제나 이름 없는 '원목'(無名樸)'이 되는 겁니다. 그리고 이 장의 문맥 전체를 봤을 때, '도의 이름 없음', 그 자체가 그렇게 맨 앞에서 따로 언급할 만큼 주제라고 할 수도 없고….

"그럴듯하군요. 그럼 '소小'와 '천하불감신天下弗敢臣'은?"

이 말도 혼란스러웠습니다. '도'는 언뜻 생각하기에도 위대한 것, 대단한 것, 큰 것 중의 큰 것인데, 앞서 선생님 자신이 직접 '대大'라고도 표현하셨는데, 그런데 왜 '소小'? 솔직히 헷갈렸습니다. 큰 것이 작다… 이것도 논리적으로는 모순이니까요.

"내가 한 말이지만 내가 들어봐도 문제가 될 수 있겠군요. 그래 이 문제는 어떻게 푸셨는지?"

저는 이게 도 자체가 작은 것, 보잘것없는 것, 시시한 것이다, 그런 의미가 아니라, '비록 그 도의 아주 작은 한 부분이더라도'라는 그런 의미로 읽었습니다. '비록(雖)'이 포인틉니다. 그러면 모순 없이 읽히더군요. 그러면 '도는 그 털끝 하나도 천하가 그 신하로 삼을 수 없다', 그런 뜻이 되지요. '천하'는 큰 것 중의 큰 것인 세상 전체를 일컬으니 '박'인 그 도의 작은 부분과 극명한 드라마틱한 대비가 되는 셈입니다. 극대와 극소의 대비. 천하의 큼도 도의 작음을 어떻게 할 수가 없다는….

그리고 신하란 명령을 당하고 거느려지는 존재니까, '불감신弗敢臣'이란, 도는 '절대로 그렇게 될 수 없다', '마음대로 어떻게 할 수가 없다'는 말씀이지요. 특히 '감敢'이란 말이 그런 드라마틱한 대비를 잘 보여줍니다. '어떻게 천하 따위가 감히 도를 신하로 삼아? 도의 털끝 하나라도 그렇게는 못해.' 그런 뜻이 되니까요. 천하의 입장에서 보면 도는 신하이기는커녕 지존입니다.

"허허 거 참, 그것도 듣고 보니 아주 그럴싸하군요. 그럼 그 다음은?"

'후왕이 만일 이를 지킬 수 있다면, 만물이 장차 스스로 [주인이 아닌] 손님이 될 것이다. 천지는 서로 합하여 그로써 감로를 내리고, 백성은 명령하지 않아도 스스로 균형 잡힌다(侯王若能守之, 萬物將自賓. 天地相合, 以降甘露, 民莫之令而自均).' 이것도 참 이해하기가 쉽지 않은 말씀입니다. 그러나 이해의 실마리가 없는 것은 아닙니다. '천하'가 '후왕'으로 좀 더 구체화되고 있으니까요. 뒤의 '민民'과 어우러지며 정치적인 적용의 이야기가 됩니다. 실마리는 '약능수지若能守之'의 '수지守之'인데, '이것을 지킨다'가 무엇이냐…. '이것(之)'은 천하가 도를 신하로 삼을 수 없다는 것, 지킨다(守)는 후왕이 '도를 높이 받들고 존중하며 거스르지 않는다'는 것, 그렇게 이해할 수가 있을 겁니다. 그러면 앞의 말과 연결이 됩니다. 아마 짐작건대 도를 신하로 삼으려는, 도를 거슬러서 제멋대로 천하를 좌지우지하려는, 그런 후왕들이 있었던 모양이지요, 그 시대에는. 이해 가능합니다. 지금도 그런 후왕들이, 그런 권력자가 없지 않으니까요. 그때나 지금이나 그런 권력자가 문제를 일으키니까, 그러니까 선생님이 이런 말씀을 남긴 거겠지요. 만물이, 모든 게 다 주인 노릇을 하려 들고, 천지가 어긋나 감로도 내리지 않고(기상이변), 백성들도 명령으로 다스리지 않으면 각자 제멋대로고(사회혼란)…. 이 모든 문제들이 다 권력자가 도를, 이치를 거스르는 데서 발생한다고, 선생님은 진단하신 거겠지요. 그러니 그 역이, 그 반대가 처방이 될 수 있는 거겠지요, 이 모든 문제에 대한.

"그렇게 하면, 즉 후왕이 이를 잘 지키면, 그 결과가 바로 '만물이 스스로 조심하고, 기후도 순탄하고, 백성들도 알아서 제 할 일을 해나가고…(萬物將自賓. 天地相合, 以降甘露, 民莫之令而自均)', 그런 겁니다."

네, 사람 사는 세상이 이러면 됐지, 무슨 이상이 따로 있겠습니까. 그런데 이게 참 쉽지가 않은 거지요. 특히 권력을 손에 쥔 사람에게는. 권력과 돈과 명성을 얻으면 후왕뿐만 아니라 모든 인간이 도를, 이치를 거스르게 됩니다. 그래서 모든 게 다 주인 노릇을 하려 들고, 기상이변도 일어나고, 백성들은 심지어 공권력이 있더라도 그것조차도 무시하고 다들 제멋대로 무질서하기가 짝이 없습니다. 도를, 자연의 순리를 거스르면, 즉 지키지 않으면, '약능수지若能守之'가 아니라 '불능수지'하면, 천하가 그렇게 엉망진창 개판이 되는 겁니다. 아무튼 저는 저의 문제지평에서 그렇게 선생님의 말씀을 맞춰보았습니다.

" '규정[마름질]을 시작하며 이름이 있게 되는데, 이름이 또한 이미 있다. 무릇 또한 그치기를 알게 될 텐데, 이를 아는 것이 위태롭지 않음의 까닭이다(始制有名, 名亦旣有, 夫亦將知止. 知之, 所以不殆).' 이건 어떻게 읽으셨는지?"

어휴, 솔직히 첩첩산중입니다. '규정[마름질]을 시작하며 이름이 있게 되는데 이름이 또한 이미 있다. 무릇 또한 그치기를 알게 될 텐데, 이를 아는 것이 위태롭지 않음의 까닭이다.' 이걸 듣고서 금방 이해하는 분이 있다면 절이라도 하고 싶군요. 문맥이 잘 연결되지도 않고, 이게 만일 잘못 끼어들어간 착간이라면 차라리 속 시원하겠습니다. 선생님이 지금 확인해 주시지도 못하실 거고….

"미안합니다, 명계의 규율인지라."

압니다. 그래서 기대도 하지 않았지요. 아무튼 억지로라도 한번 꿰맞춰보겠습니다. 저는 이것을 앞의 '무명박無名樸'과 연결해 보았습니다. 도는 '무명박'인데 이제 '유명有名'을 이야기하시니, 이건 아마도 도가 아니라 천지(천하) 내지 만물과 관련된 얘기겠지요. 바로 뒤에서도 그런 대비(譬道之在天下)가 있으니까요. 논의의 차원이 일단 달라지는 겁니다. 이 천하의 만물, 즉 세계의 사물은 구체적 이름을 갖기 이전인 저 근원적 도와 달리 '구체적'입니다. '이것, 저것, 그것', 그렇게 마름질이 시작되지요. 하늘, 땅, 물, 불, 생물, 무생물, 사람… 그리고 더 구체적으로는, 동물, 식물, 광물, 더 구체적으로는, 사람, 개, 말, 소, 돼지 … 소나무, 느티나무… 민들레, 장미, 백합… 바나나, 사과, 배…, 그렇게 한도 끝도 없이 마름질(制)이 되고 그게 각각 이름을 갖게 되지요(有名). 그 모든 걸 아울러 '만물'이라 이름하기도 하고요. 서양식으로는 '존재자(die Seienden)' 혹은 '만유(omne ens)'라 부르기도 합니다. 언제인지는 모르겠지만 그런 나누기의 시작이 있었겠지요. '시제유명始制有名'(규정[마름질]을 시작하며 이름이 있게 되는데)을 그렇게 저는 이해했습니다.

그리고 '명역기유名亦旣有'(이름이 또한 이미 있다)는 그 이름들이 우리 인간에 의한 임의적인 것이 아니라, 이미 있는(旣有) 선천적인(apriori) 것이다, 그런 의미라고 읽었습니다. 마치 저 플라톤의 '이데아'들이 인간 이전에 이미 초월적으로 존재하는 것처럼. 그 각각의 이데아들이 모두 '기유지명旣有之名'[이미 존재하는 이름]들인 게지요. 일월성신도 화조초목도… 다 그런 '기유지명'들인 게지요. 우리가 멋대로 갖다 붙인 게 아니고 본래부터 있는 것. 그런 이름과 사물의 선천적인 연결성, 그런 걸 하이데거는 '언어는 존재의 집이다(Die Sprache ist das Haus des Seins)'라고 말했고, 비트겐슈타인은 '명제는 현실의 그림이다(Der Satz ist ein Bilt der Wirklichkeit)'라고 말했지요. '인간에 대한 언어의 우선성'을 말하기 위해 하이데거는 [인간이 아니라] '언어 자체가 말한다(Die Sprache selbst spricht)'라는 이상한 표현까지 동원했습니다.

그리고 '무릇 또한 '그침'을 알게 될 텐데, [이] '그침'을 아는 것이 위태롭지 않음의 까닭이다(夫亦將知止. 知之, 所以不殆).' 이 말은, 그 구체적인 이름들이 [개체들에게 있어서는] 영원하지 않고 그칠 때가 있다는 것도 또한 알게 될 것이다(장지기명지將知[其名]止), 그 사실을 알면 도에 순응해 안정을 얻을 수가 있다, 그런 의미로 읽었습니다. 예컨대 인간이라는 이름도 언젠가는 끝나고, 특히 후왕이라는 이름도 언젠가는 끝나고, 부자라는 이름도 언젠가는 끝나니, 그걸 알게 되면, 함부로 날뛰어 위태로워지는 일이 없으리라는 것이지요. 그러니 '지지知止'가 '불태不殆'의 '소이所以'가 되는 거지요. 이렇게 풀어서 읽으면 일단 문맥은 통하게 됩니다.

"오케이, 그럼 이제 마지막 한 문장이 남았군요."

네, '도가 천하에 있음을 비유하자면, 내와 계곡이 강과 바다와 함께 함과 같다(譬道之在天下, 猶川谷之與江海).' 이건 일종의 마무리 멘트인 셈이죠. 도와 천하의 관계를 압축해서. 그것도 비유로. 멋지십니다. 앞에서 도를 언급하고 천하도 언급하고 그 관계도 언급하셨으니 이런 비유적 압축도 의미가 있겠네요. 그런데 그걸 '천곡川谷'과 '강해江海'의 관계로 비유하셨으니 흥미롭습니다. 아마 순서상 '천곡'이 '도道'고 '강해'가 '천하天下'겠지요. 언뜻 들으면, 강해가 천곡보다 더 크고 넓으니 천하에 비해 도가 초라해 보일 수도 있겠지만, 연원인 천곡이 없으면 강해도 없으니 그 관계는 오히려 반대이지요. 도가 단연 우위입니다. 그리고 강해의 물이 결국 천곡에서 흘러들어온 것이니, 강해 즉 천하에 천곡의 물 즉 도가 속속들이 스며 있다는 그런 뜻으로도 풀 수가 있을 겁니다. 백 퍼센트 수긍합니다. 저는 이 말씀을 이 세상 어디에서도 도의 작용이 있고 도의 존재가 확인된다는 그런 말씀으로도 이해합니다.

"잊지 마시길. 강해의 그 물에도 도가…."

아, 그렇죠. '상선'인 그 물이 보여주는 '도'. '상선약수上善若水 … 고기어도故幾於道!' 하여간 '물'이 없는 노자는 꽃 없는 봄이고 단풍 없는 가을이랄까. 하하하.

33.
남을 아는 자는 지혜롭고

知人者智, 自知者明. 勝人者有力, 自勝者强. 知足者富, 强行者有志. 不失其所者久, 死而不亡者壽.

지인자지, 자지자명. 승인자유력, 자승자강. 지족자부, 강행자유지. 부실기소자구, 사이불망자수.

남을 아는 자는 지혜롭고, 자기를 아는 자는 밝다. 남을 이기는 자는 힘이 있고, 자기를 이기는 자는 강하다. 족함을 아는 자는 부유하고, 굳세게 행하는 자는 의지가 있다. 그 자리를 잃지 않는 자는 오래가고, 죽어서도 없어지지 않는 자는 오래 산다.

———————

노선생님, 이 말씀을 들으니 특별히 반갑네요.

"'특별히'라니, 특별히 그럴 무슨 사정이 있으신지."

대학생 때 이걸 처음 읽으며 느낀 강렬한 인상이 있었기 때문입니다. 특히 '자지자명自知者明' 위 여백에다가는 'gnothi seauton(너 자신을 알라)'이라고 써놓기도 했었죠. 그리고 괄호 치고서 '지지위지지, 부지위부지, 시지야知之謂知之, 不知謂不之, 是知也'(아는 것을 안다고 하고 모르는 것을 모른다고 하는 것, 이것이 안다는 것이다)라고도 적어 넣었고요. 소크라테스와 공자의 말이지요.

"그랬군요."

네, 그때 제가 이 말씀들을 다 제대로 이해한 건 아니었지만, 참 흥미롭다고 느꼈더랬습니다. 철학공부를 하다 보면 그런 걸 자주 느끼는데, 시간적으로나 공간적으로나 전혀 무관한 사유의 거장들이 같은 혹은 비슷한 취지의 명언을 남기신 경우가 더러 있거든요. 이 말씀도 그런 경웁니다. 또, '네가 남에게 대접받고자 하는 대로 남을 대접하라'는 예수의 말과 '자기가 원하지 않는 바를 남에게 베풀지 말라'는 공자의 말도 비슷한 취지고, '나는 … 아무것도 믿지 않기로 했다'는 데카르트의 말과 '모든 것을 의심하라'는 마르크스의 말도 그렇고요.

"그건 세상의 상황들이 시간-공간에 상관없이 동일하니까, 관련된 지혜도 당연히 비슷할 수 있지요."

네, 물론 그렇다고 누구나 할 수 있는 말들은 아니겠지만요.

"사람에겐 차이라는 게 분명히 있지요. 여러 형태, 여러 의미로."

네, 여기서 선생님이 말씀하시는 것도 바로 그런 차이를 잘 보여주는 것 같고요.

"그렇게 들렸나요?"

당연히요. 여기서 선생님은,

'지인자知人者', '자지자自知者'

'승인자勝人者', '자승자自勝者'

'지족자知足者', '강행자强行者'

'부실기소자不失其所者', '사이불망자死而不亡者'

이렇게 대비되는 인간형을 둘씩 짝지어, 네 가지나 제시해 주시니까요. 여덟 가지 유형의 사람들이 적어도 있는 거죠.

"그렇게도 정리가 되는군요."

지금의 저는 이 하나하나가 다 깊은 철학적 의미를 지닌다고 생각하고 있습니다. 무엇보다 선생님이 이 유형들 각각에 부여하고 있는 가치가 그걸 증명하지요.

'지智', '명明'

'유력有力', '강強'

'부富', '유지有志'

'구久', '수壽'

이 하나하나가 실천하기엔 다 만만치 않은 거라고 저는 생각합니다. 각각 거의 하나의 '경지'들이죠. 말하고 보면 쉽지만, 자기가 실제로 이 글자들 어느 하나에 해당되려면 정말 인생을 건 각고의 노력이 필요한 것들이죠. 사람들이 고전을 글로서만 읽어서는 안 되는 까닭이 거기 있다고 저는 생각해요. 실제로 자기 자신이, 고전에서 말하는 그런 인간이 되어보려고 애를 써보는 것, 그런 게 진짜 공부니까요. 이 글자들 하나하나를 자기 자신 앞에 늘어놓고서 보면 정말 아득해집니다. '지인자知人者', '자지자自知者', '승인자勝人者', '자승자自勝者', '지족자知足者', '강행자強行者', '부실기소자不失其所者', '사이불망자死而不亡者', 그리고 그 각각의 덕인 지智-명明, 유력有力-강強, 부富-유지有志, 구久-수壽, 이게 다 그 글자 하나에 몇 년, 몇 십 년, 아니 거의 한평생을 걸어야 하는 인생의 과제들인 거죠. 아득해질 수밖에요.

"그러나 이게 그냥 단순한 동급의 나열이 아니라는 걸…."

그걸, 왜 모르겠습니까. '지', '승', '지족-강행', '부실기소-사이불망', 뭔가 점점 더 어려워지는 과제들인데다가, 그 각각에도 상대적인 난이의 대비가 있다는 것을요. 직접적인 표현은 없지만, 선생님은 선보다 후, 좌보다 우에 더 가치를 두는, 은근히 그쪽을 가리키는 그런 뉘앙스가 없지도 않습니다. 아마 해석의 문제긴 하겠지만.

"그렇게 정리를 하셨으니, 이젠 그 내용을 하나씩 풀어보지 않을 도리가 없겠군요, 이선생."

네, 제가 살아오면서 느낀 대로 하나씩 풀어보겠습니다.

먼저 '지인자지知人者智'. '남을 아는 자는 지혜롭다.' 이 '지혜롭다'는 가치, 덕이라고 해도 될까요? 이 '지智', 선생님은 이걸 '지인자知人者'에게 배당하셨습니다. 사람을 아는 자, 남을 아는 자. 이런 사람이 지혜롭다는 것인데, 그럴 만하지요. 저는 사실 이 '지인知人'이라는 것, '남을 안다-사람을 안다'는 것, 이것 하나만 해도 엄청난 철학적, 아니 인생적-정치적-역사적 과제라고 생각합니다. '지인자지知人者智'라는 네 글자, 아니 '지인자知人者'라는 세 글자, 아니 '지인知人'이라는 두 글자, 아니 '지知'라는 한 글자만 해도, 이걸 제대로 얘기하려면 하이데거처럼 책 백 권은 필요할지도 모르겠습니다.

"너무 호들갑은 아니신지."

아니요, 저는 정말 그렇다고 봅니다. 저만 하더라도 이 네 글자에 대해서 하고 싶은 말이 너무너무 많으니까요. 그걸 다 하지 못하는 것은 정말 너무 아쉽습니다. 왜냐하면 '사람-남(人)'이라고 하는 존재는 우리 인간의 삶에서 너무너무 중요한 존재이고, 그것을 '안다(知)'고 하는 것은 지난의 과제이기 때문입니다. 누군가의 존재를 안다는 자체도 어렵고 드물고, 그를 이해한다는 것도 역시 그렇고, 특히 그를 '알아준다'는 것은 더욱 그렇습니다. 그건 특별한 눈이 있어야만 가능한 일이기 때문입니다. 보통은 잘 모르죠. 알려고 하지도 않죠. 찾으려고도 하지 않죠. 그래서 대부분의 사람(人)들은 사람들의 눈 바깥에 머물고 있죠. 그게 동서고금을 막론하고 인간들의 현실입니다. 소외라는 것도 거기서 발생하는 문제인 거고, 인재의 유출, 은둔, 그런 것도 다 관련이 있고…, '타자(l'autre)'의 존재로 눈을 돌리게 하려는 현대 프랑스철학도, 이른바 이타주의(altruism)도, 아니 '윤리학'이라는 것 자체가 다 관련이 있고…, 어쩌면 인간의 고질병인 대립-갈등-다툼, 심지어 부부싸움 같은 것도 바로 이 '지인(남을 앎)', '지(앎)'의 결여에서 비롯되는 문제입니다.

"어허, 이러다 정말, 이 글자 하나로 책 한 권 쓰시겠네. 허허허."

그러게요. 너무너무 아쉽지만 경고로 알고 제 말은 좀 줄이겠습니다. 그 다음이 '자지자명自知者明'(자기를 아는 자는 밝다)인데, 이건 사실, 아닌 게 아니라, '지인'보다 더 어려운 과제입니다. '자지自知', 자기를 안다. 이게 얼마나 지난의 과제인지는 누구보다 소크라테스가 잘 압니다. 오죽하면 'gnothi seauton(너 자신을 알라)'고 호소했겠습니까. 그걸 알게 해주려 하다가 미움을 받고 결국 죽임까지 당했거든요, 그 양반이. 저희 철학자들은 누구나 잘 아는 바이지만, 철학이라는 것 자체가 어떻게 보면 '나는 누구인가?' 하는 물음에 대해 대답을 찾아가는 일이라고도 할 수 있습니다. 엄청나게 거대한 과제인 셈이죠. 특히 '제법무아諸法無我'를 설파하는 불교라는 철학은 이게 아니면 애당초 성립이 불가능하고요. 그러니 '자지자自知者', 자기를 아는 자가 있다면 그건 '명明', 밝다고 아니 할 수 없겠지요. 사실 철학의 '철哲'자도 '밝을 철'이고….

"어이쿠, 이것도 또 책 한 권 쓰시겠군요."

아, 두 번째 경고신가요? 그럼 또 다음. '승인자유력勝人者有力'(남을 이기는 자는 힘이 있다)인데, 이건 좀 우스갯소리처럼 들릴지도 모르겠지만, 초등학생들이 제일 잘 압니다. 그들은 단순하면서도 순수하니까요. 굳이 '싸움은 만물의 왕이다'라는 헤라클레이토스를 인용하지 않더라도, '… 역사는 계급투쟁의 역사다(Die Geschichte aller bisherigen Gesellschaft ist die Geschichte von Klassenkämpfen)'라는 마르크스를 인용하지 않더라도, 초등학생들은 인간에게 싸움이 불가피하다는 것과 그 싸움에서 상대방[남]을 이기는 것이 얼마나 어려운 일인지를 잘 압니다. 힘 있는, 힘센 아이들이 이기니 '승인자유력'은 당연히 진리가 맞지요. 그건 제 경험으로도 증명이 됩니다. 그리고 아마 현실적으로는 군인들이 가장 확실히 알겠지요, 이것을. 싸우고 이기는 것, 이게 바로 그들의 존재 이유고 삶 자체니까요. 그리고 아마 변호사들도….

"아이쿠, 이러다 삼국지 이야기까지 나오시겠네. 하하하"

안 그래도 위-오-촉뿐만 아니라 고구려-백제-신라, 그리고 우리 한국의 전쟁사까지 말씀드리려 했는데, 특히 이율곡과 이순신과 안창호…. '유력'이 '승인자'의 덕이라는 건 그래서 또 진리일 수밖에 없습니다. 인정합니다.

그 다음, '자승자강自勝者强'(자기를 이기는 자는 강하다)인데, 이 '자승自勝'은 정말이지 '승인勝人'[남을 이기기]보다 더 어려운 일입니다. 이건 정말 엔간히 '강'하지 않고서는 불가능합니다. 역시 우스갯소리 같지만, 이건 아마 금연에 실패한 무수한 애연가와 금주에 실패한 무수한 애주가와 다이어트에 실패한 무수한 과체중자들이 증언대에 서줄 겁니다. 자기를 이기는 것은 정말 지난의 과제입니다. 사람이 나쁜 점을 지적받더라도 좀처럼 달라지지 않는 것은 다 이 자기와의 싸움에서 패배하기 때문입니다. 좀 더 학문적으로 이야기하자면 이 자기와의 싸움이란 자기의 욕망과의 싸움입니다. 이 욕망이라는 자기가 얼마나 강한 상대인지는 프로이트나 라캉 같은 철학자가 아마 한 몇 년 설명해 줄 수 있을 겁니다. 그리고 석가모니 부처도요. 불교는 소위 4성제의 하나로 '집集'(고의 발생)이라는 걸 이야기하는데, 그 원인인 이 헛된 것에 대한 집착(=갈애)이라는 게 불교의 가장 강력한 적이거든요. 그런데 그중 하나가 바로 자기 자신의 집착인 겁니다. '오온성고五蘊盛苦'의 그 '오온성'도 사실은 그거 즉 자기(색-수-상-행-식)의 왕성함이고, 그래서 그걸 이겨내면 해탈이고 부처니, 자승자는 '강'할 수밖에요. 엄청난 강자가 아니고서는 자기를 이겨내고 해탈에 이르는 게 불가능한 거죠.

"이것에 대해서도 하고 싶은 말이 여간 많아 보이지 않는군요."

그럼, 또 다음…, '지족자부知足者富'(족함을 아는 자는 부유하다)인데, 이것도 참 흥미롭습니다. 왜냐하면 이 '부富'라는 가치, 덕은 사실 저희 시대 이 자본주의 세상의 최고 가치거든요. 지금 온 세상 거의 모든 인간들이 다 이 글자 하나를 향해 온 인생을 걸고 총 매진하고 있는 형국이고요. 돈 많~이 벌어 부자가 되자는 거죠.

"나는 그런 경제적인 의미로 한 말은 아닌데…."

그걸 누가 모르겠습니까. 그래서 흥미롭다는 거죠. 하필 이 말을 '지족자知足者'에게 할당하고 계시다는 게. 선생님은 이미 앞에서 '금옥이 집에 가득하면 이를 능히 지킬 수가 없다. 부하고 귀하고서 교만하면 스스로 그 허물을 남긴다(金玉滿堂, 莫之能守. 富貴而驕, 自遺其咎).'라는 말로 선생님 특유의 경제철학을 피력하셨으니, 무제한적 '금옥영실金玉盈室'을 진정한 '부'로 치지 않는다는 건 다 알려진 셈입니다. 그 대신 선생님은 '지족知足'이 진정한 '부富'라고 말씀하시는 건데…, 그건 어쩌면 한국의 저 재벌들이 확인해 줄지도 모르겠군요. 그들이 스스로 자신의 삶에 '만족'하고 있다면 또 어떨지 모르겠지만, 대부분 그 엄청난 부에도 '지족'하지 못하거든요. 소위 '거부'들의 외면적인 삶을 보면 끔찍할 정도로 불행한 경우도 적지 않고요. '족함'을 모르고, '지족' 없이 달려온 게 그런 결과를 부르는 거죠. 인간의 욕망이란 밑 빠진 독과 같아서 결코 완벽히 채워지는 법이 없잖습니까. 그래서 '지족'이 어려운 게죠. 그래서 한때 큰 인기를 끌었던 최인호의 소설 《상도商道》에서는 가득 참을 경계하는 소위 '계영배戒盈盃'라는 술잔 이야기도 등장했지요. 거상 임상옥은 그렇게 '지족'함으로써 진정한 부자가 되었으니, 선생님의 이 '지족자부知足者富'라는 진리를 위해서는 어쩌면 그가 가장 적절한 증인이 되어 줄지도 모르겠습니다.

"임상옥이라…."

가능하다면 명계에서 한번 만나보시던가요. 지족을 알고서 어려운 이들에게 많이 베푼 진정한 '부자'이니, 정말 배울 게 많은 인물입니다. 소설과 드라마에서는 물론 각색이 많지만요. 아무튼 많으면 많을수록 어려운 게 이 '지족'이라는 '부'인 것 같습니다. 물론 이 '지족'의 대상이 돈만도 아니겠지요. 인간들이 추구하는 '권력', '지위', '성취', '명성', 요즘 같으면 '인기', 그런 세속적 가치들도 다 해당되겠지요. 그 어느 것이든, 지족을 모르고 끝없이 '더 많이', '더 높이'를 추구하다가 결국 쫄딱 망하는 경우도 적지 않으니 '지족'하면 정말 진정한 부자가 되는 거지요. 그리고…

"또 이야기가 길어지려는군요."

압니다. 하지만 주제가 주제이니 만큼…. 아무튼 그럼 그 다음, '강행자유지強行者有志'(굳세게 행하는 자는 의지가 있다)인데, 이 말씀은 언뜻 들으면 좀 부정적으로 들리기도 합니다. 요즘 우리 한국에서는 '강행'이라는 말이 안 좋은 일을 억지로 마구 밀어붙이는 그런 의미로 통용이 되어서요.

"아, 나는 그런 뜻으로 한 말은 아니고…."

네 그것도 압니다. 문맥상 '지족'보다도 더 어려운 일을 말씀하시는 거죠. 쉽지 않은, 어려운 일을 굳건히 강하게 실행해 나가는 것, 그게 '강행強行'이겠죠. 그런 사람에게 해당하는 덕이, 가치가 '유지有志'라는 말씀인데, 이것도 좀 주의가 필요한 것 같네요.

"이건 왜?"

지금 한국에서는 이 말이 어떤 지방의 '유력 인사'라는 의미로 통용되고 있으니까요.

"언어도 유기체라 의미도 달라질 순 있지요. 아무튼 그런 뜻은 아니고."

네, 그야말로 말 그대로 굳건한, 강한 의지라는 뜻이겠지요. 아무튼 바로 그런 의미에서의 '강행'과 그런 의미에서의 '유지', 이것도 정말 지난의 과제고, 그래서 대단한 덕임은 틀림없는 것 같습니다. 선생님 앞에서 적절할지 어떨지 모르겠습니다만, 저는 이 말씀을 들으면서 저 이른바 인류 4대 성인, 공자, 부처, 소크라테스, 예수를 떠올렸습니다.

'유지'한 '강행자'의 사례로요. 이분들 앞엔 정말 엄청난 벽이 있었습니다. 고난이라는 벽, 심지어 목숨이 걸린. '그럼에도 불구하고' 그분들은 자신들의 본분을 다하셨고 정점에 도달하신 셈이니 강행이라 아니 할 수 없고, '유지'라 아니 할 수가 없지요. 그 '강행'의 내용을 들여다보면, 참… 자세를 가다듬을 수밖에 없습니다. 공자는 그 많은 제자들을 데리고 무려 14년간, 환퇴-공손여가 등에 의한 생명의 위협도 겪으면서, 열국을 주유했고, 부처는 부모, 처자, 나라도 다 버리고 야반출가하여 설산에서 온갖 고행을 마다하지 않았고, 소크라테스는 참된 앎의 확인을 위해 아테네의 온갖 유력자들을 두루 만나며 대화를 이끌었고, 미움을 받고 재판을 받고 결국 사형을 당하면서도 끝내 더럽이니 굴복을 하지 않았고, 예수는 40일간 황야에서 사탄의 시험을 받았을 뿐 아니라 결국 온 인류의 죄를 한 몸에 짊어지고 십자가에 매달려 참혹한 죽음을 감당해 내고야 말았습니다. '강행'도 그런 강행이 없고, '유지'도 그런 유지가 없지요. 니체의 '권력에의 의지(Wille zur Macht)' 정도로는 설명이 되지 않는 엄청난 '강행'이고 '유지'입니다. 물론 이분들처럼 거룩한 경우가 아니더라도 '유지'라 할 수 있는 '강행'은 결코 적지 않습니다. 저는 한국 모 방송의 '성공시대'라는 프로그램에서도 수없이 많은 그런 인물들을 보았고 일본 모 방송의 '프로젝트X-도전자들'이라는 프로그램에서도 수없이 많은 그런 인물들을 보았습니다. 알려지지 않은 사람들 중에도 사실은 부지기수이고요. 그리고…

"또 이야기가 길어지시는군요. 이것도 이선생의 '강행'이고 '유지'인가?"

하하, 설마 그럴 리가요. 그럼 다음으로 서두르겠습니다. '부실기소자 不失其所者久'(그 자리를 잃지 않는 자는 오래간다), 이 말씀은 생각이 좀 필요합니다. '구久'라고 하는 이 덕이 요즘 세상에서 일반적이 아니기 때문입니다. 유구하다, 장구하다, 영구적이다, 항구적이다, 그런 이미지인데, 이걸 선생님은 '부실기소자不失其所者'(그 자리를 잃지 않는 자)에게 할당하시는 거죠. 그런데 '부실기소', '그 자리를 잃지 않는다', 이것도 의미가 좀 불분명합니다. 해석이 필요한 부분이죠.

"그래요? 어떻게 해석하실 건지."

저는 이걸 제가 애용하는 '뒤집어 읽기'라는 철학적 방법론으로 접근해 봅니다. 즉 '실기소失其所'해서 '불구不久'한, 즉 '그 자리를 잃어버리고 그래서 오래가지 못하는' 사람, 이런 사람들을 생각해 봅니다. 이런 사람들은 실제로 있습니다. 자기 자리를 지키는 못하는 거죠, 아니 제대로 안 하는 거죠. 우리가 사는 이 인간 세상에는 수많은 자리(所)가 있고 누군가는 그 자리들을 지켜야 합니다. 그리고 그 자리에서 그 본분이랄까 역할을 해야 합니다. 저는 그게, 그 자리(所)가 공자가 말한 '이름(名)'과 다르지 않다고 봅니다. 군주라는 자리, 신하라는 자리, 부모라는 자리, 자식이라는 자리… 무수히 많습니다. 그 자리에서 제 역할을 제대로 하는 것이 그 자리를 지키는 것, 즉 '잃지 않는 것', '부실기소'이고, 그 자리에서 그 본분을 망각하고 엉뚱한 짓을 하면서 제 역할을 제대로 하지 못하는 것, 아니 하지 않는 것, 그것이 즉 '잃는 것', '실기소'입니다. 그렇게 생각하면 이 말씀이 읽힙니다. 그런 사람이 너무나 많기 때문입니다. 어느 나라 할 것 없이 국가 지도자들 중에도 없지 않습니다. 그렇게 엉뚱한 짓만 하다가 실제로 '실기소'한 사람도 적지 않고 정말 제대로 제 역할을 잘해서 '부실기소'한, 그래서 오래오래 기억되는 사람도 적지 않습니다. 닉슨 같은 사람이 전자일 것이고 링컨 같은 사람이 후자일 것이고, 연산군 같은 사람이 전자일 것이고 세종 같은 사람이 후자일 것이고… 사례는 얼마든지 있을 겁니다. 알려지지 않은 자리(所)에서는 더 많을 거고요. 전자도 후자도 '구久'(오램)가 엄청난 덕이 되는 것은 그 '부실기소'가 정말 쉽지 않은 일이기 때문입니다. 그리고…

"아, 이제 알아서 다음으로 이동하시는 건가요? 하하하."

아니 그게 아니었는데…. 그렇게 말씀하시니 이제 다음으로 넘어갈 수밖에 없겠군요. 하하하. 다음, '사이불망자수死而不亡者壽', '죽고서도 없어지지 않는 자는 오래 산다.' 오래 산다는 '수壽', 이 덕은 인간이라면 누구나 바라는 덕목인데, 이건 현대어로 사실상 '영원' 내지 '영생'을 의미한다고 저는 생각합니다. 궁극의 가치 중 하나이겠죠. 이걸 선생님은 '사이불망자死而不亡者'에게 할당하시는데, 이 말 앞에서는 정말 옷깃을 여미게 됩니다. 왜냐하면 이건 정말 드문 경우니까요. 보통은, 기본적으로는, 사람은 누구나 다 죽게 되어 있습니다. ('모든 인간은 죽는다.' 논리학에서도 대전제로 자주 등장합니다. 하이데거는 인간을 아예 '가사자(das Sterbliche)'라 부르기도 하고, 혹은 '죽음에로의 존재(Sein zum Tode)'라 부르기도 하고요.) 그리고 죽으면 사라집니다. 없어집니다. 그건 누구나 다 아는 진실입니다. 그런데 선생님은 '사이불망死而不亡'(죽어도 없어지지 않음)을 말씀하시니, 액면 그대로만 보자면 이건 논리적인 모순이지요. 하지만 이런 경우가 실제로 있습니다. 죽음 이후에도 그 존재가 사람들에게 기억되고 그리고 실제로 사람들에게 작용을 하고 영향을 끼치는 거죠. 그런 의미에서 '없어지지 않는(不亡)' 거죠. 물론 가족관계에서도 대부분 그렇지만, 그건 기억하는 그 후손이 죽으면 끝이 납니다. 그렇게 지금까지 수십억의 인간들이 '망亡', 즉 없어졌습니다. 현재 생존 중인 77억의 인간들도 결국 그렇게 '사이망死而亡', 죽고서 없어지겠지요. 그런데 그중 극히 드문 일부는 '사이불망死而不亡'하게(죽고서도 없어지지 않게) 됩니다. 그런 사람이 '수壽', 즉 오래 사는 경우가 되지요. 수십억이라는 인간의 숫자를 생각해 보면 드물게 역사에 기억되는, 더구나 그저 기억될 뿐만 아니라 실제로 몇 천 년을 가로질러 살아 작용하는, 진짜로 '수壽'하는 소수는 정말 대단한 겁니다. 다시 등장하지만, 저 공-부-소-예, 그분들, 그리고 노선생님도 그렇습니다. 장수 중의 진짜 장수자인 거죠. 백 년 같은 건 명함도 못 내밀죠. 게임도 안 되고, 수천 년간 그 존재가 없어지지 않으니…, 엄청난 덕이자 가치임을 인정합니다.

"굳이 나까지 거론하지 않아도…."

아니, 선생님도 '사이불망자死而不亡者'로서 '수壽'하고 계시는 게 분명합니다. 최소한 2,500년…, 21세기인 지금도 제가 이렇게 모시고 있지 않습니까. 그리고 우리 한국에만 해도, 그리고 중국-일본에도, 선생님을 기억하고 자기 책상 위에 모시려는 사람은 부지기수입니다. 제가 알기로 미국에도 유럽에도 적지 않고요.

"이런 소리를 듣자고 이런 말을 한 건 아닙니다만…."

그걸 누가 모르나요. 사실이 그런 걸 어쩌겠습니까. 하하하.

34.

대도는 흘러넘쳐 넓게 뒤덮으니

大道氾兮,80) 其可左右. 萬物恃之而生而不辭.81) 功成不名有.82) 愛
養萬物而不爲主,83) 常無欲, 可名於小. 萬物歸焉而不爲主, 可名於
大.84) 是以聖人終不爲大,85) 故, 能成其大.

대도범혜, 기가좌우. 만물시지이생이불사. 공성불명유. 애양만물이불위주, 상무욕,
가명어소. 만물귀언이불위주, 가명어대. 시이성인종불위대, 고, 능성기대.

대도는 흘러넘쳐 넓게 뒤덮으니, 그 좌우가 [다] 가하다. 만물이 이에 의
지해 살지만 마다하지 않는다. 공을 이루고도 이름을 갖지 않는다. 만물을
사랑해 기르지만 주인이 되지 않고 항상 무욕하니, '소小'라는 이름에 가

---

80) 백서본에는 '大'자가 없다. 그냥 '道氾呵'다. 한간본에는 '氾'이 '泛'으로, 하
상공본에는 '汜'으로 되어 있다.

81) 백서본에는 이 부분(萬…辭)이 아예 없다.

82) 백서본에는 '成功遂事(而)弗名有也'로 되어 있다.

83) 왕필본에는 '愛養萬物'이 '衣養萬物'으로 되어 있다. 백서본에는 '萬物歸焉'
으로 되어 있다. 여기서는 현대적 통용을 고려해 하상공본을 취했다.

84) 통용본에는 '於大'가 '爲大'로 되어 있다. 여기서는 위 문장(可名於小)과의
통일성을 고려해 백서본을 따랐다.

85) 백서본에는 '是以聖人之能成大也, 以其不爲大也'로 되어 있다. 왕필본에는
'以其終不自爲大'로 되어 있다. 여기서는 문맥의 흐름을 고려해 하상공본을
취했다. 왕필이 '聖人'을 누락한 것은 잘못이다.

하다. 만물이 [다 이것에] 귀속되지만 주인이 되지 않으니, '대大'라는 이름에 가하다. 그래서 성인은 끝내 '대'가 되지 않으니, 고로 능히 그 '대'를 이룬다.

노선생님, 이 34장 말씀을 들으면서 저는 느닷없이 저 니콜라우스 쿠자누스의 '반대의 일치(coincidentia oppositorum)'라는 철학이 생각나는군요.

"무슨 뜻인지?"

간단히 핵심만 말하자면 '인간의 입장에서 반대-대립하는 것들도 큰 눈으로 보면 다 같은 것이니 굳이 대립할 필요가 없다'는 철학인데, 취지가 같은 것은 아니지만, '반대가 함께할 수도 있다'는 점에서는 통할 수도 있을 것 같아서요.

"구체적으로 어느 말에서 그걸 느끼신 건지?"

'기가좌우其可左右'라는 말씀도 그렇고, 무엇보다 같은 동일한 '도道'에 대해서 '소小'라 하기도 하고 '대大'라 하기도 하시니 그야말로 '반대의 일치'가 아닌지요.

"하하, 흥미로운 이야기를 하시는군요. 이 노자를 니콜라우스 쿠자누스에 갖다 붙이시다니. 하지만 본인이 말하셨듯이 그 철학의 취지가 나의 이 말과 같지 않다는 것은 분명히 해두시길."

압니다. 각각의 언급하신 배경이 다르다는 것을. 니콜라우스에게는 '대립'이 문제고 선생님께는 아마도 '명유名有', '위주爲主', '위대爲大', 즉 '행세', '큰 체', '잘난 체'가 문제라는 것을. 그건 첫머리에서 '대도 범혜, 기가좌우大道氾兮, 其可左右'(대도는 흘러넘쳐 넓게 뒤덮으니, 그 좌우가 [다] 가하다)를 말씀하시고, 마지막에서 '종불위대, 능성기대終不爲

大, 能成其大'(성인은 끝내 '대'가 되지 않으니, 고로 능히 그 '대'를 이룬다)를 말씀하시니, 누구라도 어렵지 않게 이해할 수 있을 겁니다. 그 가운데 부분에서는 이 말의 배경도 설명하시는 셈이고요. '도는 가장 큰 일을 하면서도 큰 체 행세하지 않고 오히려 가장 작은 듯 무욕하니 그게 진정한 위대함이다.' 그런 논리이신 거죠. 그런 '도'에서 성인은 그런 '덕'을 배운다는 것이니 전형적인 선생님의 어법이기도 하고요.

"오호, 나의 어법이 그렇던가요?"

네, 제가 보기엔 전형적인 노선생님의 어법 중 하나입니다.

"이 말의 전체 줄거리를 그렇게 풀어내셨으니, 세부적인 설명도 필요 알 텐네."

네, 설명을 필요로 하는 사람들도 있을 테니, 제가 느낀 대로 한번 말해 보겠습니다.

우선 '대도범혜, 기가좌우大道氾兮, 其可左右'. '대도는 흘러넘쳐 넓게 뒤덮으니, 그 좌우가 [다] 가하다.' 참 쉽지는 않은 말입니다. 강이 범람하는 것처럼 도가 범람한다? 좀 낯선 비유지만, 저는 이 말씀을 듣고 저 플로티노스의 '유출(emmanatio)'이라는 철학을 떠올리며 이해에 도움을 받았습니다. 그도 이 세계현상을 설명하면서 '일자一者(to hen)'라는 걸 제시하고 그 유출로 일체존재를 해명해 나갔습니다. 견강부회라는 사람도 있을지 모르겠지만, 선생님도 '도'를 '일一'과 연관시키기도 하시니, 우연의 일치라고 하기엔 너무나 기묘합니다. 저는 분명히 모종의 관련이 있다고 믿는 편입니다. 그러나 이런 철학적 이론보다도, 솔직히 말씀드려 저는 어릴 적에 제가 직접 목격한 낙동강의 범람에서 이 말씀을 곧바로 이해할 수 있었습니다. 어린아이 입장에서 강은 정말 '대'단한 것이었고 그 범람은 엄청난 힘의 발로였습니다. 그건 주변의 모든 것을 무차별적으로 휩쓸고 뒤덮었습니다. 왼쪽 오른쪽 가리지 않았습니다. 인간의 가치기준 따위는 아무런 소용이 없었습니다. 귀한 것-

하찮은 것, 그 어떤 것도 예외 없이 뒤덮었습니다. 그런 점에서 범람은 참 '공평무사'했죠. 도의 위력도 그런 것이니, 아니 강의 범람은 그 한 상징일 뿐, 도는 그야말로 온 우주, 천하만물, 삼라만상에 다 미치니, 온 우주를 범위로 한 넓고 넓은 '넘침(氾今)'이고, 그러니 당연히 '기가 좌우其可左右'이지요. 어디 좌우뿐이겠습니까. 전후, 좌우, 상하, 원근, 모두 다 가하지요. 그야말로 '보편적'인 거지요. '좌우'는 단지 그 상징적 대표라고 저는 이해했습니다. 단 저는 이 '기가좌우'라는 말씀을 좀 특별한 무게로 들었는데….

"왜죠? 뭔가 사연이 있을 듯한데…."

네, 지난번에도 말씀드렸지만, 실은 우리나라에 이 좌우 분열과 대립이 극심해서 국가의 발전을 저해하고 있기 때문입니다. 누구는 좌만 옳고 누구는 우만 옳고, 누구는 우가 싫고 누구는 좌가 싫고, 그런 식입니다. 저는 그게 안타까워서 '좌도 우도 도道 안에서는 다 하나'라는 메시지가 있는 게 아닌가, 그런 느낌을 받은 겁니다. 제멋대로긴 하지만. 실은 이 말씀의 텍스트가 판본에 따라 상당히 달라 혼란스러웠는데, 제가 주목하는 '백서본'과 '한간본'에 '대'자가 없고 그냥 '도범아道泛啊…'라고 되어 있었지만, 굳이 통용본대로 '대도大道'라고 쓴 것은, 물론 있는 편이 맨 뒤 말씀인 '성인 … 능성기대能成其大'의 '대大'와 논리적 교합을 이루기 때문이기도 하지만, '기가좌우'가 바로 '대'이다, 이런 메시지를 살리고 싶었기 때문이기도 합니다. 진정 위대한 사상가, 정치가에겐 좌도 가하고 우도 가하다고 저는 생각하니까요. 오로지 국가와 국민만 생각한다면요. 좌든 우든 패거리끼리만 똘똘 뭉쳐 죽기 살기로 싸우기보다는. 어쩌면 중국의 덩샤오핑 같은 사람이, 그의 '백묘흑묘' 같은 사상이 그런 게 아닌가, '기가좌우'가 아닌가, 그런 생각도 해봅니다만….

"진위 여부와 상관없이 좌우에서 그 깊은 뜻을 알아주면 좋겠군요.

내 말이 그분들의 생각을 좌우할 수 있을지는 모르겠지만."

기대하면서, 다음으로 넘어가보겠습니다. 그 다음 말씀들은 도의 '큼(大)'과 '작음(小)'에 대한 설명이라고 이해했습니다. 우선, '만물이 이에 의지해 살지만 마다하지 않는다. 공을 이루고도 이름을 갖지 않는다. 만물을 사랑해 기르지만 주인이 되지 않고 항상 무욕하니, '소小'라는 이름에 가하다. 만물이 [다 이것에] 귀속되지만 주인이 되지 않으니, '대大'라는 이름에 가하다(萬物恃之而生而不辭. 功成不名有. 愛養萬物而不爲主, 常無欲, 可名於小. 萬物歸焉而不爲主, 可名於大).' 이건 사실 보통 스케일의 말씀이 아니라고 저는 느낍니다. 현대의 이른바 포스트모더니즘이 삐딱한 눈으로 바라보는 이른바 '거대담론(grand récit)'이죠. '만물'을 거론하니까요. 그 '만물'이, 서양철학 식으로 말하자면 모든 존재자가 바로 이 '대도'를 의지해서 사는데, 도는 이 엄청난 일을 마다하지 않는다…(혹은 '군말이 없다'라고도 해석할 수 있음), 정말 그렇습니다. 도를 만일 현대식으로 표현해 '만유에 아프리오리하게 내재하여 작용하는 존재의 근본질서 내지 근본법칙'으로 이해한다면 분명 '만물시지이생이불사萬物恃之而生而不辭'(만물이 이에 의지해 살지만 마다하지 않는다)라고 말할 수 있습니다. 만물이 그렇게 그런 근본질서 내지 근본법칙에 따라 생기고 살고 지속되고 하니 '만물시지이생萬物恃之而生'(만물이 이에 의지해 살지만)이 맞고, 도는 그 엄청난 일을 온 지구 구석구석은 말할 것도 없고 우 우주 끝에서까지 성실히 수행하고 있으니 '불사不辭'(마다하지 않는다)가 맞지요. 이를테면 저는 지구의 돌고 돔, 해와 달의 뜨고 짐, 계절의 오고감, 꽃의 피고 짐, 사람의 생과 사, 그 모든 걸 도의 작용이라고 이해하는데, 그게 하루 이틀, 한 번 두 번도 아니고, 십 년, 백 년, 천 년, 만 년 변함없이 그러고 있으니 그걸 '억전억기億轉億起'라고 표현한 적도 있었습니다. 저 엄청난 별들의 무게를 감당하고도 성실하게 그 임무를 수행하고 있으니 '이불사而不辭'(그럼에도 마다하지

않는다[혹은 '군말하지 않는다'])라는 말이 참으로 진실되지요. '대도' 앞에
서 옷깃을 여미고 고개를 숙이게 됩니다. '애양만물愛養萬物'(만물을 사
랑해 기른다)도 마찬가지고요. 만물의 입장에서 보자면 그 도의 작용으
로 말미암아 생기고 자라고 살고 그 과정에서 그 존재를 향유하는 것이
니 충분히 '애양愛養'이라 할 만하지요. '의양衣養'이라는 판본도 있습
니다만, 근본의미는 다를 바 없습니다. '감싸 기르는 것'이니까요. 그걸
도의 입장에서 보자면 '공성功成' 혹은 '성공成功'입니다. 엄청난 공을
이루는 겁니다. 그야말로 만물, 삼라만상의 존재를 전개하는 것이니, 공
을 이룸이라 아니 할 수 없지요. 인간들의 공이란 그에 비하면 티끌만
도 못해서 애당초 견줄 수도 없지요. 그게 비록 사람을 살리고 나라를
구한 일이라고 해도. 그만큼 도의 공은 엄청난 일인 겁니다. 그런 엄청
나고도 엄청난 일을 함에도 불구하고 도는 '이불사而不辭', '불명유不名
有', '이불위주而不爲主', 즉 마다하지 않고(혹은 군말하지 않고), 명성도
갖지 않고, 주인 노릇-주인 행세도 하지 않고, 숨어서 묵묵히 아무런 대
가를 요구하지도 않고(無欲) 성실히 저 할 일만 하고 있으니, '소小'라
는 이름에 합당하다는 말씀인 거죠. '가명어소可名於小'는 '소인', '소
자', '소신' 등으로 우리에게 익숙한 그 '겸양'의 '소'. 그러니 이건 결
코 '하찮음'은 아닌 거겠죠. 오히려 그 반대인 거겠죠. 그래서 선생님은
'만물귀언이불위주, 가명어대萬物歸焉而不爲主, 可名於大'(만물이 [다 이
것에] 귀속되지만 주인이 되지 않으니, '대大'라는 이름에 가하다)라고 말씀하
신 거겠죠. 역설적으로. 다른 어떤 것도 아니고 무려 만물이 다 그 도에
귀속되는데, 그럼에도 불구하고 자신을 드러내고 주인 행세를 하지 않
으니, 즉 욕심도 없고 대가도 요구하지 않으니, 한없이 주기만 하니, 그
러니 그야말로 '크다', '위대하다', '대大'다, 그런 이름에 합당하다는
말씀인 거겠죠. 저는 백 퍼센트 이해하고 동의합니다.

　"반갑군요, 그 이해와 동의."

그런데 저는 선생님의 큰 특징이자 매력이 이런 도의 모습을 그 자체의 서술로 끝내지 않고 반드시 인간과 연결시켜 거기서 '덕'을 읽어내는 거라고 느꼈습니다. 그 덕을 지닌 '성인'을 매개로. 이 34장에서도 예외가 아니고요.

"그래서 성인은 끝내 '대'가 되지 않으니, 고로 능히 그 '대'를 이룬다(是以聖人終不爲大, 故, 能成其大)."

네, 바로 그렇게. 도의 바로 그런 모습처럼, 성인 즉 훌륭한 사람도 끝내 크게 되시 않는다, '불위내不爲大'…. 그런데 오히려 억으로, 억실적이게도, 바로 그렇기 때문에, 자기를 한없이 작게 낮추기 때문에, 그 큼을, 위대함을, '대'를 이룰 수 있다, 참 너무너무 멋진 말씀이 아닐 수 없습니다. 보통 인간들에겐 너무너무 어려운 일이기도 하지만요. 보통 인간들은 조금만 공을 세워도 생색을 내고, 자랑하고, 떠벌리고, 잘난 체-큰 체하고, 조금만 남에게 혜택을 줘도 주인 행세를 하려 들고, 그래서 결국 그 있는 공마저도 다 까먹고 말죠.

"그런 건 '소'라는 이름에도 가하지 않은…."

'소인배'라는 말도 아깝다는 거군요. 그럼 '무'라고 할까요?

"그건 더욱 가하지 않고."

아, 하긴 그렇군요. 선생님께서는 '무無'가 오히려 대단한 덕이니…. 그럼 없느니 만도 못한 사람…. 하하하.

35.
큰 법도를 거머잡고 있으면

執大象, 天下往. 往而不害, 安平太.86) 樂與餌, 過客止. 故, 道之出
言也, 曰, 淡乎其無味也.87) 視之不足見, 聽之不足聞, 用之不足旣.
집대상, 천하왕. 왕이불해, 안평태. 악여이, 과객지. 고, 도지출언야, 왈, 담호기무
미야. 시지부족현, 청지부족문, 용지부족기.

큰 법도를 거머잡고 있으면 천하가 [그리로] 향해 간다. 가지만 해害하지
않는다. 안평安平함이 크다. 음악이 음식과 함께하고 과객이 멎는다. 고로
도가 말을 하자면, "담백하도다, 아무 맛도 없으니"라고 한다. 이를 보아
도 족히 보이지 않고, 이를 들어도 족히 들리지 않고, 이를 써도 족히 다
하지 않는다.

노선생님, 이 말씀을 듣고 제가 어떤 생각이 들었는지 아시겠어요?

---

86) 죽간본-백서본-한간본에는 '大', 하상공본에는 '泰', 왕필본에는 '太'로 되어
있다.
87) 통용본에는 '道之出口, 淡乎其無味'로 되어 있으나, 이걸로는 문장의 전후
연결이 아주 부자연스럽다. 죽간본과 백서본이 원형에 가깝다고 판단되어 이
를 취한다. '故'로 연결되는 것이 자연스럽다.

"글쎄요, 무슨 이야길 꺼내시려고."

바로 '시지부족견, 청지부족문視之不足見, 聽之不足聞', 그런 생각입니다. 선생님이 말씀하신 바로 그 말. 봐도 충분히 보이지 않고, 들어도 충분히 들리지 않는다는 그 말.

"뭔가 좋은 소리는 아닌 것 같은데…."

아니, 그냥 솔직한 느낌입니다. 많은 사람들이 그렇지 않을까 싶어요. 뭔가 어렴풋이 감은 잡히는데, 명쾌하게 보이고 들리지는 않는다는 말씀입니다. 소위 전문가들의 해석도 찾아보았지만, 백 퍼센트 납득과 수긍이 되지는 않았습니다.

"그냥 '노사의 문법'에 익숙해지시면 될 텐데…."

결국엔 그 수밖에 없겠지만, 그래도 저는 최대한 선생님의 원음에 가까이 접근하고 싶으니까요. 학자들의 해석이 아니라.

"그렇게 불명쾌한가요, 이 말이?

네, 자세히 말씀드리겠습니다. 중반('고, 도지출언故, 道之出言') 이후는 그래도 이해가 가능합니다. '도'에 대한 직접적인 언급이니까요. 그 도라는 것이 굳이 입 밖에 내어 말로 하자면(道之出言), 담백해서(淡) 아무 맛도 없다(無味)는 거지요. 앞에서 말씀하신 '령인구상令人口爽'하게 하는(사람의 입을 상하게 하는) '오미五味'와는 달리. 입에 착 달라붙어 사람을 끌어당기는 그런 맛은 아니라는 거지요. 주스 맛도 레몬 맛도 커피 맛도 사이다 맛도 콜라 맛도 아닌, 완전 맹물 맛 같다는…. 물론 자극적인 걸 별로 좋아하지 않는 저 같은 사람 입맛엔 딱이긴 하지만요, 그 도라는 것의 맛. 사람들이 그런 맹물 맛이 최고라는 걸 좀 알면 좋을 텐데.

"그러게 말입니다."

그리고 그 다음, '시지부족견視之不足見'(이를 보아도 충분히 보이지 않고) 이하도 이해 가능합니다. 14장에서도 이미 말씀하셨지만(視之弗見,

名之曰夷. 聽之弗聞, 名之曰希), '도'라는 것은 분명 시각·청각에 잡히는 감각적 '존재자'는 아니니까요. 그건 마치 플라톤의 이데아idea나 헤겔의 가이스트Geist처럼 정신의 눈에만 보이고 정신의 귀에만 들리는 그런 '존재'이니까요. '용지부족기用之不足旣'(써도 완전히 다 쓸 수 없다)라는 것도 4장에서 말씀하신 '용지혹불영用之或弗盈'(써도 다 채울 수 없다)이나 6장에서 말씀하신 '용지불근用之不勤'(써도 힘들지 않다)처럼, 도의 적용 범위나 성격이 참으로 보편적이고 근원적인 거라는 말씀이시니, 그리고 불교식으로 말하자면 '무량'하고 기독교식으로 말하자면 '영원'하다는 말씀이시니, 역시 이해가 가능합니다. 이런 도의 성격 앞에서 그저 옷깃을 여미고 두 손을 모을 따름이지요.

"그럼 대체 뭐가 불명쾌하다는 말씀이신지."

그 앞부분입니다. '큰 법도를 거머잡고 있으면 천하가 [그리로] 향해 간다. 가지만 해하지 않는다. 안평함이 크다. 음악이 음식과 함께하고 과객이 멎는다(執大象, 天下往. 往而不害, 安平太. 樂與餌, 過客止).' 이건 전문가들조차도 어구의 해석이 좀 분분합니다. 개중엔 틀린 것도 있을 수 있으니, 굳이 그 해석들을 말씀드리진 않겠습니다. 이 말씀에서 대 '상象'이란 무엇이며, 그 대상을 '잡는다(執)'는 건 또 무엇이며, 천하란 구체적으로 무엇이며, 천하가 '간다(往)'는 건 또 무엇이며, 가도 '해치지 않는다(不害)'는 건 또 무엇이며, '안평태安平太'는 또 무슨 말이며, '악여이樂與餌'는 또 무슨 말이며, '과객이 멎는다(過客止)'는 또 무슨 말인지, 명확한 게 하나도 없습니다. 아는 듯 말하는 전문가들의 해석이 저는 오히려 좀 기괴합니다.

"으음[신음과 한숨], 내가 지금 여기서 하상공이나 왕필처럼 주석을 달아줄 수도 없고…."

기대하지도 않습니다. 그래서 이것도 결국 '지평융합'으로 풀어볼 수밖에 없었습니다, 저는.

"어디 한번 들어봅시다, 그 이해와 해석."

저는 우선, 통용본에는 없고 죽간본과 백서본에는 있는 '고故'자를 주목했습니다. 이게 만일 원형이라면, (그리고 이게 있는 편이 실제로 전과 후를 자연스럽게 연결해 준다고 생각됩니다만) 앞에서 하신 말씀은 뒤에서 하신 말씀의 원인 내지 근거가 되는 셈입니다. 뒤는 앞의 귀결이 되고요. 혹은 최소한 대비가 되는 셈입니다. 그렇게 읽으면, 앞의 이 말씀은 도의 담백함, 무미건조함, 그리고 비감각성, 무한성에 대한 말이 되어야 마땅합니다. 그러면 이제 조금은 그림이 그려집니다. 이 말씀은 어떤 담백한, 무미건조한, 비감각적인, 그러나 보편성을 갖는 어떤 장면인 거죠. 특히 '천하'를 언급하시니, 온 세상의 장면인 거죠. 이 떤? 천하'왕往'이니 그 세상이 '향해 가는', 즉 움직임을 그린 장면인 거죠. 움직인다? 향해 간다? 어디로? 그 행선지가 바로 '집대상執大象'일 수밖에 없습니다. 그런 행선지가 '집대상'이라면 이건 그만한 뭐가 있지 않으면 안 됩니다. 집대상의 '대'라는 말이 그 대단함 내지 훌륭함을, 온 세상을 부를 만큼의 어떤 훌륭함을 상징한다고 읽힙니다. 그 내용이 바로 '집執-상象', [단단히] 거머쥐는 것, 꽉 잡고 있는 것이지요. 뭐를? '상象'입니다. 이 '상'이라는 것은 여전히 끝까지 모호한 개념이지만, 14장(無物之象)과 21장(道之爲物, 惟恍惟惚. 惚兮恍兮, 其中有象. 恍兮惚兮, 其中有物. 窈兮冥兮, 其中有精)에서 하신 말씀을 보면 이건 '물物'과 대비되는 것으로 물을 품은 '황恍'하고 '홀惚'한 것, 즉 신비로운 어떤 것입니다. 그것은 형태가 없는 것(大象無形 : 41장), 그리고 무엇보다, '도' 안에 있는 것입니다. 그러니 이건 어떤 근원적-보편적-선천적-신비적인 비물질적 그림 혹은 모양새, 그런 것을 의미합니다. 이런 걸 종합해 보면, 저는 저 플라톤이 말한 '이데아idea'를 떠올리지 않을 수 없습니다. 각 사물들의 근원적인 진정한 참모습, 그런 거지요. 저 소크라테스가 한평생 찾아 헤매던 바로 그것입니다. 더욱이 선생님은 여기서 군이 '대大상'(위대한 모양)이라고 말씀하시니, 어쩌면 그건 저 플라톤이 말한 이데아 중의 이데아, 최고의 이데아인 '선의 이데아(he tou agathou idea)' 비슷한 것일지도 모르겠습니다. 그걸 파악하는 것, 이해하고 견지하는 것, 그게 '집執'이 아닐까, 그렇게 저는 이해했습니다. 이 정도면 천하를 움직일 만하지 않을까, 그런데 그게 누구? '집執'자도 '왕往'자도 그 주어가 없습니다. 그래서 이 말씀이 모호한 거지요. 혹자는 군주라고 혹자는 백성이라고 해석합니다만, 그건 열어두어도 좋다고 저는 생각합니다. 선생님이 직접 언급하지 않으셨으니까요. 군주여도 좋고 어떤 성인이어도 좋고, 그리고 백성이어도 좋고 제자여도 좋고, 혹은 국가여도 좋고 이민자여도 좋고…. 이를테면 예수를 향해 가는 온 천하의 크리스천들, 부처를 향해 가는 온 천하의 불도들, 공자를 향해 가는 온 천하의 유림들, 소크라테스를 향해 가는 온 천하의 무수한 철학도들…. 그 간과할 수 없는 움직임에서 저는 '집대상, 천하왕'(큰 틀을 잡으면 온 세상이 그리로 감)을 목격하기도 합니다. 오버일가요?

"해석은 이제 나의 몫이 아니니까…."

그렇다면, 만일 이런 해석이 허용된다면, 그 다음 말씀도 이해 가능해집니다.

"어떻게?"

'왕이불해往而不害'(가지만 해하지 않는다), 그렇게 온 천하가 움직이면(대부대의 이동으로 인한 전쟁처럼) 해악을 끼칠 수도 있으련만, 그런 일은 없습니다(而不害). 오히려 그 반대입니다. '안평태安平太'입니다. 이 말은 문구 해석에서 이견이 분분합니다만, 저는 각 판본별로 '태'자가 다름을 근거로(大/泰/太), '안평이 크다, 즉 평안이 크다'고 읽는 게 타당하다고 생각합니다. '해害'의 반대인 거죠. '불해不害'의 다른 표현입니다. 평안이 크다는 건, '집대상'으로 인한, 그리고 '천하왕'으로 인한 그 결과가 '거대한 평안'이라는 말씀입니다. 이를테면 '팍스 로마나', '팍스 아메리카나' 같은. 재미 삼아 말하자면 '팍스 다오나pax Daona'라고 할까요? 하하. '진정한 자연의 질서가 확고하게 견지되면 천하가 크게 태평하다'는 철학인 게지요, 선생님의 이 말씀은.

"그러면 그 다음 말은?"

'악여사, 과객지樂與餌, 過客止', 이건 그 '안평安平'의 구체적인 사례랄까 장면이라고 저는 읽었습니다. 보통의 해석처럼 '음악과 음식이 과객의 발걸음을 멈추게 한다'는 음악론, 음식론이 아니라. 그렇게 읽으면 생뚱맞고 문맥이 자연스럽게 흐르지를 않습니다. 그래서 저는 이걸 '음악이 음식과 함께하고, 지나가던 나그네도 [발길을] 멈춘다.' 그렇게 읽혔습니다. 그런이 훨씬 사건스럽습니다. 실제도 그런 상면들이 있으니까요. 평안이 현실인 그런 천하에서는. 예컨대, 가족과 친구, 친지의 단란한 식사 자리에 멋진 실내악이 잔잔히 흐르고…, 혹은 분위기 있는 레스토랑의 라이브 연주? 그렇게 음식과 음악이 함께 어우러지죠. 평안의 상징적 모습을 그린 장면인 겁니다. 그리고 '과객지過客止', 평안이 큰 지역이나 나라엔 관광객이 몰려들기도 하죠. 그것도 일종의 '과객지'라고 저는 해석합니다. 잠시 혹은 한동안 머물기도 하고요. 적절한 예일지는 모르겠지만, 산토리니나 보라카이 같은 그런 세상? 하하하. 그리고 놀러왔다가 아예 눌러앉아 살기도 하죠.

"그렇다면 그게 어떻게 '고로'로 연결된다는 말씀이신지."

이런 것들이 다 실은 특별할 것이 없는 일이니까요. 가장 기본적이고 평범한 일들이니까요. 그런데 그런 것이야말로 바로 도이고 '대상'이니, 도가 담백하고 무맛인 거죠. 그러니 '고로'라는 말로 연결이 되는 것이지요. 그런 말씀이 아니었나요?

"하하하, 어떻든 이선생 식으로 풀어냈군요. 나는 '소이부답심자한笑而不答心自閑'(웃고서 대답 않으니 마음이 절로 한가롭다).[88] 다른 말은 하지 않겠습니다."

의견이 다른 분도 아마 없지는 않겠지만…, 저는 논쟁은 사절입니다. '다툼(爭)'을 경계하는 노선생님의 제자니까요. 하하하.

---

88) 이백의 시 〈산중문답〉의 한 구절.

36.

장차 이걸 오므리고 싶으면

將欲歙之, 必固張之.89) 將欲弱之, 必固强之. 將欲廢之, 必固興之. 將欲奪之, 必固與之. 是謂微明. 柔弱勝剛强. 魚不可脫於淵, 國之利器不可以示人.

장욕흡지, 필고장지. 장욕약지, 필고강지. 장욕폐지, 필고흥지. 장욕탈지, 필고여지. 시위미명. 유약승강강. 어불가탈어연, 국지리기불가이시인.

장차 이걸 오므리고 싶으면, 반드시 도리어 이걸 펴준다. 장차 이걸 약하게 하고 싶으면 반드시 도리어 이걸 강하게 해준다. 장차 이걸 폐지하고 싶으면, 반드시 도리어 이걸 일으켜준다. 장차 이걸 빼앗고 싶으면 반드시 도리어 이것에게 [갖게 해]준다. 이를 일컬어 '미명微明'[미묘한 현명]이라 한다. 부드럽고 약한 것이 굳고 센 것을 이긴다. 물고기는 연못에서 끄집어내서는 안 되고, 나라의 이기利器는 이것을 사람들에게 [범례처럼] 내보여서는 안 된다.

---

89) '固'에 대하여 군사적 의미를 염두에 둔 '미리', '잠시'라는 기존의 일부 해석은 터무니없다. '도리어', '굳이', '일부러'라는 해석이 자의에도 맞고 의미상으로도 자연스럽다.

노선생님, 이 36장에서는 '미명微明'이라는 덕을 주제 삼아 이야기하시는군요. 그런데⋯

"이선생이 '그런데'라고 하면 언제나 좀 긴장이 되는군요. 뭔가 불만을 말하려는 것 같아서."

매번 그렇지만 그냥 솔직하고 정확한 느낌을 그대로 전달하고 싶어서일 뿐입니다. '그런데'라고 말씀드린 건, 이 '미명'이라는 게 그야말로 '미微'한, 희미한, 미세한, 미묘한, 그런 어떤 밝음, 총명, 지혜 같은 거라서 명명백백하게, 명쾌하게, 명료하게 이해하기가 쉽지 않다는 말씀입니다. 선생님이 사용하시는 글자의 대부분이 '다행스럽게도' 현재의 우리 한국에서 그대로 통용이 되고 있어[90] 어느 정도 자연스런 소통이 가능하긴 합니다만, 그 글자들의 조합은 꼭 그렇지도 않은 사정이 있습니다. '미명'도 그런 거지요. '미微'도 '명明'도 다 곧바로 이해되는 말이지만 '미명'은 통용되지 않습니다. 그건 현대 중국에서도 마찬가지고요.

"그래도 내용을 보시면 이해가 불가능한 건 아닐 텐데."

네, 그렇게 해서 감은 어느 정도 잡힙니다. 그러나 그야말로 '미微', 어렴풋할 따름입니다. 왜냐하면 말씀하시는 그 내용이라는 것이 역시 듣고서 곧바로 '아하' 할 수 있는 게 아니기 때문입니다. 물론 매번 그렇지만 그 표현이 아주 멋지기는 합니다. 네 글자씩 딱딱 대구를 이루는 게. 이런 가지런한 대비와 반복, 시적이라서 저는 아주 좋아합니다. 한어의 최대 매력입니다. 공자도 멋지게 그걸 구사하시죠.

---

90) 단, 죽간본·백서본·한간본 등 고본의 원자는 상당수가 현재 사용되지 않는 벽자들이다. 현재 우리가 접하는 판본의 글자들은 중국 학자들의 교열을 거쳐 현대화된 결과물이다.

"중요한 건 '형식보다 내용', 아실 텐데."

그야 그렇죠. 그 미명의 내용입니다만, '장차 이걸 오므리고 싶으면, 반드시 도리어 이걸 펴준다. 장차 이걸 약하게 하고 싶으면 반드시 도리어 이걸 강하게 해준다. 장차 이걸 폐지하고 싶으면, 반드시 도리어 이걸 일으켜준다. 장차 이걸 빼앗고 싶으면 반드시 도리어 이것에게 [갖게 해]준다(將欲歙之, 必固張之. 將欲弱之, 必固强之. 將欲廢之, 必固興之. 將欲奪之, 必固與之).' 즉 歙歙-弱弱-廢廢-奪奪(오므리기, 약화, 폐지, 빼앗기), 이런 걸 하고 싶으면, 반드시 도리어 장장-강강-흥흥-여여(펴기, 강화, 일으키기, 주기)를 하라, 그런 말씀인 거죠. 역설적으로. 노자 철학의 가장 큰 특징의 하나인 '역설적 가치'. '무위지위'[힘이 없는 힘] 같은. 그런데 여기서 말씀하시는 네 쌍의 행위들, 歙歙-장장, 弱弱-강강, 폐폐-흥흥, 탈탈-여여, 이걸 보면, 구도랄까 구조는 명백한데, 정작 그 현실적 의미가 도대체 어떤 경우를 말하는 건지 분명치가 않아서 그게 문제인 겁니다. '한비자韓非子'를 비롯해 해설들이 적지 않습니다만, 모두 아전인수, 견강부회 같은 느낌이 좀 없지 않고….

"그래서 이선생은 결국 어떻게 해석하실 건지."

고심 끝에 저는 이렇게 생각해 봤습니다. '지之', 어떤 대상, 그게 사람이든 국가든 일이든, [그 내용은 열려 있습니다만] 그 뭔가가 마음에 안 드는, 싫은 경우가 실제로 있습니다. 있을 수 있습니다. 그래서 이걸 찌그려/오그려버리고 싶다, [그 기세/세력/힘을] 약화시키고 싶다, 폐지/폐쇄해 없애버리고 싶다, 박탈/탈취해/빼앗아버리고 싶다, 그런 경우가 있을 수 있습니다. (이때, '이쪽'이 좋고 '저쪽'이 나쁘고, 반대로 '이쪽'이 나쁘고 '저쪽'이 좋은 경우도 있을 수 있습니다. 선생님이 그런 경우까지 생각해 보셨는지 그건 모르겠지만.) 그게 歙歙-弱弱-廢廢-奪奪인 거죠. 세상엔 그런 경우가 실제로 얼마든지 있고 저도 그런 걸 느낄 때가 있습니다. 그럴 때, 보통은 곧바로 실행에 옮기려 하지만, 선생님은 그렇게 하지 말라는 말씀인 거죠. 그렇게 하는 건 '명明' 즉 [사리에/이치에] 밝은 게, 총명한 게, 현명한 게, 지혜로운 게 아니라는 거죠. 그렇게 하지 말고, 반드시(必), 굳이/도리어/일부러(固), 그 대상을 펴게 하고, 강하게 하고, 흥하게 하고, 주고, 그렇게 하라는 말씀이지요. '장張-강強-흥興-여與' 그런데 왜죠? 이런 건 다 그 대상을 좋게 하는 일들인데, 이롭게 하는 일들인데, 왜 그렇게 하라는 말씀이지요? 그게 포인트입니다. 혹자는 이걸 무슨 손자병법처럼, 이게 뒤통수치기 위한 작전처럼, 그렇게 해석하기도 합니다만, 저는 선생님의 전체 문맥을 봤을 때 그건 아니라고 생각합니다.

"오호, 흥미로운 전개인데, 그럼?"

저는 이 '미묘한 지혜'의 진정한 의미를 그 다음 말에서 유추해 봅니다.

"유약승강강柔弱勝剛强"

네, 선생님의 대표적인 가치론의 한 축이죠. '부드럽고 약한 게 굳고 강한 것을 이긴다.' 그러니까, 이 말은 마음에 안 드는 그 상대에 대해, 세게 나가지 말라는 겁니다. '불강강不剛强'인 거죠. 그걸 권하시는 거죠. 그 대신 '유약柔弱'하게, 부드럽고 약하게, 그렇게 하라는 권유인 거죠. 그 '유약'의 덕을 선생님은 다른 곳에서도 말씀하시니까(弱者, 道之用 : 40장, 柔弱處上 : 76장), 아마 틀리지 않을 겁니다. 그게 결국은 이기는 것이니, 세게 나가는 것보다 낫다는 말씀인 게죠. 좀 과장해서 말하자면 '지는 게 이기는 거다', 그런 것일 수도 있고요. 이건 적어도 부부싸움 같은 경우는 거의 '진리'이기도 합니다. 이런 경우, 조금 마음에 안 든다고 (그래서 움츠러들게 하겠다고, 기세를 꺾어놓겠다고, 마음에 안 드는 부분을 없애버리겠다고, 주도권을 뺏어 오겠다고) '강대강'으로 나갔다가는 결국 상대를 꺾지 못하고 파탄이 나거나 파국에 이르기도 하지요. 공멸일 수도 있고요. 반대로 '유약'한 대응은 문제를 해소시키고 평화와 화목을 가져다주기도 하니까, '유약승강强柔弱勝剛强'인 경우도 분명히 있는 겁니다. 이런 경우는 부부관계, 부모자식 관계, 교우관계 등으로 그 폭을 넓혀갈 수도 있습니다. 결국, 장지張之-강지强之-흥지興之-여지與之가 유약의 방식이고, 흡지歙之-약지弱之-폐지廢之-탈지奪之가 강강의 방식인데, 전자인 '유약이 후자인 '강강'을 이긴다, 그런 이야기가 되지요.

"흥미로운 해석이군요. 그러나 '굴복이 무슨 승리냐'라는 공격도 당연히 있을 텐데…."

있겠죠. 특히 '투쟁'을 가치로 삼는 사람들…. 그리고 '강强'과 '승勝'을 가지로 삼는 사무라이즘…. 이 문제에 성납은 없습니다. 가지의 대립-충돌은 반드시 선택을 요구하게 되죠. 하나 분명한 것은 선생님의 철학은 강强-전戰-승勝은 분명히 아니라는 거죠. 그렇게 정리하면, 선생님이 대안으로 제시하는 장張-강强-흥興-여與가 어느 정도 이해 가능하게 됩니다.

"어떻게?"

아주 쉽게 말하자면, '미운 놈 떡 하나 더 주어라', 그런 논리일 수도 있습니다. 좀 더 극단적으로 말하자면, '누가 네 오른쪽 뺨을 때리거든 왼쪽 뺨도 내어주어라', '속옷을 빼앗고자 하는 사람에게는 겉옷까지도 주어라',91) 그런 논리일 수도 있습니다. 역으로, 역설적으로. 그게, 그런

---

91) "또 '눈은 눈으로, 이는 이로 갚아라' 한 말을 듣지 않았느냐? 그러나 나는 너희에게 말한다. 악한 사람을 대적하지 말아라. 누가 네 오른뺨을 때리거든 왼뺨도 돌려 대어라. **너를 고소하여 속옷을 빼앗고자 하는 사람에게는 겉옷까지 주어라.** 누가 네게 억지로 오 리를 가자 하거든 십 리를 가주어라. 네게 요구하는 사람에게 주고 꾸어 달라는 사람에게 거절하지 말아라. '네 이웃을 사랑하고 원수를 미워하라'는 말씀을 듣지 않았느냐? 그러나 나는 너희에게 말한다. 원수를 사랑하고 너희를 핍박하는 사람들을 위해 기도하라. 그렇게 하는 것이 하나님 아버지의 자녀 된 도리이다. 하나님은 해가 악한 사람과 선한 사람에게 다 같이 비치게 하시고 의로운 사람과 의롭지 못한

장지·강지·흥지·여지가 진정한 승리라는 말이죠. 단, 한 가지 주의할 것
은 이 말씀이 꼭 결과적인 '승리'를 염두에 둔 게 아니라는 말씀입니다.

"그러면?"

흡지歙之-약지弱之-폐지廢之-탈지奪之하고 싶겠지만, 그렇게 하지 말
라는 도덕인 거죠. 이 말씀의 핵심은 '그럼에도 불구하고'라고 생각합
니다. '장욕將欲…, 필고必固…'(장차 하고자 한다면, 반드시 도리어), 특히
'필고'가 그런 뜻이라고 저는 해석합니다. 마음속에 드는 생각과 반대
로 '원수조차도 사랑하라'는 말씀인 거죠.

"내가 예수주의자라는 말씀인가?"

안 될 건 또 뭡니까? 진리에, 덕에, 가치에 국적이 있는 것도 아니고,
예수와 노자 사이에 만리장성이 가로놓인 것도 아니고. '높은 봉우리는
서로 이웃한다'는 말도 있는데.

"하하하, 그냥 웃겠습니다."

어쨌든, 그렇게 읽으면 의미는 통한다는 말씀입니다. 제 고심의 결과
입니다만. 그런 게 '미명'[미묘한 현명]인 게죠. 말도 안 되는 소리, 바보
같은 소리로 들릴 수도 있지만, 그런 부드러움이 진정한 강함이고(守柔
曰強 : 52장), 그게 결국은 이기는 길이니, 미묘한 지혜라는 말이 됩니다.
적어도 저는 그런 게 '명明' 즉 밝음, 현명함이라는 데 동의합니다.

"그럼 그 다음 말은?"

'물고기는 연못에서 끄집어내서는 안 되고, 나라의 이기는 이것으로
사람들에게 [범례처럼] 내보여서는 안 된다(魚不可脫於淵, 國之利器不可

사람에게 비를 똑같이 내려주신다. 너희를 사랑하는 사람들만 사랑한다면 너
희가 무슨 상을 받겠느냐? 세무원들도 그만큼은 하지 않느냐? 또 너희가 너
희 형제들에게만 인사한다면 남보다 나을 것이 무엇이겠느냐? 믿지 않는 사
람들도 그렇게 하지 않느냐? 그러므로 하늘에 계신 너희 아버지께서 완전하
심과 같이 너희도 완전하여라." 〈마태복음〉 5:38-48 KLB.

以示人).' 이게 어떻게 '미명'과 연결되는지, 저도 좀 난감합니다. 이 말씀 자체는 일단 이해 가능합니다. 그러나 그 의미의 연결이 문제입니다. 솔직히 이것도 잘못 끼어들어간 착간이면 좋겠다는 심정이 들 정도입니다. 하지만 여러 판본에 모두 들어가 있는 걸 보면 원래 있는 게 맞기는 한 것 같은데…. 그래서 저는, 역시 고심 끝에, 이렇게 생각해 보았습니다.

"어떻게?"

'불가탈어不可脫於'와 '불가이시不可以示'가 바로 그 '유약'의 구체적-현실적인 양상이 아닌가, '불가'라는 표현이 있으니까…. '하지 않는 셋'이니까…. 보통의 경우라면 물고기는 [낚시나 투망 같은 설로] 상제로라도 연못에서 끄집어내고 싶고(脫於淵), 국가의 '이기'[법제, 규제, 규범 등을 포함해서 국가 이익을 위한 장치-도구들]는 강제로라도 인민들에게 제시하고 싶지만(示人), 그런 '강강剛強'은 결코 상대를 완전히 제압할 수 없다, 이를테면 연못에 번식하는 베스 소탕의 경우가 그렇고 정부의 온갖 규제 시행들의 경우가 그렇죠. 그런 강제적인 조치가 그 상대를 굴복시키지는 못합니다. 강강이 승리할 수가 없는 거죠. 그러니 그러지 말고, 군이-도리어-일부러라도 그 상대가 활개를 치도록 도와줘라, 이른바 '자율'입니다. 그러면 자연의 도가 질서를 잡아준다, 그게 오히려 이기는 길이다…. 우리 한국사회는 이런저런 형태로 국가의 그런 '강강剛強'을 겪어봤기에 아마 많은 사람들이 이 말을 쉽게 이해하고 공감하지 않을까, 그런 생각이 듭니다. 이른바 '발본색원'이란 말도 너무나 많이 들어봤지만, 바퀴벌레나 쥐새끼들을 포함해서 발본색원이 된 경우를 별로 본 적이 없기도 합니다. '어魚…인人'을 어쨌든 저는 그렇게 이해했습니다.

"재미있네요. 그 해석이 맞는지 어떤지 언제 물고기와 나라에 한번 물어봐야겠군요. 하하하."

물고기와 나라가 제대로 답해 줄진 모르겠습니다만…. 물고기에겐
말할 입이 없고 국가가 그렇다는 건 언제나 별로 미덥지 못하니까요.
하하하.

37.

도는 항상 '함'이 없지만

道常無爲而無不爲.92) 侯王若能守之, 萬物將自化. 化而欲作, 吾將
鎭之以無名之樸.93) 無名之樸, 夫將不欲.94) 不欲以靜, 天下將自
定.95)

도상무위이무불위. 후왕약능수지, 만물장자화. 화이욕작, 오장진지이무명지박. 무
명지박, 부역장불욕. 불욕이정, 천하장자정.

도는 항상 '함'이 없지만 하지 않음이 없다. 후왕侯王이 만약 이를 지킬
수 있을 것 같으면, 만물이 장차 '자화自化'할[저절로 되어 갈] 것이다. 되
어 가는데도 작위하려 한다면, 나는 장차 무명지박無名之樸으로써 이를
진정시킬 것이다. 무명지박은 무릇 장차 [작위적으로 뭔가를] 하고자 하지
않을 것이다. 하고자 하지 않음으로써 고요하면, 천하가 장차 '자정自定'

---

92) 죽간본-한간본에는 '道恒無爲也'로, 백서본에는 '道恒無名'으로 되어 있다.
   뒷부분의 '而無不爲'는 후대의 첨가라는 설이 있다. 설득력이 있으나 이대로
   도 문맥상 의미가 있다고 보아 여기서는 통용본을 따른다.
93) 죽간본에는 '鎭'이 '正'으로 되어 있다.
94) 왕필본에만 '不欲'이 '無欲'으로 되어 있다. 그리고 앞부분은 판본에 따라
   각각 다르다. 여기서는 백서본을 따른다.
95) 통용본의 '天下'가 죽간본에는 '萬物', 백서본에는 '天地'로 되어 있다. 그리
   고 '自正'은 백서본에서만 '自正'으로 되어 있다. 그리고 '不欲'이 죽간본에
   서는 '知足'으로 되어 있다.

할[저절로 안정될] 것이다.

　노선생님, 여기서 또 그 유명하고도 유명한 '무위無爲'를 말씀하시는 군요. 2장, 3장, 10장, 그리고 38, 43, 48, 57, 63, 64장에서도 이 '무위'를 말씀하시니(2장 : 聖人處無爲之事, 3장 : 爲無爲則無不治, 10장 : 愛民治國, 能無爲乎, 38장 : 上德無爲而無以爲, 43장 : 吾是以知無爲之有益, 48장 : 以至於無爲, 無爲而無不爲, 57장 : 我無爲而民自化, 63장 : 爲無爲, 事無事, 64장 : 是以聖人無爲故無敗), 이쯤 되면 이게 선생님의 핵심철학 중 하나라고 하지 않을 수 없겠지요.

　"허허, 별 조사를 다 하셨군요."

　요즘은 검색이라는 게 있어서 아주 간단하답니다. 하하.

　그런데 여기서도 선생님은 어김없이 '도'와 '덕'을 연결하시네요. 자연의 도와 인간의 덕을. 물론 '성인' 대신 '후왕'이라는 용어가 등장하기는 합니다만, 인간의 영역인 건 다를 바가 없습니다. 이미 말씀드렸지만 그 점이 선생님의 큰 특징이자 매력이라고 저는 생각합니다.

　"그렇게 봐주시니 고맙군요. 인간이 덕을 배우기에 자연-도보다 더 좋은, 더 큰 교과서와 스승이 있겠습니까."

　헤라클레이토스도 '나에게 묻지 말고 로고스에게 물어서…'라고 말한 적이 있고, 프랑스의 데카르트도 '세계라고 하는 커다란 책(le grand livre du monde)'을 직접 읽겠노라는 포부를 밝힌 적이 있고, 후설도 '사물 그 자체로(Zu den Sachen selbst)!'라는 걸 표어로 내세우기도 했는데, 그런 철학정신의 원조가 사실 선생님이었던 셈이네요. 고개가 숙여집니다.

　"원조라니, 그런 순서가 뭐가 중요하겠습니까. 문제는 우리가 배워야 할 내용이지요."

그야 뭐 여부가 있겠습니까. 그 내용이 바로 '무위無爲'라는 건데….

"도상무위이무불위道常無爲而無不爲"

네, '도는 항상 '함'이 없지만 하지 않음이 없다.' 이 '함이 없다', '하지 않음이 없다'는 건 아마도 '자연'의 모습이겠지요. '도는 자연을 준거로 한다(道法自然)'고 앞서 말씀하셨으니. 논리적으로는 모순이지만, 역설인 거지요, 이 '무위이무불위無爲而無不爲'는. 자연의 모습이 실제로 그렇습니다. 누군가가 나서서 작위적으로 뭘 '하는' 건 아니지만(無爲), 만유가, 삼라만상이, 다 스스로의 질서에 따라 그러그러하게 펼쳐지고 진행되고 있으니까요. 그게 스스로 그러함, 자연自然, '무불위無不爲'인 거지요. 엄청나고도 놀라운 현상입니다, 이게 사실은.

"그런데 인간들은, 특히 권력을 가진 국가의 통치자들(侯王)은, 끊임없이 나서서 뭘 하려고 들죠."

선생님은 위정자의 그런 '함(爲)'에 어지간히 덴 모양이네요. 아주 강력한 경계가 느껴집니다, 선생님의 말씀의 행간에서. 특히 마지막 말씀, '불욕이정, 천하장자정不欲以靜, 天下將自定'을 뒤집어 읽어보면 ('뒤집어 읽기'는 저의 중요한 철학방법론입니다만) 누군가가 뭔가를 하려 하고(欲), 고요하지(靜) 못하고, 그래서 온 천하가 안정되지(定) 못한다, 이런 현실이 전제되어 있는 것 같습니다. 그런 현실에 대한 염려랄까 개탄이랄까, 그런 게 깔려 있는 것 같기도 하고….

"그런 현실이 어디 여기만 있고, 그런 느낌이 어디 내게만 있겠습니까."

하긴 제가 전공한 하이데거도 비슷한 이야기를 강조하기도 했죠. '작위(Gestell)'(내다 세우려 함)라는 걸 경계하면서. 예컨대 원자력 개발 같은 그런 작위를. 사실 선생님은 짐작도 못하시겠지만, 지금 저의 세상은 그런 작위들로 가득하답니다. 거의 한평생을 인간들이 만들어낸 인

공의 세계에 갇혀 살다가 갑니다. 최근엔 생각까지도 이른바 '인공지능
(AI)'이 대신하기에 이르렀죠. 자연도 마구 파헤쳐져 이젠 강산은 물론
물이나 공기조차도 위태로운 지경에 이르렀답니다. 그야말로 '욕이부
정, 천하부자정欲以不靜, 天下不自定'(고요하지 못함으로 뭔가를 하려고 해
서 온 세상이 스스로 안정되질 못한다), 그런 상태입니다. 그야말로 선생님
의 자연철학이, 도학이 절실히 요구되는 시대입니다. 그게 지금 제가
이런 책을 쓰고 있는 이유이기도 하고요.

　"천하의 신음소리가 들리는 듯하군요. 그래서 내가 이런 말을 남긴
것이건만. 사람들은 참 중요한 말을 잘 듣지를 않지요."

　특히 후왕들은요. 통치자들은 만유의 기본역량을 무시하고 가만히
내버려두질 못합니다. 뭔가 일을 꾸며 백성들을 다그치고 문제를 일으
키는 경우가 적지 않지요. 자율보다는 통제, 규제, 지도, 그런 쪽으로
몰아가지요.

　" '약능수지, 만물장자화若能守之, 萬物將自化'인데."

　네, 이것(之) 즉 무위無爲라는 도의 모습을 지킬 수 있으면, 무불위無
不爲 즉 만물이 스스로 알아서 되어 갈 텐데(自化) 말이죠. 천하는, 후
왕은, 즉 세상은, 통치자들은 자연과 도를, 그 자화와 자정을, (하이데거
는 이걸 '자기발현(Ereignis)'(그리 됨)이라 부르기도 합니다만) 이걸 너
무 과소평가, 저평가, 평가절하, 심지어 무시하는 것 같습니다.

　"화이욕작化而欲作(되어 가는데도 작위하려 한다면)"

　네, 그렇게 자연의 자율에 맡겨두면, 도에게 맡겨두면, 특별히 뭘 하
지 않아도(無爲), 알아서 잘 돌아갈 텐데(化＝無不爲), 그런데도(而), 뭔
가를 하려고 들죠. 만들려고, 꾸미려고, 저지르려고 들죠(欲作). 그래서
아마 선생님이 이런 무위의 철학을 세상에 남기신 거겠죠.

　"나는 장차 무명지박無名之樸으로써 이를 진정시킬 것이다. 무명지
박은 무릇 장차 [작위적으로 뭔가를] 하고자 하지 않을 것이다(吾將鎭之

以無名之樸. 無名之樸, 夫將不欲)."

네, '무명지박'으로 이걸(之), 즉 그런 '꾸미려 함(欲作)'을, 가라앉히겠다고(鎭), 희망, 포부를 피력하신 거겠죠. 과연 진정이 될지는 모르겠습니다만.

"그 진정, 가라앉힘, 억누름의 수단(以)은 '무명지박無名之樸'이어야 합니다. 그런데 그 무명지박은 뭘 하려고 나서지는 않을 겁니다(不欲)."

네, 그 무명지박, 이름 없는 원목, 도의 다른 이름이지요. 원목, 통나무 같은, 손대지 않은 순수한 본연, 그게 '박樸'일 텐데, 이름 없는 박이라…, 이것도 사실 암호 같은 말이긴 한데…. 저는 이걸 어떤 구체적인 규정이니 역할이 정해지지 않은, 현대식으로 말하자면 명함이 없는, 대통령이니, 공무원이니, 교수니, 작가니 그런 이름도 역할도 없는, 그렇게 규정되기 이전의 순수한 어떤 본연의 이치 그 자체, 그런 거라고 이해했습니다. 그래서 도의 다른 이름인 거죠. 혹자는 '도'가 이미 이름이 아니냐, 이름 없는 이름이라는 건 모순 아니냐, 그렇게 시비를 걸지도 모르겠는데, 도는 어떤 구체적인 규정이나 역할은 아닌 거지요. 그런 의미에서 모순은 아닌 겁니다. 그래도 계속 그런 시시콜콜한 것으로 문제를 삼는다면, 한 발 양보해서, '무명'이란 '유명하지 않은', '별 인기 없는', '그래서 별로 주목하지 않는', 그런 의미라고 해석할 수도 있습니다. 엄청난 중요성에도 불구하고, '도'가 주목받고 인기를 끈 경우는 특별한 사람들의 경우를 제외하고는 별로 많지 않으니까요. 지금도 세상은 유명한 아이돌 가수나 배우나 스포츠선수에게는 카메라를 들이대고 온통 난리법석이지만, 도와 덕에 대해서는 신문에 기사 한 줄 나기도 쉽지가 않으니까요.

아무튼 그런 무명지박으로, 더구나 뭘 하려고 하지도 않을(將不欲) 무명지박으로, 뭘 하려고 하는(欲作) 걸 진정시키겠다…, 참 포부도 크십니다.

"그렇다고 그들을 때려눕힐 수도 쳐부술 수도 없지 않습니까. 그런 '강강强剛'보다는…."

아하, '유약柔弱'이 '강강强剛'을 이긴다…, '진지이무명지박鎭之以無名之樸'이, 그 '불욕不欲'이, '유약'이 될 수 있겠군요. 그럼 어디 기대하고 한번 기다려보겠습니다. 오히려 그런 '욕작欲作'(하려고 함)에 대해 잘한다, 잘한다, 박수도 쳐주면서. 그게 장지張之-강지强之-흥지興之-여지與之(펴주기-세게 하기-일으키기-함께하기) 아닌가요?

"도와 자연을 한번 믿어봅시다. 지긋이 느긋하게, 욕심내지 말고(不欲), 조용히(靜). 천하가 장차 스스로 안정되기를(天下將自定) 기다리면서."

네, 선생님에 대한, 도에 대한, 덕에 대한, 무명지박에 대한, 이런 책이라도 쓰면서…. 이것조차도 반노자적 욕심(欲作)인지 모르겠지만. 하하하.

덕편

德篇

38.

높은 덕은 덕을 부정하니

上德不德, 是以有德. 下德不失德, 是以無德. 上德無爲而無以爲,
下德爲之而有以爲,1) 上仁爲之而無以爲, 上義爲之而有以爲, 上禮
爲之而莫之應, 則攘臂而扔之. 故, 失道而後德, 失德而後仁, 失仁
而後義, 失義而後禮. 夫禮者, 忠信之薄,2) 而亂之首. 前識者, 道之
華, 而愚之首.3) 是以大丈夫居其厚,4) 不居其薄, 居其實, 不居其華.
故, 去彼取此.

상덕부덕, 시이유덕. 하덕부실덕, 시이무덕. 상덕무위이무이위, 하덕위지이유이위.
상인위지이무이위, 상의위지이유이위, 상례위지이막자응, 즉양비이잉지. 고, 실도
이후덕, 실덕이후인, 실인이후의, 실의이후례. 부례자, 충신지박, 이란지수. 전식자,
도지화, 이우지수. 시이대장부거기후, 불거기박, 거기실, 불거기화. 고, 거피취차.

높은 덕은 덕을 (덕이 아니라고) 부정하니 이로써 덕이 있다. 낮은 덕은
덕을 잃지 않으니 이로써 덕이 없다. 높은 덕은 '함'이 없으나 의도 없이

---

1) 백서본에는 이 '下德…' 부분이 없다. 같은 한대의 한간본에 이 부분이 있는
   걸 보면 백서본에서는 이것이 탈락된 것으로 보인다.
2) 한간본에는 '薄'이 '淺'(얕음)으로 되어 있다. 뒤에 나오는 '厚'와의 균형을
   고려해 통용본을 따른다.
3) 통용본에는 '愚之始'라고 되어 있다. 의미를 고려해 백서본을 따른다.
4) 통용본에는 '居'가 일부 '處'로 되어 있다. 백서본·한간본을 따른다.

'하게' 되고, 낮은 덕은 그것을 행하나 의도를 가지고 한다. 높은 인은 그
것을 행하나 의도 없이 하고, 높은 의는 그것을 행하나 의도를 가지고 하
고, 높은 예는 그것을 행하나 응함이 없으면 팔을 걷어붙이고 이를 억지
로 끌어당긴다. 고로 도를 잃고 난 후에 덕이고, 덕을 잃고 난 후에 인이
고, 인을 잃고 난 후에 의이고, 의를 잃고 난 후에 예이다. 무릇 예란, 진
정함(忠)과 미더움(信)의 얇음이요, 그리고 어지러움(亂)의 으뜸이다. '앞
의 지식(前識)'[통용-행세하는 기존의 지식들-유식함-박식함]이란, 도의 '겉치
레(華)'[도를 장식처럼 내세운 것]요, 어리석음(愚)의 으뜸이다. 그래서 대장
부는 그 두터움(厚)에 거하며, 그 얄팍함(薄)에 거하지 않는다. 그 내실
(實)에 거하며, 그 겉치레(華)에 거하지 않는다. 고로 저것[후자]을 버리고
이것[전자]을 취한다.

———————————————

　노선생님, 오늘 말씀은 소위 후편 내지 하편인 '덕경'의 시작이라 기
분이 새롭군요. 그런데 하아, 이것도 참 만만치가 않네요. 어떤 이들은
전편 내지 상편인 소위 '도경'에 비해 이 '덕경'이 상대적으로 더 이해
하기 쉽다고도 합니다만, 그런 말은 터무니없습니다. 물론 이 38장은
'덕'을 주제로 말씀하시니, 이건 어쨌든 우리 자신인 '인간'의 사안이
라, '자연'의 사안인 '도'보다는 우리에게 조금은 더 이해가 수월한 면
이 있을지는 모르겠습니다만.
　"내가 우주인도 아니고 내 말이 우주어도 아닌데 이해 못할 게 뭐가
있겠습니까."
　그 말씀을 믿고 다가가 한번 음미해 보겠습니다. '높은 덕은 덕을
(덕이 아니라고) 부정하니 이로써 덕이 있다. 낮은 덕은 덕을 잃지 않으
니 이로써 덕이 없다(上德不德, 是以有德. 下德不失德, 是以無德).' 이 첫

문장은 '덕'에도 상하의 급이 있음을 알려주시는군요. '상덕'과 '하덕'. 그 기준이 '부덕不德'이냐 '부실덕不失德'이냐, 즉 자기의 덕 그 자체를 [아마도 스스로] 부정하느냐 긍정하느냐, 부정해서 집착-소유하지 않느냐 긍정해서 집착-소유-과시하느냐, 그 여부라는 말씀이시죠. 자신의 덕에 대한 긍정-부정이 관건인 셈이랄까…. 그리고 그 결과가 결국 '유덕有德'과 '무덕無德'이라는 말씀이고요. 하덕은 결국 그 덕을 잃지 않으려 하다가 바로 그 때문에 오히려 그마저도 다 잃어버리고 빈털터리 '무덕'이 된다는 말씀이시죠. 상덕은 그 반대고요. 가지려 하지 않으니 오히려 있게 된다. 이것도 전형적인 노자식 역설인데, 참 날카로운 통찰이고 시석이십니다. 무릎을 지쳤어요.

"그런 칭찬이 '부실덕不失德'을 유발할 수도…."

그도 그렇지만 그건 애당초 하덕下德인 사람들이나 그렇지 상덕上德인 선생님이야 해당사항 있겠습니까.

"하하, 이 양반 참…."

저도 주변에서 그런 사람, 하덕, 참 여럿 보았습니다. '덕'이라는 게 만일 도덕적-인격적 고매함뿐만 아니라 노력이든 수행이든 감화든 그런 걸 통해 '얻은(得)', 즉 내 안에 지니게 된, 내면화된, 그런 어떤 '훌륭함(arete)'이라고 한다면, 그건 이른바 '실력'이라는 것과도 통하는 부분이 있는데, 그런 실력이 있는 사람이 겸손하지 않고 그 실력을 '떠벌리는' 경우가 적지 않게 있더라고요. 그 이력-실력을 마치 무슨 계급장처럼 이마와 어깨에, 아니 무엇보다도 자기 입에 달고 다니는 거죠. '부실덕不失德'의 전형입니다. 이른바 유명인, 저명인사 중에 많이 있습니다. '내가 말이야…' 하는 사람, 참 꼴불견이죠. 바로 그런 '부실덕'의 태도 때문에 그 실력조차도 빛을 잃어버리는데, 남들은, 주변은 다 아는데, 본인만 모르는 거죠. 그 상당한 실력을 생각하면 참 딱하고 아까운 노릇이 아닐 수 없습니다. (물론 양주동 선생님처럼 자칭 '걸어 다니는 국보' 같은 허풍이 '부실덕'이 아닌 귀여운 농담으로 받아들여지는 경우도 있긴 합니다만.)

반면에 정말 덕이 높은데도 정작 본인은 그 덕에 무심한 경우도 있기는 하죠. '벼가 익을수록 고개를 숙이는' 그런 경우. 선생님이 앞서 말씀하신 '상선약수'의 그 '물' 같은 경우. 공자가 다가가자 떠나버린 '접여接輿' 같은 경우, 산속에서 고요히 정진하는 고승들의 경우, '퇴촌'에 낙향하여 고요히 서책을 벗 삼는 선비들의 경우…. 물론 요즘은 거의 멸종위기의 회귀종이긴 합니다만.

"드무니까 '상덕'인 게지요."

그런데 그 다음 말씀은 또 저를 긴장시킵니다.

"높은 덕은 '함'이 없으나 의도 없이 '하게' 되고, 낮은 덕은 그것을 행하나 의도를 가지고 한다. 높은 인은 그것을 행하나 의도 없이 하고, 높은 의는 그것을 행하나 의도를 가지고 하고, 높은 예는 그것을 행하나 응함이 없으면 팔을 걷어붙이고 이를 억지로 끌어당긴다(上德無爲而無以爲, 下德爲之而有以爲. 上仁爲之而無以爲, 上義爲之而有以爲, 上禮爲之而莫之應, 則攘臂而扔之)."

네, '상덕上德', '하덕下德', '상인上仁', '상의上義', '상례上禮', 좀 뜻밖에 우리에게 아주 익숙한 소위 '유교적' 가치들이 선생님의 입에서 나오니까요. '인仁-의義-예禮', 그리고 뒤이어 '충忠-신信'까지. 혹자는 이걸 근거로 선생님이 공자보다 후대의 인물이라는 '설'까지 제기합니다만, 그래서 저도 좀 혼란스러웠습니다만, 저는 꼭 그런 건 아니라고 봅니다.

"흠, 어째서죠?"

소위 '노자표' 개념이라고 할 수 있는 '도道', '덕德' 같은 것을 공자도 언급하고 있으니까요. 사정은 서로 마찬가지인 셈이죠. 그리고 '인-의-예-충-신'이라는 게 공자의 무슨 전매특허도 아니고 일반에 통용되는 보통 말들이었을 테고, (어지러운) 시대의 공통된 화제-화두일 수도 있었을 테니, 생각해 보면 선생님 같은 분이 이걸 언급하시는 게 전혀 이상할 것도 없는 거죠. 공자와 무관하게. 그래서 그 내용이 공자와 미묘하게 다를 수도 있고요.

"오호, 어떻게 다르다고 보신 건지."

우선 도 → 덕 → 인 → 의 → 예로 그 단계를 두는 게 좀 다르다고 느꼈습니다. 그리고 그 성격규정에서도 공자에는 없는 설명이 있고….

"그게?"

그게 바로 '무위이무이위無爲而無以爲', '위지이유이위爲之而有以爲', '위지이무이위爲之而無以爲', '위지이유이위爲之而有以爲', '위지이막지응爲之而莫之應-양비이잉지攘臂而扔之'라는 말씀이죠. 그런데 선생님께는 간단할지 모르겠습니다만, 보통 사람들에게는 이게 대체 무슨 말인지….

"어려운가요?"

그럼요! 사고력이 필요합니다. 말하자면 이게 각각 '상덕', '하덕', '상인', '상의', '상례'의 특징들인 셈인데, 미묘한 차이들이 있습니다. 정리해 보죠.

'상덕上德'은, '무위이무이위無爲而無以爲' : '함'이 없다(無爲), 그러나 '한다(爲)', 단 '무이위無以爲', [그걸 가지고 뭘 어떻게 해보겠다는] 의도 내지 의지 없이, 한다.

'하덕下德'은, '위지이유이위爲之而有以爲' : 한다(爲之), 그러나 '유이위有以爲', [그걸 가지고 뭘 어떻게 해보겠다는] 의도 내지 의지를 가지고, 한다.

'상인上仁'은, '위지이무이위爲之而無以爲' : 한다(爲之), 그러나 역시 '무이위無以爲', [그걸 가지고 뭘 어떻게 해보겠다는] 의도 내지 의지

없이, 한다.

'상의上義'는, '위지이유이위爲之而有以爲' : 한다(爲之), 그러나 '유이위有以爲', [그걸 가지고 뭘 어떻게 해보겠다는] 의도 내지 의지를 가지고, 한다.

'상례上禮'는, '위지이막지응, 즉양비이잉지爲之而莫之應, 則攘臂而扔之' : 한다(爲之), 그러나 '막지응, 즉양비이잉지莫之應, 則攘臂而扔之', 즉 이 '함'에 대해 '응함'[따라옴]이 없으면, 팔을 걷어붙이고 이를 억지로 끌어당긴다.

정리하자면 이런 건데, 이게 어디 쉬운 말들입니까? 우선, '덕'과 '인-의-례' 사이에는 '무위無爲'냐 '위지爲之'냐(적극적인 행위가 있느냐 없느냐) 하는 결정적인 차이가 있고, '인'과 '의' 사이에는 '무이無以'냐 '유이有以'냐(의도-의지가 개입돼 있느냐 없느냐) 하는 차이가 있고, 다른 것들과 '예' 사이에는 '막지응, 즉양비이잉지莫之應, 則攘臂而扔之', 즉 '상대방의 응함[따라옴]이 없으면 팔을 걷어붙이고 억지로 따라오게 한다'는 가장 구체적이고 적극적이고 의도적인 행위라는 결정적인 차이가 있다는 말씀인데, 이게 곧바로 '아하' 하고 이해되는 말씀은 아닌 거죠.

"내가 굳이 왜 그런 차이를 두었겠습니까?"

제가 선생님 속에 들어가 볼 수도 없으니 결국은 유추입니다만, 선생님이 이 가치들 사이에 이런 차이를 두신 건 세상의 문제들이 결국 인간이 뭔가를 '해보겠다'고 나서는 데서 발생한 것이니, 역시 뭔가를 '해보겠다(爲之)'는 인-의-례가 과연 그 문제들의 해결책이 되겠느냐 하는 회의에서 비롯된 게 아닐까, 그런 생각이 듭니다. 그런 인간의 고의성-적극성보다, 도의 무고의성-자연성-초월성에서 배워 무위無爲-무이有以의 덕을 기르는 게 '상책上策'이다, 그런 생각이 있는 게 아닌가….

" '상책'이라는 말은 하지 않았습니다만."

상인-상의-상례를 말씀하시고, 그 모든 것 '위(上)'에다 상덕을 두시고 다시 그 위에다 도를 두셨으니 발뺌을 하실 수도 없을 겁니다. 하하.

"그 순서는 분명히 있지요. '실도이후덕, 실덕이후인, 실인이후의, 실의이후례失道而後德, 失德而後仁, 失仁而後義, 失義而後禮', 도가 최선이건만, 도가 소실되고 없으니 덕이고, 덕이 차선이건만, 덕이 소실되고 없으니 인이고, 인이 소실되고 없으니 의이고, 의가 소실되고 없으니 예가 등장하는 겁니다. '예'는 그 다음 그 다음 그 다음 그 다음, 차차 차차선입니다. 인간성의 최소한의 기본이랄까. 그래서 '부례자, 충신지박, 이란지수夫禮者, 忠信之薄, 而亂之首'(무릇 예란, 진정힘(忠)과 미더움(信)의 엷음이요, 그리고 어지러움(亂)의 머리다)라고 말한 겁니다."

사람들에게 '충과 신'이 있으면, 즉 자신에 대한 진정성과 타인에 대한 미더움이 있으면, 굳이 예가 필요 없을 텐데, 그게 희박하니 예라는 인위적 장치에 기대는 거다, 그게 [인간성-인간관계가] 흐트러짐-어지러움-혼란의 머리다, 혼란의 가장 큰 빌미를 제공한다, 그런 말씀이군요. (아닌 게 아니라, 째려보았다고 사람을 찔러 죽이기도 하고, 무례를 핑계 삼아 전쟁을 일으키는 경우도 있으니까, 예가 혼란의 머리라는 말도 일리는 있어 보입니다.) 그렇게 아무튼, 예에 대한 불신이랄까, 별 기대를 하지 않는 그런 느낌도 듭니다만…. 그리고 이른바 '전식前識'에 대해서도….

"전식자, 도지화, 이우지수前識者, 道之華, 而愚之首(앞의 지식(前識)이란, 도의 겉치레(華)요, 어리석음의 머리다)"

이 '전식前識'이라는 것도 실은 무슨 말인지 알쏭달쏭합니다. 납득되고 수긍할 만한 설명도 별로 없습니다. 그래서 저는 그냥 말 그대로 '앞의 지식'이라고 읽었습니다. 사전에 없는 말이니까요. 도리 없습니다. 단, '미리 아는', '내다보는', '앞서가는', 그런 의미가 아니라, '통용되는-행세하는-권위 있는-기성의-당대의 그런 지식들-유식함-박식함', 그런 게 '앞의 지식', 우리 앞에 이미 놓여 있는 지식들, 그런 게 아닐까…. 제가 이해하기로는, 그래야 문맥이 통하니까요.

그런데 이런 '전식'에 대해서도 선생님은 '도지화, 이우지수道之華, 而愚之首'(도의 겉치레이고 어리석음의 머리다)라고 아주 비판적인 눈으로 보시는 거죠, 지금. 물론 처음 이 말씀을 들을 때는 조금 고개를 갸우뚱했습니다. 왜냐하면 '도지화道之華'라는 말이 보통은 긍정적인 뉘앙스로 들리니까요. '화華'라는 말이 중화의 '화'고, 화려의 '화'라서요.

"한 글자에 여러 가지 의미가 있는 경우가 많습니다, 한어에는."

그러게요. 그래서 저는 이걸 '도를 장식처럼 내세운 것', '겉치레', 그렇게 이해했고, 그러니 일단 문맥이 통하더군요. 부정적인 거죠. 당대의 지식체계라고 하는 것이 대개 진리(道)임을 표방하지만, 그 내실을 잃고 형해화-박제화-표본화되어 그저 고정관념으로 굳어져버린 경우가 적지 않습니다. 그런 지식들은 당초의 빛깔과 생기를 잃고 있죠. 오랜 시간의 때가 묻고 먼지가 쌓여 있습니다. 제가 전공한 하이데거가 누구보다도 그걸 날카롭게 꿰뚫어봤죠. 진리-자연-존재… 그런 개념들이 다 그렇다고. 기존의 학문들을 다 괄호치고, 판단중지하고 '문제 그 자체로(Zu den Sachen selbst)!' 향하자고 했던 후설도 그렇고요. 기존 지식체계의 '진리' 운운은 다 그냥 유식과 박식을 자랑하기 위한 장식-겉치레로 끝나는 경우가 너무나 많습니다. 그냥 그럴 뿐만 아니라 그런 게 오히려 진정한 문제를 덮어버리기도 하죠, 어리석게도. 그런 소위 '전식前識'(눈앞의 지식, 코앞의 지식)들이 오히려 진리를 위해서는 '가장' 위험한 것들이기도 합니다. 진정한 진리(道)를 보기 위한 눈을 그 권위로써 가려버리니까요. 그래서 전식은 '우지수愚之首'(어리석음의 머리)라는 말도 충분히 이해가 됩니다. 선생님의 눈에는 아무래도 '예'가 어쩌고저쩌고 하는 당대의 지식들이 다 그렇게 '도지화道之華'(도의 겉치레)로 비친 모양입니다.

"그런 것들이 '도'를 빙자하기도 하니까요."

결국 그래서 선생님의 결론은….

"그래서 대장부는 그 두터움(厚)에 거하며, 그 얄팍함(薄)에 거하지 않는다. 그 내실(實)에 거하며, 그 겉치레(華)에 거하지 않는다. 고로 저것[후자]을 버리고 이것[전자]을 취한다(是以大丈夫居其厚, 不居其薄, 居其實, 不居其華. 故, 去彼取此)."

'저쪽을 버리고 이쪽을 취한다(거피취차去彼取此).' 선생님의 전형적인 공식의 하나죠. 그런데 어느 쪽이 저쪽이고 어느 쪽이 이쪽인가요? 여긴 전자와 후자가 있습니다. 대비되고 있네요. '기후其厚-기박其薄', '기실其實-기화其華'가. 이 중 '후厚-실實'은 '거居'해야 할 것, '박薄-화華'는 '불거不居'해야 할 것, 그러니 버릴 쪽과 취할 쪽이 명백합니다. 그런데 현대식 문장구조로는 전자가 저쪽이고 후자가 이쪽일 텐데 왜 선생님의 문장에선 반대일까, 한가롭게 그런 생각도 해봤습니다.

"정말 한가로운가 보군요. 그래, 이유는?"

아마 심정적인 문제겠죠. 선생님의 가슴속, 머릿속에서는 '박薄-화華'가 먼 저쪽이고, '후厚-실實'이 가까운 이쪽일 테니까, 그래서 전자가 이쪽, 후자가 저쪽, 그렇게 말씀하신 거겠죠.

"부디 그런 '박薄-화華'로 '후厚-실實'을 놓치지 마시기를."

얄팍함과 겉치레 말고, 중후함과 실질을. 어느 쪽을 버리고 어느 쪽을 취할지, 어느 쪽에 몸을 두고 어느 쪽에 있지 말아야 할지, 잘 명심하고 있겠습니다. 비록 제가 '대장부'인지, 그건 잘 모르겠습니다만. 그나마 다른 곳처럼, '성인' 운운이 아니라 조금은 덜 부담스럽습니다.

"'대장부' 되기도 쉽지는 않지요. 하하하"

하긴 그 말도 요즘은 거의 사어가 되다시피 했지요. 졸장부 천지라. 하하하.

39.

그 옛날에 '일一'을 득한 것들

昔之得一者: 天得一以淸, 地得一以寧, 神得一以靈, 谷得一以盈,
萬物得一以生,5) 侯王得一以爲天下正.6) 其誠也:7) 謂, 天毋已淸,8)
將恐裂; 地毋已寧, 將恐發; 神毋已靈, 將恐歇; 谷毋已盈, 將恐竭;
萬物毋已生, 將恐滅;9) 侯王毋已貴高, 將恐蹶. 故, 貴以賤爲本, 高
以下爲基. 是以侯王自謂孤-寡-不穀. 此非以賤爲本邪. 非乎. 故, 致
數譽無譽.10) 不欲琭琭如玉, 珞珞如石.

석지득일자: 천득일이청, 지득일이녕, 신득일이령, 곡득일이영, 만물득일이생, 후왕
득일이위천하정. 기계야: 위, 천무이청, 장공렬; 지무이녕, 장공발; 신무이령, 장공
헐; 곡무이영, 장공갈; 만물무이생, 장공멸; 후왕무이귀고, 장공궐. 고, 귀이천위본,
고이하위기. 시이후왕자위고-과-불곡. 차비이천위본사. 비호. 고, 치삭예무예. 불욕
록록여옥, 락락여석.

---

5) 백서본에는 이 '萬…生' 구절이 빠져 있다.

6) 왕필본에만 '正'이 '貞'으로 되어 있다. 백서본 등을 따른다.

7) 통용본에는 '其致之'로, 백서본에는 '其誠之也, 謂/其誠也, 謂'로 되어 있다.
   뒤의 문맥을 고려하여 백서본을 따른다.

8) 통용본에는 '毋已'가 '無以'로 되어 있다. 의미가 상당히 다르다. 문맥의 의
   미를 고려하여 백서본-한간본을 따른다.

9) 백서본-한간본에는 이 '萬…滅' 구절이 빠져 있다.

10) 왕필본-한간본에는 '譽無譽'가 '輿無輿'로, 하상공본에는 '車無車'로 되어
   있다. 의미를 고려하여 백서본-부혁본을 따른다. 汤漳平, 王朝华의 《老子》
   에는 '여輿'가 모두 '예譽'와 통한다고 설명되어 있다.

그 옛날에 '일一'[기본·근본·본질이 되는 하나]을 득한 것들: 하늘은 맑음(淸)으로써 일을 득하고, 땅은 안정됨(寧)으로써 일을 득하고, 신은 영험함(靈)으로써 일을 득하고, 계곡은 가득 참(盈)으로써 일을 득하고, 만물은 생동함(生)으로써 일을 득하고, 후왕은 천하의 '관장'이 됨(爲天下正)으로써 일을 득했다. 그 경계함이다: 말하거니와, 하늘이 더 이상 맑음이 없으면 장차 갈라질까(裂) 두렵고, 땅이 더 이상 안정됨이 없으면 장차 일어날까(發) 두렵고, 신이 더 이상 영험함이 없으면 장차 사라질까(歇) 두렵고, 계곡이 더 이상 가득 참이 없으면 장차 고갈될까(竭) 두렵고, 만물이 더 이상 생동함이 없으면 장차 소멸될까(滅) 두렵고, 후왕이 더 이상 고귀함이 없으면 장차 쫓겨날까(蹶) 두렵다. 고로 귀함은 천함으로써 근본을 삼고, 높음은 낮음으로써 바탕을 삼는다. 이로써 후왕은 스스로, '고·과·불곡孤-寡-不穀'이라고 일컫는다. 이는 천함으로써 근본을 삼는 게 아니겠는가? 그렇지 않은가? 고로 자주 영예에 이르는 것은 영예가 없음이다. 옥처럼 화려하기를 바라지 않고, 돌처럼 수수하라.

━━━━━━━━━━

노선생님, 이 39장의 말씀은 전체 81장 중 아마 가장 긴 것 같네요. '다언삭궁多言數窮'이라며 말 많은 걸 경계하셨건만.

"하하, 그런가요? 고작 135자를 가지고 다언이라···. 다른 이들에 비한다면 이도 '과언寡言'일 텐데···."

하긴, 그렇군요. 선생님의 다른 말씀에 비해 상대적으로 그렇다는 이야깁니다. 아무튼 여기서는 '화려한 옥처럼 되려 하지 말고 수수한 돌처럼 되라'며, '귀이천위본, 고이하위기貴以賤爲本, 高以下爲基'(귀함은 천함으로써 근본을 삼고, 높음은 낮음으로써 바탕을 삼는다)를 강조하고 계시는데, 그건 선생님 철학의 기조라 이해가 되고 공감이 갑니다. 다만···

"다만?"

네, 다만 이 말씀을 위해 먼저 꺼내신 앞부분의 이야기가 이것과 어떻게 연결이 되는지, 좀 고개를 갸우뚱하게 됩니다. '고로…(故, 貴以賤爲本)'라고 말씀하시니, 분명 앞부분이 뒷부분의 근거설명이기는 할 텐데, 내용도 쉽지 않거니와 논리적인 연결이 자연스럽지는 않습니다.

"아마 '일一'이라는 걸 잘 생각해 보면 거기 답이 있을 겁니다."

네, 저도 그렇게 짐작은 하고 있습니다만, 이 '일'이라는 게 또 거의 암호라…. 학자들의 해석과 논란도 분분하고요.

"그 해석과 논의들이 도움이 안 되던가요?"

적어도 제게는 별 도움이 되지 않았습니다. 특히 이걸 그냥 다짜고짜 '도'라고 하는 그런 해석은.

"어째서죠?"

문맥상 이건 뒤에서 말씀하시는 '천함(賤)'과 '낮음(下)', 그것과 연결되어야 하고 선생님이 말씀하시는 천의 '청淸', 지의 '녕寧', 신의 '령靈', 곡의 '영盈', 만물의 '생生', 후왕의 '위천하정爲天下正', 이런 것을 그 내용으로 하는 것인데, 이런 것이 ('도생일道生一…'(42장)이라고 하신 이상) 도를 기반으로 하는 것이긴 합니다만, 도 그 자체일 수는 없는 거죠. 부모가 자식을 낳았다고 자식이 곧 부모는 아니듯이. 그러나 거기에 힌트는 있다고 생각합니다.

"어떤 힌트?"

선생님이 '상선약수'를 말씀하시면서 '처중인지소오. 고, 기어도處衆人之所惡. 故, 幾於道'라 하셨으니, 사람들이 싫어하는 '낮은 곳'에 처하는 게 도의 한 속성인 셈이지요. 그렇다면 그 도가 생성한 '일'도 낮은 것이다, 그렇게 생각할 여지가 있는 겁니다.

"그게 '기基'이고 '본本', 즉 주춧돌처럼 '기본'이니 높은 곳에 있어서야…"

네, 저도 그렇게 이 암호를 풀었습니다. 선생님이 앞부분에서 말씀하시는 모든 것들, '천天-지地-신神-곡谷-후왕侯王', 그리고 그 각각의 속성 내지 내용인 '청淸-녕寧-령靈-영盈-정正', 이 모든 것들이 바로 '일一'에 관한 말이며, 그 일은 도처럼 낮은 곳에 있는 것이다, 그렇게요. 이게 다 태초의 모습들인 거죠. 그래서 '그 옛날 '일'을 득한 것들(昔之得一者)'이라고 서두를 떼신 거고.

"그게 '태초에 기본 되는 하나를 갖춘 것들'이다, 그런 의미로 읽으셨단 말이군요."

그렇지 않고서는 뒷부분과 연결이 안 되니까요. 많은 해설들이 별 고민도 없이 그냥 넘어갑니다만, 저는 어설프게 스리슬쩍 넘어갈 수는 없었습니다. 연결점을 찾아야 했으니까요.

"그 연결점이 태초에 획득한 그 '일'(昔之得一), 천의 청, 지의 녕, 신의 령, 곡의 영, 만물의 생, 후왕의 위천하정이고, 이것들이 다 기본, 즉 낮은 것이다…."

네, 그게 저의 해석입니다. 그렇게밖에 읽을 수가 없었습니다. 그렇게 읽으면 일단 연결은 되니까요. 태초의(昔之) 일인데다 '득일'[하나의 기본을 갖춘]이라는 선생님의 말씀이 애당초 수수께끼 같아서 명쾌하지는 않습니다만. 그리고…

"그리고? 뭐가 더 있나요?"

네, 이어지는 말씀, '그 경계다(其誡也).' 이게 선생님의 보충설명이라고 저는 들었습니다. 그 일一, 그 기본을 견지하라는 말씀으로요. 그게…

"그게, 하늘이 더 이상 맑음이 없으면 장차 갈라질까(裂) 두렵고, 땅이 더 이상 안정됨이 없으면 장차 일어날까(發) 두렵고, 신이 더 이상 영험함이 없으면 장차 사라질까(歇) 두렵고, 계곡이 더 이상 가득 참이 없으면 장차 고갈될까(竭) 두렵고, 만물이 더 이상 생동함이 없으면 장

차 소멸될까(滅) 두렵고, 후왕이 더 이상 고귀함이 없으면 장차 쫓겨날
까(蹶) 두렵다(天毋已淸, 將恐裂; 地毋已寧, 將恐發; 神毋已靈, 將恐歇; 谷
毋已盈, 將恐竭; 萬物毋已生, 將恐滅; 侯王毋已貴高, 將恐蹶)."

　　네, 서술은 애매하지만, 이게 다 결국은 '기본인 그 하나를 잊지 말고
견지하라'는 뜻이라고 저게는 들렸습니다. 천은 청을, 지는 녕을, 신은
령을, 곡은 영을, 만물은 생을, 후왕은 귀고貴高 즉 정을. '장공將恐'은
다 그 하나의 기본을 잊으면 그 기본마저 잃어버릴 수 있어 두렵다, 그
런 뜻일 테고요. 하늘이 맑음을 버리고, 땅이 편안함을 버리고, 신이 영
험함을 버리고, 골짜기가 [물의] 가득함을 버리고, 만물이 살아감을 버
리고, 후왕이 올바름을 버리고…, 그러면 이미 하늘도 땅도 신도 골짜
기도 만물도 후왕도 다 위태롭다, 그러니까 '계誡' 즉 경계라고 말씀하
신 거겠죠. 저는 이 경계를 들으며 정신이 번쩍 들었습니다.

　　"왜요?"

　　선생님의 그 우려가 지금 거의 다 현실이 되어 버렸기 때문입니다.
하늘도 미세먼지 등 오염으로 더 이상 맑지 않고, 땅도 인간들이 마구
파헤쳐 도시에선 빗물도 거기 스며들지 못하고, 신도 영험은커녕 많은
곳에서 그저 돈벌이 수단으로 이용되고 있고, 골짜기는 여기저기서 말
라비틀어져 있고, 만물은 매일매일 멸종의 수를 늘려가고 있고, 후왕[통
치자들]은 올바름은커녕 온갖 비리로 끌어내려져 감옥에 가기도 합니다.

　　"오호라, 나의 '경계'가 전혀 소용이 없었군요. 쯧쯧…."

　　제가 사는 이 시대가 대체로 그렇습니다. 그래서 더 절실히 선생님의
철학이 필요한 거죠. 기본을 망각하지 말라는 이런 철학이.

　　"'고로 귀함은 천함으로써 근본을 삼고, 높음은 낮음으로써 바탕을
삼는다. 이로써 후왕은 스스로, '고-과-불곡孤-寡-不穀'이라고 일컫는다.
이는 천함으로써 근본을 삼는 게 아니겠는가? 그렇지 않은가(故, 貴以賤
爲本, 高以下爲基. 是以侯王自謂孤, 寡, 不穀. 此非以賤爲本邪. 非乎)?' 다

302

시 한 번 강조해서 말해야겠군요. 왕들이 자신을 '과인'이라고 칭한 게 다 의미가 있는 건데. 자기를 낮추어 기본을 잊지 말라는 건데."

그들이 선생님이 말씀하신 '바를 정正'자를 잊지 말아줬으면 좋겠어요, 정말. 높은 자리에서 권력으로 군림할 생각만 하지 말고. 그리고 일반인도 명예만 한없이 좇지 말고.

"치삭예무예致數譽無譽(자주 영예에 이르는 것은 영예가 없음이다)"

네, 거기서도, 즉 명예의 추구에서도 일과 삭이 대비되지요. 삭, 즉 자주, 여러 번, 거듭, 즉 한없이 명예를 추구하다 보면 결국 다 잃어버리게 되는 법이죠. '무예無譽'. 한평생 이런저런 감투를 섭렵하는 사람이나 이런저런 상을 탐하는 사람이 명예는커녕 뒤에서 오히려 손가락질 받기도 하고…. 그렇게 명예를 탐하다가 결국 모든 명예를 다 잃어버리고 추락하는 유명인을 우린 한두 번 본 게 아닙니다.

"그래서 '불욕록록여옥, 락락여석不欲珠珠如玉, 珞珞如石'이라고 말한 겁니다."

네, '옥처럼 되려 하지 말고 돌처럼 되어라.' 돌, 이게 하나의 노자적 지향점인 셈이네요. 저도 '돌의 철학'을 쓴 적이 있는데…, 그래서 특별히 공감합니다. 물론 세상엔 돌 같은 옥도 많고 옥 같은 돌도 많긴 합니다만.

"옥이든 돌이든 태초의 그 '일一'을 잊지 말아야지요."

네, 그 천함이, 천하게 여겨짐이 진정한 귀함이고, 그 낮음이, 낮게 여겨짐이 진정한 높음인 것을.

아, 그러고 보니, '황금을 보기를 돌같이 하라.' 최영장군의 그 말도 혹시 선생님의 이 말씀을 패러디한 건 아닐지….

"옥보다 더 나은 돌의 가치를 이야기한 건 아니니 그건 일단 아닌 것 같고. 하하하."

40.
되돌아옴/되풀이는 도의 움직임이요

反者,[11] 道之動, 弱者, 道之用. 天下萬物生於有,[12] 有生於無.[13]
반자, 도지동, 약자, 도지용. 천하만물생어유, 유생어무.

되돌아옴/되풀이는 도의 움직임이요, 약함은 도의 쓰임이다. 천하의 만물
은 유에서 살고 있고, 유는 무에서 살고 있다.

노선생님, 저도 지난 40여 년간 나름 철학이라는 것을 열심히 공부했
고 책도 제법 읽었다고 자부합니다만, 이 말씀처럼 이런 철학은 참 드
물었던 것 같습니다.

" '이런 철학'이라니 어떤 철학이라는 말씀이신지."

짧은 한마디 말에 이렇게 거대한 사안을 함축적으로 담아내고 있는
철학…, 도, 천하, 만물, 유, 무. 게다가 반反, 약弱, 동動, 용用, 생生. 만
만한 글자가 하나도 없습니다. 선생님 말씀 중에서 가장 짧은 것이지만,

---

11) 죽간본에는 '反'이 '返'으로 되어 있다. 이게 '반대'가 아닌 '되풀이'임을 알
려준다.
12) 죽간본·백서본·한간본에는 '天下萬物'이 '天下之物'로 되어 있다.
13) 죽간본에는 '有'자가 없다.

짧다고 만만하게 봤다가는 큰일 날, 그런 말씀이지요. 소위 거대담론 중의 거대담론입니다. 이 짧은 한마디가.

"허허, 그런가요. 처음 듣는 말들도 아닐 텐데."

그렇긴 하지요. 처음 등장하는 글자는 하나도 없습니다. 그러나 이런 조합으로 이런 의미를 말씀하시는 건 처음이지요. 그런데…

"또 '그런데'인가요? 이번엔 뭐가 불만이신지."

불만이라기보단 염려가 된다는 말씀입니다. 저 논리실증주의자들이 이걸 검증 불가능한 사이비 명제라고 비판할 것 같은 염려.

"하하, 그래요? 그건 이선생이 방어를 해주실 것 같은데."

해볼 겁니다. 만일 이 말씀의 의미에 대한 저의 이해와 해석이 틀리지 않는다면.

"어떤 이해와 해석인지."

우선 '반자 도지동反者, 道之動'(되돌아옴/되풀이는 도의 움직임이다). '도'에 대한, 도의 '움직임(動)'에 대한 말씀인데, '반反'이라는 게 그 움직임의 한 특징이라는 지적이시죠. 이건 이미 앞에서 언급하신 적이 있었습니다.

"25장, '이를 글자로 써서 '도道'라 하며, 억지로 이를 위해 이름하기를 '대大'[대단한 것]라 한다. 대는 '서逝'[감]를 말하며, 서는 '원遠'[멂]을 말하며, 원은 '반反'[돌이킴]을 말한다(字之曰道, 强爲之名曰大. 大曰逝, 逝曰遠, 遠曰反).' "

그렇죠. 그때 이미 저의 이해도 말씀드렸습니다. ' '반反'이란 도에 포함된, 규칙적인 '반복', '되돌아옴', '되풀이', '돌이킴'의 측면일 거다. 이것도 어렵지 않게 확인될 수 있다. 식물들이 보여주는 새싹에서 낙엽까지의 변화, 그리고 그 이듬해의 똑같은 변화, 또 그 이듬해의 똑같은 변화에서 그런 '반'의 질서를 읽어낸다. 그리고 인간을 포함한 모든 동물의 탄생-성장-노화-죽음, 그리고 또 새로운 생명의 탄생-성장-노화-죽음… 그런 되풀이에서, 그리고 아침-점심-저녁-밤, 다시 아침-점심-저녁-밤… 그런 주야의 되풀이, 봄-여름-가을-겨울, 다시 봄여름 가을 겨울… 그런 춘하추동 계절의 되풀이, 즉 끊임없이 되풀이되는 지구의 자전과 공전에서, '반'이라는 도를, 도 속의 '반'을 읽어낸다. 그런 변함없는 반복이, 헤겔이 말한 역사 속 정-반-합-정-반-합…의 변화가, 니체가 말한 '동일자의 영겁회귀(ewige Widerkehr des Gleichen)' 같은 것이, 바로 '반'이라고 나는 이해한다.' 그렇게요. 그러니 이건 검증 가능한 명제가 될 수 있습니다.

"고맙군요. 그 방어. 그들이 납득할진 모르겠지만. 그럼 그 다음은?"

다음 '약자, 도지용弱者, 道之用'(약함은 도의 쓰임이다). 이건 도의 '쓰임', '효용'에 관한 말씀인데, 이것도 이미 앞에서 여러 차례 말씀하셨습니다.

"3장, 약기지弱其志, 36장, 유약승강강柔弱勝剛强, 그리고 76장, 강대처하, 유약처상强大處下, 柔弱處上"

네, 그거요. 미리 하나 더, 76장까지 말씀해 주시는군요. 세상이 다 '강강剛强-강대强大'를 가치로 여기고 추구합니다만, 선생님은 역설적으로 그 반대를, 즉 '약함'을, '유약柔弱'을 가치로 제시하시는 거죠. 이것도 저는 이미 납득-수긍하고 지지를 표명했습니다. 무엇보다도 유약한 버들가지나 갈대가 강풍에 이겨내는 걸로 우리는 그 효용을 검증할 수 있습니다. 아니, 그보다도, 유약의 상징인 여성이 강강의 상징인 남성을 이겨내는 걸 보면 더 확실한 검증이 되지요. 세상의 이치가 그러니 그게 곧 '도'인 게지요. 어쩌면 유약의 상징인 물이 강강의 상징인 불을 끄는 것도 그런 도일 수 있고….

"유약柔弱이 만능은 아닙니다만."

그야 물론 그렇죠. 약한 사슴이 강한 사자에게 잡아먹히는 것도 또한 세상 이치니까요. 그런 걸 효용이라 할 수는 없죠. 약함도 도의 '한' 쓰임이라는 말씀으로 저는 이해합니다. 선생님이 이 쓰임을 특별히 주목-선호-강조하시긴 합니다만.

"그렇다면 그 다음, '천하만물생어유, 유생어무天下萬物生於有, 有生於無'(천하의 만물은 유에서 살고 있고, 유는 무에서 살고 있다)는?"

네, 이 말씀은 사실 학자들 사이에서 논란이 분분한 부분입니다. 애당초 '유有'가 무엇이고 '무無'가 무엇이고 '생生'이 무엇인지, 그리고 '천하天下'가 무엇이고 '만물萬物'이 무엇인지 그 의미부터 불분명하니까요.

"그래요? 그럼 이선생은 어떻게 보시는지."

사실 이것들은 저의 전공분야인 소위 '존재론'에 속하는 주제들이라 이야기를 하자면 한도 끝도 없어 하이데거처럼 책 한 100권이 필요할지도 모르겠습니다. 그래서 선생님이 처음 이 말씀을 꺼낸 1장에서도 상세한 논의 없이 대충 넘어갔습니다만, 이제 어느 정도는 저도 말이 필요할 것 같네요.

"한번 해보시지요."

우선, 여기서 선생님은 '천하만물天下萬物', '유有', '무無'라는 대단히 중요한, 엄청난 철학적 사안 내지 현상을 언급하시는데, 이건 사실 보통일이 아닙니다. 제 철학공부의 경험상, 이런 건 이 현상 자체를 직접 체험적으로 만나본 사람만이 입에 담을 수 있는 내용이라고 생각합니다. 선생님도 아마 그러셨겠지요. 1장에서부터 이걸 거론하셨으니까요. 마치 대주제의 선언처럼. 그런데 이건 워낙 엄청나고 모호한 개념이라 사람에 따라 그 의미하는 내용이 완전히 다를 수도 있습니다. 실제로 제가 전공한 하이데거도 거철 헤겔도 모두 이 '유와 무'를 언급하고 깊이 다룹니다만, 두 사람의 철학에서 '유'와 '무'의 의미는 완전히 다릅니다. 헤겔은 파르메니데스-아리스토텔레스-하이데거가 말하는 정통 존재론의 '존재-무'를 전혀 모르고 있지요. 그리고 하이데거는 헤겔이 말하는 변증법적인 현실-역사의 '존재-무'에 별 관심과 이해가 없어 보이고요. 그리고 선생님이 말씀하시는 이 '무-유-천하만물'도 조금은 달라 보입니다. 어떤 의미인지, 설명이 부족해서 그 '완전한' 이해는 원천적으로 불가능합니다만. 다만…

"다만?"

다만, '천하만물'은 이 세상의 모든 사물, 삼라만상을 말하니, 그건 다른 의미가 있을 수 없고, 또 우리의 감각과 이성으로 검증도 가능합니다. 우리가 아는 이 천하(=이 세상), 그리고 우리가 아는 이 만물, 이것 말고 다른 세상과 다른 만물이 따로 있는 건 아니니까요. 이건 유일-절대적인 것이고 따라서 선생님과 제가 시간을 초월해서 공유하고 있는 것이니까요. 우리가 아는 바로 '여기'에 전개되어 있는, 전개되고 있는, 바로 '이 모든 것'이니까요. 그러니까 천하는 존재론적인 영역으로서의 '존재세계'(물리적 공간인 '우주'와 삶의 공간인 세상을 다 포함하는 세계)를 말하고, 만물-사물은 이 세계 안에 있는 일체의 '존재자'들(일월성신, 화조초목을 다 포함하는, 하이데거 식으로 말하자면 현존재적 존재자와 비현존재적 존재자[즉 인간과 비인간]를 다 포함하는 전체 존재자들, 'Seiendes im Ganzen[독]/omne ens qua ens[라틴]')을 가리킨다고 저는 이해합니다.

그런데 '유有'와 '무無'는…, 그렇게 간단하지는 않습니다. 이미 말씀 드렸듯이, 너무나 큰 개념이라 다양한 의미가 있을 수 있으니까요. 단, 선생님의 말씀을 힌트 삼아 선생님의 의미를 유추할 수는 있습니다. 즉, '무, 명천지지시, 유, 명만물지모. 고, 상무, 욕이관기묘, 상유, 욕이관기요. 차량자동출이이명, 동위지현. 현지우현, 중묘지문無, 名天地之始, 有, 名萬物之母. 故, 常無, 欲以觀其妙, 常有, 欲以觀其徼. 此兩者同出而異名, 同謂之玄. 玄之又玄, 衆妙之門(1장), 유무상생, … 생이불유有無相生, … 生而弗有(3장, 10장), 당기무, 유 … 지용. 고, 유지이위리, 무지이위용當其無, 有 … 之用. 故, 有之以爲利, 無之以爲用(11장), 오신소이유대환자, 위오유신. 급오무신, 오유하환吾身所以有大患者, 爲吾有身. 及吾無身, 吾有何患(13장), 집고지도, 이어금지유, 능지고시執古之道, 以御今之有, 能知古始(14장), 태상, 하지유지太上, 下知有之(17장), 대도폐, 유인의大 道廢, 有仁義(18장), 절교기리, 도적무유絶巧棄利, 盜賊無有(19장)' 등등 무수한 용례가 있는데, 대체로 내 몸, 큰 병, 쓸모, 인의, 도적 등 구체 적인 어떤 사항이 있고-없음에서의 그 '있음'을 의미하기도 하고, '생이 불유'처럼 내 것으로 가진다는 '소유'를 의미하기도 하고, '이어금지유' 처럼 '현실-현상'을 의미하기도 하고, 그리고 만물지모-요-현-묘라는 존 재론적인 '존재'를 의미하기도 합니다. 특히 '무無'는, 사실 유명한 '무 위無爲'를 포함해서, 용례가 훨씬 더 많습니다. 있고-없음에서의 그 '없 음'을 의미하기도 하고, '무위'처럼 [인위적인] '함'에 대한 부정을 의미 하기도 하고, 존재의 절대적 배경인 오묘한 '무 그 자체'를 의미하기도 합니다. 이걸 제대로 얘기하려면 최소한 논문 한 편은 필요하겠지만, 일단 생략하고, 이 40장에서 하신 말씀에만 초점을 맞춰보기로 하겠습 니다.

"이 40장은 짧은 말인데 해설이 좀 길어질 듯하군요."

최대한 압축해서 요점만 말씀드리도록 해보겠습니다. '천하만물생어 유, 유생어무天下萬物生於有, 有生於無'(천하의 만물은 유에서 살고 있고, 유는 무에서 살고 있다)의 유-무는 이 용례들 중 1장의 '만물지모萬物之 母'(만물의 어미), '천지지시天地之始'(천지의 시작)를 이름한 그 '상유', '상무'와 연결됩니다.

"그 근거는?"

천하[=천지]와 만물이라는 말이 양쪽에서 공통적으로 등장하니까요. 1장에서는 '무, 명천지지시, 유, 명만물지모無, 名天地之始, 有, 名萬物之 母'라 하셨고, 이 40장에서는 '천하만물생어유, 유생어무天下萬物生於 有, 有生於無'라 하셨죠. 그러니까 여기서 말씀하시는 이 '유有-무無'는

1장의 그것처럼 존재론적인 그것일 수밖에 없습니다. 요徼하고 묘妙하고 현玄한(그윽한) 그것들, 즉 만물의 어미인 오묘하고 그윽한 유와, 천지의 시작인 미묘하고 그윽한 무, 온갖 오묘함[신비로움]의 문인 바로 그 '유-무'입니다. '거뭇하고 또 거뭇하니 온갖 묘함의 문이다(玄之又玄衆妙之門).'란 이 오묘함에 대한 경탄 없이는 나올 수 없는 인식입니다. 그런 것인 이상, 이건 서양의 존재론자들이 말하는 그 '유-무'와 다른 것일 수 없습니다. 이건 시공을 초월해 유일하고도 보편적인 것이니까요. 동서고금 언제나 어디서나 동일한 것이니까요.

"그렇다면 이선생도 그 유-무를 아시는 건지?"

당연히요! 제가 보고 있는 이 유-무가 만일 하이데거의 그것과 다르고 선생님의 그것과 다르다면 그건 유일절대적이고 보편적인 것이 아니겠지요. 그렇기에 저는 지금 제가 보고 있는 [하이데거와 노선생님이 보신 것과 동일한] 이 유-무를 근거로 해서 하이데거와 노선생님이 말씀하시는 그 유-무를 판단하고 이해할 수 있는 겁니다.

"허허, 그럼 도반을 만난 셈인가?"

천부당만부당. 도가 내면화해서 덕으로 연결된 경지가 아니라면 그건 어림없지요. 저는 지금 겨우 일개 존재론자로서 말하고 있을 따름입니다. 아무튼 그런 현상학적-존재론적 관점에서 보면, '천하만물'과 '유'와 '무'의 관계가, 즉 '생어生於…'(…에서 산다/…에서 생긴다)가 이해-납득될 수 있습니다.

"오호, 흥미롭군요. 어떻게?"

그러니까, 지금 여기서 말씀하신 '유-무'의 '유有'가 '만물의 어미(萬物之母)'를 이름한 그것이고 '무無'가 '천지의 시작(天地之始)'을 이름한 그것이라면, 그건 제가 보고 있는 바로 이 '존재와 무'일 테고, 그렇다면, 이 양자의 관계인 이 '생어生於…'(…에서 산다/…에서 생긴다)는, 그것에 대한 저의 체험적 인식에 비추어볼 때, 발생론적인 원인-결과관계를 말하는 건 아닌 겁니다. 즉, 무가 유의 기원이고 유가 천하만물의 기원이라는, 그런 이야기는 아닌 겁니다. 무가 유의, 유가 만물의 생산주체는 아니라는 말이죠. 만일 그런 거라면 그건 우리가 만물이 처음 생겨나던 저 태초의 천지창조 때로 돌아가 그 현장에 입회하지 않는 한 검증이 불가능합니다. 선생님이 그걸 목격했을 리도 없고요. 우리는 (선생님과 하이데거와 저를 포함해서 모든 인간은) 오직 그 결과인 현상을 (노자식 표현으로는 '공성-성공의 그 공功'인 '유-무'를) 인식할 수 있을 따름입니다.

"'생어'의 생이 생산의 생은 아니라는 해석이시군요."

물론 '천하만물생어유'(40장)와 '유명만물지모'(1장)는 말의 순서만 뒤집혀 있을 뿐 완전히 일치하는 내용을 말하고 있고, 그래서 이 '어미'와 '생'이 연결되어 '생산'의 이미지를 강하게 풍기기는 합니다만, '생어…'로 연결되는 만물과 유의 이 관계가 별개의 동종개체인 어미와 자식처럼 '만들어낸-만들어진, 낳은-낳아진' 그런 관계는 아닌 겁니다. '유'와 '만물' 그 자체가 그런 별개의 동종개체가 아니기 때문이죠. (서양철학적으로 말하자면 유는 존재(Sein), 만물은 존재자(Seiendes)를 의미합니다. 이른바 '존재론적 차이(ontologische Differenz)'가 있습니다. 단, 이 둘은 완전한 별개가 아니라, '존재자'의 존재(Sein des Seienden)'라는 점에서 분리 불가능한 관계입니다. '천하만물생어유'의 만물과 유는 이런 존재론적 관계에 있습니다.) 물론 '생어…'의 생은 이미 말씀드린 대로 이 글자의 이미지 때문에, 더욱이 '어미'라는 말 때문에, '생산-생성'을 연상하기 쉽습니다만, '생'이라는 이 말 자체의 의미도 그게 다는 아닌 거지요.

"다가 아니라면?"

'어미'에게는 거느린다-품는다는 그런 역할도 있습니다. 자식들은 그 품 안에서 '살고' 있는 거지요. '천하만물'은 '유'라고 하는 어미의 품 안에서 '살고' 있는, 즉 [서양철학 식으로 말하자면] '본질적 존재를 전개하고' 있는 겁니다. 하이데거는 이런 '살고 있음'을 '현성(Wesen-Wesung)' 내지 '현존(Anwesen)'이라고 부르기도 합니다. 본질적 자기전개이지요. 좀 다른 각도에서 이걸 '자기발현(Ereignis)'이라 부르기도 하고요. 천하만물이 (세계의 모든 존재자가) 다 그러고 있습니다. 어디서? 이 '유'(=존재)의 세계에서. 그 모든 게 다 '존재'라는 근원적 범주 내에서의 현상이니까. 그래서 '만물은 '존재'라는, '유'라는 '어미'에게서 살고 있다(萬物生於有).'라고 말할 수가 있는 겁니다. '생어유生於有'는 그렇게 풀이될 수 있습니다. '세계의 모든 존재자는 '존재'라는 근본 영역에서 본질적인 자기전개를 하고 있다.' 그렇게요.

혹은 아리스토텔레스의 형이상학처럼 일체존재를, 최고류最高類인 '존재'를 정점으로 해서 그 하위종下位種, 또 그 각각의 하위종, 또 그 각각의 하위종, 그런 피라미드 계열을 구성해 최하위종인 개체들에 이르는 그런 피라미드 구조로 이해한다면, 최고류인 '존재'가 '어미'이고, 최하종인 '개체들'이 '천하만물'인 셈인데, 그렇게 본다면 천하만물이 다 '존재'라는 어미의 품 안에서 거느려지고 있다, 그렇게 이해할 수도 있겠죠. 이 '천하만물생어유'를. 결국은 같은 말입니다만.

"그 서양철학의 존재론-형이상학이라는 것도 어렵기로는 만만치가 않군요."

사안이 사안인 만큼 그건 어느 정도 불가피합니다. $E = mc^2$을 $1 + 1 = 2$처럼 설명할 수는 없으니까요. 그러나 현상 자체를 직관하고 나면 사실 이 존재론처럼 쉬운 이야기도 없습니다.

"쉬운 이야기라…, 글쎄 과연 몇 사람이나 동의할진 모르겠지만…. 그렇다 치고, 그럼 '유생어무有生於無'는?"

'유생어무'는 '천하만물생어유'와는 좀 다릅니다. 왜냐하면 '무無'는 어미가 아니라 '천지시지天地之始' 즉 '시작-시초(始)'이기 때문입니다.

천지의 시작. 그 천지의 시작인 '무'에서 '유'가 살고 있다? 이건 또 하나의 난제입니다. 이 무는 유처럼 어미가 아니고 유도 만물처럼 사물이 아니니 그 유의 '생'의 의미도 만물의 '생'의 의미와 같을 수는 없습니다. 즉, 그 품 안에 품어지고 있다, 본질적인 자기전개를 하고 있다, 그런 의미일 수는 없는 겁니다.

"그렇다면?"

'천지[=천하]14)의 시작'인 무와 '만물의 어미'인 유의 관계를 근본적으로 생각해 볼 필요가 있습니다. 이 단어들은 무-천지-유-만물이라는 존재계열을 알려줍니다. 무는 천지의 시작이고 유는 만물의 어미이니 무와 유가 각각 천지와 만물을 거느리고 있는 셈인데, 만물이 천지'의' 만물이니15) 천지와 유가 무-만물의 사이에서 중첩되고 있는 형국입니다. 즉, '천지'와 '유'는 전혀 다른 별개의 것이 아니라는 말이 되지요.

"그러면?"

이 '천지' 자체가 '유'라는 천지인 셈입니다. 서양철학 식으로 말하자면, '존재의 세계', '존재라는 세계', '존재계'인 셈입니다. 이렇게 정리해 놓고 보면, 무가 이 존재계의 시작이고 이 존재계가 어미처럼 만물[존재자들]을 거느려 그 안에서 만물이 각자 본질적인 자기전개를 하고 있다, 그런 뜻이 됩니다. 그렇다면 '유생어무'는 '존재계가, 즉 존재라는 근본영역이 무에서 시작된다'라는 것과 같은 뜻이 됩니다. 따라서 이 '…생어…'는 '시작'과 그 의미가 중첩적으로 연관됩니다. 자, 그러면 '시작으로서의 삶', '살기 시작함', '유는 무에서 살기 시작한다', 이건 무슨 뜻일까, 이것만 이해하면 이제 난제가 해결됩니다.

---

14) 죽간본-백서본에서는 '천지', 하상공본-왕필본에서는 '천하'로 되어 있다. 두 용어 사이에 본질적인 차이는 없는 것으로 판단한다.

15) 실제로 죽간본과 백서본에는 '천지지물天地之物'로 되어 있다. 천지'의' 사물임이 명확히 언표되어 있는 것이다.

"논의가 복잡하고 어려워서 따라가기 힘들다고 사람들이 싫어할 것 같은데…."

아니, 꼭 그렇지도 않습니다. 선생님의 이 말씀 '유생어무'를 1장의 '무명천지지시'와 연결했을 뿐입니다. 그랬더니 '생어生於'가 '시始'와 중첩되더라, 그런 단순한 이야깁니다. '유는 무에서 살기 시작한다', 그게 '유생어무'의 뜻이라는 겁니다. 그런데 이것도 바로 이해되는 말이 아니긴 하지요.

"허허, 그래요? 내가 말을 너무 어렵게 했나? 뭔가 좀 미안해지는군요. 그렇지만 이선생의 말대로 사안이 사안인 만큼 표현이 어려운 건 어느 정도 불가피합니다. 이걸 '콩 심은 데서 콩이 난다〔생긴다〕(豆生於豆田)'처럼 설명할 수 있는 건 아니니까요."

이해합니다. 선배나 스승이 있었던 것도 아니고, 선행철학이 있었던 것도 아니고, 게다가 구체성보다는 포괄성-함축성으로 소통하는 한어의 특징이 또 그렇기도 하고…. 아무튼 '유는 무에서 살기 시작한다'는 의미가 문제인데, 이 '산다'는 것은 이미 '본질적인 자기전개'라고 저의 해석을 말씀드렸습니다. 그러니 '유생어무'는 '유는 무에서 본질적인 자기전개를 시작한다.' 그런 뜻이 됩니다.

"그 말로 설명이 되었다고 사람들이 납득할까요?"

아마 아직은 아닐 겁니다. 그런데 만일 사람들이 하이데거의 《형이상학이란 무엇인가?》를 읽고 그 내용을 이해한다면 아마 납득할 겁니다. 지금 여기서 그걸 자세히 해설할 수는 없습니다만, 거기서 그는 '전체로서의 존재자(Seiendes im Ganzen)'와 '무 그 자체(das Nichts selbst)'를 주제로 다룹니다. '천하만물생어유, 유생어무'와 일치하는 거죠. 그런데 이 관계가 참 흥미롭습니다. 아주 간단히 압축해서 말하자면, '불안(Angst)이라는 근본기분(Grudstimmung) 속에서 전체로서의 존재자가 나로부터 미끄러져 달아나며, 그때 미끄러져 달아나는 그 전체로서의 존재자에 대한 절대타자로서 '무 자체'가 자신의 모습을 드러낸다'는 겁니다. 그것을 그는 '무 자체가 무이고 있다(Das Nichts selbst nichtet)'라는 아주 낯선 말로 표현합니다. 이게 바로 '유생어무'의 그 '생어'의 근거라고 저는 이해합니다. 무 그 자체가 있다, 이 모순적 명제를 이해하지 않으면 '유생어무'도 이해 불가능합니다. 무 그 자체가 있는 겁니다. 저의 체험적 인식이지만, 무는 실제로 존재합니다. 유 그 자체에 대한 절대적 타자로서. 단순한 관념이 아닌 실질적 존재로서. 그걸 우리는 죽음 등 '존재의 한계'에서 맞닥뜨립니다. 그런 맞닥뜨림에서 우린 실제로 절대무와 절대유를 한꺼번에, 하나의 쌍으로서, 하나의 짝으로서 인식하게 되시요. 하이네서노 상소하는 바이시만, 마토 그 무가 유를 드러내줍니다. 전체로서의 존재자를. 그 존재함을. 그 유를. '무가 유를 드러낸다.' '무에서 유가 드러난다.' 그것을 그는 '무에서 모든 존재자로서의 존재자[존재 그 자체]가 생긴다.'라고 표현합니다. 'ex nihillo omne ens qua ens fit.' '유생어무'와 완전히 일치합니다. 이런 경우에 '비로소' 존재 그 자체가 제대로 그 모습을 알려오는 것이니, 그걸 '천지지시' 즉 '존재세계의 시작'이라고, 그렇게 말할 수도 있는 겁니다.

"'무, 명천지지시無, 名天地之始'와 '유생어무有生於無'를 그렇게 연결해서 풀어내시다니, 그 하이데거라는 양반, 참 궁금해지는군요."

대단한 사고력을 지닌 철학잡니다. 그가 선생님을 참 좋아했죠. 이 《도덕경》을 일부 독일어로 번역하기도 했고⋯.

"지난번에도 말씀하셨죠. 사람들이 그의 말과 나의 말을 이제 이해했으면 좋겠군요."

아마도 누군가는. 천하도 만물도 유도 무도 다 그대로 여기 있고, 이젠 선생님도 하이데거도 그리고 저도 있으니까요. 설명이라곤 아무것도 없었고 오로지 현상만 있었던 선생님 때와는 사정이 다르겠지요. 많은 사람들이 이해할 거라고 기대합니다.

"기대해 봅시다."

네, 기대해 보겠습니다. 기대가 실망으로 끝나는 경우도 많긴 합니다만. 하하하.

41.
상급의 선비는 도를 들으면

上士聞道, 勤能行之;16) 中士聞道, 若存若亡; 下士聞道, 大笑之. 弗
笑不足以爲道.17) 是以,18) 建言有之, 明道若昧, 進道若退, 夷道若
纇.19) 上德若谷, 大白若辱, 廣德若不足, 建德若偸, 質眞若渝. 大方
無隅, 大器曼成,20) 大音希聲, 大象無形.21) 道隱無名. 夫唯道, 善始
且善成.22)

상사문도, 근능행지; 중사문도, 약존약무; 하사문도, 대소지. 불소부족이위도. 시이,
건언유지, 명도약매, 진도약퇴, 이도약뢰. 상덕약곡, 대백약욕, 광덕약부족, 건덕약

---

16) 통용본에는 '勤以行之'로, 죽간본에는 '勤能行於其中'으로, 백서본에는 '勤
   能行之'로 되어 있다. 백서본을 따른다.

17) 통용본에서는 '不笑'가 '弗笑'로 되어 있다. '弗'을 '不…之'의 함축으로 보
   고 죽간본-백서본-한간본을 따른다.

18) 통용본에는 '故'로 되어 있다. 죽간본-백서본을 따른다.

19) 죽간본-백서본에는 '若'이 거의 모두 '如'로 되어 있다. 큰 차이가 없어 통용
   본의 표현을 유지한다. 왕필본 외에는 '纇'가 '뢰類'로 되어 있다. 의미는 같
   지만 '류'와 구별하기 위해 왕필본을 따른다.

20) 죽간본에는 '曼'으로 백서본에는 '免'으로 통용본-한간본에는 '晩'으로 되어
   있다. 문맥을 고려하여 죽간본을 따른다. 無-希聲-無形이 모두 부정적 형태
   이므로 '없다'는 뜻을 가진 '曼'이 그 문맥에 가장 부합한다.

21) 죽간본에는 '天象亡形'으로 되어 있다.

22) 통용본에는 '善貸且成'으로 되어 있다. 문맥상 의미가 가지런한 백서본을 따
   랐다. '빌려줌-이룸'보다는 '시작함-이룸'이 대구를 이루어 자연스럽다.

투, 질진약투. 대방무우, 대기만성, 대음희성, 대상무형. 도은무명. 부유도, 선대차성.

상급의 선비는 도를 들으면 행할 수 있기를 힘쓰고, 중급의 선비는 도를 들으면 [그 도가] 있는 것 같기도 하고 없는 것 같기도 하고, 하급의 선비는 도를 들으면 크게 이를 비웃는다. 비웃지 않으면 그것으로 도를 삼기에[=그게 도가 되기에] 부족하다. 그래서 '건언建言'에 이런 게 있다: "밝은 길은 어두운 듯하고, 나아가는 길은 물러나는 듯하고, 평탄한 길은 어그러진 듯하다. 높은 덕은 마치 계곡과 같고, 대단히 흰 것은 마치 더럽혀짐 같고, 넓은 덕은 마치 부족한 것 같고, 건실한 덕은 마치 미련한 것 같고, 순수한 진짜는 마치 변질된 것 같다. 큰 네모는 구석이 없고, 큰 그릇은 완성이 없고, 큰 소리는 소리가 안 들리고, 큰 모양은 형태가 없다." 도는 숨어 있어 이름이 없다. 무릇 오직 도만이 잘 시작하고 잘 이룬다.

───────■■■───────

노선생님, 이번 말씀을 들으니 바짝 긴장이 되는군요.

"아니 왜요? 이 말이 어떤 말이기에?"

상사-중사-하사, [군인 이야기는 아닙니다만] 상중하 세 부류의 혹은 세 등급의 선비를 이야기하시니, 자신은 이 중 어디에 해당할까, 생각하지 않을 수 없게 되니까요. 뭔가 삼자택일을 해야 할 것 같은 부담이 느껴지기도 합니다. 무언의 압박이랄까…. 하하.

"최소한 '대소지大笑之'하는(크게 이를 비웃는) '하사'는 아니시군요. 하하하."

그런데 매번 놀라지만 참 날카로우시네요. 어떻게 인간들을 그렇게 잘 알고 계시는지. 아닌 게 아니라 정말 그렇거든요. '도'와 똑같은 건 아닙니다만, 제가 하는 '철학'만 하더라도 이것을 대하는 사람들의 태도가 딱 그렇더라고요. '근능행지勤能行之', '약존약무若存若亡', '대소지大笑之', 행할 수 있기를 부지런히 힘쓰는 사람, 좀 하는 듯 마는 듯 하는 사람, '그까짓 돈도 안 되는 철학' 하고 비웃는 사람…. 지금은 거의 온 세상이 다 제3 부류가 되고 말았습니다만, 더러 제1 부류도 없지는 않습니다. 그런 '드문 자들(die Wenigen)'은 공자와 소크라테스의 후예라고도 할 만합니다. 그 양반들이 딱 전형적인 그 '근능행지勤能行之'였으니까요. 공자는 심지어 '아침에 도를 들으면 저녁에 죽어도 좋다(朝聞道 夕死可矣)'고까지 말했지요. 소크라테스는 그 때문에 실제로 죽기까지 했고요. 그런데 참 많지는 않습니다, 그런 사람이.

"나의 시대인들 그런 이가 많았다면 내가 왜 이런 말을 하겠습니까."

하기야, 이 말씀 자체가 그 증거이겠지요. 오죽하면 '비웃지 않으면 그것으로 도를 삼기에[=그게 도가 되기에] 부족하다(弗笑不足以爲道).'라고까지 말씀하셨겠습니까. 역설적으로. '근능행지勤能行之'는 적고 '대소지大笑之'는 많고, 그러니까 그러셨겠죠. 그나마 '약존약무若存若亡'는 나은 편인가요? 대부분의 사람들은 사실 그런 편인데.

"상사上士는 어차피 알아서 힘쓰니 나의 말 따위도 필요 없고, 하사下士도 어차피 비웃을 테니 필요 없고, 중사中士를 위해, 그들의 그 '약존若存'(있는 것 같음)을 위해, 그나마 계기로서 이런 말이 필요한 건지도 모르겠군요."

바로 그래서 저도 이런 해설을 쓰고 있는 겁니다. 이게 의미가 될 수 있기를 기대하면서. 저는 개인적으로 사람들의 그 '약무若亡'(없는 것 같음)를 용인하는 편이기도 합니다만. 왜냐하면 보통사람들에게는 '유도有道'와 '비도非道'의 중간지대로서 '무도亡道'도 어느 정도는 필요하니까요. 무엇보다 어차피 그게 현실이기도 하고.

"도덕적 기준이 좀 느슨하시군요. 하하."

아예 전무한 것보다는, '대소지'보다는, '약존약무'가 그나마 좀 낫지 않을까요? 하하하.

"하하하, 대답하지 않겠습니다."

그런데 그 다음에 이어지는 선생님의 인용이 참 흥미롭습니다. '건언 建言'의 인용. 이게 당시의 책인지, 전해지는 금언 같은 건지, 구체적으로 누가 누구에게 '건의하는 말'인지, 그건 찾아봐도 분명치는 않습니다만, 아무튼 그 내용이 참…, 그 아득한 옛날에 어떻게 이런 생각을 하고 이런 말을 남겼는지…, 옷깃을 여미게 됩니다.

"내 입장에서도 옛날이니 공감합니다. 옛사람들, 우습게 볼 게 아니죠."

네, 이런 말들을 어떻게 우습게 볼 수 있겠습니까. '밝은 길은 어두운 듯하고, 나아가는 길은 물러나는 듯하고, 평탄한 길은 어그러진 듯하다. 높은 덕은 마치 계곡과 같고, 대단히 흰 것은 마치 더럽혀짐 같고, 넓은 덕은 마치 부족한 것 같고, 건실한 덕은 마치 미련한 것 같고, 순수한 진짜는 마치 변질된 것 같다. 큰 네모는 구석이 없고, 큰 그릇은 완성이 없고, 큰 소리는 소리가 안 들리고, 큰 모양은 형태가 없다(明道若昧, 進道若退, 夷道若纇. 上德若谷, 大白若辱, 廣德若不足, 建德若偸, 質眞若渝. 大方無隅, 大器曼成, 大音希聲, 大象無形).' 그런데 참 쉽지는 않습니다, 이해하기가. 단, 이 말들의 취지는 앞서 말씀하신 '대소지大笑之'와 다 연관됩니다. 진정 훌륭한 것은 [보통사람들이 언뜻 보기에] 반대로 보일 수도 있다는 거죠. 대략 세 부분(도道-덕德-대大)으로 나뉘는데, 하나씩 살펴보겠습니다.

첫 번째는, 명도明道-진도進道-이도夷道(밝은 길, 나아가는 길, 평탄한 길). 이게 각각 어둑한 것처럼(若昧), 물러서는 것처럼(若退), 어그러진 것처럼(若纇), 그렇게 보인다는 말이지요.

두 번째는, 상덕上德-대백大白-광덕廣德-건덕建德-질진質眞(높은 덕,

대단히 흰 것, 넓은 덕, 건실한 덕, 순수한 진짜). 이런 게 각각 마치 계곡처럼(若谷), 더럽혀짐처럼(若辱), 부족한 것처럼(若不足), 미련한 것처럼(若偸), 변질된 것처럼(若渝), 그렇게 보인다는 말이지요.

세 번째는, 대방大方-대기大器-대음大音-대상大象(큰 네모, 큰 그릇, 큰 소리, 큰 모양). 정말로 대단한 이런 건 각각 구석이 없고(無隅), 완성이 없고(曼成), 소리가 안 들리고(希聲), 형태가 없다(無形), 그런 한계가 없다는 말이지요. 별과 별 사이에 그린 네모, 일월성신을 담고 있는 우주라는 그릇, 위인의 말씀[로고스-법음], 이데아라는 모양, 이런 걸 생각해 보면, 그 무우-만성-희성-무형이 이해되기도 합니다.

신생님이 이 말을 인용한 이유는, 석어노 제게는, 명확합니다. 도道도-덕德도-대大도, 정말로 중요하고 훌륭한 것은 [보통사람들이 언뜻 보기에] 그 반대인 것처럼 보인다, 그걸 보여주기 위해서 '건언建言'의 권위를 동원하신 거지요. '자, 봐라, 옛말에도 이런 게 있지 않느냐. 이런 면이 있으니 그러니 그들이 그러는 거다.' 그거 아닌가요?

"맞습니다. '도은무명道隱無名'(도는 숨어 있어서 이름이 없다), 그걸 말하고 싶었던 겁니다."

도가 드러나 있어서 '뭐다…'라는 이름이 있다면 그런 오해가, 심지어 반대되는 인상이, 없을 수도 있을 텐데, 도는 애당초 감각적으로 드러나 있는 것이 아니니, 즉 숨어 있는 것이니(隱), 구체적인 개체가 아니니, 즉 이름이 없는 것이니(無名), 하사들이 그 정체를, 그 중요함-소중함을 모르고 비웃는 거지요.

"그렇지요. 도는 숨어 있고, 이름이 없으니까. 그렇지만…."

네, 그렇지만 도는 숨어서, 이름 없이, 결정적으로 중요한 자기 역할을 하고 있다는 말씀이시죠.

"부유도, 선시차선성夫唯道, 善始且善成(무릇 오직 도만이 잘 시작하고 또 잘 이룬다)"

네, 그렇게 이야기가 논리적으로 잘 마무리되는 거죠. 핵심은, 모든 것의 시작과 마무리가 도의 작용이라는 거죠. 근본적-본질적인 자연의 질서 내지 법칙, 도는 그 모든 것을 잘-착실히(善) 수행하고 있다는 거죠. 그런 일은 오직 도만이(夫唯道) 할 수 있다는 거죠. 납득하고 지지합니다.

"허허, 아주 훌륭한 대변자 노릇을 해주시는군요. 고맙습니다. 그럼 오늘은 이걸로…."

아니 잠깐, 한 가지 드릴 말씀이 남았습니다.

"응, 뭐죠?"

실은 여기 나온 '대기만성大器晩成'이라는 게 선생님 말씀 중에서 사람들에게 가장 널리 알려진 유명한 것인데, 이게 '건언建言'의 인용이라는 걸 사람들에게 좀 분명히 알려줄 필요가 있는 것 같습니다. 요즘은 소위 지적 소유권, 그런 것도 있고…. 하하.

"하하, 필요가 있다면 그러시지요. 그러나 훌륭한 말은, 그게 누구에게서 나왔든 그게 누군가에게 체화된다면 이미 그 사람의 것이긴 합니다만."

네, '너 자신을 알라(gnothi seauton)'는 말도 원래는 현자 킬론의 말입니다만, 소크라테스가 그걸 체화해서 그의 말로 알려져 있죠. '대기만성'도 마찬가지인 거죠. 그리고…

"그리고?"

이 말이 이른바 통용본에 '대기만晩성'으로 되어 있어, '큰 그릇은 늦게 찬다', 큰 인물은 뒤늦게 두각을 드러낸다, 그런 의미로 알려지고 유명해져 있습니다만, 실은 그런 의미가 아니라는 것도 분명히 해두고 싶습니다.

"설명해 주시지요."

그렇게 읽어서는 문맥상 아주 낯설고 이상합니다. 이건 가장 오래된 죽간본이 확인해 주듯이 '만晚'이 옳다고 저는 봅니다. 이 글자에 '없다'는 뜻이 있으니 '대기만성'은 '큰 그릇은 완성이 없다', 그런 뜻이 분명합니다. 그래야만 병렬된 다른 말들과 균형도 맞고 문맥이 통합니다. '늦게 이루어진다(晩成)'는 하상공본-왕필본-한간본의 글자는 아주 생뚱맞고 어색합니다. 물론 그것대로 의미는 있습니다만, 여기 문맥에 부합되지는 않습니다.

"이선생의 뜻은 분명히 전달되었을 테니, 그 다음의 판단과 선택은 사람들에게 맡겨두기로 하시지요."

네, 말 때문에 다투는 것은 꼴불견이니까요. 위험한 일이기도 하고. 하하하.

"도가도비상도, 명가명비상명, 언어의 한계…. 하하하."

42.

도는 '일一'을 살게 하고

道生一, 一生二, 二生三, 三生萬物. 萬物負陰而抱陽, 沖氣以爲和.
人之所惡, 唯孤-寡-不穀, 而王公以爲稱. 故, 物或損之而益, 或益之
而損. 人之所敎, 我亦敎之. 强梁者不得其死, 吾將以爲敎父.[23]
도생일, 일생이, 이생삼, 삼생만물. 만물부음이포양, 충기이위화. 인지소오, 유고-과
-불곡, 이왕공이위칭. 고, 물혹손지이익, 혹익지이손. 인지소교, 아역교지. 강량자부
득기사, 오장이위교부.

도는 일을 살게 하고, 일은 이를 살게 하고, 이는 삼을 살게 하고, 삼은
만물을 살게 한다. 만물은 음을 지고 양을 안으며, 충기沖氣로써 조화를
이룬다. 사람이 싫어하는 바는 오직 고孤-과寡-불곡不穀인데, 그럼에도 왕
공은 그것으로 호칭을 삼는다. 고로 사물은, 덜지만 보태지기도 하고, 보
태지만 덜어지기도 한다. 사람이 가르치는 바를 나 또한 가르친다. 강량强
梁한 자는 제 [온전한] 죽음을 얻지 못한다. 나는 장차 그것으로 가르침의
아비를 삼을 것이다.

---

23) 백서본-한간본에는 '敎父'가 '學父'로 되어 있다.

노선생님, 저는 대학생 때 처음 선생님의 이 책을 읽었는데, 다 헤어져 너덜너덜해지긴 했지만 아직도 갖고 있는 그 책을 다시 꺼내 펼쳐보니 이 42장엔 '?'[물음표] 하나가 커다랗게 적혀 있더군요. 무슨 소린지 모르겠다는 뜻이겠죠.

　"20대의 청년이 이해하기엔 아직 인생경험이 부족했을지도 모르지요. 그럼 지금은?"

　인생경험이 쌓일 만큼 쌓인 지금도 그 물음표를 자신 있게 지울 수는 없습니다. 그 책임의 절반은 어쩌면 선생님께 있는지도 모르겠습니다.

　"허허허, 또 투정이신가?"

　선생님의 어법이 때로 너무 추상적이라 곧바로 이해된다면 그게 이상하다고 저는 봅니다. 아무런 고민 없이 다 잘 아는 듯 해설하는 학자들을 저는 믿을 수가 없습니다. 한비자도 왕필도 풍우란도. 그나마…

　"그나마?"

　뒷부분은 일단 이해가 가능합니다. '인지소오人之所惡'부터는요.

　"그래요? 그럼 그것부터 한번 풀이해 보시지요."

　여기서 선생님은 '가르칠 교敎'자를 세 번이나 언급하고 계시니, 뭔가를 가르치고 싶어 하시는 건 분명해 보입니다. 그런데 그게 선생님의 무슨 독창적인, 노자만이 아는, 그런 기발한 건 아니라고 운을 떼고 계시지요.

　"인지소교, 아역교지人之所敎, 我亦敎之 … 오장이위교부吾將以爲敎父"

　네, '사람들이 가르치는 바를 나도 가르친다. 그걸로 교부를 삼을 것이다.' 그러니 그게 새로운 건 아니라는 말씀이겠죠. 그리고 백서본에

'인人'이 '고인古人'이라고 되어 있는 걸 보면, 그 사람들이라는 건, 어쩌면 '옛사람들'을 가리키는 건지도 모르겠군요. 앞에서도 확인했지만, 옛사람들도 알 건 다 알고 있었으니까요. 그래서 아마 공자도 '온고이지신'이라 말했을 거고, '하늘 아래 새로운 건 아무 것도 없다'는 말도 일부 유관할 거고….

"중요한 건 내용. 가르칠 만한 것, 가르쳐야 할 것, 그런 거지요."

그렇죠. 그것도 어느 정도 명확해 보입니다. '강량자부득기사强梁者不得其死'(강량자는 제 명에 죽지 못한다), 이걸 교부로 삼겠다는 말씀이시니, 강함에 대한 경계를 최우선으로 가르치겠다, 이 말씀이시겠죠. 이미 앞에서도 확인했듯이 그건 '유약'의 덕과도 연결되어 있고요. '유약승강강柔弱勝强剛'(36장). 그리고 이런 철학 내지 가치관은 선생님이 일관되게 강조하시는 '자기를 낮춤'이라는 태도와도 연결되지요. 앞서 39장에서 말씀하신 '고孤-과寡-불곡不穀'을 다시 언급하신 것도 그 한 증거고요.

"귀함은 천함으로써 근본을 삼고, 높음은 낮음으로써 바탕을 삼는다. 이로써 후왕은 스스로 '고孤-과寡-불곡不穀'이라고 일컫는다. 이는 천함으로서 근본을 삼는 게 아니겠는가(貴以賤爲本, 高以下爲基. 是以侯王自謂孤-寡-不穀. 此非以賤爲本邪)."

네, 그 말씀이요. '천함과 낮음을 바탕으로 삼는다'는 것, 그러니까 '인지소오, 유고-과-불곡, 이왕공이위칭人之所惡, 唯孤-寡-不穀, 而王公以爲稱'이라는 여기서의 말씀도 그것과 같은 취지일 수밖에 없습니다. 그런데 여기서는 다른 표현으로 설명을 보태시니 이 취지를 이해하기가 조금은 더 수월해집니다.

"다른 표현의 설명이라, '고로 사물은, 덜지만 보태지기도 하고, 보태지만 덜어지기도 한다(故, 物或損之而益, 或益之而損).' 이걸 말씀하시나?"

326

네, '손해 보려는 것이 이익이 되기도 하고, 이익 보려는 것이 손해가 되기도 한다.' 다시 말해, 자기를 낮추려는 것이 자기를 높여주기도 하고, 자기를 높이려는 것이 자기를 낮추기도 한다, 그렇게 해석이 가능한 거죠. 멋진 말입니다.

"무슨 소린지 모르겠다더니 다 풀이하셨구먼. 그럼 이제 그 '?'[물음표]를 지워도 되지 않나요?"

그럴 리가요. 결정적인 문제가 아직 남아 있는데….

" '도는 일을 살게 하고, 일은 이를 살게 하고, 이는 삼을 살게 하고, 삼은 만물을 살게 한다. 만물은 음을 지고 양을 안으며, 충기沖氣로써 조화를 이룬다(道生　，　生二, 二生三, 三生萬物. 萬物負陰而抱陽, 沖氣以爲和).' 맨 앞의 이 말 말이군요."

네, 그거. 휴~ 한숨이 나옵니다. 수수께끼도 이런 수수께끼가 없습니다.

"그렇게 말하시니 더욱 흥미진진해지는군요. 이선생이 이걸 어떻게 풀어낼지."

좀 짓궂으시네요. 속 시원하게 알려주지도 않을 거면서…. 어쨌든 나름대로 한번 풀어보겠습니다. 우선 저는 선생님이 이 말을 이 42장에서 하신 이상, 그리고 이 말에 바로 뒤이어 고·과·불곡을, 손지損之를, 강량자부득기사强梁者不得其死를 말씀하신 이상, 이런 취지가 이 수수께끼 같은 앞부분에 담겨 있지 않으면 안 된다고 생각합니다. 그게 문맥이라는 거지요.

"흠, 그래서?"

그래서 저는 맨 마지막 '위화爲和'라는 말씀에 주목했습니다. '조화를 이룬다.' 그리고 '부음이포양負陰而抱陽', '만물은 음을 지고서 그리고 양을 안는다.' 음-양, 이 반대를 한꺼번에 다 지닌다는 말씀입니다, 그게 '위화爲和' 즉 '조화를 이룬다'는 거지요. '충기沖氣'가 즉 '조화로운 기운'[혹은 텅 빈 기운?]이, 요즘 식으로 말하자면 그런 분위기-기질-기운-경향이, 그 결정적인 역할을 하는 겁니다. 아닌 게 아니라 그게, 그런 조화가 고스란히 만물의 실상입니다.

"뒤에서부터 뒤집어서 읽어보자는 심산이군요."

네, 뒤집어 읽기가 제 철학의 한 방법론이라…. 앞면에는 반드시 뒷면이 있고 결과에는 반드시 이유가 있다(Alles hat seinen Grund)…. 선생님의 이 발언도. 그렇게 보면, '도생 … 만물'이 거두절미한 느닷없는 우주생성론은 아닌 거라는 걸 알게 됩니다.

"그렇다면?"

결국은 도와 만물 사이에 있는 이 '일-이-삼'이 문제입니다. 그리고 '생生'이라고 하는 이들의 관계가 결정적인 열쇠입니다. 학자들의 갑론을박도 결국 여기서 일어납니다. 솔직히 저는 학자들의 어떤 해석도 흔쾌히 수긍할 수가 없었습니다. 일一은 도다, 이二는 음양이다, 삼三은 음-양-충이다, 그런 것도 다. 왜냐하면 그런 해석에는 뒤에서 말하는 저 '손지損之'와 '유약柔弱'의 메시지가 없기 때문입니다. 그래서 저는 이게 '살려주는 관계'라고 읽었습니다. 최소한 강강强剛으로 죽이려는-죽이는 관계는 아니라는 말입니다. 사실 '강량자부득기사强梁者不得其死' (강량强梁한 자는 제 [온전한] 죽음을 얻지 못한다)도 하나의 힌트입니다. 선생님이 심어두신 일종의 비밀의 코드? 하하하. 맨 뒤의 이 '사死'가 맨 앞의 '생生'과 대對를 이루는 거죠. 그렇게 살게 해준 결과가 '부음포양負陰而抱陽'이고 '위화爲和'인 겁니다.

"이제 거의 다 와가는군요. 그럼 일-이-삼은?"

여기서 '일一'은 선생님의 전체 문맥상 '석지득일昔之得一'(39장)의 그 '일'일 수 있습니다. 혹은 꼭 그게 아니어도 좋습니다. 그러나 그것일 가능성이 높습니다. 그 '일'은 앞에서 분명히 말씀해 주셨듯이, '천의 청淸, 지의 녕寧, 신의 령靈, 곡의 영盈, 만물의 생生, 후왕의 정(爲天

下正)', 그런 겁니다. '본질적인 기본', 그런 겁니다. 도가 그것을 (이런 기본을) 살게 합니다. 이 모든 것이 도(자연의 근본질서-법칙)에 의해 있게 된, 생성된, 취득된 것이니까, 그런 의미로. 그래서 '도생일道生一'이라고, '도가 일을 살게 한다'고, 그렇게 말할 수 있는 겁니다.

"그럼 '일생이, 이생삼, 삼생만물一生二, 二生三, 三生萬物'은?"

참 어렵습니다. 설명이 없으니까요. 그런데 앞에서 선생님이 '만물득일이생萬物得一而生'을 말씀하신 걸 보면 이 일-이-삼이 고정된 무언가가 아닐 수도 있겠다, 그냥 추상적인 일반론일 수도 있겠다, 그런 생각이 드는군요. '삼'이 살게 하는 만물(삼생만물三生萬物의 그 만물)에도 '일'이 있으니까요(萬物得 一以生). 그 '일'의 내용인 '생生'의 의미도 고정적이지 않고…. 그렇다면,

(이제 핵심을 풀어봅니다만) '일一'은 그 일에 반대되는 그 무엇을 [이를테면 천의 청에는 흐림을] [강강으로 죽이지 않고 유약으로 '부-포', '위화'해서] 살게 하고, 그렇게 해서 '이'가 되는 것이고, 그 '이二'는 다시 그것에 반대되는 그 무엇을 살게 하고, 그래서 '삼'이 되는 것이고, 그 '삼三'은 또 그것에 반대되는 그 무엇을 살게 해서 사가 되고, 오가 되고, 육이 되고…, 그게 결국 '만물萬物'을 다 살게 한다…, 이런 해석이 가능하게 됩니다. 삼과 만물 사이에는 무한한 연쇄의 생략이 있는 셈이지요. 그 부분에 대한 선생님의 구체적인 언급과 설명이 없는 건 그 사례들이 거의 무한, 모든 천하만물을 다 포함하기 때문에 애당초 불가능했으리라고 저는 짐작합니다. 결정적인 역할을 하는 것은 '부포負抱'(업고-안음: 포용)와 '위화爲和'(조화를 이룸)이지요. 그리고 그것을 가능케 하는 '충기沖氣'(빈-비우는 기운, 조화로운-조화롭게 하는 기운), 그게 결국 일에서 만물까지를 다 살게 하는 거죠. 만물의 조화로운 삶(=존재) 속에 이미 음양(대립되는 양면)이 조화를 이루고 있다(沖氣以爲和)는 근본사실에 대한 설명이기도 합니다. 선생님의 이 수수께끼 같은 말씀

은.

"그렇게 이해해 주니 고맙군요."

강강으로 비판하기보다 그렇게 유약으로 이해하는 것이 만물을 살게 하는 그 '충기이위화沖氣以爲和'가 아니었나요? 만물은 '부음이포양負陰而抱陽'이니 저는 이런 제 견해와 다른 해석들도 배척하지 않고 그냥 업고 안고 그렇게 가겠습니다. 누군가는 나와 다른 그런 해석에서도 의미를 찾을 수가 있을 테니까요. 그리고 제 해석이 꼭 정답이라는 보장도 없고.

"그렇게 미지근하면 이선생에게 손해가 될 수도 있을 텐데."

그게 도리어 이익이 되기도 하고, 잘난 체 이익을 보려 하는 게 도리어 손해가 되기도 한다(或損之而益, 或益之而損)고 선생님이 말씀하시지 않았던가요?

"하하, 내 말로 내 말을 받아 치다니, 할 말이 없군요."

선생님이 가르침의 아비(敎父)로 삼겠다는 게 바로 그거, '살게 하는 것(生)', 그거였으니까요. 하하하.

43.
천하의 지극한 부드러움이

天下之至柔馳騁天下之至堅. 無有入無間. 吾是以知無爲之有益. 不
言之教, 無爲之益, 天下希及之.
천하지지유치빙천하지지견. 무유입무간. 오시이지무위지유익. 불언지교, 무위지익,
천하희급지.

천하의 지극한 부드러움이 천하의 지극한 단단함을 몰고 다닌다. [형체]
없는 것이 틈 없는 것 속으로 들어간다. 나는 이로써 무위의 유익함을 안
다. 불언不言의 가르침과 무위의 이익은 천하에 이만한 것이 드물다.

━━━━━━━━━

노선생님, 오늘 말씀은 전하려는 취지가 비교적 명확해서 좋군요.
"그게 뭐라고 들으신 건지."
두 번이나 말씀하신 '무위지익無爲之益', 그리고 '불언지교不言之教'.
선생님은 참 어지간히 인간들의 그 '하려 함'과 '말 많음'에 질리신 모
양이군요.
"아, 그것도 혹시 말씀하신 '뒤집어 읽기'?"
아, 눈치 채셨군요. 뭔가 이유가 있어서 이런 말씀을 하셨을 테니까.
저도 충분히 공감하고 지지합니다. 단 백 퍼센트는 아닙니다만.

"그건 어째서?"

현실세계에서는 어느 정도의 '위爲'(함)와 '언言'(말)이 불가피하니까요. 그것 없이는 세상이 아예 돌아가지를 않죠. 세상이 '불언不言'과 '무위無爲'를 체득한 도사들로만 가득하다면 그건 아마 세상이 아닐 겁니다. 당장 '말(言)'에 종사하는 교사·교수·방송인·작가 등이 일자리를 잃을 테고요. '함(爲)'에 종사하는 공무원들도 마찬가지일 테고.

"나는 다만 그 무위와 불언의 '유익함'과 '드묾'을 말했을 뿐, '위爲'와 '언言'의 박멸을 말한 것은 아닙니다."

그건 그렇군요. 선생님의 말씀이 인위와 다언의 폐단에 대한 경계 내지 경고라는 것도 충분히 이해합니다. 저희 현대사회에서는 더욱 절실하지요. 이런 경계 내지 경고가.

"대체 그 세상은 어떤 지경이기에."

온갖 인위와 말들이 세상에 가득입니다. 그 폐해가 이루 말할 수 없죠. 인간들의 삶이 완전히 거기에 함몰되어 있을 정도입니다. 이른바 인터넷상의 사이버 공간을 비롯해서 온갖 인공의 것들에서 거의 한평생 벗어나질 못하고 (최근엔 지능까지도 인공의 것(AI)이 대신하고 있고) 언어의 홍수에 휩쓸려 '고요'라는 것 자체가 거의 천연기념물처럼 되어 버렸고, '말 없는 가르침' 같은 것은 순위에서 밀려 사람들의 귀를 비집고 들어가는 것이 거의 불가능할 지경입니다. 운이 좋다면 평생에 몇 번 있을까 말까….

"저런, 그 불언지교와 무위지익이 '천하에 그만한 게 드문 것(天下希及之)'이건만."

그러게요. 하지만 저는 희망을 버리지는 않습니다. 평생에 단 몇 번이더라도 그걸 깨닫는 것이, 그런 순간을 갖는 것이, 아예 없는 것보다는 나을 테니까요. 그리고 사람들이 실제로 그런 걸 좋아하기도 하고 기대하기도 하니까요.

"아, 그런가요? 그나마 다행이군요."

선생님이, 선생님의 말씀이, 2천 수백 년 지난 지금 여기서도 상당한 인기를 끄는 게 그 증거입니다. 어쩌면 질식할 것 같은 저 인공-인위와 잡다한 언어의 홍수에 대한 반작용인지도 모르겠습니다만.

"부디 거기서도 사람들이 불언지교不言之敎와 무위지익無爲之益을 깨달았으면 좋겠군요."

그러게요. 아마 자연스럽게 그것을 체득하는 이들도 없진 않을 겁니다. '천하의 지극한 부드러움이 천하의 지극한 단단함을 몰고 다닌다. [형체] 없는 것이 틈 없는 것 속으로 들어간다(天下之至柔馳騁天下之至堅, 無有入無間).' 그런 게 있으니까요. '세상에서 가장 부드러운 게 가장 단단한 걸 제어하는' 경우도 실제로 있고, '[형체] 없는 것이 틈 없는 것 속으로 들어가는' 경우도 실제로 있으니까요. 마치 세상에서 가장 부드러운 바람이 가장 견고한 바위를 부스러뜨리기도 하고, 형체 없는 물이 틈 없는 땅속으로 수백 수천 미터 파고 들어가 지하수를 이루기도 하는 것처럼, 부드러운 여인의 미소가 견고한 사나이의 마음을 잡아 이를 좌지우지하기도 하고, 있는 것 같지도 않은 형체 없는 오해가 틈 없는 부부의 틈을 비집고 들어가 둘을 갈라놓기도 하니까요. 이 말씀이 간과할 수 없는, 주목해야 할 이치이자 진리인 것은 분명합니다. '없음(無)'-'하지 않음(不)'-'부드러움(柔)'-'약함(弱)', 이런 것의 가치를, 이런 것의 유익함(益)을 드러내고 강조하고 권유하는 게 선생님의 가치관이자 철학인 것은 분명합니다. 참 특이하시게도.

"그게 도에서 체득한 덕이니까요."

그렇군요. 물이 만물을 이롭게 하면서도 다투지 않고 아래로 흘러가는 데서 체득한 공수신퇴功遂身退의 덕처럼.

"천하에 그처럼 유익한 게 참 드물지요."

네, '불언지교, 무위지익, 천하희급지不言之敎, 無爲之益, 天下希及之'

(불언의 가르침과 무위의 이익은 천하에 이만한 것이 드물다). 온갖 인위와 다언에 실망한 혹은 다친 이들은 알게 되겠죠. 이 진리를. 언젠가는. 물론 천하에 드문 가치이니 이걸 아는 사람도 천하에 드물긴 하겠지만. 하하하.

　"우리 두 사람은 드문 건가? 하하하."

44.

이름과 몸, 어느 것이 친근한가?

名與身孰親. 身與貨孰多. 得與亡孰病. 甚愛必大費,24) 厚藏必多亡.25) 故,26) 知足不辱, 知止不殆, 可以長久.

명여신숙친. 신여화숙다. 득여망숙병. 심애필대비, 후장필다망. 고, 지족불욕, 지지불태, 가이장구.

이름과 몸, 어느 것이 친근한가? 몸과 재화, 어느 것이 소중한가? 얻음과 잃음, 어느 것이 병인가? 너무 사랑하면 반드시 큰 대가를 치르고, 두둑이 쌓으면 반드시 많이 잃는다. 고로 족함을 알면 욕되지 않고, 그칠 줄 알면 위태롭지 않아, 오래갈 수 있다.

━━━━━━━━

노선생님, 이 44장의 말씀을 들으면서 저는 문득 선생님과 저 사이의 시간적 거리를 생각해 보게 되었습니다.

"왜요? 그 시간적 거리가 특별히 크게 느껴지는 말이라도 있었나

---

24) 왕필본에만 앞에 '是故'가 있다. 다른 다수의 판본을 따랐다.

25) 통용본에는 '多藏必厚亡'으로 되어 있다. 표현의 자연스러움을 고려하여 오래된 죽간본을 따랐다.

26) 통용본에는 이 '故'자가 없다. 문맥을 고려하여 죽간본-백서본을 따랐다.

요?"

아니요, 그 반대입니다. 1, 2백 년도 아니고 무려 2천 수백 년의 시차가 있음에도 불구하고 어쩌면 이렇게 전혀 거리감이 느껴지지 않는 말씀을 하시는가, 그런 생각이 들어서요. 오직 그 공간적 거리랄까…, 아니 지금 제가 중국 땅에 와 있고, 주변에 중국 말이 난무하고 있으니, 그조차도 느껴지지 않는, 마치 북경 시내의 어느 찬청餐厅에서 식사를 하며 선배 되는 원로 학자에게서 이야기를 듣는 그런 느낌입니다.

"그쪽에서도 현실은 똑같다는 그런 말씀이군요."

네, 완벽하게 일치합니다. 명성-명예를 추구하다가 신세를 망치는 사람들, 재물-재화를 추구하다가 몸을 망치는 사람들, 뭘 조금이라고 얻어보겠다고 거의 병적으로 집착하는 사람들, 누군가-뭔가를 너무 사랑하고 너무 애착이 강해서 결국 큰 대가를 치르는 사람들, 엄청난 부를 쌓아두었다가 결국 다 잃고 마는 사람들, 그런 사람들이 부지기수입니다. 그런데도 불구하고 족함을 모르고 계속 그 길을 내달리다가 큰 욕을 보고, 그칠 줄을 모르고 계속 같은 것을 추구하다가 위태롭게 되는, 그래서 결국 오래가지 못하는, 그런 사람들이 수두룩합니다.

"완전히 똑같군요. 유감스럽게도."

선생님의 이 말씀도 그런 배경에서 나온 말씀이겠죠.

"아, 또 그 뒤집어 읽기?"

사실이니까요. 그리고 필요하니까요. 괜히 해보신 말씀이 아닐 테니까요. 그래서 저는 이 말씀을 들으며 자신과 주변을 돌아보게 됩니다. 나는, 우리는, 과연 어느 쪽인가? '명여신숙친名與身孰親(이름과 몸, 어느 것이 친근한가). 신여화숙다身與貨孰多(몸과 재화, 어느 것이 소중한가). 득여망숙병得與亡孰病(얻음과 잃음, 어느 것이 병인가).' 명名-화貨-득得, 이쪽을 추구하는 쪽에 가담하고 있는지, 신身-신身-망亡, 이쪽을 중시하는 쪽에 가담하고 있는지. 답은 명약관화, 불문가지입니다. 대부분이 전자인 거죠. '너무 사랑하기(甚愛)'와 '두둑이 쌓기(厚藏)'도 마찬가지고요. 그에 따른 '큰 대가(大費)'와 '많이 잃기(多亡)'도 얼마든지 확인이 가능합니다. '족함을 아는 것(知足)'과 '그치기를 아는 것(知止)'도 보기 드물고 그래서 겪게 되는 '욕됨(辱)'과 '위태로움(殆)'도, 그래서 '오래가지 못함(不可長久)'도 신문이나 뉴스에 넘쳐납니다.

"그게 다 왜겠습니까?"

'욕망-욕심' 때문이겠지요. '부-귀'가 대표적이겠지만, '공-명'도 만만치 않죠. 그게 '사람들이 바라는 바(人之所欲也)'라고 공자도 확인해 준 적이 있고, 소크라테스도 《변론》에서 그 실상을 여실히 보여준 적이 있습니다. 부처는 가장 확실하게 말해 줬지요. 모든 괴로움의 원인이 헛된 것에 대한 집착이라고. 많은 경우 그런 것들이 대비大費-다망多亡-욕辱-태殆-불가장구不可長久의 원인임을 부정할 수가 없습니다.

"그래서 내가 물었던 거지요, '어느 쪽(孰)'이냐'라고."

그러셨지요. 그 '어느 쪽'이라는 말씀에서 저는 키에게고와 사르트르를 떠올리기도 했습니다.

"그들을 왜?"

앞서 말씀드린 적이 있지만, '이것이냐 저것이냐(enten … eller)'가 키에게고 철학의 한 핵심이었고, '선택(choix)'이라는 게 사르트르 실존주의의 한 축이었으니까요. 물론 그 선택지가 선생님과 똑같은 것은 아닙니다만.

"나도 '거피취차去彼取此'(저것을 버리고 이것을 취한다)를 말했으니, 그들과 통하는 부분은 분명히 있는 셈이군요."

확실한 특징입니다. 이른바 '노자 철학'의. 이 장의 말씀도 정리하자면,

거피去彼 : 명名-화貨-득得-심애甚愛-후장厚藏-(욕辱됨)-(위태危殆)-

(불가장구不可長久); 목目-박薄-화華

  취차取此 : 신身-신身-망亡-(불비不費)-(불망不亡)-지족知足-지지知止-
장구長久; 복腹-후厚-실實

이렇습니다. 그리고 앞에서도 말씀하셨죠.

12장 : '그래서 성인은 배(腹)를 위하며 눈(目)을 위하지 않는다. 고로
저것을 버리고 이것을 취한다(是以聖人, 爲腹不爲目. 故, 去彼取此).'

38장 : '그래서 대장부는 그 두터움(厚)에 처하며, 그 얄팍함(薄)에 거
하지 않는다. 그 내실(實)에 처하며, 그 겉치레(華)에 거하지 않는다. 고
로 저것을 버리고 이것을 취한다(是以大丈夫居其厚, 不居其薄, 居其實,
不居其華. 故, 去彼取此).'

이런 말들은 사실 우리네 삶의 현실을 고스란히 반영하기 때문에 한
마디 한 마디 곱씹어보지 않으면 안 된다고 저는 느꼈습니다.
  "단순한 무슨 지식은 아니니까요."
  도에서 체득한 덕인 게지요. 특히 여기서는 '지족知足'과 '지지知止'.
  "결국은 '장구長久'."
  네, 길고 오래. 2천 수백 년이 지나도 없어지지 않는 선생님처럼. 그
철학처럼.
  "아니 '도'처럼."
  네, 도처럼 길고 오래. 거북이나 학… 같은 '십장생'보다는 확실히 더
길고 오래. 하하하.

45.

크게 이룸은 뭔가 빠진 것 같으나

大成若缺, 其用不弊, 大盈若沖,²⁷⁾ 其用不窮. 大直若屈, 大巧若拙,
大辯若訥. 趮勝寒,²⁸⁾ 靜勝熱, 淸靜爲天下正.²⁹⁾
대성약결, 기용불폐, 대영약충, 기용불궁. 대직약굴, 대교약졸, 대변약눌. 조승한,
정승렬, 청정위천하정.

크게 이룸은 뭔가 빠진 것 같으나, 그 쓰임은 낡아지지 않고, 크게 채워짐
은 뭔가 빈 것 같으나, 그 쓰임은 다하지 않는다. 크게 곧음은 굽힌 것 같
고, 크게 솜씨 있음은 서툰 것 같고, 크게 말 잘함은 어눌한 것 같다. 움
직임은 추위를 이겨내고, 고요함은 더위를 이겨내고, 청정(맑고 고요함)은
천하를 올바르게 한다.

---

27) 죽간본·백서본에는 '沖'이 '盅'으로 되어 있다. 의미가 동일해 통용본을 따른
다.
28) 통용본에는 '趮'가 '躁'로 되어 있다. 문맥을 고려하여 의미가 통하는 백서본
을 따른다.
29) 백서본에는 '爲'가 '可以爲'로 되어 있다. 의미상 큰 변화가 없으므로 통용
본을 따른다.

노선생님, 저는 개인적으로 한어의 간결성과 함축성을 좋아하는 편입니다만, 그 이면인 모호성에는 가끔씩 혀를 내두를 때가 있습니다.

"이 말이 그렇다고 들리는데…."

솔직히 좀 그렇습니다. 결론적인 맨 마지막 말씀, '청정은 천하를 바르게 한다(淸靜爲天下正).' 외에는 명확한 게 하나도 없습니다. 아니, 이것조차도 실은 그 번역에서부터 의견이 각양각색입니다. 저는 직역하여 이런 뜻이라고 여깁니다만.

"그럼 오늘도 기대가 되는군요, 이선생이 이걸 어떻게 읽어낼지."

이런 식의 말에 정답은 애당초 불가능합니다만, 제 생각의 결과는 대략 이렇습니다. 우선,

선생님은 여기서 '대성大成', '대영大盈', '대직大直', '대교大巧', '대변大辯'이라는 어떤 상태들을 가리켜 보여주십니다. 이룸, 가득 참, 곧음, 솜씨 있음, 말 잘함. 그것도 아주 큰, 대단한, 정말 훌륭한(大), 그런 상태. 그런데 이게 뭘 의미하는지 솔직히 좀 감감합니다. 오리무중입니다. 왜 이런 말씀을 하셨을까? 역시 까닭 없이 뭔 말을 꺼내실 리는 없는데. 더군다나, 이것들이 각각 '약결若缺', '약충若沖', '약굴若屈', '약졸若拙', '약눌若訥'이라고 지적하십니다. 뭔가 빠진 것 같고, 텅 빈 것 같고, 굽힌 것 같고, 서툰 것 같고, 어눌한 것 같고, 그런 인상을 준다는 말씀이시지요. 실제와는 반대로. 말하자면 사실은 대단히 플러스적인 것인데, 다 마이너스적으로 '보인다(若)'는 이야기지요. 구도는 명백하고 뭔가 멋있어 보이기도 합니다만, 이 내용이 도대체 뭘까, 오랫동안 제 숙제 중의 하나였습니다.

"미안하군요. 나는 숙제를 줄 생각은 아니었습니다만, 본의 아니게…."

들는 우리의 몫이니까요. 아무튼 저는 선생님의 전체 문맥을 감안해서 나름 진지하게 고민해 보니, 이게 결국 도의 모습들이 아닐까, 그런 생각이 들었습니다. 자연의 아프리오리한 근본 질서 내지 법칙들. 무, 유, 만물, 혹은 일, 이, 삼, 그리고 생, 이런 것들. 앞에서 선생님은 '도대道大', '도충이용지혹불영道沖用之或弗盈', '도지출언道之出言', '대기만성大器晩成' 등을 말씀하셨으니, 이 글자들을 연결해 보면 저의 해석이 전혀 엉뚱한 것은 아닐 겁니다.

"그런 말을 한 적이 있다는 건 인정합니다."

그리고 '약若'(… 같다)이라는 말로 그 대비적 인상을 지적하시는 것도 선생님의 일관된 특징이시고요.

"허허, 그것도 인정하지 않을 수 없군요."

아무튼 이런 걸 사실이라고 전제한다면, 도란 것은 '대성', '대영', '대직', '대교', '대변'인데, '약결', '약충', '약굴', '약졸', '약눌'이다, 그런 말이 됩니다. 그건 선생님이 말씀하시는 딱 그대롭니다. 도는, 즉 자연의 아프리오리한 법칙적 질서는, 아주 큰, 대단한, 정말 훌륭한 이룸, 가득 참, 곧음, 솜씨 있음, 말 잘함, 그런 상태인데, 그런데 인간들이 언뜻 보기에는 뭔가 빠진 것 같고, 텅 빈 것 같고, 굽힌 것 같고, 서툰 것 같고, 어눌한 것 같고, 그렇게 보이지요. (그런 도를 체득한 사람은 더욱 그렇게 보이고요.) 저도 살아오면서 이렇게 느낀 적이 분명히 있었습니다. 선생님도 그걸 느끼셨으니까 이런 말씀을 하신 거겠죠. 그게 없었다면, 그걸 모른다면, 이런 발언 자체가 원천적으로 불가능하겠죠. 이 내용이 아무렇게나 지어내서 할 수 있는 그런 말도 아니고.

"그것도 인정합니다."

그런데, 그런데 결국 인상과 같은 그런 건 아니라는 말씀을 하고 싶었던 거겠죠, 선생님은.

"그 쓰임은 낡아지지 않고, … 그 쓰임은 다하지 않는다(其用不弊, …

其用不窮)."

네, 그러니까요. 대성大成과 대영大盈이 그렇다는 말씀이시죠. 약결若缺, 약충若沖이지만 실은 기용불폐其用不弊, 기용불궁其用不窮이다…, 그리고 생략되어 있지만, '대직大直', '대교大巧', '대변大辯'도 약굴若屈, 약졸若拙, 약눌若訥이지만 실은 기용其用(그 쓰임)은….

"결코 그렇지 않지요."

네, 아마도 그 쓰임은 낡아지지 않고 다하지도 않는다, 그런 취지를 말하고 싶으셨겠죠. 이미 전달되었다 생각하고 생략하셨겠지만. 약굴若屈, 약졸若拙, 약눌若訥 뒤의 빈 공간을 보고 그런 생각이 들었습니다.

"조승한, 정승렬趮勝寒, 靜勝熱'(움직임은 추위를 이겨내고, 고요함은 더위를 이겨낸다)을 말하지 않았습니까."

네, 실제 사례를 말씀해 주신 셈이지요. 말씀 그대롭니다. 이건 여름과 겨울에 우리가 실제로 확인할 수 있습니다. '논리실증주의' 식으로 말하자면, 검증이 가능한(verifiable) 거죠. 추운 겨울이라도 운동 등 활발하게 움직이면 추위도 가시고, 심지어 땀이 나기도 하고, 더운 여름이라도 조용히 가만 앉아 있거나 누워 있으면, 그리고 무엇보다 마음을 고요히 하면 더위를 잊을 수도 있지요.

" '고요함(靜)'의 가치! 그래서 '청정은 천하를 올바르게 한다(清靜爲天下正)'고 말한 겁니다."

'정靜'을 '정正'과, '천하의 정正'과 연결시키셨지요. 표현에서 '조趮'가 없고 대신 '청淸'이 있는 게 좀 살짝 걸리긴 합니다만, 말이라는 게 뭐 꼭 기하학적 대칭 구도를 갖추어야만 하는 건 아니니까, 그럴 수도 있다고 저는 봅니다. 청정의 '청淸'은 '정靜'의 강조라고 이해할 수도 있습니다. 앞에서 '청淸'을 말씀하신 적도 있으니까요.

"혼혜, 기약탁. 숙능탁이정지서청渾兮, 其若濁. 孰能濁以靜之徐淸(15장), 천득일이청, … 천무이청, 장공렬天得一以淸, … 天毋已淸, 將恐裂

(39장)"

네, 그런데, 이 '고요함(靜)'이라는 말씀도 실은 예사로운 말씀이 아니라고 저는 느꼈습니다.

"어떤 점에서?"

선생님의 전체 문맥에서 봤을 때 이게 도의 다른 이름, 혹은 적어도 도에서 내화된 덕의 모습이라고 할 수 있으니까요. '치허극, 수정독. 만물병작, 오이관복. 부물운운, 각복귀기근. 귀근왈정致虛極, 守靜篤. 萬物竝作, 吾以觀復. 夫物芸芸, 各復歸其根. 歸根曰靜(16장), 정위조군. 시이성인종일행불리정중靜爲躁君. 是以聖人終日行不離靜重(26장), 불욕이정, 천하장자정不欲以靜, 天下將自定(37장), 아호정이민자정我好靜而民自正(57장), 빈상이정승모, 이정위하牝常以靜勝牡, 以靜爲下(61장)', 바로 그 고요함이 '천하를 바르게 한다'고 선생님은 보신 거지요.

"그건 이해가 된다고 처음에 말씀하셨지요."

네, 일단은. 제가 워낙 이 '바를 정正'자를 좋아하기도 하고. 하하하. 무엇보다 제가 살아보니 천하-세상이라는 건 참 바르지 못한 '부정不正'투성이인데, (그건 저 공자도 인정한 바입니다만, 그래서 '정치는 바로잡음이다(政者正也)'라 했고, 바로잡겠다는 '정正'을 그의 목표로 내세웠습니다만[正名]) 그런 '바르지 못함'이 바로 선생님이 이 말씀을 하신 배경이겠지요. 다시 말해, 그 원인을 '고요하지 않음'으로 진단하신 거고, 그래서 그 대책으로 제시하신 게 바로 이 '청정淸靜'(맑고 고요함)이 아닌가…, 그렇게 저는 이해했습니다.

"이선생이 좋아하는 그 '문맥'은 일단 통하는군요."

그냥 문맥이 아니라 의미가 통해야지요.

"그건 아마 사람들이 청정해지고 천하가 바로잡힌다면 자연히 확인될 겁니다."

어휴~ 그 확인은 어쩌면 영원히 어려울지도 모르겠군요. 적어도 선생님 때부터 지금까지 2천 수백 년 동안 그런 올바르고 고요한 천하는 별로 알려진 바가 없으니까요.

"그래서 우리는 이런 말을 거듭 되풀이해야 하는 거지요."

아, '반자 도지동反者 道之動'(되풀이가 도의 움직임이다), 그렇군요. 하하하.

"꼭 그렇게 내 말을 되풀이 인용하지 않아도 되련만. 하하하."

46.

천하에 도가 있으면 주마를 돌이켜

天下有道, 卻走馬以糞. 天下無道, 戎馬生於郊.30) 罪莫厚於甚欲,31)
咎莫憯於欲得,32) 禍莫大於不知足,33) 故, 知足之足常足矣.

천하유도, 각주마이분. 천하무도, 융마생어교. 죄막후어심욕, 구막첨어욕득, 화막대
어부지족, 고, 지족지족상족의.

천하에 도가 있으면 주마를 돌이켜 똥이나 누게 하고, 천하에 도가 없으
면 융마가 들판에서 태어난다. 죄는 심한 욕심보다 더 두터운 게 없고, 허
물은 [뭔가를] 득하려는 것보다 더 많은 게 없고, 화는 족함을 모르는 것
보다 더 큰 것이 없다. 고로 지족의 만족이 항상된[진정한] 만족이다.

---

30) 한간본에는 '生'이 '産'으로 되어 있다. 의미가 좀 더 분명해진다.

31) 왕필본에는 이 구절이 없다. 다른 판본에 모두 있으므로 다수본을 따른다.
죽간본에는 이 부분이 '罪莫厚於甚欲'으로 되어 있다. 의미의 자연스러움을
고려하여 죽간본을 따른다. 단 옛 글자들은 통용본을 기준으로 바로잡았다.

32) 통용본의 '大'가 죽간본에는 '僉', 백서본에는 '憯', 한간본에는 '蠶'[삼수변]
으로 되어 있다. 죽간본을 따른다.

33) 罪-咎-禍의 순서도 판본에 따라 조금 다르나, 뒷부분과의 연결성을 고려하여
가장 자연스러운 죽간본을 따른다.

노선생님, 이 46장의 말씀을 들으니 선생님께 노벨평화상이라도 드리고 싶어지는군요.

"느닷없이 그게 무슨…."

선생님은 확실하게 반전 평화주의자이신 것 같으니까요. 도의 유무가 평화의 유무와 연결된다는 걸 분명히 밝히고 계시니까요.

"천하에 도가 있으면 주마를 돌이켜 똥이나 누게 하고, 천하에 도가 없으면 융마가 들판에서 태어난다(天下有道, 卻走馬以糞. 天下無道, 戎馬生於郊)."

네, 그렇죠. 주마도 융마도 다 전쟁에 동원되는 말들입니다만, (주마는 주로 수컷인 전마, 융마는 주로 암컷인 농마라는 말도 들었습니다만, 확인하기가 어렵습니다. 그런 뜻이라면 사실 더 좋은데) 세상에 도가 있어 전쟁이 그친다면 전장을 질주하던 말들이 마을로 돌아가서 똥으로 거름이나 만들고, 반대로 세상에 도가 없어 전쟁이 일어나면 말들이 닥치는 대로 동원돼 오랜 세월 들판에서 지내게 되니 거기서 새끼 말이 태어나기도 하고…, 그런 말은 전장인 들판이 고향인 거죠. 그런데 우리가 역사에서 배운 대로 이게 다 현실이었으니….

"'천하무도天下無道'인 거지요."

그런데 이 말씀이 그 뒤의 말씀과 연결이 안 된다고 지적하는 학자들이 적지 않습니다. 후대의 짜깁기라는 둥.

"이선생의 생각은 어떠신지."

그걸 지금 어떻게 확인하겠습니까. 다만 저는 주어진 이 텍스트로만 생각하면 연결성이 없는 것도 아니라는 생각입니다.

"흠, 어떻게?"

바로 뒤에서 선생님은 '죄罪', '구咎'(허물), '화禍'를 거론하시고, 그 내용을 '심욕甚欲', '욕득欲得', '부지족不知足'이라 지적하시니, 이게 다 전쟁과 무관하다고 할 수 없지 않습니까. 전쟁이란 건 죄도 그런 죄가 없고, 허물도 그런 허물이 없고, 화도 그런 화가 없는데, 그게 다 심한 욕심과 획득하려는 것과 족함을 모르는 데서 발생한다는 지적이시니 누가 이걸 부정할 수 있겠습니까. 저는 그 연결성이 너무나 잘 이해됩니다.

"이 선생의 그 천하도 그렇게 무도한가요?"

저는 다행이랄까, 전쟁을 직접 겪지는 않았습니다만, 어릴 적에 베트남전쟁에 참전한 친구 형을 통해 그것을 간접 경험했고, 한국의 남북전쟁이 끝난 직후에 태어난지라 역시 참전한 윗세대로부터 생생한 선생 담을 전해 들어 그 참상을 잘 알고 있습니다. (물론 지금은 말이 동원되지는 않습니다만. 그 대신 탱크가 있으니까 본질은 다를 바 없지요) 그리고 그 이전에 일본이 일으킨 소위 태평양전쟁, 미일전쟁, 중일전쟁, 러일전쟁, 그리고 독일이 일으킨 두 차례의 세계대전, 그 끔찍한 죄와 허물과 화를 너무나 잘 알고 있습니다. 그런 걸 '유도有道'라고 말할 수 있는 사람은 아무도 없지요. 그리고 그런 전쟁들이 다 '심욕甚欲'(매우 바람), '욕득欲得'(얻으려 함), '부지족不知足'(만족을 모름)에서 비롯된 것이라는 사실도 이젠 누구나 다 알고 있지요. 어쩌면 그 당사자만 그걸 부인하고 있는지 모르겠습니다만.

"'천하무도'가 확실하군요."

그래서 지금도 선생님의 이런 철학이 필요한 겁니다. 여전히. 이 모든 죄-구-화의 원인이 결국 '욕欲', 욕심입니다. 더 강해지겠다, 더 많이 차지하겠다, 그런 욕심. 한도 끝도 없는 욕심, 만족을 모르는 욕심, 그칠 줄을 모르는 욕심. 그래서 선생님은 '지족知足'(족함을 아는 것)을 강조하신 거겠죠.

"고로 지족의 만족이 항상된[진정한] 만족이다(故, 知足之足常足矣)."

네, 이 '고로'라는 말씀이 바로 그 앞의 말들이 다 '지족'을 강조하는 원인 내지 배경설명이라는 증거라고 저는 읽었습니다.

"충분히 연결시키셨군요."

그 '지족知足', 족함을 아는 것, 그게 진정한 족함 중의 족함(常足矣)이라는 말씀도 덤으로 이해되고요.

"그건 무슨 말씀이신지?"

족함에도 여러 가지가 있지 않습니까. 맛있는 걸 먹어서 갖게 되는 족함, 좋은 옷을 입어서 갖게 되는 족함, 좋은 집을 사서 갖게 되는 족함, 부자가 되어서, 높은 사람이 되어서, 공을 세워서, 명성을 얻어서 갖게 되는 족함…, 인간에게는 욕망에 따라 별의별 족함들이 많이 있지만, 그중에서도 '충분하다'고 느끼는 족함, 충분함을 아는(知足) 족함, (이게 사실 행복의 비결이기도 한데) 그게 최고라는 말씀이지요. 그게 '상족의常足矣'의 뜻이겠지요. 1장의 '상무', '상유'에서도 그랬듯이, '상常'은 시간과 조건과 상황을 초월해서 항상 변함없는, 참된, 진정한, 그런 뜻이니까요. 다른 것들은 다 유한한 '비상족非常足'이라는 전제인 거고.

"부디 이선생의 그 천하에서도 '상족'이 기본가치가 되어 주마와 융마가 들판에서 달리고 태어나고 하는 일들이 없기를…."

선생님, 요즘은 말이 전쟁에 동원되지 않는다니까요! 경마장에서나 볼 수 있지요.

"무도한 전쟁이 없어야 한다는 말입니다."

누가 그걸 모르나요. 그냥 웃자고 한 이야깁니다. 하하하.

"누가 그걸 모르나요. 웃어 드리지요. 하하하."

47.

문에서 나가지 않아도 그 상태로 천하를 알고

不出於戶, 以知天下. 不窺於牖, 以知天道.34) 其出彌遠, 其知彌少.
是以聖人弗行而知, 弗見而明,35) 弗爲而成.

불출어호, 이지천하. 불규어유, 이지천도. 기출미원, 기지미소. 시이성인불행이지,
불견이명, 불위이성.

문에서 나가지 않아도 그 상태로 천하를 알고, 창에서 엿보지 않아도 그
상태로 천도를 안다. 그 나감이 더욱 멀수록 그 앎은 더욱 적다. 그래서
성인은 행하지[다니지] 않고도 알고, 보지 않고도 밝고, 하지 않고도 이룬
다.

노선생님, 47장의 이 말씀, 제겐 아주 매력적입니다. 그 옛날 대학생
때 좁은 자취방에 틀어박혀 철학이랍시고 세계니 인간이니 본질이니

---

34) 통용본에는 '不出戶, 知天下. 不窺牖, 見天道'로 되어 있다. 의미상 차이는
   없으나 한비자의 해석 등도 고려하여 원본에 가까운 걸로 추정되는 백서본·
   한간본을 따른다.
35) 백서본 왕필본에는 '明'이 모두 '名'으로 되어 있다. 한간본에는 '命'으로 되
   어 있다. 문맥상의 의미를 고려하여 일반 통용본을 따른다.

현상이니 그런 거대한 주제들에 골몰하다가 처음 이 말씀("문에서 나가지 않아도 그 상태로 천하를 알고, 창에서 엿보지 않아도 그 상태로 천도를 안다. 그 나감이 더욱 멀수록 그 앎은 더욱 적다(不出於戶, 以知天下. 不窺於牖, 以知天道. 其出彌遠, 其知彌少).")을 읽으며 '딱'이라고 느낀 적도 있었습니다. 좁은 방 안에서도 알 건 다 알고 볼 건 다 본다, 그런 공감이 강하게 있었던 겁니다.

"허허, 대학생이…, 제법이었군요."

그럼요, 만만하게 볼 20대가 아닙니다. 왕필王弼도 20대 때 '노자주老子注'를 썼다지 않습니까. 지금 80대도 들여다보는 그 노자주를. (물론 백 퍼센트 다 믿을 만한 건 아닙니다만.) 그리고 좀 다른 이야기이긴 합니다만, 저는 이 말씀을 들으며 저 칸트를 떠올리기도 했습니다.

"어떤 사연이신지."

독일의 칸트는 평생 자기 고향 쾨니히스베르크를 벗어난 적이 없는데, 온 세상에 대해 모르는 게 없었다지 않습니까. 하루는 지인들과 담소를 하다가 영국 런던이 화제가 되었는데 런던에 대해 모르는 게 없었던지라 그중 영국에서 온 한 손님이 '교수님은 언제 얼마나 런던에 계셨었나요?' 하고 물었을 정도라지요. 하하.

"그 양반도 보통은 아니군요. 하하."

아무튼 저는 선생님의 이 말씀을 도의 보편성과 관련지어 이해하고 있습니다. 도는 언제나 어디에나 있으며 변함없이 그러하다, 그런 보편성. 그러니 굳이 멀리 나가야만 보이고 알 수 있는 건 아니라는 거죠. 청나라 때 대익戴益의 시 〈탐춘探春〉(봄을 찾아서)도 딱 그 경웁니다.

　　盡日尋春不見春(진일심춘불견춘)
　　杖藜踏破幾重雲(장려답파기중운)
　　歸來試把梅梢看(귀래시파매초간)

春在枝頭已十分(춘재지두이십분)

온종일 봄을 찾았지만 찾지 못하고
지팡이 짚고 몇 겹 구름만 밟고 다녔네.
돌아와 매화가지 끝을 잡고서 보니
봄은 그 가지 끝에 이미 가득 피었었네.

'그 나감이 더욱 멀수록 그 앎은 더욱 적다(其出彌遠, 其知彌少).'도
이 시가 시사해 줍니다. 약간 다른 이야기지만, 행복이라는 것도 아무
리 먼 데까지 나가 찾아보더라도 찾을 수 없고 결국 집에 돌아와 보니
거기 행복이 있었더라, 그런 말도 취지는 비슷한 거고요. 그리고 도의
이런 보편성은 그게 결코 멀리 있지 않고 아주 가까운 데 있다는 말인
데 그 극단적인 표현이 저 장주선생님의 '똥오줌에 있다'는 게 아닐까
싶기도 합니다.

"아, 그 '재시뇨在屎溺'라는 말,36) 그 친구 참, 꼭 그렇게까지…. 허
허허."

그 취지는 십분 이해되지요. 우리 인간에게도 실은 머리끝에서 발끝
까지 도의 적용으로 가득 차 있으니까요. 배설도 당연히 도, 즉 자연의
이치이지요. 그런 건 굳이 문밖을 나가지 않더라도, 창밖을 내다보지
않더라도, 얼마든지 알 수 있고 볼 수 있는 게 분명합니다.

"꼭 방 안에만 있다는 건 아니고…."

그야 그렇죠. 방 안에'만'이 아니라 방 안에'도'겠죠. 방 안에 있는
그 도를 보면 천의 도도, 천하의 도도, 다 미루어 짐작할 수 있다, 그런
말씀이겠죠. 제가 즐겨 쓰는 저 '빙산의 논리', '낙엽의 논리', '제비의
논리'… 그런 것처럼.

---

36) 4장 및 56장도 참조.

"그건 또 무슨 말씀이신지."

빙산을 보면 그 수면 아래에 훨씬 더 거대한 얼음덩이가 있음을 당연히 알 수 있다, 낙엽 한 장이 떨어지면 온 천하에 가을이 왔음을 알 수 있다(山僧不解數甲子, 一葉落知天下秋),37) 그런 말인 거죠. 그리고 한 마리의 제비를 보면 온 천하에 봄이 왔음을 알 수 있다, 그런 이야깁니다. '일접비지천하춘一蝶飛知天下春'(나비 한 마리가 날면 천하의 봄을 안다), '일와약지천하춘一蛙躍知天下春'(개구리 한 마리가 뛰면 천하의 봄을 안다), '일선명지천하하一蟬鳴知天下夏'(매미 한 마리가 울면 천하의 여름을 안다), '천고마비천하추天高馬肥天下秋'(하늘이 높고 말이 살찌면 천하의 가을을 안다), '일웅면지천하동一熊眠知天下冬'(곰 한 마리가 잠들면 천하의 겨울을 안다)는 말도 다 마찬가지고요. 그리고…

"어이쿠, 그만하면 됐습니다. 충분히 알겠지요. 내 말도 아직 남아 있건만."

아, 그렇군요. '그래서 성인은 행하지[다니지] 않고도 알고, 보지 않고도 밝고, 하지 않고도 이룬다(是以聖人弗行而知, 弗見而明, 弗爲而成).' 결국 이 말씀을 하고 싶어서 앞의 말씀을 하신 걸 텐데…. '지知-명明-성成', 즉 앎-밝음-이룸, 선생님이 지향하는 가치들이죠. 알아야 하고, 밝아야 하고, 이루어야 한다…. 뭘? 결국 '도'와 '덕'이겠죠. 그런데 이걸 위해 굳이 행行-견見-위爲가, 즉 행하고[다니고]-보고-작위하고, 이런 게 필요한 건 아니다, 이런 말씀을 하고 싶은 거겠죠. 왜? 이런 인위적인 노력들이 도와 덕을 위한, 도의 이해와 덕의 획득을 위한, 필수적 전제도 아니거니와, 오히려 많은 폐단이 있다는 게 선생님의 통찰이니까요. 아마도 그 배경에는 아픈 경험들이 있으리라고 짐작을 합니다만.

"천하에는 '행行'과 '견見'과 '위爲'가 넘쳐납니다. 그것들이…."

---

37) 송대 唐庚의 《文錄》에 인용. 《淮南子》의 〈說山訓〉에도 비슷한 취지의 말이 있음.

네, 요즘 식으로 말하자면 경험, 견해, 작위, 그런 것들도 다 포함되겠죠. 학생과 선생들에게 행정적으로 요구되는 현장경험-이론학습-실천방안, 그런 것도 다 포함될 테고요. 그런데 그런 게 실은 다 별로 도움되지 않는다는 말씀이겠죠. 적어도 성인에게는. 공자-부처-소크라테스-예수, 이런 분들께 그런 걸 요구한다고 생각해 보면…, 정말 상상이 되지 않습니다. 희극도 그런 희극이 없지요. 그런데 세상은 그렇게 돌아가고 있습니다. 심지어 대학에서는 현장지도에 몇 점, 논문 한 편에 몇 점, 연구계획에 몇 점, 그런 식으로 '행-견-위'에 점수도 매기고 그걸로 보수를 차등지급하기도 하고…, 그러고 있습니다.

"나 같은 사람이 이선생의 그 시대를 살아간다면…."

아마 여기서도 청우를 타고서 직장을 떠나셔야 할 겁니다. 자의보다 타의로. 아니 교통방해로 요즘 소는 안 되니까, 푸른색 버스라도 타시고. 하하하.

"내가 성인인지는 모르겠지만, 꼴은 우습겠군요. 하하하."

48.

배우기를 하면 날로 보태지고

爲學日益, 爲道日損. 損之又損, 以至於無爲. 無爲而無不爲. 取天
下常以無事, 及其有事, 不足以取天下.38)

위학일익, 위도일손. 손지우손, 이지어무위. 무위이무불위. 취천하상이무사, 급기유
사, 부족이취천하.

배우기를 하면39) 날로 보태지고, 도를 하면40) 날로 덜어진다. 이를 덜고
또 덜면 그것으로 무위41)에 이른다. 무위는 무불위다[함이 없음은 하지 않
음이 없다]. '천하를 다스리기'42)는 언제나 '무사'함[큰일이 없음]43)으로 하
는 것이니, 그 '유사'함[큰일이 있음]에 이르는 것은 그것으로 '천하를 다스
리기'에 부족하다.

---

38) 죽간본·백서본에서는 표현이 약간씩 다르나, 의미에 결정적 영향을 미치는
차이는 없으므로 통용본을 따른다. 죽간본에는 '取天下…' 이하 부분이 아
예 없다.

39) 20장, 64장에 관련 언급.

40) 41장, 65장에 관련 언급.

41) 37장에서 자세히 언급.

42) 29장, 57장 참조.

43) 57장, 63장에 관련 언급.

노선생님, 이 48장의 말씀도 모르는 글자는 전혀 없는데, 처음 들었을 때, 그 의미는 사실 안개 같았습니다. 이런 익숙한 단어들로 어떻게 이렇게 알 수 없는 말을 할 수 있을까…, 신기할 지경이었습니다.

"뭔가 볼멘소리처럼 들리는데, '…았다', '…었다' 하고 과거형으로 말하는 걸 보니, 지금은 좀 다르다는 말씀인지."

역시 정답일지는 알 수 없지만, 이것도 일단 문맥은 통하게 풀어보았습니다.

"어니 ㄱ섯노 한번 들어봅시다. 그 재미로 이렇게 여기 와 있는 것이니."

앞서도 말씀드렸지만, 저는 철학공부를 하면서 문장의 의미가 불투명할 때는 일단 중요해 보이는 단어에 동그라미를 치고 그것부터 이해해 보는 습성이 있습니다. 그렇게 해보았지요.

"그랬더니?"

그랬더니, 위학爲學, 위도爲道, 익益-손損, 무위無爲, 취천하取天下, 무사無事, 유사有事, 이런 단어들이 우선 눈에 들어오더군요. 그건 저뿐만 아니라 다른 사람이 읽어도 아마 마찬가지일 겁니다. 그런데 이것도 사실은 곧바로 해결의 실마리가 되진 못했습니다.

"어째서죠?"

이게 말 자체는 어려울 게 없는데, 문장 안에서 어떤 의미를 갖는지 선명한 게 하나도 없었기 때문입니다. 가장 어려워야 할 '무위'가 오히려 가장 이해하기 쉬웠을 지경입니다. 그건 그래도 워낙 많이 알려져 어느 정도는 의미가 잡혀 있었으니까요. 그래서 이 단어들을 읽어나가는 것도 제겐 마치 탐험 같았습니다. 의미의 탐험이랄까.

어디 한번 들어봅시다, 그 탐험담.

"고생담이기도 합니다만, 아무튼 첫 단어부터 막혔습니다. '위학爲學'
과 '위도爲道'. 학을(=배우기를) 한다, 도를 한다…, 도는 선생님의 근본
주제이니 그렇다 치고, 여기서 '학學'이란 도대체 뭘 의미하는가? 어떤
이들은 대뜸 이게 유교다, 예다, 그렇게도 말하는데, 그건 좀 터무니없
다고 느꼈습니다. 선생님의 존재도 시대도 희뿌연 안갯속인데, '유교와
의 대결' 같은 건 일단 증거 부족으로 유효하지 않기 때문입니다. 공자
의 어록인 《논어》가 '학學'으로 시작된다는 게 그 증거가 될 수도 없습
니다. 누구나 쓰는 이 글자가 공자의 전유물은 아니니까요. 제가 믿고
기댈 수 있는 건 오직 선생님의 텍스트밖에 없었습니다.

"고맙군요. 그래서요?"

일단 이게 '위도爲道'와 대비되고 있다는 것, 그리고 '일익日益' 즉
날로 보태진다는 것, 이걸 실마리로 생각해 보았습니다. 그렇다면 이건
선생님의 전체 문맥으로 봤을 때, 앞서 20장에서 말씀하신 '절학무우絶
學無憂'의 그 '학', 그리고 38장에서 말씀하신 '앞의 지식(前識)'과 유
관한 게 아닐까, 그런 생각이 들었습니다. 그걸 저는 앞에서 '[도와 대
비되는] 세간의 사람들, 생각들, 삶들, 그런 걸 가치 있다고, 좋은 것이
라고 생각하여 배우는 것, 즉 따라하는 것', '통용-행세하는 지식들-유
식함-박식함을 추구하는 것', 대략 그런 의미로 이해했습니다. 무엇보다
그런 게 '도'와 대비된다는 공통점을 지니고 있으니까, 일단의 근거는
있는 셈입니다. 그런데 이게 '일익日益'이다? 날로 보태진다? 이건 또
무슨 의미일까? 뭐가 보태진다는 말이지? 어떤 이들은 대뜸 이게 '지
식'이다, '정욕문식'이다, 그렇게 설명하는데, 왜 이게 그거인지 설명이
없습니다. 제가 보기엔 이런 게 도의 '일손日損'과 선명하게 대비되지
도 않고요. '위도爲道'의 '일손日損'이 지식의 감소? 정욕의 감소? 문식
의 감소? 그런 거라는 근거도 선생님의 말씀에서 찾아지지 않고요.

"그래서 결국 뭐라는 말씀인지? 나의 이 말이."

바로 뒤에서 선생님은 '무위'를, 즉 '함이 없음'을 말씀하시니, 결국 이게 아닌가, 즉 보태지고 덜어지는 건, '위爲', '하려는 것', 의도적으로-인위적으로 뭔가 일을 꾸미고 일을 벌이려는 것, 그런 의미에서 '하려는 것', '하려 함', 그런 게 날로 보태지고 날로 덜어지는 그 내용이라는 말씀입니다. 무엇보다 또 그 뒤에서 '무사無事', '유사有事', 즉 '일'의 있고 없음을 이야기하시니, 그것도 근거가 되는 셈이고요.

"말의 정리가 좀 필요해 보이는군요."

의미 있는 근거를 제시한답시고 말이 좀 길어졌습니다만, 간단합니다. 제가 이해하기에는, '학을 하면 날로 보태지고, 도를 하면 날로 덜어진다(爲學日益, 爲道日損)'라는 말은, '세간의 가치를 추구하면 날로 자꾸 일을 벌이려 하고, 반대로 도를 추구하면 날로 일을 안 만들려 한다. 혹은, 한쪽은 일을 벌이게 되고, 다른 쪽은 반대로 일을 안 만들게 된다.' 그런 뜻이라는 겁니다. (하나 덧붙이자면, '위학은 날로 이익益이 되고, 위도는 날로 손損해가 된다.' 그런 의미가 될 수도 있습니다. 단, 역설적으로. 세간의 기준으로 보자면 그런 인상을 줄 수도 있다, 그런 말씀입니다. 실제는 그 반대라는 뉘앙스입니다만. '위학은 날로 손해가 되고, 위도는 날로 이익이 된다.' 그러니까 선생님의 이 말에서는 '손-익'이라는 말의 의미가 일반적인 경우와는 반대로 뒤집혀 있는 거죠. '손'이 좋은 거고 '익'이 나쁜 거고. 이걸 주의할 필요가 있습니다. 보통 생각하는 그런 손해 그런 이익이 아닌 거죠.)

"나의 말을 가지고 나의 말을 푼다? 그것도 뒤집어서? 허허 그럴듯하군요. 그럼 다음 말은?"

'이를 덜고 또 덜면 그것으로 무위에 이른다. 무위는 무불위다. [함이 없음은 하지 않음이 없다.](損之又損, 以至於無爲. 無爲而無不爲)' 그렇게 의도적-인위적인 '일'을 안 벌이고 안 만들고 안 하는 걸 거듭하다 보면(損之又損), 결국 '무위' 즉 '아무것도 하지 않음', '의도적-인위적인 일을 전혀 안 벌이고 안 만든다'는 그런 상태에 도달하게 된다는 말씀인 거죠(以至於無爲). 그런데 ('이런 상태가 되면 '아무것도 되는 게 없다'고 생각될 수도 있겠지만, 사실은 그렇지 않고 반대로 오히려' [이런 말이 생략되어 있습니다만]) 그 '무위'라는 것이 실은 아무것도 안 하는 게 아니다, 진정으로 중요한 일을 '하는' 것이다, 최고의 진정한 '함爲'이다, 즉 함이 없지만 '하지 않음이 없다(無爲而無不爲)', 모든 문제를 원천 해소한다, 그런 뜻이라고 저는 읽었습니다. 선생님이 여러 차례 강조하신 대로(37, 38장 등). 이건 선생님의 확고한 소신이자 철학의 한 핵심인 거죠. '무위'의 가치랄까, 긍정적 평가랄까, 이건 이미 앞에서도 확인한 대로 노자 철학의 근간임이 확실합니다. 그토록 강조하셨으니까요. (2장 : 聖人處無爲之事, 3장 : 爲無爲則無不治, 10장 : 愛民治國, 能無爲乎, 37장 : 道常無爲而無不爲, 38장 : 上德無爲而無以爲, 43장 : 吾是以知無爲之有益, 48장 : 以至於無爲, 無爲而無不爲, 57장 : 我無爲而民自化, 63장 : 爲無爲, 事無事, 64장 : 是以聖人無爲故無敗)

"부인하지 않겠습니다. 세상에 오죽 '유위'가 많고, 그게 오죽 문제를 야기했으면 내가 그렇게까지 '무위'를 말했겠습니까. 그리고…"

네, 그리고 아직 말씀이 남아 있죠. ' '천하를 다스리기'는 언제나 '무사'함[큰일이 없음]으로 하는 것이니, 그 '유사'함[큰일이 있음]에 이르는 것은 그것으로 '천하를 다스리기'에 부족하다(取天下常以無事, 及其有事, 不足以取天下).' 그러니까, 그런 '무위'가 정치의 요체이기도 하다는 말씀이시죠. 단, 이 말씀도 그렇게 자명한 말씀은 아닙니다.

"그건 또 왜?"

'취천하取天下'라는 말에 설명이 없어서입니다. 보통은 이 '취取'라는 말이 전쟁을 통해 경쟁자를 꺾고 천하를 제패한다는 뜻으로 읽히는데, 뭔가 문맥이 잘 맞아떨어지지 않기 때문입니다. 만일 그런 의미라면 '취천하' 자체가 '유사有事'(큰일)인데, '취천하는 항상 무사無事로써 한다'는 말이 자체 모순이 되기 때문입니다.

"그래서?"

그래서 저는 이걸 중국의 여러 통용본에서 해설하는 대로 '치治'(다스리기)의 의미로 받아들였습니다. '천하를 다스리기'는…, 그런 의미로요.

"남들의 해설을 못 믿겠다더니 편리할 때는 이용하시는군요. 허허허."

설득력이 있다면 얼마든지 이용해야지요. 다른 사람의 의견을 무조건 배척하자는 나잘났다주의도 아니니까요.

"그레, 그렇게 읽으니?"

일단은 문맥이 풀리더군요. 단, '무사無事'와 '유사有事'라는 말이 마지막 난관이었습니다.

"그건 왜?"

어떤 사람들은 이걸 '일거리를 만든다'는 식으로 설명하기도 하는데 그건 의미가 모호하기 때문입니다. 그래서 저는 이게 '우양지사扰攘之事, 가정苛政, 동병과動兵戈' 같은 거라는 중국 쪽의 해설을 참고해서, '큰일'이라고 할 때의 그 '일'로 이해하기로 했습니다. 아닌 게 아니라 우리 한국말에서는 지금도 이 말이 그런 뜻으로 사용이 되고 있습니다. 심각한 문제가 발생했을 때, '큰일이다', '큰일 났다'고 말하기도 하고, 그런 경우를 '유사시에 …'라고 말하기도 하고, 심각한 문제를 피하게 되었을 때, '무사하다', '무사하길 다행이다'라고 말하기도 하니까요. 선생님이 말씀하신 바로 그 '무사'와 '유사'의 의미가 그대로 살아 있는 겁니다. 그러니까 바로 그게 '취천하'-'치천하' 즉 '천하를 다스리기'의 수단 내지 기준이 되어야 한다는 이야기가 되는 거죠, 선생님의 이 말씀은. 그래서 '항상 무사로써 즉 큰일을 일으키지 않고 하는 것이 천하를 [잘] 다스리는 것이고(取天下常以無事), 유사, 즉 큰일을 일으키게 되면(及其有事), 그건 천하를 다스리기에 부족하다(不足以取天下).' 그런 뜻이 되는 거죠. 아무튼 그렇게 저는 읽었습니다.

"말을 듣고 보니 탐험은 탐험이군요. 본의 아니게 고생을 시켜 미안합니다."

이런 걸 한국에서는 사서 고생한다고 말한답니다. 누가 시킨 거도 아닌데…. 하하하. 하지만 말씀하신 '위학爲學과 위도爲道', '무위와 유위', '무사와 유사', 이런 게 '취천하'(정치)에 실제로 있고, 그게 만백성의 삶과 연관되어 있으니, 그런 현실을 생각해 보면 웃을 수도 없는 노릇입니다. '유사시有事時'가 되는 건 끔찍하지요.

"그건 그렇지요. 그저 천하가 '무사'하기를 바랄 따름입니다."

'무위'를 통해서.

" '일손日損'하는(=날로 덜어지는) '위도爲道'를 통해서."

네, '일익日益'하는(=날로 보태지는) '위학爲學'이 아닌, '일손'하는 '위도'를 통해서. 나날이 더해 가는 학이 아니라 나날이 덜어가는 도를 통해서. 학문이 직업인 사람이 '위학'을[학문하기-배우기를] 표면상 부정하는 게 좀 거시기하긴 합니다만. 하하하.

49.

성인은 항상된 마음이 없고

聖人無常心,44) 以百姓心爲心. 善者吾善之, 不善者吾亦善之,45) 德
善也. 信者吾信之, 不信者吾亦信之, 德信也. 聖人之在天下也, 歙
歙焉.46) 爲天下渾其心, 百姓皆注耳目焉.47) 聖人皆孩之.

성인무상심, 이백성심위심. 선자오선지, 불선자오역선지, 덕선야. 신자오신지, 불신
자오역신지, 덕신야. 성인지재천하야, 합합언. 위천하혼기심, 백성개주이목언. 성인
개해지.

성인은 항상된 마음이 없고, 백성의 마음으로 마음을 삼는다. 선한 자를
나는 이가 선하다 하고, 선하지 않은 자도 나는 이를 선하다 하니, 덕은
선하다. 미더운 자를 나는 이가 미덥다 하고, 미덥지 못한 자도 나는 이를
미덥다 하니, 덕은 미덥다. 성인이 천하에 있음은 한데 어우러짐이다. 천

---

44) 백서본에는 '無常心'이 '恒無心'으로 되어 있다. 문맥을 고려하여 통용본을
따른다.

45) 백서본에는 '吾'가 없다. 의미가 상당히 달라질 수 있다. 일단 다수본을 따른
다.

46) 통용본에는 '之', '也', '焉'이 없다. 백서본·한간본을 따른다. 단, 백서갑본에
는 '翕翕'[마음심변이 있음], 백서을본에는 '歙歙', 하상공본에는 '怵怵', 왕
필본에는 '歙歙'으로 표현 일부가 모두 다르다.

47) 왕필본에는 이 부분이 없다. 백서본·하상공본을 따른다. 백서갑본·한간본에
는 '注'가 '屬'으로 되어 있다.

하를 위해 그 마음을 뒤섞으니, 백성이 모두 그 이목을 경주한다. 성인은
이를 모두 어린아이처럼 여겨 사랑한다.

———————

노선생님, 이 49장의 말씀은 들으면서 마음이 따뜻해지는군요. 그러
면서 한편으로는 한숨이 나오기도 하네요.

"같은 하나의 말에서 다른 두 가지 반응이라…. 왜죠?"

따뜻해지는 건 백성에 대한 성인의 마음 때문이고, 한숨이 나는 건
그런 성인을 현실에서 만나기가 쉽지 않기 때문입니다.

"쉽다면 그게 어디 성인이겠습니까. 어렵기 때문에 우리에게는 항상
그런 성인에 대한 지향이 있는 겁니다."

공감합니다. 단순한 기대뿐만 아니라 스스로 그러한 덕을 갖추려는
지향도 필요하겠지요. 여기서 그려 보여주시는 성인의 모습이 그 지표
가 될 듯합니다.

"어떤 말에서 그런 모습을 보시는지."

이 장 전체가 그렇다고 봅니다. 특히 백성에 대한 태도, 자세, 입장.

"구체적으로 풀어서 설명해 주길 사람들은 기대하겠네요."

'성인은 항상된 마음이 없고, 백성의 마음으로 마음을 삼는다(聖人無
常心, 以百姓心爲心).' 햐~ 참, 이게 말이 쉽지 실제로 이러기가 어디
쉽겠습니까? '무상심無常心'이란 사실 보통 말이 아닙니다. 언뜻 들으
면 '항상된 마음이 없다'는 게 '변덕을 부린다'는, 아주 부정적인 것으
로 들릴 수도 있겠지만, 실은 그 정반대입니다. 상황이나 사정에 흔들
리지 않는 일정한 '자기'의 마음, 그런 게 없다는 것이니, 요즘 말로 쉽
게 다시 말하면 '사심私心'이 없다는 뜻이겠죠. 그 대신 '백성의 마음으
로 [자기] 마음을 삼는다(以百姓心爲心)'는 것이니, 백성의 입장에서 백

성의 마음을 헤아린다는 말이 되죠. 백성의 마음이 아프면 내 마음도 아프고 백성의 마음이 기쁘면 내 마음도 기쁘고. 그것도 일시적이 아니라 항상. 이러니 '성인'인 게지요. 보통 사람이야 사심이 우선이고, 심지어 사심으로 마음이 가득 차 있는데, 백성의 마음이야 비집고 들어갈 틈이나 어디 있겠습니까.

"그런 걸 '부덕'이라고 하는 겁니다. 도에서 뭘 배워 얻어 덕으로 삼으려는 바가 전혀 없으니."

네, 그런 부덕의 반대가 바로 '덕'이겠죠. 그래서 여기서 선생님이 '덕'을 언급하신 걸 테고요.

"신한 자를 나는 이가 신하다 하고, 신하지 않은 자도 나는 이를 신하다 하니, 덕은 선하다. 미더운 자를 나는 이가 미덥다 하고, 미덥지 못한 자도 나는 이를 미덥다 하니, 덕은 미덥다(善者吾善之, 不善者吾亦善之, 德善也, 信者吾信之, 不信者吾亦信之, 德信也)."

네, 덕의 선함과 덕의 미더움. 이것도 언뜻 들으면, 성인 이야기 사이에 느닷없이 끼어 있어 좀 생뚱맞은 느낌 내지는 부조화의 느낌을 줄 수도 있는데, 실은 성인에게 이런 덕이 전제되어 있기 때문에 이런 말씀을 하신 거라고 저는 풀이합니다. 그런데…

"그런데?"

여기서 '오픔'(나)라는 말이 여러 사람들을 좀 혼란스럽게 만듭니다. 이 대목에서 왜 느닷없이 '내'가, 노선생님이 자신의 의견을 드러내느냐는 거지요. 앞뒤 문맥도 자연스럽지 못하고….

"그래서? 이선생도 혼란스러우신 건지."

저도 처음엔 좀 그랬는데, 문맥을 따라가 보니, 이 '오픔'가 실은 노선생님이 아니라는 생각이 들더군요.

"이 '내'가 내가 아니다?"

네, 여기서 선생님이 굳이 자기를 드러낼 필연성이 없으니까요. 드러내는 게 부자연스럽기도 하고….

"그러면?"

이 '오吾'는 앞과 뒤에서 말하는 바로 그 '성인'인 거지요. 그러면 문맥이 자연스럽게 이어집니다. 선생님이 성인을 대변해서 '나는…'이라고 말씀하시는 셈인 거죠. 결국 중요한 건 그 성인의 '덕'입니다만.

"그렇죠. 그 '덕', 성인의 덕, 그게 중요하지요."

네, 선생님은 여기서 백성의 마음을 헤아리는 성인의 덕이 '선하다, 미덥다(德善也, 德信也)'라는 걸 말씀하시는데, 흥미롭게도 그 근거를 '선자 불선자, 신자 불신자 모두를 다 선하다, 미덥다고 하는 점', 그 점에서 찾으십니다. 서양철학 식으로 말하자면 '불선자不善者', '불신자不信者'라고 해서 비판과 비난, 차별과 배제의 대상이 되지 않는다는 말씀이지요. 액면 그대로 보자면 '불선자', '불신자'는 나쁜 사람들이니 비난받고 배척되어야 마땅하겠으나, 그들의 마음을 헤아려 자기 마음으로 삼는 성인의 입장에서는, 이를테면 그들에게도 피치 못할 사정이 있을 수 있으니 '뭔가 사정이 있겠지…' 하며 그런 면도 다 고려해 받아주고 품어준다…, 그런 해석이 가능한 겁니다.

"그런 경우가 어디 있느냐고 사람들이 따지고 대든다면?"

없진 않지요. 진정한 성인이라면. 예컨대 예수 그리스도 같은. 석가모니 부처 같은. 그들은 '네 원수조차도 사랑하라'고 했고, 악인이었던 데바닷다와 앙굴리말라의 불성도 인정했으니까요. 외면적인 혹은 일시적인 불선자도 불신자도 다 포용되는 셈이지요. 그런 분들에게는.

(혹은 선자도 불선자도[주어] 다 덕은[목적어] 선하다고 인정하니 덕은 선하다, 신자도 불신자도 다 덕은 미덥다고 인정하니 덕은 미덥다, 그렇게 해석할 수도 있긴 합니다. 언어만 놓고 보면 두 가지 해석이 일단은 다 가능합니다. 그러나 뒤에 오는 말과의 연결성을 고려하면 저는 이 해석보다는 앞의 해석이 더 신빙성이 있다고 생각됩니다.)

"성인은 선과 불선, 신과 불신을 양단해서 판결하고 처단하는 재판관은 아니니까요."

네, 그래서, 바로 그래서 선생님은 '성인이 천하에 있음은 한데 어우러짐이다. 천하를 위해 그 마음을 뒤섞으니, 백성이 모두 그 이목을 경주한다. 성인은 이를 모두 어린아이처럼 여겨 사랑한다(聖人之在天下也, 歙歙焉. 爲天下渾其心, 百姓皆注耳目焉. 聖人皆孩之).'라고 성인의 덕을 재차 확인해 주셨다고 저는 이해합니다. 성인의 '덕'을 '합합언歙歙焉', '위천하혼기심爲天下渾其心', '개해지皆孩之'로 풀어주신 거죠. '한데 어우러진다', '천하를 위해 그 마음을 뒤섞는다', '이를[백성을] 모두 어린아이처럼 여겨 사랑한다', 그렇게요. 선지善者, 신지信者는 말할 것도 없고, 불선자, 불신자와도 다 한데 어우러지고, 그 마음을 뒤섞고, 모든 이를 다 어린아이처럼 여겨 사랑하는 거죠. 제가 보기엔 딱 예수 그리스도 같은 존재를 말하는 거네요. 그는 어린아이를 특별히 귀히 여기기도 했죠. '누구든지 이 어린아이처럼 되지 않고서는 결단코 천국에 들어갈 수 없다…'

"그리고 '백성개주이목언百姓皆注耳目焉'"

네, 그런 성인에게는 온 천하의 만백성이 이목을 집중하지요. 다 귀를 기울이고 주목을 하게 되지요. '덕'의 힘이라고 저는 생각합니다. 단…

"단?"

지금 세상, 제가 사는 이 천하에 만일 그런 성인이 있게 된다면, 그래도 '백성개주이목언百姓皆注耳目焉', 그렇게 될까, 그건 좀 의문이긴 합니다. 왜냐하면 온 천하의 이목이 온통 다 재밋거리와 이익 쪽으로만 쏠리고 있는 게 현실이라서요….

"하하, 그건 언제나 어디서나 성인이 당해야 할 숙명입니다."

하긴, 예수인들 처음엔 누가 귀를 기울이고 주목을 했나요. 그저 '요

셉의 아들, 목수'일 뿐이었죠. 그러나 결국은 '백성개주이목언百姓皆注
耳目焉', 백성이 모두 이목을 집중한다, 그렇게 되었습니다. 2천 년 넘
게, 온 세상에서.

"그 성인이 구체적으로 누구이든, 중요한 것은 그 '덕'입니다. 천하와
백성을 생각하는, 그들의 마음으로 자기 마음을 삼는, 모두를 선하다
하고 모두를 미덥다 하는, 한데 어우러지는, 천하를 위해 혼신의 힘과
온 마음을 다하는, 만백성을 모두 어린아이처럼 여기고 사랑하는, 그런
덕."

그런 덕을 지닌 성인이 참 궁금합니다.

"도가 있는 한, 그 도를 닮은 성인도 아마 없지는 않을 겁니다."

네, 도에서 얻는 덕, 그것을 지녀 천하를 한데 어우르는 성인, 기다려
보겠습니다. 제가 사라지기 전에 그런 분을 만나게 될지는 모르겠습니
다만. 하하하.

50.

출생하면 죽기로 들어간다

出生入死. 生之徒十有三, 死之徒十有三, 而民生生, 動皆之死地之
[徒],48) 亦十有三. 夫何故. 以其生生.49) 蓋聞, 善攝生者, 陵行不避
兕虎,50) 入軍不被甲兵. 兕無所投其角, 虎無所措其爪, 兵無所容其
刃. 夫何故. 以其無死地.

출생입사. 생지도십유삼, 사지도십유삼, 이민생생, 동개지사지지[도], 역십유삼. 부
하고. 이기생생. 개문, 선섭생자, 릉행불피시호, 입군불피갑병. 시무소투기각, 호무
소조기조, 병무소용기인. 부하고. 이기무사지.

출생하면 죽기로 들어간다[태어나면 죽게 되어 있다]. 삶의 무리가 열에 셋
이고, 죽음의 무리가 열에 셋이며, 그리고 보통사람은 삶을 살리려고 하는
데, 움직임이 죄다 사지로 들어가는 게 열에 셋이다. 무릇 어째서인가? 그
삶을 살리려고 하기 때문이다. 얼핏 듣자 하니, '삶을 잘 다스리는 자는
큰 언덕에 가더라도 외뿔소와 호랑이를 피하지 않고, 군대에 들어가도 병

---

48) 통용본에는 '人之生動之死地'로 되어 있다. 문맥을 고려하여 백서본을 따른
다. 왕필의 주에도 '이민생생'이라는 표현이 있는 걸로 보아 백서본이 원형
에 가까울 가능성이 높아 보인다.

49) 통용본에는 '以其生生之厚'로 되어 있다. 앞부분과의 통일성을 위해 백서본-
한간본을 취한다. 단 한간본에는 앞의 '生'이 '姓'으로 되어 있다.

50) 통용본에는 '陸行不遇兕虎'로 되어 있다. 앞부분과의 통일성을 위해 백서본-
한간본을 따른다.

기 갑옷을 걸치지 않는다. 외뿔소는 그 뿔을 박을 데가 없고, 호랑이는 그 발톱을 둘 데가 없고, 병기는 그 칼날을 용납할 데가 없다.'고 한다. 무릇 어째서인가? 그 죽을 여지가 [아예] 없기 때문이다.

———————

노선생님, 이 50장에서는 '생사生死'를 주제로 말씀해 주시는군요. 철학적인 주제들을 참 종횡무진으로 누비고 계시다는 느낌입니다. 이런 사유를 좋아하는 저로서는 반가운 일이긴 합니다만.

"생각을 위한 생각, 말을 위한 말이 아님은 잊지 말았으면 좋겠군요."

그야 물론. 선생님의 모든 말씀들은 다 삶의 현실에 기반한, 도 그 자체에 근거한, 진지한, 그래서 생동하는, 그런 호소이니까요. 그게 선생님의 큰 특징이고 매력이고 장점이고 강점인데 그걸 잊을 턱이 있겠습니까.

"세월이 지나고 '유명'해지면 한갓 '지식'으로 전락해 버리는 경향이 없지 않은지라…."

맞아요. 그게 이른바 사유의 박제화·표본화·진부화라고 저는 표현합니다만, 거기서 먼지를 털어내고 때를 닦아내는 작업이 항상 요구되는 거지요, 철학에서는.

"특히 삶과 죽음(生死)의 문제에서는."

그렇지요. 그래서 저도 다시 자세를 가다듬게 됩니다. 그런데…

"또 '그런데'인가요? 하하, 뭐죠?"

또 설명부족입니다. 표현의 모호성. 이게 항상 저를 긴장시키곤 합니다. 거듭 말씀드리지만 이런 표현법이 한어의 장점이자 동시에 단점이기도 합니다.

"어떤 말이 모호하다는 것인지."

'출생입사出生入死'부터 그렇습니다. 이어지는 말들도 역시 그렇고요. 그래서 이런저런 해설들도 다양한데, 저는 그런 '자신 있는' 해설들이 좀 의아스럽기도 합니다. 도대체 뭘 근거로 그렇게 자신 있게 단정적으로 설명을 하는 건지…. 왜냐하면 학자들의 그 해설들 중엔 선생님의 본의와 상당히 다른 경우도 적지 않게 있으니까요. 그런 오해가 권위로 포장되어 유통되는 건, 저는 솔직히 좀 반대입니다. 가능한 범위까지는 '정확'해야 하니까요.

"그럼 이선생이 그 '정확한' 해설을 한번 해보시지요."

선생님 말씀의 모호성이 그걸 방해하니까 제가 이런 말씀을 드리는 것 아닙니까. 다 선생님 책임입니다. 하하하.

"서두가 좀 길군요. '출생입사出生入死'는 어떻게 들으셨는지."

번역도 해설도 좀 분분합니다만, 저는 '출생하면 죽기로 들어간다'[태어나면 죽게 되어 있다], 그렇게 읽었습니다.51) ('출생'이라는 말은 현재 한국에서 통용되는 의미 그대로 읽었습니다. 다행이라고 생각합니다.) 느닷없이 다짜고짜 단도직입적으로 툭 던져놓으시는데, 주제에 대한 선포랄까 전제랄까, 그런 느낌이 듭니다. 문맥 전체를 보면 삶과 죽음의 문제를 건드리시는 거니까, 일종의 대전제로서 의미 있다고 봅니다. 철학적으로는 좀 멋있기도 하고요.

"멋있으려는 의도는 없습니다만…"

그걸 누가 모르나요. 저의 느낌이 그렇다는 이야기지요. 아무튼 저는 이걸 들으면서 저 하이데거의 '죽음을 향한 존재(Sein zum Tode)'라는 걸 떠올리지 않을 수 없었습니다. '출생' 즉 '삶으로 나온다'는 건 곧 존재하기 시작한다는 말인데, 우리 인간의 삶은 그 존재의 시작에서부

---

51) '나오면 살고 들어가면 죽는다'는 해석도 있을 수 있는데, 멋있긴 하지만, 문맥이 통하지 않는다.

터 이미 죽음이 전제가 되어 있다는, 그런 구조라는, 그런 이야깁니다. 그러니까 선생님은 이미 2천 수백 년 전에 하이데거 철학의 한 선구자였던 셈입니다.

"먼저(先)고 나중(後)이고 그런 게 중요한 건 아니지요."

물론, 중요한 건 그 내용, 사실 자체죠. '태어나면 [그때부터 이미] 죽음으로 들어간다, 죽기 시작한다', 죽게 되어 있다, 죽기 마련이다, 그건 분명하죠. 누구나 그걸 모르는 사람은 없으니까요. 그런데 선생님은 여기서, 이 서두에서, 왜 이 말씀을 툭 던져놓으신 걸까, 잠시 생각해 보았습니다.

"그랬더니?"

말씀을 끝까지 듣고서 종합해 보니, 사람은 본래 그렇게 죽기 마련인 거니, 그러니 삶에 너무 집착해서 아등바등하다가 오히려 죽음을 재촉하지 마라, 사지로 자기를 몰아넣지 마라, 그런 메시지로 들렸습니다. 아닌가요?

"그런 취지가 아니라고는 못하겠군요. 내 입으로 한 말이 있으니."

그런데… 다시 '그런데'입니다만, 그 다음 말은 끝까지 좀 모호합니다.

" '삶의 무리가 열에 셋이고, 죽음의 무리가 열에 셋이며, 그리고 보통사람은 삶을 살리려고 하는데, 움직임이 죄다 사지로 들어가는 게[=무리가] 열에 셋이다. 무릇 어째서인가? 그 삶을 살리려고 하는 것(생생) 때문이다(生之徒十有三, 死之徒十有三, 而民生生, 動皆之死地之[徒], 亦十有三. 夫何故. 以其生生).' 이 말 말인가요?"

네, 이게 도대체 무슨 소린가, 인간을 대충 삼등분 하시는데, 삶의 무리는 뭐고, 죽음의 무리는 뭐고, '생생生生'은 뭐고, '동개지사지지動皆之死地之'는 또 뭔가, 도무지 선명하지를 않습니다. 이게 불투명하니까, 어떤 이는 '생지도生之徒'를 장수하는 사람, '사지도死之徒'를 요절하는 사람, 그렇게 해석하기도 하고, 어떤 이는[52] '살게 하는 것들은 인간의 몸에 뚫려 있는 열세 개의 구멍을 의미하는 거다, 이게 열려 제 기능을 하는 게 생이고 이게 막혀 제 기능을 못하는 게 죽음이다', 그렇게 해석하기도 하고, 하여간 보통사람 입장에서는 도무지 갈피를 잡을 수가 없는 겁니다.

"듣고 보니 또 좀 미안해지는군요."

미안하시라고 하는 말은 아니고요. 그나마…

"그나마?"

네, 뒤에서 약간의 보충설명을 해주시니 조금은 숨통이 트이는 편입니다.

"뒤라면…, '사람의 산 것은 부드럽고 약하며, 그 죽은 것은 굳고 강하다. 만물초목의 산 것은 부드럽고 연하며, 그 죽은 것은 시들고 말랐다. 고로 굳고 강한 것은 죽음의 부류요, 부드럽고 약한 것은 삶의 부류다. 그래서 군대가 강하면 이기지 못하고, 나무가 강하면 불에 탄다. 강대함은 아래에 처하고 유약함은 위에 처한다(人之生也柔弱, 其死也堅强, 萬物草木之生也柔脆, 其死也枯槁, 故, 堅强者死之徒, 柔弱者生之徒, 是以兵强則不勝, 木强則烘, 强大處下, 柔弱處上).'(76장) 이걸 말씀하시는군요."

네, 일단 이 말씀을 액면 그대로 받아들이면, '삶의 무리(生之徒)'는 '유약자柔弱者'[부드럽고 약한 사람]를 의미하는 거고, '죽음의 무리(死之徒)'는 '견강자堅强者'[굳세고 강한 사람]를 의미하는 게 됩니다. 이건 선생님 본인의 말씀이니까, 무엇보다 확실한 근거가 되지요.

"뒤에서라도 말해 둔 게 다행이군요."

이것도 사실 그렇게 선명한 설명은 아닙니다만, 기본 취지는 '삶-유

---

52) 한비자. 지지하지 않으므로 굳이 원문을 소개하지 않는다. 한비자의 노자 해석은 대체로 원의를 벗어난 것이 적지 않다.

약, '죽음-건강', 그런 것이니 죽음의 특성인 그 건강을 높이 치고 추구하지 마라, 그런 말씀인 건 확실합니다. 그러니 '생지도십유삼, 사지도 십유삼生之徒十有三, 死之徒十有三'은 일단, '유약한 자가 열에 셋, 건강한 자가 열에 셋', 그런 의미가 될 수 있습니다. 그리고 전자가 '이겨서 살게 되는 길'이고 후자가 '져서 죽게 되는 길'이다, 전자가 '위(上)'고 후자가 '아래(下)'다, 그런 말도 됩니다, (이건 전체를 봤을 때 선생님의 소신이자 가치관이자 철학임이 분명합니다.) 이런 해석은 적어도 근거가 있는 것이니 믿어도 좋겠죠. 단, 이게 반드시 장수와 요절로 이어진다, 그렇게는 말할 수 없습니다. 근거가 없으니까요. 그러니 이건 이 정도로 열어두는 게 합당하다고 저는 생각했습니다. 나머지 해석은 듣는 사람 각자의 몫이겠지요. 다만 그것을 '노자의 말'로 공언해서는 안 되는 거죠.

"뭔가 교묘하게 나한테 책임을 떠넘기고 자기는 빠져나가는 것 같은데…."

아니, 이런 게 책임 있는 거라고 저는 생각합니다. 자기 의견을 함부로 선생님의 말이라고 참칭하는 게 무책임한 거죠. 그게 오해의 근원이 되기도 하니까요.

"그럼, '그리고 보통사람은 삶을 살리려고 하는데, 움직임이 죄다 사지로 들어가는 게 열에 셋이다. 무릇 어째서인가? 그 삶을 살리려고 하기 때문이다(而民生生, 動皆之死地之[徒], 亦十有三. 夫何故. 以其生生).'는?"

문맥을 봤을 때, 이게 포인트인 것 같은데, 즉 '생생生生'이라는 것이, 삶을 살리려고 하는 것이, 보통사람(民)의 경우, 움직임(動)을[=행동을] 죄다 사지로 들어가게 하는 원인이다, 그런 진단이신 거죠. 이런 진단은 '노자의 철학'이라고밖에 할 수 없습니다만.

"내가 특별히 만들어낸 사실도 아니고, 세상을 보면 실제로, 살려고 아등바등하다가 그 때문에 결국 사지로 들어가는 경우가 허다하니까, 그래서 한 말입니다. 그게 꼭 정확히 인간의 3분의 1이라는 말은 아닙니다만."

하긴 그런 경우는 지금 여기서도 뉴스 등을 통해서 얼마든지 확인이 가능합니다. '검증 가능한' 명제(verifiable statement)가 되겠네요. 참 안됐지만 극단적인 선택을 하는 권력자나 기업총수나 유명인들도 그 예가 될 테고…. 그게 다 살려고 아등바등하다가 생기는 일들이니까요. 그리고 '필생즉사, 필사즉생必生則死, 必死則生'(꼭 살려고 하면 죽고, 꼭 죽으려 하면 산다)이라는 이순신의 말도 떠오르는군요. 그 양반이 선생님의 이 말씀을 읽고 있었는지는 모트겠시만.

"그 뒷부분은 어떻게 설명하실 생각인지."

아, '개문, 선섭생자, 릉행불피시호, 입군불피갑병. 시무소투기각, 호무소조기조, 병무소용기인. 부하고. 이기무사지蓋聞, 善攝生者, 陵行不避兕虎, 入軍不被甲兵. 兕無所投其角, 虎無所措其爪, 兵無所容其刃. 夫何故. 以其無死地'이요? 이건 선생님의 인용인 셈이니 차라리 속 편합니다. '섭생을 잘하는 사람'은, 즉 삶을 잘 다스리는(=관리하는) 사람은, '코뿔소도 뿔을 들이받을 데가 없고, 호랑이도 발톱을 할퀼 데가 없고, 무기도 칼날을 들이댈 데가 없고, 그러니 산속에서도 코뿔소나 호랑이를 피하지 않고, 군대에서도 갑옷을 걸치지 않는다.'라니, 과장법이 아주 심하긴 합니다만. 그건 그야말로 '들은(蓋聞)' 말이니, 선생님의 책임도 아니고요. 요컨대 중요한 것은, '선섭생善攝生'(섭생을 잘함)과 '이기무사지以其無死地'(그 죽을 여지가 없음)의 연결인데, 여기엔 선생님의 가치판단이 개입돼 있는 거지요. '삶을 잘 관리한다'는 것의 요체가 '죽을 여지를 갖지 않는다'는 것이다, 이런 말씀이지요. '무사지無死地', 사지가 없다? 죽을 여지가 없다? 이것도 애매한 말이긴 합니다만, 앞에서 '생생生生[삶을 살리려고 하는 것] 때문에 하는 일이 죄다 사지로 들어간다'는

걸 말씀하셨으니, '사지가 없다', '사지를 갖지 않는다'라는 건 결국 '살
겠다고 [너무] 아등바등하지 않는 것'으로 해석될 수가 있습니다. 삶에
대한 과도한 욕망과 집착으로 죽을 여지를 만들지 않으면 죽음을 크게
두려워할 일도 피할 일도 없다, 그게 삶을 잘 관리하는 것(善攝生)이다,
그런 '생생'의 부정 내지 경계, 그게 이 50장 말씀의 핵심이라고 저는
이해합니다만….

"그렇게 해서 '사지도死之徒'의 '십유삼十有三'이 '십유영十有零'이
되었으면 좋겠군요. '생지도生之徒'의 '십유삼十有三'은 '십유십十有十'
이 되었으면 좋겠고. 꿈이 너무 큰가요? 하하하."

꿈은 세금이 없으니 아무리 커도, 아니 무한이라도 괜찮습니다. 하하
하.

51.

도는 이를 살게 하고, 덕은 이를 기른다

道生之, 德畜之. 物形之, 器成之.53) 是以萬物莫不尊道而貴德.54)
道之尊, 德之貴, 夫莫之命55)而常自然, 故, 道生之, 德畜之, 長之育
之, 亭之毒之,56) 養之覆之. 生而弗有, 爲而弗恃, 長而弗宰. 是謂玄
德.57)

도생지, 덕휵지. 물형지, 기성지. 시이만물막부존도이귀덕. 도지존, 덕지귀, 부막지
명이상자연. 고, 도생지, 덕휵지, 장지육지, 정지독지, 양지복지. 생이불유, 위이불
시, 장이부재. 시위현덕.

도는 이를 살게 하고, 덕은 이를 기른다. 사물은 이를 형태로 드러내고,
기물은 이를 이룬다. 그래서 만물은 도를 높이 여기고 덕을 귀히 여기지
않음이 없다. 도의 높음과 덕의 귀함은, 무릇 이것들에게 명한 것이 아니
지만, 항상 스스로 그러하다. 고로 도는 이를 살게 하고, 덕은 이를 기르
며, 키우고 육성하고, 안정케 하고 편안케 하고, 양육하고 덮어준다. 살게

---

53) 통용본에는 '勢成之'로 되어 있다. 백서본을 따른다.
54) 백서본에는 '萬物尊道而貴德'으로 되어 있다. 이중부정 강조인 '莫不'가 없
다.
55) 백서본-한간본에는 '命'이 '爵'으로 되어 있다. 현대어로 조금 더 자연스러운
통용본의 표현을 따른다.
56) 하상공본에는 '成之孰之'로 되어 있다.
57) 이 '生…德' 부분은 10장의 일부와 그 내용이 중복된다.

하나 이를 갖지 않고, 해내나 이를 자부하지 않고, 키워주나 이를 주재하지 않는다. 이를 일컬어 '현덕玄德'[그윽한 덕]이라 한다.

노선생님, 이 51장의 말씀도 참 만만치가 않군요. 물론 선생님 말씀 중에 어느 것 하나 만만한 건 없습니다만, 이번엔 '도'와 '덕'에 대해 그 특성을 직접적으로 언급하시니 특히 그렇다는 말씀입니다.

"처음 듣는 말도 아닐 텐데."

네, 뒷부분의 말씀은 2장과 10장에서 이미 하셨던 말씀이긴 하지요. 혹자는 잘못 끼어들어간 착간이 아니냐 하는 말도 합니다만, 저는 이게 이른바 5대 판본에 모두 적혀 있으니 일단 선생님의 말씀이 맞는 걸로 간주합니다. 저도 책이란 걸 쓰다 보니 문맥 때문에 똑같은 말을 다시 할 필요가 있는 그런 경우도 생기더라고요.

"깊숙이 박힌 생각이라는 증거가 될 수도 있지요."

그도 그렇겠네요. 그런데 아무튼 여기서 언급하시는 '도道'와 '덕德', 그리고 '물物'과 '기器', 이건 정말 세계의 근원에 있는 거대한 주제들이라는 느낌입니다. 선생님 말씀대로 '존귀한(尊-貴)' 그런 존재이지요. 만물이 이를 높이 여기고 귀히 여긴다는 것은 만물을 의인화시킨 문학적 표현이라 좀 모호하긴 합니다만.

"사람에게 기대하는 바라고 이해한다면…."

하긴 사람도 그 만물 중의 하나니까, 하이데거 식으로 말하자면 '존재자(die Seienden)' 중의 하나니까, 그럴 수도 있겠네요. 그런데 '만물이 도를 높이 여기고 덕을 귀히 여기지 않음이 없다'고 이중부정까지 동원해서 강조하셨지만, 정말 그럴까요? 인간들 중엔 별로 그래 보이지 않는 경우도 많은 것 같은데….

"어쩌면 바로 그렇기 때문에 이런 강조를 한 건 아닐까요? 유체이탈 화법 같습니다만. 하하."

적어도 저는 그렇게 이해할 수 있습니다. 기본적으로 선생님 지지자고 팬이니까요. '인간들아, 제발 도가 높고 덕이 귀한 줄 좀 알아라.' 그런 뜻으로요. 하하. 특히 요즘은 도(道)도 덕(德)도, '도덕'도, '그까짓 돈 안 되는 것들…' 하며 천덕꾸러기 신세를 면치 못하고 있습니다. 인간들이 높이 여기고 귀히 여기는 건, 그저 부-귀-공-명, 그런 거지요. 하긴 그런 경향은 저 공자도 소크라테스도 지적한 바 있으니58) 지금 여기서만 그런 것도 아니겠네요.

"그들에게 '존도'(노를 높이 여김)와 '귀덕'(덕을 귀히 여김)이 없는 건, '도지존道之尊'(도의 높음)과 '덕지귀德之貴'(덕의 귀함)를 모르기 때문입니다. '무릇 이것들에게 명한 것이 아니나, 항상 스스로 그러한 것(夫莫之命而常自然)'이건만."

네, 누가 이것들에게 시킨 것도 아니지만 언제나 스스로 그러한 그 존귀함. '도법자연'(도는 자연을 준거로 한다)이라 한 말씀과도 연결되는군요. 물론 '누가 이들에게 시킨 것도 아니다', '스스로 그러하다'라는 말씀에 대해서는 이를테면 '신이 명한 것 아니냐'라는 이의도 제기될 수 있겠습니다만, 그건 그야말로 믿음의 문제이지, 확인할 수 있는, 즉 '검증 가능한' 그런 건 아니니까, (왜냐하면 신에게도 도-덕에게도 물어 확인해 볼 수가 없으니까) 그러니까 인간의 눈(意識, Bewusstsein)에 비친 현상만 놓고 본다면, 즉 현상학적으로는, '막지명莫之命'(이것들에게

---

58) "富與貴是人之所欲也"《논어》

"… 아테네 시민 여러분, 여러분은 왜 돈과 명예와 평판을 최대한 끌어올리는 데 그렇게 많이 신경을 쓰면서 지혜와 진리와 영혼의 향상에는 왜 그렇게 적게 신경을 쓰고, 주의도 고려도 전혀 하지 않는 겁니까. 이런 게 부끄럽지도 않습니까?"《소크라테스의 변론》

명한 것이 아니다)과 '상자연常自然'(항상 스스로 그러하다)이 솔직한 인간적 기술이겠지요.

"그러나 '도는 이를 살게 하고, 덕은 이를 기른다. 사물은 이를 형태로 드러내고, 기물은 이를 이룬다(道生之, 德生之. 物形之, 器成之).' 이건 확인할 수 있지요."

아, 그렇군요. 도道-덕德-물物-기器, 그리고 그 작용인 생生-혹畜-형形-성成. 생겨나고(=살게 되고), 길러지고, 형태를 갖추고, 이루어지고…, 만유의 근본이지요. sein lassen, wachsen, dingen, anwesen, 하이데거라면 그렇게 말하겠지만. 이 엄청난 사실들의 주체랄까 근원에 도-덕-물-기, 그런 게 있다고 선생님은 직관하신 거지요. 그것 없이는 애당초 '존재' 그 자체가 성립 불가능한 그런 엄청난 사실들이죠, 이것들은.

"생겨난, 자라는, 형태 있는, 되어 가는 모든 것들은 사실 존재의 근본이니 인간들이 좋아하는 그 부-귀-공-명보다도 훨씬 더 엄청난 것들이죠."

그래서 선생님은 한 번 더 그 사실을 강조하셨군요. '고로 도는 이를 살게 하고, 덕은 이를 기르며(故, 道生之, 德畜之)'라고. 그리고 그것도 아쉬워서 부연해서 더 말씀하셨고요.

"키우고 육성하고, 안정케 하고 편안케 하고, 양육하고 덮어준다(長之育之, 亭之毒之, 養之覆之)."

그렇죠. 키우고 기르고, 안정시키고 편안케 하고, 보살피고 덮어주고, 엄청난 덕이지요. 만물이 다 그 보이지 않는 은덕의 품 안에 있는 거지요. 온갖 천체, 하늘과 땅, 온갖 동물, 식물, 광물… 그 모든 게 다. 우리 인간의 존재와 성장, 안정과 편안, 건강과 무사, 그런 건 물론이고요. 다만 그게 얼마나 엄청나고 고마운 일인지, 그렇게 해주는 게 얼마나 존귀한 일인지, 그걸 인간들이 깨닫지 못하고 있을 따름이죠.

"인간들이 모르게 은밀히 작용하고 있으니까요."

아, 그래서, '현덕玄德'이군요. 그윽한 신비의 덕. 인간들이 모르게 자신을 숨기고 주기만 하는 덕.

"그게 '생이불유, 위이불시, 장이부재生而弗有, 爲而弗恃, 長而弗宰'인 거죠."

살게 했지만(생기게 했지만, 낳았지만) 소유하지 않고, 해냈지만 자부하지 않고, 키웠지만 장악해 휘두르지 않고…, 인간들이 잘 할 수 없는 그런 덕이지요. 생각해 보면 참 엄숙한 이야깁니다.

"그윽한 덕이지요. 현묘한 덕."

그런데도, 아니 그래서 사람들이 잘 모르는 덕. 존도와 귀덕을 굳이 외쳐야 할 이유도 거기 있었군요.

"존귀하니까. 그런데도 사람들은 그걸 잘 모르니까."

주기만 하는 부모의 덕을 자식들이 잘 모르는 것처럼. 하하하.

52.
천하에 시작이 있으니

天下有始, 以爲天下母. 旣得其母, 以知其子. 旣知其子, 復守其母, 沒身不殆. 塞其兌, 閉其門, 終身不勤.59) 開其兌,60) 濟其事, 終身不救.61) 見小曰明, 守柔曰强. 用其光復歸其明, 無遺身殃, 是謂襲常.62)

천하유시, 이위천하모. 기득기모, 이지기자. 기지기자, 부수기모, 몰신불태. 색기태, 폐기문, 종신불근. 개기태, 제기사, 종신불구. 견소왈명, 수유왈강. 용기광복귀기명, 무유신앙, 시위습상.

천하에 시작이 있으니, 그것으로 천하의 어미를 삼는다. 이미 그 어미를 얻으니, 그것으로 그 자식을 안다. 이미 그 자식을 알고, 다시 그 어미를 지키니, 평생토록63) 위태롭지 않다. 그 구멍을 막고, 그 문을 닫으면, 종신토록 근심하지 않는다. 그 구멍을 열고, 그 일들을 이뤄내고 하면, 종신토록 구제되지 않는다. 작은 것을 보는 걸 밝다고 하고, 부드러움을 지키

---

59) 죽간본에는 '勤'이 '瘽'로 되어 있다.

60) 죽간본·백서본에는 '開'가 '啓'로 되어 있다.

61) 죽간본에는 '濟'가 '賽'로, '救'가 '治'로 되어 있다.

62) 하상공본·왕필본에는 '襲'이 '習'으로 되어 있다. 그리고 왕필본에만 '謂'가 '爲'로 되어 있다.

63) 16장에서는 문맥이 달라 다른 뜻으로 해석했다.

는 걸 강하다고 한다. 그 빛을 씀이 다시 그 밝음에 복귀하면, 몸에 재앙을 남기지 않으니, 이를 일컬어 '습상襲常'[보편을 이어받음]이라 한다.

노선생님, 허허허허….

"뭡니까? 그 심상치 않은 웃음은?"

또 만났기에 마음의 준비를 위해 우선은 그저 웃을 수밖에 없어서 그럽니다. 이런 어법. 중국식 어법, 노자식 어법. '중국인들은 왜 이런 식으로 말하는 거죠?'라고 독일인이 투덜댔던 그 어법, 너무나 포괄적이고 설명도 없어 모호하기 짝이 없는 어법.

"이게 그렇다는 말인가요?"

그럼 아닌가요? 이 말을 '이건 이런 뜻이야'라고 아무렇지도 않은 듯 자신 있게 해설하는 학자들을 보면 경외감이 들 정도입니다. (《주역》의 어법보다는 이게 그래도 좀 낫습니다만.)

"허허, 그렇다면 이선생에겐 또 탐험이 필요하겠군요."

네, 말씀대로 또 탐험을 했습니다. 인디애나 존스같이…, '의미'를 찾아서.

"그래, 그 '의미', 찾았습니까?"

네, 뭐 일단은. 역시 제 식이기는 합니다만.

"어디 한번 들어봅시다, 그 의미. 자, 그럼 '천하유시, 이위천하모天下有始, 以爲天下母'부터."

나는 엄청 고생했는데 그렇게 간단히 말씀하시다니…. 네, 뭐 어쨌든, 그럼 시작해 보겠습니다. 그 '시작'에 대한 말씀부터. '천하에 시작이 있으니 그것으로 천하의 어미를 삼는다(天下有始, 以爲天下母).' 천하는 세상이니 그렇다 치고, 세상의 시작? 세상의 어미? 설마 선생님이 저 천지창조에 입회하셨을 리는 없었을 거고, 어떻게 그 '시작'을 말할수 있을까…. 논리실증주의자들이 또 눈에 쌍심지를 돋울 말씀입니다,이건. 그런데 참 묘하게도, 선생님은 그 힌트를 주셨습니다. 저는 그걸해석의 실마리로 삼았습니다.

"뭐였죠, 그게?"

14장의 말씀 '옛 도를 붙잡아서 그것으로 지금의 존재를 헤아려보면,능히 옛 처음을 알 수가 있다. 이를 일컬어 도의 벼리라 한다(執古之道,以御今之有, 能知古始. 是謂道紀).' 그리고 25장의 말씀 '뭔가(物)가 있어뒤섞이어 이루어졌는데 천지보다 먼저 생겼다. 소리도 없고 형체도 없다. 홀로 서고 바뀌지 않으며, 두루 행하고 위태롭지 않다. 그로써 천하의 어미가 될 수 있다. 나는 그 이름을 알지 못하니 이를 글자로 써서'도道'라 하며, 억지로 이를 위해 이름하기를 '대大'[대단한 것]라 한다(有物混成, 先天地生. 寂兮寥兮, 獨立不改, 周行而不殆, 可以爲天下母. 吾不知其名, 字之曰道, 强爲之名曰大).' 이걸 지금 이 52장 말씀과 연결해서 생각해 보면, 이른바 '도기道紀', 도의 벼리가 '고시古始' 즉 옛 시작,다시 말해 천하의 시작이다, 그런 얘기가 되는 거죠. 그리고 이건 '집고지도 이어금지유執古之道, 以御今之有'를 통해 알 수가 있다, 이런 말씀이 되는 거죠. 이러면 이제 이해가 가능해집니다. 그러니까, 옛날부터그러그러했던 만유의 근본법칙, 근본질서, (이를테면 우주의 존재, 천체의 존재, 그 규칙적인 운행, 사시의 변화, 만물의 생육, 생로병사, 희로애락, 사랑과 미움… 그런 것들) 그런 걸 파악해서, 그걸 현재의 현상들과 견주어 확인해 보면 그 불변성을 알 수 있다, 그렇게 불변적으로 유지되고 있는 것이 바로 도의 벼리다, 그런 것, 즉 옛날부터 지금까지 변함없는 만유의 근본법칙-근본질서, 그런 것은 천하의 시작부터 그런 것이다, 다시 말해 그게 바로 '천하유시天下有始'의 그 '시작(始)'이다, 그렇게 유추할 수가 있다는 겁니다. 이런 의미가 맞다면, 적어도 저는 '천

382

하유시'라는 선생님의 이 말씀을 이해하고 납득할 수 있습니다.

그리고 그런 '시작'을 '천하의 어미를 삼는다(以爲天下母)'라는 말씀도 이해가 가능합니다. 25장 말씀대로, 그 천하의 시작이라는 건 바로 '도道'를 말하고 '대大'를 말하는데(天下母. … 字之曰道, 强爲之名曰大), 이건 천지보다 먼저 생긴 것이고, 말이 없는 것이고, 스스로 우뚝 선 것이고, 불변적인 것이고, 두루 행해져 흔들림이 없는 것이니, 그리고 1장의 말씀대로 '유有'로서 '만물'을 품고 있는 것이니(有名萬物之母), 이만하면 '어미(母)'라는 말에 충분히 합당한 것이 됩니다. 그리고 무엇보다도 강력한 근거는 제가 저의 앞에 전개된 현상들을 보니 (예컨대 유-무-도-덕) 선생님이 그 옛날 말씀하신 것과 완전히 일치하고 있어서, '아하, 바로 이게 천지의 시작이구나, 천지의 시작부터 이건 이랬구나.' 하고 납득할 수 있었다는 겁니다. 현재의 현상들이 확인을 해준 셈이죠. 그 '천하유시, 이위천하모天下有始, 以爲天下母'를.

아무튼 이게 저의 첫 번째 탐험입니다. 말이 좀 길어져서 죄송합니다.

"내가 그렇게 만들었으니 죄송할 건 없죠. 그럼 그 다음, '이미 그 어미를 얻으니, 그것으로 그 자식을 안다. 이미 그 자식을 알고, 다시 그 어미를 지키니, 평생토록 위태롭지 않다(旣得其母, 以知其子. 旣知其子, 復守其母, 沒身不殆).'는?"

이 말씀도 참, 허허, 어려운 글자는 하나도 없는데 그걸 연결한 문장은 쉬운 게 하나도 없습니다. 이런 것도 선생님의 능력이시죠. 허허허. 아무튼 먼저 한 가지 해결해야 할 문제가 있습니다. 4장에서 선생님은, '도는 만물의 마루[으뜸]다. … 누구의 자식인지 나는 모르겠다. 상제보다 먼저다(道 … 似萬物之宗. … 吾不知誰之子. 象帝之先).'라고 말씀하셨는데, 여기서는 '그 자식을 안다(知其子)'고 하시니, 이게 혹 모순이 아닐까…, 누군가 그런 문제제기를 할 수도 있다는 겁니다.

" '부지수지자不知誰之子', '지기자知其子', 모른다-안다, 말만 놓고 보면 모순인데…, 그래서?"

결론부터 말씀드리자면 이건 모순은 아니라는 겁니다.

"흠, 어째서죠?"

4장의 자식(子)과 52장의 자식(子)은 각각 다른 자식인 거죠. 4장의 '자子'는 그 부모를 확인할 수 없는 '도'를 가리키고, 52장의 '자子'는 그 어미 즉 '도'라는 어미를 확인할 수 있는(旣知其母) '만유'(서양철학 식으로 말하자면 '온갖 존재현상'), '만물-만사'를 가리키는 거죠. 장난 같은 말이지만, 52장의 '자'는 4장의 '도'의 알 수 없는 그 부모의 손자인 셈입니다. 하하하.

"일종의 '언어분석'이군요. 하하하."

분석철학이 전공은 아닙니다만. 하하하. 아무튼 그렇게 정리하고 나면, 이 말씀도 이해가 가능해집니다. 즉, '이미 그 어미를 얻으니, 그것으로 그 자식을 안다. 이미 그 자식을 알고, 다시 그 어미를 지키니, 평생토록 위태롭지 않다(旣得其母, 以知其子. 旣知其子, 復守其母, 沒身不殆).' 이 말씀은, 이미 어미를, 즉 세상의 처음부터 지금까지 언제나 어디서나 변함없는 '도'를, 그걸 이해-체득하게 되면, 그 자식을, 즉 그 도의 작용이 두루 미치는 구체적인 존재현상들(서양철학 식으로 말하자면 '구체적 개체에 대한 보편적 법칙-질서의 적용')을 알 수가 있다, 그리고 이미 그 구체적 개체의 문제들(나에게, 우리에게, 구체적으로 뭐가 문제냐 하는 것)을 알고, 그 구체적 문제들의 해결을 위해 다시 시선을 되돌려(그 어미격인, 그리고 '도'에 해당하는) 보편적 법칙-질서 혹은 가치를 생각하고, 그것을 지켜나가면-준수하면, 그러면, 삶이 다하도록[64] 문제가 없을 것이다(沒身不殆), 그런 의미가 되는 겁니다. (이 '불태不殆'는

---

64) 16장에서는 문맥이 달라 같은 표현이지만 이를 다른 의미로 해석했다.

선생님이 참 좋아하시는 말이기도 하죠. 여러 차례 언급하시니까.)

아무튼 저는 이렇게 이해했습니다.

"그 서양철학이라는 것도 쓸모가 없지는 않군요."

서양이 세상을 주도하는 시대인데, 그게 어디 우연이겠습니까. 다 '생각'의 힘인 게지요.

"그럼 다음은? '그 구멍을 막고, 그 문을 닫으면, 종신토록 근심하지 않는다. 그 구멍을 열고, 그 일들을 이뤄내고 하면, 종신토록 구제되지 않는다(塞其兌, 閉其門, 終身不勤. 開其兌, 濟其事, 終身不救).'"

저는 이게 '이미 그 자식을 알고, 다시 그 어미를 지키니, 평생토록 위태롭지 않다(旣知其子, 復守其母, 沒身不殆).'의 구체적 사례 혹은 무연설명이라고 생각됩니다. 말씀은 없지만, 여기서도 선생님 특유의 '거피취차去彼取此', 즉 '저것을 버리고 이것을 취한다'는 양자택일, 선택이 등장한다고 제게는 보입니다. '개기태, 제기사開其兌, 濟其事'는, '종신불구終身不救'니까 버리고(去彼), '색기태, 폐기문塞其兌, 閉其門'은 '종신불근終身不勤'이니까 취하라(取此)는 말씀이지요. 그런데, 그 내용이 또 수수께끼입니다. '구멍을 열고 일들을 해결한다(開其兌, 濟其事)', '구멍을 막고 문을 닫는다(塞其兌, 閉其門)', 이게 대체 뭘 의미하는가, 이건 달리 힌트도 없습니다. 지평융합을 통한 짐작밖에는 해결할 방도가 없습니다.

"또 그 해석학…, 그래 이선생의 경우는 어떻던가요?"

저의 지평에서는 그렇습니다. 열면 평생 구제되지 않고, 막으면 평생 걱정이 없는 구멍, 그런 구멍이 대체 뭘까, 닫으면 평생 걱정이 없는 문이란 대체 뭘까, 일을 해결해 나가면 평생 구제되지 않는다는 건…, 아, 이건 그나마 어렴풋이라도 좀 이해가 가능합니다. 실제로 저 자신이 그랬고 주변 사람들을 봐도 다 그랬으니까요. 이런 일 저런 일, 개인의 일, 가정의 일, 직장의 일…, 하여간 끝도 없이 파도처럼 밀어닥치는 그

크고 작은 수많은 일들, 그 일들을 하나하나 해나가면서 '제濟'(해결-기결-완수-끝냄)[65]라는 도장을 찍다 보니 한평생이 지나갔더군요. 젊을 땐 일거리들을 일일이 노트에 적어두고 해결되면 가로줄을 그어 하나씩 지우고 그렇게 하기도 했는데, 그 하나하나 일들이 끝날 때까지 얼마나 많은 근심걱정을 했던지…, '제기사, 종신불구濟其事, 終身不救'(그 일들을 이뤄내고 하면, 종신토록 구제되지 않는다)가 만일 그런 경우를 말씀하신 거라면 이건 백 퍼센트 동의가 가능합니다.

그런데 '구멍(兌)'과 '문門'은 참 이해하기가 쉽지 않았습니다. 일부에서는 '문門'을 '눈(眼/目)'으로 설명하기도 하지만, 그 근거에 대한 설명은 없습니다. 그래서 저는 '문' 그 자체의 의미에서 답을 모색해 봤습니다. 문이란 이쪽과 저쪽, 안과 밖을 연결하는 '통로'인데, 이쪽은 어디고 저쪽은 어디며 안은 어디고 밖은 어디일까, 닫으면 평생 걱정이 없고 열면 평생 걱정인 그런 문이 대체 어떤 문일까, 그렇게 생각해 보니 어렴풋이 떠오르는 게 하나 있기는 있었습니다.

"그게 뭐죠?"

내가 평생 열심히 드나들었던 바깥세상으로 통하는 문, 말하자면 '세상의 문'입니다. 대표적으로는 학교의 문, 직장의 문. 누군가에게는 사장실 문, 의원실 문, 장관실 문, 총장실 문…, 그 문 저쪽에는 대개 인간들이 원하는 지극히 인간적인 '이익'이 있습니다. '문'이란 그 이익으로 통하는 그런 모든 문들의 총괄적 상징일 수 있습니다. '이익으로 통하는 통로'인 거죠. 그런 문은 사실 세상 모든 사람들이 드나드는 문이니, 넓은 문입니다. 실제로는 소수만이 그 문을 통과하게 되니 좁은 문입니다만. 넓지만 좁은 문. (반면에 세상 모든 사람들이 피하는 좁은 문도 있습니다. 실제로는 엄청난 것이 저쪽에 있으니 넓은 문입니다만. 좁지

---

65) 참고로 일본에서는 이런 의미로 '済む(스무)'라는 말을 일상적으로 사용한다.
예: 解決済み(해결 끝).

만 넓은 문. 굳이 그 좁은 문으로 들어가려는 사람도 있습니다. 그런 사람을 우리는 성자라고 부르기도 하죠. '좁은 문으로 들어가라'고 한 성자.) 아무튼 여기서 선생님이 말씀하시는 문은 '닫으면 걱정 없는 문'이니 이건 이익으로 통하는 세상의 문이다, 그렇게 저는 이해했습니다.

"그럴듯한 설명이군요. 그럼 '태兌'는?"

'태兌', 이것도 저는 언어분석적으로, 그리고 해석학적으로 이해를 시도해 봤습니다. 막으면 근심이 없고, 열면 구제가 없는 그런 구멍, 그리고 내게 실제로 그랬던 그런 구멍. 그런 게 뭐가 있을까 생각해 봤습니다. 그랬더니 역시 어렴풋이 떠오르는 게 있었습니다. 그런데 두 가십니다.

"그게?"

하나는 내게 있는 빈틈입니다. 소중한 것들이 새나가는 구멍. 그리고 또 하나는 내 몸에 있는 구멍들이었습니다. 눈, 코, 입, 귀, 앞뒤의 배설구. 상징적으로 말하자면 욕망의 구멍들입니다. 특히 3번과 5번.

"사람들이 흥미로워 할 해석이군요."

어느 게 정답인지는 알 수 없습니다. 선생님이 지금 여기서 확인해 주실 리도….

"없지요. 유감이지만. 아마도 읽는 사람들 각자의 선택이 그들 각자에게 정답일 겁니다."

어쨌거나, 어느 쪽이 정답이거나, 그런 구멍이 우리의 구체적인 삶에서 걱정이 되기도 하고 구원이 되기도 하는 건 분명합니다. 단, 그 막음(閉)과 엶(開)에 따라서. 막으면 걱정 없음 즉 구원, 그리고 열면 구원 없음 즉 걱정. 특히 우리는 그 구멍의 열림-뚫림이 초래하는 심각한 문제들을 수도 없이 목격하고 있습니다, 이 세상에서. 입을 함부로 열어서 화를 초래하는 사람, '금지된 문'을 함부로 열어서 화를 초래하는 사람, 그리고 뚫린 뒷구멍으로 자기도 모르게 노력과 능력과 신뢰와 조심

성과… 그런 가치들을 줄줄 흘리면서, 그런 게 새나가면서 큰 화를 초
래하는 사람…, 너무나 많이 있습니다.

아무튼 그렇게 저는 이해했습니다.

"그것도 그럴듯하군요. 그리고? 그 다음 '작은 것을 보는 걸 밝다고
하고, 부드러움을 지키는 걸 강하다고 한다. 그 빛을 씀이 다시 그 밝음
에 복귀하면, 몸에 재앙을 남기지 않으니, 이를 일컬어 '습상襲常'[보편
을 이어받음]이라 한다(見小曰明, 守柔曰强. 用其光復歸其明, 無遺身殃, 是
謂襲常).'는?"

이 말씀은 느닷없는 문맥의 비약 같은 느낌을 주기도 합니다만, '무
유신앙無遺身殃'(일신에 재앙을 남김이 없다)이라는 것이 앞에서 말씀하신
'몰신불태沒身不殆'-'종신불근終身不勤'과 맥이 닿으니 이 내용도 앞의
말씀에 대한 보충설명 내지 부연설명으로 이해가 가능할 듯합니다. 그
내용이 바로 '명明'과 '강强', 즉 밝고 강하라는 말인데, 그게 '견소見
小', '수유守柔', 즉 작은 걸 보고 부드러운 걸 지키라는 거죠. 이건 '대
大'와 '강강剛强'이, 즉 큼과 강함이 가치가 아니라, 오히려 그 반대인
'소小'와 '유柔'가, 즉 작음과 부드러움이 진정한 가치이니, 그런 진정
한 가치를 보고(見)-지키고(守) 하라는 말씀이죠. 전형적인 선생님 특유
의 철학입니다만.

"인정합니다."

다만 '그 빛을 씀이 그 밝음에 복귀하면(用其光復歸其明)'이라는 말은
또 해석이 필요합니다. '명明'(밝음)은 선생님이 특별히 강조하시는 가
치인데,66) 작은 것의 가치를 볼 줄 아는 게 '명'이니(見小曰明), 그 '명
明'에 복귀하면, 즉 그 작은 것의 가치를 다시금 보게 되면, '재앙이 없
다(無 … 殃)'라는 말씀인데, '그 빛을 사용함이(用其光)'라는 건 뭘까,

---

66) 55장 '知常曰明', 16장 '復命曰常, 知常曰明', 22장 '不自見, 故明', 24장
'自見者不明', 33장 '知人者智, 自知者明'

이걸 제대로 이해하는 학자들이 참 많지 않은 것 같은데, 선생님의 문맥을 보면, 이게 '명明'과 대비되는 태도인 거죠. '광光'과 '명明', '광光'은 '이쪽'이 번쩍번쩍 빛나는 것이고 '명明'은 '저쪽'이 빛나는 가치라는 걸 밝히는 밝음입니다. 그래서 이쪽이 밝은 겁니다. 좀 세게 말하자면, '광光'은 오만이고 '명明'은 겸손입니다. '명明'은 그런 태도입니다. 그래서 '소小'의 가치를 볼 줄 아는 거지요. 그러니 '용기광用其光', 즉 빛을 쓰는 것이, 즉 자기를 내세우는 오만한 태도가, 저쪽의 가치를 밝히는 겸손한 태도로 되돌아가면(復歸), 그러면 몸에 화가 없다(無遺身殃), 그런 말씀이 되는 겁니다. 이런 것이 바로 '습상襲常'이다,[67] 즉 '보편/상도를 이어받음'이다…, 그렇게 저는 이해했습니다.

"탐험이 끝난 거군요."

네, 그 의미가 타당한 거라면.

"그게 탐험에서 얻은 보물이라면, 아마 많은 이들이 그걸 나누려 몰려올 겁니다."

그게 사람들이 좋아하는 화투장의 '광光' 같은 그런 '광'은 아니지만. 하하하.

"그러게요. 다들 진정한 '명明'으로 복귀해야 할 텐데, '종신불구終身不救'가 아닌 '종신불근終身不勤'을 위해, 구원 없음이 아닌 걱정 없음을 위해. 하하하."

---

67) 주로 '恒'자를 쓰는 백서본-한간본에서 이곳만은 '常'자를 쓰고 있다. 단순한 '항상'이 아님을 시사한다. 27장의 '습명襲明' 참조.

53.
나로 하여금 쪼끔만 앎을 갖게 한다면

使我介然有知,68) 行於大道. 唯施是畏.69) 大道甚夷, 而民好徑.70)
朝甚除, 田甚蕪, 倉甚虛. 服文綵,71) 帶利劍, 厭飮食, 財貨有餘. 是
謂盜夸.72) 非道也哉.

사아개연유지, 행어대도, 유이시외. 대도심이, 이민호경. 조심제, 전심무, 창심허.
복문채, 대리검, 염음식, 재화유여. 시위도과. 비도야재.

나로 하여금 쪼끔만 앎을 갖게 한다면, 대도로 갈 것이다. 오직 삐딱하게
가는 것 이게 두려울 뿐. 대도는 아주 평탄한데, 그런데도 백성은 [약삭빠
른] 지름길을 좋아한다. 정사는 심하게 배제돼 있고, 밭은 심하게 거칠어
져 있고, 창고는 심하게 비어 있다. [그런데도] 빛깔 고운 비단옷을 입고,
날카로운 검을 허리에 차고, 음식은 [너무 먹어] 물리고, 재화는 남아돈다.
이를 일컬어 '도과盜夸'[도둑의 과시]라 한다. 도가 아닌 것이다!

---

68) 백서본에는 '介然'이 '挈'로 되어 있다. 이하 모두 문맥이 무난한 통용본을
    따른다.
69) 백서본에는 '施'가 '迆'[삐딱하게 감]로, 한간본에는 '蛇'로 되어 있다.
70) 백서본에는 '民甚好徑'으로, 한간본에는 '而民好街'로 되어 있다.
71) 백서본·한간본에는 '綵'가 '采'로 되어 있다.
72) 백서본·한간본에는 '夸'가 '竽'[수괴]로 되어 있다.

노선생님, 이 53장의 말씀은 현실적인 구체성이 있어서 공감하는 사람들이 많을 것 같네요.

"그 공감을 마냥 좋아할 수만도 없군요."

아, 그렇겠네요. 그 공감의 내용이 결국 '비도非道'(도가 아닌 것)이니까. '도과盜夸'(도둑의 허세)이니까. 공감은 현실이 그렇다는 얘기니까.

"정사는 심하게 배제돼 있고, 밭은 심하게 거칠어져 있고, 창고는 심하게 비어 있다. [그런데도] 빛깔 고운 비단옷을 입고, 날카로운 검을 허리에 차고, 음식은 [너무 많이] 물리고, 재화는 남아돈다(朝甚除, 田甚蕪, 倉甚虛. 服文綵, 帶利劍, 厭飮食, 財貨有餘)."

그렇죠. 선생님으로서는 드물게 아주 직설적인 비판을 하시는 셈입니다. 사례가 너무 구체적이라 마치 이 시대의 신문이나 TV나 인터넷의 뉴스를 보고 하시는 말씀처럼 현실성이 느껴질 정도군요. '조심제朝甚除'(정사는 심하게 배제돼 있고)는 국회가 공전할 때마다 고개를 끄덕이게 되고, '전심무田甚蕪'(밭은 심하게 거칠어져 있고)는 젊은이가 다 떠나고 노인들만 남아 황무지가 된 농촌 들녘이나 폐허가 된 빈 공장들에서 확인하게 되고, '창심허倉甚虛'(창고는 심하게 비어 있다)는 나라 곳간이 완전히 바닥난 지난 IMF 사태 때 격하게-통탄하며 공감했습니다. 천문학적인 국가 부채도 결국은 이거고요. 문제는 그런 일들이 일시적인 게 아니라는 거죠. 그런데도 이른바 정치에 종사하는 사람들이, 차림새가 허술하다거나 위세가 없다거나 먹을 게 없다거나 재화가 부족하다거나, 그런 이야기는 들어본 적이 없습니다. 그들은 나라 사정과 아무 상관없이 항상 너무나 잘 차려 입고, 막강한 특권을 행사하고, 비싼 연회를 즐기고, 공직자 재산등록 때마다 엄청난 재산을 과시합니다.

"에휴~, 듣지 않느니만 못한 이야기를 듣게 됐네요. 이런 이야기는 제발 공감이 좀 없었으면 좋겠습니다. 그런데 이런 게 단지 위정자들만의 이야기는 아니라는 게 더 큰 문제이지요."

그도 그렇습니다. '대도심이, 이민호경大道甚夷, 而民好徑'(대도는 아주 평탄한데, 그런데도 백성은 [약삭빠른] 지름길을 좋아한다), 그렇죠, 백성들도 대체로 평탄한 대도를 [공명정대한 정의의 길을] 마다하고 '[약삭빠른] 지름길'을 좋아하지요. 대도는 '정도正道', 지름길은 '사도邪道'입니다. 요즘 식으로 말하자면 '대도大道'는 정의로운 길, '경徑'은 편법입니다. 실력보다 요령-로비-청탁-인맥-뒷배-뇌물… 그런 게 다 '경徑' 즉 '지름길'이지요. 어쨌든 빨리 가로질러 가는 건 틀림없으니까요. 그런데 그런 게 '도'가 아니라는 걸 선생님은 역설하시는 거죠. 여기서, 이 53장에서. 아마 이런 세태가 문제라고 생각하셨으니까, 그러니까 이 53장을 말씀하셨겠지요. '나라면 그러지 않겠다'고. 정도를 벗어나지 않겠다고. 즉 '비스듬한-삐딱한 길(施)'을 가지 않겠다고. 그런 길을 가게 될까 봐 그게 오직 두렵다고.

"나로 하여금 쪼끔만 앎을 갖게 한다면, 대도로 갈 것이다. 오직 삐딱하게 가는 것 이게 두려울 뿐(使我介然有知, 行於大道. 唯施是畏)."

네, 이 말씀이 바로 그런 배경에서 나온 바로 그런 의미의 발언이라고 저는 읽었습니다. 요즘은 그런 삐딱한 길을 가는 사람들이 많아도 너무 많습니다. 그들이 삐딱하게 지름길로 가로질러 가니, 대도를 가는 사람들은 늘 지각을 하고, 그리고 이것저것 중요한 것들은 가로채이고 합니다. 그게 지금 이 세상, '천하'의 세태인 거죠.

"그래서 이런 철학이 필요한 겁니다. 거듭 또 거듭."

네, 대도로 가는(行於大道) 사람들이 아예 없지는 않으니까요. 그들을 위한 격려가 될지도 모르겠군요, 이 53장은.

"희망하건대 부디 격려가 되기를."

네, 그리고 '삐딱한 길(施)', '질러가는 길(徑)', 그런 길을 가는 사람

들에겐 경계가 되기를. 물론 그런 자들이 이 말을 듣고 개과천선할 가
능성은 거의 제로에 가깝겠지만. 하하하.

54.
잘 세운 것은 뽑히지 않고

善建者不拔, 善抱者不脫, 子孫以祭祀不絶.73) 修之於身, 其德乃眞, 修之於家, 其德乃餘, 修之於鄕, 其德乃長, 修之於國, 其德乃豊, 修之於天下, 其德乃普,74) 故, 以身觀身, 以家觀家, 以鄕觀鄕, 以國觀國, 以天下觀天下, 吾何以知天下之然哉. 以此.

선건자불발, 선포자불탈, 자손이제사부절. 수지어신, 기덕내진, 수지어가, 기덕내여, 수지어향, 기덕내장, 수지어방, 기덕내풍, 수지어천하, 기덕내보, 고, 이신관신, 이가관가, 이향관향, 이방관방, 이천하관천하, 오하이지천하지연재. 이차.

잘 세운 것은 뽑히지 않고, 잘 안은 것은 벗어나지 않는다. 자손이 제사로써 그치지 않는다. 이를 몸에 닦으면 그 덕이 이에 참되고, 이를 집에 닦으면 그 덕이 이에 여유롭고, 이를 고을에 닦으면 그 덕이 이에 장구하고, 이를 나라에 닦으면 그 덕이 이에 풍요롭고, 이를 천하에 닦으면 그 덕이 이에 드넓다. 고로 몸으로써 몸을 보고, 집으로써 집을 보고, 고을로써 고을을 보고, 나라로써 나라를 보고, 천하로써 천하를 본다. 내가 어떻게 천하의 그러함을 알겠는가? 이로써다.

---

73) 통용본에는 '絶'이 '輟'로 되어 있다. 의미상 차이가 없으나 현대인에게 익숙한 백서본·한간본의 표현을 따른다.

74) 백서본에는 '普'가 '博'으로 되어 있다. 의미상 차이가 없으므로 익숙한 통용본을 따른다.

노선생님, 이 54장의 말씀은 상대적으로 좀 알아듣기가 쉬운데, 이걸 들으니 전형적인 '노자적 담론'이라는 느낌이 드는군요.

"허허허, 전형적인 노자적 담론이라니요. 어떻기에?"

도와 덕의 연결, 도를 닦아서 덕을 지님, 그런 거랄까….

" '도'라는 글자는 말하지 않았는데."

첫 문장의 내용이 결국 그거 아니겠습니까. '잘 세운 것은 뽑히지 않고, 잘 안은 것은 벗어나지 않는다(善建者不拔, 善抱者不脫).' 물론 다분히 추상적이고 모호하긴 합니다만, 우리네 실제 삶에서 잘 세우지 못해 뽑혀버리는 경우, 잘 안지 못해 벗어나버리는 경우, 그런 경우들을 생각해 보면 이런 것도 예사롭지 않은 자연의 이치 내지 섭리, 즉 도라는 걸 깨닫게 됩니다.

"아직 이해가 어려운 사람들을 위해 예를 들자면?"

적절한 예일지는 모르겠습니다만, 잘 세우지 못해 무너져버린 와우아파트나 성수대교 같은 것이 그럴 수도 있고, 엉터리 심기로 태풍 때다 뽑혀나가 행인을 덮치거나 산사태를 일으키는 등 큰 피해를 초래하는 나무들이 그럴 수도 있고, CEO를 잘못 세워 회사에 큰 손해를 끼치고 결국 중간에 해임당하는 경우가 그럴 수도 있고…, 그리고 정치계든 경제계든 교육계든 체육계든, 사람들을 잘 포용하지 못해 결국 이탈해나가고 심지어 원래 있던 곳에 칼을 겨누게 되는 경우가 그럴 수도 있고…, 사례는 드물지 않다고 생각합니다.

"도가 그렇게 구체적이라면 사람들이 납득할까요?"

그럼 저 장주선생님의 '재시뇨在屎溺'(똥오줌에 있다)를 또 동원해야지요. 허허.

"허허, 그냥 웃읍시다."

네, 아무튼 '선건자불발, 선포자불탈善建者不拔, 善抱者不脫'이 불변적·보편적 도리 내지 이치인 건 분명합니다. 다만 그 후과로서 선생님이 제시하신 '자손이 제사로써 그치지 않는다(子孫以祭祀不絶)'라는 건 좀 낯선 느낌을 주기도 합니다만.

"낯선 느낌? 어떤 점에서?"

'자손'도 '제사'도 '부절不絶'도 다른 데선 언급하지 않으시니까요. 다분히 유교적인 인상이 강하고.

"이런 게 유교 전용이 아니라는 건 전에도 확인했던 바고…."

네, 자손 번성이니 일단, 뭔가 좋은 일인 걸로 치죠. 중요한 건 사실 그 다음인데…

"이를 몸에 닦으면 그 덕이 이에 참되고, 이를 집에 닦으면 그 덕이 이에 여유롭고, 이를 고을에 닦으면 그 덕이 이에 장구하고, 이를 나라에 닦으면 그 덕이 이에 풍요롭고, 이를 천하에 닦으면 그 덕이 이에 드넓다(修之於身, 其德乃眞, 修之於家, 其德乃餘, 修之於鄕, 其德乃長, 修之於國, 其德乃豊, 修之於天下, 其德乃普)."

네, '수지修之', 이걸 닦으라, 가치로 추구하라, 실천적으로 노력하라, 적용하라, 그런 의미로 저는 이해합니다. 어디에? '신신身-가家-향鄕-국國-천하天下'에. 그러니까 결국 자기 자신과 자신이 사는 모든 삶의 장소·자리(집·고을·나라·천하)에서 이걸 추구하고 실천하라는 말씀이지요. 그러면 그 덕이, 즉 얻어진 가치적 결과가 '진眞-여餘-장長-풍豊-보普'이다, 그러니까 참되고, 여유롭고, 장구하고, 풍요롭고, 드넓다, 그런 말씀인 게지요. 우리에게 너무 익숙해 진부해져서 그렇지 사실 이 글자들 하나하나의 원뜻을 생각해 보면 엄청난 일들입니다. 특히 제가 항상 그렇게 하듯, '뒤집어 읽기'를 해보면요.

"참되지 않고, 여유롭지 못하고, 장구하지 못하고, 풍요롭지 않고, 드넓지 못하고…, 내가, 우리 집이, 우리 고을이, 우리나라가, 이 세상이

…."

네, 그런 건 분명 문제인 거죠. 그래서 선생님의 이 말씀이, 이 말씀의 가치가, 돋보이는 거죠. 이런 도를 잘 닦으면 이런 엄청난 덕의 결과가 따른다는 것이니까요. 그리고 마지막 말씀…

"고로 몸으로써 몸을 보고, 집으로써 집을 보고, 고을로써 고을을 보고, 나라로써 나라를 보고, 천하로써 천하를 본다. 내가 어떻게 천하의 그러함을 알겠는가? 이로써다(故, 以身觀身, 以家觀家, 以鄕觀鄕, 以國觀國, 以天下觀天下, 吾何以知天下之然哉. 以此)."

네, 이건 요즘 식으로 말하자면 일종의 방법론인데, 적어도 제겐 아주 매력적입니다.

"고맙군요. 어떤 점에서?"

제가 늘 애용하는 방법이기도 합니다만, '그 결과를 보고 그 원인을 파악한다', '그 결과가 그 원인을 알려준다', 그런 겁니다. 선생님의 이 말씀도 그런 거지요. '내'가 [이건 모든 사람 각자입니다만] 지금 현재 어떤 사람인가, 참된 사람인가 그렇지 못한가, 하는 것을 보면, 그것으로(以) 내가 과거에 혹은 지금까지 어떻게 해왔는지, 제대로 세우며 제대로 안으며 살아왔는지, 그걸 볼(觀) 수 있다는 말이고, 고을이 지금 여유로운가 그렇지 못한가, 하는 것을 보면, 우리 고을이 어떻게 해왔는지, 그걸 볼 수 있다는 말이고, 나라가 지금 장구한가 아니면 망했는가, 하는 것을 보면, 그 나라가 어떻게 해왔는지, 그걸 볼 수 있다는 말이고, 천하가 지금 보편적으로 통일돼 있는지 갈가리 분열돼 있는지, 하는 것을 보면, 천하가 어떻게 해왔는지, 그걸 볼 수 있다는 말씀이지요.

"사람들의 그 시선이 그걸 봐야 할 텐데, 신身-가家-향鄕-국國-천하天下를."

네, 그런데 요즘은 그 '관觀'(본다는 것) 자체가 실종 상태인 듯도 합니다.

"보이는군요. 거기서 천하가 어떻게 해왔는지…. 하하하."

제대로 잘 세웠는지, 제대로 잘 안았는지, 무엇보다도 도를 잘 세우고 덕을 잘 안는 그런 도와 덕을 잘 세웠는지, 잘 안았는지, 한번 점검을 해봐야겠군요. 해보나 마나겠지만. 하하하.

55.

품은 덕이 두터운 사람은

含德之厚者, 比於赤子. 蜂蠆虺蛇弗螫, 攫鳥猛獸弗搏.75) 骨弱筋柔
而握固, 未知牝牡之合而朘怒,76) 精之至也. 終日號而不嗄,77) 和之
至也. 和曰常,78) 知常曰明. 益生曰祥, 心使氣曰强. 物壯則老, 謂之
不道. 不道早已.79)

함덕지후자, 비어적자. 봉채훼사불석, 확조맹수불박. 골약근유이악고, 미지빈모지
합이최노, 정지지야. 종일호이불우, 화지지야. 화왈상, 지상왈명. 익생왈상, 심사기
왈강. 물장즉로, 위지부도, 부도조이.

품은 덕이 두터운 사람은 갓난아이에 비견된다. 벌, 전갈, 살무사, 뱀이 이
를 물지 않고, 맹금 맹수가 이를 잡아채지 않는다. 뼈는 약하고 힘줄은 부
드러우나 쥐는 것은 단단하다. 암수의 교합은 아직 모르나 고추가 성내니,
정기의 극치다. 종일 울부짖어도 목이 메지 않으니, 화순함의 극치다. 화

---

75) 왕필본에는 '猛獸弗據 攫鳥弗搏'으로 되어 있다. 죽간본·백서본을 따른다.

76) 왕필본에는 '全作', 하상공본에는 '峻作'으로 되어 있다. 원형에 가까운 것으
로 추정되는 백서본·한간본을 따른다.

77) 통용본에는 '嗄'가 '嗄'로 되어 있다. 백서본을 따른다.

78) 통용본에는 '常'이 '知常'으로 되어 있다. 문맥을 고려하여 죽간본·백서본·한
간본을 따른다. 이 부분은 16장의 일부와 중복된다. 보통 '常'을 '恒'으로 쓰
고 있는 백서본·한간본에서도 이 부분은 '常'으로 되어 있다.

79) '物…已' 부분은 30장과 중복된다.

순함을 '보편(常)'이라 하고, '보편'을 아는 것을 밝음이라 한다. 삶에 [뭔가를] 보태는 것을 '재앙(祥)'이라 하고, 마음이 기氣를 부리는 것을 강하다고 한다. 무언가가 건장하면 늙어버린다, 이를 일컬어 도가 아니라 한다. 도가 아니면 일찍 끝나버린다.

———————————————

   노선생님, 이 55장에서는 '화和'(화순함)라고 하는 가치가 진주처럼 은은하게 빛을 발하고 있는데, 이게 '후덕함'과 연결된다는 말씀이군요.
   "품은 덕이 두터운 후덕한 사람(含德之厚者)의 모습이 그렇다는 거지요. 갓난아이처럼."
   그걸 말하기 위해 갓난아이(赤子)[80]를 동원하는 건 참 흥미로웠습니다. '벌, 전갈, 살무사, 뱀이 이를 물지 않고, 맹금 맹수가 이를 잡아채지 않는다. 뼈는 약하고 힘줄은 부드러우나 쥐는 것은 단단하다. 암수의 교합은 아직 모르나 고추가 성내니, 정기의 극치다. 종일 울부짖어도 목이 메지 않으니, 화순함의 극치다(蜂蠆虺蛇弗螫, 攫鳥猛獸弗搏. 骨弱筋柔而握固. 未知牝牡之合而朘怒, 精之至也. 終日號而不嚘, 和之至也).'
이렇게 말씀하시는데, 정말 그런가요? 다른 건 대충 알겠는데 맨 처음 말씀은 언젠가 그쪽 전문가한테 한번 물어봐야 할 것 같습니다. 그런 경우를 직접 본적이 없어서. 하하하.
   "중요한 건 갓난아이가 지니는 그 '화순함'입니다."
   네, 동의합니다. 그런데 이 '화和'라고 하는 것이 어떤 의미인지, 솔직히 좀 과제입니다. 보통은 '조화(로움)'로 이해하고 슬쩍 넘어갑니다만, 문맥 전체를 놓고서 보면 조화라는 건 자연스럽지가 않습니다. 다른 데서 말씀하신 '음성상화音聲相和', '충기이위화沖氣以爲和', '육친

—————————

80) 참고: 일본어에서는 지금도 갓난아이를 '赤子(아카고)'라고 표현함.

불화六親不和', '화기광和其光', '화대원和大怨'처럼, 누그러뜨리거나 어우러져야 할 '상대', '대상'이 없기 때문입니다.

"그래서 '화순함'이다?"

네, 백 퍼센트 일치하는 한국어가 없으니 궁여지책으로 그나마 좀 가까운 표현으로…. 그리고 그 뒤의 말씀을 보면 이게 아무래도 '익생왈상, 심사기왈강益生曰祥, 心使氣曰强'의 그 '상祥'이나 '강强', 그리고 '물장즉로物壯則老'의 그 '장壯'[굳셈]과 대비되고 있으니까요. 상祥-강强-상壯에 대한 그런 대비가 아니라면 뒤에서 그렇게 말씀을 이어가는 게 또 납득이 안 되지요.

"또 '문맥'을 이야기하시는군요. 하하."

당연히 그걸 봐야죠. 선생님의 말씀은 그냥 잘난 체 지식을 나열하는 게 절대 아니니까요.

"아무튼 그래서 이 '화和'가 '화순함'이다?"

네, 그렇게 읽으면 일단 문맥은 통하게 됩니다. 그 자체로 '상祥이나 강强이나 장壯'[모두 부정적 의미]이 없는 혹은 아닌 상태니까요. '익생益生'(삶에 뭔가를 보탬)이나 '심사기心使氣'(마음이 기를 부림) 같은, 그런 욕망 내지 의지의 작용이 없는 상태니까요. 그렇게 이해한다면 누가 들어도 '아, 과연 노자적이다.' 그렇게 수긍을 할 겁니다.

"참 잘도 꿰맞추시는군요. 나도 나한테 한번 물어봐야겠습니다. 과연 그런 의미인지. 하하하."

아무튼 그렇게 읽으면 그 다음 말씀, '화순함을 '보편(常)'이라 하고, '보편'을 아는 것을 밝음이라 한다. 삶에 [뭔가를] 보태는 것을 '재앙(祥)'이라 하고, 마음이 기를 부리는 것을 강하다고 한다. 무언가가 건장하면 늙어버린다, 이를 일컬어 도가 아니라 한다. 도가 아니면 일찍 끝나버린다(和曰常, 知常曰明. 益生曰祥, 心使氣曰强. 物壯則老, 謂之不道. 不道早已).'도 이해가 되고 문맥이 통하게 됩니다. 그런데…

"그런데?"

이 말들이 또 그렇게 간단치가 않습니다. 우선 '상常'부터 보죠. 이건 앞서 16장에서 처음 이 말씀을 하셨을 때, 이미 고민 끝에 '보편'이라고 해석을 했습니다. 언제나 어디서나 항상-보통 그러한 기본법칙, 기본틀 같은 그런 것, 사물의 원래 모습이 각각 다 마치 갓난아이처럼 제 모습을 지키며 다른 모든 것들과 어우러지고 있다는 그런 겁니다. 그러니 '화和'가 '상常'이고(和曰常), 그리고 이 '상常'(보편)을 아는 게[81] '명明'(밝음)인 거지요(知常曰明). 밝음은 환한 진리인 저쪽을 이쪽인 우리 인간이 환히 알고 인식하는 것이니 이건 이해에 큰 어려움이 없습니다. 물론 그 진정한 앎, 진정한 명찰(밝게 봄) 그 자체가 쉬운 건 아닙니다만.

"익생왈상益生曰祥, 심사기왈강心使氣曰强은?"

이건 정말 모호합니다. 익益-생生-상祥, 그리고 강强, 모두 일단 긍정적인 뉘앙스의 말들인데, 그래서는 도무지 문맥이 통하질 않으니…. 그래서 생각해 봤습니다. 그랬더니 이게 실은 모두 부정적인 말들이더군요. 여기서 문맥의 전환이 있는 거지요. 그래서 저는 '익생益生'과 '심사기心使氣', '상祥'과 '강强', 이걸 모두 '욕망 내지 의지의 작용'이라고 읽은 겁니다. '[있는 그대로의] 삶에 [인위적으로] 뭔가를 보태려는 것', '마음이 기를 쓰는 것'[(욕망의 실현을 위해) 마음이 시키는 대로, 이래야겠다 저래야겠다, (굳센 의지로) 애를 쓰는 것](공자 식으로 말하자면 '종심소욕'), 그게 '익생益生'이고 '심사기心使氣'고, 그게 곧 '상祥'이고 '강强'인 겁니다. 특히 '상祥'은 보통 '상서로움'으로 이해되고 있어서 심하게 헷갈립니다만, 같은 글자가 '요상함', '상서롭지 못함', '재앙'이라는 뜻도 함께 지닌다니, 그렇게 알려주는 사전을 믿을 수밖에 없습니다. 단,

---

81) 혹은 죽간본에 따른다면 '지화왈명知和曰明', '화和' 즉 '화순함을 아는 게'

이 '상祥'도 '강强'도, 그리고 (이미 앞의 30장에서도 한 번 언급하셨지만) '장壯'(건장함-왕성함-굳셈)도, 모두 다 갓난아이가 보여주는 저 '화和'와는 대비되는 인간의 모습이라는 건 분명합니다. 이게 문맥의 전환이 아니라면, '화和'와 '상祥-강强-장壯' 및 '부도不道'의 연결이 안 되는 겁니다. 기껏 부각시킨 '화순함'이라는 가치가 곧 익생이다, 요상이다, 심사기다, 강함이다, 건장함-왕성함이다, 그러면 너무 이상하니까요. 연결이 안 되는 거죠.

"그래서 그렇게 문맥의 전환이라 전제하시고 그 뒤를 부정적인 의미로 해석했다는 거군요."

네, 그렇습니다. 긍정적인 '화和'와 부정적인 '익생益生-심사기心使氣' 내지 '상祥-강强'의 선명한 대비인 거죠. 그 확실한 증거가 '물장즉로, 위지부도. 부도조이物壯則老, 謂之不道. 不道早已'라는 마무리라고 저는 봅니다.

"무언가가 건장하면 늙어버린다, 이를 일컬어 도가 아니라 한다. 도가 아니면 일찍 끝나버린다."

네, 30장에서 한 번 하신 말씀인데, 굳이 반복을 하면서까지 그렇게 말씀하셨으니, 갓난아이의 그 '화和'와 다른 '상-강-장'은 도에 어긋나는 것이니, 그저 일시적으로 좋아 보일 따름이니, 금방 끝장나는 것이니, 부정적인 것이니, 그러니 그러지 말라는, 그런 메시지가 아니고 뭐겠습니까. 그런 게 '부도不道'라는 건, 역으로 갓난아이의 그 '화和'가 곧 도다, 그렇게 읽을 수도 있고요.

"화순함을 '보편'이라 하고, '보편'을 아는 것을 밝음이라 한다(和日常, 知常日明)."

네, 화和라는 그 후덕한 상常을 아는 그런 명明을 지니도록 수도와 수덕을 해야겠군요. 이런 시대라도, 아니 이런 시대일수록…. 그런데 덕이 두터우면 '벌, 전갈, 살무사, 뱀이 이를 물지 않고, 맹금 맹수가 이를 잡아채지 않는다.' 정말일까요? 실험을 해볼 수도 없고. 하하하.

"후덕해진 다음에 한번 해보시던가. 하하하."

56.

아는 자는 이를 말하지 않고

知者弗言, 言者弗知. 塞其兌, 閉其門.[82] 挫其銳, 解其紛, 和其光,
同其塵.[83] 是謂玄同. 故, 不可得而親, 亦不可得而疏, 不可得而利,
亦不可得而害, 不可得而貴, 亦不可得而賤.[84] 故, 爲天下貴.
지자불언, 언자부지. 색기태, 폐기문. 좌기예, 해기분, 화기광, 동기진. 시위현동.
고, 불가득이친, 불가득이소, 불가득이리, 불가득이해, 불가득이귀, 불가득이천. 고,
위천하귀.

아는 자는 이를 [함부로] 말하지 않고, [함부로] 말하는 자는 이를 알지
못한다. 그 구멍을 막고, 그 문을 닫는다. 그 날카로움을 꺾고, 그 어지러
움을 풀고, 그 빛을 누그러뜨리고, 그 티끌과 함께한다. 이를 일컬어 '현
동玄同'(그윽한 같음)이라 한다. 고로 득하여 가까이 할 수도 없고 또 소원
히 할 수도 없고, 득하여 이롭게 할 수도 없고 또 해롭게 할 수도 없고,
득하여 귀하게 할 수도 없고 또 천하게 할 수도 없다. 고로 천하의 귀한
것이 된다.

---

82) '塞…門'은 52장의 반복.
83) '挫…塵'은 4장의 반복.
84) 모든 주요 판본에 있는 '亦'자가 왕필본에만 없다.

노선생님, 다른 학자들은 별로 그렇지 않아 보이는데 제게는 이 56장의 말씀이 좀 어렵습니다.

"아니 왜요? 처음 듣는 말들도 아닐 텐데."

압니다. 그 기본적인 취지들은 이미 2장, 5장, 17장, 43장에서, 4장에서, 52장에서, 39장에서 각각 말씀하신 적이 있었지요. 그 취지들은 저도 이미 이해했고 크게 공감했습니다.

"그런데 뭐가, 왜, 어렵다는 거죠?"

이 말들의 연결이 그렇습니다. 특히 '고로(故)'라는 연결이.

"허허, 그 글자를 쓰지 않았으면 좋았을 뻔했군요."

그건 아니죠. 그 글자가 없더라도 내용은 그대로 살아 있으니까요. 내용이, 의미가, 그게 연결이 되어야지요.

"또 과제를 드린 셈이군요. 그래 어떻게 풀었습니까?"

생각을 많이 해봤습니다. 첫 번째 말씀, '지자불언, 언자부지知者弗言, 言者弗知'(아는 자는 이를 [함부로] 말하지 않고, [함부로] 말하는 자는 이를 알지 못한다)는 '지知'와 '언言'의 묘한 분리 내지 대비를, 특히 '언言'에 대한 경계를 말씀하시는데, 그 목적어, 즉 무엇을 알고 무엇을 말하는지, 그 '지之'의 내용이 생략되어 있습니다. 적지 않은 학자들이 이를 (구체적인 내용 상관없이) 일반적인 '지知'와 '언言'으로 해석하고 있는데, 그건 노자답지 않다고 느꼈습니다. 선생님은 맥락 없이 일반론을 말씀하시진 않으니까요.

"흥미롭군요. 내가 그랬던가요?"

제가 보기엔 그렇습니다. 그래서 고민해 봤는데, 이 '지知'와 '언言'의 내용인 '지之'는 아무래도 '도道'라고 생각하는 게 자연스러울 것 같습니다. 1장에서 말씀하신 대로 도라는 건 참 말로 언표하기가 어려운 것이니까(道可道非常道, 名可名非常名), 깊은 사유를 요하는 것인데, 그래서 알아도 함부로 말하기가 쉽지 않고, 함부로 어설프게 말하는 것은 제대로 모르는 경우가 많고…, 이런 경우가 실제로 너무 많습니다. 그런 경우들이 진정한 철학적 문제들의 제대로 된 이해를 방해하기도 하죠. 도에 대한 '지知'와 '언言'이 특히 그렇습니다. 나는 선생님의 이 《도덕경》에 대한 적지 않은 해설서에서 그걸 느꼈습니다. 제대로 알지도 못하고 하는 어설픈 해설의 '말'들이 그 제대로 된 이해를 오히려 심하게 방해하는 경우를. 그래서 '앎'의 어려움과 '말하기'의 신중을 미리 토로하신 거다, 그렇게 이 첫 번째 말씀(知者弗言, 言者弗知)을 이해했습니다.

"흠, 그렇다면 그 뒤는?"

'색기태, 폐기문塞其兌, 閉其門'(그 구멍을 막고, 그 문을 닫는다), 느닷없이 이 말씀을 이어 붙이시는데, 이건 각각 '내게 있는 빈틈', '소중한 것들이 새나가는 구멍', 그런 것이거나 '내 몸에 있는 구멍들, 눈, 코, 입, 귀, 앞뒤의 배설구, 상징적으로 말하자면 욕망의 구멍들', 그리고 이건 '닫으면 걱정 없는 문'이니 '이익으로 통하는 세상의 문'이다, 그런 의미로 이해했습니다(52장). 그러니 그런 걸 막고 닫으라는 말씀이신데…, 그런데 왜 느닷없이 이걸 도에 대한 '지知'와 '언言'에 갖다 붙이신 걸까…, 궁금했습니다. 한 가지 가능성은, '도에 대해 함부로 말함(言)', 제대로 알지도 못하면서 함부로 말함, 그것이 바로 저 '태兌'와 '문門'에 해당하는 것이니, '그 구멍을 막고, 그 문을 닫으라.' 그런 말씀으로 이해하는 거죠. 그럼 일단은 문맥이 통합니다.

"정답 여부는 유보하더라도 일단 말은 통하는군요. 그 다음은?"

일단 거기서 끊어 읽어야 합니다. 그 다음은 의미가 다르니까요.

"어떻게?"

'색기태, 폐기문塞其兌, 閉其門'이 우리 인간의 태도 내지 자세에 대한 말이라면 그 다음은 '도' 그 자체의 성격에 대한 말이니까요.

"좌기예, 해기분, 화기광, 동기진挫其銳, 解其紛, 和其光, 同其塵"

네, '그 날카로움을 무디게 하고, 그 얽힘을 풀고, 그 빛을 죽이고, 그 티끌과 함께한다.' 다시 말해, '특별나지 않고, 단순명쾌하고, 잘 드러나지 않고, 그리고 아주 하찮은 것까지 다 해당이 되는, 그런 거다.' 좀 더 구체적으로 말하자면, '봄에 언 땅을 뚫고 새싹이 돋아 한 송이 민들레가 피어나는 것, 민들레는 절대 해바라기만큼 크지 않는다는 것, 민들레 꽃씨는 솜뭉치처럼 생겼고 바람을 타고 날아 개체를 퍼트린다는 것, 이듬해에도 민들레 꽃씨에서는 반드시 민들레가 핀다는 것, 절대로 거기서 장미가 피지는 않는다는 것', 이런 법칙이랄까 질서랄까, 이런 건 무슨 특별한 것이 아니니 '좌기예挫其銳'요, 어려울 것도 복잡할 것도 하나도 없는 뻔하고도 뻔한 현상이니 '해기분解其紛'이요, 누구도 이런 현상을 특별히 주목하지 않을 만큼 자신을 드러내지 않으니 '화기광和其光'이요, 티끌은 아니지만 티끌처럼 별것 아닌 하찮은 현상인데 거기도 법칙은 적용되고 있으니 '동기진同其塵'이다, 그렇게 생각한 겁니다. '도'라는 게 그야말로 그런 것 아닙니까? 이 특성들이 하나같이 '특별하지 않은 특별함'을 말한다, '똥오줌 속에도 도가 있다(在屎尿)'는 장자의 말도 그런 뜻이다, 그렇게 저는 풀이했습니다. 그런데 앞에서도 한 이 말씀을 왜 느닷없이 여기에 다시 갖다 붙이신 걸까, 그 이유도 역시 의문이었습니다.

"그래서? 왜 그랬다고 생각하신 건지."

역시 고민 끝에 저는 이렇게 생각해 봤습니다. 이 말씀을 반복하신 이유는 '시위현동是謂玄同'에 그 힌트가 있지 않을까…

"응? 무슨 말씀?"

이 '현동玄同', 그윽한[현묘한] 함께함, 같아짐, 이건 단순히 바로 앞의 '동기진同其塵'만을 반복한 게 아닌 거죠. 그렇게 이 말씀을 듣는 건 문맥상으로 좀 이상하고 어색합니다.

"그럼?"

앞에서 말한 도의 특징들, 그 전체를 받는 말이어야 합니다. 그런 도의 모습들과 함께하라, 그것과 같아져라, 그런 메시지라고 이해해야 합니다. 그러니까 그 앞의 '좌좌挫…진진塵'까지는 도 그 자체의 모습을 재확인하는 동시에 인간이 닮아야 할 모습의 제시이기도 한 거죠. 이중의 의미가 있는 셈입니다. 그렇지 않고는 '현동玄同'의 의미도 제대로 이해될 수 없습니다. 인간의 덕과 도의 드러나지 않는 조화 내지 일치이니 '현玄'한 '동同'인 셈입니다. 일치이니 '동同'이고 드러나지 않으니 '현玄'이나, 이렇게 읽으면 일단 여기까지도 문맥은 통하게 됩니다.

"역시 정답 여부는 유보하더라도 일단 말은 통하는군요. 그렇다면 그다음은?"

'고로 득하여 가까이 할 수도 없고 또 소원히 할 수도 없고, 득하여 이롭게 할 수도 없고 또 해롭게 할 수도 없고, 득하여 귀하게 할 수도 없고 또 천하게 할 수도 없다. 고로 천하의 귀한 것이 된다(故, 不可得而親, 亦不可得而疏, 不可得而利, 亦不可得而害, 不可得而貴, 亦不可得而賤. 故, 爲天下貴).' 그러면 이제 이 '고로故'도 이해가 됩니다. 현동의 결과 내지 귀추를 말하는 것이니까요. '득이친-득이소', '득이리-득이해', '득이귀-득이천', 즉 친소親疏-이해利害-귀천貴賤 이런 일들이 모두 '불가不可하다', '그럴 수 없다', 그런 말이 됩니다. 그런데 여기도 문제가 있습니다.

"무슨 문제?"

여기서도 '지之' 즉 목적어가, 대상이 생략되어 있다는 겁니다.

"그래서? 이건 어떻게 설명하실 건지."

역시 앞의 '현동玄同'이 열쇠입니다. 현동은 도와 그 도의 덕을 지닌 인간이 같아지는 것이니, 이 목적어도 이중적인 거지요. 도이기도 하고 그런 도를 지닌 인간이기도 하고. 도 자체도 그렇고 이런 도와 동체가 된 인간도 그렇고, 이를 얻어 친하게도 소원하게도 할 수 없고, 이를 얻어 이롭게도 해롭게도 할 수 없고, 이를 얻어 귀하게도 천하게도 할 수 없다, 그러니까 친소-이해-귀천 그런 걸 모두 초월해 있다, 초월하게 된다, 그런 의미인 거죠. 도道도 그 도를 체득한 인간도.

그러면 그 다음의 '고로(故)'도 이해가 가능합니다. 이런 존재인 것이니, '고, 위천하귀故, 爲天下貴', '고로 천하의 귀한 것이 된다.' 도道도 그리고 그 도를 체득한 인간도. 귀천을 초월해 있으니 진실로 귀한 것이 되지요.

"또 그럴듯하게 말이 되는군요."

'정답 여부는 유보하고서', 그렇죠? 하하.

"정답은 읽는 사람의 선택에 달렸다고 이미 말한 적이 있지 않았던가요? 하하하."

57.

바름으로 나라를 다스리고

以正治國,85) 以奇用兵, 以無事取天下. 吾何以知其然哉.86) 以此.87)

天下多忌諱,88) 而民彌叛;89) 民多利器, 而邦滋昏;90) 人多智,91) 奇

物滋起; 法物滋彰,92) 盜賊多有. 故, 聖人云.93) 我無爲而民自化, 我

---

85) 죽간본·백서갑본에는 '國'이 '邦'으로 되어 있다. 한고조 劉邦의 이름을 '諱'
하기 이전의 원형으로 추정되나 의미가 같으므로 익숙한 통용본을 따른다.
우리 현대인들에게는 '邦'보다 '國'이 더 가까이 와 닿을 것이다. 그리고 백
서을본·한간본을 포함해 '治'가 모두 '之'로 되어 있다. 의미를 고려해 통용
본을 따른다.

86) 판본에 따라 표현이 조금씩 다르나, 의미상의 차이는 없다. 익숙한 왕필본을
따른다.

87) 죽간본·백서본·한간본에는 이 말이 없다. 후대의 추가로 추정되나, 있는 게
문맥의 이해에 도움이 되므로 그대로 둔다.

88) 죽간본·백서본·한간본에는 맨 앞에 '夫'자가 있다. 원형으로 추정되나 의미
상 큰 차이가 없으므로 익숙한 통용본을 따른다.

89) 다수 판본에 '叛'이 '貧'으로 되어 있으나 의미 연결이 자연스러운 죽간본을
따른다.

90) 통용본에는 '而邦'이 '國家'로 되어 있으나, 앞과의 표현상 균형을 위해 죽
간본을 따른다.

91) 죽간본·하상공본·왕필본에는 '智'가 각각 '知', '技巧', '伎巧'로 되어 있다.
백서본을 따른다.

92) 왕필본에만 '物'이 '令'으로 되어 있다. 원형으로 추정되는 다수본을 따른다.

93) 죽간본·백서본에는 '是以聖人之言曰'로 되어 있다. 의미상 차이가 없어 익
숙한 통용본을 따른다.

好靜而民自正, 我無事而民自富, 我無欲而民自樸.[94]
이정치국, 이기용병, 이무사취천하. 오하이지기연재. 이차. 천하다기휘, 이민미반;
민다리기, 이방자혼; 인다기교, 기물자기; 법물자창, 도적다유. 고, 성인운. 아무위
이민자화, 아호정이민자정, 아무사이민자부, 아무욕이민자박.

바름으로 나라를 다스리고, 특별함[보통이 아님]으로 군사를 쓰고, 무사함
[큰일을 일으키지 않음]으로 천하를 다스린다. 내가 무엇으로 그 그러함을
알겠는가? 이로써다. 천하는 금기가 많으니 그래서 백성이 더욱 등을 돌
리고, 백성은 이익 관련 장치가[이권들이] 많으니 그래서 나라가 자주 혼란
해지고, 사람들은 잔꾀/모략이 많으니 기이한 일들이 자주 일어나고, 법
같은 것들이 자주 내걸리니 도적이 많이 있다. 고로 성인은 말하기를, "내
가 무위하니 백성이 저절로 잘 되어 가고, 내가 고요함을 좋아하니 백성
이 저절로 발라지고, 내가 일을 벌임이 없으니 백성이 저절로 부유해지고,
내가 욕심이 없으니 백성이 저절로 순박해진다."고 했다.

───────■■■───────

노선생님, 이 57장의 말씀은 선생님의 특징이 너무나 농후한 '노자식
정치철학'이라는 느낌이 강하게 드는군요.
"그래요? 뭘 보고서…."
'치국治國-용병用兵-취천하取天下'를 그리고 '민民'을 언급하시는 데
다, '무위無爲-호정好靜-무사無事-무욕無欲'을 그 가치랄까 방법론으로
제시하고 계시니까요. 이런 것들은 선생님이 거듭 강조하신 말하자면
전형적인 '노자의 가치들'이잖습니까.

---

94) 죽간본-백서본-한간본에는 '無欲'이 '欲不欲'으로 되어 있다. 의미상 큰 차이
    가 없어 문장이 가지런한 통용본을 따른다.

"그리고 민자화民自化-민자정民自正-민자부民自富-민자박民自樸도."

하하, 화化-정正-부富-박樸, 그걸 빼놓다니 큰일 날 뻔했네요. 아무튼 저로서는 이 말씀들이 너무나 가슴에 와 닿았습니다.

"반갑군요, 그 말. 그런데 무슨 특별한 연유라도?"

이 말씀을 하신 배경이, 현실이 지금 여기서도 고스란히 재현되고 있으니까요.

"역시나 그렇군요. 그래서 이런 말은 끊임없이 반복되지 않으면 안 되는 겁니다."

공감하고 동의합니다. 그런데 비교적 이해하기 쉬운 이 말들도 사람들이 오해하는 부분들이 적지 않더군요.

"그래요? 그럼 또 해설이 필요하겠군요. 어디 나도 한번 들어봅시다."

'바름으로 나라를 다스리고, 특별함[보통이 아님]으로 군사를 쓰고, 무사함[큰일을 일으키지 않음]으로 천하를 다스린다. 내가 무엇으로 그 그러함을 알겠는가? 이로써다(以正治國, 以奇用兵, 以無事取天下. 吾何以知其然哉. 以此).' 이 첫 번째 말씀에서 선생님은 '치국-용병-취천하'를 주제로 선언하신 셈입니다. 그런데 어떤 이들은 이걸 마치 용병술이나 천하 제패 전략 같은 것으로 해석하기도 합니다. 물론 이런 용어를 사용하시니 그런 오해도 당연할 수 있습니다만, 선생님의 전체 문맥을 이해하고서 들여다보면 그건 아닌 거지요. 선생님의 가치관이 강하게 반영되어 있으니 결국은 도덕이고 윤리인 셈입니다.

"사람들이 더 구체적인 설명을 요구하겠군요."

더 구체적으로…, 그러지요. 여기서 선생님은 '치국治國-용병用兵-취천하取天下'를 언급하시면서 (이건 인생사-세상사의 필수항목입니다만) '정正-기奇-무사無事'라는 걸 그 각각의 수단, 방법, 가치, 이념으로 제시하셨다고 저는 이해합니다. 아주 넓은 의미에서 이걸 전략이라고 한다면, 아니라고도 할 수 없긴 합니다만…, 그 의미는 일반적인 경우와 크게 다른 거지요. 아무튼 저는 이 가치들이 대단히 의미 있고 중요하다고 생각되었습니다. 우선 '이정치국以正治國'(바름으로 나라를 다스리고)의 '정正'.

이 말씀을 처음 들었을 때 저는 솔직히 좀 흥분했습니다.

"아니 왜요? 혹시 자기 이름에 같은 자가 있어서?"

하하, 그럴 턱이 있겠습니까. 실은 저는 공자의 철학도 엄청 높이 평가하고 '공자의 가치들'에 대한 책도 썼고, 거기서 공자 철학의 최기본이, 유명한 '인의'보다도 더 기본이, 사실은 부정한 현실을 배경으로 한 '정正'(바로잡음)이라고 해설한 적이 있는데, 선생님의 이 말씀에서 똑같은 철학을 발견했기 때문입니다. 이른바 유교와 도교를 정반대 경향으로 단순 대립시키는 학자들의 해석이 무색해지는 순간이지요. 치국은 곧 정치니 '정정야政正也'(정치는 바로잡음이다)라고 한 공자의 말과 선생님의 이 말은 적어도 표면상으로는 완벽한 일치인 겁니다. 사실 그렇게 통하는 부분이 두 분에게는 적지 않습니다. 지금은 그게 주제가 아니니 긴 이야긴 불가능합니다만.

"기대가 되는군요, 그런 논의도."

언젠가는 누군가가 해주겠지요. 두 분의 다름이 아닌 같음을 얘기하는 논의를.

그리고 '이기용병以奇用兵'(특별함[보통이 아님]으로 군사를 쓰고)의 '기奇'. 이건 오해가 특히 심합니다. 기이하거나 기발하거나 괴상하거나 느닷없거나 한 그런 특이함이, 심지어 기습이 용병의 기술이어야 한다는 식의 해설이 대부분인데, 터무니없다고 저는 생각합니다. 그런 건 애당초 선생님의 문맥에 들어올 수 없는 것이니까요.

"오호, 많은 사람들이 눈에 쌍심지를 돋우겠는데…, 그렇다면?"

이건 용병 즉 군사를 움직인다는 사실 내지 사태 그 자체가 '기奇'

즉 기이한 일, 다시 말해 '보통일이 아닌' 그런 것이어야 한다, 방어 등 불가피한 사태가 아니라면 보통 군대를 동원하지 않는다, 그런 뜻이지요. 그렇지 않습니까?

"하하하, 이럴 때 난 지금 웃을 수밖에 없군요. 듣는 사람들이 대신 대답할 겁니다."

한-중-일-영-독 제가 참고한 어떤 자료에서도 이렇게 읽는 경우는 없었는데, 이런 의미가 아니라면 문맥이 통하지 않는다고 저는 느꼈습니다.

그리고 '이무사취천하以無事取天下'의 '무사無事'. 이건 이미 29장과 48장에서 말씀하신 겁니다만, '천하를 다스리기'는 언제나 '무사無事'함[큰일이 없음]95)으로 하는 것이니, 그 '유사有事'함[큰일이 있음]에 이르는 것은 그것으로 '천하를 다스리기'에 부족하다.' 그런 의미였습니다. 말하자면 천하(온 세상)의 지지를 받는 것은 곧 평화다, 그런 뜻이죠. 큰일이 나면 그야말로 큰일이니 그런 큰일이 없는 것이 천하제일인 거죠. 그래서 제가 반전-평화주의의 사상적 선구자로 선생님께 노벨평화상을 드려야겠다고 말했던 거고요. 그러니 이 말씀이 전쟁으로 천하를 제패하는 전략 같은 게 아닌 건 너무나 당연한 거지요.

"일단 다 설명이 되었군요. 그럼 그 다음은?"

네, 말씀의 세 토막 중 두 번째 토막인데, '내가 무엇으로 그 그러함을 알겠는가? 이로써다. 천하에 금기가 많으니 그래서 백성이 더욱 등을 돌리고, 백성이 이익 관련 장치가 많으니 그래서 나라가 자주 혼란해지고, 사람들이 잔꾀/모략이 많으니 기이한 일들이 자주 일어나고, 법 같은 것들이 자주 내걸리니 도적이 많이 있다(吾何以知其然哉. 以此. 天下多忌諱, 而民彌叛; 民多利器, 而邦滋昏; 人多智, 奇物滋起; 法物滋彰, 盜

---

95) 63장에도 관련 언급.

賊多有).' 저는 이런 식의 말씀도 참 좋아합니다. 서양식 논리와는 좀 다르긴 하지만, 중국식 논리랄까, 나름의 배경설명이니까요, 앞의 말씀에 대한. 그걸 네 가지로 설명하시는데, 역시 내용적으로 크게 공감이 됩니다. (물론 앞의 말씀과 일대일 기계적으로 딱딱 대응하는 배경설명은 아닙니다만, 그런 가치들이 필요한 문제적 현실이라는 점에서는 충분히 설득력이 있습니다.) 민미반民彌叛-방자혼邦滋昏-기물자기奇物滋起-도적다유盜賊多有, 그리고 그 각각에 원인을 제공하는 다기휘多忌諱-다리기多利器-다지多智-법물자창法物滋彰.

"이것도 설명이 좀 필요하다는 사람들이 있겠군요."

직접 해주시진 않고 저에게 떠넘기기만 하시니 좀 얄미…. 하하.

"문법이 다른 걸로 이해하시지요. 하하"

네, 그럼 설명해 보지요. 민심의 이반(民彌叛), 국가의 혼란(邦滋昏), 도적[단순한 도난뿐만 아니라 그 조직화-세력화]의 다발(盜賊多有), 다 설명 없이 지금도 곧바로 이해가 가능한 일들입니다. 다만 '기물자기奇物滋起'는 설명이 좀 필요합니다. 저 자신도 처음엔 이게 무슨 말인가 했으니까요. 그래서 저는 생각 끝에 이걸 '기이한 일들이 자주 일어나고', 그런 뜻으로 읽었습니다. '기이한 일들'이란, 정상이 아닌 일들, 예컨대 횡령, 탈세, 사기, 로비, 카피, 요즘 같으면 보이스피싱 등등, 정말 별의별 괴상한[비정상적인] 일들이 다 일어납니다. 그런 거지요, '기물자기奇物滋起'는. 그런데 선생님은 이런 일들이 일어나는 배경에 '다기휘多忌諱-다리기多利器-다지多智-법물자창法物滋彰'이라는 원인제공이 있다고 진단하시는 거지요. '다기휘多忌諱' 즉 수많은 금기사항들, '다리기多利器' 즉 수많은 편리한 도구들, '다지多智' 즉 별의별 잔꾀와 모략들, '법물자창法物滋彰' 즉 하루가 멀다고 옭아매고 쥐어짜는 이래라저래라, 이건 안 된다 저건 안 된다 식의 강제들, 규제들, 이런 것들이 저 수많은 '문제적 상황들'을 야기한 것이다, 그렇게 진단하신 거지요. 안 된다는 게 많으니 민심이 이반하는 거고, 이익 관련 장치들이 많으니 [돈이든 지위든 명성이든] 서로 그 이익을 차지하겠다고 온갖 수단을 동원해 아귀다툼을 벌이니 나라가 혼란한 거고, 인간들이 별의별 잔꾀와 모략들을 부리고 꾸미니 별의별 해괴한 사건들이 다 일어나는 거고, 이래라 저래라 이건 안 된다 저건 안 된다 식의 국가적 강제들이 백성을 옭아매고 쥐어짜고 동원하고 하니 피폐해진 민생을 견디다 못해 도적의 길로 들어서는 거고…, 그런 진단이신 거지요. 선생님 나름의 현실감각이 탐지한 결과라고 저는 이해합니다.

"에휴~ 이선생 입을 통해 다시 들어도 한숨이 나는군요. 그래서 '정正-기奇-부사無事'(바름-특별함-일없음)가 필요한 겁니다."

네, 말씀하신 현실이 그러니 이런 가치들을 제시하신 거겠죠. '이차以此'[이 때문이다]라는 말이 그 증거라고 저는 풀이합니다. 그리고 이른바 '성인'을 동원해서 그 정당성을 다시 다지고 지향점을 분명히 하신 거지요. 그래서 이 57장은 그 논리적 구조가 탄탄하다는 느낌을 줍니다. 그 마지막 다짐이 바로 '고로 성인은 말하기를, "내가 무위하니 백성이 저절로 잘 되어 가고, 내가 고요함을 좋아하니 백성이 저절로 발라지고, 내가 일을 벌임이 없으니 백성이 저절로 부유해지고, 내가 욕심이 없으니 백성이 저절로 순박해진다"고 했다(故, 聖人云. 我無爲而民自化, 我好靜而民自正, 我無事而民自富, 我無欲而民自樸).'라는 말씀이었죠. 여기서 인용하는 이 '성인'이 구체적으로 누구인지는 분명치 않습니다만. 그리고 이 말씀이 정말 인용인지도 분명치 않습니다만.

"그게 누구인지 누구 말인지, 그런 게 뭐가 중요하겠습니까. 중요한 건 말의 내용이지요."

동의합니다. 그런데 요즘은 따옴표를 치고 인용 출처를 밝히지 않으면 표절입네 어쩌네 하며 아주 난리니까요. 하하하.

아무튼 한 가지 분명한 건 적어도 여기서 말씀하시는 '성인'은 '훌륭한 정치적 지도자'라는 겁니다. 그건 분명해 보입니다. '민民' 즉 백성을 변화시키는 존재니까요.

"민자화民自化-민자정民自正-민자부民自富-민자박民自樸"

네, 생각해 보면 참 엄청난 변화죠. 강제한 것도 아닌데 백성이 저절로[본질적 정상상태로] 되어 가고(化), 발라지고(正), 부유해지고(富), 순박해지니까요(樸). (저 '정正'자가 결론적인 성인 말씀에 다시 나오니 더 반갑군요.) 요즘 식으로는 이상적인 상태로 되는 겁니다. 이렇게만 된다면, 그야말로 천하가[이 세상이] 유토피아인 거죠. 그런데 이걸 위해서 성인이, 그리고 선생님이 제시하시는 길이 바로 '무위無爲-호정好靜-무사無事-무욕無欲'이군요. 너무나도 '노자적'인 가치들….

" '위爲-사事-욕欲', 인위적인 하려 함, 일을 벌임, 하고 싶어 함, 이런 것에 대한 주의 내지 경계. 그리고 고요(靜)에 대한 선호."

다른 곳에서도 이미 충분히 말씀하신 바이죠.

• 무위無爲 ― 2, 3, 10장, 그리고 38, 43, 48, 57, 63, 64장. (2장 : 성인처무위지사聖人處無爲之事, 3장 : 위무위즉무불치爲無爲則無不治, 10장 : 애민치국, 능무위호愛民治國, 能無爲乎, 38장 : 상덕무위이무이위上德無爲而無以爲, 43장 : 오시이지무위지유익吾是以知無爲之有益, 48장 : 이지어무위, 무위이무불위以至於無爲, 無爲而無不爲, 57장 : 아무위이민자화我無爲而民自化, 63장 : 위무위, 사무사爲無爲, 事無事, 64장 : 시이성인무위고무패是以聖人無爲故無敗)

• 호정好靜 ― 15, 16, 37, 45, 57, 61장. (15장 : 숙능탁이정지서청孰能濁以靜之徐淸, 16장 : 정위조군, … 불리정중靜爲躁君, … 不離靜重, 37장 : 불욕이정不欲以靜, 45장 : 정승렬, 청정위천하정靜勝熱, 淸靜爲天下正, 57장 : 아호정이민자정我好靜而民自正, 61장 : 빈상이정승목, 위기정야, 고, 의위하牝常以靜勝牡. 爲其靜也, 故, 宜爲下)

• 무사無事 ― 48, 57, 63장. (48장 : 취천하상이무사取天下常以無事, 57

장 : 아무사이민자부我無事而民自富, 63장 : 사무사事無事)

　▪ 무욕無欲 ─ 3, 34, 57장. (3장 : 상사민무지무욕常使民無知無欲, 34장 : 상무욕, 가명어소常無欲, 可名於小, 57장 : 아무욕이민자박我無欲而民自樸)

　정리하자면 이렇죠. 이러니 이건 선생님의 확고한 신념이자 가치라고 저는 믿어 의심치 않습니다. 사람들이 이런 노자적 방법론에 선뜻 동의할지는 언제나 미지수입니다만, 그리고 만능일지는 알 수 없습니다만, 이게 필요한 부분, 필요한 경우는 분명히 있다고, 그렇게 저도 믿습니다. 부디 성인뿐만 아니라 보통의 위정자들도, 그리고 백성들도 이런 덕을 체하해서 '민자화 민자정 민자부 민자박'한, 그런 천히기 되었으면 좋겠네요.

　"기다려봅시다. 꾸준히 이런 말을 반복하면서."

　네, 꼭 천하는 아니더라도, 작은 일부라도 그런 영역을 넓혀가면서. 포퍼의 '단편적 사회공학'처럼. 제 식으로 말하자면 '사막에서 오아시스 만들기'처럼.

　"사막에서 오아시스라…, 그것도 좋겠네, 거기도 백성이 있다면. 하하하."

58.

그 정치가 어수룩하면 그 백성은 순박하고

其政悶悶, 其民淳淳;96) 其政察察, 其民夬夬.97) 禍, 福之所倚, 福, 禍之所伏,98) 孰知其極其無正. 正復爲奇, 善復爲妖. 人之迷, 其日固久. 是以聖人方而不割,99) 廉而不劌,100) 直而不肆, 光而不燿.

기정민민, 기민순순; 기정찰찰, 기민쾌쾌. 화, 복지소의, 복, 화지소복, 숙지기극기무정. 정부위기, 선부위요. 인지미, 기일고구. 시이성인방이불할, 렴이불귀, 직이불사, 광이불요.

그 정치가 어수룩하면 그 백성은 순박하고, 그 정치가 깐깐하면 그 백성은 교활하다. 화는 복이 기대는 바이고, 복은 화가 숨어 있는 바이니, 누가 그 극을, 그 바름 없음을 알겠는가? 바름은 다시 기이함이 되고, 선함은 다시 요사함이 된다. 사람의 미혹은 그 날이 이미 오래됐다. 그래서 성인은 반듯하지만 가르지 않고, 청렴하지만 상처 내지 않고, 올곧지만 방자하지 않고, 빛나지만 번쩍이지 않는다.

---

96) '淳淳'이 백서본에는 '惇惇'으로, 하상공본에는 '醇醇'으로 되어 있다.
97) 통용본에서는 '夬夬'가 '缺缺'로 되어 있다.
98) 통용본에는 '福'과 '禍' 뒤에 각각 '兮'자가 있다. 없는 게 나으므로 백서본-한간본을 따른다.
99) 백서본-한간본에는 '聖人'이 없다. 한간본에는 이 뒷부분 전체가 아예 없다.
100) '劌'가 백서본에는 '刺'로, 하상공본에는 '害'로 되어 있다. 왕필본-부혁본을 따른다.

노선생님, 이 58장 말씀을 들으면서 제 머리는 또 쥐가 날 것 같습니다.

"아니 왜요? 도도 덕도 아닌 정치(政)에 대한 이야기건만."

그거야 '정政'자가 두 번씩이나, 그리고 '민民'자와 함께 언급되는데 누가 모르겠습니까. '화禍'와 '복福'도, '정正'과 '선善'도, 다 구체적인 삶의 주제들인데 어려울 게 없지요. 충분히 이해도 되고 공감도 됩니다.

"아, 그럼 혹시 또 여러 번 말한 그 문맥의 연결? 그건가요?"

이젠 저보다 더 잘 아시는군요. 네, 문장과 문장의 연결고리가 썩 잘 잡히질 않습니다. 이걸 제대로 설명해 주는 해설도 별로 본 적이 없고…. 풍우란처럼 이걸 '변증법'의 선구인 양 생뚱맞은 해설로 오히려 해석을 방해하기도 하고….101)

"그럼 또 그 해석학이 말하는 지평의 융합을…."

선생님! 그게 그렇게 옆에 놓인 땅콩 집어먹듯이 간단한 일이 아니랍니다. 해석자들이 과정은 생략한 채 결과만 말하니 그렇게 보일지도 모르겠습니다만…, 그 과정은 정말 악전고투죠. 정말이지 난해한 고전을 남기신 분들의 책임도 작지가 않습니다.

"허허, 뭔가 원망을 듣는 듯하군요. 알겠습니다, 잠자코 한번 기다려 보지요, 그 풀이를."

'기정민민, 기민순순; 기정찰찰, 기민쾌쾌其政悶悶, 其民淳淳; 其政察察, 其民夬夬', 표현도 멋지고 내용은 더 멋집니다. '그 정치가 어수룩하면 그 백성은 순박하고, 그 정치가 깐깐하면 그 백성은 교활하다.' '정

---

101) '孰知其極 其無正. 正復爲奇, 善復爲妖'에 변증법적 구조의 여지가 아주 없는 것은 아니나, 그 기본 취지가 같지 않아, 변증법 운운은 무리한 해석이다.

政-민民'(정치와 백성), 그리고 '민민悶悶-찰찰察察', '순순淳淳-쾌쾌夬夬', 어수룩한 정치와 깐깐한 정치가 대비되고, 그 결과인 순박한 백성과 교활한 백성이 선명한 대비를 이루고 있네요. 보통 언뜻 생각하기로는 그 반대인데, 선생님은 항상 이렇게 그 선입견을 뒤집어 진실을 보여주곤 하시지요. 노자식 역설이랄까…. 대표적인 '무위이무불위無爲而無不爲' 도 그렇고요.

"그 역설의 내용이 어떤 건지 설명을 기다리는 사람도 있을 텐데."

민민悶悶(어수룩)한 정치와 찰찰察察(깐깐)한 정치는 실제로 있습니다. 순순淳淳(순박)한 백성과 쾌쾌夬夬(교활)한 백성도 실제로 있고요. 그런데 보통은 민민한 정치가 나쁜 것, 찰찰한 정치가 좋은 것, 그렇게 생각합니다. (각각 무위의 정치, 유위의 정치, 그렇게 생각해도 좋을지 모르겠네요.) 그리고 민민한 정치는 쾌쾌한 백성을, 찰찰한 정치는 순순한 백성을 만든다, 그렇게 생각합니다. 정치가 어수룩하면 백성들이 교활하게 온갖 잔꾀를 부려 이득을 취하느라 혼란이 오고, 정치가 별의별 세세한 부분까지 다 들여다보며 백성을 통제하면 순순히 잘 따라 태평성세가 오고, 그럴 거라 생각하는 거죠. 그런데 선생님은 그 반대를 말하신 거죠. 저는 정말 탁견이라고 생각합니다. 정말 현실은 그 반대입니다. 마키아벨리는 아마 동의하지 않을지도 모르겠지만.

"정말 동의하지 않으면 어쩌실 작정인지."

그렇다면 현실을 보여주면 됩니다. '민민悶悶'한 정치는 요즘 식으로 말하자면 자율주의-위임주의, '찰찰察察'한 정치는 요즘 식으로 말하자면 통제주의-감시주의에 해당할 수 있는데, 그 결과는 선생님 말씀 그대로니까요.

"기정민민, 기민순순其政悶悶, 其民淳淳"

네, 정치는 기본만 하고 나머지는 백성들에게 맡겨두면 의외로 일들이 순조롭게 돌아갑니다. '순순'인 거죠. 물론 이게 거저 되는 건 아닙니다. 민민한 정치에도 순순한 백성에도, 실은 눈에 보이지 않는 숨은 원리가 작용합니다. (어쩌면 그게 도이고 덕인지도 모르겠습니다.) 정치가 어수룩(悶悶)하면, 그런 자연의 힘이 활성화되는 겁니다. 알게 모르게 작용하는 그런 숨은 힘이 진짜 힘인 거지요. ('드러난 조화보다도 드러나 있지 않는 조화 쪽이 더 뛰어나다'고 한 헤라클레이토스의 말처럼.) '민민悶悶'(어수룩)하다는 건 백성에게 무관심하다는 게 절대 아닙니다. 무능하다는 것도 절대 아닙니다. 과잉해석이 될 수도 있지만, '민민悶悶'은 고민의 '민悶'자가 두 개씩이나 겹쳐 있으니 자율에 맡겨둔다는 게 고민에 고민을 거듭한 최선의 결과일 수도 있는 겁니다. 그러면 백성들이 알아서 의논도 하고 협동協同도 하면서 그들 나름으로 최선의 결과를 찾아나가게 됩니다. 굳이 정치에 대해 날을 세울 필요도 없어지지요. 정치는 백성들이 필요로 하는 부분을 도와주기만 하면 됩니다. 그러니 백성은 '순순淳淳'해질 수밖에요. 우리는 그런 자율의 효과를 지금 여기서 얼마든지 확인할 수 있습니다.

"그럼 '기정찰찰, 기민쾌쾌其政察察, 其民夬夬'는?"

네, 한편 '찰찰察察'(깐깐)한 정치는 백성들을 통제-규제하고 일일이 간섭하는 것인데, 그러면 잘 따라올 거라 생각하기 쉽지만, 천만의 말씀, 백성들은 그런 걸 좋아하지 않습니다. 면종복배面從腹背. 절대 호락호락하지 않습니다. '찰찰'[속속들이 들여다보는 깐깐함]을 통해 백성을 장악하고 순순케 하기란 절대 불가능합니다. 그런 게 성공한 예가 없습니다. 히틀러 정권, 스탈린 정권 등이 그 대표적 증거입니다. 최고의 찰찰이었던 나치의 게슈타포와 구동독의 슈타지, 그리고 구소련의 KGB도 결국 백성을 순순하게 만들지는 못했죠. 반면에 그런 정치하에서는 백성들이 온갖 잔꾀를 총동원해서 각각의 이익을 추구하게 됩니다. '쾌쾌夬夬'(교활)인 거죠. 교활이 판을 치는 저급한 천하가 되는 겁니다. 예전에 중국에서 정부가 1자녀 제한정책으로 인민들을 통제했을 때, '정부에 정책이라는 게 있으면 인민에게는 대책이라는 게 있다'며 그 통제를 피해서 둘째, 셋째를 낳는 비결을 한 중국 지인에게 들을 적이 있었습니다. 지금 생각하면 한갓 우스개지만 정말 교활했습니다. 말하자면 그런 것들, 법망을 교묘하게 피해 가는 그런 것들이 다 '쾌쾌夫夫'입니다. 우리는 그런 통제의 효과도 지금 여기서 얼마든지 확인할 수 있습니다.

"증거까지 대주니 고맙군요. 그럼 다음은?"

'화는 복이 기대는 바이고, 복은 화가 숨어 있는 바이니, 누가 그 극을, 그 바름 없음을 알겠는가? 바름은 다시 기이함이 되고, 선은 다시 요사함이 된다. 사람의 미혹은 그 날이 이미 오래됐다(禍, 福之所倚, 福, 禍之所伏, 孰知其極其無正. 正復爲奇, 善復爲妖. 人之迷, 其日固久).' 말씀의 가운데 토막입니다. 이 말씀도 저는 참 공감합니다. 여기서 선생님은 '화禍'와 '복福'을, 요즘 식으로 하자면 불행과 행복을 말씀하시는데(이건 저 자신의 철학적 주제이기도 해 이야기를 하자면 한도 끝도 없어 생략합니다만) 참 흥미롭습니다. 화와 복의 절대성 대신에 화와 복의 상대성이랄까 상관관계랄까, 그 순환구조를 말씀하시니까요. 절대불변의 '화'도 없고 절대불변의 '복'도 없다…, '복'이 '화'에 기대 있고 '화'가 복'에 숨어 있다(이건 저 류안劉安의 《회남자淮南子》〈인생훈人生訓〉에 나오는 유명한 '새옹지마塞翁之馬' 이야기가 아주 잘 보여줍니다.102) 너무 유명한 이야기라 따로 확인하진 않겠습니다만), 그러니 불행하다고 너무 한탄하지도 말고 행복하다고 너무 좋아하지도 말라,

---

102) "近塞上之人, 有善术者, 马无故亡而入胡. 人皆吊之, 其父曰: '此何遽不为福乎.' 居数月, 其马将胡骏马而归. 人皆贺之, 其父曰: '此何遽不能为祸乎.' 家富良马, 其子好骑, 堕而折其髀. 人皆吊之, 其父曰: '此何遽不为福乎.' 居一年, 胡人大入塞, 丁壮者引弦而战. 近塞之人, 死者十九. 此独以跛之故, 父子相保."

그런 메시지로도 들립니다. 그야말로 삶의 지혜죠. 그런데 선생님은 한 마디를 더 보태십니다. '누가 그 극을, 그 바름 없음을 알겠는가(孰知其極其無正)?' 화복의 이런 상대성이 일회적인 것이 아니라 끝없이 반복된다는 말씀인 거죠. 그 끝(其極)이 어떨지 누가 알겠는가, 아무도 모른다, 어떤 게 옳은 건지 (화인지 복인지) 누가 알겠는가, 이게 옳다 저게 옳다 정해진 게 없다(其無正), 그걸 누가 알겠는가, 아무도 모른다…, 그런 말씀인 거죠. 그리고 부연설명까지 보태십니다. '바름은 다시 기이함이 되고, 선함은 다시 요사함이 된다(正復爲奇, 善復爲妖).' 그러니까, '정正과 선善'이, '옳다-그르다, 좋다-나쁘다'가, 즉 '화다-복이다'가, 고정불변이 아니라는 말씀인 거죠. 옳다고 생각했던 게 다시 이상한 게 되어 버리고(正復爲奇) 좋다고 생각했던 게 다시 요상한 게 되어 버리고(善復爲妖)…, 그렇게 헷갈리는 거죠. 한두 번도 아니고 하루 이틀도 아니고, 정말 헷갈리는 거죠. 그래서 사람들은 뭐가 화인지, 뭐가 복인지, 뭐가 바른지 뭐가 그른지, 뭐가 좋은지 뭐가 나쁜지, 미혹의 상태에 빠져버렸다는 거죠, 이미 오래전부터(人之迷, 其日固久). 제가 듣기에 이건 한탄으로도 들립니다.

여기서 첫 번째 토막과 이 두 번째 토막의 연결고리가 어렴풋이 눈에 들어옵니다. 민민悶悶한 정치와 찰찰察察한 정치, 그 어느 게 복福인지 화禍인지, 어느 게 정正인지 부정不正인지, 어느 게 선善인지 악惡인지, 사람들이 헷갈린 지 이미 오래되어 버렸다…, 그런 이야기가 되는 거지요. 그러면 연결이 됩니다. 이 헷갈림, 이 뒤집힘, 이 미혹, 그걸 이야기하기 위해 저 '기정민민 … 기민쾌쾌'를 말씀하신 셈입니다. 맞죠? 제 이해와 해석이.

"하하하, 내가 웃을 수밖에 없다는 걸 이미 아시면서."

그러실 줄 알았습니다. 아무튼 그래서 그 다음입니다만, '그래서 성인은 청렴하지만 가르지 않고, 날카롭지만 상처 내지 않고, 올곧지만

방자하지 않고, 빛나지만 번쩍이지 않는다(是以聖人 方而不割, 廉而不劌, 直而不肆, 光而不燿).' 그러니까 이게 그냥 막연한 일반적 가치론이 아닌 겁니다. 앞에서 하신 말의 연장인 겁니다. '방方-렴廉-직直-광光'이 각각, 앞에서 말씀하신 정민민정찰찰-화복-정[부정]-선[불선], 그걸 받는 겁니다. 그렇게 읽으면 이게 앞의 둘과 이 세 번째 토막의 연결고리인 셈이지요. 그렇게 읽지 않으면 이 세 번째 말들이 너무 뜬금없는 겁니다.

"그래서, 그 의미는?"

내적 대응인 거죠, 이 미혹된 현실에 대한. 그러니까 진실을 제대로 아는 성인은, 스스로 '방方-렴廉-직直-광光'을, 즉 반듯하고-청렴하고-올곧고-빛나고, 그런 것들을 자신의 가치로 삼더라도, 그게 화가 될지 복이 될지, 정일지 부정일지, 선일지 악일지 그 極[마지막 도달점]을 알 수 없으니, 그 正[올바름]을 알 수 없는 것이니(孰知其極其無正), 그래서 '할割-귀劌-사肆-요燿'를 하지 않는다, 즉 나누기/가르기를, 상처 주기를, 방자하기를, 빛나기를 하지 않는다, 조심한다, 경계한다, 즉 '불할不割103)-불귀不劌-불사不肆-불요不燿'를 가치로 삼는다, 그렇게 할 수 있는 사람이 성인이다, 성인은 그렇게 한다, 그런 이야기가 되는 겁니다. 이 말씀 역시 실제로 사람들이 그렇게 하고 있는 현실을, 즉 '편 가르기-상처 주기-오만방자하기-뻐기기', 그런 현실을 그 배경에 깔고 있는 거겠죠. 선생님 당시나 지금이나 세상의 현실은 똑같습니다.

"그런 사람들에게 정면으로 물어봐야겠군요. 정치가 민민하면 백성이 순순일지 쾌쾌일지, 정치가 찰찰하면 백성이 어떨지, 그게 화禍일지 복福일지, 정正일지 어떨지, 선善일지 어떨지."

네, 정正은 언제 다시 이상한 게 되고 선善도 언제 다시 요상한 게

---

103) 28장 참조.

될지 그 마지막(極)을 아무도 모르는데, 쉽게 단정하고서 함부로 편 가르고-상처 주고-오만방자하고-뻐기고 그러면 안 되는 거죠. 흔히 '두고 봐!' 하는 말, 그거 의미 있는 거죠. 하하. 아무튼 선생님, 저는 이렇게 선생님의 문맥을 읽었습니다. 이게 정답일지는 모르겠습니다만.

" '두고 봐! 숙지기극기무정孰知其極其無正', '누가 그 극을, 그 바름 없음을 알겠는가?' … 정답은 없습니다. 하하하"

어이쿠, 연결고리를 찾았답시고 함부로 단정해서 편 가르고 상처 주고 오만방자하고 뻐기고 그러면 안 된다는 말씀이군요. 잘 알겠습니다. 하하하.

59.
사람을 다스리고 하늘을 섬기기는

治人事天莫若嗇. 夫唯嗇, 是以早服.[104] 早服, 謂之重積德. 重積德,
則無不克, 無不克, 則莫知其極, 莫知其極, 可以有國. 有國之母, 可
以長久. 是謂深根固柢, 長生久視之道.

치인사천막약색. 부유색, 시이조복. 조복, 위지중적덕. 중적덕, 즉무불극, 무불극,
즉막지기극, 막지기극, 가이유국. 유국지모, 가이장구. 시위심근고저, 장생구시지도.

사람을 다스리고 하늘을 섬기기는 '아끼기'만한 것이 없다. 무릇 오직 아
낀다는 것, 이것으로 일찌감치 복종을 한다. 일찌감치 복종한다는 것, 이
를 일컬어 '거듭 덕을 쌓기'라 한다. 거듭 덕을 쌓으면 극복하지 못할 게
없고, 극복하지 못할 게 없으면 그 극단을 알지 못하고, 그 극단을 알지
못하면 나라를 보존할 수 있다. 나라보존의 어미는[=근본은] 장구할 수 있
게 한다. 이[어미]를 일컬어 '심근고저深根固柢'[깊은 뿌리 튼튼한 기초]라
한다. 길이 살고 오래 보기의 길(道)이다.

———————◼◼◼———————

노선생님, 이젠 새삼스러울 것도 없지만 저는 선생님이 정말 존경스

---

104) 통용본에는 '以'가 '謂'로 되어 있다. 문맥이 자연스러운 백서본을 따른다.

럽습니다. 어떻게 이 짧은 몇 마디 말에 이렇게 많은 그리고 깊은 의미들을 담아낼 수 있는지. 그런데…

"나도 이젠 새삼스러울 게 없군요. 이선생의 그 '그런데'라는 불만. 하하, 이번엔 또 뭔지."

금방 감이 잘 잡히지 않는 개념들이 있다는 겁니다. 특히 '색嗇'과 '조복早服'.

"그럼 또 의미의 탐험을 하셨겠군요."

네, 또 머리에 쥐가 나도록.

"흥미롭게 기대하는 사람들도 있겠군요, 그 탐험기. 그런 불만을 이선생만 느낀 것도 아닐 테니까요. 어디 한번 들어봅시다."

우선 '치인사천治人事天', '사람을 다스리고 하늘을 섬긴다.' 이건 일부 학자들처럼 굳이 특이한 해석을 할 필요도 없습니다. 선생님의 말씀들은 진의를 알고 나면 사실 대부분 액면 그대로 이해가 가능한 것이니까요. '치인사천治人事天'(사람을 다스림, 하늘을 섬김)이라는 이 주제제시도 인간의, 특히 정치와 유관한 인간의 기본 관심사에 속하니까요. 그런데 '막약색莫若嗇'('색'만한 것이 없다)에서 일단 발목이 잡힙니다.

"왜죠?"

'색嗇'이라는 것이 '인색吝嗇'의 색인지라, 저희에게는 첫인상이 부정적이기 때문입니다. 치인사천에 인색만한 것이 없다, 이건 말이 안 되는 거죠. 그런데 선생님이 말이 안 되는 말을 하셨을 리는 없고…, 그럼 뭐지? 이 의미는?

"그래서 어떻게 탐험을 하셨나? 뭐가 보이던가요?"

일단 이건 긍정적인 의미여야만 합니다. 그래서 사전을 펼쳐놓고 뚫어져라 바라보면서 생각해 보니 문득 떠오르는 게 있더군요.

"그게?"

'아낀다'는 것이었습니다. 인색하다는 건 애당초 자기가 가지고 있는 뭔가를 소중히 여겨서 집착하고 그래서 함부로 쉽게 남에게 내어주지 않는다, 낭비하지 않는다, 그런 의미에서 '아낀다'는 거죠. 그러니 이 '색嗇'은 그 내용이랄까 대상을 내 것으로 생각하고, 소중한 것으로 생각하고, 따라서 끝까지 내 것으로 지키려 하고, 그렇게 하는 태도인 거죠. 그러면, 그런 한에서는, 당연히 긍정적인 의미가 될 수 있습니다. 그게 꼭 재물일 필요도 없고요. 심지어 그 내용-대상이 '사람(人)'이고 '하늘(天)'이라면 더더욱 그렇지요. 그런 걸 마치 재물을 아끼듯이 아낀다면 다스리기(治)와 섬기기(事)에 정말이지 그만한 게 어디 있겠습니까. 생각이 거기에 미치자 저는 선생님의 이 말씀이 단박에 이해되었습니다. 무릎을 치면서 공감했고요.

"탐험에서 보물을 발견한 셈이군요."

그런 셈이죠. 몇 십 년 전에 본 영화 〈메리 포핀스〉에서 주인공 메리가 보모로서 돌보는 아이들이 아빠가 근무하는 은행을 찾았을 때, 은행장이 노래를 부르면서 '은행원이 1페니를 꽉 쥐고서 놓지 않듯이…' 어쩌고 하던 그 장면이 떠오르기도 했습니다. 좀 극단적으로 과장되긴 했지만 '아낀다'는 건 그런 태도인 거죠. 물론 정말 그런 자세로 인민을 다스리고 하늘을 섬기는 그런 위정자는 동서고금을 막론하고 참 드물기는 합니다만.

"그런 게 흔하다면 내가 굳이 그런 말을 할 필요도 없었겠지요. 정말이지 그런 '색嗇'만한 게 없습니다, '치인사천治人事天'에는."

이제 충분히 납득이 됩니다, 그 말씀. 그런데 납득했다고 좋아하는 것도 잠시, '조복무服'이 또 발을 걸더군요. '앞서서 따른다', '일찍이 따른다', '빨리 되돌아온다' 등등 여러 풀이를 봐도 전혀 이해에 도움이 되지 않았습니다. 사실 중요한 고전은 토씨 하나만 달라도 의미가 완전히 달라지고는 하니까요.

"그래서 그건 어떻게 해결하셨는지?"

'일찌감치 복종한다'고 글자 그대로 읽으니 거기 열쇠가 있더군요. '조무'(일찍)라는 건, 이리저리 버티고 빼다가 나중에 마지못해, 억지로 … 그런 게 아니라, 그야말로 늦기 전에 일찌감치, 가능하다면 애초부터라는 거고, '복服'이라는 건, 뻗댈 게 아니라, 큰 체-센 체-잘난 체할 게 아니라, 대립-대결-적대시할 게 아니라, 이기려 할 게 아니라…, 순순히 복종하라는 거죠. 굽히라는 거죠. 누구에게? 저쪽에게, 사람에게, 하늘에게. 그러면, 그런 자세-그런 태도면, 사람을 다스리고 하늘을 섬기기에 더할 나위 없다, 그렇게 읽으니 이것도 단박에 이해되더군요.

"내 말이 원래 그런 뜻이 아니었다 하더라도, 듣고 보니 설득력은 있군요. 하하. 그런데 '부유색, 시이조복夫唯嗇, 是以早服'(무릇 오직 아낀다는 것, 이것으로 일찌감치 복종을 한다)은?"

말씀드리려던 참입니다. '조복무服'이라는 게 어찌 보면 요즘 말로 '안 될 거 같으니 처음부터 눈치껏 알아서 긴다'는 약간 부정적인 뜻으로도 읽힐 수 있는데, 그런 비굴한 태도가 아니라, '저쪽을 진심으로 아끼는 마음, 소중히 여기는 마음, 그게 기초가 되어, 그걸 기초로 해서(是以)'라는 그런 뜻이라고 저는 이해했습니다. 그런 마음이라면 기꺼이 얼마든지 이쪽이 자세를 낮추고 굽히고 따를 수가 있는 겁니다. 말하자면 민심에, 천심에.

"허허, 거 참, 그런 걸 어찌 그리 잘 아시는지."

주변에 화목한 부부관계를 보면 금방 이해됩니다. 사랑으로 일찌감치 자기를 굽히는 부부는 다툼이 없이 원만하고 오래가죠. 진리는 멀리 있지 않더라고요. 하하.

"허허허, 그거 걸작이군요. 탐험에서 또 하나 보물을 찾으셨네. 그럼 그 다음 '조복, 위지중적덕무服, 謂之重積德'(일찌감치 복종한다는 것, 이를 일컬어 '거듭 덕을 쌓기'라 한다)은?"

네, 그 '조복무服'을 선생님은 '중적덕重積德'이라고 불렀습니다. '거

듭 덕을 쌓기'라고. 그런데 이건 '조복'의 성격규정 내지 한량없는 효과
라고 이해할 수도 있는 말씀입니다. '덕'이라는 게 애당초, 이롭게 하고,
다투지 않고, 자기를 내세우지 않고, 선하고 미덥고, 살게 하고 길러주
고 갖지 않고 기대지 않고 휘두르지 않고(生之畜之, 生而弗有, 爲而弗恃,
長而弗宰) 하는 그런 훌륭함인데, 뭔가 일이 있을 때마다 이런 태도를
견지하면, 즉 아끼는 마음으로 일찌감치 자기를 낮추고 굽혀 저쪽을 따
르면, 이런 훌륭함이 계속 쌓이게 된다는 말씀인 거죠. 그리고 이런 '거
듭 덕 쌓기'의 효과를 선생님은 참 감동스럽게 묘사해 주셨습니다.

"거듭 덕을 쌓으면 극복하지 못할 게 없고, 극복하지 못할 게 없으면
그 극단을 알지 못하고, 그 극단을 알지 못하면 나라를 보존할 수 있다.
나라보존의 어미는[=근본은] 장구할 수 있게 한다(重積德則無不克, 無不
克則莫知其極, 莫知其極, 可以有國. 有國之母, 可以長久)."

네, 일종의 연쇄효과인 셈입니다. 중적덕重積德 → 무불극無不克 →
막지기극莫知其極 → 가이유국可以有國 → 가이장구可以長久. 거듭 덕을
쌓으면, 이겨내지 못할 일이 없고, 그 극단을 알지 못하고, 나라보존이
가능해지고, 길이-오래갈 수 있다. 특히 '장구長久함'은 선생님의 이상
적인 지표의 하나이니(9장, 44장 등에서 말씀하신 대로), 엄청난 효과
인 셈이죠. 이 모든 게 다 저 '조복早服'(일찌감치 복종함)에서, 아니 그
이전에 '색嗇'(아끼기)에서 비롯되는 셈입니다. 그러니 이 별것 아닌 것
처럼 보이는 글자들이 실은 대단한 철학인 거죠. 그래서 처음에 정말
존경스럽다고 말씀드린 겁니다. 다만…

"다만?"

네, 다만 '나라를 보존할 수 있다. 나라보존의 어미는[=근본은] 장구할
수 있게 한다(可以有國. 有國之母, 可以長久).' 이 말은 좀 걸립니다. 왜
냐하면 이것(有國)을 '나라의 소유', '나라의 획득'처럼 설명하는 사람
들이 있는데, 전체 문맥을 봤을 때 그건 선생님의 관심이나 가치가 아

나라고 느꼈기 때문입니다. 그래서 저는 이걸 나라의 보존, 즉 무국-망국의 대립 개념으로 이해했습니다.

"사람들은 그런 해석의 근거를 요구할 텐데."

바로 뒤에 말씀하신 '가이장구可以長久'가 그 근거라고 저는 생각했습니다. 길이-오래가지 못하는 나라들, 망국이 실제로 있으니까요. 선생님의 시대, 춘추전국에도 비일비재했을 테고, 고대의 이스라엘도 그랬고, 우리의 조선도 그랬듯이, 나라의 '오래가지 못함(不可長久)'이 현실이니까, 그러니까 그 반대인 '유국有國'은 관심사가 되고 가치가 되지요. 그런 현실적 배경을 생각했습니다. 그러면 충분히 설득력이 생겨납니다. 그게, 즉 '유국有國'(나라가 유지됨)이, '장구長久함'(오래삼)이, 막지기극莫知其極에서, 무불극無不克에서, 중적덕重積德에서, 조복무服에서, 색嗇에서 가능해진다는 말씀입니다. 즉 '아끼기'에서. 무엇을 아끼기? 사람을 아끼고 하늘을 아끼는 데서! 정말 멋진 가치연쇄입니다.

"명료한 설명이군요."

그런데 아직 문제가 남아 있습니다.

"뭐죠?"

'유국지모有國之母'입니다. 나라보존의 어미? 무국-망국을 방지하는 어미? 이게 무슨 말이지? 이게 장구하게 해준다는 말인데…, 잠시 생각하게 됩니다. '어미'는 1장에서부터 등장하는, 선생님이 선호하는 말인데….

"그래서 결국 어떻게 풀이하시는지."

'이[어미]를 일컬어 '심근고저'[깊은 뿌리 튼튼한 기초]라 한다. 길이 살고 오래 보기의 길[도]이다(是謂深根固柢, 長生久視之道).' 이 마지막 말씀 자체가 그 설명이라고 느꼈습니다. 나라를 보존케 해주는, 길이-오래가게 해주는 어미는 바로 '심근고저深根固柢', 즉 '뿌리가 깊고 탄탄함'이라고 말씀하셨으니까요. 그리고 이게 바로 '길이 살고 오래 보는',

장생구시의 '길(道)'이라고 분명히 말씀하셨으니까요. 우리나라 세종대왕이 말씀하신 '불휘 기픈 남ᄀᆞᆫ ᄇᆞᄅᆞ매 아니 뮐ᄊᆡ …'라는 그것과 같은 취지인 거죠. 결국 기초가 튼튼해야 한다, 길이-오래가려면, 길이 살고 오래 보려면, 그런 말씀 아닌가요? 그게 부부든, 친구든, 학교든, 회사든, 나라든, 동맹이든. 그 기초가 부실해서, 튼튼하지 못해서, 즉 '아끼기'가 없어서, '일찌감치 굽히기'가 없어서, 어려움을 이겨내지 못해서, 대극으로 치달아서, 그래서 그 관계가 파탄 나고, 부부도 친구도 학교도 회사도 심지어 나라도 없어지고, 그래서 더 이상 볼 수 없게 되는, 그런 경우를 우리는 현실 속에서 얼마든지 확인할 수가 있으니, 역으로 선생님의 이 말씀은 너무나 진실인 거죠. 그런 모든 걸 보기 좋은 한 그루 나무에 비유하자면, 그게 오래 살아 오래 보고 싶다면(長生久視) 이렇게 그 뿌리가 튼튼해야 한다(深根固柢), 두말하면 잔소리인 진실인 거죠.

"그렇게 의미의 탐험이 끝났군요. 박수라도 칠까요? 허허허."

매번 그렇듯이 쉬운 노정은 아닙니다만. 하하하.

60.

큰 나라를 다스리는 것은

治大國, 若烹小鮮. 以道莅天下, 其鬼不神. 非其鬼不神, 其神不傷人. 非其神不傷人, 聖人亦弗傷也.105) 夫兩不相傷, 故, 德交歸焉. 치대국, 약팽소선. 이도리천하, 기귀불신. 비기귀불신, 기신불상인. 비기신불상인, 성인역불상인. 부량불상상, 고, 덕교귀언.

큰 나라를 다스리는 것은 작은 생선을 삶는 것과 같다. 도로써 천하에 임하면 그 귀신[=나쁜 놈들]이 신통을 부리지 않는다. 그 귀신이 신통을 부리지 않을 뿐 아니라 그 신통이 사람을 해치지 않는다. 그 신통이 사람을 해치지 않을 뿐 아니라 성인도 또한 귀신을 해치지 않는다. 무릇 이 둘이 서로 해치지 않으니, 고로 덕이 서로에게 돌아간다.

───────────

노선생님, 이 말씀을 처음 들었을 때, 저는 처음 외국에 도착해 살기 시작했을 때가 떠올랐습니다.

"응? 뜬금없이…, 무슨 말씀을 하시려고?"

---

105) 통용본에는 이 부분이 '聖人亦不傷人'으로 되어 있다. 이러면 뒷부분의 '兩不相傷'과 문맥이 통하지 않는다. 문맥을 이해 못한 후대의 오기임이 분명하다. 백서본·한간본을 따른다.

뭔가 '말'을 하긴 하는데 소리만 들릴 뿐 의미가 전혀 들리질 않았기 때문입니다. 선생님이야말로 뜬금없이 생선 삶는 이야길 하지 않나, 귀신 이야길 하지 않나….

"하하, 난 또…, 하지만 의미 없는 소리는 '말'이 되진 않지요. 말에는 반드시 의미가 있습니다."

네, 그래서 그 의미를 찾으려고 또 탐험을 해야만 했습니다.

"이번에도 흥미진진하겠군요. 전혀 들리지 않던 그 의미가 결국 어떻게 들렸는지."

사람을 그렇게 고생시켜 놓고 흥미진진하다니요. 좀 얄미…, 야속…. 아무튼 그 탐험담을 또 풀어놓아 보겠습니다.

'큰 나라를 다스리는 것은 작은 생선을 삶는 것과 같다(治大國, 若烹小鮮).' 이 말씀만큼은 이것저것 다른 학자들의 해설도 참조해 보았습니다만, 왕필의 주를 비롯해 아무런 도움도 되지 않았습니다. '아하, 그렇구나!' 싶은 '납득'이 오지 않았으니까요. 그래서 저는 실제로 생선을 한번 삶아보았습니다. (참고로 저는 아내가 집 안에 기름 튀고 연기 나는 걸 싫어해서 생선을 튀기거나 굽지 않고 주로 끓여서 조리합니다.) 세심한 주의가 필요하더군요. 물이 넘치지는 않는지, 설익지는 않았는지, 너무 익지는 않았는지, 빛깔도 살펴보고 찔러도 보고, 거품도 걷어내고…, 그러면서 문득 깨달았습니다. 아하, 조그만 생선 한 마리 삶는 데도 이렇게 세심한 주의가 필요하구나, '최적'의 상태를 살펴야 하는구나, 불이 너무 세도 안 되고 너무 약해도 안 되고, 시간도 적절해야 하고, 그리고 살이 뭉그러지지 않게 조심조심 살살 다루어야 하고…. 나라를 다스리는 데 필요한 덕목이 거기 다 있었습니다. 비록 생선은 작고 나라는 크지만, 그 다루는 원리는 똑같은 거구나(若), 다스리는 거(治)나 삶는 거(烹)나. 저는 그걸로 완전히 이해하고 납득했습니다. 더 이상의 해석이 필요 없었습니다. 더 이상은 다 군더더기다, 그런 느낌이었습니다. 그렇게 생각하고 나니, 그 '작은 생선 삶기(烹小鮮)' 그 자체에 이미 '도'가 스며 있었더군요. 그래서 선생님이 곧바로 '도'를 언급하시는 것도 자연스런 연결이라고 납득되었습니다.

"못 말리는 사람이로군, 진짜로 생선을 삶아보다니. 그럼 그 다음은?"

'도로써 천하에 임하면 그 귀신이 신통을 부리지 않는다(以道莅天下, 其鬼不神).' 여기서 또 벽이었습니다. '이도以道' 즉 '도로써'라는 것은 '생선 삶는 자세로'라는 뜻이니, 그렇게 나라를 다스리고 천하를 대해야 한다는 말씀으로 이해되었습니다만, 그게 어떻게 '귀신이 신통을 부리지 않는다'는 것으로 연결이 되는지, 아니 그 이전에 귀신은 뭐고 신통이라는 건 뭔지, 정말 무슨 귀신 씨나락 까먹는 소리를 하시는 건지…(죄송), 정말 감도 잡히지 않았습니다.

"그럼 어떻게 이 벽을 넘으셨는지, 이번엔 직접 귀신을 찾아가볼 수도 없을 텐데…."

그러게나 말입니다. 그런데 생각해 보니 선생님인들 귀신을 만났을 리는 없었을 거고 귀신이 신통을 부리는 걸 본 적도 없었을 텐데…, 하는 생각이 들더군요. 지금 확인되지 않는 귀신이 그때는 살아서 막 돌아다니다가 지금 멸종한 것도 아닐 테고요. 그런데 선생님은 어떻게 왜 이런 말씀을 하실 수 있었던 걸까, 생각이 거기에 미치자 또 문득 깨달음이 오더군요. 아하, 이 귀신은 〈월하의 공동묘지〉에 나오는 그런 귀신이 아니구나, 처녀귀신도 아니고 달걀귀신도 아니구나, 다만 그런 이미지의, 그런 성격의 어떤 존재를 말하는구나, 이건 결국 사람이구나, 귀신 같은 놈들, 도깨비 같은 놈들, 나쁜 놈들…, 그런 깨달음. 그러고 보니 저도 살아오면서 이런 귀신, 참 여러 번 만난 적이 있더군요. (예전에 일본의 군국주의자들이 당시 적국이었던 영미를 '귀축鬼畜'이라고 부른 적이 있었는데, 우리 조선에게는 그들이야말로 그런 '귀축'이었죠.) 그런 자들은 참 신통방통, 비상한 재주로 음모를 꾸미고 분탕질을 하고 정말 교묘하게 자신(들)의 이득을 취하더군요. 그러면서 세상의 물을 다 흐려놓고요. 바로 그 신통방통이, 그 장난질이, 분탕질이, '나쁜 짓하기'가 바로 (동사-형용사로서의) '신神'이로구나, 그렇게 이해되었습니다. 요즘 사람들이 생각하는 (명사로서의) '거룩하신 하느님'과는 완전히 다른, 전혀 다른 의미인 거죠. 이게 이해가 되니 이젠 '도로써 천하에 임하면 그 귀신[=나쁜 놈들]이 신통을 부리지 않는다(以道莅天下, 其鬼不神).'도 납득이 되더군요. 나라의 일들, 천하의 일들을 생선 삶듯이 세심하게 살피면서 정도로 다루면 그 최적-최선의 상태를 얻을 수 있으니, 그렇게 되면 나쁜 놈들이 나쁜 짓할 여지가 없어진다, 그럴 공간이 아예 사라진다, 그런 의미가 되는 거죠. 너무너무 지당하신 말씀입니다. 요즘 식으로 말하자면 '정의가 부정을 몰아낸다'는 격이랄까. 환한 백주대낮(以道莅天下)에는 모기도 쥐새끼도 바퀴벌레도(其鬼) 설쳐대지 않는 것처럼(不神).

"거 참, 그렇게 의미를 찾아내다니, 참 신통방통하군요."

그 신통방통이라는 표현, 지금은 좀….

"아, 알겠습니다. 나쁜 뜻은 아니고… 하하. 아무튼 그럼 그 다음은?"

'그 귀신이 신통을 부리지 않을 뿐 아니라 그 신통이 사람을 해치지 않는다. 그 신통이 사람을 해치지 않을 뿐 아니라 성인도 또한 귀신을 해치지 않는다. 무릇 이 둘이 서로 해치지 않으니, 고로 덕이 서로에게 돌아간다(非其鬼不神, 其神不傷人. 非其神不傷人, 聖人亦弗傷也. 夫兩不相傷, 故, 德交歸焉).' 이건 또 무슨 소릴까, 산 넘어 산이었습니다. 여기선 솔직히 텍스트 분석이 좀 필요했습니다. '비非… 불不…'이라는 이중부정이 의미를 헷갈리게 하니까요. '… 않는 게 아니다'라고 글자 뜻 그대로 해석하면 의미가 통하질 않거든요.

"흠, 그래서?"

438

이건 중국 학자들의 도움을 받을 수밖에 없었습니다. 한 중국 지인이 이 '비非'는 '불유不唯'의 뜻일 수도 있다고 알려주더군요. '페이非'와 '뿌웨이不唯', 중국어로는 발음도 비슷합니다. 이런 건 중국인이 아니고서는 알 도리가 없죠. 저로서는 이게 사실인지 확인할 길은 없습니다만, 아무튼 이렇게 읽으면 의미가 통하더군요. '기신불상인其神不傷人'(그 신통이 사람을 해치지 않는다)과 '성인역불상聖人亦弗傷'(성인도 또한 귀신을 해치지 않는다)은 앞의 말에 이어지는 부가설명이 되는 셈입니다. 귀신이 그저 신통을 부리지 않을 뿐만 아니고 (신통을 부려봤자) 그 신통이, 즉 그 나쁜 짓의 시도가 사람을 해치지는 않는다, 그런 뜻이 되고, 그리고 그렇게 그 신통이 사람을 해치지 않는 상태라면 성인이 (즉, 생선을 삶듯이 정성을 다해 정도로 나라를 다스리고 천하에 임하는 위정자가) 굳이 그 '귀신'을 (즉, 신통을 부리지도 않고 [나쁜 짓도 하지 않고] 사람을 해치지도 않는 인간을) 해칠 필요도 없어진다, 그런 뜻이 되는 거죠. 어쩌면 훌륭하신 성인의 입장에서는 나쁜 짓도 하지 않고 사람에게 해를 끼치지도 않는 인간을 굳이 건드려 다치게 할 필요가 없다고, 아니 어쩌면 그런 자들도, 아니 어쩌면 그런 자일수록 더 거두어줘야 한다고 생각할 수도 있겠죠. 마치 저 예수 그리스도가 회개한 강도를 품는 것처럼. 그 귀신이 더 이상 귀신이 아니니까요. (이걸 만약 '성인이 사람을 해치지 않는다(傷人)'는 의미로 읽으면 의미불명에 문맥불통이 됩니다. [특히 '량兩 … 상相'(양쪽이 서로)이란 표현을 이해할 수가 없습니다.] 하상공본-왕필본을 비롯한 그런 판본은 후대의 누군가가 오해를 하고 임의로 손질한 잘못된 텍스트임이 거의 확실합니다.) 이러니, 양자, 즉 성인과 귀신이 서로 해치지 않게 되고(兩不相傷), 성인은 성인대로 귀신은 귀신대로 각각 제자리에서 온전히 훌륭한 역할을 하게 되니, 서로서로 그 덕을 쌓도록 도와주는 꼴이 됩니다. 그렇지 않고 서로가 서로를 해치게 되면 이도저도 훌륭한 일은 못하게 되니까요. 그래서 결과적으로 '고,

덕교귀언故, 德交歸焉'(덕이 서로서로 교차해서 상대방에게 돌아간다), 그렇게 되는 겁니다. 이걸 '치국治國' 상태라고 볼 수도 있지요. 부처라면 이런 장면을 보고 '선재선재善哉善哉', 그렇게 말할지도 모르겠네요. 저 조그만 생선 삶기가 결과적으로 이런 아름다운 성귀공영聖鬼共榮의 장면을 연출하는 셈입니다. 누이 좋고 매부 좋고, 성인 좋고 귀신 좋고…, 아무튼 저의 탐험은 대략 이렇습니다.

"'선재선재善哉善哉', 오늘은 내가 그 말을 하고 싶군요. 지적 재산권이 문제되지 않는다면. 하하하."

선생님도 참, 부처가 지재권 소송을 제기할 리도 없는데. 하하하.

61.

대국이라는 것은 하류다

大國者下流, 天下之交, 天下之牝.[106] 牝常以靜勝牡, 爲其靜也. 故, 宜爲下.[107] 故, 大國以下小國則取小國, 小國以下大國則取於大國.[108] 故, 或下以取, 或下而取. 大國不過欲兼畜人, 小國不過欲入事人. 夫兩者各得其所欲,[109] 大者宜爲下.

대국자하류, 천하지교, 천하지빈. 빈상이정승모, 위기정야. 고, 의위하. 고, 대국이하소국즉취소국, 소국이하대국즉취어대국. 고, 혹하이취, 혹하이취. 대국불과욕겸휵인, 소국불과욕입사인. 부량자각득기소욕, 대자의위하.

대국이라는 것은 [흐름의] 하류다. 천하의 교차요 천하의 암컷이다. 암컷은 항상 조용함으로 수컷을 이긴다. 그렇게 조용하게 되는 것이다. 그 때문에 의당 낮추어야 한다. 고로 대국은 소국에게 낮춤으로써 곧[=결과적으로] 소국을 취하고, 소국은 대국에게 낮춤으로써 곧[=결과적으로] 대국에게 취해지게 된다. 고로 어느 쪽은 낮추'니까'[낮춤으로써] 취하고, 어느 쪽은

---

106) 백서본에는 '大邦者下流也, 天下之牝, 天下之交也'로 되어 있다. '交'와 '牝'의 위치가 바뀌어 있다. 문맥의 자연스러움을 고려해 통용본을 따른다.

107) 통용본에는 이 부분이 '以靜爲下'로 되어 있다. 의미를 고려해 백서본을 따른다.

108) 통용본에는 '於'자가 없다. 의미를 고려해 백서본을 따른다.

109) 백서본에는 '夫皆得其欲'으로 되어 있다.

낮추'지만'[낮춤에도 불구하고] 취한다. 대국은 상대방을/사람을 함께 기르고자 할 따름이며, 소국은 상대방을/사람을 들어가 섬기고자 할 따름이다. 무릇 양자가 각각 그 원하는 바를 얻으니, 큰 자는 의당 낮추어야 하는 것이다.

―――――――――

　노선생님, 선생님의 관심과 시선이 크고 높고 넓고 깊은 줄이야 진작 알았습니다만, 그게 이렇게 '국제관계론'에까지 닿을 줄은 몰랐습니다. 하하.

　" '국제관계론'이라니! 몇 글자 되지도 않는 걸 가지고 그렇게 과대 포장할 것까지야. 하하하."

　양이 뭐가 중요하겠습니까. 중요한 건 내용이지요. 여기서 선생님은 '천하'를 언급하시고, '대국-소국'을 언급하시고, '양자兩者'를 언급하시고, 게다가 '취取'와 '득기소욕得其所欲'(그 원하는 바를 얻음)을 언급하시고, 더욱이 그 핵심적 가치로서 '위하爲下'(낮추기, 아래가 됨)를 언급하시니, 작지만 일단 완결된 하나의 국제관계론이라고 아니 할 수도 없습니다. 노자식 국제관계론인 거죠.

　"나는 그저 국가들이, 특히 대국이, 이런 덕을 지녔으면 하고 바랄 따름입니다."

　네, 저는 개인적으로 크게 공감하고 적극 지지합니다. 특히 저는 어쩌다 보니 상대적으로 좀 작은 나라에서 태어나 살고 있고, 주변에 상대적으로 좀 큰, 아니 세계에서 가장 큰 대국들을 여럿 이웃하고 있어서 이런 말씀들이 아주 현실적으로 피부에 와 닿습니다.

　"그렇게 말씀하시는 건 그 대국들이…."

　네, 선생님의 말씀과 반대되는 경우들이 많기 때문입니다. 하류가 아니라 '상류'고, 암컷(牝)이 아니라 '수컷(牡)'이고, 교류가 아니라 '일방적'이고, 고요가 아니라 '나대고·설치고', '위하爲下'(아래가 됨)가 아니라 '위상爲上'(위가 됨)인 게 그들의 현실입니다. 물론 나라에 따라 차이가 있긴 합니다만.

"그들에게 나의 이 철학을 좀 자세히 설명해 줄 필요가 있겠군요. 이게 진정한 승리의 길이기도 하니까."

요즘 식으로 '윈-윈'의 길이기도 하죠. 대국도 소국도 모두 이기는.

"'무릇 양자가 각기 그 바라는 바를 얻는다(夫兩者各得其所欲).' 이게 그 말이죠."

네, 그게, 그 궁극적 윈-윈이, 대국의 '하류下流', '빈牝', '교交'에서 시작된다는 게 선생님의 생각이었죠. 아래로 흐른다, 암컷이다, 교차다. 참 의미심장합니다.

'하류下流'라는 건, 아래로 흐르는 흐름이라고 이해할 수도 있고, 강의 아래쪽이라고 이해할 수도 있겠죠. 이 둘은 연관되어 있습니다. 뒤에서 말씀하시는 '위하爲下'를 생각하면 (자기를 낮춘다는 뜻에서) 아래로 흐르는 흐름이라고 이해할 수 있고, 또 바로 뒤에서 언급하시는 '교交'를 생각하면, 그 '교'가 교류, 교제, 교차, 교합, 교통, 소통 … 등을 다 상징하니까, (온갖 지류가 다 뒤섞여 있다는 뜻에서) 상류가 아닌 하류, 강의 아래쪽이라고 해석할 수도 있는 겁니다. 선생님의 언어는 언제나 포괄적·함축적·상징적인데다가 엄청난 생략과 비약이 있어서 글자와 글자 사이의 간격 내지 빈 공간이 너무나 크고, 그래서 해석하는 저희는 그 빈 공간에서 마치 우주유영을 하듯 그 의미를 탐색할 수밖에 없습니다. 본인은 자기 말이니 당연히 그 가장 정확한 의미를 아시겠지만….

"아, 그런가요? 우리 한어가 원래 그런 구조인지라…."

어쩔 수 없죠. 그게 매력이기도 하고, 또 해석과 이해는 어차피 듣는 자, 읽는 자의 몫이니까. 아무튼 그 다음, '천하지교天下之交'는 방금 말씀드렸듯이 '교交'가 교류, 교제, 교차, 교합, 교통, 소통 … 등을 다 상징하니까, 그 대국이라는 건 세상 모든 나라들이 그곳으로 향하고 그곳에서 서로 모이고 통하고 얽히고 … 하는 그런 곳이라는, 그런 역할을 하는 곳이라는 뜻으로 이해됩니다. 그 옛날, '모든 길은 로마로 통한다'고 했던 로마가 그런 곳이었고, 실크로드의 시발점이자 종착점이었던 당나라가 그런 곳이었고, 또 세상의 모든 인종, 모든 문화, 모든 이해가 다 몰려 얽히고 있는 지금의 미국이 그런 곳일지도 모르겠군요. 저도 거기서 조금 살아봤지만, 거기가 드넓은 하류고 온 세상이 '교류-교차'하는 장소라는 건 의심의 여지가 없었습니다. 유엔본부가 거기 있다는 게 하나의 대표적인 상징이기도 하죠.

"그런 역할을 제대로 해야 비로소 대국인 거지요. 땅만 넓다고, 인구만 많다고 다 대국도 아닌 겁니다. 덩치만 큰 소국도 얼마든지 있어요."

여기서 말씀하시고 싶은 핵심도 아마 그런 것이겠죠. 이해하고 공감합니다. 아무튼 그 다음, '천하지빈天下之牝'(천하의 암컷)입니다만…, 참 특이한 말씀입니다. 국가론에서 '암컷'이라니요. 그런데 선생님은 이 말에서 중요한 의미를 읽으시는 것 같습니다. 2장, 55장에서도 언급하셨고. 일종의 페미니즘의 선구?

"너무 앞서가시는군요. 고삐를 좀 조여야…."

아니, 이렇게 '여성적인 것'을 긍정적으로 평가하시는데, 아니라고도 할 수 없죠. 아무튼 저는 개인적으로 선생님께 '한 표'입니다. 하하. 무엇보다도 그 '여성적인 것이 … 남성적인 것을 언제나 이긴다(牝常以靜勝牡).'라는 말씀엔 고개를 끄덕이지 않을 수 없습니다. 그건 잘난 척 고개가 뻣뻣한 우리 한국의 뭇 남성들을 보면 바로 확인됩니다. 그 대부분이 집에서 보면 어릴 땐 모친에게, 결혼하면 아내에게, 늙으면 딸에게, 꼼짝을 못하거든요. 그래야 지구가 평화롭다고, 시키는 대로 고분 고분…, 그걸 요즘은 '신 삼종지도新三從之道'라고도 부른답니다.

"하하하, '신 삼종지도라', 그거 걸작이군요"

그렇게 언제나 이기곤 하죠, '빈牝'이 '모牡'를, 암컷이 수컷을, 여성적인 것이 남성적인 것을. 남자들이란 수탉처럼 벼슬을 곤추세우고 꼬끼오~ 하고 소리만 질러대지, 알도 못 낳고 별 실속이 없어요. 이기는 건 결국 여자들이더라고요. 그런데 흥미로운 건 선생님이 그 '비결'을 말씀하신다는 거죠.

"암컷은 항상 조용함으로 수컷을 이긴다. 그렇게 조용하게 되는 것이다. 그 때문에 의당 낮추어야 한다(牝常以靜勝牡, 爲其靜也. 故, 宜爲下)."

네, 그거요. '정靜'(고요힘-고요함)이라는 거죠, 그 비결이. 그리고 '위하爲下'(아래가 됨)라는 거죠. 고요하기와 낮추기[=아래가 되기]. 물론 고요하지 않고 낮추지 않는 여성들도 많긴 합니다만, 그런 여성은 승리하지 못한다는 뜻인지도 모르겠고…, 아무튼 상징이겠죠. '여성적인 것'의 상징인 '정靜'과 '위하爲下'가 항상 '남성적인 것'을 이긴다는 게 핵심이고 진의겠죠. 대국을 '천하지빈天下之牝'이라고 말씀하시는 걸 봐도, (그 대국이 실제로 여자인 건 아니니까) 그 '빈牝'이 꼭 여자인 것도 아니고 그 '모牡'가 꼭 남자인 것도 아니고, 남자가 '빈'일 수도 있고, 여자가 '모'일 수도 있고, 아무튼 여성적인 것의 상징인 '정靜'과 '위하爲下'가 승리의 비결이라는 게 중요한 거죠. 그런데 '위하爲下'로 연결되는 이 '정靜'이라는 것, 이게 선생님의 핵심가치 중 하나라는 건 분명해 보입니다. 이미 여러 차례 거듭 이걸 강조하셨으니까요. (孰能濁以靜之徐淸 : 15장, 致虛極, 守靜篤. 萬物竝作, 吾以觀復. 夫物芸芸, 各復歸其根. 歸根曰靜 … : 16장, … 靜爲躁君. 是以聖人終日行不離靜重 … : 26장, 不欲以靜, 天下將自定 : 37장, 靜勝熱, 淸靜爲天下正 : 45장, 我好靜而民自正 : 57장, 牝常以靜勝牡, 以靜爲下 : 61장)

"얼마든지 더 강조할 수도 있습니다."

하하, 이미 충분합니다. '위정爲其靜'이 곧 '위하爲下'라는 걸 사람들이 이해하고 실천하기에는 사실 한마디 말만으로도 충분하니까요. 실천이 중요한 거죠. 실천을 위해서는 진정한 이해가 전제되어야 하는 거고. 그런데 더욱 흥미로운 건 '위정-위하' 이런 덕의 실천을 선생님은 국가관계에 적용하신다는 거죠. 특히 대국-소국 관계에.

"고로 대국은 소국에게 낮춤으로써 곧[=결과적으로] 소국을 취하고, 소국은 대국에게 낮춤으로써 곧[=결과적으로] 대국에게 취해지게 된다. 고로 어느 쪽은 낮추'니까'[=낮춤으로써] 취하고, 어느 쪽은 낮추'지만'[=낮춤에도 불구하고] 취한다. 대국은 상대방을/사람을 함께 기르고자 할 따름이며, 소국은 상대방을/사람을 들어가 섬기고자 할 따름이다. 무릇 양자가 각각 그 원하는 바를 얻으니, 큰 자는 의당 낮추어야 하는 것이다(故, 大國以下小國則取小國, 小國以下大國則取於大國. 故, 或下以取, 或下而取. 大國不過欲兼畜人, 小國不過欲入事人. 夫兩者各得其所欲, 大者宜爲下)."

네, 참 의미심장한 말씀이라고 느꼈습니다. 취지는 분명해 보입니다. 대국도 소국도 '이하以下…'(…에게 낮춤으로써) 즉 상대방에게 자기를 낮춤으로써, 상대방을 얻는다는 거죠. 입장과 위치에 따라, 특히 대국의 입장에서 보아, '얻고-얻어지고(則取-則取於)', '낮추어서 얻고-낮추지만 얻고(以取-而取)' 같은 그런 미묘한 성격 차이는 있습니다만, (여기서 '취取'라는 말씀은 마치 장악한다-지배한다는 뜻으로 비치기 쉽지만, 문맥을 봤을 때 그럴 리는 없고, 뒤에서 말씀하신 '득得'[얻는다]이라는 게 그 뜻인 것 같습니다. '얻는다'는 건 아주 포괄적인 말이죠. [마치 부부관계처럼] 신뢰하고-소통하고-공유하는 그런 관계가 된다는 말이죠.) 어차피 목표는 대국도 소국도 다 '욕겸흙인欲兼畜人'(상대방을/사람을 함께 기르고자 할 따름), '욕입사인欲入事人'(상대방을/사람을 들어가 섬기고자 할 따름)으로 '사람(人)'을 위하려 한다는 점에서는 똑같은 것이고, 그래서 결론은 '무릇 양자가 각각 그 원하는 바를 얻으니, 큰 자는 의당 낮추어야(아래가 되어야) 하는 것이다(夫兩者各得其所欲, 大者宜爲下).' 즉 대국-소국 관계에서 이게 결국 원-윈 하는 길이니, 양자가 모두 각자 자기가 원하는 바를 얻는 길이니, '위하爲下', 아래가 되어야 한다, 자기를 낮추어야 한다, 특히 큰 쪽이, 이런 건데, 아무래도 현실적으로 그게 잘 안 되고 있다는 게 이런 말씀을 하신 배경이 아닐까, 그런 생각이 들기도 했습니다.

"아무래도 대국은 소국을 얕보고, 그래서 하류보다 상류가 되려 하고, 교류보다 일방통행을 하려 하고, 암컷보다 수컷이 되려 하고, 고요하기보나 나대려-설치려 하고, 낮추기보나 높이려 하지요. 그런 걸 좋다고 할 소국이 어디 있겠습니까. 기회만 있다면 힘을 기르고 나라를 키워서 대들려고 하겠죠. 예컨대 중국과 주변국의 역사가 그렇지 않습니까. 소국도 언제까지나 소국이라는 법은 없지요. 대국으로 큰, 그래서 중국을 장악한 주변국도 얼마든지 있지요. 그러니 대국에게도 낮춤의 자세로 소국의 마음을 얻는 게 이기는 길인 겁니다."

그래서 마지막 말씀이 '대자의위하大者宜爲下'(큰 쪽이 마땅히 아래가 된다)였던 거겠죠. 경의의 박수를 보내드리고 싶군요. 유엔총회나 G7이나 G20 정상회의 같은 데서 특강을 한 번 해주시면 참 좋겠네요. 하하하.

"고맙지만, 불러주지도 않을 거고, 불러도 갈 수가 없고…. 하하하."

62.

도라는 것은 만물의 주인이다

道者, 萬物之主也.110) 善人之寶, 不善人之所保也. 美言可以市, 尊
行可以賀人.111) 人之不善,112) 何棄之有. 故, 立天子, 置三公,113) 雖
有拱璧以先駟馬, 不如坐進此道.114) 古之所以貴此道者何. 不曰求
以得,115) 有罪以免邪, 故, 爲天下貴.

도자, 만물지주야. 선인지보, 불선인지소보야. 미언가이시, 존행가이하인. 인지불선,
하기지유. 고, 립천자, 치삼공, 수유공벽이선사마, 불여좌진차도. 고지소이귀차도자
하. 불왈구이득, 유죄이면야, 고, 위천하귀.

도라는 것은 만물의 주인이다. 선인善人의 보배이고, 불선인의 간직하고
있는 바이다. 미언[아름답게 꾸민 말]은 그것으로 시장이[거래가] 가능하고,

---

110) '主'는 '注'라고도 되어 있다. 문맥을 고려해 백서본과 高明의 교열을 따른
다. 백서본에는 종종 음이 비슷한 다른 글자로 표기된 사례가 있다. 예: 如
→ 汝, 謂 → 胃, 谷 → 浴 등. 통용본에는 '注'가 '奧'(속/깊숙한 안쪽)로 되
어 있다.

111) 통용본에는 '賀'가 '加'로 되어 있다. 문맥을 고려해 백서본을 따른다.

112) 왕필본에는 '善'이 '美'로 되어 있다. 다수본의 표현을 따른다.

113) 백서본에는 '公'이 '卿'으로 되어 있다. 최고위인 '公'이 문맥에 더 맞으므
로 통용본을 따른다.

114) 백서본에는 '道'자가 없다. 뒷문장도 마찬가지다.

115) 통용본-한간본에는 '謂'가 '曰'로 되어 있고, '求以得'도 일부는 '以求得'으
로 되어 있다. 다수본을 따른다.

존행尊行[잘난 체 거들먹거리는 행동]은 그것으로 사람을 치하할 수 있다. 사람의 불선도 이를 버릴 게 뭐가 있겠는가? 고로 천자를 세우고 삼공三公[태사·태부·태보]을 둠에, 비록 보옥을 아름 안고 사두마차의 말들에 앞서는 일도 있지만, 앉아서 이 도를 진상하는 것만은 못하다. 옛날에 이 도라는 것을 귀히 여긴 까닭은 무엇인가? 구하는 것을 그것으로 얻고, 죄가 있어도 그것으로 면한다고 말하지 않았는가! 고로 천하에 귀한 게 되는 것이다.

———————————

　노선생님, 솔직하게 말씀드리지요. 선생님의 이 말씀을 들으니 또 한숨이 나오네요. 어렵습니다. 다른 학자들은 별로 그렇지도 않은 모양입니다만.

　"아니 그건 좀 뜻밖이군요. 어느 한마디 어려운 말은 없을 텐데…."

　이해 못할 글자는 물론 하나도 없습니다.

　"아, 그럼 또 지난번에 말한 그 의미의 연결, 문맥, 그거로군요."

　네, 저는 이게 완전하지 않으면 납득이 잘 안 되니까요. 물론, 전체적으로 보면 말씀하시려는 취지는 명백하게 들어옵니다. 도에 관한 직접적인 언급이라 특별히 주목되고, 다른 말씀들과 마찬가지로 충분히 공감도 되고 배움도 큽니다. '도란 천하에 귀한 것이다(道者 … 爲天下貴).' 결론은 그거죠. 그리고 '모든 것을 다 관장하는 주인이다(萬物之注也).' 구체적으로 선인과 불선인을 다 아우른다. 특히 불선인의 그 좋지 못함도 버릴 일이 없다(人之不善, 何棄之有). 이 도보다 더 소중한 것은 없다(不如 … 此道). 옛날에도 이 도를 귀히 여겼다(古之 … 貴此道者…).

　"아니 그럼 다 이해한 거나 다름없는데, 뭐가 어렵다는 말인지…."

　그 사이사이에 끼어 있는 말씀들 중에 불분명한 부분이 있기 때문입니다.

　"혹시, '고로 천자를 세우고 삼공[태사·태부·태보]을 둠에, 비록 보옥을 아름 안고 사두마차의 말들에 앞서는 일도 있지만, 앉아서 이 도를 진상하는 것만은 못하다(故, 立天子, 置三公, 雖有拱璧以先駟馬, 不如坐進此道).' 이 말인가요?"

　아니요, 그 말은 오히려 여기서 가장 이해하기 쉬운 부분입니다. 천자가 즉위하고 태사太師-태부太傅-태보太保 삼공(말하자면 영의정-좌의정-우의정 삼정승)을 임명하는, 이 대단하고 중요한 일에 귀한 옥을 아름 안고 사두마차를 동원하고…, 그렇게 그들먹하게 의식을 치르지만, 그보다 더 귀한 일이 실은 이 도라는 것을 그들에게 바쳐 그것을 정사의 기본틀로 삼게 한다, 그보다 더 귀한 것은 없고 그보다 더 중한 일은 없다, 그런 취지니까요. 여기서 말씀하시는 이 도의 내용을 생각해 보면 정말 공감이 가고 납득이 되는 의미 있는 말씀이라고 생각됩니다. 특히 예나 지금이나 그런 도가 결여된 정치현실을 생각해 보면 더더욱 가슴에 와 닿지요.

　"이해하고 공감해 주니 반갑군요. 그게 아니라면, 그럼 '도라는 것은 만물의 주인이다(道者, 萬物之主也).'라는 말인가요?"

　그건 좀 그렇기도 하고 아니기도 합니다. 좀 그렇다는 말씀은 텍스트 때문인데 여기서 '주主'라는 말이 전해지는 판본에 따라 '오奧'라고도 '주注'라고도 '檮'라고도 되어 있고, 각 글자의 의미가 상당히 다르기 때문입니다. '오奧'는 깊은 곳이니, 감춤이니, 아랫목이니, 해석들도 다양한데, 전체 문맥을 봤을 때 이건 너무 어색해서 저로서는 받아들이기가 좀 곤란합니다. 다행히 백서본에는 '주注'로 되어 있어 반갑긴 한데 이것도 글자의 원의대로 '물 댄다'고 해석하면 사실 더 어색합니다. 단 백서본에서는 글자들이 지금과 다른 의미로 쓰이는 용례가 많이 있는데, 이것도 발음이 같은 '주主'의 뜻으로 해석하면 의미가 통하게 됩니다.116) 즉, 도란 만물[모든 것]을 거느리는 주인이다, 요즘 기독교에서 말하는 '주님'처럼. (기독교의 주는 '로고스logos'로서 선인과 불선인 모두의 주인이니까요. 길 잃은 양도 포기하지 않는 주님? 하하.) 그러면 바로 뒤에 이어지는 말씀과 일단 문맥이 이어질 수 있습니다. 아무튼 그래서 '아니기도 하다'고 말씀드린 겁니다.

"노자를 예수와 이어 붙이다니 일반인이 들으면 코웃음을 칠 텐데."

그 코웃음, 각오하고 하는 말입니다. 그런데 이 천지 내지 천하가 사실 시공을 초월해 유일무이하다는 점을 생각하면 서양의 로고스와 동양의 도를 동일시하는 게 전혀 엉뚱한 이야기도 아님을 사람들은 알아야 합니다. 양자가 다 원래는 '말'이라는 뜻이고 만유를 관통하는 근본 원리라는 점에서는 하나니까요.

"아무튼 내가 지금 정답을 줄 수도 없으니 판단은 듣는 이들에게 맡기고…, 그렇다면 '선인지보, 불선인지소보야善人之寶, 不善人之所保也', 그건가요?"

그것도 아닙니다. 도가 '만물지주'라면, 그게 '선인의 보배이고, 불선인의 간직하고 있는 바이다'라는 것은 문맥이 통할 수 있기 때문입니다. 실제로 선한 사람들은 도를 보물처럼 소중히 여기고 있고, 선하지 못한 사람들도 보유하고 있는 바(所保)이기는 하니까요. 그 도가. 잠재적 가능성으로서. 혹은 부분적으로. 이건 대단히 중요하고 의미 있는 발언이라고 저는 생각합니다. 뒷부분('죄가 있어도 그것으로 면한다(有罪以免)')과도 연결되고요.

"말이 나왔으니까 말인데, 그럼 어렵다는 부분이 그 '옛날에 이 도라는 것을 귀히 여긴 까닭은 무엇인가? 구하는 것을 그것으로 얻고, 죄가 있어도 그것으로 면한다고 말하지 않았는가! 고로 천하에 귀한 게 되는

---

116) 중국의 인터넷판 백서본은 高明의 교열에 따라 대부분 '主'로 표기하고 있다.

것이다(古之所以貴此道者何. 不曰求以得, 有罪以免邪, 故, 爲天下貴).' 이 말인가요?"

이것도 아닙니다. '옛날에 이 도라는 것을 귀히 여긴 까닭은 무엇인가(古之所以貴此道者何)?' 선생님 입장에서 '옛날(古)'이라는 게 언제인지 모르겠습니다만, 그게 공자처럼 하-은-주 삼대, 즉 요-순-우-탕-문-무-주공 때를 이야기하는 것인지, 명언하지 않으시니 확인할 수는 없습니다만, 아무튼 그때는 이 도를 귀히 여겼던 모양이지요? 그걸 전제로 하고 '그 까닭이 무엇이겠느냐(所以 … 何)?'고 물으시니. 그런데 이 자문자답이 참 흥미롭습니다. '구하는 것을 그로써 얻고, 죄가 있어도 그로써 면한다고 말하지 않았는가(不曰求以得, 有罪以免邪)!' 누가 말했는지, 선생님 본인이 말한 전례가 있는지, 다른 누가 말했는지, 혹은 당시 이런 말이 유명했는지, 분명치 않고 확인할 길도 없습니다만, 그건 중요치 않습니다. 중요한 건 그 내용이지요. '도가 구하는 바를 얻게 하고, 있는 죄도 면하게 한다. 그게 옛날에 이 도를 귀히 여긴 까닭이고 그래서 이 도가 천하에 귀한 것이 된다.' 그런 말씀인데, 저는 여기서 왜 자꾸 기독교가 연상이 되는지 모르겠습니다. '두드려라 그러면 열릴 것이다'(마태복음 7장 7절), '구하는 자마다 다 얻을 것이요'(마태복음 21장 22절), '네 죄가 사함을 받았느니라'(누가복음 5장 12절, 19-20절), 우리에게 익숙한 이런 말들이 일단 언어적으로 선생님의 이 말씀과 완전히 일치하기 때문입니다. 설마 선생님이 예수의 이런 발언들을 들으셨을 리는 만무하고, 그 반대일 리도 만무하고…, 혹시 타임머신…? 하하, 아무튼 시공간을 초월한 진리의 보편성을 느끼게 하는 대목임에는 틀림없습니다. 물론 이 '구하는 것을 그로써 얻고, 죄가 있어도 그로써 면한다고 말하지 않았는가(求以得, 有罪以免)!'는 좀 더 사유가 필요한 부분이기는 합니다만. (이것을 가능케 하는 '도'가 서양의 저 '로고스'와 무관하지 않다는 것을 포함해서.)

452

"그렇다면 일단 다 해결되었고 이제 남은 건 하나밖에 없군요. '미언[아름답게 꾸민 말]은 그것으로 시장이[거래가] 가능하고, 존행[잘난 체 거들먹거리는 행동]은 그것으로 사람을 치하할 수 있다. 사람의 불선도 이를 버릴 게 뭐가 있겠는가(美言可以市, 尊行可以加人. 人之不善, 何棄之有)?' 이 말인가 보지요? 어렵다는 그것이."

'사람의 불선도 이를 버릴 게 뭐가 있겠는가(人之不善, 何棄之有)?' 이 말씀은 이해 가능합니다. '불선한 사람, 사람의 불선한 점, 이걸 어찌 버리겠는가.' 하는 말씀인데, 이것도 기독교적으로 생각하면 바로 이해가 가능합니다. 신약성서에는 이 '인지불선'을 버리지 않고 끌어안으려 한 예수의 행적들도 가득하기 때문입니다. (대표적으로 세리, 부정한 여자, 강도 등) 물론 이 말씀은 그 불선 자체에 대한 두둔은 아니겠지요. 그 불선에도 불구하고, 그것 때문에 그 사람을 버리지는 않는다, 버리지 말아야 한다, 그런 취지라고 저는 이해합니다. '죄는 미워하되 사람은 미워하지 말라(Hate the sin, never the sinner)', 그런 말과도 통하고. 그리고 선하지 않은 사람이라고 어찌 모든 게 나쁘기만 하겠습니까. 나쁜 사람에게도 나쁜 일에도 좋은 면도 있을 수 있다는, 그런 의미가 될 수도 있습니다. 저도 예전에 '완벽하게 나쁘기만 한 사람도 완벽하게 좋기만 한 사람도 없다. 완벽하게 나쁘기만 한 일도 완벽하게 좋기만 한 일도 없다.' 이렇게 말한 적이 있었습니다. '모든 면에는 그 이면이 있다'고 이를 정식화할 수도 있습니다.

"그럼 이제 완전히 좁혀졌군요. '미언가이시, 존행가이하인美言可以市, 尊行可以賀人', 결국 이거라는 말인데, 이게 왜?"

네, 그겁니다. 사정은 이렇습니다. 앞뒤의 문맥을 고려하면, 즉 '불선인지소보야不善人之所保也'와 '인지불선, 하기지유人之不善, 何棄之有' 사이에 이게 있음을 고려하면, 이 말은 '불선인不善人' 내지 '인지불선人之不善'과 관련된 이야기여야 하는데, 일단 '미언美言'과 '존행尊行'

이 그 반대로 비치기 때문입니다. 액면상 '아름다운 말'과 '존귀한 행동'이니…. (그래서 실제로 많은 학자들이 이를 액면 그대로 긍정적으로 해석하고 있기도 합니다. 심지어 선생님과 같은 언어를 사용하는 중국 학자들도.) 이러니 문맥이 통하질 않는 겁니다. 이게 정말로 그런 긍정적인 의미여서는. 이 자리에 그런 말이 들어가는 게 너무 생뚱맞은 거죠.

"내가 한 말이지만 듣고 보니 정말 그렇군요. 그래서? 어떻게 이 문제를 푸셨는지."

그래서 일단 이 '미언美言'과 '존행尊行'을 뭔가 부정적인 '인지불선人之不善'으로, 그리고 '가이시可以市'와 '가이하인可以賀人'을 '하기지유何棄之有', 즉 버릴 수 없는 뭔가 긍정적인 것으로 전제하고 이 말씀을 들여다봤습니다. 반어적인 말이자, 이중가치를 지적하는 말로. 그랬더니…

"응? 그랬더니? 뭔가 나올 것 같아 흥미롭군요."

한 가지 힌트가 보이더군요.

"그게?"

우선 81장에서 하신 '미언불신美言不信'이라는 말씀이었습니다. 똑같은 '미언美言'을 언급하시면서 이게 '불신不信' 즉 미덥지 못하다고 하시니, 명백히 부정적인 모습입니다. 그리고 '존행尊行'은 좀 아쉽게도 직접적인 관련 발언은 없었습니다만, 24장에서 '자견자불명, 자시자불창, 자벌자무공, 자긍자부장自見者不明, 自是者不彰, 自伐者無功, 自矜者不長'(스스로 드러내는 자는 밝지 못하고, 스스로 옳다 하는 자는 드러나지 못하고, 스스로 뻐기는 자는 공이 없고, 스스로 자랑하는 자는 오래 못 간다)라고 말씀하신 게 뭔가 이것과 연결되는 것 같은 느낌이 듭니다. 내용적으로 다 자기를 존귀하게 하려는 [혹은 여기는] 행동들이죠. 만일 이런 뜻이 맞다면, 이 또한 부정적인 모습입니다. 그건 이미 24장에서 확인된 바니까요. 이게 전제가 된다면…, 이제 해결의 실마리가 보입니다. 이런 불선들도 '도'와 아주 무관한 건 아니니 버릴 건 아니다, 그런 이야기가 되는 겁니다. 어떤 점이? 어떤 면이? 어째서? 왜? 그게 '가이시可以市'고 '가이하인可以賀人'인 겁니다. 그런데 이게 또, 한 번 들어서 곧바로 이해되는 말이 아닙니다. 그래서 한참 생각해 봤습니다. 그랬더니…

"응? 그랬더니? 또 뭔가 나올 것 같아 흥미롭군요."

문득 프랜시스 베이컨이 떠올랐습니다. '미언가이시美言可以市'란, 그 미언으로 즉 아름답게 꾸민 말로 '시市'할 수 있다, 시장이 가능하다, 거래가 가능하다, 그런 말씀이신데, 너무나도 느닷없고 생뚱맞은 이 말씀이 지 베이건의 이른바 '시장의 우상(idola fori)'과 연결이 되었기 때문입니다.

"뭡니까? 그건."

시장에서 거래의 혼란을 야기하는 언어의 한계를 조심해야 한다는 취지인데, 중요한 것은 언어가 시장에서의 거래에 깊이 연관돼 있다는 그 전제입니다. 베이컨의 지적처럼 그게 문제를 일으키는 경우라면 당연히 조심해야겠지만, 뒤집어 생각해 보면 그 미언이 좋은 거래를 성사시키는 긍정적인 역할도 할 수 있다는 말이 되는 거지요. 그렇게 생각한다면, '버릴 게 뭐가 있겠는가'라는 선생님의 말씀도 이해 가능하게 되는 겁니다. '말 한마디로 천 냥 빚을 갚는다'는 우리 한국의 속담도 그런 취지로 해석 가능하고요. '개똥도 약에 쓴다'는 속담도 연관된 취지이고요.

"도를 논하면서 개똥까지 동원하시다니, 우리 장주선생처럼. 하하. 일단 말은 되는군요. 그럼 '가이하인可以賀人'은?"

'존행가이하인尊行可以賀人'은, 그 존행[잘난 체 거들먹거리는 행동]이 물론 '불선不善'이기는 하지만, 그게 그 사람을 칭찬하는 구실이 될 수 있다는 점에서 나름 쓸모가 있다는, 그런 의미로 해석이 가능합니다.

예컨대 잘난 체 거들먹거리는 사람에게 '와우, 정말 대단하십시다!' 하고 띄워주면(賀人), 정말 그런 줄 알고 더 분발해서 발전하는 경우도 있으니까요. '칭찬은 고래도 춤추게 한다'고, '하인賀人'[치하致賀]의 긍정적 의미는 분명 작지 않습니다. 아무튼 저는 그렇게 이 말씀을 풀었습니다.

"그럴듯하군요."

선생님의 말씀은 전에도 말했듯이 너무나 함축적·포괄적·상징적이라 생략과 비약이 너무나 많고 글자와 글자 사이의 빈 공간이 너무 넓어 별의별 다양한 해석이 다 가능합니다. 그래서 또 다른 해석도 물론 있을 수 있겠지만, '문맥'을 생각한다면 저는 어쨌든 이런 해석이 지금으로서는 최선이라고 생각됩니다.

"고생을 엄청 하셨군요. 이 말을 그렇게 풀다니, 이런 풀이는 처음입니다. 정말 대단하십니다."

아니, 선생님, 지금 그 말씀은 혹시 저의 '존행'에 대한 선생님의 '미언'?

"그걸로 혹시 이선생이 춤을 춘다면 '하기지유何棄之有', 버릴 게 뭐가 있겠습니까. 하하하."

칭찬인지 경계인지 잘 모르겠지만, 일단 듣기가 나쁘진 않네요. 하하하.

63.

무위無爲를 영위하고, 무사無事를 일삼고

爲無爲, 事無事, 味無味. 大小多少, 報怨以德. 圖難於其易, 爲大於
其細. 天下難事, 必作於易, 天下大事, 必作於細. 是以聖人終不爲
大. 故, 能成其大. 夫輕諾必寡信, 多易必多難. 是以聖人猶難之.
故, 終無難矣.

위무위, 사무사, 미무미. 대소다소, 보원이덕. 도난어기역, 위대어기세. 천하난사,
필작어이, 천하대사, 필작어세. 시이성인종불위대, 고, 능성기대. 부경낙필과신, 다
이필다난. 시이성인유난지, 고, 종무난의.

무위無爲를 영위하고, 무사無事[=일없음]를 일삼고, 무미無味[=맛없음]를
맛본다. 작음을 크게 여기고 적음을 많게 여기며, 덕으로써 원한을 갚는
다. 그 쉬운 데서 어려운 것을 꾀하고, 그 세세한 데서 큰일을 해나간다.
천하의 난사難事[=어려운 일]는 반드시 쉬운 데서 만들어지고, 천하의 대
사大事[=큰일]는 반드시 세세한 데서 만들어진다. 그래서 성인은 끝내 큰
일을 벌이지 않는다. 고로 능히 그 큼을 이룰 수 있다. 무릇 가벼운 승낙
은 반드시 믿음을 적게 하고, 많은 쉬움은 반드시 어려움을 많게 한다. 그
래서 성인은 오히려 이를 어렵게 한다. 고로 끝내 어려움이 없다.

노선생님, 이 63장의 말씀에는 이른바 노자 철학의 엑스가, 진액이 농축되어 있는 느낌이 드는군요.

"뭘 보고 그런 말씀을 하시는 건지."

아마도 가장 노자다운 내용을 가장 노자다운 방식으로 말씀하고 계시는 것 같아서요. 물론 이게 선생님의 전부는 아니지만요.

"노자다운 내용은 뭐고 노자다운 방식이라는 건 뭔지, 나도 궁금해지는군요. 하하."

일단 '무위無爲'와 '무사無事'를 말씀하시고, '작음(小)'과 '적음(少)'의 가치를 말씀하시고, '덕德'을 말씀하시고, '쉬움(易)'과 '세세함[사소함](細)'의 가치도 말씀하시고, 그런 한편으로 허를 찌른다고 할까, 보통의 일반 상식을 완전히 뒤집어서 말씀하시니까요. 그게 노자적 내용이고 노자적 방식인 거지요. '소외의 옹호'랄까, '반어/역설의 철학'이랄까, 저는 그런 표현을 동원하고 싶습니다만.

"그렇게 말한 이상, 설명을 좀 요구해야겠군요."

저는 이 말씀을 듣고, 아니 이미 전부터 그랬습니다만, 왠지 선생님의 철학과 요즘 이 시대의 저변에 깔려 있는 이른바 '포스트모더니즘 postmodernisme'이 서로 통하는 부분이 있다는 느낌이 들었습니다.

"포스트모더… 그게 뭔지 모르겠지만, 어떤 점에서 그렇다는 말씀인지."

아주 넓게 보자면 현대 프랑스 철학 전체를 아우르는데, 이른바 이분법을 명시하면서, 그중 한쪽을, 즉 가려지고 소외되고 버려지고 무시되고 차별되고 배제되고 심지어 탄압받는 그런 부분들의 가치를 부각시켜 문제를 해소하자는 그런 철학입니다. 리오타르Lyotard가 말한 '거대 서사에 대한 작은 서사', 레비스트로스Levi-Strauss가 말한 '문명에 대한

야만', 푸코Foucault가 말한 '정상에 대한 비정상', 데리다Derrida가 말한 '중심에 대한 주변', 그런 것들이죠. 이 작은 서사-야만-비정상-주변, 이런 것들이 선생님의 그 무위-무사-작음-적음-쉬움-사소함 등과 모종의 공통성을 지닌다고 느꼈다는 말씀입니다. 물론 그 철학적 문제의식은 완전히 별개고 완전히 일치하지는 않습니다만. 선생님의 철학이 훨씬 더 근본적이고 광범위한 것이기도 하고요. 하지만 이런 것들이 기존의 일반적인 사고 체계에서 상대적으로 소외돼 있던 것이라는 점에서는 공통성이 있는 겁니다. 그런 점에서 통하는 부분이 있다고 말씀드린 겁니다.

"적지 않은 사람들이 흥미로워하겠군요."

그러기를 기대합니다. 이 문제들(관심 밖에 있던 것들-주목받지 못하던 것들)에 대한 관심의 계기가 될 수 있다면.

그리고 반어/역설의 철학이라고 말씀드렸던 건, 선생님이 일반적인-상식적인 저 막연한 좋고 나쁨을 뒤집어버리기 때문입니다. 보통은 위爲-사事-미味-대大-다多, 이런 걸 좋은 것이라고 생각하는데, 선생님은 오히려 그 반대인 무위無爲-무사無事-무미無味-소小-소少, 이런 걸 가치로 강조하시니까요. 이게 반어고 역설이 아니고 뭐겠습니까. '위무위, 사무사, 미무미. 대소다소爲無爲, 事無事, 味無味. 大小多少'를 저는 그렇게 이해합니다. 그건 선생님이 이미 앞에서 여러 형태로 말씀하신 내용이기도 합니다.

'보원이덕報怨以德'이라는 것도 좀 뜬금없이 끼어든 느낌이긴 합니다만, 보통은 '보원이덕'(덕으로 원수를 갚는다)이 아니라 '보덕이원'(은혜를 원수로 갚는다)이라는 게 세상의 이치니까, 전형적인 역설인 셈입니다. 말이 나왔으니까 말인데, 이건 참 숭고한 철학이라고 생각합니다. 아무나 할 수 있는 일이 아니죠, 이건. '눈에는 눈 이에는 이', 이게 보통입니다. 한 대를 맞으면 열 대를 패주고 싶은 게 인지상정입니다. 그런데 선생님은 원한을 덕으로 갚으라시니…, 앞서 49장에서도 말씀드렸듯이 이건 '원수를 사랑하라'는 저 예수의 철학과도 완전히 일치합니다. '누가 네 겉옷을 달라거든 네 속옷까지도 내어주라'도 그렇고, 그야말로 '신의 아들'에게나 가능한 일이겠죠. 지금 저의 세상에도 원수를 원수로 갚고, 심지어 은혜를 원수로 갚는 사건들이 비일비재합니다. 개인뿐만 아니라 국제관계에서도.

그리고 '위무위, 사무사, 미무미. 대소다소爲無爲, 事無事, 味無味. 大小多少'도 사실 너무너무 소중한 철학들입니다. 무위와 무사의 가치는 이미 29장, 48장, 57장 등에서 여러 차례 확인했고, 무미의 강조도 이미 12장, 35장에서 확인했고, 소小-소少(작음-적음)의 가치도 이미 22, 32, 34, 52, 60, 61장 등에서 확인했습니다. 여기서는 다시 재확인인 셈입니다.

"다음 말도 설명이 있다면 반기는 사람들이 있을 텐데."

네, '그 쉬운 데서 어려운 것을 꾀하고, 그 세세한 데서 큰일을 해나간다. 천하의 난사는 반드시 쉬운 데서 만들어지고, 천하의 대사는 반드시 세세한 데서 만들어진다. 그래서 성인은 끝내 큰일을 벌이지 않는다. 고로 능히 그 큼을 이룰 수 있다(圖難於其易, 爲大於其細. 天下難事, 必作於易, 天下大事, 必作於細. 是以聖人終不爲大. 故, 能成其大).' 설명해보지요. 어쩌면 이 말씀은 '불위대不爲大'(큰일을 벌이지 않음)의 권유, 혹은 '다짜고짜 크고자 하는 사람들, 큰일을 벌이려는 사람들, 그 모든 사람들에 대한 경계 내지 경고'일지도 모르겠군요. 그렇게 크고자 하지 말라는, 큰일을 벌이려 하지 말라는, 사소한 작은 일들, 사소한 작은 것들, 그런 것들의 소중함을 알아야 한다는 그런 가르침이라는 점에서 이건 어쩌면 저 BTS의 〈작은 것들을 위한 시〉와 통할지도 모르겠군요. '널 알게 된 이후 ya 내 삶은 온통 너 ya / 사소한 게 사소하지 않게 만들어버린 너라는 별 / 하나부터 열까지 모든 게 특별하지 / 너의 관심

사 걸음걸이 말투와 사소한 작은 습관들까지….'

"노자와 BTS를 엮다니, 또 너무 나가는 건 아니신지."

'세細' 즉 사소한 것의 가치를 말하는 데 노자가 따로 있고 BTS가 따로 있겠습니까. 진리는 다 하나죠. 다만 사람에 따라 말하는 방식이 다를 뿐이죠. 'ekam sad vipra bahuda vadanti(하나의 진리를 현자들은 여러 가지로 말한다).' 리그베다에 그런 말도 있지 않습니까.

"하하 인도철학까지…, 못 말리겠군. 더 계속해 보시지요."

'대大-세細'의 문제뿐만이 아니라, '난難-이易'의 문제도 소중한 철학이라고 생각합니다. 모든 큰일도 다 사소한 일에서 만들어지고, 모든 어려운 일도 나 쉬운 일에서 만들어진다는 말씀이신데, 이건 사실 둘 다 이중의 의미가 있을 수 있습니다. 하나는, 세상에 성취하기 어려운 온갖 문제들이 많은데, 그게 다 쉬운 일에서부터 하나씩 차근차근 풀어나가야 한다, 그러면 어떤 어려운 문제도 다 풀 수 있다, 세상에 성취하기 어려운 온갖 큰일들이 많은데, 그것도 다 작고 사소한 일에서부터 하나씩 차근차근 이루어나가야 한다, 그러면 어떤 큰일도 다 이룰 수 있다, 그런 의미이고, 또 하나는 세상에 온갖 어려운 난제들, 온갖 어려운 큰일들이 많은데, 그게 다 쉽고 사소한 일에서부터 시작된 것이다, 그러니 그런 일들이 생기지 않도록 쉽고 사소한 일들부터 조심해야 한다, 그런 의미입니다. 어느 쪽이든 다 철학적인 의미가 있습니다만, 선생님은 '도난圖難', '위대爲大', 그리고 '능성能成'이라는 말씀을 하고 계시니, 여기서는 아무래도 전자의 의미가 해당이 되는 것 같습니다. 결과적으로 그게 (즉 다짜고짜 어려운 일, 큰일을 벌이지 않는 것) 결과적으로 그 어려운 일, 그 큰일을 이루어내는 길이라는 말씀인 게지요(是以聖人終不爲大. 故, 能成其大). 말하자면 '천 리 길도 한 걸음부터', 그런 철학인 셈이랄까. 천 리 길은 어렵고 큰일이지만, 한 걸음은 쉽고 사소한 일이니까요.

이러면 이제 설명이 되겠는지요.

"쉽고 세부적인 사항들부터 하나하나 차근차근 짚어나가다 보니, 결국 어렵고 큰 전체 문장의 의미를 풀어냈군요."

선생님의 말씀이 그렇게 어렵고 큰 것이라고 자인하신 셈인가요? 하하.

"'소이부답'[웃고서 대답하지 않음]하겠습니다. 하하하."

이제 마지막 하나가 남았습니다. '무릇 가벼운 승낙은 반드시 믿음을 적게 하고, 많은 쉬움은 반드시 어려움을 많게 한다. 그래서 성인은 오히려 이를 어렵게 한다. 고로 끝내 어려움이 없다(夫輕諾必寡信, 多易必多難. 是以聖人猶難之. 故, 終無難矣).'

"어디 들어봅시다. 그 마지막 풀이."

우선 쉬운 것부터 하나씩 차근차근 풀어보겠습니다. '너무 쉬운 승낙은 반드시 믿음성이 적다(夫輕諾必寡信)', 쉽게 이해할 수 있는 말씀입니다. 실제로 이런 경우가 얼마든지 있으니까요. 대표적으로, 유권자에 대한 정치인들의 승낙이 대부분 그렇습니다. 간절한 민원사항에 대해 꼭 해주겠다고 쉽게 말해 놓고서(승낙하고서) 당선되고 나면 이런 핑계 저런 핑계로 나 몰라라 합니다. 반드시 '과신寡信'(못 믿겠다)이라는 결과를 초래하지요. 주말에 놀이동산 가자는 아이들의 간절한 부탁에 대한 아빠들의 쉬운 승낙이 그런 경우도 있고…. 그런데 여기서부터 사실 선생님의 말씀에 반전이 있습니다.

"응? 사람들이 궁금해 하겠군요. 무슨 반전이 있다는 건지."

앞에서 난難-이易를 이야기하시면서 '난難'(어려운 것)을 좀 부정적, '이易'(쉬운 것)를 좀 긍정적인 뉘앙스로 말씀하셨는데, 여기서는 그게 뒤집히고 있다는 말씀입니다.

"어떻게?"

많은 쉬움이 반드시 어려움을 많게 한다, 즉 일을 너무 쉽게 생각하면, 혹은 일이 너무 쉽게 잘 풀리다 보면 반드시 큰 어려움을 불러온다, 큰 어려움에 처하게 된다, 그런 말씀이니, 쉬움이 부정적인 뉘앙스를 갖게 되고, 그래서 성인은 오히려 일을 어렵게 한다, 어렵게 생각한다, 어렵게 대한다(猶難之), 그래서 결과적으로 어려움이 없게 된다, 그런 말씀이시니, 어려움이 긍정적인 뉘앙스를 갖게 되는 겁니다.

"허허, 듣고 보니 반전이 아니라고도 할 수 없군요. 그래서? 이건 또 어떻게 해설하실 건지."

'모든 면에는 반드시 그 이면이 있다', 앞서 말씀드린 그 상대성이랄까 역설을 증명해 주신 거라고 풀이하겠습니다. 사람들은 뭔가 좋은 말을 늘으면 그쪽으로만 머리가 굳어지는 경향이 있으니까요. '난이상성 難易相成'(2장), 그걸 확인시켜 주신 거죠. 선생님 식으로 말하자면, '도가도비상도…' 대신에 '난가난비상난, 이가이비상이', '어려움을 어려움이라 하면 항상된 어려움이 아니요, 쉬움을 쉬움이라 하면 영원한 쉬움이 아니다…', 혹시 이 패러디, 지적재산권에 저촉이 될까요? 하하.

"역시 '소이부답'하겠습니다. 하하하."

64.

안정된 것은 갖고 있기 쉽고

其安易持, 其未兆易謀, 其脆易泮,[117] 其微易散. 爲之於未有, 治之
於未亂. 合抱之木, 生於毫末.[118] 九層之臺, 起於累土,[119] 千里之
行,[120] 始於足下. 爲者敗之, 執者失之. 是以聖人無爲故無敗, 無執
故無失. 民之從事, 常於幾成而敗之, 愼終如始,[121] 則無敗事. 是以
聖人欲不欲, 不貴難得之貨, 學不學, 復衆人之所過. 以輔萬物之自
然,[122] 而弗敢爲.

기안이지, 기미조이모, 기취이반, 기미이산. 위지어미유, 치지어미란. 합포지목, 생
어호말. 구층지대, 기어루토, 천리지행, 시어족하. 위자패지, 집자실지. 시이성인무
위고무패, 무집고무실. 민지종사, 상어기성이패지, 신종여시, 즉무패사. 시이성인욕
불욕, 불귀난득지화, 학불학, 복중인지소과. 이보만물지자연, 이불감위.

안정된 것은 갖고 있기 쉽고, 아직 조짐이 없는 것은 도모하기 쉽고, 무른
것은 녹이기 쉽고, 미세한 것은 흩어지기 쉽다. 아직 있기 전에 이를 하

---

117) 왕필본은 '泮', 하상공본은 '破', 죽간본은 '判'으로 되어 있다.
118) 백서본에는 '生'이 '作'으로 되어 있다.
119) 백서본에는 '起於累土'가 '作於蔂土'로 되어 있다.
120) 백서본에는 '千里之行'이 '百仞之高'로 되어 있다.
121) 백서본에는 앞에 '故'자가 있다.
122) 죽간갑에는 '以'가 '是故'로, 죽간을에는 '是以'로 되어 있다.

고, 아직 어지러워지기 전에 [잘] 다스린다. 아름드리나무도 털끝 같은 싹에서 자라나고, 구 층짜리 누대도 흙더미 쌓기에서 일어서고, 천 리 길 가는 것도 발밑에서 시작된다. [인위적으로 뭔가를] 하는 자는 그것을 실패하고, [꽉] 붙잡는 자는 그것을 잃게 된다. 그래서 성인은 무위하며 고로 실패함이 없고, 붙잡지 않으며 고로 잃는 일이 없다. 백성들의 하는 일이란 언제나 성공에 가까운 데서 이를 실패하는데, 시작 때처럼 신중히 마무리하면 일에 실패함이 없다. 그래서 성인은 바라지 않기를 바라며, 얻기 어려운 재화를 귀히 여기지 않으며, 배우지 않기를 배우며, 뭇 사람의 잘못한 바를 되돌린다. 이것으로 만물이 스스로 그러함을 도우지, 구태여 [인위적으로 뭔가를] 하지 않는다.

━━━━━━━━━━━

노선생님, 이 64장 말씀은 뭔가 바로 앞 63장에서 하신 말씀, '천하의 난사[어려운 일]는 반드시 쉬운 데서 만들어지고, 천하의 대사[큰일]는 반드시 세세한 데서 만들어진다(天下難事, 必作於易, 天下大事, 必作於細).'의 연장이나 부연설명 같은 느낌이 듭니다. 쉬움과 사소함의 가치에 대한 강조랄까, 그런 점에서.

"그래요? '위자패지爲者敗之'부터 뒷부분은 전혀 다른 얘기라는 설도 있다고 들었는데…."

확실히 좀 그렇기는 합니다. 워낙 표현이 함축적-추상적이니 설이야 얼마든지 있을 수 있겠지만, 적어도 제가 보기에는 '쉬움과 사소함의 가치에 대한 강조'라는 점에서는 일맥상통, 수미일관하고 있는 것 같습니다. 이이易-미未-호말毫末-누토累土-시始-무위無爲-시始-불욕不欲-불귀不貴-불학不學-자연自然-불감위弗敢爲 등이 모두 그 '쉬움(易)-사소함(細)'과 내용적으로 연관된 개념들입니다. '이易'는 그 쉬움을 직접 말하고 있고, '미未'는 '아직'이니까 쉽고, 호말毫末-누토累土니까 사소하고, 무위無爲니까 쉽고, 시작이니까 쉽고, '불不' 즉 아니니까 쉽고, '자自' 즉 스스로 그러니까 돕기만 하는 내 입장에서는 쉽고, 그렇게 다 쉽고 사소한 것들입니다. 그러니까 수미일관, 일맥상통하고 있지요.

"단, 철학적인 말은 그 전체와 세부를 동시에 볼 줄 알아야 합니다."

지당하신 말씀입니다. 숲도 나무도 다 보아야죠. 숲만 보아서도 나무만 보아서도 제대로 봤다고 할 수가 없죠. '쉬움과 사소함의 가치에 대한 강조'가 전체인 숲이라면, '기안이지其安易持' 등은 숲속의 나무인 그 세부사항들이라고 할 수가 있겠지요. 그 하나하나가 참 의미심장합니다.

"그럼 이제 그 숲속으로 들어가 나무를 하나씩 소개해 주시지요. 어떤 나무들이 그 숲속에 있는지."

네, '안정적인 것은 유지하기 쉽고, 아직 조짐이 없는 것은 도모하기 쉽고, 물렁한 것은 녹이기 쉽고, 미세한 것은 흩어버리기 쉽다. 아직 있기 전에 이를 하고, 아직 어지러워지기 전에 [잘] 다스린다. 아름드리나무도 털끝 같은 싹에서 자라나고, 구 층짜리 누대도 흙더미에서 일어나고, 천 리 길 가는 것도 발밑에서 시작된다(其安易持; 其未兆易謀; 其脆易泮; 其微易散. 爲之於未有; 治之於未亂. 合抱之木, 生於毫末; 九層之臺, 起於累土; 千里之行, 始於足下).' 선생님 말씀 치고는 좀 긴 편인데, 제시하시는 이 아홉 가지 경우가 (종류별로 4-2-3입니다만) 공통적으로 보여주는 것이 '쉬움과 사소함'의 가치입니다. 이미 앞에서 확인한 바이기도 하죠. 그런데 이 가치도 가치지만 여기서 이 말씀을 하시는 이유가 제게는 더 흥미롭습니다.

"이유라…, 그게 뭐라고 생각하시는지."

한결같이 다 인간사들입니다. 그러니까, 인간사에서 이 쉬움과 사소함의 가치를 깨닫고 잘 대비-실천해 어려움을 해결하고 진정으로 큰 것을 이루어라, 그게 이유라고 저는 읽었습니다.

"오호, 인간사라면? 구체적으로."

지지-모謀-반泮-산散, 그리고 위爲-치治, 그리고 목생木生-대기臺起-행行(유지한다-도모한다-녹인다-흩어버린다-한다-다스린다-나무가 자란다-누대가 일어선다-먼 길을 간다), 이것들이 다 아주 구체적인 인간사들입니다. 우리가 삶의 과정에서 만나게 되는, 겪게 되는 크고 작은 인간사. 단, '합포지목, 생어호말合抱之木, 生於毫末', 목생, 나무가 산다/자란다, 이건 인간사가 아니지 않느냐고 누군가 반론할지도 모르지만, 앞마당 정원이든 길거리 가로수든, 대규모 공원이든 나무란 것은 인간 정서 내지 건강을 위해 가장 중요한 조건의 하나이기 때문에 인간사가 아니라고 할 수 없습니다. 요즘은 '그린green'이라는 말만 들어도 누구나 이걸 금방 이해하게 됩니다. 그리고 사실 이 나무는 '인재'에 대한 비유가 될 수도 있습니다. 어느 쪽이든 그런 건 싹부터 자라는 것이니 상대적으로 사소하고 쉬운 묘목부터, 어릴 적부터 잘 가꾸고 키워야 한다, 그런 가르침이신 거죠.

"허허, 그 정도만 해도 알아들을 사람은 이미 다 알아들었겠군요. 그런데 순서가 좀…."

압니다. 중간부터 시작해 어중간하다는 걸. 나무가 유일하게 '인간사'의 예외인 듯한 인상이 있어서 그랬는데, 이왕 시작했으니 그쪽부터 마저 살펴보기로 하죠. '구층지대, 기어누토九層之臺, 起於累土', '구 층짜리 누대도 흙더미에서 일어나고', 이건 건축의 경우니 역시 누구나가 곧바로 이해하겠지만, 이것도 비단 건축만의 이야기는 아닙니다. 인간의 모든 사업체도 기관도 심지어 국가도 국제기구도 다 하나의 건축물에 비유될 수 있습니다. 그런 건축물을 제대로 번듯하게 세우는 일은 그 높이가 높을수록, 즉 규모가 클수록 여간 어렵고 힘든 일이 아니지만, 역시 한 무더기 흙더미부터 차근차근 쌓아 올라가지 않으면 안 된

다, 그런 교훈인 거죠. 세계 최고, 한국 최고인 두바이 버즈칼리파나 롯
데타워를 건설해 본 저 건설사 관계자들은 너무나 잘 알 것이고, 회사·
기구를 설립해 본 사람들도 잘 알 것이고, 건국을 해본 사람들은 더 잘
알 것이고, 그리고 저도 '국가론'을 써본 사람이라 그 '누토累土'(흙더
미)가 즉 기초가 얼마나 중요한지를 뼈저리게 느끼고 있습니다. 언뜻
사소해 보일 수도 있는 선생님의 이 말씀은 정말 중요한 진리입니다.

"기초 없는 1층이 있을 수 없고, 1층 없는 2층이 있을 수 없고 …,
결국 기초 없는 9층도 있을 수 없는 거죠. 그럼 그 다음 '천 리 길 가는
것도 발밑에서 시작된다(千里之行, 始於足下).'는?"

이건 우리 한국 사람들은 곧바로 압니다. '천 리 길도 한 걸음부터'
라는 아주 익숙한 속담이 있으니까요. 완전히 똑같은 취지입니다. (어
쩌면 이 속담이 선생님의 이 말씀에서 유래한 건가? 아무튼) 천 리 길
가는 것은 아주 멀고 힘들고 어려운 여정이고 한 걸음 내딛는 것은 너
무나 쉬운 일이지만, 그 한 걸음 없이는 1리도 없고, 1리 없이는 2리도
없고 …, 당연히 천 리는 못 가는 거죠. '시작이 반'이라는 것도 비슷한
지혜라 할 수 있겠죠. 저는 개인적으로 이런 말씀이 너무나 잘 이해됩
니다. 천 리는 아니겠지만 젊은 대학생 시절 제주도 한라산을 걸어서
넘어본 적이 있었거든요. 산을 내려와 뒤돌아보니 스스로도 믿어지지
않더군요. 엄청난 거리였으니까요. 그런데 그 엄청난 거리를 한 걸음
한 걸음이 가능하게 했더라고요. 발아래의 한 걸음이 얼마나 중요한지
를 너무나 자연스럽게 깨달았습니다. 그리고 책을 쓸 때도 항상 그것을
느끼곤 합니다. 한 권의 책을 쓴다는 것은 정말 천 리 길 가는 것 같은
머나먼 여정인데 한 페이지 한 페이지가 넘어가면서 결국 방대한 한 권
의 책이 되곤 하니까요. 사실 이 책의 집필도 머나먼 여정인데 하루 1
장씩 쓰다 보니 어느새 64장을 쓰고 있지 않습니까. 비교적 쉬운 처음
한 걸음이 없으면 천 리는 절대 불가능한 거죠. 역설적으로, 그래서 저

독일 사람들은 '모든 시작은 어렵다(Aller Anfang ist schwer)'라고 말하기도 한답니다.

"아주 쉽게 잘 풀어주시는군요. 그럼 처음으로 돌아가서…."

네, '안정된 것은 갖고 있기 쉽고, 아직 조짐이 없는 것은 도모하기 쉽고, 무른 것은 녹이기 쉽고, 미세한 것은 흩어지기 쉽다. 아직 있기 전에 이를 하고, 아직 어지러워지기 전에 [잘] 다스린다(其安易持, 其未兆易謀, 其脆易泮, 其微易散. 爲之於未有, 治之於未亂).' 먼저, '기안이지其安易持', '안정된 것은 갖고 있기 쉽다.' 이건 안정이, 불안정이 아닌 안정이, 소지所持, 유지維持, 지속持續의 중요한 조건이라는 말씀인데, 인간사에서 이런 사례는 무한히 많을 겁니다. 정서가 안정된 얌전한 아기 혹은 강아지를 안고 있을 때도 확인할 수 있고, 다투지 않고 평안을 유지한 부부가 오래오래 백년해로하는 경우에도 확인할 수 있고, 내란과 외침이 없는 안정적인 국가가 몇 백 년 천 년 오래 지속되는 경우에도 확인할 수 있고 …, 하여간 무한입니다. 역으로 이 안정이 없으면 유지-지속되기가 어렵지요. 친구관계도, 집안도, 회사도, 국가도, 국제관계도, 그리고 무엇보다 자기 마음도. 이런 경우들을 하나하나 다 짚어보지 못하는 것은 좀 아쉽군요.

"이 정도만 해도 그 다음은 아마 듣는 이들이 알아서 이어갈 겁니다. 그 다음은?"

그럼 다음, '기미조이모其未兆易謀', '아직 조짐이 없는 것은 도모하기 쉽다.' 이건 말을 뒤집어서 '기이조난모其已兆難謀'로 읽어보면 오히려 알기가 쉽습니다. 뭔가 조짐이 나타나면, 이미 꾀하기가 어렵다는 말이 되는 거죠. 적절한 예일지는 모르겠습니다만, 이건 어쩌면 저 주식이나 부동산 투자를 하는 사람들이 누구보다 잘 알지 않을까 그런 생각이 드네요. 오르든 내리든 뭔가 조짐이 있으면 사든 팔든 이미 도모하기가 어려운 상황이 되니까요. 사태가 불거지기 전에 심각해지기 전에 미리미리 대비를 해야 한다는 교훈이라고 저는 읽습니다만.

"허허, 거 참, 노자 이야기에 주식과 부동산까지…."

인간사니까요. 어디 그것뿐이겠습니까. 부부관계의 파탄도 그럴 것이고, 국가관계의 삐걱거림도 그럴 것이고, 병도 그럴 것이고, '이조난모', 조짐이 나타나면 이미 손쓰기가 버거운 법입니다. 우리 한국 사람은 이른바 IMF 때 이것을 확실하게 뼈아프게 배웠습니다. 이런 일들이 있으니까, 그러니까 '기미조이모其未兆易謀'를 가치로서 강조하신 거겠죠. 낌새가 나타나기 전에 미리미리 도모하라. 건물이 붕괴해서 행인을 덮치기 전에 미리미리 안전점검을 해야 하고, 기차가 탈선하고 배가 침몰하고 비행기가 추락하기 전에 미리미리 철저히 정비를 해야 하고, 대형 화재가 나기 전에 미리미리 소방점검도 해야 하고 …, 그런 건 사고 후 참사를 수습하기보다는 훨씬 '쉬운' 일이니까요. 아내가 뿔나서 보따리 싸기 전에 미리미리 청소도 설거지도 좀 해야 하고….

"아, 잠깐, 거기까지만…. 하하, 이 양반 참…."

그럼 그 다음, '기취이반其脆易泮', '무른 것은 녹이기 쉽다.' 이건 요즘 식으로 말하자면 '소프트한 것이 유연해서 가용성이 높다'는 말씀인데, 경직된 것이 일으키는 어려움 내지 문제들을 생각해 보면 이게 왜 가치가 되는지 금방 이해할 수 있습니다. '취脆'한, 즉 잘 익어서 무른 감자는 '반泮', 즉 잘 풀려 소화가 잘되고, 반면에 딱딱한 생감자는 잘 안 풀려 소화가 잘 안 되죠. 자연의 이치가 그렇듯이 인간도 무른 사람은 유연해서 이야기가 잘 풀리고, 반면에 굳은, 딱딱한, 고집 센, 그런 사람은 융통성이 없어 일이 막히기도 합니다. 이 말씀의 배경에는 그런 식의 문제에 대한 경계가 있지 않을까, 그런 생각도 해봅니다.

"이번엔 감자라…. 하하."

그리고 또 그 다음, '기미이산其微易散', '미세한 것은 흩어지기 쉽다.' 이거야 책상 위에 쌓인 먼지만 혹 불어봐도 금방 확인 가능한 자연의 이치입니다. 미세한 것은 바로 흩어지죠. 반면에 굵은 콩알은 세게 불어도 잘 흩어지지 않죠. 그런 데서 통찰하신 가치라고 저는 짐작합니다. 그런데 이것을 선생님이 설마하니 적들을 미세하게 쪼개서, 즉 분열시켜서 혹 불어 날려버리면 승리하기 쉽다는, 그런 전략적인 의미로 말씀하셨을 리는 만무하고, 그 의도는 뭘까…, 그게 중요한데…

　"그래서? 그게 뭐라고 보셨는지?"

　미세함의 긍정적 가치를 알려주고 싶어서라고 보았습니다. 그래야 앞의 '안安-미조未兆-취脆'와 균형이 맞고 문맥이 통하니까요. 물론 설마하니 선생님이 요즘 세상의 세포나 분자-원자-전자, 그런 것의 무궁한 가치를 아셨을 리는 없고, 컴퓨터의 핵심인 마이크로 칩을 아셨을 리도 없고, 이른바 나노의 세계를 아셨을 리도 없고 …, 하지만 그 아득한 옛날 그리스의 데모크리토스가 이미 '원자(to atomon)'를 말했듯이, 선생님은 선생님 나름의 지적 직관으로 그 미세의 세계를 직관하셨다고 제게는 생각됩니다. 단 먼지 같은 물질적인 것이 아니라, '미세함' 그 자체의 인식인 거죠. 인간사에 펼쳐지는 그런 '속성'이나 '상황'인 거죠. 단 양면이 있을 수 있다고 저는 봅니다. 잘 흩어질 수 있도록 미세하게 하라는 교훈일 수도 있고, 잘 흩어지니까 미세해지지 말라는 교훈일 수도 있습니다. '미微'도 '산散'도(미세함도 흩어짐도) 긍정적-부정적 양면이 있을 수 있다는 겁니다. 선생님이 정답을 알려주실 수도 없을 테니, 어느 쪽을 볼지는 역시 듣는 사람 각자에게 달려 있겠죠. 데카르트처럼 문제는 가급적 잘게 쪼개라는 건 아마 전자일 것이고, 동서-남북-상하-좌우-전후-원근-남녀 등 갈가리 쪼개져 모래알처럼 흩어지는 것은 망국의 지름길이니 분열되지 말라는 것은 아마 후자일 테지요.

　"뭔가 걱정스런 그림자가 이선생의 그 말의 행간에서 어른거리는군요."

　선생님의 이 말씀이 부디 그 그림자를 걷어내는 지혜 내지 교훈으로 작용했으면 좋겠습니다. 분열이 아닌 단합….

　"사람들의 안목을 한번 기대해 봅시다. 아무튼 그 다음은?"

　'위지어미유, 치지어미란爲之於未有, 治之於未亂', '아직 있기 전에 이를 하고, 아직 어지러워지기 전에 [잘] 다스린다.' 일종의 중간 매듭이랄까, 그런 느낌도 살짝 드는군요. 혹은 '기미조이모其未兆易謀'에 대한 부연설명 내지 표현을 바꾼 재확인일 수도 있고요. '미유未有-미란未亂'이 '미조未兆'에 해당하고, '위지爲之-치지治之'가 '모謀'에 해당할 수 있으니까요. '일이 터지기 전에, 난이 일어나기 전에, 혼란이 생기기 전에…', 사례는 역시 무한히 많습니다.

　"어이쿠 오늘은 이야기가 좀 길어지는군요. 아직 절반도 더 남았건만."

　애당초 선생님이 말씀을 길게 하셔서 그렇습니다. 물론 그래 봤자 네 줄이지만. 아무튼 이럴 땐 요즘 식으로 '인터미션'이라는 걸 가지면 됩니다. 〈벤허〉처럼 긴 영화의 경우도 그렇고, 이른바 학회에서도 보통 그러거든요. 화장실도 가고 다과도 하고, 스트레칭도 하고….

　"그럼 나도 잠시 청우를 타고…."

　아니, 그걸 타시면 아주 가버리시니, 그건 좀….

　"작가가 부르면 올 수밖에 없는 게 등장인물의 숙명인데 무슨 수작을…. 하하하."

　알겠습니다. 그럼 청우 한 바퀴 타시고 스트레칭도 좀 하시고…. 하하하.

　(인터미션)

"자, 그럼 기분전환도 좀 되었을 테니 다음 이야기로 넘어가 볼까요?"

네, '[인위적으로 뭔가를] 하는 자는 그것을 실패하고, [꽉] 붙잡는 자는 그것을 잃게 된다. 그래서 성인은 무위하며 고로 실패함이 없고, 붙잡지 않으며 고로 잃는 일이 없다(爲者敗之, 執者失之. 是以聖人無爲故無敗, 無執故無失).' 여기서 그 유명하고도 유명한 '무위無爲'가 또 등장하는군요. 이러니 이게 노자 철학의 핵심 중의 핵심이라고 해도 과언이 아니겠지요. 그런데 흥미로운 게 하나 있습니다.

"뭐죠? 그 흥미라는 말이 흥미를 부르는군요."

그 무위에 '무집無執'이라는 게 하나 부가가 되고, 이 양자의 원인과 결과가 각각 명시되고 있다는 점입니다. 여기서, 이 64장에서. 즉 '위자패지, 집자실지爲者敗之, 執者失之'([인위적으로 뭔가를] 하는 자는 그것을 실패하고, [꽉] 붙잡는 자는 그것을 잃게 된다)가 그 원인이고, '고무패故無敗, … 고무실故無失'(고로 실패함이 없고 … 고로 잃는 일이 없다)이 그 결과인 셈입니다. 인위(爲)와 집착(執)이 실패(敗)와 손실(失)의 원인이니 그 원인을 제거하면, 즉 '무위無爲와 무집無執'을 하면, 그 결과로서 '무패無敗와 무실無失'에 도달한다, 이런 말씀인 거죠. 뭔가 불교적인 향내가 살짝 풍기기도 합니다. 특히 그 '집執'이라는 말에서. 집착이 모든 괴로움의 원인이니 그것을 버리고 괴로움이 사라진 열반의 상태로 건너가라(度一切苦厄, gate gate para gate para sam gate bodhi svaha)는 게 불교의 핵심이니까요. 그리고 그 원인-결과 관계가, 즉 A가 B를 야기하니 A가 없으면 B도 없다, 이런 구조가 '이것이 있으므로 저것이 있고 저것이 없으므로 이것이 없다'라는 저 불교의 이른바 '연기緣起'(pratītya-samutpāda)와 대단히 흡사하니까요. 그런 점에서는 성인과 부처가 살짝 어깨동무를 하고 있는 셈이기도 하고요.

"섣부른 비교와 연결은 혼동을 부추겨 이도저도 아니게 될 위험이 있습니다."

아, 그건 그렇죠. 물론 같지는 않죠. 불교에서는 '일체개고一切皆苦'와 '오온개공五蘊皆空'이라는 통찰이 전제되어 있는데, 선생님의 경우는 그런 건 아니니까요. 선생님의 경우, 경계하시는 '위爲'와 '집執'은 지극히 현실적인, 특히 정치적인 그 무엇임을 충분히 주의해야겠지요. 그리고 불교와 분명한 구별도 해둬야겠지요. 인위적인 뭔가를 하고 하지 않고, 집착을 하고 하지 않고, 실패를 하고 하지 않고, 뭔가를 잃고 얻고, 이런 것들은 지극히 구체적이고 현실적인 일들임을 저도 주의하겠습니다. 예컨대, '위자패지, 집자실지爲者敗之, 執者失之', 뭔가를 했다가 실패하는 경우, 뭔가를 잡았다가 잃어버리는 경우를 구체적-현실적 삶의 과정에서 너무나 많이 보아왔기에 적어도 저는 선생님의 이 말씀이 진리라는 걸 인정하는 데 주저하지 않겠습니다. 모든 경우가 다 그렇지는 않다고 하더라도.

"도대체 어떤 경우를 보셨기에⋯."

꼭 거창한 이야기가 아니더라도, 사업을 해보려다가 실패하는 경우도 그렇고, 개혁을 해보려다가 실패하는 경우도 그렇고, 또 권력을 잡았다가 잃어버리는 경우도 그렇고, 거금을 거머쥐었다가 다 날려버리는 경우도 그렇고⋯. 그 때문에 죽기도 하는 극단적 경우조차 없지 않은데, 그런 경우는 애초에 하지 않느니만 못하고 잡지 않느니만 못한 게 확실한 거죠. 그런 '위爲'와 '집執'이 없었더라면 적어도 목숨은 부지하고 천수를 누릴 수는 있었을 테니까요. 그것도 일단 '무패無敗-무실無失'인 것은 확실하지요. 물론 이런 건 좀 극단적인 형태이긴 하지만 또한 전형적인 형태이니 선생님의 말씀을 이해하는 데는 분명히 도움이 될 거라고 저는 봅니다.

"구체 속에 보편이 있으니까, 알 사람은 그것으로 다른 경우들도 알아가겠지요."

다만 선생님의 이런 철학이 한때 유행했던 이른바 '케세라세라(될 대로 되라)주의'나 '아무것도 하지 마라주의'는 아니라는 걸 분명히 해둘 필요는 있을 것 같습니다. 이야기가 너무 길어지면 또 안 되니까 원론만 이야기하자면, 이 '위爲'와 '집執'은, 일단 막연하긴 하지만, 뭔가 '나쁜 위爲', '나쁜 집執'이라는 것만 말해 두고 싶군요. 욕심 내지 욕망이 개입된 그런 위爲, 그런 집執이랄까.

"하긴 '무위無爲'도 일종의 '위爲'인데, 그런 건 '좋은 위爲'이긴 하죠."

정의에 대한 고집도 일종의 '집執'인데 그것도 '좋은 집執'이긴 하죠. '도'와 '넉'에 대한 십착도 그런 것 같고, 노선생님에 대한 저의 집착도…. 하하하.

"그 말을 들으니 다음으로 넘어갈 때가 된 것 같군요. 하하하."

네, 그럼 그 다음, '백성들의 하는 일이란 언제나 성공에 가까운 데서 이를 실패하는데, 시작 때처럼 신중히 마무리하면 일에 실패함이 없다(民之從事, 常於幾成而敗之, 愼終如始, 則無敗事).' 여기서는 먼저 '신종여시愼終如始'라는 말이 눈에 확 들어옵니다. 이게 앞서 말씀하신 '무패無敗', 즉 실패 없음의 조건이 되니까요. '시작처럼 끝내기도 신중하라.' 아주 구체적이고 현실적인 조언이라고 생각됩니다. 끝내기-마무리를 잘 못해서 일에 실패한다, 성공 직전에 실패한다, 보통 사람들이 일처리하는 게 항상 그 모양이다, 그런 말씀인 거죠. 이것도 수긍이 됩니다. 그런 경우 역시 많이 봐왔으니까요. 처음 시작은 신중하게 잘했는데, 마지막에는 나사가 느슨하게 풀어져 일을 망치는 거죠. '작심삼일'도 그런 경우일까요? 다이어트에 매번 실패하는 사람도, 금주-금연에 실패하는 사람도 해당될 거고, 임기를 제대로 못 마치고 잘리는 공직자고 그럴 것이고…. 어쩌면 요즘 중국에서 '뿌왕추신不忘初心'(초심을 잊지 말자)이라는 구호를 내거는 것도 그 때문일지 모르겠군요. 끝내기-마무리를 신중하게 잘해 성공한다는 것, 참 쉬운 일은 아니죠.

"이선생도 이 책을 신중하게 잘 끝맺어야 할 텐데…."

그 말씀을 들으니 정신이 번쩍 드는군요. 신중한 시작을 잊어버리고 매너리즘에 빠지는 것도 일을 그르치는 요인이 되죠. 그런데…

"또 그런데?"

그 뒤의 '시이是以'(그래서)가 좀 고개를 갸우뚱하게 합니다.

"왜죠?"

'그래서 성인은 바라지 않기를 바라며, 얻기 어려운 재화를 귀히 여기지 않으며, 배우지 않기를 배우며, 뭇 사람의 잘못한 바를 되돌린다. 이것으로 만물이 스스로 그러함을 돕지, 구태여 [인위적으로 뭔가를] 하지 않는다(是以聖人欲不欲, 不貴難得之貨, 學不學, 復衆人之所過. 以輔萬物之自然, 而弗敢爲).' 마무리인 셈인데, 이 말씀과 앞부분의 연결이 좀 부자연스러워요. 우선 이 말씀만 놓고 보면, 이건 또 전형적인 선생님의 가치론이니 전혀 이론이 없습니다. 여기서 말씀하시는 욕欲-난득지화難得之貨-학學-과過-감위敢爲, 이런 것을 선생님은 일관되게 경계해 오셨으니까요. 그리고 불욕不欲-불귀不貴-복復-보輔-자연自然-불위弗爲, 이런 것을 일관되게 추구-권유해 오셨고요. 이젠 충분히 이해-수긍-납득합니다. 특히 '이보만물지자연以輔萬物之自然'(이것으로 만물이 스스로 그러함을 돕는다)은 이른바 노자 철학의 핵심가치를 정형화한 것으로 주목하기도 합니다. '욕불욕, 불귀난득지화, 학불학, 복중인지소과欲不欲, 不貴難得之貨, 學不學, 復衆人之所過', '바라지 않기를 바라며, 얻기 어려운 재화를 귀히 여기지 않으며, 배우지 않기를 배우며, 뭇 사람의 잘못한 바를 되돌린다.' 이런 것들이 다 '만물지자연'을 '돕는' 수단이 된다는 것이니까요. 이것은 이른바 노자 철학이 만물의 자연, 스스로 그러함, 즉 자연의 자체 전개 내지 자체 선善 지향에 대한 절대적 신뢰를 그 바탕에 두고 있다, 전제로 깔고 있다, 그런 점에서 주목되는 것이죠. 내용은 물론 다르지만, '자연으로 돌아가라(retour à la nature)'를 외쳤던 [사실 그의 말은 아니지만 취지가 그렇다는 뜻] 장 자크 루소도 방향은 비슷하고요. 인공적인 것 속에서 평생을 살아가는 우리 현대인의 입장에서는 이 말만으로도 매력적인 건 틀림없습니다. 인간의 인위-작위가 자연을 지배하고 조작해서 전방위적으로 망가뜨리고 있는 이 시점에서는 더욱 절실히 요구되는 철학이기도 하죠. 심지어 물-공기-흙 이런 것까지도 '인위人爲-감위敢爲'가 망가뜨리는 지경에 이르렀으니까요. 바야흐로 노자의 자연철학! 무위주의! 이런 구호가 필요한 상황입니다.

"그렇게 보이주니 고맙지만, 엄려도 되는군요. 그 지경에까지 이르렀다니…. 아, 그나저나 아까 말하신 그 '갸우뚱'은?"

'바라지 않기를 바라며, 얻기 어려운 재화를 귀히 여기지 않으며, 배우지 않기를 배우며, 뭇 사람의 잘못한 바를 되돌린다. 이것으로 만물이 스스로 그러함을 돕지, 구태여 [인위적으로 뭔가를] 하지 않는다(欲不欲, 不貴難得之貨, 學不學, 復衆人之所過. 以輔萬物之自然, 而弗敢爲).' 이런 말씀들이 아까 말씀하신 '백성들의 하는 일이란 언제나 성공에 가까운 데서 이를 실패하는데, 시작 때처럼 신중히 마무리하면 일에 실패함이 없다(民之從事, 常於幾成而敗之, 愼終如始, 則無敗事).'와 어떻게 '시이是以'(그래서)로 연결되느냐 하는 건데…, 더 앞에서 말씀하신 '[인위적으로 뭔가를] 하는 자는 그것을 실패하고, [꽉] 붙잡는 자는 그것을 잃게 된다. 그래서 성인은 무위하며 고로 실패함이 없고, 붙잡지 않으며 고로 잃는 일이 없다(爲者敗之, 執者失之. 是以聖人無爲故無敗, 無執故無失).'를 상기해 보면 그것과는 연결이 되더군요. 앞의 '무위無爲'와 뒤의 '불위弗爲'는 통하니까요. 그리고 가운데 긴 '민지종사, 상어기성이패지, 신종여시, 즉무패사民之從事, 常於幾成而敗之, 愼終如始, 則無敗事'는 그 앞부분과 '무패無敗'라는 문제를 공유한다는 점에서 앞부분의 부연 내지 보충으로 이해할 수 있으니, 결국 이 '시이'는 그 앞부분과 내용적으로 연결된다고 생각하기로 했습니다. 뭔가 아귀가 완벽하게 딱 맞지는 않습니다만, 뭐 선생님이라고 문장까지 완벽할 필요는 없으니까….

"응? 지금 그 말은 변호인지, 비판인지, 뭔가 좀 듣기가 편치는 않은데…."

불평 정도로 해두면 안 될까요? 완벽주의 학자의. 하하하.

"그냥 웃지요. 나는 어차피 논리주의자는 아니니까. 하하하."

65.

옛날에 도를 잘한 사람은

古之善爲道者, 非以明民, 將以愚之. 民之難治, 以其智多.[123] 故, 以智治國, 國之賊; 不以智治國, 國之福.[124] 知此兩者亦稽式.[125] 常知稽式, 是謂玄德. 玄德深矣遠矣. 與物反矣, 乃至大順.[126]

고지선위도자, 비이명민, 장이우지. 민지난치, 이기지다. 고, 이지치국, 국지적; 불이지치국, 국지복. 지차량자역계식. 상지계식, 시위현덕. 현덕심의원의. 여물반의, 내지대순.

옛날에 도를 잘한 사람은 그것으로 백성을 밝게 하지 않고 그것으로 장차 백성을 어리석게 하려고 했다. 백성이 다스리기 어려운 것은 그 기지[꾀]가 많기 때문이다. 고로 기지[꾀]로 나라를 다스림은 나라의 적이요, 기지[꾀]로 나라를 다스리지 않음은 나라의 복이다. 이 양자를 아는 것 또한 계식稽式[비교고찰법]이다. 항상 계식을 아는 것, 이를 일컬어 현덕玄德이라 한다. 현덕은 심원하다. 여느 것과는 반대되나니, 이에 대순大順[위대한 순조로움]에 이른다.

---

123) 백서본에는 '多'가 '也'로 되어 있다.
124) 백서본에는 '福'이 '德'으로 되어 있다.
125) 백서본에는 '知' 앞에 '恒'자가 있다.
126) 백서본에는 '然後'와 '於'자가 없다. 통용본에는 이것이 있으나 불필요한 말이 후대에 끼어든 것으로 보여 백서본을 따른다.

노선생님, 이 65장에서는 또 정치철학을 펼치시는군요. 도정道政이라고 할까, 덕정德政이라고 할까, 그런 정치…. 민民-치治-국國, 이런 말들이 나오니 아니라고는 못하실 겁니다.

"아니라고 한 적은 없습니다만."

그런데 정말 특이하십니다. 선생님은 언제나 상식을 뒤집으시니까요.

"뭘 보고 그런 말씀을 하시는 건지."

'백성을 밝게 하는 게 아니라 어리석게 한다(非以明民, 將以愚之).' '백성을 다스리기 어려운 게 그들의 기지 때문이다(民之難治, 以其智多).' '기지로 나라를 다스리는 건 나라의 적이고 그 반대가 나라의 복이다(以智治國, 國之賊; 不以智治國, 國之福).' 이런 말씀들이 다 그렇지 않습니까. 보통은 그 반대로 생각하지요. 막연히 생각하는 선과 악, 긍정적과 부정적, 플러스와 마이너스가 완전히 뒤집혀 있습니다. 가히 역설의 극치라고 해도 좋을 겁니다. 반어법의 고수 혹은 대가라고 할까.

"의미 없이, 까닭 없이 그런 소리를 했겠습니까. '모든 진정한 말은 그럴 수밖에 없는 사정이 떠밀어서 입 밖으로 나온다.' 그렇게 말해도 좋을 겁니다."

저는 이해합니다. 그 사정이라는 것 중에는 아마 그다지 신뢰할 수 없는 그 '상식'의 허점도 포함되겠지요. 그리고 무엇보다 그 '명明'과 '지智'의 폐해라는 현실이 있을 거고요. 그런 것보다 '어리석음愚'[우직함]이 차라리 백배 낫다고 할 만큼의 폐해.

"'명明'과 '지智', 그게 도가 아니니까요. '명'과 '지'의 폐해는 무엇보다 진정한 '치治'(다스림)를 피해 가고 빠져나가고 해서 그것을 무색하게 만든다는 겁니다. 그래서 다스리기가 어려운 겁니다(民之難治)."

공감합니다. 예컨대 부동산 투기가 경제정의를 심각하게 훼손해서 정부가 각종 정책이나 법률로 정의를 세우고자 하지만, 백성들은 돈이 어떻게 돌아가고 어떻게 이득을 취할 수 있는지 너무너무 빠삭해서(明), 다운 계약서니 돌려막기니 기타 등등 온갖 편법으로(智), 그 법망을 교묘히 빠져나가기도 하니까요. 정의로운 정책이 먹히지를 않는 겁니다. 그야말로 '민지난치民之難治'인 거죠. 기업들의 탈세도 그렇고 유령회사를 통한 자금세탁도 그렇고⋯, 정말 '기지다其智多'(그 꾀가 많다)라고 할 수밖에 없습니다.

"못 말리는 백성들!"

그래서 도를 아는 사람들은 백성들이 '우직(愚)'한 게 낫다고 생각하고, 그런 방향으로 나라의 물줄기를 돌리고자 했던 거지요. ('옛날에 도를 잘한 사람은 그것으로 백성을 밝게 하지 않고 그것으로 장차 백성을 어리석게 하려고 했다(古之善爲道者, 非以明民, 將以愚之).') 그런 방향으로 도덕교육도 힘썼을 것이고. 그런데 도를 하지 않은, 잘 못하는, 관심도 없는, 그런 정치가는 도덕교육 같은 데는 아예 관심도 없고, 백성들의 기지[꾀]만 가치로 높이 치면서 그런 방향으로 사람도 교육하고 그런 방향으로 나라의 물줄기를 흐르게 합니다. 그 결과는⋯ 백성들에게 꾀만 자꾸 늘어가게 되는 거죠. 옳고 그르고, 좋고 나쁘고 상관없이 이익에만 혈안이 되어 이익을 취하는 데는 정부보다 더 빠삭하게 되는 겁니다. 거기서 온갖 사회적 문제들, 사건들이 발생하게 되지요. 그러니 '기지[꾀]로 나라를 다스림은 나라의 적이요, 기지[꾀]로 나라를 다스리지 않음은 나라의 복이다(以智治國, 國之賊; 不以智治國, 國之福)'라는 게 황당한 말이 아닌 겁니다. 역설이 역설이 아니라, 진실인 셈인 거죠.

"아니, 이선생이 그런 걸 어찌 그리 잘 아시나?"

도에 조금이라도 관심을 가지고 지금 제가 사는 이 시대의 세상을 보면 누구라도 자연히 알게 될 겁니다. 철학을 비롯한 인문학이 천덕꾸러기가 되고 정도보다 온갖 요령이 득세하는 걸 보면, '도道'와 '지智' 의 처지가 뒤바뀐 것 같고, 이게 혹 '이지치국以智治國'(꾀로 나라를 다스림)이 아닌지 염려스럽기도 합니다.

"내가 아직 입을 닫을 수 없는, 닫아서는 안 되는 사정이 거기도 있었군요."

그래서 제가 지금 이렇게 선생님을 모시고 이런 대화를 하고 있는 겁니다. 선생님의 철학을 이 시대에 다시금 활성화시키고 싶은 거죠. 비록 이게 손바닥만 한 작은 공간에 불과할지라도.

"응원하고 싶군요. 그 가상한 노력."

이게 의미를 가지려면 우선 이런 사정을 잘 알아야 되겠죠. 양면을 다. 즉 나라에 폐해가 되는 '지치智治'와 나라에 복이 되는 '도치道治' 내지 '우치愚治'[우직한 정치], 양면을 다. 혹은 나쁜 '명明'과 좋은 '우愚', 양면을 다. 그래서 '이 양자를 아는 것 또한 계식[비교고찰법]이다. 항상 계식을 아는 것, 이를 일컬어 현덕이라 한다. 현덕은 심원하다(知此兩者亦稽式. 常知稽式, 是謂玄德. 玄德深矣遠矣).'라고 말씀하신 거겠죠. 심원한 현덕, 양면을 견주어서 다 잘 아는 것, 말하자면 비교고찰법을 잘 아는 것, 그게 현덕이라는 말씀이시죠. 깊이 공감합니다. 이런 게 참으로 심원하다는 것도.

"그런데 보통은 그렇지가 않아요."

네, 세상일 돌아가는 것과 반대죠. '사물과는 반대되나니, 이에 대순[위대한 순조로움]에 이른다(與物反矣, 乃至大順).' '여물반의與物反矣'. 반대지만 그러나 결국은 선생님이 말씀하시는 이런 방향이 정답이라는 거죠. 위대한 순리라는 거죠. 그래서 '내지대순乃至大順'이라고 말씀하신 거겠죠. '반反'이 결국 '순順'이라는 역설이긴 하지만. '반즉시순, 순즉시반, 반순불이, 반순일체', 반이 곧 순이요, 순이 곧 반이며, 반과 순이 다르지 않고, 반과 순이 일체이니….

"또 그 장난기…, 이제 마칠 때가 된 모양이군요. 하하하."

저는 나름 진지한데…. 하하하.

66.

강과 바다가 능히 백곡百谷의 왕이

江海所以能爲百谷王者, 以其善下之. 故, 能爲百谷王. 是以聖人欲
上民,[127] 必以言下之, 欲先民, 必以身後之. 故, 處上而民弗重, 處
前而民弗害. 是以天下樂推而弗厭,[128] 以其不爭.[129] 故, 天下莫能
與之爭.[130]

강해소이능위백곡왕자, 이기선하지. 고, 능위백곡왕. 시이성인욕상민, 필이언하지,
욕선민, 필이신후지. 고, 처상이민불중, 처전이민불해. 시이천하락추이불염, 이기부
쟁. 고, 천하막능여지쟁.

강과 바다가 능히 백곡百谷[모든 골짜기]의 왕이 될 수 있는 까닭은, 그것
이 아래로 잘 내려가기 때문이다. 고로 능히 백곡의 왕이 될 수 있다. 그
래서 성인은 백성 위에 오르고자 하면 반드시 그 말로써 자기를 낮추고,
백성 앞에 나서고자 하면 반드시 그 몸으로써 자기를 뒤에 둔다. 고로 위
에 있어도 백성이 이를 무겁다 하지 않고, 앞에 있어도 백성이 이를 방해
된다 하지 않는다. 그래서 천하가 기꺼이 이를 밀어주고 싫어하지 않으니,

---

127) 한간본에는 '上'이 '高'로 되어 있다.
128) 죽간본에는 '推'가 '進'으로 되어 있다.
129) 백서본-한간본에는 '不爭'이 '無爭'으로 되어 있다.
130) 통용본을 따르나, 죽간본-백서본을 참고하여 몇 군데 글자를 수정-조정했다.
의미의 변화는 없다.

그 다투지 않음 때문이다. 고로 천하가 이와 더불어 다툴 수 없다.

―――――――

노선생님, 이 66장도 또 정치철학이군요. 그중에서도 지도자론. 선생님 식으로 말하자면 '성인론'.

"그 성인이 꼭 정치가라고 명언하지는 않았습니다만."

백성(民)과의 관계를 말씀하시고, 또 비유에서 '왕'이라는 호칭을 쓰시니 적어도 여기서는 성인이 성스러운 정치가라고 아니 할 수 없죠.

"허허, 들켜버린 건가요?"

아무튼 여기서도 선생님은 일관되게 '하下', 즉 낮추기를 가치로, 덕으로 제시하시는군요. 그리고 '부쟁不爭'(다투지 않기)도. 8장의 말씀, '상선약수. 수선리만물이부쟁, 처중인지소오. 고, 기어도. ⋯ 부유부쟁, 고, 무우上善若水. 水善利萬物而不爭, 處衆人之所惡. 故, 幾於道. ⋯ 夫唯不爭, 故, 無尤'의 재소환이랄까 재확인인 셈이네요.

"허허, 그것도 들켜버린 건가요?"

그만큼 이 가치를 중시한다는 이야기겠죠. 이 말을 너무너무 좋아하는 저로서는 반가운 일입니다.

"'낮추기(下)'와 '다투지 않기(不爭)', 참으로 큰 덕이지요."

공감합니다. 그러나 이게 어려울 것 전혀 없는 아주아주 쉬운 말이지만, 실제로 실천하기에는 너무너무 어려운 일이기도 합니다. 위정자들 중에 이런 사람이 참으로 드물다는 게 그 증거입니다.

"그래서 그런 사람이 '성인'인 게지요."

그 성인의 모습, 한번 곱씹어보겠습니다. 먼저 비유로 알려주셨지요. 마치 '강해江海'와 같다고. '백곡百谷'의 왕이라고. 강해는 성인의 비유고 백곡은 아마도 만백성의 비유겠지요. 그 강해가 백곡의 왕일 수 있는 까닭이 바로 다름 아닌 '기선하지其善下之'(아래로 내려가기를 잘한다는 것), 그거라고 통찰하신 거지요. 8장에서 말씀하신 상선上善인 바로 그 물! 강물, 바닷물.

바로 그 물처럼, 강물, 바닷물처럼 성인도 자기를 낮춘다는 거지요. 백성들에 대해서. 백성들 위에 엄하게 군림하는 대부분의 위정자들과는 너무나 다른, 선명하게 대비되는 모습입니다. 특히 저 수많은 권위적 독재자들과는.

"동서고금을 막론하고 백성에 대해 자기를 높이는 위정자는 많고, 낮추는 위정자는 적고…."

그게 현실이지요. 그래서 이런 드문 성인이 더욱 돋보이는 겁니다. 하이데거가 말한 '드문 자들(die Wenigen)'처럼. 그런데 선생님은 이런 성인의 태도를 아주 명쾌하게 묘사하십니다. '그래서 성인은 백성 위에 오르고자 하면 반드시 그 말로써 자기를 낮추고, 백성 앞에 나서고자 하면 반드시 그 몸으로써 자기를 뒤에 둔다(是以聖人欲上民, 必以言下之, 欲先民, 必以身後之).' 특별히 어렵지도 복잡하지도 않습니다. '하下'와 '후後', 백성들에 대해 말로써 자기를 낮추고 몸으로써 자기를 뒤에 둔다는 거죠. 그런데 이게 어디 '과인'이니 '불곡'이니 그런 호칭을 쓴다는 것만 가리키겠습니까. 그건 '이신후지以身後之'를 봐도 알 수 있습니다. 자기 몸을 백성 뒤에 둔다지만, 실제로 왕(대통령)이 행차나 의식을 할 때 백성들(국민들) 뒤에서 하는 건 아니니까요. 그 언어-태도-자세, 그게 자기보다 백성을 더 우선시한다는 뜻이겠죠. 백성이 [왕보다 더] 위에 있고 백성이 [왕보다 더] 앞에 있는 것처럼. '이언하지以言下之'(말은 낮게), '이신후지以身後之'(몸은 뒤에)를 저는 그렇게 이해합니다. 권력을 가진 위정자가 그걸 권력이라고 생각한다면 당연히 백성 위에, 백성 앞에 있고 싶고, 있으려 하겠지만, 그의 말과 행동이 실제로 백성 위에, 백성 앞에 있다면, 그런 걸 좋아할 백성은 없지요. 그런 권력자는 백성들 입장에서 보면 부담이 되고 거슬립니다.

"그저 무거운 존재, 방해되는 존재로 느껴질 뿐인 거지요."

그렇죠. 그러니까 그렇지 않은 성인은 정반대인 거겠죠. 겸양의 효과랄까. '고로 위에 있어도 백성이 이를 무겁다 하지 않고, 앞에 있어도 백성이 이를 방해된다 하지 않는다. 그래서 천하가 기꺼이 이를 밀어주고 싫어하지 않으니, 그 다투지 않음 때문이다. 고로 천하가 이와 더불어 다툴 수 없다(故, 處上而民弗重, 處前而民弗害. 是以天下樂推而弗厭, 以其不爭. 故, 天下莫能與之爭).' 성인이라 할 수 있는 위정자는 실제로 백성들보다 위에 있고 앞에 있지만, 백성들이 그런 지도자를 부담으로 여기시를 않는 거지요. 무섭지노 않고 거추장스럽지도 않게 느끼는 거지요. 거추장스럽기는커녕, 만백성이 다(天下) 적극적으로 밀어주고 좋아하지요(樂推而弗厭). 특히 다투지 않기 때문에. 백성과도 다투지 않고, 다른 권력과도 다투지 않고, 이웃나라와도 다투지 않고, 그래서 전쟁도 벌이지 않고….

"그 말씀도 뭔가 배경이 있는 듯한 느낌인데…."

역시 예리하시군요. 다투는 걸 좋아하고 잘하는 권력자를 너무나 많이 봐왔기 때문입니다. 자기를 반대하는 국민과도 싸우고, 다른 정파와도 허구한 날 싸우고, 여차하면 전쟁도 일으키고…. 그래서 온 세상이 온 국민이 그와 더불어 싸우기도 하죠. 국민적 저항에 부딪친다고 지금은 표현합니다만. 저항이라고도 투쟁이라고도 항쟁이라고도 하죠. 민주화라고도 하고요. 그건 국민 위에, 국민 앞에 군림하는 저 거들먹거리는, 횡포한, 주인 노릇하는, 그런 권력자를 몰아내고 '국민(民)'이 '주인(主)'이 되겠다는, 국민이 권력자보다 위에 있고 앞에 있는, 그런 세상으로(化) 만들겠다는 싸움(鬪爭)인 거죠. 위정자 스스로가 권력자로서 저들과 다투지 않는다면 저들(백성들/국민들)도 그와 더불어 다툴 일이 뭐가 있겠습니까.

"오히려 밀어주고 좋아하지요."

그런 게 태평성세죠. 성인도 좋고 백성도 좋고, 누이 좋고 매부 좋고. 하하하.

"그런 성인이 있다면 굳이 나도 청우를 타지 않았을 텐데…, 아니, 청우를 타고 그를 만나러 갔으려나? 하하하."

67.

천하가 모두 나를 대단하다 하는데

天下皆謂我大, 大而不肖.[131] 夫唯不肖, 故, 能大.[132] 若肖, 久矣其
細也夫. 我恒有三寶,[133] 持而保之. 一曰慈, 二曰儉, 三曰不敢爲天
下先. 夫慈故能勇,[134] 儉故能廣, 不敢爲天下先, 故, 能爲成事
長.[135] 今舍慈且勇, 舍儉且廣, 舍後且先, 則死矣.[136] 夫慈以戰則
勝, 以守則固. 天將救之, 以慈衛之.[137]

천하개위아대, 대이불초, 부유불초, 고, 능대. 약초, 구의기세야부. 아항유삼보, 지
이보지. 일왈자, 이왈검, 삼왈불감위천하선. 부자고능용, 검고능광, 불감위천하선,
고, 능위성사장. 금사자차용, 사검차광, 사후차선, 즉사의. 부자이전즉승, 이수즉고
천장구지, 이자위지.

---

131) 왕필본에는 '天下皆謂我道大, 似不肖'로 되어 있다. 문맥을 고려해 백서본-
한간본을 따른다. 단 백서본-한간본에는 '肖'가 '宵'로 되어 있다. 같은 의
미로 간주한다.
132) 백서갑본-한간본-왕필본-하상공본에는 '夫唯大, 故(似)不肖'로 되어 있다.
문맥을 고려해 백서을본을 따른다.
133) 백서본-한간본에 따라 '諱'로 제거된 '恒'을 되살렸다.
134) 왕필본에만 '夫'자가 없다. 다수본을 따른다.
135) 통용본에는 '爲'자가 없고 '事'가 '器'로 되어 있다. 의미를 고려해 백서갑
본을 따른다.
136) 통용본에는 '則'자가 없다. 백서본을 따른다.
137) 백서본에는 '天將建之, 如以慈垣之'로 되어 있다.

천하가 모두 나를 대단하다 하는데, 대단하지만 잘나지는 않았다. 무릇 오직 잘나지 않았으니 고로 능히 대단할 수 있다. 만일 잘났다면, 오래되었을 것이다, 그 하찮음이. 나에게는 항상 세 가지 보배가 있는데, 이를 [잘] 지니고 있고 그리고 [잘] 지키고 있다. 첫째는 자애고, 둘째는 검약이고, 셋째는 구태여 천하의 '먼저'가 되지 않는 것이다. 무릇 자애로우니 고로 능히 용감할 수 있고, 검약하니 고로 능히 넓을 수 있고, 구태여 천하의 '먼저'가 되지 않으니 고로 능히 일을 이루는 우두머리가 될 수 있다. 요즘은 자애도 그리고 용감도 버리고, 검약도 그리고 넓기도 버리고, '나중'도 그리고 '먼저'도 버리는데, [이는] 곧 죽음이다. 무릇 자애로써 싸우면 이기고, 자애로써 지키면 굳건하다. 하늘이 장차 그를 구하고, 자애로써 그를 방위할 것이다.

　노선생님, 이 67장의 말씀을 들으니 특별히 좀 반갑네요.
　" '특별히'라니, 무슨 특별히 그럴 사정이라도…."
　저 아득한 학부 시절, 소위 '노장철학'을 처음 배우면서, 이 '삼보三寶'라는 걸 수업시간에 토론한 적이 있었기 때문입니다. '자애', '검약', '불선不先'이라고. 이게 불교의 삼보인 불-법-승과 어떻게 다른지, 그런 이야기도 했고…, 그땐 아직 삼보컴퓨터도 나오기 전이었습니다만.
　"허허, 그래요? 이 세 가지가 왜 보배인지 학생들이 제대로 이해했으려나?"
　아직 머릿속에서만 맴돌았겠죠. 이런 게 가치로서 가슴속에, 아니 온몸에 체화되려면 오랜 세월의 숙성이 필요하니까요. 아무튼 저는 지금도 이런 말씀은 여전히 유효하다고 믿어 마지않습니다. 아니, 지금 같은 시대야말로 더욱 필요한 가치가 아닐까 싶기도 합니다. 선생님이 여기서 말씀하신 '요즘(今)'이 바로 요즘이니까요. 그런데…

"또 '그런데'? 이번엔 뭐죠?"

이 말씀에 대해서도 해석들이 분분해서 좀 자세한 음미는 필요해 보입니다.

"그래요? 나도 한번 들어보고 싶군요. 어떻게 분분하고 이선생은 어떻게 생각하시는지."

소위 텍스트 분석은 제가 그다지 좋아하지 않는 바라 가급적 내용에만 충실하고 싶습니다만…, 첫 문장은 판본부터 제각각이라 제 의견을 좀 분명히 해두어야 할 것 같긴 합니다. 많은 생각을 했습니다만, 결론적으로 서는 소위 백서을본이 문맥상 가장 노자다운 것이라 판단하고 이를 취했습니다. 해석도 '천하가 모두 나를 대단하다 하는데, 대단하지만 잘나지는 않았다. 무릇 오직 잘나지 않았으니 고로 능히 대단할 수 있다. 만일 잘났다면, 오래되었을 것이다, 그 하찮음이.' 그렇게 했고요.

"직역이군요."

네, 섣불리 자기 선입견을 개입시켜 의역하면 번역자가 원작자를 밀어내고 그 자리를 대신 차지해 버리는 경우가 적지 않아서요. 모호한 것은 모호한 채로 그냥 두는 게 훨씬 낫다는 생각입니다. 그래서…, 아무튼 이게 선생님의 말씀이라 전제하고 그 의미를 음미해 보겠습니다.

'천하가 모두 나를 대단하다 하는데, 대단하지만 잘나지는 않았다. 무릇 오직 잘나지 않았으니 고로 능히 대단할 수 있다. 만일 잘났다면, 오래되었을 것이다, 그 하찮음이(天下皆謂我大, 大而不肖. 夫唯不肖, 故, 能大. 若肖, 久矣其細也夫).' 여기서 선생님은 오랜만에 또 '나(我)'에 대해 언급하시는데…, 당시부터 이미 온 천하에 유명하셨던 모양이죠? '대단하다'고. 그리고 본인도 그걸 알고 계셨고. 하하. 하기야 이 정도 글을 남기실 정도이니, 평소에도 이런 말씀을 하셨을 거고, 세상 사람들도 나무토막이 아닌 이상, 뭔가 대단하다는 느낌은 분명 받았을 겁니다. 인정합니다. 대단하십니다.

"그게 위험합니다. 그 '대大'가 '초肖'(잘남)가 되면, '대'가 아니라 '세細'(하찮음-시시함-자잘함)가 되어 버리니까요."

이해합니다. 그래서 경계도 겸해 이런 말씀을 하신 거겠죠. '대단하지만 잘나지는 않았다. 무릇 오직 잘나지 않았으니 고로 능히 대단할 수 있다. 만일 잘났다면, 오래되었을 것이다, 그 하찮음이.' 저는 개인적으로 참 명언이라고 생각합니다. 여기서 '불초不肖'가 좀 논란인데, (다른 분들의 의견을 여기서 말하는 건 반대 내지 비판이 될 수 있고, 그건 제가 아주 싫어하는 바라 나열하지 않겠습니다. 양해를 바랍니다.) 저는 이게 '잘나지 않았다', [외견상] 좀 못났다', [약간 확대해석하자면] '잘난 체하지 않는다', 그런 의미로 새겼습니다. 다행히 이 말은 지금도 한국에서 그대로 사용이 되는지라 누구든 그 의미를 이해할 수 있습니다. '불초소생이…, 불초소자가…', 그런 형태로요. 훌륭하신 부모님을, 선생님을 제대로 닮지 못해[본받지 못해] 못난 제가…, 그런 뜻인 거죠. 외견상 드러나는 그런 '잘남-못남'이, '초肖-불초不肖'의 가장 정확한 의미라고 저는 읽은 겁니다. 그렇게 보면, 대단함, 훌륭함이란, 잘나지 않았으니까, 잘난 체하지 않으니까, 그래서 대단한 것처럼 보이지 않으니까, 그러니까 비로소 가능한 거다(夫唯不肖, 故, 能大), 그런 이야기가 되는 겁니다. 반대로, 잘났으면, 잘난 체하면, 대단한 것으로 보이면, 그러면 대단하기는커녕 이미 오래전에 그렇고 그런, 시시한, 하찮은, 그야말로 가느다란, 그런 사람이 되고 말았을 거다(若肖, 久矣其細也夫), 그런 말씀인 거죠, 이건. 참으로 정곡을 찌른 말씀이라고 탄복합니다. 세상에 그런 사람이 실제로 상당히 많거든요. 잘난, 잘나 보이는, 그러나 대단하지 않은, 시시한, 그런 사람들이. 특히 자화자찬하는 잘난 사람들이. 그런 사람들에게 요즘 사람들은 곧잘 이렇게 비아냥거리기도 하죠. '잘났어, 증말~!' 하하하.

"가느다란 사람들, 언제나 어디나 있는 법이죠, 크지 않은, 불초한, 큰 줄 아는, 잘난 줄 아는, 그런 사람들…."

그래서, 바로 그래서 선생님은, '삼보三寶'를 말씀하신 거겠죠. '나에게는 항상 세 가지 보배가 있는데, 이를 [잘] 지니고 있고 그리고 [잘] 지키고 있다. 첫째는 자애고, 둘째는 검약이고, 셋째는 구태여 천하의 '먼저'가 되지 않는 것이다(我恒有三寶, 持而保之. 一曰慈, 二曰儉, 三曰不敢爲天下先).' '자애-검약-불선不先', 이게 내용적으로 저 진정한 '대단함(大)'과 연결되어 있으니까요. 외견상 '잘난 것(肖)'과는 반대되는 것들이니까요. 이게 보배로운 가지라는 건 긴 말도 필요 없습니다. 이걸 각각 뒤집어보면 바로 확인이 가능합니다. 자애롭지 못한 사람, 무자비한 사람, 난폭한 사람, 남을 함부로 대하는 사람…, 그리고 검소하지 않은 사람, 사치하는 사람, 호화롭게 꾸미는 사람, 낭비하는 사람…, 그리고 항상 먼저 하려고 먼저 가려고 먼저 되려고 앞에 나서는 사람, 남을 뒤로 밀어내는 사람…, 세상에 넘쳐나는 그런 사람들, 그리고 그들이 일으키는 온갖 문제들, 온갖 폐해들을 생각해 보면, '자애-검약-불선'이 보배라는 건 누구나가 인정하게 됩니다. 그 반대인 그런 사람들 당사자만 빼고는.

"그 말씀도 뒤에 뭔가 어두운 그림자가 어른거리는군요."

워낙 많이 겪어봤으니까요. 그런 잘나신 분들을. 하하. 그런데 선생님 말씀에서 또 하나 놓치지 말아야 할 게 있어 보입니다.

"뭐죠?"

'지이보지持而保之'. 그걸, 즉 삼보를, 즉 '자애-검약-불선'을, 지니고 지키고 해야 한다는 말씀입니다. 그냥 그런 게 있다(有), 이것만 갖고는 의미가 없는 거지요. 소위 공부한다는, 연구한다는 사람들 대부분이 그렇듯이. 그건 그거, 나는 나, 그런 태도. (예전에 한 선배 교수님이 우스갯소리로 '윤리니 도덕이니 그런 거, 남한테 권할 건 돼도 자기가 할 건 못 되지요.' 그런 말씀을 하신 적이 있는데, 사실 대부분이 그렇죠.) 그런데 선생님은 그게 '내 것'이 되어야 한다고, 그래야 의미가 있다고, 특별히 강조하신 셈이죠. '지니고 그리고 지킨다'고, 뭘? 그것을, 그 삼보를, 자애-검약-불선을.

"이선생이 다시 재차 강조를 해주니 고맙군요. 하하."

어디 그뿐이겠습니까. 선생님은 또 이 삼보의 효과도 말씀해 주신 셈이죠.

"무릇 자애로우니 고로 능히 용감할 수 있고, 검약하니 고로 능히 넓을 수 있고, 구태여 천하의 '먼저'가 되지 않으니, 고로 능히 일을 이루는 우두머리가 될 수 있다(夫慈故能勇, 儉故能廣, 不敢爲天下先, 故, 能爲成事長)."

네, 바로 그거요. '자慈 → 용勇', '검儉 → 광廣', '위천하선爲天下先 → 위성사장爲成事長', 이런 개념쌍이 소위 논리적 필연성을 갖는지, 충분한 매거인지, 좀 논란이 있을 수는 있는데, 저는 이 말만으로도 충분한 의미는 있다고 생각하는 편입니다. 용勇-광廣-위성사장爲成事長(용기, 넓히기, 일을 이루기 및 그 대표자), 이런 것만 해도 엄청나게 큰 가치들이니까요, 현실에서는. 하나씩 세세하게 들여다보자면 한도 끝도 없지만, 예컨대 부모가 자식에 대한 자애가 있으면 대신 불구덩이에도 뛰어들 만큼 용감해지고, 아끼고 검소하면 넓은 아파트로 이사할 수도 있고, 굳이 세계 최고가 되려 하지 않아도 중요한 일들을 이루는 지도자는 될 수가 있으니까요, 분명히. 그 의미가 작지 않은 일들입니다. 특히 마지막, '천하선天下先'(세계 최고)이 되려고만 하다가 정작 중요한 일들을 다 놓쳐버리는 경우들도 많으니 이 마지막 말씀도 제게는 특별한 의미로 다가옵니다.

"무슨 특별한 계기라도 있으신지?"

칼 포퍼의 이른바 '단편적 사회공학(piecemeal social engineering)'이 떠올라서요.

"그게 뭐죠?"

여기서 긴 이야기를 자세히 할 수는 없지만, '추상적 선의 실현을 위해서보다 구체적 악의 제거를 위해서 노력하라. 정치적 수단으로 행복의 확립을 꾀하지 말고 구체적 불행들의 제거를 목표 삼으라(Work for the elimination of concrete evils rather than for the realization of abstract goods. Do not aim at establishing happiness by political means. Rather aim at the elimination of concrete miseries).'(《유토피아와 폭력》)라는 것인데, 이른바 '유토피아적 사회공학'이라는 것이 '위천하신爲天下先', 그리고 이런 '단편적 사회공학'이 '위성사장爲成事長'에 해당되지 않을까, 그런 생각이 들어서입니다. 좀 오버일지도 모르겠지만.

"생각의 취지나 구조가 비슷하기는 하군요."

아무튼 말씀하신 이런 가치들-덕목들이 현실에서 제대로 실천이 되지 않는다는 선생님의 지적과 한탄에 대해서는 저도 백번 공감합니다.

"요즘은 자애도 그리고 용감도 버리고, 검약도 그리고 넓기도 버리고, '나중'도 그리고 '먼저'도 버리는데, [이는] 곧 죽음이다. 무릇 자애로써 싸우면 이기고, 자애로써 지키면 굳건하다. 하늘이 장차 그를 구하고, 자애로써 그를 방위할 것이다(今舍慈且勇, 舍儉且廣, 舍後且先, 則死矣)."

네, 이 보배들-가치들-덕목들의 효과는 이루 말할 수 없이 큰데, 현실은(今) 전혀 그렇질 못하다는 지적이신 거죠. '자慈-검儉-후後'는 말할 것도 없고, 그 짝이 되는 '용勇-광廣-선先'에 대해서조차도 사람들은 다 버리고(舍) 관심이 없다(今舍慈且勇, 舍儉且廣, 舍後且先)는 말씀이니까요. (참고로, 왕필은 이 '차且'를 '취取'로 해석해 읽는데 젊은 그의 똘똘함에 따른 전형적인 오버라고 판단됩니다. '차'와 '취'라는 두 글자의

거리는 한참 멀죠.) 사람들이 버리지 않고 이 삼보 대신에 '지이보지持
而保之'하고 있는 건 뭘까요? 어쩌면 '꾀(智)'? 어쩌면 '빠삭함(明)'?

"이도 저도 다 버리고 살면 그건 산다고도 할 수 없죠. 이미 죽은 거
나 진배없습니다."

그래서 '그러면 죽음이다(則死矣)'라고 말씀하신 거군요. '검儉'도
'후後'도 그렇지만, 자애만 하더라도 크나큰 가치인데…, 그걸 모르고.

"그렇죠. 대표적으로 말하지만, '무릇 자애로써 싸우면 이기고, 자애
로써 지키면 굳건하다. 하늘이 장차 그를 구하고, 자애로써 그를 방위
할 것이다(夫慈以戰則勝, 以守則固. 天將救之, 以慈衛之).' 그런 건데."

네, 자애, 그게 있으면 싸움에서도 이기고, 지키기도 굳건하고, 심지
어 하늘도 똑같은 자애로써 도와 구해 주고 지켜주고 할 텐데…. 군율
만으로 통솔하는 병사와 자애로 거느리는 병사, 어느 쪽이 전쟁을 승리
로 이끄는지는 중국 드라마 같은 데 보면 단골로 등장하는 소재입니다.
부부싸움(戰) 같은 경우도 '자慈', 즉 이해하는 사랑이 있으면 가정도
굳건히 지켜지고 결국은 서로가 윈-윈 하게 되죠.

"그런 자애에 대해서는 하늘도 자애로써 응답할 겁니다. 구해 주고
지켜주고."

그리고 다 같이 오래오래 행복하게 살았습니다…, 그렇게 되는 건가
요? 하하하.

"해피엔드죠. 하하하."

68.

선비하기를 잘하는 자는

善爲士者不武, 善戰者不怒, 善勝敵者弗與, 善用人者爲之下. 是謂
不爭之德, 是謂用人之力, 是謂配天之極.[138]
선위사자불무, 선전자불노, 선승적자불여, 선용인자위지하. 시위부쟁지덕, 시위용
인지력, 시위배천지극.

선비하기를 잘하는 자는 '무武'를 하지 않고, 싸우기를 잘하는 자는 노怒
하지 않고, 적을 이기기를 잘하는 자는 적과 함께하지 않고, 사람 쓰기를
잘하는 자는 그 사람의 아래가 된다. 이를 일컬어 '부쟁지덕不爭之德'[다
투지 않는 덕]이라 하고, 이를 일컬어 '용인지력用人之力'[사람을 다루는 힘]
이라 하고, 이를 일컬어 '배천지극配天之極'[하늘과 짝하기의 극치]이라 한
다.

───────────

노선생님, 이 68장에서는 상대적으로 아주 구체적이고 현실적인 문
제들을 이야기하시는군요. 위사爲士-전戰-승적勝敵-용인用人, 즉 인사되

─────────────────
138) 모든 주요 판본에 이 끝부분이 '是謂配天古之極'으로 되어 있는데, 자연스
런 문맥을 고려하여 兪樾, 源東菴, 馬敍倫 등에 의해 교열된 일반 통용본
을 따른다.

기-싸우기-[적을] 이기기-사람 다루기[혹은 쓰기].

"그걸 잘하는(善) 게 현실적으로 필요하니까요. 중요한 일이기도 하고."

동의합니다. 이 세상에서 이루어지는 우리네 삶의 상당 부분이 실제 이런 것이라는 건 부인할 수 없죠. 그게 꼭 사대부나 무사가 아니더라도, 국가와 국가 간의 전쟁이 아니더라도, 사장이나 인사부장이 아니더라도. 그래도 우린 어떤 형태든 어떤 사회적 신분이 되어야 하고, 수많은 형태의 싸움을 감당해야 하고(헤라클레이토스는 '싸움은 만물의 왕'이라고까지 말했죠), 그리고 우리에게는 수많은 형태의 적이 있어 그들과 싸워 이겨야 하고(지면 큰 손해를 입거나 다치거나 죽기도 하죠), 그리고 다양한 형태로 사람들을 쓰고-이용하고-다루어야 하니까요(세상에 혼자서 할 수 있는 일은 거의 없죠).

"되어야 하고, 싸워야 하고, 이겨야 하고, [사람을] 써야 하는 건 인간사의 필수입니다."

네, 그래서 잘해야(善) 하는 거죠. 이런 일들을. 그런데 그 비결이 참으로 노자적입니다. 선생님은 늘 상식을 뒤집으시죠.

"불무不武-불노不怒-불여弗與-위하爲之下"

네, '무武'를 하지 않는다, 노하지 않는다, 함께하지 않는다, 아래가 된다, 분명 특이합니다. 보통은 그렇지 않죠. 그 반대죠. 물리적인 힘을 과시하고 힘을 쓰려 하고, 그리고 툭 건드리기만 해도 금방 화를 내고, 적이다 싶으면 금방 상대해서 맞갚으려 들고, 사람을 쓰고 다룰 때는 기본적으로 그 사람의 위가 되려 하죠. 그런데 선생님은 그렇게 해서는 문사든 무사든 훌륭한 인사가 될 수 없고, 싸움을 피할 수 없고, 이길 수 없고, 제대로 부릴 수 없다고 간파하신 거죠.

"그런 소극적인 게 다가 아니라, 적극적인 의미를 갖습니다. 이 '불무-불노-불여-위하'가."

네, 노자의 덕이랄까, 노자의 철학이랄까. '무武', 즉 힘, 즉 실력행사는 근본적으로 문제를 해결할 수도 없거니와 상대를 굴복시켰다 하더라도 반발과 저항이 잠복되어 언젠가는 자기가 다시 당할 수도 있고…, 그러니 무력-폭력에 기대지 않는 것이 선비로서 잘하는 일이고, 그리고 이해관계가 대립되어 싸움이 일어났을 때, 말이든 행동이든 상대방에게 자극을 받았다고 금방 화를 내면, 차분한 대응이 불가능해 결국 궁지에 몰리게 되니(이건 욱하는 성질 때문에 궁지에 몰리곤 하는 저 《삼국지》의 장비를 봐도 확인 가능하지요), 일단 화내지 않고, 즉 이성을 잃지 않고 차분히 대응하는 게 제대로 잘 싸우는 게 되고, 그리고 불가피하게 어떤 적과 대립하게 되었을 때, 그와 함께하게 되면, 즉 곧바로 맞상대를 하게 되면, 자신의 약점도 잘 드러나기 쉬워지니 일단 함께하지 않는 것, 거리를 두는 것, 상대하지 않는 것이 이기는 길이 되죠. 그러니 그게 적을 잘 이기는 길이지요. 그리고 사람을 쓸 때, 누구든 그 사람을 자기 아래 두려 하지만, 사람 치고 그걸 좋아할 사람은 기본적으로 없죠. 그런데 이쪽이 겸손하게 자기를 낮추면(이건 선생님이 시종 강조하신 덕입니다만), 저쪽도 사람인지라 기분이 좋아지고 신뢰도 높아지고 마음도 열게 되고 결과적으로 협조도 잘하게 되니, 그게 사람을 잘 쓰는 게 되죠. 저도 사회생활을 하면서 여러 형태로 용인을 해봤지만, 겸손하게 자기를 낮춘다고 깔보고 말 안 듣는 사람은 별로 본 적이 없습니다. 오히려 관계도 좋아지고 협조도 원활하고 일의 효율도 더 높아지죠. 관계가 그 반대면 결과도 그 반대고. 상하관계를 포함해서 무릇 인간관계는 확실히 그렇더군요. 자기를 낮추면 높아지고 높이면 낮아지고….

"그러니까 그런 것이, 즉 '불무不武-불노不怒-불여弗與-위하爲下'가 '선위사善爲士-선전善戰-선승적善勝敵-선용인善用人'의 비결인 것이고, 그래서 '이를 일컬어 '부쟁지덕不爭之德'[다투지 않는 덕]이라 하고, 이를 일컬어 '용인지력用人之力'[사람을 다루는 힘]이라 하고, 이를 일컬어 '배천지극配天之極'[하늘과 짝 맞추기의 극치]이라 한다(是謂不爭之德, 是謂用人之力, 是謂配天之極).'라고 말한 겁니다."

그렇지요. 이해하고 수긍하고 납득합니다. '부쟁지덕-용인지력-배천지극', 부쟁의 덕, 용인의 힘, 배천의 극치. 사실 부쟁과 용인이 곧 배천이라고 볼 수도 있지요. '배천配天', '하늘과 짝을 이룸'이니 엄청난 일이지요. 더군다나 그 극치라니! 싸우지 않는다는 게, 그리고 사람을 잘 대한다는 게, 그만한 일이라고 선생님은 생각하신다는 거죠. 덕이고 힘이라고 생각하신다는 거죠. 고개가 절로 숙여집니다. 아마 저 '천天'(하늘)도 수긍하실 겁니다. 굳이 맞상대하지 않아 싸우지 않고 자기를 낮춰 사람을 잘 대하는 것이 '배천'[하늘과 짝하기]이라 할 만하다고.

"말에 힘이 들어가 있는 걸 보니 이선생도 '싸우기'와 '높이기'에 어지간히 반감이 있나 보군요."

그런 자들이 꼭 문제를 일으키니까요. '부쟁不爭', '위하爲下', '배천配天'…, 이런 말씀을 하시니 제가 선생님의 팬이 안 될 수가 없지요. 아 참, 잊기 전에 사인이라도 좀….

"또 그 장난기. 오늘은 이만하시죠. 하하하."

알겠습니다. 하하하.

69.

'용병'에 이런 말이 있다

用兵有言: 吾不敢爲主而爲客, 不敢進寸而退尺. 是謂行無行, 攘無臂, 執無兵 乃無敵矣.139) 禍莫大於無敵, 無敵近亡吾寶矣.140) 故, 抗兵相若,141) 則哀者勝矣.

용병유언: 오불감위주이위객, 불감진촌이퇴척. 시위행무행, 양무비, 잉무적, 집무병. 화막대어무적, 무적근망오보의. 고, 항병상약, 즉애자승의.

'용병'에 이런 말이 있다: "나는 구태여 주가 되지 않고 객이 된다. 구태여 한 '치'를 나아가지 않고 한 '자'를 물러선다." 이를 일컬어 길을 가려 해도 길이 없고, 팔을 걷어붙이려 해도 팔이 없고, 잡으려 해도 병사가 없는 격이라 한다. 이에 적이 없는 셈이다. 화는 적이 없는 무적보다 더 큰 것이 없고, 무적은 나의 보배를 거의 잃어버린 꼴이다. 고로 맞서는 군대가 서로 같으면 자애로운 쪽이 이긴다.

---

139) 백서본은 '乃'로, 하상공본은 '仍'으로, 왕필본은 '扔'으로 되어 있다. 문맥을 고려하여 백서본을 따른다.

140) 통용본에는 '無敵, 無敵近亡…'이 '輕敵, 輕敵幾喪…'으로 되어 있다. '輕敵'으로는 문맥이 통하지 않는다. 백서본을 따른다.

141) 통용본에는 '若'이 '加'로 되어 있다. 문맥을 고려하여 백서본을 따른다.

노선생님, 이 69장 말씀, 이 짧은 몇 글자가 제겐 또 난제였습니다. 판본마다 내용이 조금씩 달라, 텍스트 확정도 쉽지 않았고, 해설들도 좀 참고했지만, 저 유명한 하상공과 왕필도 이해를 돕기는커녕 오히려 방해만 되었습니다.

"저런, 또 난제였다니 또 좀 미안해지는군요. 그래 이번엔 어떻게 풀어내셨는지. 이선생이 좋아하는 그 '문맥', 어떻게 통하는지, 어디 한번 들어봅시다."

여기선 '용병'이란 말로 시작하시니 어쨌든 용병 즉 군사적인 이야기를 하시는 건데, 저는 전쟁을 좋아하진 않지만, 이게 꼭 전쟁이 아니더라도 인간사의 각종 대립-대결에 다 유효하다 싶어서 유심히 그 내용을 들여다보았습니다. 앞 68장과도 연결되더군요. 그런데…

"어이쿠, 또 '그런데'인가…?"

아니, 이건 제 문제입니다만, 문맥이 잘 이해가 되질 않았습니다. 특히 앞부분에 인용하신 글과 뒷부분의 연결이. 인용하신 앞부분(吾不敢爲主而爲客, 不敢進寸而退尺)에서는 주객전도, 진퇴전도로 공세적이기보다 수세적이기를 권하니 68장의 말씀과도 상통하는데, 뒷부분은 판본별로 텍스트가 달라서, 특히 통용본의 '경적輕敵'[적을 가벼이 여김]과는 의미를 이어보려 해도 도무지 톱니바퀴가 맞물리질 않았습니다. 백서본이 없었다면 아마 저는 영원히 이 69장을 납득하지 못했을 겁니다. 누가 그렇게 의미도 모르면서 멋대로 뜯어고쳤는지….

"그래, '무적無敵'[적이 없음]은 통하던가요?"

네, 통하더군요. 아주 쉽게 결론부터 말씀드리자면, '용병'의 인용이 '이쪽' 이야기가 아니고 '저쪽' 이야기였고, 저쪽이 그런 태도로 나오면 싸우려 해도 싸울 상대가 없는 격이니 싸우려 하는 '이쪽'은 '무적' 상태가 되는 셈이다, 그러면 '이쪽' 입장에서는 낭패도 그런 낭패가 없는 겁니다. 그걸 선생님은, 다소 모호하고 과장되지만, '화는 적이 없는 무적보다 더 큰 것이 없고, 무적은 나의 보배를 거의 잃어버린 꼴이다(禍莫大於無敵, 無敵近亡吾寶矣).' 그렇게 말씀하신 겁니다. '화禍'란 말하자면 '낭패'인 겁니다. 특히 '오보吾寶'는 전투의지가 충만한 '이쪽(吾)' 입장에서 봤을 때 적이라는 게 가장 중요한 필수요소니 '보배(寶)' 같은 것인데, 그 적이 없다(無敵)는 건 '나의 보배(吾寶)'가 '거의 없는 거나 진배없다(近亡)'는 그런 이야기인 거지요. 그러니 무적을 '경적輕敵'이라 하고 오보를 '노자의 삼보'라고 읽으면 도무지 무슨 말인지, 앞뒤 연결이 안 되고 배가 산으로 가고 말죠. 선생님은 그런 뜬구름 잡는 이야기를 하시는 분이 절대 아닌데 말이죠.

"나를 그렇게 잘 봐주시다니…."

그럴 만하고도 남지요, 선생님은.

"그럼 가운데 부분 '이를 일컬어 길을 가려 해도 길이 없고, 팔을 걷어붙이려 해도 팔이 없고, 잡으려 해도 병사가 없는 격이라 한다. 이에 적이 없는 셈이다(是謂行無行, 攘無臂, 執無兵. 乃無敵矣).'는?"

그것도 텍스트를 확정하기 전에는 무슨 말인지 도무지 감을 잡지 못했습니다. 그런데 백서본으로 텍스트를 확정하고 보니, 바로 이해되었습니다. 표현이 다소 문학적이고 추상적이라 그렇지, 결국 '무적無敵' 상태를 설명하기 위한 말이더군요. '길을 가려 해도 길이 없고, 팔을 걷어붙이려 해도 팔이 없고, 잡으려 해도 병사가 없다.' 그렇지 않습니까, 뭘 하려 해도 할 게 없다, 싸우려 해도 싸울 적이 없다, 낭패다…, 그런 이야기가 아닌가요?

"그걸로 문맥이 통한다면 사람들이 납득하겠지요. 그럼 마지막 부분은?"

그것도 이젠 자명하지요. 사정이 이러니, 전투의지 팽만한 '이쪽'은

김이 새고 힘만 빠지고 '저쪽'은 굳이 치려고 힘을 빼지 않으니, '고로 맞서는 군대가 서로 같으면 자애로운 쪽이 이긴다(故, 抗兵相若, 則哀者 勝矣).' 그 힘이 엇비슷하다면 병사들을 아끼는[= 슬퍼하는 마음이 있는 = 그 희생을 슬프게 생각하는] '저쪽'이 유리할 수밖에요. 그러니 이기게 되는 거죠. 그런 말씀이라고 저는 이해했습니다.

"일단 문맥은 무리 없이 잘 통하는군요."

'이쪽'과 '저쪽'을 헷갈리지 않는다면. 말씀하시는 '적敵'이 '이쪽'이라는 걸 잊지 않는다면.

"적이 저쪽이지 왜 이쪽이냐는 단순논리를 디밀지 않는다면. 하하하."

그리고 적의 공격으로 막상 싸움이 시작되면 일이 그렇게 간단하진 않습니다만. 하하하.

70.

내 말은 아주 알기 쉽고

吾言甚易知, 甚易行. 而天下莫之能知, 莫之能行. 言有宗, 事有君.
夫唯無知, 是以不我知. 知我者希, 則我者貴 142) 是以聖人被褐懷
玉.

오언심이지, 심이행. 이천하막자능지, 막자능행. 언유종, 사유군. 부유무지, 시이불
아지. 지아자희, 칙아자귀. 시이성인피갈회옥.

내 말은 아주 알기 쉽고, 아주 행하기 쉽다. 그런데도 세상은 이를 알지
못하고, 이를 행하지 못한다. 말에는 종지가 있고 섬김에는 임금이 있다.
무릇 오직 [이걸] 모르니, 그래서 나를 모르는 것이다. 나를 아는 자는 드
물고, 나를 본보기로 삼는 자는 귀하다. 그래서 성인은 베옷을 걸치고 옥
을 품는다.

━━━■━━━

　노선생님, 이 70장의 말씀을 들으니 저 예수 그리스도가 떠오르는군
요.
　"응? 뜬금없이 그 무슨…."

---

142) 백서본에는 '知者希, 則我貴矣'로 되어 있다.

'신의 아들'이라고까지 일컬어지는 존재이지만, 그도 역시 그 말과 행동을 세상 사람들에게 이해받지 못했으니까요. 알기 쉬운 말, 실천하기 쉬운 행위를 가르쳤건만.

"그런 게 어쩌면 '성인聖人'의 숙명인지도 모르겠군요."

아무튼 저는 선생님이 자신의 속내를 드러내시는 이 드문 장면을 특별한 느낌으로 주목합니다. 그 반대의 경우도 요즘은 너무 많아, 시시한 것을 가지고 호들갑을 떨기도 하는데, 선생님의 경우는 참, 아깝다고 할까, 안타깝다고 할까, 아쉽다고 할까… 세상은 옥석을 잘 구분하지 못하니까 몰라보는 거죠. 귀한 것을, 보통은.

" '내 말은 아주 알기 쉽고, 아주 행하기 쉽다. 그런데도 세상은 이를 알지 못하고, 이를 행하지 못한다(吾言甚易知, 甚易行. 而天下莫之能知, 莫之能行).' 이게 현실이죠."

그 쉬울 '이易'자에 사람들이 순순히 동의할지는 모르겠습니다만. 하하하. 솔직히 말씀드려 소위 박사라는 저만 해도 이 말씀들을 이해하기가 쉽지 않았고, '무위無爲'나 '위하爲下'나 '부덕不德'이나… 선생님의 그런 가치를 실행하는 것도 말처럼 그렇게 쉬운 일은 아니니까요. 하지만 그 핵심이랄까 중요성이랄까, 그런 걸 이해하고서 태도변화를 결심한다면, 그 다음은 모든 게 쉽다는 걸 인정합니다. 그 '처음'이, 그리고 그 '결심'이 어려워서 그렇죠.

"그 핵심과 중요성, 그게 '언유종, 사유군言有宗, 事有君'(말에는 종지宗旨가 있고 섬김에는 임금이 있다)의 다른 말입니다."

그렇군요. 이건 아마도 일반론이랄까 원칙론을 말하신 거겠죠. 선생님의 말씀도 가치들도 말하자면 그런 것인데, '종宗'이나 '군君'과 같은 것인데, 사람들이 그런 걸 잘 이해하지 못한다는 취지일 거고. 특히 '사유군事有君'이란 말을 사람들은 제대로 이해하지 못하는데, 섬겨야할 임금을 제대로 섬기지 않고 엉뚱한 걸 섬긴다는, 즉 제대로 된 가치를 주목하지 않는다, 주목하지 못한다는, 마치 기독교에서 우상숭배를 질타하는 것 같은, 그런 취지로 저는 이해했습니다. 그래야 문맥이 통하게 되죠.

"핵심 없는, 가치 없는, 우뚝한 게 없는, 우러러볼 게 없는, 시시껍절한 언어들을 남발하는 것도 그렇습니다. '언유종言有宗'(말에는 종지宗旨가 있다는 것)을 모르는 거죠. 그런 말들은."

백번 이해합니다. 그런 것에 대한 세상의 무지를(夫唯無知). 그러니 세상이 선생님 같은 보물을 몰라보는 거죠. 선생님도 그 사실을 인지하셨고(是以不我知). 안타까우셨겠죠. 쓸쓸하셨겠죠. 알아주는 사람도 본받으려는 사람도 없었다면(知我者希, 則我者貴). 어쩌면 그 귀결이 '그래서 성인은 베옷을 걸치고 옥을 품는다(是以聖人被褐懷玉).' 그거 아니었나 모르겠습니다. 자신을 드러내지 않고, 속세에 묻혀버리는 거죠. 보배로운 가치를 그저 가슴에 간직한 채. 이게 어쩌면 저 유명한 '은둔'이라는 중국적 전통의 한 전형인지도 모르겠군요. 그래서 선생님도 청우를 타고 함곡관으로 향하게 되셨는지도….

"말보다는 소가 그래도 좀 더 멋있지 않나요? 느릿느릿 여유도 있어 보이고. 하하하."

네, 청우, 푸른 소라니 더욱. 그런데 푸른 소가 정말 있긴 있나요? 저는 아직 한 번도 본 적이 없어서. 하하하.

71.
모르는 게 뭔지 아는 것은

知不知, 尙矣,143) 不知知, 病矣. 聖人不病,144) 以其病病. 是以不病.
지부지, 상의, 부지지, 병의. 성인불병, 이기병병. 시이불병.

모르는 게 뭔지 아는 것은 우러를 일이다. 아는 게 뭔지 모르는 것은 병이
다. 성인은 병이 아닌데, 그건 병을 병으로 여기기 때문이다. 그래서 병이
아니다.

━━━━━━━━━━━━━━━━

노선생님, 이 71장 말씀, 이건 제가 대학생 때 재미 삼아 '노자의 도
덕적 인식론'이라 불렀던 부분인데, 정말 좋아했습니다.
"한 줄짜리 말을 가지고 '인식론'이라니, 무슨 지적 유희 같군요"
저는 철학에서는 양이 전혀 문제되지 않는다는 소신을 갖고 있습니
다. 저는 소위 존재론이 전공이지만, 같은 존재론이더라도 엄청난 두께
인 아리스토텔레스의 《형이상학》보다 달랑 한 페이지밖에 안 되는 파

---

143) 통용본·한간본에는 '尙矣'가 '上'으로 되어 있다. 백서본을 따른다.
144) 통용본에는 이 문구 앞에 '夫唯病病, 是以不病'이라는 말이 들어가 있다.
    뒤의 말과 중복되어 누군가에 의한 임의 삽입이 의심된다. 백서본을 따른
    다.

르메니데스의 시 〈자연에 관하여〉가 더 위대하다고 생각하니까요. 서양철학에서도 한마디의 명언들이 각각 한 권 이상의 철학적 의미를 갖는 경우가 허다합니다. '모든 것은 흐른다', '너 자신을 알라', '불합리하기 때문에 나는 믿는다', '나는 생각한다, 고로 존재한다', '아는 것은 힘이다', '언어는 존재의 집이다', '실존은 본질에 선행한다' 등등, 다 그렇게 엄청난 의미들을 내포하는 한마디들이지요. 선생님의 이 짧은 말씀도 역시 엄청난 의미를 내포하는 그런 한마디 중의 하나라고 저는 평가합니다. '안다'는 것에 관한. 특히 도덕적인 것에 대해 안다는 것에 관한. 그러니까 '도덕적 인식론'이라 할 만한 거지요.

"그렇게 서두를 끼낸 이상 이젠 설명을 피해 갈 수 없게 되었습니다. 책임지세요, 하하"

얼마든지요. 사실 이 말씀이 일반에게 그다지 잘 알려져 있지 않은 게 좀 이상하고 신기할 지경입니다. 왜냐하면 적어도 이 앞부분 세 글자, '지부지知不知'(모름을 아는 것)가 저 너무나도 유명한 소크라테스의 말 '너 자신을 알라(gnothi seauton)'와, 그리고 역시 그 못지않게 유명한 저 공자의 말 '아는 것을 안다고 하고 모르는 것을 모른다고 하는 것, 이것이 안다는 것이다(知之謂知之 不知謂不知 是知也).'와 같은 취지의 말이기 때문입니다. 더구나 선생님은 그걸 딱 세 글자, 아니 '상의尙矣'(우러를 일이다)까지 포함해도 다섯 글자, 그렇게 압축해서 표현하셨으니 더 매력적이지요. 이 자리를 빌려 좀 선전을 해야 하겠습니다.

"그렇게 띄우니 좀 어질어질하군요."

사람들이 좀 알아야지요, 이런 것은. 왜냐하면 사실 안다는 것과 모른다는 것은 천양지차거든요. 일반론으로 말하더라도 그렇습니다. 학생들의 경우라면 문제의 정답을 안다-모른다가 그렇고, 사랑에 빠진 젊은이라면 그/그녀의 전화번호를 안다-모른다가 그렇고, 맛있는 그 빵을 어디서 파는지 안다-모른다도 그렇고, 경찰의 경우라면 범인이 누구인지 안다·모른다가 그렇고, 중병 환자에겐 그 치료법을 안다·모른다가 그렇고…, 하여간 이런 사례들은 무한히 열거될 수 있습니다. 안다·모른다는 그만큼 중요한 거지요. 저는 '안다·모른다'는 이 주제 자체에 대한 관심은 모조리 다 '인식론'이라고 간주합니다.

"그렇다면 나의 '안다·모른다'는…?"

'안다·모른다'는 사실 그 자체에 대한 안다·모른다인 거죠. 서양철학식으로 말하자면 일종의 메타·인식론? 하하. 그러니까 선생님은 여기서 두 가지 상태를 날카롭게 대비시키고 계십니다. '지知와 부지不知', 즉 안다와 모른다. 좀 더 구체적으로는 '지부지知不知'와 '부지지不知知'. 부지에 대한 지와 지에 대한 부지. 한쪽은 '상尙'[우러를 일]이고 한쪽은 '병病', 긍정적인 것과 부정적인 것이 선명한 대비를 이룹니다(知不知, 尙矣, 不知知, 病矣). 선생님이 어느 쪽 손을 들어주는지, 편을 드는지, 권하는지는 자명합니다. 전자인 거죠. 뒷부분 '성인은 병이 아닌데, 그건 병을 병으로 여기기 때문이다. 그래서 병이 아니다(聖人不病, 以其病病. 是以不病).'라는 말이 그걸 분명하게 알려줍니다. '성인'을 동원하시니 더 이상 증거도 필요 없지요. 그런데 참 흥미로운 것은 선생님이 이 '모른다(不知)'는 상태를 '병病'으로 규정한다는 사실입니다. (이걸로 공자와의 차별화도 가능합니다.) 병은 비정상인 것이고 아픈 것이고 나쁜 것이고 심하면 죽기도 합니다. '모른다'는 것은 그만큼 좋지 않은 것입니다. 그런데 성인은 '불병不病'이니 그렇지 않다는 말씀이지요. 왜 병이 아닌가, 이게 또 흥미롭습니다. '병을 병으로 여기기 때문(以其病病)'에 병이 아니라(是以不病)는 거죠. 다시 말해 병을 병인지 안다는 거죠. 병을 병인지 안다면 당연히 그 병에 대해 관심을 갖고 고치려 하게 됩니다. 그렇지 않다면? 병을 병인지도 모르는 사람 또한 적지 않습니다. 그들은 그러다가 그 병을 키워 돌이킬 수 없는 상태가 되기도 하죠. 선생님의 이 짧은 한마디 속에 이 모든 의미들이 다 내포되어 있는 겁니다.

"꼼꼼한 설명이군요. 그런데 정작 가장 중요한 이야기가 빠져 있지 않은지…"

알고 있습니다. 그 '안다·모른다'의 내용이 뭐냐는 거지요. 뭘 아느냐, 뭘 모르느냐, 결국은 그게 중요한 거죠.

"지부지知不知, … 부지지不知知."

네, '부지不知'를 안다는 것, '지知'를 모른다는 것, 그거죠. 그런데 이런 말도 아직 좀 막연합니다. 전자(知不知)는 그래도 소크라테스 때문에, 그 양반의 이른바 '무지의 지'가 워낙 유명해서, 어느 정도는 그 취지가 알려져 있습니다. 세상 사람들처럼 정작 중요한 가치들에 대해 제대로 알지도 못하면서 아는 체 하는 게 아니라 자기가 제대로 모른다는 사실을 스스로 인지하는 거죠. 그게 '무지의 지'인 거죠. 니콜라우스 쿠자누스의 소위 '유식한 무지(docta ignorantia)'도 결국 비슷한 거고. 그 때문에 소크라테스는 '아테네에서 가장 현명한 자'라는 델포이의 신탁을 받기도 했었습니다. 선생님의 '지부지知不知'도 취지는 같습니다. 다만 그 '정작 중요한 가치', '진정으로 알아야만 할 가치', 그 내용이 뭐냐 하는 가장 중요한 부분에 대해서는 답이 약간 다를 수도 있습니다. 소크라테스의 경우는 덕, 진리, 선, 아름다움, 정의, 우정, 경건, 용기… 그런 것들이고, 노선생님의 경우는 무엇보다 '도'와 '덕', 그리고 구체적으로는 무無, 불不, 소小, 소少, 하下, 유柔, 약弱, 허虛, 정靜, 절絶, 기棄, 후後, 외外, 자慈, 검儉, 무위無爲, 무사無事, 위하爲下, 부덕不德, 불욕不欲, 부쟁不爭, 불선불선不先… 그런 것들이니까요. 그러나 이미 짐작하듯이 그 표현이 다를 뿐 방향은 같다고 할 수 있습니다. 두 분 선생님이 위대한 것은 바로 그 방향, 가치지향적 방향 때문이라고 저는 생각합니다만.

"오늘은 또 나를 그리스까지 끌고 가는군요. 소크라테스한테. 허허."

두 분이 같은 말씀을 하시니까요. 아니 세 분인가? 공선생님까지. 하하.

"그런데 '지부지知不知'는 그렇다 치고, '부지지不知知'는?"

이건 사실 '지부지'와 동전의 양면입니다. 말이 뒤집혀 있듯이 그 내용도 그런 겁니다. 그러니까 이건 '알아야 할 것을 모른다'는 거죠. 조금 확대해석하자면, '안다는 게 뭔지도 모른다'는 거고, 조금 더 확대해석하자면, '아는 사람을 못 알아본다'는 뜻도 될 수 있습니다. 이를테면 '소'선생님 같은, '공'선생님 같은, 그리고 '노'선생님 같은, 이런 지자를 못 알아보는 것, 안 알아주는 것, 이건 세상을 위해 큰 손실이죠. 너무나 훌륭하고 너무나 아까운 존재들인데….

"그러니까 그게 병인 게지요."

그게 병인지 알아야 하는데…, 자기를 위해서도, 세상을 위해서도.

"세상 사람들은 보통 그렇지를 못하죠. 그러니까 그런 걸 병인지 알면 이미 '성인'인 겝니다."

아, 그러고 보니 요즘 어딜 가나 병원이 많은데, 그게 다 성인이 없어서, 모두가 다 병이라서, 그래서 그런 거였군요. 하하하.

"또 그 장난기, 어쨌든 웃어드리지요. 하하하."

72.

백성이 위엄을 두려워하지 않으면

民不畏威, 則大威將至矣. 毋狹其所居, 毋厭其所生. 夫唯弗厭, 是
以不厭, 是以聖人自知而不自見也, 自愛而不自貴也,[145] 故, 去彼取
此.

민불외위, 즉대위장지의. 무협기소거, 무염기소생. 부유불염, 시이불염. 시이성인자
지이부자견야, 자애이부자귀야, 고, 거피취차.

백성이 위엄을 두려워하지 않으면 큰 위엄이 이를 것이다. 그 거처하는
곳을 좁아하지 말고, 그 생활하는 바를 싫어하지 말라. 무릇 오직 그것을
싫어하지 않으니 그래서 [백성이] 싫어하지 않는다. 그래서 성인은 자기를
알지만, 자기를 드러내지 않으며, 자기를 사랑하지만, 자기를 귀히 여기지
않는다. 고로 저것을 버리고 이것을 취한다.

　노선생님, 앞서 선생님은 '내 말은 아주 알기 쉽고(吾言甚易知)…'
(70장)라 하셨지요? 그런데 저는 그 말씀, 동의할 수 없습니다. 이 72장
말씀이 그 증거입니다. 솔직히 말하지만 알기 어렵습니다. (단지 외국

---

145) 통용본에는 '民不畏威, 則大威至, 狹其所居, 無厭其所生, 夫唯不厭, 是以
　　不厭, 是以聖人自知不自見, 自愛不自貴'로 되어 있다. 백서본을 따른다.

어라서 그런 것만도 아니고 단지 고대어라서 그런 것만도 아닙니다.) 해석들이 제각각인 것도 그 증거입니다. 그게 선생님 책임인지, 한어 그 자체의 책임인지, 아니면 양쪽 모두의 책임인지, 혹은 단지 해석자들의 책임인지, 그것도 좀 애매하지만, 쉽지 않다는 것은 확실합니다. 40년 넘게 철학공부를 한 소위 철학박사에게 어렵다면 소위 일반인들에겐 더 쉽지 않을 게 분명합니다.

"또 항의 같군요. 허허. 뭐가 어렵다는 말씀인지…."

아마도 주어와 목적어가 분명치 않아서, 그리고 동사의 의미가 모호해서, 글자의 의미를 단정하기가 쉽지 않아서일 겁니다. 여기서는 특히 '위威', '협狹', '염厭', '거居', '생生'이 그렇습니다. 해석자들은 '이건 여기서는 이런 의미다', 그렇게 단정적으로 말하는데, 나는 그런 분들이 참 존경스럽습니다. 어떻게 이걸 문맥에 대한 별 고민도 없이 그렇게 쉽게 단정할 수 있는지…. 적어도 저는 문맥이 통하지 않는 해석은 도저히 납득할 수 없습니다.

"그 말은… 이선생은 문맥이 통하게 읽었다는 말인 것 같은데, 어디 한번 들어봅시다, 그 문맥."

선생님…, 그렇게 쉽게 이야기하지 마세요. 엄청 고민한 결과니까요. 이게 정답이라고 단언할 수도 없으니까.

"듣는 이가 문맥이 통한다고 느끼면 정답이겠지요."

네, 그럼 일단 말씀드리지요, 저의 생각. 단 다른 해석들을 나열하진 않겠습니다. 전에도 말씀드렸듯이, 그건 반대나 비판이 될 수도 있는데, 그건 제가 아주 싫어하는 바니까요. 해당자들도 기분 나쁠 거고.

"서론이 길군요. 어서 본론을 말해 보시지요."

네, 일단 '알기 쉬운 말'부터. 여기서 선생님은 전형적인 노자식 이분법, 그리고 선택, 즉 '거피취차去彼取此'(저것을 버리고 이것을 취한다)를 말씀하십니다. 12장, 38장에 이어 세 번째죠. 여기서는 '자지自知-부자현不自見', '자애自愛-부자귀不自貴', 이렇게 대비되고 있습니다. '자지-자애'가 취할(取) 것, '자현-자귀'가 버릴(去) 것, 그렇게 정리될 수 있습니다. '자기 스스로를 진정으로 아는 것(自知)', '자기 스스로를 진정으로 아끼는 것(自愛)', 이걸 가치로서 제시하시는 거죠. 이건 앞에서도 계속 강조해 오신 바라 '노자의 가치'로서 이젠 익숙합니다. 여기에 대비되는 것이, 즉 그 대척점에 있는 것이, '자기를 스스로 드러내는 것(自見)', '자기를 스스로 귀히 여기는 것(自貴)', 이걸 반-가치로 규정하시는 거죠. 이게 '버릴 것'이라는 건, '부(不)'라는 부정사가 단적으로 알려줍니다. 또 성인까지 동원하셔서 '성인은 … 그러지 않는다(聖人 … 不 … 也)'고 말씀하시니 이건 의심의 여지가 없습니다. 그리고 이건 내용적으로도 정말정말 공감합니다. 세상에 전자는 많고 후자는 드무니까요. 특히 백성-인민-국민을 상대하는 위정자-통치자-정치가들 중에. 맨 앞에서 '민民'이라는 글자가 등장하니 선생님의 의중에도 분명 이런 정치적 현실에 대한 문제의식이 있었을 겁니다.

"증거를 제시하니, 달아날 구멍도 없군요. 하하."

그런데 정작 그 말씀이 좀 모호합니다. '백성이 위엄을 두려워하지 않으면 큰 위엄이 이를 것이다(民不畏威, 則大威將至矣).'라고 하시는데, 이 '위威'라는 글자가 뭘 의미하는지 분명치 않기 때문입니다. 어떤 이들은 이 앞의 위를 '정치적 폭압', 뒤의 위를 '국민적 저항'이라는 식으로 풀이하기도 하는데, 그건 좀 아니라는 생각입니다. 글자 자체를 확대해석하면 그렇게 읽을 수 없는 것도 아니지만, 그러면 맨 뒤의 결론 '거去-자현, 자귀自見, 自貴, 취取-자지, 자애自知, 自愛'와 아귀가 잘 맞지 않기 때문입니다.

"그래서? 이선생 생각은?"

문맥이 통하기 위해선 이 '위威'를 글자 그대로 '위엄'이라고 이해하는 게 훨씬 자연스럽습니다. '권위'라도 좋고요. 자현自見-자귀自貴와도 유관하고, 자지自知-자애自愛와도 유관한 '위엄-권위'. 왜냐하면 이 '위엄-권위'라는 건, 그걸 지닌 당사자가 어떤 태도를 취하느냐에 따라 부정적인 것이 될 수도 있고 긍정적인 것이 될 수도 있기 때문입니다. 예컨대 제가 예전에 독일에서 지내고 있을 때, 한 독일 지인이 권위 있는 교수님을 평하면서 '그분은 권위가 있지만 권위적이지는 않다(Er hat Autorität aber nicht autoritär)'고 말한 적이 있는데, 제겐 그 말이 아주 인상적이었습니다. 백성의 입장에서 보면 그런 위정자-통치자가 최선인 거지요. 진정한 권위가 있지만 권위적이지는 않은. 그런 위정자-통치자라면, 백성들이 두려워할 필요가 없지요(民不畏威). 위정자니까 당연히 권위-위엄이 있지만, 전혀 위협적이지는 않으니까요. 대신에 아주 자연스럽게 존경하게 되지요. 그런 존경이 진정한-대단한 위엄이자 권위인 거죠(大威將至).

그런데 중요한 것은 이러한 '민불외위民不畏威'(백성이 권위를 두려워하지 않음)와 그 귀결인 '대위장지大威將至'(진정 대단한 권위가 이름)가 어떻게 해서 가능해지는가 하는 것이죠. 그 '어떻게 해서…', 그 설명이 바로 그 다음에 와야만 비로소 '문맥'이라는 게 통하게 되는 겁니다.

"그래서 '그 거처하는 곳을 좁아하지 말고, 그 생활하는 바를 싫어하지 말라. 무릇 오직 그것을 싫어하지 않으니 그래서 [백성이] 싫어하지 않는다(毋狹其所居, 毋厭其所生. 夫唯弗厭, 是以不厭).' 이게 바로 그 설명이다?"

네. 그런데 이걸 일부 해석들처럼 '백성에 대한 억압'이라고 읽으면, 부정적인 것에 대한 부정이라는 점에서는 타당하지만, '버리라(去)'고 하는 뒤의 '자현-자귀'나, '취하라(取)'고 하는 '자지-자애'와 내용적인 연결점이 없는 겁니다.

"그래서 이선생은?"

그래서 저는 '그 거처하는 곳을 좁아하지 말고, 그 생활하는 바를 싫어하지 말라. 무릇 오직 그것을 싫어하지 않으니 그래서 싫어하지 않는다.'라고 글자 그대로 읽은 겁니다. 물론 이 말도 좀 모호하긴 합니다. 바로 여기에 주어와 목적어가 명시되어 있지 않기 때문입니다. (하여간 이런 게 한어의 장점이자 단점입니다.) 그래서 이 부분에 대해서는 저도 '해석'을 감행할 수밖에 없었습니다.

"그 '지평융합'으로?"

네, 이젠 제가 말하지 않아도 아주 잘 아시는군요. 저 자신의 경우로 미루어 짐작해 보니까, 자기를 잘 모르고 자기를 제대로 사랑하지 않고, 그러면서 자기를 드러내려 하고 자기를 귀히 여기는, 그런 위정자는 선생님이 앞서 말씀하셨듯이(自見者不明, 自是者不彰, 自伐者無功, 自矜者不長 : 24장), 자기를 백성들 위에 두기 때문에, 백성을 자기 아래에 두기 때문에, 자기의 위엄을 과시하려 합니다. 그런 자들은 자기의 거처에 대해서도 자기의 생활에 대해서도 웬만해선 만족하지 않습니다. 그래서 궁궐도 좁다 하고, 의식주도 금방 염증을 내지요. 그래서 아방궁을 짓고 호의호식, 주지육림의 생활을 하려 합니다. 저 로마의 네로 황제나 진秦의 시황제처럼. 그리고 하夏나라 걸桀왕과 은殷나라 주紂왕처럼. (그런 이들은 '민외民畏'[백성이 두려워함]의 대상이지요.) 이런 걸 다 꿰뚫어보셨기에 선생님은 그러지 말라(毋)고 말씀하신 거죠. 누구에게? 위정자들-통치자들-정치가들에게. '그 거처하는 곳을 좁아하지 말고, 그 생활하는 바를 싫어하지[염증내지] 말라.' 그래서 '무릇 오직 그것을 싫어하지 않으니 그래서 [백성이] 싫어하지 않는다(夫唯弗厭, 是以不厭).'라고 정리를 하신 게겠죠. 사실 이 말이 혼란의 주범입니다. 주어도 목적어도 없으니까요. 누가 뭘 싫어하는지 다 생략된 상태니까요.

"음, 듣고 보니까 그렇군요. 내게는 자명한데…."

그래서 저 같은 독자가 고생하는 겁니다. 아무튼 제 고민의 결과는 그렇습니다. 앞의 '염厭'과 뒤의 '염厭'은 그 주어도 목적어도 다 다릅니다. 앞의 '염厭'은 통치자가 현재의 생활을 염증내지 않는 것이고, 뒤의 염은 백성이 통치자를 싫어하지 않는 겁니다. 그런 의미에서 '부유불염'하는 통치자는 '민불외위民不畏威'하는 그런 통치자고, 자지-자애하는 통치자고, 반면 '부유 … 염夫唯 … 厭'하는[狹其所居, 厭其所生하는] 통치자는 '민 … 외위民 … 畏威'하게 되는 통치자고, 자현-자귀하는 통치자입니다. 전자는 어쩌면 계속 좁은 거처에서 지내고 소박한 의식주로 만족해야 하겠지만, 그런 통치자야말로 진정한 위엄과 권위의 소유자로서 백성의 존경과 사랑을 받을 것이다, 그게 아마도 '대위장지大威將至'의 뜻이겠지요. 노자판 이상적 '군주론'이랄까. 역시 선생님의 지론이 녹아든 검약의 위정자론이라고 저는 이해했습니다, 이 72장을.

"문맥이 통하는군요. 그것 보세요. 그러니까 내가 '내 말은 아주 알기 쉽다(吾言甚易知)'라고 했죠…."

노선생님! 이걸 풀어내느라 제 머리가 얼마나 고생했는지는 생각도 않으시고….

"전에 이선생이 그러지 않았던가요? '끝이 좋으면 다 좋다'고…. 하하하."

이번엔 제가 그냥 웃어드리지요. 하하하.

73.

감행하기에 용감하면 죽이고

勇於敢則殺, 勇於不敢則活.146) 此兩者或利或害. 天之所惡, 孰知其
故. 是以聖人猶難之.147) 天之道, 不爭而善勝, 不言而善應, 弗召而
自來, 繟然而善謀.148) 天網恢恢, 疏而不失.149)

용어감즉살, 용어불감즉활. 차량자혹리혹해. 천지소오, 숙지기고, 시이성인유난지.
천지도, 부쟁이선승, 불언이선응, 불소이자래, 천연이선모. 천망회회, 소이불실.

감행하기에 용감하면 죽이고, 감행하지 않기에 용감하면 살린다. 이 양자
는 혹은 이롭고 혹은 해롭다. 하늘의 싫어하는 바, 그 까닭을 누가 알겠는
가. 그래서 성인은 오히려 이를 어려워한다. 하늘의 도는, 다투지 않아도
잘 이기고, 말하지 않아도 잘 응하고, 부르지 않아도 저절로 오고, 넉넉하
지만 잘 꾀한다. 하늘의 망은 넓고도 넓은데, 트여 있지만 잃지 않는다.

━━━━━━━━━━━━━━━

　노선생님, 이 73장에서는 '누가 알겠는가. … 어려워한다(孰知其故.

---

146) 백서갑본에는 '則' 앞에 '者'자가 있다.
147) 백서본에는 이 부분이 통째로 없다.
148) 백서본에는 '繟然'이 '坦'(평탄하다, 꾸밈이 없다)으로 되어 있다.
149) 하상공본에는 '疏'가 '疎'로 되어 있다. 다수본을 따른다.

是以聖人猶難之).'라는 말이 가장 먼저 눈에 들어왔습니다. 아니, 정확히 말하자면 머리 위에 돌덩이처럼 와서 얹혔습니다.

"흠, 말하시는 게 또 뭔가 수상하군요. 뭔가 알 수 없고 어렵다는 푸념 같은데…."

잘도 아시네요. 우선 말이 이해되어야 그 내용을 음미할 텐데, 말이 연결이 잘 되질 않으니까요. 이쪽에서 저쪽으로 건너가야 하는데, 다리가 없는 꼴이랄까.

"그럼 배를 타시죠…."

참 말은 쉽게 하십니다. 배도 없고 사공도 없는데…. 그래서 저는 제가 배운 데카르트의 방법을 응용해 보기로 했습니다.

1. 첫째는 내가 명증적으로 참되다고 한 것 외에는 어떤 것도 참된 것으로 받아들이지 않을 것. 즉 속단과 편견을 조심하여 피할 것. 그리고 의심할 여지가 조금도 없을 정도로 아주 명석하게 또 아주 판명하게 내 정신에 나타나는 것 외에는 아무것도 내 판단 속에 넣지 않을 것. (명증의 원리)

2. 둘째는 내가 검토할 난제의 하나하나를 될 수 있는 대로 그것들을 가장 잘 해결하기에 필요한 만큼의 소부분으로 나눌 것. (분할의 원리)

3. 셋째는 내 생각들을 순서에 따라 이끌어 나아가되, 가장 단순하고 가장 알기 쉬운 것에서부터 시작하여 계단을 올라가듯 조금씩 위로 올라가, 가장 복잡한 것들의 인식에까지 이를 것. 그리고 자연대로는 피차 아무런 순서도 없는 것들 간에도 순서가 있는 듯이 단정하고 나아갈 것. (순서의 원리)

4. 그리고 끝으로, 하나도 빠뜨리지 않았다고 확신할 수 있을 정도로 완전한 매거枚擧와 전체에 걸친 통관通觀을 어디서나 행할 것. (매거의 원리)

명석판명하게, 하나하나 부분적으로 쪼개서, 쉬운 것부터 순서대로, 남김없이 전체적으로, 그렇게 하라는 말이죠. 그래서 첫 부분부터 들여다봤습니다. 그런데 우선 첫 문장부터 제겐 난제였습니다. '감행하기에 용감하면 죽이고, 감행하지 않기에 용감하면 살린다(勇於敢則殺, 勇於不敢則活).' 이게 무슨 소릴까…. 용감하면, 용기를 내면, 그러면 죽인다, 그러면 살린다, 그런 말인데, 무엇에 용감한지, 무엇에 대한 용기인지, 또 무엇을 살리고 무엇을 죽인다는 말인지, 모조리 생략되어 있어서 그 의미가 오리무중입니다.

그래서… 아주 단순하게 생각해 보기로 했습니다. 사람을 살리고 죽이고 하는 건 어떤 경우인가, 용감함이라는 덕목이 발휘되는 건 어떤 경우인가…. 우선 가장 먼저 떠오르는 건 역시 전쟁입니다. 그리고 범죄입니다. 일단 '용기'와 '과감'이, 즉 용감이 없으면 전쟁도 범죄도 성립 불가능입니다. 그건 전쟁 내지 준전쟁 상황에서 '용기-용감-용맹', 이런 것들이 강조되는 걸 봐도, 그리고 조폭 같은 범죄 집단들이 이걸 덕목으로 치는 걸 봐도 틀림없습니다. (조폭의 팔뚝 문신에서 '勇'자를 직접 본 적도 있습니다.) 저는 부모 세대의 6·25 남북전쟁 무용담에서, 형님 세대의 베트남전 무용담에서, 그리고 저 유명한 삼국지 등에서, 그리고 일본 유학 시절 전국시대 사무라이나 소위 태평양전쟁을 다룬 영화나 드라마 등에서, 너무나도 자주 이 '용감'이라는 말을 들어 왔습니다. 그런데 바로 그 용감의 귀결이 '殺[죽이기]'이라는 것을 사람들은 잘 인식하지 못합니다. 그 용감은 필연적으로 '죽이는' 용기가 됩니다. 아군도 죽이고 적군도 죽이고 심지어 자기도 죽이고…. '용어감즉살勇於敢則殺'을 저는 그렇게 이해했습니다.

"그럼 '용어불감즉활勇於不敢則活'은?"

뭔가 구두시험을 치는 느낌이군요. 하하. '용어감즉살勇於敢則殺'을 뒤집으면 그게 답이 되지요. 전쟁을 혹은 범죄를 감행하는 용기를 내지 않으면 '살殺'[죽이기]을 피할 수 있게 되니까요. 그건 곧 '활活'[살리기]이 되지요. 그렇게 생각하면 '용어불감즉활勇於不敢則活'도 이해가 됩니다.

그런데 중요한 것은 이쪽도 저쪽도, 즉 죽이기도 살리기도, 다 '용기(勇)'의 결과라는 겁니다. 용기가 필요한 일이라는 겁니다. 전쟁을 일으키고 범죄를 일으키고…, 그런 게 어디 보통 용기로 가능한 일이겠습니까. 엄청난 용기가 필요한 거죠. 수천수만, 아니 수십만 수백만의 희생을 각오해야 하는 거니까요. 그리고 그 반대, 즉 전쟁과 범죄를 일으키지 않거나 그치거나 하는 것도 역시 엄청난 용기가 필요한 일입니다. 요즘은 그런 걸 '과감한' 결단이라고 말하기도 하죠. '하지 않는 용기', 그것으로 무수한 생명을 '살리기'도 합니다. 그게 '감행하지 않는 용기'인 거겠죠. 이 말을 저는 그렇게 이해했습니다. 그러면 그 다음 말도 이해가 가능하게 됩니다.

"이 양자는 혹은 이롭고 혹은 해롭다(此兩者或利或害)."

네, 그거요. 이 두 가지, 즉 두 가지 용기, 감행하는 용기와 감행하지 않는 용기, 죽이게 되는 용기와 살리게 되는 용기, 이건 혹은 이롭고 혹은 해롭다, 즉 이롭기도 하고 해롭기도 하다. 좀 애매한 말이지만, '각각에 이利-해害[이익과 손해] 양면이 다 있다'는 이야기가 됩니다. 전자(감행해서 죽이게 되는 용기)는 혹 승리해서 그 전쟁을 일으킨 자에게 이로울 수도 있지만, 적이든 아군이든 수많은 희생을 치르게 되니 해로울 수도 있고, 후자(감행하지 않아서 살리게 되는 용기)는 야욕 내지 원한을 해소하지 못해 손해일 수도 있지만, 역시 적이든 아군이든 수많은 희생을 없도록 하니 이익일 수도 있는 겁니다. 그렇게 저는 이 말을 이해했습니다.

"오호, 잘 건너가시네. 이쪽에서 저쪽으로. 그럼 '하늘의 싫어하는 바, 그 까닭을 누가 알겠는가. 그래서 성인은 오히려 이를 어려워한다

(天之所惡, 孰知其故. 是以聖人猶難之).'는?"

여기서 갑자기 '하늘'을 동원하시니 다리가 없는 겁니다. 왜 이런 말을 선생님은 꺼내신 걸까…, 생각해 봤습니다. 한 가지 힌트는, '숙지기고孰知其故'(그 까닭을 누가 알겠는가)라 하셨으니 그 연유를 [우리 인간의 입장에서] 잘 알 수가 없다는 말씀이지요. 무엇의 연유를? '천지소오天之所惡', 하늘이 싫어하시는 바의 연유를. 이 말씀은 하늘이 뭔가 싫어하시는 바가 있다는 겁니다. 이 양자에 대해서도. 즉 감행하는 용기와 감행하지 않는 용기에 대해서도. 이건 어쩌면 앞서 말한 두 가지 용기 중 절대적인 선도 절대적인 악도 없다는 그런 전제일지도 모릅니다. 하늘의 선택이, 우리 인간이 막연히 기대하는 바와 다를 수도 있나는 전제일지도 모릅니다. 이미 앞의 5장에서 말씀하신 대로 '천지는 어질지 않아 만물을 짚풀 개로 여긴다(天地不仁, 以萬物爲芻狗).'이니까요. 결국 하늘은 그 결과로써 두 가지 용기 중 어느 한쪽의 손을 들어주게 되는데, 하늘의 버림을 받은 쪽은 '하늘이 싫어하는 바'라고 해석될 수가 있는 거지요. 그게 인간들의 기대와 다른 경우도 많으니 인간들은 왜 그런지, 그 연유-까닭(故)을 알 수가 없는 겁니다. 정말 그런 경우가 많습니다. 하늘이 정말 왜 그러시는지. 심지어 선인에게 화를, 악인에게 복을 주기도 하시니까요, 하늘은. 그 연유를 정말이지 누가 알겠습니까(孰知其故). 그래서, 바로 이러니까, 성인조차도 이를 (즉, 하늘이 왜 그러시는지를, 왜 싫어하시는지를, 혹은 감행하는 용기를 내야 할지, 감행하지 않는 용기를 내야 할지) 어려워하는 겁니다. '이래서 성인은 오히려 이를 어려워한다(是以聖人猶難之).'를 저는 그렇게 이해했습니다. 성인조차도 그럴진대 우리 같은 보통사람들이야 더더군다나 그걸 알 턱이 없죠. 하하.

"그럼 이제 노 한 번만 더 저으면 저쪽 나루까지 다 건너가시겠네."

'하늘의 도는, 다투지 않아도 잘 이기고, 말하지 않아도 잘 응하고, 부르지 않아도 저절로 오고, 넉넉하지만/너그럽지만 잘 꾀한다. 하늘의

망은 넓고도 큰데, 트여 있지만 잃지 않는다(天之道, 不爭而善勝, 不言而
善應, 弗召而自來, 繟然而善謀. 天網恢恢, 疏而不失).' '하늘'을 끌어들인
이유가 이 말 속에 있다면요. 결론부터 말씀드리자면 있는 것 같습니다.
즉 이건, '하늘은 알아서 다 하시는 존재이니, 더욱이 놓치는 부분이 없
으시니, 인간에게 이해되지 않는 이유로 싫어하시는 바가 있더라도, 왜
그걸 싫어하는지 따지지 말고 그냥 믿고 맡겨라.' 그런 취지라고 저는
이해했습니다. 천도에 대한 절대적인 신뢰가 바탕에 깔려 있는 거죠.
그 천도의 모습이 이런 것이고….

우선 '부쟁이선승不爭而善勝'(다투지 않아도 잘 이긴다). 천도[하늘의 보
편질서]에 대해서는 그 어떤 도전도 있을 수 없습니다. 승리는 항상 하
늘의 것이지요. 그러니 '선승'인 거지요.

그리고 '불언이선응不言而善應'(말하지 않아도 잘 응한다). 인간이 무슨
말을 하지 않아도 하늘은 알아서 인간의 요구에 응답하지요. 배고프면
먹여주고 추우면 입혀주고 졸리면 재워주고 아프면 낫게 해주고…. 비
도 내려주고 꽃도 피워주고. 그러니 '선응善應'인 거지요.

그리고 '불초이자래弗召而自來'(부르지 않아도 저절로 온다). 하늘의 질
서는 인간이 이를 부르지 않아도 알아서 찾아옵니다. 부르지 않았지만,
아침이 오고 낮이 오고 저녁이 오고 밤이 오고, 또 아침이 오고 …, 그
리고 봄이 오고, 여름이, 가을이, 겨울이 오고, 그리고 또 봄이 오고…,
그리고 비가 오고 눈이 오고, 바람이 불어오고…, 우리 인간을 찾아서
옵니다. 햇빛도 찾아오고 비도 찾아오고 바람도 찾아오고, 사랑도 찾아
오고. 그러니 '자래自來'인 거지요.

그리고 '천연이선모繟然而善謀'(넉넉하지만/너그럽지만 잘 꾀한다). 하늘
의 질서는 그 어떤 존재보다도 대범하지만, 실제로는 세상 구석구석까
지 만물의 일거수일투족을 다 관할하지요. 일체만유가 그 계획한(謀)
대로 돌아갑니다. 모든 것을 헤아리고 있으니 '선모善謀'인 거지요.

그리고 이런 모든 특성의 총괄이 '천망회회, 소이부실天網恢恢, 疏而不失'입니다. '하늘의 망은 넓고도 큰데, 트여 있지만 잃지 않는다.' 즉 하늘의 그물은 너무나 '회회恢恢'해서, 넓고도 커서, 이 세상의 것 치고 여기에 걸리지 않는 존재는 아무것도 없다는 겁니다. 이 통괄 범위(天網)는 만유에 미처 어느 것 하나 예외가 없다는 겁니다. 삼라만상을 다 뒤덮는 엄청나게 거대한 그물인 거지요. 감행하는 용기가 좋은 건지, 감행하지 않는 용기가 좋은 건지, 지금 이 경우에는 어느 쪽이 좋고 어느 쪽이 나쁜 건지, 그런 것도 다 포함해서. 어느 것 하나 놓치지를 않는다(不失)는 거지요. 비록 고기 그물처럼 막혀 있지 않고 툭 트여(疏) 있지만.

아무튼 이렇게 저는 선생님의 이 '괴상한' 말을 이해했습니다.

"축하합니다. 일단 문맥이 통하는군요."

정답인지는 모르겠습니다만.

"이것도 다 하늘이 꾀하고, 찾아오고, 응하고, 이긴 겁니다. 이선생의 그 어려움을 놓치지 않고서. 하하하."

하긴 부르지도 말하지도 다투지도 않긴 했습니다. 하하하.

74.

백성이 죽음을 두려워하지 않는데

民不畏死, 奈何以死懼之. 若使民常畏死而爲奇者, 吾得執而殺之,
孰敢. 常有司殺者殺. 夫代司殺者殺, 是謂代大匠斲. 夫代大匠斲者,
希有不傷其手矣.150)
민불외사, 나하이사구지. 약사민상외사이위기자, 오득집이살지, 숙감. 상유사살자
살. 부대사살자살, 시위대대장착. 부대대장착자, 희유불상기수의.

백성이 죽음을 두려워하지 않는데 어떻게 죽음으로 이들을 겁줄 수 있겠
는가. 만약 백성으로 하여금 항상 죽음을 두려워하게 했는데, 그런데도 괴
상한 짓을 한 자를 내가 잡아서 죽인다면, 누가 감히 그런 짓을 하겠는가.
항상 죽이는 일을 맡은 자가 있어서 죽인다. 무릇 죽이는 일을 맡은 자를
대신해서 죽이는 것, 이를 일컬어 '큰 장인을 대신해서 나무 깎기'라 한
다. 무릇 큰 장인을 대신해서 나무를 깎는 자는 그 손을 다치지 않는 일이
거의 없다.

---

150) 백서본에는 '若民恒且■不畏死, 若何以殺懼之也. 使民恒且畏死, 而為畸
者吾得而殺之, 夫孰敢矣. 若民恒且必畏死, 則恒又司殺者. 夫代司殺者殺,
是代大匠斲. 夫代大匠斲, 則希不傷其手.'라고 되어 있다. 내용상 특별한
차이는 없으므로 잘 다듬어진 통용본을 따른다.

노선생님, 오늘 이 74장 말씀을 들으니 좀 웃고 싶어지는군요. 실은 웃으면 안 되는데.

"무슨 말을 하고 싶은 건지."

모처럼 알아들을 수 있게 말씀을 하시니까요. 그래서 안심의 미소가 마음속에 번지네요. 그런데 내용이 결국은 '사람을 죽이는 일'이라 웃을 수가 없는 거죠.

"내가 무슨 말을 하고 있는지, 왜 이런 말을 하고 있는지, 이해가 된다는 말씀인가요?"

네, 완벽하게. 그리고 너무너무 공감합니다.

"이해하고 공감한다니 반갑고 고맙군요. 그런데 만일 이것도 어렵다는 사람이 있다면 뭐라고 설명을 해주실 건지."

이렇게 설명하겠습니다. 하나씩 차근차근.

'백성이 죽음을 두려워하지 않는데 어떻게 죽음으로 이들을 겁줄 수 있겠는가(民不畏死, 奈何以死懼之).' 이건 아마 누구든 특별한 설명 없이 이해할 겁니다. 상대가 죽는 걸 두려워해야 죽인다고 겁주면 무서워할 텐데, 죽는 걸 두려워하지 않으면 죽이겠다고 겁줘 봐야 효과가 없다는 거지요. 그런데 사실은 이게 그렇게 간단한 이야기가 아닙니다. 백성이 죽음을 두려워하지 않는다…, 이 가정이 그냥 하신 말씀이 아닌 거죠. 죽는다는 건 누구에게나 당연히 두려운 일인데, 왜 두려워하지 않겠습니까. 그런데도 두려워하지 않는다…, 이건 그만한 상황이 그 바탕에 깔려 있는 겁니다. 두 가지가 있을 수 있습니다. 하나는, 상황이 차라리 죽느니만 못하다는 것, 차라리 죽는 게 낫다는 것, 폭정이나 극도의 고통이나 절망이 그렇습니다. 이러면 죽는 게 두려울 게 없지요. 또 하나는, 죽음보다도 더 숭고한 무언가가 필요하다는 것, 이래도 죽는 게 두

려울 게 없지요. 후자는 예컨대 자식을 살려야 하는 절박한 상황, 혹은
자유를 혹은 나라를 백척간두의 위기에서 지켜야 하거나 잃어버린 그
것을 되찾아야 하는 상황, 이런 경우죠. 우리 한국인들은 이런 걸 너무
나 잘 압니다. 위기에 처한 자식을 구하겠다고 죽을 뻔히 알면서도
물속에 혹은 불속에 뛰어드는 부모들, 그리고 왜군의 침략에서 나라를
지키겠다고 되찾겠다고 죽을 줄 알면서도 의병에 가담하고 독립군에
가담했던 사람들, 구체적으로는 안중근, 윤봉길, 이봉창 …, 그리고 짓
밟힌 민주주의를 되찾겠다고 총칼 앞에서도 두려워하지 않고 용감하게
일어선 저 수많은 민주투사들 …, 무수히 많습니다. 그런 백성들에게는
죽이겠다는 위협이 아무런 효과도 없는 거죠. 생략되어 있지만 여기서
겁주겠다는 주체는 자유, 민주, 민생 …, 그런 기본 가치를 짓밟은 폭정
이나 침략의 당사자인 거죠. 이런 상황이 전제되어 있으면 백성들은 정
말 죽음을 두려워하지 않게 됩니다. 위협이 통하지 않습니다. 아마 누
구보다도 저 일제 침략자들과 군사 독재자들이 그걸 잘 알 겁니다. 죽
음을 두려워하지 않는 저 백성들을 봤을 테니까요.

　“이선생의 거기 그 시대도 참 만만치가 않군요. 여기 이 중국의 춘추
전국시대 못지않게. 그럼 그 다음은?”

　‘만약 백성으로 하여금 항상 죽음을 두려워하게 했는데, 그런데도 괴
상한 짓을 한 자를 내가 잡아서 죽인다면, 누가 감히 그런 짓을 하겠는
가(若使民常畏死而爲奇者, 吾得執而殺之, 孰敢).’ 이 말씀은 앞부분과 연
결되어 있습니다. 앞에서 말한 것과 반대의 경우라면 죽음의 겁박이 먹
힌다는 말이지요. 단 이번엔 상황이 좀 구체적입니다. 대상이 ‘위기자爲
奇者’(괴상한 [나쁜] 짓을 한 자)로 특정되어 있습니다. 이런 자는 잡아서
죽이겠다고 겁을 주면, 아니 실제로 잡아서 죽인다면, 그 죽음이 두려
워서 감히 그런 괴상한 짓을 저지르지 못할 거란 말씀인 거죠. 단 여기
서도 이게 사실은 그렇게 간단한 이야기가 아닙니다. ‘약사민상외사若

使民常畏死'(만약 백성으로 하여금 항상 죽음을 두려워하게 했는데)라는 전제가 있는 겁니다. 이건 적어도 현실이 '사는 게 죽느니만 못한' 그런 게 아니라는 거죠. '죽는 건 두려운 일이다'라고 죽음을 두려워하는 보통 상태 내지 정상 상태를 위정자가 만든, 더욱이 잠깐도 아니고 '항상' 그러한, 그런 현실이 전제되어 있는 겁니다. 이런 현실에서라면, '아주 나쁜 짓을 한 자는 사형에 처한다'라는 법률적 겁주기가 먹힐 거라는 겁니다. 아무도 함부로 그런 죽어야 할 죄를 짓지 않게 될 거라는 말씀인 거죠. 물론 세상엔 별의별 인간이 다 있고, 사이코패스도 있으니까, 완벽한 백 퍼센트는 아니겠지만, 적어도 '일반론'으로서는 또는 '철학'으로서는 선생님의 이 말씀이 유효하다고 저는 봅니다.

"누구라도 이 설명은 이해할 수 있겠군요. 그럼 그 다음은?"

'항상 죽이는 일을 맡은 자가 있어서 죽인다. 무릇 죽이는 일을 맡은 자를 대신해서 죽이는 것, 이를 일컬어 '큰 장인을 대신해서 나무 깎기'라 한다. 무릇 큰 장인을 대신해서 나무를 깎는 자는 그 손을 다치지 않는 일이 거의 없다(常有司殺者殺. 夫代司殺者殺, 是謂代大匠斲. 夫代大匠斲者, 希有不傷其手矣).' 위의 전반부가 일종의 서두라면 이 후반부는 일종의 전환이자 본론입니다. '함부로 사람을 죽이지 말라'는 메시지이자 경고인 거지요. 함부로 사람을 죽이는 저 적지 않은 '문제적 인간들'에 대한 경고. 함부로 사람을 죽이면 당신도 다친다(希有不傷其手矣)는 그런 경고. 예컨대 저 네로 황제나 히틀러 총통이나 히데요시나 구일본군 수괴 … 등등과 같은 대학살자들에 대한 경고. 이건 숭고한 철학이라고 저는 평가합니다. 저 레비나스의 소위 '얼굴의 철학'처럼.

" '얼굴의 철학'? 그건 또 뭐지요?"

얼굴(le visage de l'autre)을 인간에 대한, 타자에 대한, 무한에 대한 상징으로 보는 거죠. '얼굴은 죽이지 말라는 명령이다'라고 레비나스는 말합니다. '웃는 낯에 침 뱉으랴', 그것과도 좀 통하는 인간존중, 타자

존중, 생명존중의 철학이지요.

"그 시대에도 그런 사람이 있다니 반갑군요."

그런데 선생님의 이 말씀에서 한 가지 흥미로운 대목이 있습니다.

"응? 뭐죠? 흥미롭다니 나도 흥미롭네요."

'사살자司殺者'(죽이기 담당자)와 '대사살자代司殺者'(죽이기 담당 대리자)가 대비되고 있다는 겁니다. 그리고 그 '대사살자'를 '대대장 … 자代大匠 … 者'(목공 담당 대리자)에 비유하고 있다는 겁니다. 비유는 항상 흥미롭죠. 위인들이, 선생님 식으로는 '성인'들이 즐겨 사용하는 방식이기도 하고요. 부처도 예수도 공자도 소크라테스도 비유를 많이 들었죠. (예컨대 꿀의 비유, 포도원의 비유, 북극성의 비유, 동굴의 비유 … 등등)

"그 비유로 하고 싶은 중요한 말을 효과적으로 전할 수 있으니까…"

그렇죠. 이를테면 여기서는 사살자司殺者(죽이기 담당자, 죽이는 일을 맡은 존재)가 자연 내지 천, 혹은 어떤 면에서는 '도'가, 그 죽이는 일을 맡은 존재이겠죠. 죽음은 자연법칙, 인명은 재천 …, 그런 점에서 '사살자'(죽이기 담당자)라는 표현을 쓰신 거겠죠. 그것이 결국 엄정하게 모든 인간을 다 죽이니까요. 일종의 공정한 살인 전문가? 하하, 제가 아주 좋아하는 반칠환 시인의 독특한 '죽음론'이 있는데,

'우리는 … 저마다 바삐 먼 무덤으로 향한다. 대체 무슨 사업을 벌이고 있는 걸까. 죽음은 완전 고용. 나이도 학력도 연줄도 인물도 시험도 면접도 적성도 월급도 불문. 모두들 데려다가 꽃단장 시켜놓고 별 타령 부르는 신선놀음인지, 이승의 전과만큼 재봉틀 달달 박는 박음질인지, 그도 저도 아니면 오염된 은하수 변에 비닐 깡통 쓰레기 줍는 영세민 취로사업을 시키는지 여하튼 죽음은 태고 이래 완전 고용. 사고를 통한 수시 고용. 노화를 통한 정기 공채. 전쟁을 통한 대거 특채'

재미있는 표현이죠. 이 모든 걸 죽이기 전문가가 담당하고 있다는 거죠, 선생님 말씀은. 그게 '사살자司殺者'라는 거죠. 죽이기 담당자. 인간의 죽음도 곧 도이니, 결국은 그게 자연이고 하늘인 거죠. 보는 입장에 따라 표현은 조금씩 다르겠지만. 그런데 이 엄정한 일을 특정 인간이 대리해서 멋대로 처리한다? 그건 문제라는 지적이신 거죠. 마치 어설픈 목수가 장인 대신 함부로 나무를 깎는 것처럼. 그러면 깎아야 할 데는 안 깎고 깎지 말아야 할 데는 깎고, 엉망진창이 되어 버리는 거죠. 자연의 질서에 위배되는 겁니다. 제 명대로 못 살고 죽는 사람도 비일비재 생기니까요. 그러다가 결국 자기도 다치게 되죠. '무릇 큰 장인을 대신해서 나무를 깎는 자는 그 손을 다치지 않는 일이 거의 없다(夫代大匠斲者, 希有不傷其手矣).' 이게 결국 선생님이 이 74장에서 전하고 싶었던 메시지의 핵심이 아닐까, 그렇게 저는 생각합니다. 모든 살인자들에 대한 경고. 어설프게 제멋대로 사람을 죽이면 너도 다치는 법이니 그러지 마라. 그러니 사람을 네 멋대로 함부로 죽이지 마라. 반전평화주의, 생명존중사상, 그런 셈이죠. 춘추전국시대를 살아오신 분답게.

아무튼 저는 이렇게 선생님의 이 말씀을 설명하겠습니다.

"설명도 사실은 '대리'인 셈이긴 한데… 하…."

쉿! 선생님, 오늘은 웃으시면 안 됩니다. 사람 죽이는 이야기를 해놓고 웃으면 곤란하지요. '아멘'이나 '나무아미…'라면 몰라도. 풋….

"이 양반이 도사 앞에서 그 무슨…, 우리 장주선생은 아내의 죽음 앞에서도 껄껄 웃었죠. 그게 우리 도교의 방식이니 그냥 웃으세요. 하하하."

그럴까요? 웃음이 사람을 죽이는 것도 아니고. 하하하.

75.
백성이 굶주리는 것은

民之饑, 以其上食稅之多,151) 是以饑. 民之難治, 以其上之有爲, 是
以難治. 民之輕死, 以其上求生之厚, 是以輕死. 夫唯無以生爲者,
是賢於貴生.152)

민지기, 이기상식세지다, 시이기. 민지난치, 이기상지유위, 시이난치. 민지경사, 이
기상구생지후, 시이경사. 부유무이생위자, 시현어귀생.

백성이 굶주리는 것은, 그 윗사람이 세금을 떼어먹는 게 많기 때문이다.
그래서 굶주린다. 백성이 다스리기 어려운 것은, 그 윗사람이 '함'이 있기
때문이다. 그래서 다스리기 어렵다. 백성이 죽음을 가벼이 하는 것은, 그
윗사람이 삶의 두터움을 구하기 때문이다. 그래서 죽음을 가벼이 한다. 무
릇 오직 생 때문에 '함'이 없는 사람, 이런 사람은 생을 귀히 여기는 것보
다 더 현명하다.

---

151) 백서본-한간본에는 '上'이 '取'로 되어 있다. 일단 통용본을 따르나 의미는
고본을 참고하는 것이 좋다.
152) 백서본에는 民 → 人, 百姓, 難治 → 不治 등 표현상의 차이가 약간 있으나,
근본적인 의미의 차이는 없으므로 다듬어진 통용본을 따른다. 백서본-한간
본에는 '於'자가 없다.

노선생님, 이 75장 말씀은 문장으로서는 특별히 어려울 게 없지만, 그 내용은 참 호락호락하지 않습니다.

"내 이선생이 그런 소리 할 줄 알았습니다."

'기飢', '난치難治', '경사輕死'(굶주린다, 다스리기 어렵다, 죽음을 가벼이 한다), 이런 현상을 이야기하시는데, 호락호락할 수가 있겠습니까?

"우리 철학자들의 입에서 이런 단어가 나오지 않으면 좋으련만."

그러게 말입니다. 그런데 현실이 그렇지 않으니, 참…. 그런데 선생님은 난지 현실이 그렇다는 걸 인식하실 뿐만 아니라, 그런 현실의 원인을 진단한달까, 통찰한달까, 간파하시니 참 대단하십니다.

"그 윗사람이 세금을 떼어먹는 게 많기 때문이다(以其上食稅之多), 그 윗사람이 '함'이 있기 때문이다(以其上之有爲), 그 윗사람이 삶의 두터움을 구하기 때문이다(以其上求生之厚), 누가 봐도 이런 건 보이지요. 어쩌면 문제의 제공자-당사자인 '기상其上' 즉 그 윗사람들, 권력자들, 그들만 못 보고 있는지도 모르지요."

'세금을 받아먹는 게 많다', '유위有爲, 즉 뭔가 일을 벌인다', '호화롭게 사는 걸 추구한다', 이게 백성들의 '굶주림(飢)'과, '다스리기 어려움(難治)'과, '죽음을 가벼이 함(輕死)'의 원인이라고 보시는 거지요, 선생님은. 공감합니다. 나라에서 세금을 많이 거둬 가면, (이런 걸 가렴주구苛斂誅求라고 하죠) 백성들은 먹을 게 별로 많이 남지 않게 되지요. 심한 경우 굶게 됩니다. 그리고 나라에서 온갖 큰일을 '하게' 되면, 즉 일을 벌이면, (아방궁 건설이나, 전쟁이나 그런 것) 백성들의 저항을 불러오게 됩니다. 다스리기 어려워지기 마련이죠. 면종복배面從腹背랄까, 할 수 없이 따르지만 그런 걸 좋아서 기꺼이 하려 하는 백성은 없으니까요. 그리고 위정자가 자기 삶의 호화(生之厚)를 추구하게 되면, (많은 생략과 비약이 있습니다만, 폭정이 있게 되고 동원과 착취가 있게 되고 백성들의 삶은 반대로 피폐해지고 죽느니만 못한 현실이 전개되지요) 극단적인 처지로 내몰려 삶의 의욕을 잃게 되고 자살을 한다든지, 살인을 저지른다든지, 그렇게 죽음을 가벼이 하게 되는 거지요. 이건 제가 여러 번 말씀드렸듯이, 현실을 뒤집어 읽어보면 더 분명해집니다.

"'만일 이렇지 않다면…' 하고 생각해 본다는 건가요?"

네, 저는 그걸 '뒤집어 읽기'나 '결여가정缺如假定'이라고 부릅니다만. 만일 윗사람의 세금착취가 혹독하지 않다면, 그렇다면 백성은 생활 형편이 조금은 나아질 테니, 굶을 확률이 조금은 낮아질 거고, 또 만일 윗사람이 전쟁 등 큰일을 벌이지 않는다면, 그렇다면 백성은 자기 생업에 종사하며 군이 저항할 이유도 없어지니, 상대적으로 다스리기 쉬워질 거고, 또 만일 윗사람이 자신의 호화로운 생활을 추구하지 않는다면, 동원이나 착취가 없을 테니, 극단에 몰리는 일도 없을 거고, 소중한 목숨을 가벼이 할 일도 없게 되는 거죠. 자살이나 살인을 취미로 생각하는 사람은 없으니까요. 사이코패스가 아닌 한.

"그게 다 '생生'에 대한 이상한 혹은 과도한 집착 내지 중시에서 생기는 겁니다. '귀생貴生' 즉 생을 귀하게 여기는 거지요. 특히 호화롭게 살기를 추구하는 것, '구생지후求生之厚', 이건 제왕 등 권력자들이 빠지기 쉬운 함정이자 늪이기도 하지요. 자기뿐만 아니라 백성들과 나라를 함께 빠트리는 도탄이기도 하고. 그래서 '무릇 오직 생 때문에 '함'이 없는 사람, 이런 사람은 생을 귀히 여기는 것보다 더 현명하다(夫唯無以生爲者, 是賢於貴生).'라고 말한 겁니다."

네, 그렇지요. 그렇고말고요. 살겠다고 집착해서, 특히 호화롭게 살기를 추구해서 온갖 일을 벌이는 사람은 말씀하셨다시피 온갖 폐해를 일으키니, (과도한 세금도 동원도 착취도 결국은 다 그 '귀생貴生-후생厚生'과 연결됩니다만) 반대로 그러지 않는, 즉 생에 대한, 호화로운 생에 대한 집착과 추구로 큰일을 벌이지 않는 사람, 즉 '무위'하는 사람은(無以生爲者) 현명한 거지요. 생을 귀히 여기는 것보다. 뭔가 약간 불교 냄새가 살짝 풍기기도 합니다만….

"생에 대한, 후한 생에 대한 집착을 버리고 일을 벌이지 않아 과도한 세금도 걷지 않고 동원도 착취도 하지 않아 민생이 안정되고 인심이 순순해지고 죽음을 가벼이 하지 않게 된다면 굳이 불교와 도교의 구별이 무슨 필요가 있겠습니까. 다 하나로 통하는 거지요."

도불이불, 불불이도, 도즉시불, 불즉시도, 도불불이, 도불일체(道不異佛, 佛不異道, 道卽是佛, 佛卽是道, 道佛佛二, 道佛一體)….

"또 굳이 그 장난기…. 하하하."

그래도 웃어주시니 감사합니다. 하하하.

76.

사람의 산 것은 부드럽고 약하며

人之生也柔弱, 其死也堅强. 萬物草木之生也柔脆, 其死也枯槁. 故,
堅强者死之徒, 柔弱者生之徒. 是以兵强則不勝, 木强則烘. 强大處
下, 柔弱處上.[153)]

인지생야유약, 기사야견강. 만물초목지생야유취, 기사야고고. 고, 견강자사지도, 유
약자생지도. 시이병강즉불승, 목강즉홍. 강대처하, 유약처상.

사람의 산 것은 부드럽고 약하며, 그 죽은 것은 굳고 강하다. 만물초목의
산 것은 부드럽고 연하며, 그 죽은 것은 시들고 말랐다. 고로 굳고 강한
것은 죽음의 부류요, 부드럽고 약한 것은 삶의 부류다. 그래서 군대가 강
하면 이기지 못하고, 나무가 강하면 불에 탄다. 강대함은 아래에 처하고
유약함은 위에 처한다.

노선생님, 이 76장에서 전형적인 노자의 가치 중 하나가 또 한 번 강

---

153) 백서본에는 堅强 → 筋肕堅强, 柔弱 → 微細, 處 → 居 등 표현상의 차이가
약간 있으나, 근본적인 의미의 차이는 없으므로 다듬어진 통용본을 따른다.
단 '烘'은 하상공본에는 '共', 왕필본에는 '兵'으로 되어 있으나, 문맥상 가
장 적절한 백서본을 따른다.

조되는군요. '유약柔弱-유취柔脆'(부드럽고 약함)에 대한 권유, 그리고 '견강堅强-병강兵强-강대强大'(굳세고 강함)에 대한 경계. '견강-강대'는 '아래'고 '유약-유취'는 '위'라는 것(强大處下, 柔弱處上). 이 장의 결론 이기도 하죠. 그리고 3장 '약기지弱其志', 36장 '유약승강강柔弱勝剛强', 78장 '약지승강, 유지승강, 천하막부지, 막능행弱之勝强, 柔之勝剛, 天下 莫不知, 莫能行', 그 말씀들도 다 같은 취지죠. 상식을 뒤집으시니 아주 특이합니다만.

　"유약柔弱, 아무리 강조해도 지나침이 없지요. 그 이유는 '유약'의 긍 정적인 결과와 그 반대인 '강대强大'의 부정적인 결과를 생각해 보면 명약관화할 겁니다."

　일반적인 혹은 일차적인 인상은 그 반대입니다만, 결과를 진지하게 생각해 보면 이해-납득-수긍이 되는 측면이 분명히 있긴 합니다.

　"이선생은 어디서 그걸 느끼시는지."

　부드러움과 뻣뻣함, 어느 쪽이 선택을 받고 어느 쪽이 외면을 당하는 지, 그런 걸 보고 느끼기도 합니다. 옷도 그렇고 칫솔도 그렇고, 그리고 직장 상사도 데이트 상대도 대개 그렇더군요. 뻣뻣한 것은 별로 인기가 없지요. 저 자신도 선택의 기준이 그럴 때가 한두 번이 아니죠. 그리고 유약의 상징인 물과 견강의 상징인 바위를 생각해 보더라도, 결국은 물 이 돌을 이기게 되죠. 저는 거제 학동 해변에서 파도에 깎여 동글동글 해진 몽돌들을 보며 그런 걸 느낀 적도 있었습니다. 결국은 약하고 부 드러움이 굳고 강함을 이긴다고. 적절한 예가 될지 모르겠습니다만, 견 강의 상징이었던 히틀러의 독일과 군국주의 일본이 패망한 것을 보더 라도 꼭 견강이 답이 아닌 것은 분명해 보입니다.

　"그게 자연의 이치이기도 하죠."

　네, 말씀하신 대로. 그래서 자연인 사람과 만물-초목을 예로 드신 거 겠죠. '사람의 산 것은 부드럽고 약하며, 그 죽은 것은 굳고 강하다. 만물초목의 산 것은 부드럽고 연하며, 그 죽은 것은 시들고 말랐다(人之生也柔弱, 其死也堅强. 萬物草木之生也柔脆, 其死也枯槁).' 그런데 이 말씀에서 눈길을 끄는 것은, 유약을 '생生'과, 견강을 '사死'와 연결시키고 있다는 겁니다. 심지어 '고로 강한 것은 죽음의 부류요, 부드럽고 약한 것은 삶의 부류다(堅强者死之徒, 柔弱者生之徒).'라고 아예 단정을 하시고요. 이런 예시와 단정에 대해 '논리적 비약이 있다'고 이의를 제기할 사람도 있을 수는 있겠는데, 사람도 초목도 살았을 땐 유연하고 죽으면 뻣뻣한 게 분명한 사실이니 유약이 '생'과, 견강이 '죽음'과 연결되는 게 아주 터무니없는 비약이라고도 할 수 없긴 합니다. 물론 '모든 견강한 것이 다 죽음의 무리요, 모든 유약한 것이 다 생의 무리다'라고 전칭 판단으로 단정할 수는 없습니다만.

"유약과 견강, 삶과 죽음, 인간과 초목, 도와 덕, 이런 주제에 대한 논의는 애당초 '논리'가 끼어들 자리가 아니지요. 언어는 논리로만 이루어진 게 아니니까요."

'사실이 논리에 우선한다', 저도 그렇게 선생님을 변호하고 싶군요. 만일에 이의를 제기하는 사람이 있다면요.

"하하, 그렇게 말해 주니 든든하군요. 그러나 부디 쓸데없이 다투지는 마시기를."

선생님이 '부쟁不爭'을 그렇게 강조하셨는데 모를 턱이 있겠습니까. 아무튼, 선생님이 이런 화두를 꺼내신 것은 결국 '문제적인 현실'을 질타하기 위해서라고 저는 이해합니다.

"그래서 군대가 강하면 이기지 못하고, 나무가 강하면 불에 탄다(是以兵强則不勝, 木强則烘)."

네, 바로 그 '병강兵强'이죠. 그때나 지금이나 세상은 '강병'을 외치는데, 그게 정답은 아니라는 말씀을 하고 싶었던 거겠죠, 선생님은. 나무도 강해 봤자 결국 불에 탈 땔감밖에 더 되겠느냐고. (물론 강한-단단한 박달나무가 훌륭한 장롱이 되기도 하지만, 그런 좋은 면은 잠시 괄호 안에다 넣어두는 거죠. 혹은 잠시 선반 위에 올려두는 거고. 깡패도 의리가 있는데 그 의리 때문에 깡패를 좋은 놈이라고 할 수는 없죠. 또 물론 그 깡패가 효자라면 그가 깡패라고 해서 그의 효성이 나쁜 짓이 될 수도 없는 거고. '부분이 전체를 결정하지도 않고, 전체가 부분을 결정하지도 않는다.' 그래서 저는 이런 걸 '각각의 경우, 각각의 가치'라고 정식화하기도 합니다.) 결국 선생님의 본심은 '병강즉불승兵强則不勝'(군대가 강하다고 이기지는 못한다)에 있다고 저는 봅니다. '군대가 강하다고 꼭 이기는 건 아니니 그렇게 강병으로 치닫지 마라. 결국은 많은 사람 다치기만 하고 죽기만 한다. 그건 승리가 아니다.' 그런 말씀을 하고 싶었던 거겠죠. 실패로, 패배로 끝난 저 나치 독일과 군국주의 일본의 사례를 선생님이 알고 계셨더라면 좀 더 전형적인 증거로 도움이 되었을 텐데….

"그렇군요. 그 때문에 얼마나 많은 사람이 죽었겠습니까. 그게 다 '견강堅强'이라는 세상의 가치가 불러온 참혹한 결과이지요. 그래서 견강은 '죽음'의 무리인 겁니다(堅强者死之徒)."

반대로 유약은 '삶'의 무리(生之徒)인 거고요. 생각 하나만 부드럽게 살짝 굽혀도 죽을 사람을 살리니까요. 저는 '예수 대 마르크스'의 대비에서 그런 걸 느끼기도 합니다. 상징으로 정식화하자면 그들의 대비는 '사랑 대 타도'입니다. 아니, 좀 더 정확하게는 '사랑 대 증오'입니다. 증오는 마르크시즘의 핵심인 단결-타도-혁명의 대전제이니까요. 사랑은 한없이 유약해 보입니다. 반면 타도는 한없이 견강해 보입니다. 그러나 우리 모두가 알다시피 마르크스의 이름하에 20세기는 피로 물들었죠. 그래서 견강은 '죽음의 무리'인 겁니다. 예수의 사랑은? 많은 사람을 죽음의 수렁에서 건져내어 삶의 방향으로 이끌죠. 그런 게 진정한 승리가 아니고 무엇이겠습니까.

"이 양반 참 못 말리겠군. 노자를 앉혀 놓고 예수에 마르크스까지⋯. 지금 혹시 지식 잔치를 하자는 겁니까?"

그럴 리가요. 그까짓 지식이 뭐라고. 선생님의 사상에 대한 공감과 존경의 표시입니다. 저도 결국은 '사死'보다는 '생生', '견강堅強'보다는 '유약柔弱'에 가치의 방점이 찍혀 있으니까요. '강대함은 아래에 처하고 유약함은 위에 처한다(强大處下, 柔弱處上).' '강대는 아래, 유약은 위', 저도 이쪽에 '한 표'입니다.

"그 한 표로 이게 '채택'이 될지는 모르겠습니만. 하하하."

그래도 희망을 갖고 세상을 향해 외쳐보는 거죠. 그냥 '야호!'보다는 낫지 않겠습니까? 하하하.

77.

하늘의 도, 그것은 활시위를 당기는 것과 같다

天之道, 其猶張弓與! 高者抑之, 下者擧之; 有餘者損之, 不足者補之. 天之道損有餘而補不足. 人之道則不然. 損不足以奉有餘. 孰能有餘以奉天下.154) 唯有道者. 是以聖人爲而弗有, 功成而弗居. 其不欲見賢也.155)

천지도, 기유장궁여! 고자억지, 하자거지; 유여자손지, 부족자보지. 천지도손유여이보부족. 인지도즉불연. 손부족이봉유여. 숙능유여이봉천하. 유유도자. 시이성인위이불유, 공성이불거. 기불욕현현야.

하늘의 도, 그것은 활시위를 당기는 것과 같다! 높은 것은 이를 누르고, 낮은 것은 이를 들어올리며, 여유 있는 것은 이를 덜고, 모자라는 것은 이를 채운다. 하늘의 도는 여유 있는 것을 덜어서 모자라는 것을 채우는데, 사람의 도는 곧 그렇지 않으니, 모자라는 것을 덜어서 그것으로 여유 있는 것을 받든다. 누가 능히 여유 있는 것으로써 천하를 받들 수 있겠는가? 오직 도 있는 자뿐이다. 그래서 성인은 해내지만 그것을 갖지 않고, 공을 이루지만 그것을 차지하지 않는다. 그것은 재주 있음을 드러내려고 하지

---

154) 백서본에는 '(夫)孰能有餘而有以取奉於天者(乎)'라고 되어 있다.

155) 통용본에는 '爲而不恃, 功成而不處'로 되어 있고, '其不欲' 앞에 '若此'가 없다. 앞부분은 백서본을 따른다. 단, 앞(10, 51장)에서는 生而弗有, 爲而弗恃, 長而弗宰'로 되어 표현이 다름을 참고할 필요는 있다.

않는 것이다.

––––––––––––

노선생님, 이 77장에서도 말씀하시고 싶은 메시지는 분명해 보이는 군요.

"오호, 그래요? 그렇게 분명히 말하니 반갑군요. 그게 뭐라고 보시는 지?"

'유여이봉천하有餘以奉天下'라고 제게는 보입니다. '여유 있는 것으로써 천하를 받드는 것'. 요즘 식으로 말하자면 '여유 있는 사람들이 그 여유로 세상을 위해, 세상의 모자라는 사람들을 위해, 좀 베풀어라', 그런 거랄까.

"그게 그냥 도덕 교과서 같은 이야기가 아니라는 건 이선생도 아시겠지요."

이를 말이겠습니까. 선생님의 말씀이 고전인 건, 그 한 마디 한 마디가 절실한 현실에서 피어난 너무나 고귀한 가치이기 때문이지요. 흙탕에서 피어난 저 연꽃처럼.

"그래요. 내가 그걸 반어로 말한 것도 그 때문이지요. '누가 능히 여유 있는 것으로써 천하를 받들 수 있겠는가(孰能有餘以奉天下).' 그런 사람이 현실에서는 거의 없기 때문입니다. 오직 도 있는 자만이 그런 일을 할 수가 있는 겁니다(唯有道者)."

공감합니다. 그런 현실은 지금도 마찬가지니까요. 선생님이 말씀하신 대로 '모자라는 것을 덜어서 그것으로 여유 있는 것을 받든다(損不足以奉有餘).' 그런 어처구니없는 현실. 바로 이게 선생님이 여기서 이 말씀을 하신 이유라고 저는 봅니다. 요즘은 이런 걸 '빈익빈부익부'라고 부르기도 하죠. '부족不足'과 '유여有餘'는 거의 사회적 신분으로 고착되어 있기도 합니다. 우리 한국에서는 그걸 '흙수저'니 '금수저'니 그렇게 부르기도 하죠. 그런데 '흙수저' 즉 '부족자'는 그나마 있는 것마저 빼앗기고, 그걸로 '금수저' 즉 '유여자'(여유 있는 자)를 받들게 되죠. 노동도 그렇고 보수도 그렇고 세금도 그렇고, 심지어 경우에 따라서는 목숨마저도(이른바 과로사). 없는 자에게서 덜어낸 그런 것으로 있는 자들은 점점 더 여유로워지죠. 선생님도 그런 걸 '인지도人之道'(사람의 도)라고 인식하신 거죠.

"천지도天之道(하늘의 도)와는 너무나 달리."

그렇죠. 사람의 도는 '불연不然'이다, 하늘의 도처럼 '그렇지 않다', 그렇지 못하다, 그렇게 인식하신 거죠. '천지도-인지도'의 대비가 너무나 선명합니다. 그럼 하늘의 도는 도대체 어떤 건가? 우리는 궁금해집니다.

"여유 있는 것을 덜어서 모자라는 것을 채운다(天之道損有餘而補不足)."

네, 그렇게 분명히 알려주셨습니다. 그리고 그 앞부분이 다 그 설명이라고 저는 이해합니다.

"하늘의 도, 그것은 활시위를 당기는 것과 같다! 높은 것은 이를 누르고, 낮은 것은 이를 들어올리며, 여유 있는 것은 이를 덜고 모자라는 것은 이를 채운다(天之道, 其猶張弓與! 高者抑之, 下者擧之; 有餘者損之, 不足者補之)."

네, 그 비유도 다 그 때문에 하신 거고. 일종의 옵티미즘optimism? 하늘(天)에 대한 절대적인 신뢰? 하하, 이 말의 배경엔 그런 게 있어 보이네요. 요즘이야 활을 쓰지 않으니 이 비유가 낯선 사람들도 있겠지만, 우리 한국은 워낙 양궁이 강하니 대충은 다 이해할 겁니다. 활을 쏜다는 건 기본적으로 시위를 당겨야 하는 것인데, 그 시위를 당긴다는 게 한쪽은 낮추고 한쪽은 높이는, 즉 높은 쪽을 낮추고 낮은 쪽을 높이는,

그런 일이지요. 대 부분이 높은 거고, 줄 부분이 낮은 거고. 그것에 선생님은 '여유 있는 것은 이를 덜고 모자라는 것은 이를 채운다(有餘者損之, 不足者補之).'라는 사실을 빗댄 겁니다. 활에 하늘의 도가 내함돼 있는 것을 꿰뚫어보시다니!

"자연의 모습이기도 하지요. 예컨대 물처럼. 물은 수위가 높아 여유 있게 가득 차면 자연스레 넘쳐서 낮은 곳 즉 모자란 곳을 채워주지요."

네, 그런데 중요한 건 사람들은 하늘처럼 그렇질 못하다는 거겠죠. 다시 한 번 확인하지만, '모자라는 것을 덜어서 그것으로 여유 있는 것을 받든다(損不足以奉有餘).' 즉 그 반대인 거죠. 심한 경우, '벼룩의 간을 빼먹는다'는 말이 있을 정도로 혹독한 착취가 횡행했던 시대도 있었습니다. 그런 게 소위 '투쟁과 혁명'의 빌미를 제공하기도 했고….

"그러니 애당초 저 하늘의 도를 배워 '여유 있는 것을 덜어서 모자라는 것을 채운다(損有餘而補不足).' 그걸 실천했더라면 그 '투쟁과 혁명'의 희생도 피할 수 있었으련만…."

그러게 말입니다. 그런데 마지막 마무리 말씀, '그래서 성인은 해내지만 그것을 갖지 않고, 공을 이루지만 그것을 차지하지 않는다. 그것은 재주를 드러내려고 하지 않는 것이다(是以聖人爲而弗有, 功成而弗居. 其不欲見賢).' 이게 앞부분과 어떻게 연결되는 거지? 순간 약간 고개를 갸우뚱하게 됩니다.

"잘 생각해 보시면…."

네, 물론 연결점이 아예 없는 건 아니더군요. '위爲-공功-현賢', 이런 것이 '고高-유여有餘'와 연관된 것일 수도 있으니, '불유弗有-불거弗居-불욕현不欲見賢'(갖지 않음-차지하지 않음-재주를 드러내려 하지 않음)이 '억지抑之-손지損之-보지補之'(누름-덜어냄-채움)와 연결성이 있다, 그렇게 본다면요. 아주 자연스러운 연결은 아니지만….

"뭐 노자라고 백 퍼센트 완벽할 수는 없죠. 그야말로 착간일 수도 있고⋯."

　혹은 그런 행위의 주체가 '성인聖人'이니, A에서 A′ 아닌 B를 배우는 게 가능할지도 모르고⋯. 하하.

　"뭔가 연결점이 없다는 소리 같기도 한데. 하하하."

78.
천하에 물보다 더 유약한 것은 없으나

天下莫柔弱於水, 而攻堅强者, 莫之能勝, 以其無以易之. 柔之勝剛,
弱之勝强, 天下莫不知, 莫能行. 是以聖人云, 受國之垢, 是謂社稷
主, 受國不祥, 是謂天下王. 正言若反.156)

천하막유약어수, 이공견강자, 막지능승, 이기무이역지. 유지승강, 약지승강, 천하막
부지, 막능행. 시이성인운, 수국지구, 시위사직주, 수국불상, 시위천하왕. 정언약반.

천하에 물보다 더 유약柔弱한 것은 없으나, 견강堅强한 것을 치기에 이보
다 더 나을 수 있는 것이 없다. 그것은 무엇으로도 이를 대체할 게 없기
때문이다. 부드러움이 굳셈을 이기고, 약함이 강함을 이긴다는 것은, 천하
가 모르지 않지만, 능히 행하지를 못한다. 그래서 성인은 말하기를, '나라
의 더러운 때를 다 받아들이니, 이를 일컬어 사직의 주인이라 하고, 나라
의 상서롭지 못함도 다 받아들이니, 이를 일컬어 천하의 왕이라 한다.' 바
른말인데 반대 같다.

---

156) 판본별로 표현이 조금씩 다르나 의미상 차이는 없으므로 익숙한 통용본을
따른다.

노선생님, 선생님은 정말 '물'을 엄청 좋아하시는군요. 8장에서 이미 '상선은 물과 같다. 물은 만물을 잘 이롭게 하면서도 다투지 않고 뭇 사람이 싫어하는 곳에 처한다. 고로 도에 가깝다(上善若水. 水善利萬物而不爭, 處衆人之所惡. 故, 幾於道).'는 말로 확실한 인상을 심어주셨는데, 여기서 또다시 물을 등장시켜 그 가치에 쐐기를 박으시는군요.

"'유약柔弱'의 숨은 가치를 설명하기에 '물'만큼 좋은 소재가 어디 흔하겠습니까. 물은 그 자체가 곧 선이요 도라고 할 만합니다. 특히 이게 '견강堅强-강강剛强'을 '치고(攻)' '이기는(勝)' 존재라는 점은 특별히 강조하고 주목할 필요가 있습니다."

'천하에 물보다 더 유약한 것은 없으나, 견강한 것을 치기에 이보다 더 나을 수 있는 것이 없다. 그것은 무엇으로도 이를 대체할 게 없기 때문이다. 부드러움이 굳셈을 이기고, 약함이 강함을 이긴다(天下莫柔弱於水, 而攻堅强者, 莫之能勝, 以其無以易之. 柔之勝剛, 弱之勝强).' 이게 그런 말씀인 거죠. '꾸준히 떨어지는 물방울이 바위도 뚫는다'는 말도 아마 그런 취지겠죠. 아닌 게 아니라 저는 중국의 한 동굴에서 (비록 뚫려 관통한 것은 아니지만) 그렇게 팬 바위를 직접 본 적도 있습니다. 물이란 게 유약하지만 참 대단하다 싶었죠. 그리고 부드러운 여성의 눈물이 바위 같은 남성의 가슴을 한순간에 녹여버리는 경우도 본 적이 있고요. 또 취지는 약간 다르지만, '우주는 한 방울의 물로 우리를 죽일 수도 있다'고 한 파스칼의 말도, 물의 위력이라는 점에서는 상통하는 부분이 없지 않죠. 삼국지에 나오는 관우나 고려 강감찬의 '수공水攻' 같은 게 선생님의 염두에 있었는지 모르겠습니다만, 그리고 그런 게 저 '병법'에도 있는지 모르겠습니다만, 아무튼 '유지승강, 약지승강柔之勝剛, 弱之勝强'(부드러움이 굳셈을 이김, 약함이 강함을 이김)이라는 말씀을 쉽게 부정할 수는 없어 보입니다. 인정합니다. 물은 대단합니다. 유약柔弱이 강강剛强을 이깁니다.

"그런데 '천하가 모르지 않지만, 능히 행하지를 못한다(天下莫不知, 莫能行).'"

네, 항상 그게 문제죠. 이론과 실천, 지행합일. 굳이 소크라테스나 왕양명이나 하버마스를 동원하지 않더라도, 우리의 인식은, 특히 가치의 인식(知)은, 실천-행동(行)으로 이어질 때 비로소 빛을 발하는 거죠. 알기만 하고 끝나는 것, 말만 하고 끝나는 것, 그건 반쪽짜리 아니 반의반쪽짜리에 불과한 건데….

"대부분의 사람들(天下)은 생각 따로, 말 따로, 행동 따로…, 현실은 늘 그래요."

네, 지금 여기서도…. 그런데 '물'은 그와 달리 항상 흐르며 행동을 하죠. 행동으로 그 가치를 드러내죠. 때로는 냇물로, 때로는 폭포로, 때로는 파도로, 때로는 비로…. 대부분의 사람들과 달리, '막부지莫不知'(알기만 하는 것)가 아니라 '능행能行'(행할 수 있는 것)인 거죠.

"그래서 성인은…."

네, '나라의 더러운 때를 다 받아들이니, 이를 일컬어 사직의 주인이라 하고, 나라의 상서롭지 못함도 다 받아들이니, 이를 일컬어 천하의 왕이라 한다(受國之垢, 是謂社稷主, 受國不祥, 是謂天下王).' 최고 위정자의 덕목을 이야기하시는 데 백번 공감합니다. 그럼요, 사직의 주인이라면, 천하의 왕이라면, 나라의 좋은 것만 취해서는 안 되겠죠. 좋지 않은 것들, 구차한 일들도 다 끌어안아 고민하고 해결해야 그게 비로소 '사직주社稷主'고 '천하왕天下王'인 게죠. 민생의 문제, 특히 범죄의 문제, 부정의 문제…, 구질구질한 때 같은 거죠. 그런 것도 다. 그리고 외교적 마찰, 전쟁의 위험, 경제적 위기…, 상서롭지 못한 일들이죠. 그런 것도 다. 죄다 자신의 문제로 받아들이고 끌어안고 고민하고 해결해 나가는 게, 그게 최고 위정자의 의무인 거죠. 바람직한 모습이고.

"왕 본인으로서야 그런 좋지 않은 일들은 피하고 싶겠지만, 권력만을 누리고 호사스런 생활을 하고 싶겠지만, 그건 훌륭한 왕의 모습은 아닌 겁니다."

그런데 선생님, 선생님은 '그래서(是以)'라며 이 말씀을 하시는데, 저는 솔직히 이 말씀과 앞의 말씀, '유약이 강강을 이긴다'는 말씀이 어떻게 '그래서'로 연결이 되는지 잘 납득을 못하겠습니다. 저는 사실 이런 논리적 비약이 당황스러울 때가 여러 번입니다.

"아마 고대적-중국적 사고나 어법에 익숙하지 않아서 그러실 텐데, '정언약반正言若反'이란 말을 잘 새겨보면 연결고리가 없지 않을 겁니다."

'올바른 말은 반대 같다.' … 물론 이 '정언正言'이란 말도 추상적이기 짝이 없지만, (우선 당장 유명한 불교의 '정언'[망어(妄語: 거짓말), 악구(惡口: 험담하는/흉보는 말), 양설(兩說: 이간질하는 말), 기어(綺語: 속이는 말)를 하지 않고, 진실하고 남을 사랑하며 융화시키는 유익한 말을 하는 일[157]]과도 그 내용이 좀 다른 것이고, 논리학의 '정언'[=무조건]과도 다른 것이고) 아무튼 '진실을 담은 말' 정도로 이해한다면, 그게 언뜻 생각하는 상식과 '반대로 비친다'는 건 분명해 보입니다. 그런 인상에서 보자면 '유약승柔弱勝 …'과 '수국지受國之 …'가 공통성을 갖기는 하죠. 둘 다 진실이지만 보통은 그 반대로, 즉 유약한 것은 강강한 것을 이기지 못한다고, 왕은 좋은 것만 누린다고, 그렇게 생각하니까요. 그러니까 진실을 보여주는 이런 '정언'들은 '약반', 즉 반대로 비치는 거죠.

"나는 그런 걸 제대로 바로잡아서 반대가 아니라는 걸 보여주려고 했지요, 항상."

그러고 보니 그렇군요. 선생님이 알려주신 '후기신, 이신선, 외기신,

---

157) 네이버 참조.

이신존. 비이기무사사. 고, 능성기사後其身, 而身先, 外其身, 而身存. 非以
其無私邪. 故, 能成其私'(7장)도 그런 것이고, '곡즉전, 왕즉직, 와즉영,
폐즉신, 소즉득, 다즉혹曲則全, 枉則直, 窪則盈, 敝則新, 少則得, 多則惑
… 부자현, 고명; 부자시, 고창; 부자벌, 고유공; 부자긍, 고장. 부유부
쟁, 고, 천하막능여지쟁不自見, 故明; 不自是, 故彰; 不自伐, 故有功; 不自
矜, 故長. 夫唯不爭, 故, 天下莫能與之爭'(20장)도 그런 것이고, '도상무위
이무불위道常無爲而無不爲'(37장)도 그런 것이고, '명도약매, 진도약퇴,
이도약뢰. 상덕약곡, 대백약욕, 광덕약부족, 건덕약투, 질진약투. 대방무
우, 대기만성, 대음희성, 대상무형明道若昧, 進道若退, 夷道若纇. 上德若
谷, 大白若辱, 廣德若不足, 建德若偸, 質眞若渝. 大方無隅, 大器曼成, 大音
希聲, 大象無形'(41장)도 그런 것이고, '대성약결, 기용불폐, 대영약충,
기용불궁. 대직약굴, 대교약졸, 대변약눌大成若缺, 其用不弊, 大盈若沖,
其用不窮. 大直若屈, 大巧若拙, 大辯若訥'(45장)도 그런 것이고…, 다 상
식의 입장에서 보면 역설(若反)인 거죠. '정언약반正言若反'(바른말은 반
대인 것 같다). '거피취차去彼取此'(저것을 버리고 이것을 취한다)와 더불어
이게 선생님의 이른바 '노자 철학'의 가장 큰 특징임을 다시 한 번 확
인하게 됩니다.

  "진실은 대개 숨어 있으니까요."

  하긴 서양철학에서도 진리는 '알레테이아aletheia', 즉 감춤을 벗김이
라는 뜻이 있으니 통할 수도 있겠네요. 하이데거도 '탈은폐(Enbergung)'
를 강조하고 있고….

  "정언약반正言若反, 이젠 이해됐나요?"

  네, '올바른 말은 반대처럼 들린다.' 물론, 상식을 뒤집는 역설이 모
두 다 진리는 아니겠지만…. 하하하.

79.

큰 원망을 누그러뜨려도

和大怨, 必有餘怨, 安可以爲善. 是以聖人執左契,[158] 而不責於人.
故, 有德司契,[159] 無德司徹, 夫天道無親,[160] 常與善人.
화대원, 필유여원, 안가이위선. 시이성인집좌계, 이불책어인. 고, 유덕사계, 무덕사
철. 부천도무친, 상여선인.

큰 원망을 누그러뜨려도 반드시 남는 원망이 있으니, 어찌 그걸로 잘한
게 될 수 있겠는가. 그래서 성인은 좌계左契를 집더라도 사람을 책망하지
않는다. 고로 유덕한 사람이 '계契'[체결]를 맡고 무덕한 사람이 '철徹'[징
수]을 맡는다. 무릇 천도는 친한 게 없어서 항상 선인善人과 함께한다.

━━━━━━━━━━

노선생님, 선생님 말씀은 한 마디 한 마디 정말 소중한 가치들인데,
마지막까지 정말 쉽지는 않군요.

"전에도 말했듯이 나는 알기 쉽다고 생각하는데…."

문장과 문장 사이의 연결, 다시 말해 문맥을 잇는 게 어렵다는 겁니

158) 백서갑본에는 '左'가 '右'로 되어 있다.
159) 통용본에는 앞에 '故'자가 없다. 백서본을 따른다.
160) 통용본에는 앞에 '夫'자가 없다. 백서본을 따른다.

다. 생략과 비약이 너무 많아서요.

"그럼 전처럼 우선 문장 단위로 이해하고, 그러고 나서 그 연결을 생각해 보시지요."

그럴 수밖에 없기는 하죠….

"큰 원망을 누그러뜨려도 반드시 남는 원망이 있으니, 어찌 그걸로 잘한 게 될 수 있겠는가(和大怨, 必有餘怨, 安可以爲善)."

네, 이 말씀은 이해도 되고 공감도 됩니다. 사람의 원망-원한이라는 것은 괜히 있는 게 아니라서 그 뿌리가 깊죠. 웬만큼 억울하고 웬만큼 당한 게 아니라면 원망이나 원한이 되지는 않으니까요. 사람이라면 누구나 이 말을 듣는 순간 떠오르는 장면이 몇 개씩은 있을 겁니다. 저도 예외가 아니고…. 그런데 본인끼리든 제삼자의 중재로든 노력으로 그 '원怨'이 어느 정도 누그러졌다 해도, 그게 아예 없었던 일처럼 완벽하게 제거되고 사라지는 법은 없습니다. 마치 상처처럼 흉터 내지 자국이 남게 되죠. 그게 무슨 일만 있으면 덧나고 도지고 하게 되죠. 말씀하신 '반드시 남는 원망이 있다(必有餘怨)'도 그런 뜻이라고 저는 이해합니다. 대표적으로 한국과 일본의 관계가 그렇고 이스라엘과 팔레스타인의 관계가 그렇습니다. 일본에 대한 한국의 '원怨'은 정말 '대원'이고 그 뿌리가 깊습니다. 그만큼 큰 '악행'을 당했다는 겁니다. 그러니 그 '누그러짐(和)'이라는 건 원천적 혹은 본질적으로 한계가 있을 수밖에 없죠. '네 원수를 사랑하라', 그렇게 간단히 해결될 문제가 아니라는 겁니다. 특히 '당한' 사람 입장에서는. 원한은 당한 사람에게 생기는 것이지 가해자에게 생기는 건 아니니까요. 그러니 '안가이위선安可以爲善', '어찌 그걸로 잘한 게 될 수 있겠는가'라고 말할 수밖에요. 그러니 선생님의 이 말씀에는 '애당초 아예 그런 원망을 만들지 말아야 한다', 그런 메시지가 함축되어 있는 게 아닐까, 그렇게 저는 생각했습니다. 그러면 다음 말씀과 연결도 어느 정도 단서를 갖게 됩니다.

"그렇다면 다음은? '그래서 성인은 좌계를 집더라도 사람을 책망하지 않는다(是以聖人執左契, 而不責於人).'"

아마도 성인은, 보통사람이 아니고 성인이니까, 이런 사정을 꿰뚫어 잘 알고 있는 것이겠죠. 그래서 성인은 '애당초 아예 그런 원망을 만들지 말아야 한다'고 생각하겠죠. 그래서 성인은 '좌계를 집더라도 사람을 책망하지 않는다'는 방침을 덕으로서 지닌다는 말씀이겠죠. 이 '집좌계執左契'(계약서-차용증의 왼쪽을 갖는다)라는 말을 두고 학자들은 의견이 분분하던데, 저는 지금 그런 건 별로 중요하지 않다고 봅니다. 설마하니 성인이 진짜로 남한테 돈을 빌려주거나 빌리거나 한 건 아닐 테니까요. 여기서 우리가 눈여겨 볼 건, '이물잭어인而不責於人'이라는 말씀입니다. '사람을 책망하지 않는다'는 말이니 일단 성인이 '책어인責於人'할 수 있는 입장이 되어야만 말이 됩니다. 그러니까 '일단' 성인은 채무자가 아닌 채권자가 맞습니다. 을이 아닌 갑. 단, 가상의 채권자이지요. 바로 그런 갑의 입장이라 하더라도 성인은 '사람' 즉 '채무자'를, '을'을, 다시 말해 약자를, '불책不責'한다는 말씀을 하고 싶으신 거겠죠. 빨리 빚을 갚으라고 닦달하지 않는다는 겁니다. 책망하지 않는다는 겁니다. 협박이라든지, 폭력이라든지, 소위 고리대금업자가 하는 '원怨'이 맺힐 정도의 방법을 동원하지 않는다는 거죠. 원천 차단…, 원망-원한의 원인 제공을 하지 않는다, 그런 의미로 저는 이 말씀을 이해했습니다. 어쩌면 애당초 '집좌계', 채권자가 되지도 않는다, 그런 의미도 포함돼 있는지 모르겠습니다. 어차피 선생님은 '생략-함축-비약'이 주특기시니까요. 하하. 아마 그 다음 말씀도 그 연장에서 하신 말씀이라고 제게는 느껴집니다.

"고로 유덕한 사람이 '계契'[체결]를 맡고 무덕한 사람이 '철徹'[징수]을 맡는다(故, 有德司契, 無德司徹)."

네, 그렇죠. 그러니, 즉 '애당초 아예 그런 원망을 만들지 않기' 위해서는 '유덕有德'(유덕한 사람)이 '계약관리'를 맡아야 하고, '무덕無德'(무덕한 사람)이 '집행관리'를 맡아야 한다, 그렇게 되면, (역시 생략되어 있지만) 그 '유덕'이 치우침이나 사감이나 부정 없이 공정한 계약을 체결하게 할 거고, 그러면 '원怨'의 형성이 원천 차단될 수 있다, 그리고 '무덕사철無德司徹'은, (끝까지 좀 모호하긴 합니다만) '사철司徹'이니까, '무덕無德'이 이를 맡더라도 '원怨'의 형성과는 무관할 수 있다, 이런 이야기가 되는 겁니다.

"그럼 그 다음은? '무릇 천도는 친한 게 없어서 항상 선인과 함께한다(夫天道無親, 常與善人).'"

어쩌면 '무덕사철無德司徹'이 남긴 마지막 염려를 해소하기 위해 이 말씀을 한 건지도 모르겠다고 생각했습니다. 인간세상 일이니까, '무덕'이 없을 수는 없을 텐데, 일단 '철徹'을 맡겨놓고 (그건 '원怨'의 여지가 덜한 공적인 일이니까) 그 다음은 '천도天道'에 맡겨보자는 말씀이 아니신지. 천도는 '무친無親'이고, 즉 이른바 친소로 인한 선입견으로 일을 처리하지 않고, 항상 선인과 함께한다고 보시니까요. 기본적으로 천도에 대한 절대적인 신뢰 혹은 기대가 바탕에 깔린 말씀이시겠지요. 물론 이 말씀에 대해서는 논란의 여지가 많습니다만….

"어떤 논란?"

정말 그런가, 하는 논란. '천도 … 상여선인天道 … 常與善人'(천도는 … 항상 선인과 함께한다)이라고 하기에는 현실이 너무나 다르니까요. 선인이 불행을 겪고 악인이 복을 누리는 경우도 너무나 많으니까. 소위 백이숙제伯夷叔齊나 안회顏回의 경우가 전자의 사례이겠고, 도척盜跖이나 패전 후에도 계속 영광을 누리는 일부 전범 및 실권하고도 뻔뻔하게 잘 살아가는 독재자의 경우가 후자의 사례이겠고.

"그게 과연 영광일지…, 그 종국은 아무도 모르지요. 천도가 과연 선인과 함께하지 않은 건지, 악인과 함께한 건지. 현실세계에서의 삶이

다는 아니니까."

하긴 저 독일의 칸트가 이른바 '최고선(höchstes Gut)'(가장 선한 사람이 가장 큰 복을 받는 것, 덕과 행복의 일치)의 실현을 위해 영혼의 불멸과 신의 존재를 '실천이성의 요청(Postulate der praktischen Vernunft)'으로 정리한 것도 그 전제는 결국 선생님의 그 '천도 … 상여선인天道 … 常與善人'(천도는 … 항상 선인과 함께한다)과 같은 맥락인지 모르겠습니다. 현세에서의 복을 바라는 우리 인간의 입장에서는 좀 서글픈 이론이기는 합니다만. 최고선을 위해 사후의 신의 처분을 [혹은 염라대왕의 처분을] 기다려야 한다는 말이니까.

"모르는 거지요. 과연 어느 쪽이 진정한 선인지 혹은 악인지."

하긴 소크라테스도 '죽음이 좋은 건지 나쁜 건지 아무도 모른다'고 했으니, 죽어보기 전엔 모르겠군요. 그걸 알아보려고 미리 죽어볼 수도 없고. 하하하.

"백이숙제나 안회에게 물어볼 수도 없고, 내가 지금 말해 줄 수도 없고. 하하하."

80.

나라를 작게 하고 백성을 적게 한다

小國寡民. 使有什佰人之器而不用, 使民重死而不遠徙. 雖有舟輿, 無所乘之, 雖有甲兵, 無所陳之, 使人復結繩而用之. 甘其食, 美其服, 安其居, 樂其俗. 隣國相望, 鷄犬之聲相聞, 民至老死不相往來.161)

소국과민. 사유십백인지기이불용, 사민중사이불원사. 수유주여, 무소승지, 수유갑병, 무소진지, 사인부결승이용지. 감기식, 미기복, 안기거, 락기속. 린국상망, 계견지성상문, 민지로사불상왕래.

나라를 작게 하고 백성을 적게 한다. 설령 수많은 사람의 기물이 있더라도 쓰지 않으며, 백성들로 하여금 죽음을 중히 여겨 멀리 옮겨가지 않게 한다. 비록 배와 수레가 있더라도 이를 탈 일이 없고, 비록 무장한 군사가 있더라도 이를 진칠 일이 없고, 사람들로 하여금 다시 노끈을 묶어서 이를 사용하게 한다. 그 음식을 달게 여기고, 그 의복을 아름답게 여기고, 그 거처를 편안하게 여기고, 그 풍속을 즐겁게 여긴다. 이웃나라가 서로 바라다보이고, 닭과 개소리가 서로 들려도, 백성들은 늙어 죽도록 서로 왕래하지 않는다.

---

161) 백서본에는 '不用'이 '勿用'으로 되어 있는 등 다소 표현이 다른 곳이 있으나 결정적인 의미의 차이는 없으므로 다듬어진 통용본을 따른다.

노선생님, 이 80장에서는 일종의 국가론을 전개하시는군요. 플라톤의 《국가》나 토머스 모어의 《유토피아》에 필적하는 중국판, 노자판 이상국가론이라고도 할 만합니다.

"허허, 몇 마디 말을 가지고 국가론이라니, 더군다나 이상국가론이라니, 과대포장이 아닌지."

전에도 말씀드린 적 있지만, 철학에서는 양이 질을 결정하지는 않습니다. 양이 질의 필요충분조건은 아닌 거지요. 때로는 너무 많은 양이 핵심의 이해를 방해하는 경우도 적지 않습니다.

"그건 그렇죠."

그런데 참 특이합니다.

"뭐가요?"

정작 그 내용입니다. 일반적인 생각을 완전히 뒤집으시니까요. 보통은 나쁘다고 하는 걸 되레 권하시니까…, 전형적인 '노자 철학'입니다. 하하.

"'전형적'인가요? 하하. 하지만 내가 뭐, 튀어보자고 상식을 뒤집었겠습니까. 다 그만한 이유가 있는 거지요."

당연히 그러시겠죠. 그런데 아무튼 보통사람들은 낯설어 할 테니, 그 이유라는 건 한번 생각하고 음미해 봐야겠습니다.

"이선생의 그 해설, 나도 한번 들어보고 싶군요."

해설이라지만, 뭐, 특별할 거야 있겠습니까. 저는 그저 선생님의 말씀을 '뒤집어 읽기' 해서 그 필연적인 혹은 불가피한 이유를 짐작해 볼 뿐입니다.

"그럼 그 짐작이라도."

네, 우선 유명한 '소국과민小國寡民', '나라를 작게 하고 백성을 적게 한다.' 요즘 상식으로는 잘 맞지 않는 말씀이지만, (왜냐하면 요즘 같은 엄정한 국제질서 속에서는 일단 나라가 커야 주변국들로부터 무시를 당하지 않고 국민도 많아야 이른바 내수경제 같은 것도 돌아갈 수가 있으니까요. 노선생님의 중국이 좋은 본보기입니다. 지금은 선생님 때와 달리 엄청난 덩치와 14억 인구를 가진 대국으로 팽창했답니다.) 하지만 저는 개인적으로 이 말씀도 큰 철학적 의미가 있다고 생각하는 편입니다. 나라가 작고 국민이 적으면, 최근의 이른바 '작은 정부론'이 지향하는 것처럼, 국정에 효율성이 올라가고, 질적인 향상을 꾀하기가 그만큼 쉬워지기 때문입니다. 제가 엄청나게 강조하는 철학인 '질적인 고급국가', 그런 걸 이룩하기가 쉽다는 말씀입니다. 선생님은 잘 모르시겠지만, 예컨대 싱가포르나 스위스 같은 나라가 좋은 본보기가 되지요. 질로 승부해서 작지만 무시당하지 않고 오히려 존경받는 국가가 되었으니까요. 그리고…

"다른 이유가 또 있나요?"

네, 아마 선생님의 진의도 그럴 거라고 짐작합니다만, 무엇보다도 그 당시 춘추전국시대처럼 대국다민大國多民을 추구하다 보면 전쟁이 불가피해지고, 그러면 그 과정에서 엄청난 희생이 필연적으로 동반되니까요. 저는 선생님 이후의 역사를 통해서 그런 사례를 너무나 많이 알고 있습니다. 대국다민을 추구하는 이른바 정복전쟁이지요. 로마가 그랬고, 마케도니아가 그랬고, 몽골이 그랬고, 여진이 그랬고, 그리고 최근 20세기에는 나치 독일과 군국주의 일본이 그랬고, 소련이 그랬습니다. 우리 한국은 직접 그 침략의 희생물이 되었기에 누구보다도 그걸 잘 압니다. 그러니 '소국과민'은 이상국가론이 될 수가 있는 겁니다. 비록 단출한 네 글자이지만.

"이선생의 나라가 그 희생이 되었다니 가슴 아프군요…."

뭐, 지금은 그 국난을 극복하고 일단 제법 잘나가는 G20 국가가 되긴 했습니다만, 그 침략의 후유증으로 나라가 두 쪽이 나고 말았죠….
아무튼 저는 선생님이 이 '소국과민'을 말씀하신 중요 이유 중의 하나
가 그 반대(대국다민)를 추구하는 '전쟁'에 대한 우려 내지 비판이라고
생각하는데, 그 다음 말씀에도 그 속내가 살짝 드러나 있다고 해설하고
싶습니다.

"아마 '비록 무장한 군사가 있더라도 이를 진칠 일이 없고…(雖有甲
兵, 無所陳之)', 그거겠죠."

네, 그거요. 명백한 반전평화주의인 거죠. 노자 철학의 확고한 기조
랄까.

"그건 분명합니다. 나는 전쟁을 반대합니다."

저도 거기에 한 표! 물론 방어를 위해 최소한의 대비병력은 인정하시
는 거겠지만(雖有甲兵). 실전을 바라지는 않는다(無所陳之)는 기대가 곧
바로 느껴집니다.

그런데 선생님의 국가론이 그걸로 다는 아니죠. 다른 부분도 주목할
게 있습니다.

"설령 수많은 사람의 기물이 있더라도 쓰지 않으며, 백성들로 하여금
죽음을 중히 여겨 멀리 옮겨가지 않게 한다(使有什佰人之器而不用, 使民
重死而不遠徙)."

네, 이 말씀도 사실 그 의미가 분명치는 않습니다. 당시의 정확한 의
미는 아무도 알려주지 않습니다. 왕필의 주注도 임어당 등의 현대어역
도 별 도움이 못 되고. 그래서 또 해석을 감행합니다만…, '설령 수많은
사람의 기물이 있더라도 쓰지 않으며(使有什佰人之器而不用)', 저는 이
게 민생과 무관한 대규모 모임을 갖지 않는다, 그런 거 하지 마라, 그런
의미로 들립니다. 백서본-한간본에는 '불용'이 '물용勿用'[백서갑본은
'무용毋用'](쓰지 마라)이라고 되어 있으니 의미가 좀 더 분명하지요. 수
십 수백의 인원이 한꺼번에 모이면 반드시 그 기물이 필요하겠죠. 이를

테면 군주의 생일잔치를 위한 상이나 그릇, 그런 것도 해당될 테고…, 그런 게 있더라도 쓸 일이 없게 하라니, 이상국가론이 맞는 거지요. 그런 모임을 고운 눈으로 보아줄 백성이 어디 있겠습니까. 우리나라 《춘향전》에 남자 주인공 이몽룡이 암행어사가 되어 악당 변사또의 생일잔치에서 읊은 유명한 시가 있는데,

金樽美酒千人血 금준미주천인혈
玉盤嘉肴萬姓膏 옥반가효만성고
燭淚落時民淚落 촉루락시민루락
歌聲高處怨聲高 가성고처원성고

금 술잔에 담긴 좋은 술은 천 명 백성의 피요
옥쟁반 위에 담긴 좋은 안주는 만백성의 고혈이라
촛농 떨어질 때 백성의 눈물 떨어지고
노랫소리 높은 곳에 원망소리 드높다

그게 딱 그런 경우지요. 이 시에 나오는 금준, 옥반, 촉, 그런 것도 다 그 '십백인지기什佰人之器'에 해당할 수 있는 거고요. 이게 다는 아니겠지만 아무튼 그런 걸 쓸 일이 없게 하라….

"흥미로운 예로군요. 그럼 '백성들로 하여금 죽음을 중히 여겨 멀리 옮겨가지 않게 한다(使民重死而不遠徙).'는?"

이것도 말의 의미는 모호합니다. 그래서 또 짐작해 봅니다만, 이건 뒤집어 읽으면 그 바탕에 '민부중사이원사民不重死而遠徙'(백성이 죽음을 무릅쓰고 멀리 옮겨가는 것)라는 현실이 깔려 있는 건데, 이게 도대체 어떤 경울까…, 가장 먼저 탈북자들이 떠오릅니다. 3만이 넘는 인민들이 죽음을 각오하고 삶의 터전을 떠나 인신매매 등 온갖 고초를 다 겪

으며 중국, 몽골, 동남아 등지를 거처 새로운 보금자리인 한국으로 먼이'사'(遠徙)를 했습니다. 또 그보다 더 많은 시리아 난민들이 역시 죽음을 각오하고 지중해를 떠돌다가 유럽이라는 새 보금자리로 먼 이'사'(遠徙)를 했습니다. 그 이전에도 무수한 사람들이 역시 똑같은 조건에서 미지의 신대륙 아메리카로, 그리고 미지의 서부로 먼 이주를 하기도 했습니다. 이런 일이 없어야 한다는 말씀으로 제게는 들렸습니다. 국가에서는 민생의 안정이 최우선이어야 한다는 말이 되기도 하지요, 이건.

"내가 한 말이지만 들으면서 다시 가슴이 아파 오는군요. 그럼 그 다음은?"

'비록 배와 수레가 있더라도 이를 탈 일이 없고, 비록 무장한 군사가 있더라도 이를 진칠 일이 없고, 사람들로 하여금 다시 노끈을 묶어서 이를 사용하게 한다(雖有舟輿, 無所乘之, 雖有甲兵, 無所陳之, 使人復結繩而用之).' 이것도 역시 모호한 말이라 짐작으로 풀 수밖에 없습니다만, 우선 '비록 배와 수레가 있더라도 이를 탈 일이 없다(雖有舟輿, 無所乘之)', 이건 여러 가지로 해석이 가능합니다. '배와 수레를 타는 것(乘舟輿)'의 의미가 뭐냐에 따라서. 이게 만일 '이동'을 뜻하는 것이라면, 이동할 필요가 없도록 현재의 거주지에서, 집에서 모든 것이 만족될 수 있도록 해주어야 한다는 철학이 될 수 있고, 또 이게 만일 '권위나 권력'를 뜻하는 것이라면('배'나 '수레'는 아무나 쉽게 타는 물건이 아니었을 테니까요), 그것을 타겠다고 권력욕의 화신이 되지 말라는 그런 철학이 될 수 있고, 또 이게 만일 '사치'를 뜻하는 것이라면, 요트니 할리데이비슨이니 람보르기니니, 그런 것이 상징하듯이 탈것으로 허세를 떨지 말라는 그런 철학이 될 수도 있는 겁니다. 그러나 아무튼 선생님의 표현 자체가 모호하니 어느 것이 정답이라고는 누구도 말할 수 없습니다.

"역시 읽는 이의 판단이 정답이 될 수밖에 없겠군요. 그럼 그 다음은?"

'수유갑병, 무소진지雖有甲兵, 無所陳之'는 아까 이미, '나라를 키우겠다고 백성들을 군사로 동원해 희생으로 삼지 말고 방어를 위한 최소한의 군사력만 유지하라'는 뜻이라고 해석했고….

그 다음은 '사람들로 하여금 다시 노끈을 묶어서 이를 사용하게 한다(使人復結繩而用之)'인데, 이건 설마하니 노끈을 묶어서(結繩) 언어로 썼던 고대 원시사회로 다시 되돌아가야 한다는 말씀은 아닐 테고, 역시 좀 역설적이지만, 고대의 순수함과 단출함을 회복하는 것이 좋겠다는 그런 취지로 제게는 들렸습니다. 발달한 문명은 분명 편리한 것이기는 하지만, 그만큼 사람을 영악하게 하고 거기에 예속되어 버리는 측면도 있으니까 주의할 필요가 있어 보이기는 합니다. 역시 선생님은 잘 모르시겠지만 지금 저의 시대는 소위 SNS라는 언어수단이 발달되어 있는데, 그 편리함 못지않게 폐해도 큰 게 사실입니다. 그래서 저도 가능하다면 사람들을 그런 것이 없던 시절로 되돌리고 싶은 심정입니다. 손으로 편지를 쓰고, 벽에다 대자보를 붙이고 하던 그런 시절로. 지금 기준으로 보면 그런 몇 십 년 전도 이미 거의 '고대' 같네요. 하하.

"이해합니다, 그 심정. 그럼 그 다음은?"

'그 음식을 달게 여기고, 그 의복을 아름답게 여기고, 그 거처를 편안하게 여기고, 그 풍속을 즐겁게 여긴다(甘其食, 美其服, 安其居, 樂其俗).' 이 말씀도 저는 대단히 의미 있다고 판단합니다. '현재 생활에 대한 만족', 핵심은 그거 아닐까요? 요즘 식으로 말하자면 '의식주+문화생활'. '식食-복服-거居-속俗'이 바로 그거죠. 여기서 '그(其)'라는 게 '현재', '실제'라는 뜻이고요. 그것에 대한 평가가, 스스로 느낌이, 그게 '감甘-미美-안安-락樂'(맛있고, 아름답고, 편안하고, 즐겁고)이니, 그럼 된 거죠. 과욕만 부리지 않는다면, 백성의 입장에서는 더 이상 바랄 게 뭐가 있겠습니까. 이런 게 이상국가요 지상낙원이지요. 문제는 현실이 그렇지 못하다는 것, 그게 아닐까 짐작해 봅니다. 실제로 그렇지 못한 '부족 상태'일 수도 있고, 부족이 아닌데도 백성들의 탐욕으로 만족하지 못하는 '불만족 상태'일 수도 있고…. 부족 상태라면 국가로서는 우선 무엇보다도 의식주와 그리고 문화생활을 만족시켜 줘야겠고, 불만족 상태라면 백성들의 욕망을 순화시켜 줘야겠고. 선생님의 이 말씀은 그런 방향을 암시한다고 저는 느꼈습니다. 정말 중요하고 소중한 말씀이지요.

"그럼 이제 마지막 한마디가 남았군요. 그 의미는?"

'이웃나라가 서로 바라다보이고, 닭과 개소리가 서로 들려도, 백성들은 늙어 죽도록 서로 왕래하지 않는다(隣國相望, 鷄犬之聲相聞, 民至老死不相往來).' 이 말씀도 참 과격한 반어입니다. 설마하니 선생님이 무슨 쇄국주의자도 아니고, 진짜로 이러기를 바라기야 하셨겠습니까. 진짜라면 이런 이웃나라에 당연히 관심을 갖게 되고 서로 왕래를 하게 되지요. 그게 바람직한 일이기도 하고요. 그건 당장 제가 이웃나라인 이 중국과 일본에 왕래하며 살고 있으니 그 가치랄까 바람직함을 누구보다 잘 압니다. 그런데도 불구하고 이런 말씀을 하신 까닭은…, 역시 군사적인 이유 때문이 아닐까, 그런 짐작을 하게 됩니다. 육안으로 보이고 닭소리 개소리가 들릴 만큼 가깝더라도, 함부로 넘보지 마라, 쳐들어가 거기서 자기 백성을 살게 하지 마라, 식민지로 삼지 마라, 그런 메시지라고요. 그러니까, '백성들이 늙어 죽도록 서로 왕래하지 않는다(民至老死不相往來)'는 호기심이나 여행으로 왕래하는 게 아니라, 국경이 왔다 갔다 하는 일이라고 해석할 수도 있습니다. 저 독일-프랑스 사이의 '알자스-로렌' 지방처럼. 그 문제성을 우리는 저 알퐁스 도데의 소설 《마지막 수업》을 통해 아주 잘 알고 있습니다. 그리고 이른바 한일합방[일본의 조선침탈]으로 인해 일본의 백성들이 대거 조선에 이주하고 조선의 백성들은 징용 등으로 일본에 이주하고, 그렇게 '왕래'한 이른바 '식민'을 통해 더욱 잘 알고 있고요. 아마 선생님의 중국도 우리 한국 못지않게 잘 알고 있을 겁니다. 홍콩을 영국에, 마카오를 포르투갈에, 그리고 상해를 비롯한 본토의 여기저기를 서구 열강들에게 조차지로 내어주고 그들의 거류를 인정할 수밖에 없었던 역사가 있으니까요. 동북을 통째로 일본에게 빼앗겨 이른바 만주국이라는 괴뢰국가를 세워 일본인들이 대거 이주하고 '왕래'한 역사가 있으니까요.

"그렇군요. 참 씁쓸한 이야기를 듣게 되는군요. 그렇다면 그 서구 열강과 일본에게 나의 이런 철학이 더욱 필요하겠는데…."

그들에게도 이 말이 이미 유명하긴 합니다. 선생님의 팬들도 많고요.

"'천하가 모르지 않지만, 능히 행하지를 못한다(天下莫不知, 莫能行).' 그것도 아는지…."

아, 78장 말씀이죠. 요즘 지식이라는 게 대개 그렇습니다. 지식 따로 행동 따로, 그렇죠. 지식이란 많은 경우 그저 자기만족이나 장식일 뿐인 경우가 많답니다, 유감스럽게도. 예를 들면 도덕이론을 잘 알고 심지어 도덕을 가르치는 도덕 선생이 가장 비도덕적인 경우도 드물지 않죠. 누군가 그러더군요. '윤리니 도덕이니, 그런 거 남한테 권할 건 돼도 자기가 할 건 못 된다'고…. 하하.

"웃어야 하나 말아야 하나, 거참. 허허허."

81.

미더운 말은 아름답지 않고

信言不美, 美言不信. 善者不辯, 辯者不善.162) 知者不博, 博者不知. 聖人不積.163) 旣以爲人, 己愈有, 旣以與人, 己愈多. 天之道, 利而不害, 聖人之道,164) 爲而弗爭.

신언불미, 미언불신. 선자불변, 변자불선. 지자불박, 박자부지. 성인부적. 기이위인, 기유유, 기이여인, 기유다. 천지도, 리이불해, 성인지도, 위이부쟁.

미더운 말은 아름답지 않고, 아름다운 말은 미덥지 않다. 선한 자는 말 잘 하지 않고, 말 잘하는 자는 선하지 않다. 아는 자는 박식하지 않고, 박식 한 자는 알지 못한다. 성인은 쌓아두지 않는다. 이미 그것으로 남을 위했 는데, 자기는 더욱 갖고 있고, 이미 그것으로 남에게 주었는데, 자기는 더 욱 많다. 하늘의 도는 이롭게 하지 해롭게 하지 않으며, 성인의 도는 해내 지 이를 다투지 않는다.

---

162) 백서본에는 '辯'이 '多'로 되어 있다.

163) 백서본에는 '不'이 '無'로 되어 있다. 의미상 차이가 없으므로 익숙한 통용 본을 따른다.

164) 백서본에는 '聖人'이 '人'으로 되어 있다. 위 문장(聖人不積. 旣以爲人)과 의 관계로 보아 '聖人'이 더 타당하므로 통용본을 따른다.

노선생님, 이제 선생님이 남겨주신 마지막 말씀을 듣게 됐네요. 마지막이라 그런지 기분도 좀 특별합니다.

"내 말에 무슨 특별한 순서가 있었던 것도 아닌데 마지막이라고 특별히 특별할 게 뭐 있겠습니까."

하긴 그 특별한 순서 없음, 틀 없음이 선생님의 매력이기도 하죠. 그럼 지금까지 해오던 그대로 이 말씀의 의미도 한번 새겨보도록 하겠습니다.

"그러시죠. 하나씩 차근차근. '신언불미, 미언불신信言不美, 美言不信' 부터."

네, '미더운 말은 아름답지 않고, 아름다운 말은 미덥지 않다.' 우연인지도 모르겠습니다만, 선생님은 '말'(道-名)에 관한 이야기로 시작해서 '말'(言-辯)에 관한 이야기로 마무리를 하는 모양새가 되었네요. 굳이 의미를 부여하자면 이것도 하나의 의미는 될 듯합니다. 우리 인간에게는 '말'이라는 게 대단히 중요한 의미를 가지니까요. 아리스토텔레스와 하이데거는 인간을 '언어적 동물(zoon logon echon)'이라고도 규정했고, 비트겐슈타인은 언어를 '세계의 그림(Bild)'이라고도 규정했고….

"나는 그런 본질적인 언어론을 전개하자는 건 아닙니다. 우리 인간이 내뱉는 '말의 질'이 문제라는 거지요."

저야 알지요. '신언信言'과 '미언美言'이 이토록 선명하게 대비되고 있는데, 왜 그걸 모르겠습니까. 그런데 저는 또 이런 식의 표현도 너무너무 좋아합니다. 간결, 함축, 대구, 게다가 반어까지, 한어의 큰 장점이지요.

"또 자꾸 옆길로…. 표현이 아니라 말의 내용과 질이 문제라니까요."

알겠습니다. 그럼 본류로 돌아와서…, 저는 개인적으로 선생님의 이 말씀에 백 퍼센트 공감합니다. 실제로 인간들이 하는 말에는 '신언信言'과 '미언美言'이 분명히 있죠. 미더운 말과 아름다운 말. 단, 주의가 필요합니다. 이 '아름다운 말'은 진짜로 아름다운, 어떤 긍정적인 의미의 말이 아니라 '미사여구美辭麗句', 아름답게 꾸미고 치장하고 포장한, 그래서 겉만 번지르르한 말, 그러니까 공자가 말한 저 유명한 '교언영색巧言令色'의 그 '교언巧言'과 비슷한 부정적인 의미라는 겁니다. 그런 말은 미덥지 못하다(美言不信)고 선생님은 알려주고 싶으신 거죠. 그런 말이 워낙 많고, 사람들은 그런 말에 워낙 잘 혹하니까요.

"그래서 중요한 것이…."

압니다. '신언信言'이죠. 미더운 말. 긍정적인 의미의 말. 그런 미더운 말은 굳이 꾸미질 않아 아름답게 보이질 않는다(信言不美)는 말씀이신 거죠. 그러니까 선생님이 이 말씀을 하신 진의는, 미더운 말은 아름답지 못하지만 믿음성이 있으니, 아름답지 못하다고 해서 그런 말을 가벼이 여겨서는 안 된다, 또 아름다운 말은 번지르르해서 그럴듯하지만 미덥지를 못하니, 겉보기에 그럴싸하다고 해서 덥석 믿어서는 안 된다, 그런 말씀을 하고 싶었던 거겠죠. 어쩌면 선생님의 이 '도덕경' 같은 게 그 '신언信言'에 해당할까요? 하하. 그런데 어쩌죠? 제가 보기엔 선생님의 이 말씀들이 너무너무 아름다운데….

"아주 콩깍지가 단단히 씌었군. 아름답지는 않지만 미더운 말들은 주변에 적지 않게 있을 겁니다. 인품 있는 사람들의 말이 대개 그렇지요. 고전의 말들도 대개 그렇고."

그런데 '미언美言'은 그 반대죠. 번지르르하지만 미덥지는 못하죠. 대표적으로 가장 먼저 떠오르는 게 정치인들의 말이네요. 특히 선거 때 내뱉는 공약의 말들. 온갖 미사여구를 다 동원하지만 당선되면 태도가 싹 바뀌죠. 유권자는 거의 거들떠보지도 않고, 공약은 빌 '공'자 '공약空約'이 되고…, 이젠 만천하가 다 알죠. 하하.

"'신信'과 '미美'가 긍정적인 것-부정적인 것으로 대비되고 있는 걸 놓치지 말았으면 좋겠군요. 두 가지를 다 갖추고 있다면 더할 나위 없지만."

선생님의 말씀이 그렇다니까요. 하하.

"안 되겠군. 자 그 다음…."

네 '선자불변, 변자불선善者不辯, 辯者不善'(선한 자는 말을 잘하지 않고, 말을 잘하는 자는 선하지 않다), 이 말씀도 비슷한 취지라고 저는 봅니다. 여기서는 '선善-변辯', '선자善者-변자辯者'가 대비되고 있는데, 선량한 사람들이 대개 보면 말을 잘 못하는 경향이 있죠. 반대로 똑 부러지게 말 잘하는 사람들은 좀 선량하지 못한 경향이 없지 않고요. 이 경우도 물론 예외 없는 전칭판단이 될 수는 없겠습니다만. 선량한 변호사들을 보더라도.

"말을 잘한다(辯)는 건 세상 돌아가는 걸 빠삭하게 잘 분별한다(辨)는 것과도 통하는데, 선량한 사람들은 그런 걸 잘 못해 어수룩한 경우도 적지 않지요. 반대로 세상 돌아가는 걸 빠삭하게 잘 분별하고 그래서 말도 번지르르하게 잘하는 사람들은 그 변별력, 그 말솜씨로 세상사를 잘 조리하고 그 과정에서 많은 이득을 취하기도 하지요. 그러다 보면 다른 사람의 이득을 가로채는 경우도 적지 않고. 그래 '불선不善'이 되기 쉽지요."

이것도 결국은, 말을 잘 못한다고 해서 그런 사람을 가볍게 보지 마라, 선인일 수 있다, 그리고 말을 잘한다고 해서 그런 사람에게 혹하지 마라, 악인일 수 있다, 그런 메시지를 전하고 싶어 하신 말씀이 아닐까, 그런 생각이 듭니다만.

"'선善'과 '변辯'이 대비되고 있는 걸 놓치지 말았으면 좋겠군요. 두 가지를 다 갖추고 있다면 이 역시 더할 나위 없지만."

선생님의 말씀이 그렇다니까요. 하하.

"또 안 되겠군. 자, 또 그 다음…."

'지자불박, 박자부지知者不博, 博者不知', '아는 자는 박식하지 않고, 박식한 자는 알지 못한다.' 여기서는 '지知-박博', '지자知者-박자博者'가 대비되고 있군요. 아는 것과 박식한 것, 아는 자와 박식한 자. 문맥으로 볼 때, '지知'는 긍정적, '박博'은 부정적이겠죠. 이 말씀을 들으면서 저는 개인적으로 좀 뜨끔했습니다.

"아니 왜요?"

제가 소위 '박사'니까요. 하하. 박사-박자, 발음도 비슷하고…. 박사는 알지 못한다, 그러니 아는 체 마라, 그렇게 저 같은 소위 박사들한테 하시는 경고가 아닌가….

"설마 모든 박사들이 다 그렇기야 하겠습니까. 정작 중요한 본질은 상관없이 넓고 얕은 지식으로 세인을 호도하는 그런 박사들이 귀담아 들어주었으면 좋으련만."

정말로 중요한 것에 대한 제대로 된 앎(知)은 '박식博識'과는 무관하다, 그런 말씀을 하고 싶으신 거겠죠. 이해합니다. 저는 그걸 이미 소크라테스에게서도 배운 바 있습니다. 박식을 자랑하는 그 어떤 정치가-예술가-지식인[기술자]도 소크라테스보다 더 현명하지는 않다는 게 밝혀졌죠. 소크라테스는 박식이 아닌 오직 단 한 가지 사실, '잘 모른다(무지-부지)'는 사실, 그것에 대한 '앎', 그것 때문에 '가장 현명한 사람'이라고 신에게도 인정을 받았던 겁니다. 그렇게 '지知'는 '박博'과 무관한 거죠. 그런데 세상은 지금도 선생님의 이 말씀과는 반대로 돌아가고 있습니다. 진정한 '지知'는 상관없고 온통 '박博'에만…. 돈을 미끼로 논문의 양산을 제도적으로 강요하는 것도 그런 셈이고, 누구누구의 어떠어떠한 말이 무슨무슨 책 어디쯤에 나오는지 그런 넓고 얕은 지식을 공부인 양 유식인 양 떠벌이는 사회의 분위기도 그런 셈이고….

"대세가 반드시 진리에 가까운 것은 아니지요."

아무튼 이 말씀도 결국은, 해박하지 않다고 해서 그런 사람을 가볍게 보지 마라, 중요한 것을 제대로 아는 사람일 수 있다, 그리고 박식하다고 해서 그런 사람을 우러러보지 마라, 정작 중요한 것은 모르는 사람일 수 있다, 그런 것엔 관심도 없는 사람일 수 있다, 그런 메시지를 전하고 싶어서 하신 말씀이 아닐까, 그런 생각이 듭니다만.

"그래서 '지知'와 '박博'이 대비되고 있다는 걸 놓치지 말았으면 좋겠군요. 두 가지를 다 갖추고 있다면 이 역시 더할 나위 없지만."

선생님의 말씀이 그렇다니까요. 하하.

"허, 거참, 이 양반 정말 안 되겠군. 자, 또 그 다음…."

네, '성인은 쌓아두지 않는다. 이미 그것으로 남을 위했는데, 자기는 더욱 갖고 있고, 이미 그것으로 남에게 주었는데, 자기는 더욱 많다(聖人不積. 旣以爲人, 己愈有, 旣以與人, 己愈多).' 드디어 또 성인이 등장하시는군요. 마지막인데 안 나오시면 어쩌나, 섭섭할 뻔했는데. 하하.

"내용을 보셔야지요, 내용을."

알고 있습니다. 역시 성인이시라 예사롭지가 않군요. '부적不積'(쌓아두지 않는다), 성인은 소유에 관심이 없다는 말씀이겠죠. 그게 돈이든 물건이든 양곡이든 뭐든. 어쩌면 지식도 지혜도 다. 이 '부적不積'의 의미도 사실 모호하지만, 여기서는 바로 뒤에서 '이위인以爲人', '이여인以與人'이라고 구체적인 언급을 하시니 답은 분명합니다. [그것으로] '남을 위한다, 남에게 준다'는 뜻인 거죠. 무엇을? 그건 끝내 불명이지만, 그게 돈이든 물건이든 양곡이든 뭐든, 아무튼 '그것을'. 그게 '이以'의 의미인 거죠. 자기의 것을 다 남에게 주고 자기는 빈털터리가 된다는 거죠, 성인은. 그런데 선생님은 그런 성인이 부자라고, 진정한 부자라고 말씀하시는 셈입니다. 역설적으로. '기유유己愈有 … 기유다己愈多(자기는 더욱 있고, 더욱 많다).'라고 하시니까요. '물 한 그릇이라도 베풀면 하늘에 쌓인다'는 말이 연상되는군요. 그러니 자기 창고에 쌓아두지 않고 남에게 주는 성인은 진정한 부자인 게죠. 준다고 없어지는 게 아니고, 준다고 적어지는 게 아니고, 주는 만큼 쌓이니까, 하늘의 창고에. 이런 성인, 정말 광고를 내서라도 찾고 싶네요.

"그 광고에 그 다음 문구가 들어가야 할지도 모르겠군요. 하하."

네, '하늘의 도는 이롭게 하지 해롭게 하지 않으며, 성인의 도는 위해 주지 이를 다투지 않는다(天之道, 利而不害, 聖人之道, 爲而弗爭).' '하늘의 도'와 견주어지는 '성인의 도', 오직 이롭게 해주지 해롭게 하지는 않는 하늘의 도처럼, 성인의 도는 오직 '위爲'(위해 주는 [혹은 해내는]¹⁶⁵⁾ 것)이다. 무엇을? 이미 앞에서 말씀하셨죠. '인人', 남, 사람입니다. '위인爲人'(남을 위함), '여인與人'(남에게 줌)의 그 '인人'! [혹은 위인爲人, 여인與人이라는 그 일!] 그리고 '부쟁弗爭'(이와 다투지 않는다, 혹은 '다투게 하지 않는다'로도 해석 가능합니다), 참 멋진 대미의 장식입니다. '부쟁弗爭'이라니! 제가 개인적으로 가장 좋아하는 말로 대미를 장식해 주시다니! 이러니 제가 선생님의 팬이 안 될 수가 있습니까.

"천하의 모든 사람들이 그렇게 생각해 준다면 좋으련만."

천하의 모든 사람…, 선생님, 그건 좀 과욕일 수도….

"세상을 위한 희망사항입니다. 하하하. 아무튼 말과 뜻이 통하는 도반을 만나 81일간 즐거웠습니다. 부디 이 대화가 사람들과 세상을 이롭게 하고 위해 주는 것이 되기를 명계에서도 빌겠습니다."

감히 도반은 아니지만, 저도 선생님을 모시고 고귀한 말씀들을 음미할 수 있어서 즐거웠습니다. 자연에게 도에게 천에게 그리고 이 말씀들을 남겨주신 노선생님께 무한한 경의를 표합니다. 감사합니다.

---

165) 어느 쪽으로도 해석 가능.

이수정 李洙正

일본 도쿄대 대학원 인문과학연구과 철학전문과정 수사 및 박사과정을 수료하고 하이데거 연구로 문학박사 학위를 취득했다. 한국하이데거학회 회장, 국립 창원대 인문과학연구소장·인문대학장·대학원장, 일본 도쿄대 연구원, 규슈대 강사, 독일 하이델베르크대·프라이부르크대 객원교수, 미국 하버드대 방문학자 및 한인연구자협회 회장, 중국 베이징대·베이징사범대 외적교수 등을 역임했다. 월간 《순수문학》을 통해 시인으로 등단했고 현재 창원대 철학과 교수로 재직 중이다. 저서로는 *Vom Rätzel des Begriffs*(공저), 《言語と現実》(공저), 《하이데거─그의 생애와 사상》(공저), 《하이데거─그의 물음들을 묻는다》, 《본연의 현상학》, 《인생론 카페》, 《진리 갤러리》, 《인생의 구조》, 《사물 속에서 철학 찾기》, 《공자의 가치들》, 《생각의 산책》, 《편지로 쓴 철학사 I·II》, 《시로 쓴 철학사》, 《알고 보니 문학도 철학이었다》, 《국가의 품격》, 《하이데거─'존재'와 '시간'》 등이 있고, 시집으로는 《향기의 인연》, 《푸른 시간들》이 있으며, 번역서로는 《현상학의 흐름》, 《해석학의 흐름》, 《근대성의 구조》, 《일본근대철학사》, 《레비나스와 사랑의 현상학》, 《사랑과 거짓말》, 《헤세 그림시집》, 《릴케 그림시집》, 《하이네 그림시집》, 《중국한시 그림시집 I·II》, 《와카·하이쿠·센류 그림시집》 등이 있다.

노자는 이렇게 말했다

1판 1쇄 인쇄	2020년 8월 15일
1판 1쇄 발행	2020년 8월 20일
지은이	이 수 정
발행인	전 춘 호
발행처	철학과현실사
출판등록	1987년 12월 15일 제300-1987-36호
	서울시 종로구 대학로 12길 31
	전화번호 579-5908
	팩시밀리 572-2830

ISBN 978-89-7775-839-1　03150
값 25,000원